NOVOS DILEMAS DA POLÍTICA ECONÔMICA
Ensaios em Homenagem
a Dionisio Dias Carneiro

O GEN | Grupo Editorial Nacional reúne as editoras Guanabara Koogan, Santos, LTC, Forense, Método e Forense Universitária, que publicam nas áreas científica, técnica e profissional.

Essas empresas, respeitadas no mercado editorial, construíram catálogos inigualáveis, com obras que têm sido decisivas na formação acadêmica e no aperfeiçoamento de várias gerações de profissionais e de estudantes de Administração, Direito, Enfermagem, Engenharia, Fisioterapia, Medicina, Odontologia, Educação Física e muitas outras ciências, tendo se tornado sinônimo de seriedade e respeito.

Nossa missão é prover o melhor conteúdo científico e distribuí-lo de maneira flexível e conveniente, a preços justos, gerando benefícios e servindo a autores, docentes, livreiros, funcionários, colaboradores e acionistas.

Nosso comportamento ético incondicional e nossa responsabilidade social e ambiental são reforçados pela natureza educacional de nossa atividade, sem comprometer o crescimento contínuo e a rentabilidade do grupo.

NOVOS DILEMAS DA POLÍTICA ECONÔMICA
Ensaios em Homenagem a Dionisio Dias Carneiro

Edmar Lisboa Bacha
Monica Baumgarten de Bolle
(Organizadores)

Affonso Celso Pastore
Albert Fishlow
Alkimar R. Moura
Ana Dolores Novaes
André Lara Resende
Armando Castelar Pinheiro
Arminio Fraga Neto
Aurélio Bicalho
Carlos Winograd
Deborah B. A. C. de Oliveira
Diogo Guillén
Eduardo Loyo
Francisco L. Lopes
Gustavo H. B. Franco
Ilan Goldfajn
João Victor Issler
John Williamson
Julio Dreizzen

Luiz Chrysostomo de Oliveira Filho
Luiz Roberto de Azevedo Cunha
Márcio G. P. Garcia
Marcos de Barros Lisboa
Marcus Vinicius Ferrero Valpassos
Maria Cristina Pinotti
Nelson Camanho
Pedro Cavalcanti Ferreira
Pedro S. Malan
Regis Bonelli
Renato Fragelli Cardoso
Roberto Iglesias
Rodrigo P. Guimarães
Rogério Werneck
Samuel de Abreu Pessôa
Sandra Polónia Rios
Terence de Almeida Pagano
Thomas Wu

Os autores e a editora empenharam-se para citar adequadamente e dar o devido crédito a todos os detentores dos direitos autorais de qualquer material utilizado neste livro, dispondo-se a possíveis acertos caso, inadvertidamente, a identificação de algum deles tenha sido omitida.

Não é responsabilidade da editora nem dos autores a ocorrência de eventuais perdas ou danos a pessoas ou bens que tenham origem no uso desta publicação.

Apesar dos melhores esforços dos autores, do editor e dos revisores, é inevitável que surjam erros no texto. Assim, são bem-vindas as comunicações de usuários sobre correções ou sugestões referentes ao conteúdo ou ao nível pedagógico que auxiliem o aprimoramento de edições futuras. Os comentários dos leitores podem ser encaminhados à LTC – Livros Técnicos e Científicos Editora Ltda.

Direitos exclusivos para a língua portuguesa
Copyright © 2011 by
Instituto de Estudos de Política Econômica - Casa das Garças
Copyright © 2011 by
LTC – Livros Técnicos e Científicos Editora Ltda.
Uma editora integrante do GEN | Grupo Editorial Nacional
Publicado mediante acordo.

Reservados todos os direitos. É proibida a duplicação ou reprodução deste volume, no todo ou em parte, sob quaisquer formas ou por quaisquer meios (eletrônico, mecânico, gravação, fotocópia, distribuição na internet ou outros), sem permissão expressa da editora.

Travessa do Ouvidor, 11
Rio de Janeiro, RJ – CEP 20040-040
Tels.: 21-3543-0770 / 11-5080-0770
Fax: 21-3543-0896
ltc@grupogen.com.br
www.ltceditora.com.br

Capa: Máquina Voadora DG
Editoração Eletrônica: Máquina Voadora DG

CIP-BRASIL. CATALOGAÇÃO-NA-FONTE
SINDICATO NACIONAL DOS EDITORES DE LIVROS, RJ

N848

Novos dilemas da política econômica : ensaios em homenagem a Dionisio Dias Carneiro / Edmar Lisboa Bacha, Monica Baumgarten de Bolle, organizadores ; Affonso Celso Pastore... [et al.]. - [Reimpr.] - Rio de Janeiro : LTC, 2011.

ISBN 978-85-216-1867-6

1. Economia. 2. Crises financeiras. 3. Brasil - Política econômica. 4. Brasil - Condições sociais. I. Carneiro, Dionisio Dias, 1945-2010. II. Bacha, Edmar Lisboa, 1943-. III. Bolle, Monica Baumgarten de.

11-0678.	CDD: 330	
	CDU: 330	

APRESENTAÇÃO

Este é um livro em homenagem a Dionisio Dias Carneiro. Economistas, colegas, alunos e amigos se reuniram para escrever sobre o que, a vida toda, ocupou Dionisio: os dilemas da política econômica.

No início dos anos 1970, entrei para o programa de mestrado da Escola de Pós-Graduação em Economia da Fundação Getulio Vargas no Rio de Janeiro. Lá conheci o jovem Dionisio Dias Carneiro. Depois de uma breve passagem pela Universidade de Brasília, recém-retornado de seus estudos na Universidade de Vanderbilt nos EUA, Dionisio foi meu professor. O curso era de Teoria Microeconômica I, logo no primeiro período acadêmico. Sempre mais interessado nos temas macroeconômicos, imaginei, sem muito entusiasmo, que iria reencontrar uma versão mais avançada dos fundamentos de microeconomia do curso de graduação. Para minha supresa, encontrei um curso estruturado e sofisticado, que me introduziu a Arrow-Debreu e à suprema elegância formal da teoria do equilíbrio geral. Fascinado, fui procurar o professor Dionisio para conversar e obter referências bibliográficas adicionais. Dionisio me sugeriu a leitura de uma tese de doutorado que expunha, de forma brilhante, o estado das artes na teoria do equilíbrio geral. Não me lembro mais do autor, mas sim do que me contou Dionisio: ao terminá-la, o doutorando concluiu que nada mais havia para ser compreendido e abandonou a economia. Minha juventude levou-me a aspirar percorrer o mesmo caminho. Tudo digerir e, missão cumprida, seguir adiante.

Ao voltar do meu doutorado nos Estados Unidos, fui ser professor do Departamento de Economia da PUC do Rio de Janeiro. Lá reencontrei Dionisio, agora como colega. Trabalhamos juntos alguns anos, enquanto morei no Rio e fui professor da PUC, mas nunca deixamos de conversar, de trocar ideias. Nunca mais comentei com ele sobre o fascínio juvenil que me despertou a história daquele doutorando que pretendia através do estudo da teoria do equilíbrio geral ter tudo compreendido sobre a economia. Ao longo da vida, aprendi que há uma diferença fundamental entre a coerência fechada dos modelos formais e aquilo que eles pretendem apreender. É o desafio de tentar compreender o nunca integralmente compreensível que torna nossa missão interessante e inesgotável. Abdicar da arrogância da razão sem jamais abandonar a racionalidade, eis o desafio. Ainda que o exercício da razão não leve necessariamente, como seria desejável, ao consenso, só a racionalidade pode iluminar nossos conflitos.

Dionisio, com certeza, concordaria, pois dedicou sua vida à tarefa de compreender. O exemplo de Dionisio, o legado de sua dedicação à missão de usar a razão — o único instrumento de que dispomos — para compreender, aprimorar a condução da política econômica, melhorar o país e a qualidade de vida, está vivo nesta coletânea de ensaios sobre os — sempre renovados — dilemas da política econômica. O que infelizmente não está mais é a presença suave de Dionisio, a sua voz mansa, o raciocínio límpido, ao discorrer de forma aparentemente desapaixonada sobre os temas que o apaixonavam e continuam a apaixonar sua legião de ex-alunos, colegas e amigos.

18 de novembro de 2010

André Lara Resende

Para Pedro Henrique, Ana Luisa, Roberto, Christina e Alice – filhos, nora e neta de Dionisio.

Foto: *Luiz Morier/Agência O Globo*

Prefácio

PROFESSOR DIONISIO DIAS CARNEIRO

UMA INTELIGÊNCIA BRILHANTE E INDEPENDENTE
NA MODERNIZAÇÃO DO ENSINO
E DA PESQUISA ECONÔMICA NO BRASIL[1]

Não é fácil falar sobre Dionisio, especialmente nesta Casa das Garças, até porque uma de suas características marcantes eram seus comentários instigantes, muitas vezes críticos, que nos seminários faziam os interlocutores pararem para pensar antes de responder.

Mas mesmo aqueles comentários que podiam até incomodar, além de serem feitos sempre com um sorriso jovial, eram endereçados àqueles por quem ele se interessava. Dionisio sempre buscava encontrar algo interessante nas mais diversas e variadas pessoas: uma marca de um verdadeiro professor, aquele que aceita aproximar-se de seus alunos por vê-los como pessoas com as quais vai poder dialogar. Às vezes, na nossa longa convivência fraterna, eu achava que Dionisio perdia tempo com conversas aparentemente sem importância, mas, como ele mesmo dizia, "parodiando Terêncio... nada que é interessante me é indiferente. É uma espécie de humanismo meio interesseiro (1)."

Mas foi aqui, nesta Casa das Garças, neste centro de ideias e pensamentos, que Dionisio talvez tenha melhor conseguido encontrar o espaço que sempre buscou para poder desenvolver, ainda mais, sua vocação para pensar as questões do Brasil, as questões que o incomodavam, que o instigavam a buscar caminhos e soluções, além de dar continuidade ao seu esforço permanente de formar gerações de brilhantes economistas, que tinham nele um exemplo profissional e pessoal.

Estamos aqui para homenageá-lo, num seminário com a participação de muitos de seus amigos — amigos colegas, amigos alunos, amigos de uma pessoa que, além de todas as suas qualidades, sabia, como poucos, conquistar amizades, conquistar admiradores, conquistar amigos.

Dionisio Dias Carneiro foi, antes de tudo, um exemplo de ser humano que nunca deixou que os problemas de saúde prejudicassem sua vida familiar, pessoal e profissional. Em entrevista ao CPDOC/FGV relatou uma conversa com Mario Henrique Simonsen, à época também doente, em que disse que "a gente se habitua. Num determinado ponto eu fiquei muito preocupado, a partir de um determinado ponto, disse, isso aí é parte da vida, não tem nada... Na verdade houve um jeito da gente conversar sobre os efeitos da doença sobre a objetividade do pensamento. Talvez nós vamos ficando mais objetivos em relação a determinadas coisas, porque você relativiza..."(2).

Para gerações de economistas Dionisio é principalmente uma referência. Todos que participaram de sua trajetória profissional sabem que era uma inteligência brilhante e independente, um espírito jovial, um profundo "absorvedor" de conhecimentos, um professor querido por seus alunos, pela competência, dedicação, didática e, o mais importante, uma disponibilidade permanente para orientar e aconselhar.

Cabe recordar um pouco a trajetória do nosso querido amigo Dionisio. Devo começar lembrando uma das principais razões pelas quais o homenageamos hoje. Dionisio teve um papel muito importante na modernização do ensino e da pesquisa em economia no Brasil; aliás, como escreveu Ilan Goldfjan em

---

[1] Introdução ao seminário em homenagem a Dionisio Dias Carneiro, realizado na Casa das Garças, em 24 de setembro de 2010.

"Educação e Riqueza"(3), "poucos brasileiros podem se orgulhar de tamanho legado". Sua empreitada se inicia nos anos de 1972 e 1973, convidado por Edmar Bacha para colaborar na criação do mestrado de economia na UnB, "uma Cambridge do Planalto", nas palavras de Bacha, "uma nova proposta de pós-graduação em economia no Brasil — reunindo ensino e pesquisa à moda do mundo universitário anglo-saxão, mas com um forte tempero latino-americano" (4). Não satisfeito com o ambiente na UnB, "por causa do negócio de *student power* em época que eu já não aguentava mais" (5), no final de 1973, convidado por Mario Henrique Simonsen, Dionisio volta ao Rio, para ser coautor de um livro de micro e participar do projeto de modernização do mestrado e criação do doutorado na EPGE/FGV, que buscava deixar de ser o "curso do Mario Henrique", como era na época em que Dionisio fez o mestrado. Mesmo com a frustração da saída de Simonsen para o Ministério da Fazenda em março de 1974, durante três anos e meio Dionisio continua desenvolvendo o projeto, junto com, entre outros, Chico Lopes, Cláudio Haddad e Rogério Werneck. Mas as dificuldades na gestão acadêmica do curso, uma vez que Simonsen tinha dividido o poder na escola, deixando na direção Geraldo Langoni, fez com que em meados de 1977 Dionisio e, logo depois, Rogério Werneck e Chico Lopes deixassem a EPGE para uma nova empreitada, desta vez com enorme sucesso: a modernização da graduação e criação do mestrado do Departamento de Economia da PUC-Rio. Como disse Dionisio, "nós fomos educados em universidade. E universidade faz diferença, somos sempre atraídos por universidade. O ambiente da universidade é para você fazer uma escola... você convive com gente diferente e isso areja mesmo"(6).

Os excelentes resultados desta empreitada são mais do que conhecidos, basta lembrar que a maior parte dos participantes do seminário de hoje são ex alunos dos cursos do departamento. Para quem, "criar instituições era importante" (7), Dionisio permanece na PUC-Rio por mais de trinta anos, atuando no mestrado e na graduação, em concorridos cursos de macro, desenvolvimento socioeconômico e economia monetária, sempre se destacando, como escreveu Rogério Werneck em "Um Economista que Fará Falta ao País" (8), "pela liderança intelectual, pela lucidez de suas análises, por sua incansável participação no debate econômico e por seus dotes como educador e formador de talentos". O sucesso do Departamento de Economia da PUC-Rio é uma obra coletiva, mas acho que, com o distanciamento de quem já era professor do departamento quando ele foi modernizado e nos últimos vinte anos acompanhou de perto a maturidade do projeto, posso dizer que Dionisio foi a "alma" do departamento, ou seu "esteio", na visão de Bacha. Entre 2005 e 2007, também na PUC-Rio, Dionisio colaborou na implantação do primeiro mestrado em gestão de risco e atuária do Brasil, demonstrando, mais uma vez, sua vocação para liderar projetos inovadores.

Desde 2003, naquilo que talvez lhe tenha dado mais satisfação, junto com Edmar Bacha e Antonio Bittencourt, mais um de seus diletos ex-alunos, criou e desenvolveu o Instituto de Estudos de Política Econômica da Casa das Garças, este "think-tank" dedicado ao estudo de políticas públicas em geral e a complementar a formação de jovens economistas, por meio de grupos de estudos, nos quais Dionisio continuava a exercer seu prazer em ensinar.

Mas como Dionisio se tornou economista? O interesse veio da convivência com dois grandes intelectuais que, no pós-guerra, tiveram uma importante atuação na gestão pública no Brasil. João Maria Brochado, tio e padrinho, engenheiro, tinha sido diretor do DASP e atuado na comissão do Plano Salte, a primeira tentativa, mais estruturada, de planejamento, durante o governo Dutra. Foi com ele que Dionisio, estudante secundário do Colégio Militar do Rio de Janeiro, viveu parte de sua juventude, depois que seus pais, Ladislau Godofredo Dias Carneiro e Maria do Carmo Souza Dias Carneiro, servidores públicos, foram em 1961 servir em Brasília. Dionisio sempre lembrava, nas nossas saudosas conversas em sua casa de Correas, quanto havia aprendido com seu padrinho, do interesse pela leitura, desde os textos técnicos aos clássicos da literatura, a uma ampla visão do mundo.

O outro, que o introduziu diretamente às questões econômicas, foi Ignácio Rangel, um brilhante e original economista de formação marxista, que tinha sido membro da assessoria econômica de Getulio

Vargas e coordenador do Plano de Metas de JK e que, segundo Dionisio, "nunca deixou de pensar a economia como um fundamento que daria base real às instituições jurídicas e via nas transformações da economia a origem da evolução do sistema contratual" (9). Grande amigo da família e presença constante nas refeições e nas discussões na casa dos pais de Dionisio em Brasília, nos períodos de férias, aguçou o interesse pelas questões econômicas do "menino sempre muito metido"(10). O principal assunto na época era o destino do Plano Trienal, tentativa frustrada de estabilização com desenvolvimento e reformas, do então Ministro do Planejamento do governo João Goulart, Celso Furtado. Nas palavras de Dionisio, "um dia o Ignácio se queimou com minha intromissão indevida permanente nas discussões, comprou um livro de economia do Guitton, e me deu com uma dedicatória dizendo 'para o Dionisio iniciar seus estudos de economia'"(11).

Apesar da importância de Rangel na sua formação, principalmente ao motivá-lo no interesse pela "política econômica", a sua, sempre presente, visão independente fez com que Dionisio, ao longo do curso de graduação na UFRJ, de 1964 a 1967, ampliasse seu horizonte intelectual nas aulas e nos debates sobre o PAEG, com um grupo de professores que também trabalhavam com o ministro da Fazenda, professor Octávio Bulhões, participando ativamente, por meio do PAEG, da formulação da política econômica do governo Castelo Branco.

Frustrado com o curso da UFRJ, mas já "aberto" às novas ideias, vai cursar, junto com seu colega Chico Lopes, entre 1968 e 1969, o recém-iniciado mestrado da EPGE/FGV, que nesses tempos iniciais era basicamente o "curso do Mario Henrique", responsável por micro, macro e matemática, esta junto com Augusto Jefferson, enquanto Jessé Montello dava os cursos de estatística e econometria. "Na realidade, a sorte nossa é que nós tínhamos muito poucos professores, porque o Brasil tinha muito pouco professor que valia a pena" (12), avalia Dionisio: "Mario Henrique permitiu uma modernização, fez esse curso de economia dar um salto. A distância entre o curso que a gente tinha na EPGE e o curso que era dado nas faculdades, ou até nos mestrados que estavam começando, era gigantesca" (13).

Da EPGE, por recomendação de Simonsen, segue para o doutorado na Universidade de Vanderbilt, para estudar com Georgescu-Roegen, "um sujeito que dava um sentido de pequenez a qualquer coisa que você sabia" (14). Vanderbilt na época era também um importante centro de estudos voltados para as questões do desenvolvimento econômico, com um grande número de estudantes brasileiros. Dionisio lá permanece até 1972, quando, de volta ao Brasil, vai para a UnB.

A intensa atividade acadêmica de Dionisio pode ser verificada pela publicação ou organização de nove livros, entre os quais, em 1977, *Brasil: Dilemas da Política Econômica*, da editora Campus, tema que volta a ser o foco de nosso seminário, e mais recentemente, em 2010, em coautoria com Monica de Bolle, a coletânea de artigos a partir de seminário nesta Casa das Garças, sobre *A Reforma do Sistema Financeiro Americano: Nova Arquitetura Internacional e o Contexto Regulatório Brasileiro*, da editora LTC.

Foram, também, trinta e dois capítulos de livros, entre os quais, em 1993, a resenha em coautoria com Edmar Bacha, sobre as políticas de estabilização em países em desenvolvimento, no livro organizado por P. Bardhan, M. Datt-Chaudhuri e T.N. Krishman *Development and Change: Essays in Honour of K.N. Raj*, editado por Oxford University Press, e, em 1989, os artigos clássicos sobre o governo Geisel e sobre os Planos de Estabilização, este em coautoria com Eduardo Modiano, no livro organizado por Marcelo Abreu da *A Ordem do Progresso — Cem Anos de Política Econômica Republicana*, da editora Campus.

Artigos em periódicos e textos de discussão foram setenta e dois, começando em 1973, nos tempos da "Cambridge do Planalto", junto com Lance Taylor e Edmar Bacha, *Sraffa and Classical Economics — Fundamental Equilibrium Relationships*, em que, como lembrou Bacha, em "Saudades de Dionisio" (15), "após meses a fio de imersão na prosa de Sraffa, conseguimos demonstrar matematicamente essas proposições, mostrando inclusive como as transformações de Marx se associavam à mercadoria-padrão de Ricardo", passando por uma série de artigos sobre o controle de preços, assunto no qual, junto com Chico Lopes, assessoravam Simonsen no Ministério da Fazenda na reestruturação do CIP, tendo como contrapartes os assessores do ministro, Alfredo Baumgarten e Luiz Roberto Cunha, "Maximização do Lucro e Controle de Preços", *RBE*, 1975, e "Experiência de Controle de Preços Industriais", *Revista de Finanças Públicas*, 1977. Mais tarde, avançando até um interessante texto de discussão (n.º 412), do Departamento de Economia da PUC-Rio, em 1999, "The Application of Clustering Analysis to International Private Indebtedness", em coautoria com André Monteiro e Carlos Eduardo Pedreira, no qual são usados algoritmos comumente utilizados para estudar a organização de redes neurais biológicas (os chamados *self-organizing maps*) para classificar endogenamente países por grau de endividamento e outros critérios macroeconômicos, até a recente série de textos para discussão do IEPE/CdG sobre taxa de juros e regimes cambiais, dominância fiscal e política monetária, dívida pública e risco soberano e dinâmica da taxa de câmbio, em coautoria com Thomas Wu.

Dionisio orientou vinte e nove dissertações de mestrado, das quais destaco as de autores participantes deste seminário: 1986, Ana Dolores Novaes, *As Empresas Estatais e o Mercado Acionário*; 1987, João Victor Issler, *Moeda, Crédito e Nível de Atividade: Testes Empíricos para Economia Brasileira*; 1991, Ilan Goldfajn, *Controle de Liquidez e Política Monetária*; 1994, Eduardo Henrique de Mello Motta Loyo, *A Inflação Incerta e os Preços Reais das Contas Públicas*; 1996, Monica Baumgarten de Bolle, *Modelos de Taxa de Câmbio Real de Equilíbrio: Uma Aplicação para o Brasil*; 2001, Thomas Wu, *Política Monetária Ótima*; 2001, Marcus Valpassos, *Securitização de Hipotecas no Brasil*; 2001, Rodrigo Guimarães, *Crises Cambiais e Determinantes do Diferencial de Juros*.

Dionisio participou intensamente dos debates sobre a economia brasileira, não apenas na área acadêmica, mas também como consultor e membro de conselhos consultivos e de administração da Icatu-Hartford, Brasif, CSN, PDG Realty e do Grupo Icatu, além de ter escrito mais de 300 artigos na imprensa, e, a partir de 1995, quinzenalmente no *O Estado de S. Paulo*, e desde 1999 na *Carta Galanto*, sua análise mensal de conjuntura, cuja continuidade está agora sob a responsabilidade de Monica Baumgarten de Bolle, uma de suas diletas alunas e colaboradora nos últimos anos. Mas, mesmo na *Carta Galanto*, Dionisio não deixava de buscar aprofundar suas análises e, assim, a questão das redes neurais é retomada em uma série de artigos visando a uma compreensão mais abrangente e profunda da crise de crédito de 2008: "Por que é tão Difícil Prever o Tamanho e o *Timing* das Crises ?" e "A Complexidade da Crise ou a Crise da Crise", são dois desses artigos, com Monica de Bolle, que utilizam a ferramenta da teoria da complexidade, fundamental para o estudo da topologia e da dinâmica de redes.

Na área internacional, foi membro do Committee for Development Planning da ONU de 1994 a 1996 e do African Economic Research Council de 1990 a 1994, além de consultor do governo sueco em missões em Angola e Guiné-Bissau nos anos 1988 e 1989, interessante experiência em duas economias marxistas que buscavam se reestruturar, analisadas em dois livros, em coautoria com Marcelo Abreu, *Angola: Growth and Adjustment in Scenarios of Peace* e *Guinea-Bissau: Economic Difficulties and Prospects of Structural Adjustment*, publicados em 1989 na Suécia.

Dionisio, nosso mestre, considerava ter tido três grandes professores na vida.

Mario Henrique Simonsen, seu professor em muitas disciplinas na EPGE e com quem trabalhou como consultor no período do Ministério da Fazenda e depois quando Simonsen foi para a Secretaria de Planejamento, como gestor público na sua única experiência de governo, entre 1979 e 1980, na vice-presidência da FINEP, na administração de seu amigo Alfredo Baumgarten. Para Dionisio, Simonsen foi quem lhe "ensinou que a economia, por detrás dos modelos formais, fazia sentido prático e que valia a pena usá-la como instrumento para compreender as alternativas de ação do governo, e os custos destas alternativas" (16).

Oscar Portocarrero, com quem, nos anos em que fez o mestrado na EPGE, durante os fins de semana, muitas vezes subindo a serra em Petrópolis, complementava os conhecimentos de estatística e probabilidade e que, "do alto de seu sorriso santo e sábio, me ensinou a ter coragem para enfrentar problemas difíceis, fazendo-me estudar processos estocásticos anos antes da teoria das opções torná-los parte da receita diária da formação dos economistas" (17).

E, talvez o mais importante, Nicholas Georgescu-Roegen, seu dileto professor durante o curso de doutorado em Vanderbilt, "que me ensinou a ser humilde e cauteloso diante da ignorância abissal de nossa profissão no contexto científico, e mostrou-me a importância de reconhecer a indigência dos resultados que orientam a ação profissional dos economistas, prestando atenção no desenvolvimento científico que ocorre à nossa volta. Ensinou-me a diferença entre progresso científico e moda científica, e ao mesmo tempo consolou-me, mostrando que nossa ignorância só não é pior do que a dos nossos vizinhos de ciências sociais" (18). Mas, como Georgescu era também "um cientista muito completo — era um economista de formação matemática ... um sujeito que fazia conferência sobre física, química, biologia, tem artigos sobre código genético..."(19), não tenho dúvidas de que aqueles que tiveram o prazer de conviver intelectualmente com Dionisio, podiam notar nele esta mesma capacidade de "absorver" e transmitir conhecimentos em campos tão amplos do saber, sempre com seu sorriso jovial.

Luiz Roberto de Azevedo Cunha

Notas: (1) Carneiro Netto, Dionisio Dias, Dionisio Dias Carneiro (depoimento, 2000), Rio de Janeiro, CEDOC, 2003, p. 34; (2) idem, p. 33; (3) Goldfajn, Ilan: *O Globo*, 03/08/2010; (4) Bacha, Edmar: *Valor Econômico*, 18/08/2010; (5) Carneiro Netto, Dionisio Dias, Dionisio Dias Carneiro (depoimento, 2000), Rio de Janeiro, CEDOC, 2003; p. 25; (6) idem, p. 80 e 81; (7) idem, p. 79; (8) Werneck, Rogério: *O Globo*, 06/08/2010; (9) Carneiro, Dionisio Dias: "Ignácio Rangel e os Economistas de Minha Geração", *Boletim do CORECON*, março de 1994; (10) Carneiro Netto, Dionisio Dias, Dionisio Dias Carneiro (depoimento, 2000), Rio de Janeiro, CEDOC, 2003, p. 3; (11) idem, p. 3; (12) idem, p. 17; (13) p. 87; (14) idem, p. 19; (15) Bacha, Edmar: *Valor Econômico*, 18/08/2010; (16) Carneiro, Dionisio Dias, "A Sustentabilidade dos Déficits Externos", *Revista da ANPEC*, n.º 3, p. 2, agosto de 1997, referente à Aula Magna proferida na Reunião Anual da ANPEC; (17) idem, p. 2; (18) idem, p. 2; (19) Carneiro Netto, Dionisio Dias, Dionisio Dias Carneiro (depoimento, 2000), Rio de Janeiro, CEDOC, 2003, p. 18 e 19.

Agradecimentos

Os organizadores agradecem em primeiro lugar a Antonio de Pádua Bittencourt Neto e Cristina Campello, não somente por seu estímulo para a elaboração deste livro, mas também por sua generosidade em ceder e equipar, desde 2003, um amplo espaço na Casa das Garças para o funcionamento do Instituto de Estudos de Política Econômica, do qual Dionisio foi fundador. Helga Hoffman traduziu do inglês, com a competência habitual, os textos de Albert Fishlow, Carlos Winograd e John Williamson e, do espanhol, o texto de Julio Dreizzen. Solange Alencar, assistente de administração da Galanto Consultoria, colaborou decisivamente para a organização da lista de publicações de Dionisio. Juliana Rezende e Fernando Barbosa, do IEPE/CdG, deram competente apoio para a produção do seminário e a edição do livro.

Sobre os Autores

Affonso Celso Pastore

Presidente da A. C. Pastore & Associados. Professor aposentado da FEA-USP. Ex-professor da Escola de Pós-Graduação em Economia da Fundação Getulio Vargas. Ex-presidente do Banco Central do Brasil. Doutor em Economia pela Universidade de São Paulo.

Albert Fishlow

Professor emérito da Universidade de Colúmbia e da Universidade da Califórnia, Berkeley. Recebeu seu Ph.D. da Universidade de Harvard em 1963. Atuou nas Universidades de Berkeley, Yale e Colúmbia. Foi secretário de estado adjunto dos EUA para a América Latina em 1975-76. Condecorado com a Ordem Nacional do Cruzeiro do Sul pelo governo brasileiro em 1999. Seu livro *O Novo Brasil: As Conquistas Políticas, Econômicas, Sociais e nas Relações Internacionais* está sendo publicado pela Editora São Paulo.

Alkimar R. Moura

Professor titular da Escola de Administração de Empresas de São Paulo e professor colaborador da Escola de Economia de São Paulo, ambas da Fundação Getulio Vargas. Ph.D. em Economia Aplicada pela Universidade de Stanford. Foi diretor de política monetária (1994-96) e de normas e organização do sistema financeiro nacional (1996-97) do Banco Central do Brasil e vice-presidente de finanças e mercado de capitais do Banco do Brasil (2001-02). Foi membro do Conselho de Supervisão da BM&F Bovespa Supervisão de Mercados (2008-10).

Ana Dolores Novaes

Membro do Conselho de Administração da CCR, CPFL Energia e Metalfrio, e consultora do Comitê de Auditoria da Companhia Siderúrgica Nacional. É doutora em Economia pela Universidade da Califórnia, Berkeley, e advogada formada pela PUC-Rio.

André Lara Resende

Sócio-diretor da Lanx Capital Investimentos. Membro do Conselho de Administração da Gerdau S.A., da Metalúrgica Gerdau S.A. e do International Advisory Board do Itaú Unibanco. Foi diretor do Banco de Investimentos Garantia, do Unibanco e do Banco Matrix. Foi professor da PUC-Rio, diretor do Banco Central do Brasil, negociador-chefe para Assuntos da Dívida Externa do Brasil, assessor da Presidência da República no governo de Fernando Henrique Cardoso e presidente do BNDES. Bacharel em Economia pela PUC-Rio, pós-graduado pela EPGE-FGV e Ph.D. em Economia pelo MIT.

Armando Castelar Pinheiro

Coordenador de Pesquisa Aplicada do IBRE/FGV e professor do Instituto de Economia da UFRJ. Foi analista da Gávea Investimentos (2008-10), pesquisador do IPEA (2003-08) e chefe do Departamento Econômico do BNDES (1995-2002). Ph.D. em Economia pela Universidade da Califórnia, Berkeley. Mestre em Estatística pelo IMPA e em Administração de Empresas pela COPPEAD. Engenheiro eletrônico pelo ITA.

Arminio Fraga Neto

Sócio-fundador da Gávea Investimentos e presidente do Conselho de Administração da BM&F Bovespa. De março de 1999 a dezembro de 2002 presidiu o Banco Central do Brasil. Foi diretor-gerente da Soros Fund Management, diretor de assuntos internacionais do Banco Central do Brasil, vice-presidente da

Salomon Brothers, economista-chefe e gerente de operações do Banco Garantia. Lecionou na PUC-Rio, na Escola de Economia da FGV-RJ, na School of International Affairs da Universidade de Columbia e na Wharton School. Membro do Group of Thirty e do Council on Foreign Relations. Ph.D. em Economia pela Universidade de Princeton, B.A. e M.A. em Economia pela PUC-Rio.

Aurélio Bicalho

Mestre em Economia pela Escola de Pós-Graduação da Fundação Getulio Vargas do Rio de Janeiro (EPGE/FGV-RJ). Economista do Itaú Unibanco.

Carlos Winograd

Pesquisador e professor na Paris School of Economics e na Universidade de Paris-Evry. Foi secretário de estado para a defesa da concorrência e a regulação na Argentina (1999-2002) e coordenador das iniciativas macroeconômicas do Mercosul para o Ministério da Economia da Argentina (1999-2001). Consultor de instituições multilaterais, governos e corporações privadas, em estratégia, fusões e aquisições e regulação antitruste. Ph.D. em Economia, com estudos na Universidade de Buenos Aires, PUC-Rio, Paris School of Economics e Universidade de Oxford.

Deborah B. A. C. de Oliveira

Economista do BTG Pactual baseada no escritório em Londres. Concluiu com distinção o mestrado de Economia da London School of Economics em julho de 2009. Trabalhou na Galanto Consultoria, de 2007 até julho de 2008, como assistente de pesquisa econômica e, posteriormente, como economista. É bacharel em Economia pela PUC-Rio.

Diogo Guillén

Aluno do curso de doutorado em Economia da Universidade de Princeton. Graduação e mestrado em Economia pela PUC-Rio. Sua dissertação de mestrado foi em expectativas de inflação, com ênfase na teoria de rigidez informacional. Foi estagiário e economista da Galanto Consultoria, tendo escrito vários artigos na *Carta Galanto*.

Edmar Lisboa Bacha

Sócio-fundador e diretor do Instituto de Estudos de Política Econômica da Casa das Garças. Entre 1996 e 2010 foi consultor sênior do Banco Itaú BBA. Foi membro da equipe econômica do governo responsável pelo Plano Real. Foi também presidente do BNDES, do IBGE e da ANBID, professor de Economia na PUC-Rio, EPGE/FGV, UnB, UFRJ, Columbia, Yale, Berkeley e Stanford, além de pesquisador no IPEA, Harvard e MIT, e consultor do Federal Reserve Bank of New York, das Nações Unidas e do Banco Mundial. É bacharel em Economia pela UFMG e Ph.D. em Economia pela Universidade de Yale.

Eduardo Loyo

Sócio e economista-chefe do BTG Pactual. Foi diretor executivo do Fundo Monetário Internacional e diretor de estudos especiais do Banco Central do Brasil. Foi ainda professor da Kennedy School of Government (Universidade de Harvard) e do Departamento de Economia da PUC-Rio, além de professor visitante do INSEAD e da Columbia Business School. Foi diretor do Instituto de Estudos de Política Econômica da Casa das Garças. Bacharel e mestre em Economia pela PUC-Rio e Ph.D. em Economia pela Universidade de Princeton.

Francisco L. Lopes

Sócio da consultoria Macrométrica desde 1985. Professor em tempo integral de Economia na PUC-Rio, de 1977 a 1986. Superintendente do INPES-IPEA de março a agosto de 1979. Assessor especial do

Ministério da Fazenda, de junho a dezembro de 1987, e da Secretaria de Planejamento da Presidência da República, em 1986. Diretor de política econômica e monetária do Banco Central de 1995 a 1998, assumindo a presidência em janeiro de 1999. Ph.D. em Economia pela Universidade de Harvard em 1972.

Gustavo H. B. Franco

Sócio e diretor executivo da Rio Bravo Investimentos e professor no Departamento de Economia da PUC-Rio desde 1986. Foi presidente e diretor de assuntos internacionais do Banco Central do Brasil e secretário adjunto de política econômica do Ministério da Fazenda (1993-99). Foi membro da equipe responsável pelo Plano Real. Participa de diversos conselhos de administração e consultivos. Seus escritos podem ser encontrados em sua home page: www.econ.pucrio/gfranco. Bacharel (1979) e mestre (1982) em Economia pela PUC-Rio e Ph.D. (1986) pela Universidade de Harvard.

Ilan Goldfajn

Economista-chefe do Itaú Unibanco e membro do Conselho de Administração da Cyrela Commercial Properties. Foi diretor do Instituto de Estudos de Política Econômica da Casa das Garças (2006-09), sócio-fundador e gestor da Ciano Investimentos (2007-08), sócio da Gávea Investimentos (2003-06), diretor de política econômica do Banco Central (2000-03). Foi professor do Departamento de Economia da PUC-Rio (1999-2008), trabalhou no FMI (1996-99) e foi também professor da Universidade de Brandeis, em Massachusetts (1995-96). Mestre pela PUC-Rio e Ph.D. pelo MIT.

João Victor Issler

Professor titular da Escola de Pós-Graduação em Economia da Fundação Getulio Vargas. Pesquisador 1A do CNPq, cientista do Nosso Estado pela FAPERJ e pesquisador principal do INCT. Recebeu da ANPEC o Prêmio Haralambos Simeonidis para Teses de Doutorado, em 1993, e o mesmo prêmio, em 2004, na categoria Artigos Científicos. Foi professor visitante da Universidade Nacional da Austrália (ANU), em 2005, da Universidade de Nova York, em 2005-06, e da Universidade da Califórnia, San Diego, em 2006-07. Ph.D. em Economia pela Universidade da Califórnia, San Diego, 1993.

John Williamson

Pesquisador sênior do Instituto Peterson de Economia Internacional em Washington, D.C., desde 1981. Economista-chefe do Banco Mundial no Sul da Ásia em 1996-99. Diretor de projetos para o Painel de Alto Nível da ONU sobre Financiamento para o Desenvolvimento, em 2001. Lecionou na Universidade de York (1963-68), Warwick (1970-77) e na PUC-Rio (1978-81), como professor visitante no MIT (1967 e 1980), LSE (1992) e Princeton (1996), e como professor honorário na Universidade de Warwick (1985-08). Foi consultor do Ministério da Fazenda britânico em 1968-70 e do Fundo Monetário Internacional em 1972-74. Graduou-se pela London School of Economics e pela Universidade de Princeton.

Julio Dreizzen

Diretor financeiro da IMPSA, membro do Conselho de Administração do Banco Hipotecário da Argentina e professor de finanças corporativas na pós-graduação em mercado de capitais da Universidade de Buenos Aires. Foi diretor do Banco Central e subsecretário de finanças da Argentina. Foi diretor executivo alterno do FMI, consultor do BID e da CAF, diretor do Galicia Capital Markets e presidente do Fundo Constellación. Primeiro colocado no 9º Prêmio BNDES de Teses en Economía (Fragilidad Financiera e Inflación), e lecionou cursos na PUC-Rio. Mestrado em Economia pela PUC-Rio.

Luiz Chrysostomo de Oliveira Filho

Sócio da NEO Investimentos, diretor da ANBIMA e do Instituto de Estudos de Política Econômica da Casa das Garças. Foi diretor-geral dos bancos de investimentos JPMorgan e Chase Manhattan (1999-04), onde era membro do Comitê Executivo para o Brasil e para a América Latina. Foi sócio dos bancos Cindam (1993-96) e Patrimônio de Investimentos (1997-99), tendo chefiado o Gabinete de Desestatização do BNDES (1990-92). Entre 1987 e 1991, lecionou nos Departamentos de Economia da PUC-Rio e da UFF. Mestre e bacharel em Ciências Econômicas pela PUC-Rio, com especialização em Administração pela Wharton School, EUA.

Luiz Roberto de Azevedo Cunha

Decano do Centro de Ciências Sociais da PUC-Rio, tendo sido também vice-reitor administrativo. Professor do Departamento de Economia da PUC-Rio desde 1971. Foi assessor do ministro Simonsen, 1974-79, secretário executivo do CIP, 1979 e 1985-86, e subsecretário de planejamento e de fazenda do estado do Rio de Janeiro, 1988-89. Economista pela PUC-Rio, 1969, e mestre em Economia pela Universidade de Vanderbilt, 1971.

Márcio G. P. Garcia

Professor associado do Departamento de Economia da PUC-Rio, do qual já foi diretor, coordenador de pós-graduação e de graduação. Consultor de diversas instituições nacionais e estrangeiras. Escreve uma coluna mensal no jornal *Valor Econômico*. Suas publicações podem ser encontradas em www.econ.puc-rio.br/mgarcia. Ph.D. em Economia pela Universidade de Stanford (1991), mestre em Economia pela PUC-Rio (1987) e engenheiro de produção pela UFRJ (1982).

Marcos de Barros Lisboa

Vice-presidente da área de risco operacional e eficiência do Itaú Unibanco desde maio de 2010. Diretor executivo do Unibanco (2006-07). Presidente do Instituto de Resseguros do Brasil (2005-06). Secretário de política econômica, Ministério da Fazenda (2003-05). Professor assistente, EPGE/FGV (1998-02). Professor assistente, Departamento de Economia, Universidade de Stanford (1996-98). Graduação em Economia, FEA/UFRJ, mestre em Economia, IEI/UFRJ, e Ph.D. em Economia, Universidade da Pensilvânia.

Marcus Vinicius Ferrero Valpassos

Consultor em projetos imobiliários. É mestre em Economia pela PUC-Rio. Baseou seus estudos na área de economia do mercado imobiliário, tendo escrito sua dissertação de mestrado sobre securitização de hipotecas no Brasil. Em 2002, escreveu junto com o professor Dionisio Dias Carneiro o livro *Financiamento à Habitação e Instabilidade Econômica*. Passou um ano como aluno de doutorado visitante na Wharton School. Deu aulas de Macroeconomia na PUC-Rio.

Maria Cristina Pinotti

Economista da A.C. Pastore & Associados. Formada em Administração pela EAESP/FGV. Curso de Pós-Graduação em Economia pela FEA/USP.

Monica Baumgarten de Bolle

Macroeconomista e diretora do IEPE/Casa das Garças. Professora de Macroeconomia na PUC-Rio. Chefiou a área de pesquisa macroeconômica internacional do Banco BBM de 2005 a 2006. Trabalhou no FMI em Washington, D.C., entre 2000 e 2005. Participou da resolução de algumas das principais crises financeiras recentes, inclusive da Argentina e do Uruguai. Participou da renegociação da dívida externa do Uruguai em 2003 e foi colaboradora de diversas notas técnicas do FMI sobre crises financeiras e reestruturação de dívidas soberanas. Ph.D. em Economia pela London School of Economics (setembro de 2001).

Nelson Camanho

Candidato ao Ph.D. em Finanças pela London School of Economics e membro do Financial Markets Group. Trabalhou no Fundo Monetário Internacional em 2010 e no Banco Mundial em 2009. Foi economista da Galanto Consultoria em 2006 e 2007. Engenheiro generalista pela École Centrale de Lyon e engenheiro mecânico e de produção pela PUC-Rio. Mestre em Economia pela PUC-Rio.

Pedro Cavalcanti Ferreira

Professor da Escola de Pós-Graduação em Economia da FGV, onde é também coordenador do mestrado em Finanças e Economia Empresarial. Foi secretário executivo da Sociedade Brasileira de Econometria. Suas áreas de pesquisa são crescimento, desenvolvimento e macroeconomia. Ph.D. pela Universidade da Pensilvânia. Mestre e bacharel em Economia pela PUC-Rio.

Pedro S. Malan

Presidente do Conselho Consultivo Internacional do Itaú Unibanco; membro de conselhos de administração e de conselhos consultivos de várias empresas; membro do Conselho Curador da IFRS Foundation; professor do Departamento de Economia da PUC-Rio. Foi presidente do Conselho de Administração do Unibanco (2004-08); ministro da Fazenda (1995-2002); presidente do Banco Central do Brasil (1993-94); negociador-chefe para assuntos da dívida externa, Ministério da Fazenda (1991-93); formado em Engenharia pela PUC-Rio (em 1965); Ph.D. em Economia pela Universidade de Berkeley, Califórnia (em 1973).

Regis Bonelli

Pesquisador sênior do CDE — Centro de Desenvolvimento Econômico do IBRE — Instituto Brasileiro de Economia, da FGV, e pesquisador associado do IEPE/Casa das Garças, Rio de Janeiro. Foi diretor-geral do IBGE, diretor de pesquisa do IPEA e diretor executivo do BNDES. Ph.D. em Economia pela Universidade da Califórnia — Berkeley e bacharel em Engenharia pela PUC-Rio.

Renato Fragelli Cardoso

Docente na EPGE/FGV a partir de 1990. Ministra cursos de Microeconomia, Macroeconomia, Economia Monetária e Desenvolvimento Econômico. Foi diretor da escola entre setembro do 2003 e julho de 2010. Atualmente coordena o curso de graduação em Economia. Foi visiting scholar na Universidade da Pensilvânia em 1989-90. Doutor em Economia, FGV/EPGE, 1989.

Roberto Iglesias

Diretor do Centro de Estudos de Integração e Desenvolvimento (CINDES). Professor da PUC-Rio. Foi secretário adjunto de política econômica do Ministério da Fazenda; coordenador da Confederação Nacional da Indústria (CNI); economista da Fundação de Estudos de Comércio Exterior (FUNCEX); consultor da Comissão Econômica para América Latina (CEPAL), da Organização Mundial da Saúde (OMS) e do Banco Mundial. Doutor em Economia pela Universidade de Oxford.

Rodrigo P. Guimarães

Economista do Departamento de Análise Macrofinanceira do Banco da Inglaterra. Formado em Economia pela PUC-Rio, onde também completou o mestrado em Economia antes de seguir para o Ph.D. em Economia na Universidade de Princeton. Foi também estrategista para as moedas dos países do G7 no Barclays Capital em Londres. Além de ter sido orientando do professor Dionisio na graduação e mestrado, foi seu assistente de pesquisa na PUC, estagiário e depois economista na Galanto Consultoria.

Rogério Werneck

Professor titular do Departamento de Economia da PUC-Rio. Foi professor da Escola de Pós-Graduação em Economia da Fundação Getulio Vargas. Bacharel em Economia pela UFMG, mestrado em Economia pela EPGE/FGV e Ph.D. em Economia pela Universidade de Harvard.

Samuel de Abreu Pessôa

Professor assistente da Escola de Pós-Graduação em Economia da Fundação Getulio Vargas no Rio de Janeiro (EPGE/FGV) e chefe do Centro de Crescimento Econômico do Instituto Brasileiro de Economia (IBRE/FGV). Autor de diversos artigos acadêmicos sobre temas ligados ao desenvolvimento econômico, publicados em revistas nacionais e internacionais. Doutor em Economia pela Universidade de São Paulo (USP).

Sandra Polónia Rios

É diretora do Centro de Estudos de Integração e Desenvolvimento (CINDES) e sócia da Ecostrat Consultores. Especialista em temas relacionados a negociações comerciais internacionais e política de comércio exterior. Professora de Economia Internacional no Departamento de Economia da PUC-Rio.

Terence de Almeida Pagano

Economista-chefe da consultoria econômica A. C. Pastore & Associados. Foi sócio responsável pela área de análise macroeconômica da Questus Asset Management de agosto de 2004 a janeiro de 2006. Bacharel em Economia pela PUC-Rio e mestre em Economia pelo Insper Instituto de Ensino e Pesquisa.

Thomas Wu

Professor assistente do Departamento de Economia da Universidade da Califórnia, Santa Cruz. Sócio e economista-chefe da Ventor Investimentos entre julho de 2008 e março de 2010, e colabora com a Galanto Consultoria há mais de 10 anos. Obteve os títulos de bacharel e mestre em Economia pela PUC-Rio e Ph.D. em Economia pela Universidade de Princeton.

Publicações de Dionisio Dias Carneiro

Livros

1. *Aspectos da participação do governo na economia*, em coautoria com Fernando Rezende, Jorge Vianna Monteiro, Wilson Suzigan e Flávio P. Castelo Branco. Rio de Janeiro: IPEA/INPES, 1976. Série monográfica, n.º 26.
2. *Brasil: dilemas da política econômica*, organizador e coautor. Rio de Janeiro: Campus, 1977.
3. *Angola: growth and adjustment in scenarios of peace*, em coautoria com Marcelo de Paiva Abreu. Studies in Macroeconomic Management. Estocolmo: Swedish International Development Agency, 1989.
4. *Guinea-Bissau: economic difficulties and prospects of structural adjustment*, em coautoria com Marcelo de Paiva Abreu. Studies in Macroeconomic Management. Estocolmo: Swedish International Development Agency, 1989.
5. *50 anos de Brasil, 50 anos de Fundação Getulio Vargas*, em coautoria com Marcelo de Paiva Abreu e Bolívar Lamounier. Rio de Janeiro: FGV, 1994.
6. *Financiamento à habitação e instabilidade econômica: experiências passadas, desafios e propostas para a ação futura*, em coautoria com Marcus Vinícius Ferrero Valpassos. Rio de Janeiro: SNIC/FGV, 2003.
7. *A reforma do sistema financeiro americano: nova arquitetura internacional e o contexto regulatório brasileiro*, organização e coautoria com Monica Baumgarten de Bolle. Rio de Janeiro: LTC, 2010.

Capítulos em Livros

1. "Política de controle de preços industriais — perspectiva teórica e análise institucional da experiência brasileira", em Fernando Rezende *et al.* (Org.) *Aspectos da participação do governo na economia*, Rio de Janeiro: IPEA/INPES, 1976. Série monográfica, n.º 26, p. 135-173.
2. "Dificuldades no reajuste do modelo", em Dionisio Dias Carneiro (Org.). *Brasil: dilemas da política econômica*. Rio de Janeiro: Campus, 1977, p. 13-32.
3. "O terceiro choque: é possível evitar-se a depressão?", em Pérsio Arida (Org.). *Dívida externa, recessão e ajuste estrutural — O Brasil diante da crise*. Rio de Janeiro: Paz e Terra, 1982, p. 79-95.
4. "Leon Walras (1834-1910): apresentação". *Os economistas: Walras, compêndio dos elementos de economia política pura*. São Paulo: Abril Cultural, 1983, p. VII-XXI.
5. "El ajuste a largo plazo, la crisis de la deuda y el papel cambiante de las políticas de estabilización en la reciente experiencia brasileña", em Rosemary Thorp e Laurence Whitehead (Ed.). *La crisis de la deuda en América Latina*. Bogotá: Siglo Veintiuno Editores, 1986. Cap. 3, p. 37-68.
6. "Perspectivas del endeudamiento externo brasileño 1986-90", em Ricardo French-Davis e Richard E. Feinberg (Ed.). *Más allá de la crisis de la deuda: bases para un nuevo enfoque*. Santiago de Chile: Grupo Editor Latinoamericano/CIEPLAN Diálogo Interamericano, 1986, p. 163-181.
7. "Long-run adjustment the debt crisis and the changing role of stabilization policies in the recent brazilian experience", em Rosemary Thorp e Laurence Whitehead. *Latin american debt and the adjustment crisis*. London: St. Antony's/Macmillan Series, 1987, p. 28-67.
8. "Passivo do governo e déficit público no período 1970/85", em Ernesto Lozardo (Org.). *Déficit público brasileiro: política econômica e ajuste estrutural*. Rio de Janeiro: Paz e Terra, 1987.
9. "Brazil and the IMF: logic and story of a stalemate", em Stephany Griffith-Jones (Org.). *Managing world debt*. Hemel Hempstead, England: Harvester-Wheatsheaf; New York: St. Martin's Press, 1988.

10. "La inflación y la evolución del sistema financiero", em coautoria com Pedro Bodin de Moraes, em C. Massad e R. Zahler (Org.). *Deuda interna y estabilidad financiera*. Buenos Aires: Grupo Editor Latinoamericano, 1988, p. 135-155.

11. "La posición externa del Brasil y las políticas de estabilización en la década de 1980", em coautoria com Marcelo de Paiva Abreu, em N. Eyzaguirre e M. Valdívia (Org.). *Políticas macroeconómicas y brecha externa: América Latina en los ochenta*. Santiago de Chile: ONU/CEPAL, 1989, p. 183-201.

12. "Crise e esperança: 1974-1980", em Marcelo de Paiva Abreu (Org.). *A ordem do progresso: cem anos de política econômica republicana 1889-1989*. Rio de Janeiro: Campus, 1989. Cap. 11, p. 295-322.

13. "Ajuste externo e desequilíbrio interno: 1980-1984", em coautoria com Eduardo Modiano, em Marcelo de Paiva Abreu (Org.). *A ordem do progresso: cem anos de política econômica republicana 1889-1989*. Rio de Janeiro: Campus, 1989. Cap. 12, p. 323-346.

14. "Reforma monetária: prós e contras do mercado secundário", em coautoria com Ilan Goldfajn, em Clovis de Faro (Org.). *Plano Collor: avaliações e perspectivas*. Rio de Janeiro: LTC, 1990, p. 205-222.

15. "Stabilization programmes in developing countries: old truths and new elements", em coautoria com Edmar L. Bacha, em Pranab Bardhan, Mrinal Datta-Chaudhuri e T. N. Krishnan (Ed.). *Development and change: essays in honour of K. N. Raj*. New Delhi: Oxford University Press, 1993, p. 170-196.

16. "Brazil: medium term development issues", em coautoria com Rogério L. Werneck, em Lance Taylor (Ed.). *The Rocky road to reform: adjustment, income distribution, and growth in the developing world*. Cambridge, Mass.: MIT Press, 1993.

17. "Brazilian external debt during Sarney's government: independence and confrontation", em Luis E. Aragón, Weine Karlsson e Áke Magnusson (Ed.). *Science, development and environment in Brazil: experiences and options for the future*. Stockholm: Institute for Latin American Studies, 1993.

18. "Obstacles to investment resumption in Brazil", em coautoria com Rogério Werneck. Cap. 2, em Edmar Bacha (Org.). *Savings and investment requirements for the resumption of growth in Latin America*. Washington, D.C.: BID/PUC-Rio, 1993, p. 57-102. Versão em espanhol, com o título: "Ahorro público y ahorro privado: requerimientos para la restauración del crecimiento en la economía brasileña", em Edmar Bacha (Org.). *Requisitos de ahorro e inversión para restaurar el crecimiento em América Latina*. Washington, D.C.: BID/PUC-Rio, 1993, p. 67-108.

19. "Flujos de capital y control monetario bajo sustitución doméstica de dinero: la reciente experiencia brasileña", em coautoria com Márcio G. P. Garcia, em Roberto Steiner (Org.). *Afluencia de capitales y estabilización en América Latina*. Bogotá: TM Editores/Fedesarrollo, 1994, p. 111-134.

20. "Adaptação inflacionária, política monetária e estabilização", em João Paulo dos Reis Velloso (Org.). *Inflação, moeda e desindexação*. São Paulo: INAE/Fórum Nacional/NOBEL, 1994, Cap. 4, p. 77-97.

21. "El fortalecimiento del sector financiero en la economía brasileña", em coautoria com Rogério L. F. Werneck, Márcio G. P. Garcia e Marco Antônio Bonomo, em Roberto Frenkel (Org.). *El fortalecimiento del sector financiero en el proceso de ajuste: liberalización y regulación*. Buenos Aires: CEDES-BID, 1994, p. 87-150.

22. "A agenda das reformas econômicas: as lições de 1964 para 1994", em Eduardo Raposo (Coord.). *1964-30 anos depois*. Rio de Janeiro: Agir, 1994, p. 74-78.

23. "O Brasil meridional: fronteiras do passado e do futuro", em *Fronteira: Brasil meridional*. Rio de Janeiro: Edições Alumbramento/Livroarte Editora, 1995-96, p. 235-252.

24. "Origens e consequências da regulação e da tributação das transações financeiras no Brasil", em Edmar Lisboa Bacha e Luiz Chrysostomo de Oliveira Filho (Org.). *Mercado de capitais e crescimento econômico: lições internacionais, desafios brasileiros*. Rio de Janeiro; São Paulo: IEPE/CdG/ Contra Capa Livraria / ANBIB, 2005, p. 161-168.

25. "Letras financeiras do tesouro e normalidade financeira: haverá um "peso problem"?", em Edmar Lisboa Bacha e Luiz Chrysostomo de Oliveira Filho (Org.). *Mercado de capitais e dívida pública:*

tributação, indexação, alongamento. Rio de Janeiro; São Paulo: IEPE/CdG; Contra Capa Livraria; ANBIB, 2006, p. 197-218.

26. "Como responder ao 'trade-off' risco vs eficiência?", em coautoria com Monica Baumgarten de Bolle, em Edmar Lisboa Bacha e Ilan Goldfajn (Org.). *Como reagir à crise? Políticas econômicas para o Brasil.* Rio de Janeiro: Imago/IEPE/CdG, 2009, p. 23-28.

27. "Metas inflacionárias e crise externa: o que fazer? Um resumo", em coautoria com Monica Baumgarten de Bolle, em Edmar Lisboa Bacha e Ilan Goldfajn (Org.). *Como reagir à crise? Políticas econômicas para o Brasil.* Rio de Janeiro: Imago/IEPE/CdG, 2009, p. 51-56.

28. "O que a crise atual revelou sobre as deficiências regulatórias?", em Dionisio Dias Carneiro e Monica Baumgarten de Bolle (Org.). *A reforma do sistema financeiro americano: nova arquitetura internacional e o contexto regulatório brasileiro.* Rio de Janeiro: LTC, 2010, Cap. 3, p. 17-32.

29. "As propostas americanas: o blueprint de Paulson versus o white paper de Geithner", em coautoria com Monica Baumgarten de Bolle, em Dionisio Dias Carneiro e Monica Baumgarten de Bolle (Org.). *A reforma do sistema financeiro americano: nova arquitetura internacional e o contexto regulatório brasileiro.* Rio de Janeiro: LTC, 2010, Cap. 8, p. 95-100.

Artigos em publicações especializadas

1. "Sraffa and classical economics: fundamental equilibrium relationships", em coautoria com Edmar Bacha e Lance Taylor. *Metroeconomica*, v. 29, n.º 1-2-3, fev. 1977, p. 39-53. Versão em espanhol em El Trimestre Económico n.º 173, vol. 44(1), jan.-mar. 1977, p. 53-72.

2. "Brazil and the world crisis: industrialization policies and the trade balance", em coautoria com Cláudio Haddad. Trabalho apresentado no seminário *The new international economic order and UNCTAD IV*, out. 1975.

3. "Maximização do lucro e controle de preços". *Revista Brasileira de Economia*, v. 29, n.º 4, p. 41-55, out.-dez. 1975.

4. "Experiência brasileira com controles de preços industriais". *Revista de Finanças Públicas*, ano XXVII, n.º 130, abr.-jun. 1977.

5. "Estatização na economia brasileira: notas para o debate". *Revista de Finanças Públicas*, ano XXVII, n.º 132, out.-dez. 1977.

6. "Rever a macroeconomia". *Revista da ANPEC*, v. 1, n.º 1, 1977.

7. "Brazilian economic policy in the mid-seventies". *Brazilian Economic Studies*, n.º 4, 1978.

8. "Reflexões sobre a política de juros". *Debate Econômico*, Silveira e Leinemann Consultores, v. 1, n.º 2, p. 1-4, jul. 1978.

9. "MAP: uma nova proposta de política de rendas", resenha, *Pesquisa e Planejamento Econômico*, v. 12, n.º 1, abr. 1982.

10. "Inflação e controle do déficit público", em coautoria com Eduardo Modiano. *Anais do IX Encontro Nacional de Economia*, v. 2, ANPEC, Belém: Editora Gráfica, 1983.

11. "Inflação e controle do déficit público: análise teórica e algumas simulações para a economia brasileira", em coautoria com Eduardo Marco Modiano. *Revista Brasileira de Economia*, v. 37, n.º 4, p. 395-414, out.-dez. 1983.

12. "Política monetária e endogeneidade dos agregados monetários", em coautoria com Arminio Fraga Neto. *Pesquisa e Planejamento Econômico*, jan. 1984.

13. "La reprise possible: sera-t-elle durable?". *Lettre du Brésil*, n.º 70, CCIFB/CCFB, 15 out. 1984.

14. "O plano Bresser: primeiras reações". *Revista de Economia Política*, v. 8, n.º 1, p. 136, jan.-mar. 1988.

15. "El plan cruzado: una temprana evaluación después de dies meses". *El Trimestre Económico*, v. LIV, n.º esp., set. 1987.

16. "Heterodoxia e política monetária". *Revista da ANPEC*, ano X, n.º 12, dez. 1987.

17. "Os custos passados e futuros da crise da dívida". *Brasil Perspectivas Internacionais*. Rio de Janeiro: PUC-Rio/IRI, v. 17, p. 5-7, mar. 1988.

18. "Endividamento externo, ajuste fiscal e crescimento econômico", em coautoria com Rogério Werneck. *Pesquisa e Planejamento Econômico*, v. 20, n.º 1, abr. 1990.

19. "Flujos de capital y control monetario bajo sustitución doméstica de dinero: la reciente experiencia brasileña", em coautoria com Márcio G. P. Garcia. In: Roberto Steiner. (Org.). *Afluencia de capitales y estabilización en América Latina*. Bogotá: Fedesarollo, 1994. Versão original em inglês: "Capital flows and monetary control under a domestic currency substitution regime: the recent brazilian experience", em coautoria com Márcio G. P. Garcia. *Texto para Discussão n.º 304*, PUC-Rio, ago. 1993.

20. "Ignácio Rangel e os economistas de minha geração", *Boletim do CORECON*, 21 mar. 1994.

21. "Growth prospects after stabilization: issues and challenges", *Revista Brasileira de Economia*, v. 48, n.º 4, p. 505-518, out.-dez. 1994.

22. "Growth and environment trade-offs: three-gap simulations for Brazil", em coautoria com Marcelo de Paiva Abreu e Rogério L. F. Werneck, *Texto para discussão n.º 329*, PUC-Rio, dez. 1994.

23. "Brazil: widening the scope for balanced growth", em coautoria com Marcelo de Paiva Abreu e Rogério L. F. Werneck, *World Development*, v. 24, n.º 2, p. 241-254, fev. 1996.

24. "Private international capital flows to Brazil", em coautoria com Márcio G. P. Garcia, *Serie financiamiento del desarrollo n.º 33*, Santiago de Chile: Nações Unidas, out. 1995.

25. "Dívida externa: a experiência brasileira". CD-Rom *Brasil em foco*. Projeto É Tempo de Brasil, Ministério das Relações Exteriores. Editora Terceiro Nome, jul. 1996.

26. "A sustentabilidade dos déficits externos", *Revista ANPEC*, n.º 3, p. 11-27, ago. 1997.

27. "A new clustering procedure applied to an international comparison of indebtness", em coautoria com André M. d'Almeida Monteiro e Carlos Eduardo Pedreira. *Learning and non-linear models*, v. 2, n.º 2, p. 107-116, 2004.

28. "A securitização de hipotecas no Brasil", em coautoria com Ilan Goldfajn, *Texto para Discussão n.º 426*, PUC-Rio, jun. 2000.

29. "Crédito imobiliário, poupança e crescimento", *Revista do 21.º Congresso Brasileiro de Fundos de Pensão*, ABRAPP, p. 28-40, nov. 2000.

30. "The structure of public sector debt in Brazil", em coautoria com Afonso Sant'Anna Bevilaqua, Márcio Gomes Pinto Garcia e Rogério Furquim Ladeira Werneck. *Research Network Working Paper R-424*. BID/PUC-Rio, abr. 2001.

31. "Juros e câmbio: haverá combinações de instrumentos menos desgastantes para as metas de inflação?", em coautoria com Thomas Yen Hon Wu. *Economia Aplicada*, v. 6, n.º 1, FEA-USP/FIPE. jan.-mar. 2002.

32. "Mecanismos não lineares de repasse cambial para o IPCA", em coautoria com André M. d'Almeida Monteiro e Thomas Yen Hon Wu. *Revista de Economia e Administração*, v. 3, n.º 1, p. 1-14, IBMEC/INSPER, jan.-mar. 2004.

33. "Juros, câmbio e as imperfeições do canal de crédito", em coautoria com Thomas Yen Hon Wu e Felipe Monteiro Salles. *Revista Economia Aplicada*, v. 10, n.º 1, p. 7-23, jan.-mar. 2006.

34. "Contas externas e política monetária", em coautoria com Thomas Yen Hon Wu. *Revista Brasileira de Economia*, v. 58, n.º 3, p. 301-323, jul.-set. 2004.

35. "Sovereign risk and out-of-equilibrium exchange rate dynamics", em coautoria com Thomas Wu. *Review of Development Economics*, v. 14, n.º 4, p. 699-711, nov. 2010.

Material Suplementar

Este livro conta com materiais suplementares.

O acesso é gratuito, bastando que o leitor se cadastre em http://gen-io.grupogen.com.br.

GEN-IO (GEN | Informação Online) é o repositório de material suplementar e de serviços relacionados com livros publicados pelo GEN | Grupo Editorial Nacional, o maior conglomerado brasileiro de editoras do ramo científico-técnico-profissional, composto por Guanabara Koogan, Santos, LTC, Forense, Método e Forense Universitária.

Sumário

Apresentação **André Lara Resende**	v
Prefácio **Luiz Roberto de Azevedo Cunha**	vii
Sobre os Autores	xii
Publicações de Dionisio Dias Carneiro	xviii
Introdução **Edmar Lisboa Bacha e Monica Baumgarten de Bolle**	1

Parte 1 — CRISE INTERNACIONAL E REGULAÇÃO DE MERCADOS — 5

1. Na Esteira da Grande Recessão: Guia para os Perplexos — 7
   Albert Fishlow
2. O Problema do Rebalanceamento da Economia Mundial Pós-Crise — 18
   Pedro S. Malan
3. Uma Comparação dos Programas de *Quantitative Easing* Adotados pelos Bancos Centrais dos Países Desenvolvidos — 23
   Deborah B. A. C. de Oliveira
4. Resposta Regulatória à Crise Financeira — 30
   Armando Castelar Pinheiro
5. Risco Sistêmico, Redes e Regulação: A Tríade dos Sistemas Financeiros Modernos — 46
   Monica Baumgarten de Bolle
6. Distância de Carteira entre Fundos e Risco Sistêmico — 58
   Nelson Camanho
7. Os Novos Dilemas do Mercado Acionário Brasileiro — 68
   Ana Dolores Novaes
8. Políticas de Defesa da Concorrência e Crise Econômica — 81
   Carlos Winograd

Parte 2 — JUROS E POLÍTICA MONETÁRIA — 93

9. Regulação e Política Monetária: Substitutos ou Complementares? — 95
   Alkimar R. Moura
10. A Longa Travessia para a Normalidade: Os Juros Reais no Brasil — 103
    Ilan Goldfajn e Aurélio Bicalho
11. A Estabilização Incompleta — 116
    Francisco L. Lopes
12. Além da Tríade: Como Reduzir os Juros? — 130
    Edmar Lisboa Bacha
13. Independência Monetária Parcial: O Excesso de Correlação entre Câmbio e Juros Longos — 140
    Diogo Guillén e Thomas Wu
14. Decomposição da Curva de Juros no Reino Unido: Credibilidade e Dominância Fiscal — 148
    Rodrigo P. Guimarães

PARTE 3 — CÂMBIO, INDÚSTRIA E BALANÇO DE PAGAMENTOS 161

15. INVESTIMENTOS, POUPANÇAS, CONTAS-CORRENTES E CÂMBIO REAL 163
Affonso Celso Pastore, Maria Cristina Pinotti e Terence de Almeida Pagano

16. O "PROBLEMA" DO CÂMBIO E AS MEDIDAS DE POLÍTICA ECONÔMICA 179
Márcio G. P. Garcia

17. POLÍTICA CAMBIAL NO BRASIL 186
John Williamson

18. EVIDÊNCIAS DE "DOENÇA HOLANDESA"? UMA ANÁLISE DA EXPERIÊNCIA
RECENTE NO BRASIL 194
Roberto Iglesias e Sandra Polónia Rios

19. DESINDUSTRIALIZAÇÃO NO BRASIL: FATOS E VERSÕES 209
Regis Bonelli e Samuel de Abreu Pessôa

PARTE 4 — INSTITUIÇÕES, REGIME FISCAL E CRESCIMENTO 227

20. INSTITUIÇÕES E CRESCIMENTO ECONÔMICO 229
Marcos de Barros Lisboa

21. CRESCIMENTO COM BAIXA POUPANÇA DOMÉSTICA 239
Pedro Cavalcanti Ferreira e Renato Fragelli Cardoso

22. A DETERIORAÇÃO DO REGIME FISCAL NO SEGUNDO MANDATO DE LULA E SEUS
DESDOBRAMENTOS 250
Rogério Werneck

23. TESTE DE SUSTENTABILIDADE DA DÍVIDA, AJUSTE FISCAL NO BRASIL
E CONSEQUÊNCIAS PARA O PRODUTO 258
Aurélio Bicalho e João Victor Issler

PARTE 5 — FINANCIAMENTO DE LONGO PRAZO E INVESTIMENTO 273

24. O BRASIL E A GLOBALIZAÇÃO APÓS O PLANO REAL: OS CENSOS DO CAPITAL
ESTRANGEIRO, 1995, 2000 E 2005 275
Gustavo H. B. Franco

25. NOTAS SOBRE O FINANCIAMENTO DE LONGO PRAZO NO BRASIL 285
Arminio Fraga Neto

26. CRÉDITO À HABITAÇÃO NO BRASIL: CRESCIMENTO E GARGALOS 290
Marcus Vinicius Ferrero Valpassos

27. FINANCIAMENTO DO INVESTIMENTO 299
Julio Dreizzen

28. OBSERVAÇÕES SOBRE UM "PROGRESSO SEM ORDEM": OS INVESTIMENTOS PÚBLICOS NOS
PROGRAMAS DE CRESCIMENTO 307
Luiz Chrysostomo de Oliveira Filho

BIBLIOGRAFIA 316

ÍNDICE 328

Introdução

Edmar Lisboa Bacha
Monica Baumgarten de Bolle

Apoiado na estabilização e nas reformas institucionais de 1964 a 1966, bem como numa boa fase da economia internacional, o Brasil viveu um período de alto crescimento entre 1967 e 1973 – que ficou conhecido como o "milagre econômico". Sobreveio então o primeiro choque de petróleo, que atingiu o país no pico daquela expansão econômica, provocando um enorme déficit na conta corrente do balanço de pagamentos. A inflação, que estava estabilizada na casa dos 20% ao ano, saltou para 40%. A política econômica passou do otimismo para a perplexidade.

Foi nessas circunstâncias que Dionisio Dias Carneiro, então jovem professor da Escola de Pós-Graduação em Economia da Fundação Getulio Vargas do Rio de Janeiro, organizou e foi coautor de uma coletânea de artigos, oferecendo para debate "uma contribuição que permite construir uma visão mais realista dos dilemas da política econômica". Dionisio publicou essa coletânea com o título *Brasil: Dilemas de Política Econômica*.[1]

Quando imaginamos organizar um tributo à memória de Dionisio, o título desse seu primeiro livro nos veio imediatamente à mente. Os dilemas atuais da política econômica são obviamente distintos, a começar pelo fato de o debate se dar num ambiente democrático, além de a inflação e o déficit externo, pelo menos até agora, não estarem tão elevados quanto naquela época. A semelhança é que o país também vem de um período de estabilização e reformas seguido de crescimento e sofreu um importante choque externo no pico da expansão em 2008. Há certa perplexidade no ar, seja quanto ao ambiente regulatório depois da crise financeira internacional, seja quanto às políticas macroeconômicas adequadas para sustentar o crescimento do país.

No espírito da contribuição de Dionisio há mais de trinta anos, cabe uma nova coletânea para o debate dos dilemas atuais da política econômica brasileira.

Em 24 de setembro de 2010, na semana em que Dionisio comemoraria 65 anos de idade e quase dois meses após seu falecimento, organizamos em sua homenagem um seminário de dia inteiro na Casa das Garças. Convidamos colegas e ex-alunos seus para fazerem vinte breves apresentações, de dez minutos cada uma, antecipando textos a serem desenvolvidos, e cobrindo áreas de política econômica caras a Dionisio: crise e regulação financeira, juros e política monetária, câmbio e balanço de pagamentos, política fiscal e crescimento econômico.

Aos participantes desse seminário posteriormente se juntaram outros colegas e ex-alunos, para compor os vinte e oito textos destes *Novos Dilemas da Política Econômica*, escritos em homenagem a Dionisio Dias Carneiro.

Com alguma liberdade editorial, organizamos os artigos em cinco seções: crise internacional e regulação de mercados; juros e política monetária; câmbio, indústria e balanço de pagamentos; instituições, regime fiscal e crescimento; e financiamento de longo prazo e investimento.

O livro se abre com as temáticas da crise internacional e da regulação de mercados. Embora sempre preocupado com os desafios brasileiros, os desdobramentos da crise de 2008 e as implicações para as políticas macroeconômicas e para a reformulação das regras regulatórias nos sistemas financeiros modernos eram os assuntos que mais intrigavam Dionisio nos últimos anos. Perplexo, como todos nós,

---

[1] Ver Dionisio Dias Carneiro (org.). *Brasil: Dilemas de Política Econômica*. Rio de Janeiro: Campus, 1977.

com a gravidade histórica do que se passava e com os novos dilemas para a gestão econômica que se apresentavam, Dionisio dizia que iríamos assistir a uma grande transformação da macroeconomia nos próximos anos. É particularmente apropriado, portanto, que o primeiro artigo desta coletânea em sua homenagem seja um "guia para os perplexos", uma análise de Albert Fishlow sobre as peculiaridades da recente crise econômica americana, quando comparada com episódios históricos de "duplo mergulho" naquele país. Fishlow descarta esse risco, mas alerta para a persistência de um alto desemprego e uma dívida pública elevada, que acentuarão os dilemas econômicos, dificultando os cenários prospectivos para a economia mundial. Pedro S. Malan complementa a análise de Fishlow com uma avaliação das dificuldades de reequilíbrio da economia mundial no pós-crise. Constata que continuam elevadas as incertezas sobre o curso futuro dos eventos não só nos EUA, mas também na Europa e no Japão. Por isso, não lhe parece razoável imaginar que a outra metade do mundo possa seguir indefinidamente crescendo a taxas elevadas com base em uma dinâmica própria que independa do que ocorre no mundo desenvolvido. Em face das dificuldades que enfrentam as economias maduras, seus bancos centrais embarcaram em políticas monetárias pouco convencionais, denominadas afrouxamento monetário (*quantitative easing*). A análise da natureza e dos resultados parciais dessas políticas é o objeto do artigo de Deborah de Oliveira.

Os demais artigos desta primeira parte lidam com as implicações regulatórias da crise financeira internacional. Armando Castelar Pinheiro discute as principais iniciativas internacionais para corrigir as deficiências regulatórias identificadas na crise e examina as implicações dessas iniciativas para o Brasil. Monica Baumgarten de Bolle aborda a necessidade de redefinir o conceito de risco sistêmico nos sistemas financeiros modernos. A partir da teoria de redes e complexidade, avalia as dimensões do risco sistêmico e as implicações para as propostas de reforma regulatória, inclusive no que se refere ao caso brasileiro. Nelson Camanho explora uma base internacional de dados sobre fundos mútuos de investimento e sugere medidas que poderiam ser usadas no monitoramento do grau de instabilidade do sistema não bancário. Ana Dolores Novaes foca a evolução recente do mercado acionário brasileiro e sugere caminhos para a retomada da discussão sobre os novos regulamentos do Novo Mercado, depois que a proposta da BM&F/Bovespa foi recusada. Carlos Winograd usa o exemplo da Argentina para advertir sobre os riscos de que, mesmo no pós-crise, permaneça uma indesejada leniência regulatória quanto a práticas anticoncorrenciais em mercados não financeiros.

No artigo inicial da segunda parte, sobre juros e política monetária, Alkimar Moura retoma o tema das reformas regulatórias nos EUA e no Comitê de Basileia, discutindo se, para afastar a emergência de novas crises financeiras, os bancos centrais deveriam ampliar o escopo da política monetária para incluir em suas funções de reação variáveis ligadas à estabilidade do sistema bancário e aos riscos de crédito e liquidez. Os outros artigos dessa parte se ocupam com os dilemas da política monetária no pós-crise, especialmente no que concerne às altas taxas de juros brasileiras. Ilan Goldfajn e Aurélio Bicalho estimam equações para as taxas de juros de equilíbrio de curto e longo prazos para o Brasil, constatando sua tendência declinante. A estabilidade macroeconômica e a credibilidade da autoridade monetária exercem papel fundamental na redução dos prêmios de risco, permitindo a queda da taxa de juros real de equilíbrio de longo prazo. Aliada a isso, uma política fiscal voltada para a redução dos gastos públicos contribuiria para acelerar esse processo e fazer com que no futuro próximo o Brasil tenha taxas de juros reais mais próximas dos padrões internacionais. Francisco L. Lopes, entretanto, argui que não estão presentes no Brasil as condições para uma política de metas de inflação com juros baixos. Isso devido à reduzida sensibilidade da demanda agregada à taxa real de juros e à política de flutuação amortecida do Banco Central. A partir de repetidos choques inflacionários, resulta então uma situação de desequilíbrio persistente com juros elevados. Edmar Lisboa Bacha sugere que a persistência dos juros elevados está ligada a mecanismos e instituições herdados de nosso passado inflacionário e de superindexação, que precisam ser atacados para fazer os juros convergirem para níveis normais. Thomas Wu e Diogo Guillén demonstram que o grau de independência da política monetária brasileira é apenas parcial, pois os juros longos continuam pouco relacionados com a expectativa sobre a evolução futura da taxa Selic, estando muito atrelados aos fluxos de capital externo, ao contrário do que acontece em países maduros. Rodrigo P. Guimarães utiliza modelos dinâmicos para estudar o impacto da independência operacional do Banco da Inglaterra sobre as taxas de juros longas no Reino Unido. Conclui que essa experiência oferece lições relevantes para o Brasil, onde a independência *de jure* do Banco Central poderia aumentar a credibilidade da política monetária.

A terceira parte, sobre câmbio, indústria e balanço de pagamentos, abre-se com um texto de Affonso Celso Pastore, Maria Cristina Pinotti e Terence de Almeida Pagano. Eles mostram que a partir de 1994 aumentou a correlação dos ciclos de expansão do investimento com os déficits em conta-corrente. Com o correr do tempo, o aumento do passivo externo provoca uma depreciação cambial que trava o ciclo de crescimento. Concluem que, para crescer de forma sustentada, o país precisa elevar a poupança doméstica. Márcio G. P. Garcia revê pesquisas sobre o problema do câmbio apreciado, constatando que o *carry-trade* tem importância secundária no processo. Argui que não se justifica continuar a acumular dispendiosas reservas internacionais e sustenta que controles à entrada de capital podem apenas fazer uma ponte até que um ajuste fiscal abra espaço para que o câmbio se deprecie. John Williamson, entretanto, questiona a sabedoria de uma política de flutuação cambial sem limites e advoga a adoção de um regime alternativo, em que as autoridades anunciem uma meta para a taxa de câmbio.

Os dois textos finais da terceira parte discutem a questão da desindustrialização. Roberto Iglesias e Sandra Polónia Rios, utilizando dados até 2008, não encontram evidências de que a apreciação cambial teria provocado uma "doença holandesa" na indústria brasileira. Ao contrário, as evidências agregadas e setoriais são de expansão industrial nos últimos anos, o que sugere que a diminuição das vendas externas se deveu a um redirecionamento da produção doméstica para um mercado interno mais rentável e em expansão. Regis Bonelli e Samuel de Abreu Pessôa, a partir de uma cuidadosa revisão dos dados e de comparações internacionais, documentam uma pequena queda da participação da indústria no PIB nos últimos trinta anos. Essa queda é compatível com uma saudável reversão da "doença soviética" de industrialização excessiva, de que o país padecia até a abertura comercial na década de 1990.

A quarta parte, sobre instituições, regime fiscal e crescimento, inicia-se com reflexões de Marcos de Barros Lisboa sobre a importância das instituições para o crescimento. Embora o Brasil tenha evoluído no desenho de políticas públicas, há diversos aspectos legais e institucionais em que nos encontramos distantes das principais economias. Essas dificuldades precisam ser enfrentadas para evitar que o ciclo de crescimento recente encontre a natural exaustão dos ganhos de produtividades definidos pelas reformas já realizadas. Pedro Cavalcanti Ferreira e Renato Fragelli Cardoso discutem o padrão de desenvolvimento brasileiro que denominam "industrialização sem poupança" e advertem sobre a necessidade de uma profunda reforma fiscal para aumentar a poupança e controlar os gastos públicos. Rogério Werneck traça a evolução da política fiscal durante o segundo mandato do Presidente Lula e discute as repercussões da crise financeira internacional sobre os indicadores e as medidas adotadas pelas autoridades brasileiras. Num tom mais formal, Aurélio Bicalho e João Victor Issler desenvolvem testes estatísticos que apontam na direção da sustentabilidade da razão entre a dívida e o PIB após o Plano Real. Observam, entretanto, que o ajuste à perda do imposto inflacionário ocorreu por meio do aumento de impostos, com efeitos negativos sobre o crescimento econômico a longo prazo.

A quinta e última parte lida com o financiamento de longo prazo e o investimento. Gustavo H. B. Franco analisa os resultados do Censo do Capital Estrangeiro de 2005, contrastando-os com os dos censos de 1995 e 2000. Traça um panorama da globalização da economia brasileira, revelando um notável aprofundamento das relações entre o país e o resto do mundo. Arminio Fraga Neto foca a escassez e o alto custo dos financiamentos de longo prazo no país. Discute os papéis do BNDES, do setor bancário privado, dos fundos de pensão e da bolsa de valores, para concluir com propostas para melhorar o atual sistema de financiamento do investimento no país. Marcus Vinícius Valpassos argumenta que o modelo de financiamento habitacional atual, baseado em recursos do FGTS e das cadernetas de poupança, não será capaz de levar o país a níveis habitacionais adequados e que, com regulação apropriada, a securitização poderá ter um papel fundamental no desenvolvimento do mercado imobiliário. Julio Dreizzen utiliza os conceitos de fragilidade financeira de Minsky para analisar os canais por meio dos quais se pode incentivar o desenvolvimento dos mercados de crédito de longo prazo em economias com histórico de inflação elevada e instabilidade macroeconômica. Luiz Chrysostomo de Oliveira Filho destaca o investimento público como parte relevante dos programas de estímulo ao crescimento, tanto no II Plano Nacional de Desenvolvimento (II PND) como nos mais recentes Planos de Aceleração do Crescimento (PAC I e PAC II).

Em seu conjunto, o livro é um tributo à capacidade de Dionisio de estimular e inovar numa variedade de temas ligados à conjuntura internacional, à regulação financeira e à política econômica brasileira. Seu impacto é amplo, revelando a grande abrangência dos interesses e das contribuições de Dionisio: seus colegas e ex-alunos aqui representados vieram não só do Brasil como da Argentina, dos Estados Unidos e da Inglaterra. Todos partilham do esforço de Dionisio para entender, a partir de uma análise econômica cuidadosa, como o mundo real funciona e como podemos fazer do Brasil um lugar melhor para se viver.

PARTE 1

CRISE INTERNACIONAL E REGULAÇÃO DE MERCADOS

1
Na Esteira da Grande Recessão: Guia para os Perplexos
Albert Fishlow

2
O Problema do Rebalanceamento da Economia Mundial Pós-Crise
Pedro S. Malan

3
Uma Comparação dos Programas de *Quantitative Easing* Adotados pelos Bancos Centrais dos Países Desenvolvidos
Deborah B. A. C. de Oliveira

4
Resposta Regulatória à Crise Financeira
Armando Castelar Pinheiro

5
Risco Sistêmico, Redes e Regulação: A Tríade dos Sistemas Financeiros Modernos
Monica Baumgarten de Bolle

6
Distância de Carteira entre Fundos e Risco Sistêmico
Nelson Camanho

7
Os Novos Dilemas do Mercado Acionário Brasileiro
Ana Dolores Novaes

8
Políticas de Defesa da Concorrência e Crise Econômica
Carlos Winograd

Na Esteira da Grande Recessão: Guia para os Perplexos

Albert Fishlow

1 INTRODUÇÃO[1]

Em uma década apenas, os Estados Unidos passaram de uma "Nova Economia" em expansão, baseada no avanço tecnológico, para a "Grande Recessão", a mais longa recessão já experimentada no pós-guerra. A "Grande Moderação" de Ben Bernanke ficou quase exatamente entre os dois. Muitos opinaram que os acontecimentos recentes seriam ainda piores, projetando uma "II Grande Depressão". Poucas transformações da economia americana no passado foram tão dramáticas ou provocaram tanto conflito político.

Em 1999, a economia já tinha marcado um recorde histórico de 40 trimestres seguidos de prosperidade desde 1991: o desemprego tinha caído a 4% no fim do ano; e o governo tinha um superávit orçamentário. O que fazer com esse excesso se tornara uma questão importante. Alan Greenspan não tinha dúvida:

> *Creio que o crescimento potencial de nossa economia estará mais bem servido se mantivermos os superávits orçamentários unificados que estão atualmente ocorrendo e assim reduzirmos a dívida do Tesouro mantida em poder do público... A expansão resultante no conjunto da poupança doméstica ajudará a manter o* boom *atual de investimentos geradores de produtividade no setor privado.[2]*

Na eleição presidencial de 2000, Gore e Bush divergiram em suas propostas de como usar o superávit do orçamento, mas ambos concordavam que ele continuaria disponível como base para avanço econômico subsequente.

Rodem o filme até setembro de 2010. A economia dos Estados Unidos movia-se apenas lentamente em aparente recuperação da aguda queda na produção que havia começado em dezembro de 2007, de acordo com a determinação formal de recessões do NBER. Há uma ampla concordância de que o ciclo alcançou o nível mais baixo no verão de 2009, mas somente agora, em setembro de 2010, o NBER declarou que foi junho o mês do término da recessão. Esse atraso realimentou a discussão sobre o potencial de uma recessão de duplo mergulho (*double dip*) que de algum modo sempre chega ao noticiário. Analistas tão diferentes como Nouriel Roubini e Martin Feldstein, sem falar de outros, parecem atribuir alta probabilidade a outro declínio em futuro próximo. O "duplo mergulho" virou expressão comum. Há um déficit fiscal elevado, chegando a quase 10% do PIB, o desemprego formal se aproxima de 10% da força de trabalho, sendo o subemprego ainda maior, e o crescimento econômico — não obstante a maciça intervenção do FED — havia inesperadamente caído para 1,6% no segundo trimestre de 2010, em vez dos 2,4% estimados anteriormente.

O que aconteceu? Embora as divergências persistam, há ao menos concordância de que dois fatores básicos estão na raiz dessa transformação: o aumento nos preços dos imóveis residenciais e o súbito colapso da intermediação financeira.

---

[1] Este breve ensaio, em homenagem a Dionisio Dias Carneiro, retoma vários pontos que tivemos a oportunidade de discutir na Casa das Garças no início de junho de 2010. As muitas contribuições de Dionisio farão muita falta.

[2] Depoimento perante a Comissão Especial do Senado dos Estados Unidos sobre envelhecimento da população, 27 de março de 2000.

Conforme Robert Shiller, "a bolha dos imóveis residenciais foi uma causa muito importante, se não *a* causa, da crise do crédito *subprime* e da crise econômica mais geral..."[3] Os preços dos imóveis residenciais subiram em proporções recordes e de modo contínuo desde o fim dos anos 1990 até 2006, permitindo aos donos de imóveis consumir e tomar empréstimos sem cessar, impulsionando a economia após o colapso dos preços das ações no Nasdaq em 2000-2001 e o ataque de Al Qaeda às Torres Gêmeas em 2001. A construção civil — e o emprego nela — tornou-se o setor líder da economia. Essas condições persistiram até o início de 2006, quando o investimento residencial começou a desacelerar. Nos três anos anteriores, esse investimento — que alcançou 6% do produto total — fora a fonte de 15% do crescimento do PIB. Em novembro de 2006, quando as licenças de construção para novas casas tinham caído em 26% comparado ao ano anterior, havia se tornado mais claro, ao menos para algumas pessoas, que estava se gerando um grave problema.

Por outro lado, a securitização de dívida hipotecária tornou-se uma fonte importante de expansão do setor financeiro. Um número crescente de bancos hipotecários vendeu a dívida hipotecária para outros bancos e instituições financeiras que, por sua vez, com base nela, criaram novos pacotes e passaram para outros investidores. Bancos comerciais e de investimento usaram operações com companhias financeiras do chamado "setor bancário oculto", os SIVs (*structured investment vehicles*), não incluídos em seus balanços, para aumentar a lucratividade pelo aumento de sua alavancagem. Foram criados instrumentos financeiros cada vez mais complexos, as CDOs (*collateral debt obligations*), títulos garantidos por dívidas, e ativos financeiros novos se afastaram cada vez mais de suas contrapartes físicas, sendo rapidamente vendidos a outros investidores. As hipotecas prontamente se tornaram de alto risco, exigindo pouca evidência de que os devedores tinham capacidade para pagar o serviço da dívida. Derivativos, não regulados, passaram a ser amplamente usados como forma de aumentar a alavancagem financeira. Os *credit default swaps* (CDS), um tipo de seguro contra perdas garantindo os valores dos ativos em caso de calote, proliferaram.

Em setembro de 2007, em resposta ao súbito aumento das taxas de juros interbancárias à medida que os bancos hesitavam em depositar seus excessos de reservas em outros bancos, o FED reagiu à desaceleração do crescimento reduzindo a taxa de juros de 5,25% para 4,75%. Esse foi apenas o início atrasado de um processo que, até o fim de 2008, tinha se acelerado a ponto de levar a taxa de juros do FED para próximo de zero. Entrementes ocorreu o maciço colapso financeiro de setembro de 2008, e houve uma intervenção fiscal do governo de 700 bilhões de dólares (TARP — *Troubled Asset Relief Program*) em reação à crescente evidência de que esse declínio era mais grave que um ciclo econômico típico. De fato, logo depois da posse de Obama, em janeiro de 2009, veio outro programa fiscal (ARRA — *American Recovery and Reinvestment Act*), envolvendo gasto público e redução de impostos no valor de 787 bilhões de dólares na tentativa de conter o declínio.

Essa medida está agora se esgotando. Muitos na esquerda esperam que haja uma suplementação imediata para reviver a economia fraca, enfatizando a necessidade de maiores gastos diretos, que têm efeito multiplicador maior que o corte de impostos. Na direita, considera-se necessária outra coisa: manter o corte de impostos de Bush indefinidamente no futuro, permitindo que a demanda privada, e não a pública, funcione como a base da futura expansão. O Presidente Obama lançou recentemente um novo programa de gastos, junto com uma redução permanente de impostos para investimentos e manutenção da redução de impostos para casais com renda inferior a 250.000 dólares ao ano. A eleição de novembro de 2010 determinará qual das abordagens permitirá uma maioria no Congresso nos próximos dois anos e o surgimento de alguma política coerente.[4]

---

[3] Ver Shiller (2008).
[4] Na esquerda, Paul Krugman emergiu como defensor proeminente de um aumento de gastos, em sua coluna regular no *The New York Times*. Na direita, a escolha não é tão óbvia, embora tenhamos Sarah Palin. As páginas editoriais do *The Wall Street Journal* oferecem uma alternativa mais razoável.

Inicialmente havia esperança de que a crise se limitasse aos Estados Unidos, e depois apenas às nações desenvolvidas. Dentro da estrutura globalizada de comércio e fluxos de capital que se formou, vinha se manifestando em alguns países a possibilidade de desacoplar do resto aqueles países em desenvolvimento que haviam aumentado sua participação na economia global. Essa ideia chegou a ter importância na América Latina, dada a importância histórica do processo de substituição de importações, bem como devido à presente predileção de Hugo Chávez e outros em boicotar a globalização. Apesar das várias estruturas que haviam surgido, desde a IBAS (Índia, Brasil e África do Sul) até a UNASUL na América do Sul, essa independência era uma ficção. No último trimestre de 2008, isso ficou nítido. Todos os países foram afetados. Posteriormente, a resposta ativa dos principais países em desenvolvimento fez diferença na rapidez da recuperação que se seguiu.

O comércio internacional começou a crescer à medida que avançava o ano de 2009, e continua crescendo em 2010. O produto voltou a crescer em escala mundial. A economia mundial tornou-se cada vez mais dependente do desempenho dos países em desenvolvimento. China e Índia — e Brasil — tornaram-se responsáveis por cerca de 40% do acréscimo de renda em 2010, e as projeções indicam que continuarão a ter esse papel de liderança no futuro. De fato, um dos motivos da recente desaceleração da expansão americana no segundo trimestre de 2010 foi que as importações voltaram a subir: o déficit em conta corrente dos Estados Unidos, em vez de continuar declinando como antes, voltou a subir, diminuindo assim o efeito de maiores exportações sobre o produto.

Neste breve ensaio, em vez de examinar a história recente de forma mais detalhada, vou me concentrar em três aspectos de grande interesse no presente momento. Primeiro, discuto as recessões de duplo mergulho nos Estados Unidos e argumento que a experiência histórica anterior, dos anos 1980, tem pouca similaridade com o que está ocorrendo agora. O ciclo de 1937, oito anos depois de 1929, sequer merece a classificação de recessão de duplo mergulho, embora alguns pareçam sugeri-la. Segundo, examino a característica que realmente diferencia essa Grande Recessão, a elevada taxa de desemprego experimentada pelos Estados Unidos e seu lento ajustamento à melhoria da renda. Terceiro, considero os ajustamentos que a recuperação dos Estados Unidos precisa fazer para servir de base permanente a uma nova expansão da economia global. Aqui é que entra toda a preocupação com o aumento do nível da dívida pública nos Estados Unidos, na União Europeia e no Japão. Além disso, há uma divergência crescente entre os Estados Unidos e a Europa, conforme se revelou na reunião do G-20, em Toronto, no fim de maio de 2010.

2 DUPLO MERGULHO

No momento, falar em recessões de duplo mergulho é a última onda. Uma procura no Google deu um milhão e meio de opções em 0,26 segundo. Economistas, acadêmicos e os que trabalham no setor financeiro, além de muitos amadores, têm recalculado as probabilidades de um novo declínio cada vez que a recuperação perde fôlego. As manchetes de jornais aparecem com isso regularmente, dependendo da publicação regular de novos dados, e ocorrem as mudanças previsíveis na bolsa de valores. Na verdade, recessões de duplo mergulho, definido como um segundo declínio dentro do prazo de um ano contado a partir do início da saída de um declínio anterior, são bem raras. O Deutsche Bank descobriu apenas três nos Estados Unidos, em pesquisa que volta aos meados do século XIX e abrange 33 ciclos históricos. Duas delas ocorreram logo antes e logo depois da I Guerra Mundial, 1913 e 1920. Ambos os exemplos parecem estar associados a um declínio inicial brando seguido de um declínio subsequente mais severo. Assim, do ponto mais alto ao mais baixo, o índice de produção industrial cai de –9,1% em 1910 e –12,1% em 1913. Depois da guerra, as circunstâncias são mais dramáticas: –6,2% em 1918 e –32,5% em 1920. O último é um dos casos mais severos da história, superado apenas por 1929, 1937 e 1945.[5]

---

[5] Ver Romer (www.econlib.org).

A terceira deu-se em 1980 e 1981-2 e serve de referência frequente na discussão atual. Um declínio inicial foi breve em 1980, associado com o aumento e em seguida com a rápida redução das taxas de juros. A produção industrial caiu 6,6%, mas o nível mais baixo chegou após apenas 6 meses. O FED, depois da nomeação de Paul Volker, respondeu a taxas de inflação elevadas e crescentes nos anos 1970 adotando uma estratégia diferente. O aumento da OPEP nos preços de petróleo e uma taxa de câmbio que se deteriorava criaram problemas. A inflação alcançou 11,3% em 1979. Em outubro de 1979, o FED passou a controlar as reservas livres do sistema bancário em vez de colocar o foco na taxa de juros. Em consequência desses controles, as taxas de juros subiram rapidamente, alcançando um pico de quase 20% em março de 1980. Depois o governo estabeleceu controles diretos sobre o crédito ao consumo, reduzindo consideravelmente o consumo. O produto caiu tão rapidamente que permitiu a remoção desses controles em julho de 1980, quando as taxas de juros tinham baixado para 9%. Isso não ajudou muito a recuperação, e a inflação ainda chegou a 13,5% durante 1980.

É preciso lembrar, contudo, que a taxa anual de crescimento calculada para o período 1974-1979 foi de 3,6%, quase igual à tendência de crescimento anterior. Embora a inflação certamente fosse alta no fim da década, o preço do petróleo é o principal fator. Estagflação é um termo que Reagan tornou popular durante a campanha eleitoral de 1980 ao enfatizar um "índice de miséria", que era a soma da taxa de inflação com a taxa de desemprego, que o próprio Carter tinha usado para ganhar as eleições em 1976. Às vezes a gente perde de vista o que de fato aconteceu.

Dadas as condições econômicas, não foi surpresa que Reagan derrotasse Carter e se tornasse presidente em janeiro de 1981. O FED manteve seus controles sobre as reservas bancárias e a expansão monetária, provocando o ciclo seguinte, mais longo e profundo, que foi de julho de 1981 a novembro de 1982. As taxas de juros voltaram a subir rapidamente, dessa vez causando colapsos bancários e reduzindo fortemente a construção civil. O desemprego aumentou para mais de 10%. Durante todo esse período, o crescimento do PIB foi mínimo: cerca de 0,5% ao ano do terceiro trimestre de 1978 ao segundo trimestre de 1982. Isso deve ser comparado com um crescimento de 3,8% ao ano no pós-guerra, do início de 1947 até o terceiro trimestre de 1978.[6] No Gráfico 1, que mede as mudanças trimestrais do PIB anualizadas, fica bem claro esse padrão em W do início dos anos 1980.

GRÁFICO 1

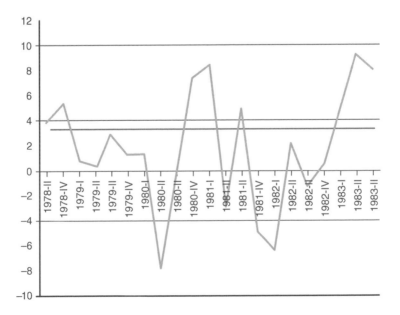

---
[6] Ver Gjerstad e Smith (2010).

O que permite comparar esse episódio com o período atual? Certamente não é a inflação. Os recentes aumentos de preços permaneceram reduzidos, e, embora o aumento de preços de petróleo em 2008 até um pico de 150 dólares tivesse alguma influência, essa circunstância foi subsidiária em relação ao declínio já em curso. O deflator implícito do PIB teve mudança anual de 7,1% no período 1974-1979, contra 2,8% no período 2002-2007. As taxas de crescimento anterior à recessão tampouco justificam a comparação. Aqui a comparação numérica é a oposta: a taxa de crescimento anual do período 2003-2007 foi inferior a 2,8%, enquanto no período 1974-1979 foi de 3,6%.

Tampouco são comparáveis os detalhes da política econômica adotada. O FED, no episódio mais antigo, teve que conter ativamente a economia para combater a inflação, à custa de desemprego, ao passo que dessa vez a tarefa é bem diferente. A demanda real caiu drasticamente em 2008, depois de um crescimento prévio apenas moderado, alimentado em grande medida pelo investimento em imóveis residenciais. Dessa vez, a expansão dos ativos do FED foi rápida e maciça em 2008, de mais de um trilhão de dólares, assim como foi rápida a queda na taxa de juros. A preocupação, agora, é com a necessidade de políticas de estímulo adicionais, porque a economia parece estar perdendo fôlego. Ben Bernanke deixou clara a intenção do banco central de continuar a disponibilização de crédito.[7] Além disso, uma vez que continuam as dúvidas sobre a presente situação, mais tentativas de estímulo fiscal já apareceram em discursos recentes de Obama.

Parece haver apenas uma dimensão em que faz sentido a comparação entre os anos 1980 e o presente. Trata-se do investimento residencial como elemento dominante do declínio em ambos os casos, bem como a recuperação temporária em 1980. Antes, nos anos 1980, haviam ocorrido falências de bancos e dificuldades com intermediários de poupança e empréstimos, mas a dimensão do problema foi limitada.

GRÁFICO 2

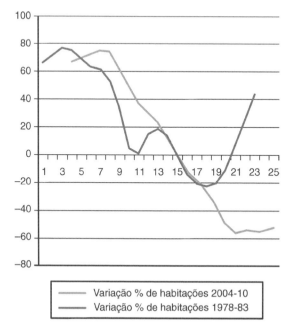

Fonte: US Census Bureau

---

[7] Ben Bernanke, em sua apresentação de 27 de agosto de 2010 em Jackson Hole, Wyoming, deixou claro que o resgate de alguns títulos lastreados em hipotecas não levaria o FED a reduzir seu ativo de dívidas por receber exatamente quando preocupações com a continuidade da expansão estavam se alastrando. Ao mesmo tempo, no entanto, explicitou suas dúvidas sobre mais estímulo fiscal, enfatizando a recuperação do setor privado.

O Gráfico 2 apresenta o gasto trimestral com o investimento real em novas moradias.[8] O eixo horizontal mede trimestres ao longo do tempo; o primeiro trimestre de 1978 é o início de uma linha, e o segundo trimestre de 2004 é o início da outra. O eixo vertical mede a mudança percentual em relação ao trimestre de base para cada uma das séries, que são o terceiro trimestre de 1981 e o quarto trimestre de 2007, o início das respectivas recessões conforme a datação do NBER.

Pode-se ver claramente a breve melhoria em 1980, seguida do reinício da queda em 1981, levando ao segundo, e mais grave, declínio. Mas este chegou ao seu fim no início de 1983, levando à recuperação que ocorreu então. Não aconteceu uma reversão semelhante no segundo caso, até ocorrer uma melhoria ínfima em 2009. Uma razão dessa melhoria foi o desconto especial de impostos federais para encorajar os proprietários de residências. Esse desconto terminou, e estão sendo pensados novos esforços para lidar com o problema. Alguns não preveem o nível mais baixo antes de 2013 e, depois disso, apenas lenta melhoria.

Os números para o início de novas construções residenciais estão no momento no menor nível desde que há registro, uma fração do que já foram, apesar do aumento da população. Esse declínio tem duplo efeito. Por um lado, o nível de investimento caiu tanto que qualquer queda que ainda possa ocorrer terá efeito mínimo sobre a atividade econômica subsequente. Por outro lado, dado o grande número de imóveis desocupados, e a continuação da tomada das residências de inadimplentes, não se pode esperar que venha logo uma recuperação imobiliária que sirva de base para uma grande expansão econômica subsequente, como frequentemente aconteceu no passado com o investimento imobiliário residencial.

A dimensão geográfica do problema é maior no presente que no passado. Existe uma concentração geográfica maior da perda de residências por inadimplência nos anos recentes, em comparação com os anos 1980. Quatro estados — Arizona, Califórnia, Flórida e Nevada — foram os líderes do *boom* das hipotecas *subprime* ou de alto risco. Essa crise imobiliária aconteceu em estados cuja população estava se expandindo e onde o setor de serviços era dominante, e não nos velhos estados industriais. Migração e imigração desempenharam um papel nessa nova distribuição regional da população.

Finalmente, uma diferença significativa entre os dois ciclos residenciais foi o papel do aumento de preços das residências na bolha recente, comparado com a experiência anterior. Não houve ganhos reais até os anos 1980, e aí eles acabaram. No período recente, os proprietários de residências obtiveram ganhos de capital importantes e contínuos, que se traduziram em poupança pessoal reduzida e demanda crescente por bens de consumo durável. Isso abriu a oportunidade para importações abundantes e sancionou a reduzida atividade manufatureira doméstica. A redução de impostos e as guerras no Iraque e no Afeganistão se traduziram em déficits crescentes financiados pelo exterior.

3 DESEMPREGO

O atual declínio se diferencia das recessões anteriores do pós-guerra sobretudo pelo nível de desemprego continuado muito mais alto que ocorre nos Estados Unidos. No início dos anos 1980 vimos por um breve período uma taxa de desemprego comparável, de 10%, mas ela partira de uma taxa natural de desemprego mais alta, então calculada em perto de 6%. No início dos anos 2000, em meio aos ganhos na construção e no setor de serviços, a taxa natural de desemprego havia caído para cerca de 4%. Nos anos 1980, a percentagem dos desempregados começou a diminuir continuamente logo depois que o ciclo chegou ao nível mais baixo, enquanto agora, apesar de a queda do produto ser comparável, o alto

---

[8]   Esses dados são do Census Bureau e referem-se a investimentos em novas casas. Note-se que o total do investimento privado em residências inclui reformas e assim é maior e um pouco menos sujeito a ciclos. Esse gráfico difere daquele apresentado no site de Bloomberg Businessweek, que consegue mostrar a expansão do início de construções residenciais de abril de 2009 a abril de 2010 como equivalente ao primeiro ciclo de 1980, de junho de 1980 a maio de 1981. Isso faz parte da presente histeria do duplo mergulho.

nível de desemprego praticamente não se alterou. A manchete do *The New York Times* sobre o fim da recessão foi "Recession may be over, but joblessness remains" ("A recessão pode ter passado, mas o desemprego continua").[9]

A experiência é nitidamente diferente. A regra de Okun, que se ajustara tão bem aos dados desde o fim dos anos 1960, e segundo a qual mudanças na taxa de desemprego são uma função de metade da diferença entre as taxas de crescimento potencial e as efetivas, parece não mais se ajustar.[10] Essa é a razão pela qual ficaram tão longe da realidade as projeções iniciais da administração Obama de que o desemprego chegaria, no início de 2009, a um máximo de 8%. As grandes empresas reduziram o tamanho de sua força de trabalho em 2008 e 2009, contribuindo para os elevados ganhos de produtividade. Enquanto nos anos 1980 parte da elevada taxa de desemprego era explicada por demissões temporárias — contribuindo para o rápido declínio subsequente no número dos desempregados —, hoje as demissões temporárias são apenas metade da proporção de então.

Essa anomalia, diferentemente da experiência de boa parte dos países europeus, apesar de estes terem déficits fiscais menores em proporção ao PIB, tornou-se um tópico central no atual debate político nos Estados Unidos.[11] A preocupação com o desemprego se reflete na hostilidade crescente à imigração ilegal, e até legal. Os pagamentos de seguro-desemprego foram repetidamente prorrogados para além de sua data de expiração original. Programas que encorajam a criação de pequenas empresas e o investimento em infraestrutura foram favorecidos pela administração Obama em virtude de sua maior intensidade no uso de mão de obra. Mas o aumento da pobreza e uma força de trabalho com dualidade cada vez maior, com retornos crescentes para aqueles com educação de nível avançado e uma proporção muito maior de desempregados de longo prazo (desempregados há mais de 26 semanas), ajudam a explicar a presente insatisfação do público e a aparente falta de disposição para voltar aos altos níveis de consumo de antes, que haviam impulsionado o crescimento econômico nas últimas décadas.

Tem sido necessário aumentar o gasto público federal para a ampliação dos benefícios para desempregados. Originalmente limitada a 26 semanas nos estados, uma ajuda por períodos mais longos está agora sendo oferecida por Washington, levando o total a um máximo de 99 semanas. Estima-se que em 2010 cerca de 175 bilhões de dólares serão gastos com essa finalidade, mais do que o dobro dessa soma em anos anteriores. No conjunto, esse é o mais caro dos acréscimos de estímulo desde 2008 até o presente, no valor total de aproximadamente 300 bilhões de dólares.[12] Cerca de 75% dos desempregados recebem benefícios compensatórios. Outros, os empregados por conta própria, empregados temporários e os que pediram demissão, não recebem benefícios.

Isso levou a administração Obama e seus defensores a usar técnicas de projeção contrafactual para avaliar o significado das medidas fiscais de fato implementadas. Um exemplo recente é o estudo preparado por Alan Blinder e Mark Zandi, usando o modelo analítico da *Moody's Analytics* para a economia americana. Ali concluem que a recessão teria continuado até o fim de 2010, contribuindo para uma queda do PIB do pico ao vale próxima de 12%, em vez da queda de 4% que de fato ocorria. Em particular, no modelo contrafactual, "o desemprego chega ao pico de 16,5% e, ainda que não determinado nessa análise, não seria surpresa que o subemprego se aproximasse de um quarto da força de trabalho".[13]

Essa estimativa das consequências para o emprego vai muito além da avaliação feita pelo Council of Economic Advisers, que reúne os conselheiros econômicos da presidência, ou o Congressional Budget Office (CBO), *bureau* de orçamento do Congresso. Esse último, também usando um modelo

---

[9] Terça-feira, 21 de setembro de 2010, p. B1.
[10] Ver o tratamento dado à questão em Council of Economic Advisors, *Economic Report of the President*, 2010, pp. 73ss., onde essa observação está explícita.
[11] Elevadas taxas de desemprego em países da União Europeia como Espanha, Irlanda e outros também estiveram particularmente associadas a grande expansão prévia da construção civil.
[12] Ver Blinder e Zandi (2010) p. 16.
[13] Ver Blinder e Zandi (2010) p. 4.

macroeconômico, sugere que teria sido de cerca de 12% o nível de desemprego, não fossem os efeitos do ARRA. De modo similar, mostra que os efeitos positivos sobre o PIB variam de 1,7% a 4,5% no máximo, metade do que avalia o estudo de Blinder e Zandi. Por outro lado, a análise do CBO mostra que a relação benefício-custo de uma política de benefícios aos desempregados excede praticamente todas as demais que foram sugeridas.[14]

Analistas da direita criticam esses resultados. Sugerem que os multiplicadores fiscais estão muito exagerados.[15] De fato, em consequência de expectativas racionais, o efeito do aumento de despesas públicas pode terminar sendo menos que um, em virtude do efeito de deslocamento do investimento privado (*crowding out*). A preferência dos que pensam assim é por políticas que ajudem decisões do setor privado via corte de impostos. Alguns comentaristas aproveitam a extensa produção acadêmica sobre o assunto procurando e escolhendo entre os *papers*, até encontrar algum que apresente alguma conclusão em apoio de suas preferências políticas, e aí citam o dito *paper*, mas não os demais, para justificar suas posições.[16]

Estimativas atuais de praticamente todos os lados sugerem que a taxa de desemprego permanecerá bastante elevada até 2012 e diminuirá para um nível de pleno emprego de 5% apenas em 2015. Além disso, há um nível de desemprego proporcionalmente maior entre minorias étnicas: a taxa entre os negros é de 16,3% e de 12% entre hispânicos, comparada a 8,9% para brancos. Tal disparidade não é fora do comum. Ela tem sido característica de outros ciclos também. O que é diferente é a dimensão da taxa de desemprego entre os jovens, com menos de 25 anos de idade, e entre aqueles com nível de educação mais baixo. Essa é uma das razões por que a reforma educacional se tornou um importante componente da política.

As cifras de pobreza em 2009, que acabam de ser publicadas, aumentaram para mais de 14% da população. Alguns preveem que esse nível continue a subir e permaneça alto. Crianças aparecem mais que proporcionalmente nas cifras de pobreza: atualmente uma em cada cinco; para crianças negras, essa proporção vai a um terço.

Por outro lado, a distribuição de renda tornou-se cada vez mais desigual. O grau de desigualdade medido pelo índice de Gini vem subindo regularmente desde os anos 1980 e atualmente se aproxima dos níveis dos anos 1920. Os retornos para a educação superior subiram. Boa parte da melhoria de renda na última década se dirigiu para os 10% mais ricos da população, ainda que as quedas no mercado acionário e nos preços dos imóveis possam barrar essa tendência, ao menos temporariamente. É por essa razão que a administração Obama deu ênfase a um aumento de impostos para os ricos e à manutenção dos atuais níveis baixos para os demais. A classe média, uma fortaleza dos Estados Unidos, tem assistido à erosão de sua renda relativa.[17]

Os republicanos se opuseram à extensão dos benefícios adicionais aos desempregados como forma de lidar com esse problema central. Sua campanha para a eleição do meio do mandato presidencial em novembro baseou-se na crescente insatisfação do público com o desemprego e no tamanho cada vez maior da dívida nacional. Isso aconteceu apesar da forte vantagem dos democratas sobre os republicanos em todas as pesquisas de opinião com perguntas sobre as políticas para lidar com o desemprego. A maioria das pessoas acha que os democratas serão melhores para resolver essa questão. Mas, como disse Charles Boustany, da Louisiana, pelos republicanos que estão na Câmara dos Deputados, é necessário "pagar pela extensão dos benefícios ao desemprego com os fundos já apropriados".[18]

---

[14] CBO, "Estimated Impact of the ARRA on Employment and Economic Output, April 2010-June 2010", Tabela 1. Para a comparação da relação benefício-custo, ver o diretor do CBO, Douglas Elmendorf, "Fiscal Policy Choices in Uncertain Times", 16 de setembro de 2010, p. 11.

[15] A pesquisa acadêmica desse tópico tem florescido nos últimos dois anos. Podem ser encontradas referências no fim dos relatórios regulares do CBO estimando os efeitos do ARRA, e novas contribuições estão disponíveis no site VoxEU.org.

[16] É possível encontrar exemplos na ampla produção da Heritage Foundation e da Cato Foundation, entre outros grupos. Um trabalho recente que apoia a opinião de que o crescimento do emprego foi modesto em resposta ao estímulo do governo é Daniel Wilson, "Fiscal Spending Jobs Multipliers: Evidence from the American Recovery and Reinvestment Act", *FRBSF Working Paper Series*, 2010-17, setembro de 2010.

[17] A discussão contida no *Economic Report of the President*, 2010, aborda essas questões de modo muito mais amplo.

[18] www.ibtimes.com, 22 de julho de 2010.

A preferência dos republicanos é chamar a atenção para o tamanho do atual déficit do orçamento — superior a 9% — e enfatizar a necessidade de redução de gastos — mas não o aumento de impostos — para buscar o equilíbrio. Está claro que houve um enorme aumento da dívida pública. Mas, enquanto a União Europeia (que também se defronta com uma dívida crescente) indicou na reunião do G-20 em Toronto seu compromisso imediato de reduzir o déficit fiscal, os democratas nos Estados Unidos querem prosseguir com o estímulo fiscal em curto prazo (o que para a esquerda não basta) e postergar o problema da dívida até que a recuperação se mostre mais sustentada.

4 DÍVIDA NACIONAL

Na recente conferência da Organização Internacional do Trabalho (OIT) sobre desemprego, Olivier Blanchard, economista-chefe do FMI, enfrentou a questão diretamente: "Do lado fiscal, uma das questões nos Estados Unidos é que há incertezas quanto ao médio e longo prazos. Há alguma incerteza sobre se o governo na presente etapa tem algum plano claro para estabilizar a dívida. Isso torna os mercados nervosos, de modo que é provavelmente algo que precisa ser elaborado. Quando houver tal plano, o governo americano terá mais espaço para considerar programas como os subsídios para os desempregados."[19]

A questão passa a ser de sequenciamento das políticas.

Os países europeus, conscientes da evolução do problema da Grécia, com seu elevado déficit fiscal e dívida pública acumulada, não tiveram muita alternativa senão a de enfatizar este como o principal foco da política que estão dispostos a executar. Enfatizaram isso na reunião do G-20 em Toronto no fim de junho. Houve um compromisso conjunto de reduzir à metade os déficits fiscais até o fim de 2013 e de começar a reduzir a razão dívida/PIB em 2016. Foi feita uma avaliação das instituições financeiras da União Europeia com resultados bastante positivos. Em julho, apenas 7 dos 91 bancos foram considerados deficientes, envolvendo 3,5 bilhões de euros. Nos Estados Unidos, 15 meses antes, o total foi de 74,5 bilhões de dólares.[20] Ainda assim, as taxas dos CDS (*credit default swaps*), equivalentes ao preço de um seguro por perdas nos ativos em caso de calote, permaneciam altas no fim de setembro, não só para a Grécia, de quase 900 pontos-base, mas também para a Irlanda e Portugal, respectivamente em 442 e 362 pontos-base.

O Comitê de Basileia recomendou agora um aumento substancial no capital acionário, que passa a ser de 4,5% em vez de 2%, bem como um aumento nas reservas classificadas como "*Tier* 1". Também se propõe uma reserva contracíclica, bem como capital adicional para bancos de importância sistêmica. Essas exigências devem valer a partir do início de 2013.[21] Elas representam uma reação à crise financeira que assolou a economia internacional em 2008 e 2009. Nova legislação nos Estados Unidos vai além, para valer mais cedo, e a União Europeia está empreendendo seus próprios esforços.

Os Estados Unidos, embora tenham apoiado as ações de Basileia e concordaram relutantemente com as metas do G-20 para redução do déficit fiscal, dirigiram seus esforços no sentido de manter a demanda do setor público, sobretudo à medida que a recuperação desacelerou. De fato, novas estimativas mensais do PIB mostram um declínio em maio e junho (as mais recentes disponíveis no momento em que escrevo), e a folha de pagamentos do setor não agrícola continua inferior ao seu nível de 15 meses atrás. É nisso que está concentrada a atenção popular. O relatório da Comissão Fiscal bipartidária formada recentemente só ficará pronto depois das eleições de novembro.

---

[19] *The New York Times*, 24 de setembro de 2010, p. B3.

[20] www.businessweek.com, 27 de julho de 2010. Parte do motivo pelo qual o capital necessário foi tão pouco foi que as perdas relativas a títulos dos governos foram registradas apenas para os títulos comerciados e não para os títulos mantidos pelos bancos. Outro motivo foi a baixa exigência das regras de Basileia para a reserva principal de proteção ("*Tier* 1"), que então era de 6%.

[21] www.basel.org, 12 de setembro de 2010.

Quanto à dívida, há também divergência sobre se a magnitude relevante é a dívida bruta, que inclui compromissos intragovernamentais, predominantemente fundos de previdência social, ou somente os títulos da dívida pública em poder do público. A primeira, hoje em 90% do PIB, contrasta com menos de 60% da segunda.

Desnecessário dizer que os opositores da administração preferem a cifra mais alta, enquanto os conselheiros da Presidência no Council of Economic Advisors focalizaram apenas a dívida em poder do público e o tamanho do déficit primário. Os custos de juros são agora muito baixos, mas essa circunstância muito especial vai terminar. Além disso, com a necessidade de resgatar em anos futuros os bônus de previdência social acumulados, a diferença entre as duas medidas se estreitará e ficará mais próxima da dívida bruta.

Existe um tema relacionado a isso, que é o de saber se os Estados Unidos estão próximos de um limite de endividamento. Kenneth Rogoff e Carmen Reinhart acreditam que sim. Eles usaram a divisória de 90% para a razão dívida bruta/PIB como indicador antecedente de crescimento futuro mais baixo (e inflação mais alta). "Ignorar as preocupações com o endividamento nesse momento é o mesmo que ignorar o proverbial elefante na sala."[22] Mas talvez fazendo a reforma dos passivos em médio prazo do governo agora, e obtendo a confiança do público, seja possível abrir espaço para déficits em curto prazo, e dívida crescente, para lidar com o desemprego e obter uma recuperação mais rápida.

Há um terceiro fator que também é relevante: a dependência crescente da compra de dívidas pelo exterior. Hoje os estrangeiros detêm mais de 40% da dívida pública dos Estados Unidos, sendo a China e o Japão responsáveis por pouco mais da metade disso. Demandarão tais credores juros reais mais altos, levando assim a uma sequência desestabilizadora de déficits mais altos e inflação que se acelera? Essa é uma saída indesejável que alguns alardeiam ser a consequência inevitável da recusa em restringir o déficit agora.

As projeções do Congressional Budget Office (CBO) devem nos fazer pensar.[23] Seu cenário realista mostra o total dos títulos de dívida do governo em poder do público chegando a 87% do PIB em 2020 e 185% em 2035. O pagamento de juros dessa dívida sobe de 1,4% do PIB em 2010 para 8,7% do PIB em 2035. Quando as consequências adicionais indiretas de tal deslocamento do investimento privado (o fatal *crowding out*) são levadas em conta, a situação fica ainda pior. Não é tudo produto de uma política macroeconômica inadequada. O aumento da parcela da população com idade superior a 65 anos de idade, de 13% em 2010 para 20% em 2035, contribui bastante para a necessidade de receitas tributárias mais altas no futuro, para cobrir os maiores gastos com previdência social e saúde.

Essa perspectiva indica que ações de correção são necessárias com brevidade, mas não necessariamente de imediato. As receitas do governo terão que subir e os gastos terão que diminuir para alcançar consistência. Quanto maior a demora, pior a carga a ser suportada: um ajustamento de 4,8% do PIB em 2010 se traduz em um ajustamento de 12,3% em 2025 em caso de adiamento das medidas. A vantagem política imediata da postergação tem a contraparte de custos reais no futuro.

5 CONCLUSÃO

As difíceis circunstâncias enfrentadas pela economia dos Estados Unidos não levarão ao duplo mergulho que muitos observadores estiveram prevendo. Essa é a única boa-nova. O desemprego não cairá logo do seu elevado nível atual, e tampouco será rápido o retorno da força de trabalho ao pleno emprego. A dívida pública não alcançará um nível de equilíbrio em longo prazo nos próximos anos; ao contrário, continuará a subir enquanto os déficits fiscais se acumularem.

---

[22] VoxEU.org, 11 de agosto de 2010.
[23] CBO, "The Long-term Budget Outlook", rev., agosto de 2010.

Essa não é uma perspectiva muito positiva. A presente recuperação não repete a experiência cíclica dos Estados Unidos no pós-guerra. Além disso, o mundo fora dos Estados Unidos está mudando rapidamente com a emergência da China e da Índia, e potencialmente do Brasil. Mas o desequilíbrio global das contas-correntes é visível e ameaça a continuidade. Ainda que o G-20 se tenha transformado em instituição permanente, há um grau limitado de cooperação econômica entre seus membros, mesmo dentro da União Europeia.

Nestes tempos de grandes mudanças, a política econômica se torna crescentemente mais arte em vez de ciência, e mais do que nunca está sujeita a pressões políticas nacionais. No momento em que a coordenação internacional é mais e mais necessária, parecemos nos mover na direção oposta.

O Problema do Rebalanceamento da Economia Mundial Pós-Crise

Pedro S. Malan

Dionisio Dias Carneiro era um dos mais brilhantes economistas de sua geração. A profissão, no que esta tem de melhor, ficou um pouco mais pobre com sua morte. Seu talento, caráter, coerência, fino humor e aversão a modismos e fundamentalismos contribuíram para aprimorar o debate sobre políticas econômicas no país, além de formar centenas de jovens economistas — que o tinham e têm como exemplo.

Este breve artigo pretende ser apenas uma singela e modesta homenagem à memória de Dionisio. O texto trata de temas que lhe eram caros e sobre os quais muito conversamos, com particular e prazerosa intensidade no período mais recente de uma amizade de décadas: os rebalanceamentos da economia mundial neste final da primeira década do século XXI — e suas implicações para economias como a brasileira.

Estes temas, relacionados, eram recorrentes nas preocupações e nos trabalhos de Dionisio, que, como poucos, era capaz de formular, com brilho, humor e profissionalismo, as perguntas relevantes para o infindável diálogo do País consigo mesmo, com ênfase na política macroeconômica. Como fez no primeiro livro que coordenou, já lá se vão 33 anos, intitulado *Brasil: Dilemas de Política Econômica* (Campus, 1977). Dionisio escreveu o Capítulo I, que modestamente chamou de "Introdução: Dificuldades no Reajuste do Modelo", mas que se trata de um belo e substancioso texto sobre os novos condicionantes da política econômica no Brasil pós-1974. Tenho orgulho de ter sido coautor do Capítulo II daquele livro, com artigo sobre o desequilíbrio do balanço de pagamentos brasileiro.

O texto que pensei em escrever — meses atrás — para este livro em homenagem a Dionisio teria, idealmente, três seções. Em cada uma delas haveria uma parte sobre economia mundial e uma parte sobre economia brasileira. Os títulos das três seções seriam exatamente os três títulos do Capítulo I escrito por Dionisio para o livro de 1997: "a política econômica: do otimismo à perplexidade"; "dos ajustes conjunturais à reformulação das políticas de longo prazo" e "os novos condicionantes da política econômica e o alcance das opções atuais". Infelizmente, minhas limitações — de tempo e outras — não permitiram a realização da ambiciosa empreitada.

As obras completas de Keynes incluem uma nota curta, escrita por ocasião do falecimento de um velho amigo (D. Knox) dos tempos de Eton. Disse Keynes: "David era um cético, como se deve ser sobre quase tudo na vida, exceto sobre as duas coisas que realmente importam: o afeto e a razão." Essas palavras, que havia lido há muito, me vieram à mente com frequência nos dias que se seguiram à morte de Dionisio, porque se aplicavam, e muito, ao seu modo de ser e de agir. Uma pessoa afetuosa, e que acreditava que, se a voz da razão não é muito alta, esta pelo menos não descansa enquanto não encontra alguma audiência capaz de lhe dar ouvidos. A audiência de Dionisio só fez crescer ao longo dos anos, como o afeto dos amigos, para os quais fica a tristeza pela perda de um privilegiado convívio. O breve texto que se segue é uma pequena expressão de uma grande saudade.

Era uma vez algo chamado Grande Moderação (GM). E a GM evoluiu para a Grande Complacência (GC). E a GC evoluiu para Grande Crise de Crédito (GCC), que estava evoluindo para uma Grande Crise Global (GGC). E o pânico em torno dos possíveis desdobramentos de uma GGC levou a uma Grande Expansão Fiscal e Monetária (GEFM), que evitou o pânico e preveniu uma recessão global de grandes proporções. Mas a GEFM chegou um pouco tarde. A crise já havia deixado feridas e cicatrizes profundas nos setores financeiro (e real) de países-chave do mundo desenvolvido.

"Uma crise dessas proporções não tem uma causa simples ou única, mas, como nação, nos endividamos em demasia e deixamos nosso sistema financeiro assumir níveis irresponsáveis de risco." Foi isso o que escreveu o Secretário do Tesouro norte-americano, Tim Geithner, em março de 2009. Como sabemos, a complacência que levou à crise não esteve de forma alguma restrita à maior economia do mundo. E essa complacência (definida em dicionário como autossatisfação, acompanhada de falta de consciência de reais riscos e deficiências) teve quatro pilares principais — e relacionados.

O primeiro foi a complacência com a suposta sustentabilidade dos — até a crise — crescentes desequilíbrios globais de balanço de pagamentos. O segundo pilar foi a complacência com a bolha nos preços de ativos, particularmente no setor imobiliário. O terceiro foi o excesso de confiança na habilidade de bancos centrais de "resolver" crises por meio de uma redução drástica nas taxas de juros, como no passado. E por último — mas de forma nenhuma menos importante — houve a consequência de um excesso de complacência com os sistemas "balcanizados" de regulação e supervisão de instituições financeiras, tanto nos EUA quanto na Europa.

Os três primeiros pilares foram amplamente debatidos. O quarto, muito pouco, ou sequer foi discutido. E desse último vieram as grandes surpresas. A combinação dessas complacências, como hoje sabemos, foi terrível e gerou as condições para a crise e seus efeitos dramáticos sobre a atividade econômica e o emprego. Apesar da excepcional resposta fiscal e monetária, conviveremos com essas consequências durante anos, em termos de crescimento mais lento e altos índices de desemprego nos países ricos.

Na verdade, isso ocorrerá não apenas nos países ricos, mas em todos os países desenvolvidos e em desenvolvimento que tenham, ou que se permitam ter: a. grandes "déficits gêmeos" (fiscal e em conta-corrente); b. razões dívida/PIB altas ou crescendo rapidamente; c. grande proporção de dívida externa, ou denominada em moeda estrangeira, ou em moeda que o país utiliza, mas não emite (como o euro); d. lado da oferta (*supply side*) não competitivo; e. rigidez em seus regimes fiscais; e f. crescentes gastos governamentais relacionados ao envelhecimento de suas populações. Há muitos países nessa situação e muitos mais correndo sérios riscos.

Conforme a experiência histórica sugere, após uma crise financeira de grandes proporções, as finanças governamentais podem sofrer uma deterioração abrupta e profunda — devido à necessidade de responder à crise com um comprometimento maior e mais amplo de recursos públicos.

Recuperar o crescimento global sustentável nessas condições depende de duas ações de rebalanceamento, como notou, muito corretamente, Olivier Blanchard, economista-chefe do FMI. Uma é o gradual deslocamento da demanda doméstica pública para a demanda doméstica privada em países que se enquadram em muitas das características listadas anteriormente. Em todos esses, há uma necessidade — em alguns casos urgente — de enfrentar questões fiscais de médio e longo prazos. Isso se aplica especialmente aos países do G-20, que aprovaram anteriormente como de "alta prioridade [...] construir os alicerces para um crescimento forte, sustentável e balanceado". Ora, isso não pode ocorrer em países com situações fiscais insustentáveis no médio e longo prazos. Uma convergência firme das visões, dentro do G-20 quanto a esse ponto, seria muito importante para fortalecer o seu papel — sua relevância e sua credibilidade.

A outra "ação de rebalanceamento" é entre países, envolvendo as relações entre demandas interna e externa e os preços relativos relevantes (taxas de câmbio). Há aspectos nacionais, regionais e globais na discussão, que significam, conforme a experiência recente bem demonstrou, muita dificuldade em avançar em um processo que envolve um não trivial *collective action problem*. A questão que se coloca aqui é: existe um papel para o G-20? Se não, de quem seria esse papel? E, por último, se não agora, quando?

Por que é tão difícil avançar nessa segunda ação de rebalanceamento? Como é sabido, um dos principais pilares da Grande Complacência foi construído sobre a visão de que seria possível evoluir para uma resolução ordenada dos desequilíbrios globais de balanço de pagamentos. Sem redução nas taxas de crescimento dos gastos domésticos (e/ou depreciação do câmbio) nos principais países em déficit: EUA (como *primus inter pares*), mas também Reino Unido, Espanha, Austrália, França, Itália, Grécia, entre outros. A contraparte dos déficits era, por definição, os países superavitários: China (*primus inter pares*), além de Alemanha, Japão, Holanda, Rússia, Noruega, Arábia Saudita, Suíça e Suécia. Para alguns deles, em princípio, alguma combinação entre o aumento na demanda doméstica e/ou a apreciação do câmbio teria ajudado a alcançar um ajuste organizado no grande — e crescente — desequilíbrio global.

O FMI tentou engajar os países relevantes em um processo de consultas multilaterais antes da Grande Crise de Crédito, mas essa iniciativa não chegou a lugar nenhum. Em parte porque a Grande Complacência estava em plena vigência e muitas pessoas, incluindo economistas influentes, diziam: "Qual é o problema de os EUA terem um déficit em conta corrente de 6% do seu PIB?" Como proporção do total de ativos dos EUA (4 a 5 vezes superiores ao PIB), isso representaria cerca de 1,2 a 1,5%. Qual é o problema — diziam — de estrangeiros (famílias, empresas e governos) estarem dispostos a comprar pouco mais de 1% dos ativos dos EUA por um período de tempo?

Outro motivo pelo qual as consultas multilaterais não chegaram a lugar nenhum foi o fato de a Grande Crise ter monopolizado corações, mentes e nervos dos governantes de todo o mundo desenvolvido. A discussão em torno dos desequilíbrios globais ficou em segundo plano, quando a questão central era evitar uma crise financeira de grandes proporções. Um terceiro motivo foi o fato de que países com grandes déficits ou grandes superávits em contas-correntes terem contrapartidas domésticas referentes à posição financeira líquida de seus respectivos setores-chave (famílias, empresas e governos). E a combinação das respectivas posições líquidas pode variar amplamente entre um país e outro, assim como o grau de alavancagem das instituições financeiras que intermedeiam o endividamento (e as aplicações) de famílias, empresas e governos.

Mas há ainda outros motivos importantes pelos quais é tão difícil avançar nessa área: o debate sobre a responsabilidade maior pela realização dos ajustes necessários (reais ou presumidos): se dos países com grandes déficits ou daqueles com grandes superávits. A resposta deveria ser: de ambos os grupos de países, já que estamos falando de duas faces da mesma moeda. Isso vale inclusive para os debates intra-Europa de hoje, onde há grandes superavitários e grandes deficitários. Essa discussão tem estado conosco desde o colapso do padrão de ouro — e nunca foi solucionada satisfatoriamente. Por quê? Porque haveria a necessidade de um grau de cooperação internacional (ao menos entre os participantes individuais ou *currency areas* relevantes) muito maior do que já vimos até hoje. Na verdade, o problema atual, com o grau de integração financeira internacional já alcançado, é muito mais complexo que o implícito nos modelos que discutem questões de ajuste no balanço de pagamentos com ênfase nas necessárias e apropriadas combinações entre *expenditure change* e *expenditure switching* (entre *tradeables* e não *tradeables*, via alteração de seus preços relativos que são as taxas de câmbio).

Como se os mercados relevantes fossem principalmente os mercados de bens e serviços. Mas o fato é que hoje, com cerca de 4 trilhões de dólares de *average daily turnover* de transações com moedas, as taxas de câmbio expressam também os preços de ativos, cuja velocidade de ajuste e volatilidade são muito maiores que a velocidade de ajuste e volatilidade nos mercados de bens e serviços privados e públicos — que, em última análise, são os que definem os fundamentos de médio e longo prazos.

Nesse contexto, não é razoável ter países em déficit culpando países em superávit (ou apenas um desses países, porque este manipularia sua taxa de câmbio, impedindo sua apreciação). Bem como não é razoável ter países em superávit culpando países em déficit (ou apenas um desses países, porque este teria o exorbitante privilégio de emitir a principal moeda internacional de reserva). Mas é preciso tentar uma vez mais, porque, na verdade, não há alternativa melhor (e há piores) que a busca por engajar construtivamente os países ou áreas relevantes, não com o objetivo de atingir um consenso (que é uma palavra muito forte), mas de tentar alcançar um grau de convergência maior do que o que foi obtido até hoje. Uma vez que tal convergência é bastante escassa atualmente, a evolução, na margem, poderia ter algum significado, além de estabelecer melhor base para passos adicionais.

Para isso, seria necessário ir além da linguagem cifrada ou vaga (porque exaustivamente negociada) dos comunicados oficiais emitidos após reuniões internacionais, que com frequência são variantes do *agreement to disagree*. E investir muito mais no trabalho preparatório nos vários meses que antecedem as reuniões, em particular as de cúpula. É importante combinar o senso de urgência — que o pós-crise, ainda eivado de incertezas, encerra — com o gradualismo com propósito, que é a única maneira de realisticamente avançar. A revista *The Economist* cunhou uma boa expressão para esse tipo de processo: *urgent incrementalism*. Afinal, como dizem os chineses, "deve-se atravessar o rio sentindo as pedras com os pés", mas sempre procurando avançar, sem se afogar, e não perdendo de vista que o objetivo é, afinal... atravessar o rio.

O G-20 nasceu durante uma crise (1997-98) e teve sua importância renovada em outra crise (2007-09), quando passou a se reunir não apenas no âmbito de ministros da Fazenda e presidentes de bancos centrais, mas de chefes de estado ou de governo. O papel e a influência do G-20 dependem, em boa medida, da capacidade do grupo de se perceber, e de ser percebido pelos demais países, como um arranjo em constante evolução, uma experiência viva, um fórum flexível, aberto e adaptável, com capacidade de se envolver em interações constantes com organismos e instituições internacionais, tais como o FMI, o Banco Mundial, o BIS, bem como com novos arranjos como o Conselho de Estabilidade Financeira (FSB) e com uma opinião pública informada e cada vez mais interessada em política externa, economia internacional e questões globais. Nesse sentido, é muito importante que a voz do G-20 seja ouvida, em alto e bom som, contra medidas protecionistas, ações unilaterais e políticas voltadas a empobrecer os vizinhos (*beggar-your-neighbor*).

Mas o G-20, e aqueles que acreditam em seu papel, nunca deve perder de vista o fato de que por trás do Grupo existem governos que estão presentes nos vários organismos internacionais mencionados anteriormente, e em muitos outros mais. Governos que, evidentemente, precisam lidar com seus próprios interesses domésticos, regionais e globais. Assim é a vida.

Mas assim também é o fato de que a efetividade, a influência e o papel potencial do G-20 dependem, em última análise, daquilo que os governos por trás do grupo decidam acordar entre si. O fato de a Grande Complacência ter acabado, assim como a Grande Moderação, e de o pior das consequências da Grande Crise ter sido evitado, pode abrir novas oportunidades para se obter um maior grau de convergência por meio de cooperação internacional, que, em princípio, está ao alcance do G-20. Se não, ao alcance de quem estaria?

Há opiniões de toda ordem a respeito dessa pergunta. Há os que acreditam que estaria ao alcance da importante relação bilateral EUA-China e que o relevante seria a taxa de câmbio entre as respectivas moedas e os diferentes pesos relativos das demandas doméstica e externa nos dois países. Há quem julgue que estaria ao alcance de um G-3, esses dois países mais a Europa; ou de um G-4 que incluísse, além disso, o Japão.

Há os que pretendem manter ativo o G-7 (mais Rússia) ou ter um mecanismo de consulta do G-7 com a China para questões de taxas de câmbio e do eventual futuro papel internacional da moeda chinesa. Há, por suposto, os que defendem um maior papel do G-20. Ou do FMI. E há os que defendem tudo isso ao mesmo tempo, incluindo a ONU.

O fato é que, no pós-crise, continuam extremamente elevadas as incertezas quanto ao curso futuro dos eventos nos EUA, na Europa e no Japão, cada um com problemas distintos de curto, médio e longo prazos. Não é muito razoável imaginar que a outra metade do mundo possa seguir indefinidamente crescendo a taxas elevadas com base em uma dinâmica própria que independa totalmente do que ocorre no mundo desenvolvido — e sem seus próprios riscos e incertezas, domésticos ou regionais.

A responsabilidade dos países que têm responsabilidade crescente no cenário global é de contribuir para evitar o que Michael Spence chamou de "um destino que pode ser tão pouco atrativo quanto a jornada" para a economia mundial. E isso, pelo menos, está, em princípio, ao alcance da comunidade internacional — dependendo da visão, do engenho e da arte de suas lideranças. Ainda que tenham que sempre levar em conta prioridades nacionais, regionais e globais e o complexo balanceamento entre continuidade e mudança.

UMA COMPARAÇÃO DOS PROGRAMAS DE *QUANTITATIVE EASING* ADOTADOS PELOS BANCOS CENTRAIS DOS PAÍSES DESENVOLVIDOS

Deborah B. A. C. de Oliveira

1 INTRODUÇÃO

Em um livro sobre os novos dilemas da macroeconomia não poderia faltar uma discussão sobre a aplicação e os efeitos decorrentes do conjunto de medidas expansionistas não convencionais de política monetária, implementadas em todos os países centrais, durante a recente crise financeira, denominadas *quantitative easing* (QE). A referência para essa incursão em um mundo desconhecido, de efeitos ainda incertos, foram as medidas de *quantitative easing* adotadas pelo Banco Central do Japão no início da década, quando a economia japonesa viveu o pior período de estagnação e deflação.

O objetivo deste artigo é expor os diferentes exercícios de *quantitative easing* efetuados recentemente nos Estados Unidos, Inglaterra e Zona do Euro e oferecer uma análise comparativa do tamanho dessas medidas não convencionais, tipos de programa e efeitos sugeridos pelas duas principais referências acadêmicas internacionais, Joyce *et al.* (2010) e Gagnon *et al.* (2010).

As medidas não convencionais estão subdivididas em duas categorias abrangentes. A primeira agrupa medidas de promoção de liquidez e aumento do crédito de curto prazo para o setor bancário. A segunda compreende compras de ativos públicos e privados com o objetivo de reduzir as taxas de juros longas, dada a maior demanda por esses ativos, impulsionando uma realocação de portfólio, em que recursos seriam transferidos para ativos com maior rentabilidade. Dessa forma, as políticas não convencionais seriam eficazes em reduzir as taxas de juros, mesmo que a taxa de curto prazo esteja próxima de 0%. As medidas não convencionais aumentam as reservas dos bancos e assim expandem o balanço do Banco Central.

Neste artigo enfocamos, principalmente, o segundo grupo de medidas, analisando como os programas dos três principais Bancos Centrais do Ocidente assumiram formas diversas e como as respostas esperadas para futuras crises ou desaceleração do crescimento seriam também diversas. Realizamos uma comparação entre os três programas de *Quantitative Easing* realizados durante a crise financeira, em 2009. O novo programa de *Quantitative Easing* iniciado pelo FED, em novembro de 2010, não será diretamente incluído nas comparações, mas será comentado brevemente.

2 EXPANSÃO DO BALANÇO DOS BANCOS CENTRAIS

Antes de comparar os diferentes programas, é interessante entender como as respostas variaram em relação ao tamanho da expansão do balanço dos bancos centrais. A tabela a seguir mostra que o tamanho dos programas do Banco da Inglaterra (BoE) e do FED (Federal Reserve Bank) foi similar e significativo, enquanto o do Banco Central Europeu (BCE) foi conservador, resultando em uma expansão modesta do balanço da autoridade monetária.

No caso do BCE, devido à recente crise das dívidas soberanas, a autoridade monetária embarcou em uma nova forma de *Quantitative Easing* que ainda não havia sido utilizada anteriormente. Em maio de 2010, o Banco Central Europeu anunciou a compra de títulos públicos de países com sérios problemas de endividamento. O programa, no entanto, foi muito criticado, devido à difícil decisão *ad hoc* de quais países deveriam ser beneficiados pelas compras do BCE e, principalmente, qual deveria ser a política com relação ao tamanho, período, maturidade dos títulos etc.

Em virtude do alto desconforto de membros do BCE com o programa, os recursos usados foram limitados, o que aumentou marginalmente o balanço do banco central da Zona do Euro.[1] Na tabela que se segue podemos perceber o efeito das compras de títulos soberanos dos países sobre-endividados sobre o balanço do BCE em junho desse ano.

TABELA 1			
Aumento do balanço do BC - Mar/10			
	BoE	BCE	FED
1 ano	5,32%	1,41%	1,24%
2 anos	11,04%	5,82%	9,74%
Aumento do balanço do BC - Jun/10			
	BoE	BCE	FED
1 ano	2,06%	1,80%	1,57%
2 anos	11,22%	7,92%	9,83%

Fonte: Bloomberg

3 COMPARAÇÃO ENTRE OS DIFERENTES PROGRAMAS

Os programas de *Quantitative Easing* têm dois pilares principais: a promoção de liquidez e de crédito de curto prazo, relaxando os requisitos de colateral; e a compra de ativos, sob a forma de títulos da dívida pública ou privada, afetando diretamente o setor não bancário. O tamanho de cada pilar e a ênfase em cada um deles variam consideravelmente nos três programas analisados. O programa mais amplo foi o do FED, dados o alto desenvolvimento do sistema financeiro dos EUA e o indispensável papel de outras instituições financeiras no sistema americano.

FED

O programa do FED foi considerado o mais abrangente, por terem sido realizadas compras de títulos do setor privado, títulos públicos e uma grande ampliação dos ativos que poderiam ser utilizados como colateral junto a essa instituição para o acesso a crédito.

Devido à grande contribuição de outras instituições financeiras para a geração de crédito nos EUA, o programa de *Quantitative Easing* do FED foi muito além da promoção de liquidez para o setor bancário. A tabela a seguir demonstra como outras instituições financeiras, como seguradoras e casas de hipoteca, são responsáveis por grande parte da oferta de crédito nos EUA.

TABELA 2								
Crédito privado/PIB	Estados Unidos		Reino Unido		Alemanha		França	
	2008	Média	2008	Média	2008	Média 1998-2008	2008	Média 1998-2008
Bancos/PIB	62,77%	53,69%	188,96%	142,10%	101,67%	111,83%	106,36%	88,72%
Outras instituições financeiras/PIB	147,95%	126,96%	0,60%	0,05%	0,50%	0,05%	0,39%	0,04%
Crédito total/PIB	210,73%	180,65%	189,56%	142,16%	102,17%	111,88%	106,74%	88,76%

Fonte: Banco Mundial

---

[1] Atualmente, o total de compras dos títulos dos governos é de 65 bilhões de euros.

O epicentro da crise financeira foi o setor imobiliário, no qual os empréstimos eram financiados, principalmente, pelas instituições não bancárias citadas. O rompimento das atividades no setor e a falta de demanda por títulos que tivessem hipotecas como colateral (*mortgage backed securities*) levaram a que o banco central tivesse de intervir diretamente nesses mercados, comprando MBS e títulos de dívida das Government Sponsored Enterprise (GSE), *Fannie Mae* e *Freddie Mac*.

A maior parte do programa de compras de ativos foi direcionada ao setor imobiliário, sendo, por isso, a aquisição de MBS o maior componente do programa. Do total de US\$1,7 trilhão de compras realizadas pelo FED, US\$1,25 trilhão foi destinado à compra de MBS e US\$175 bilhões à compra de obrigações de dívidas das GSE ligadas ao setor imobiliário. As compras de MBS foram concentradas em títulos de 30 anos, emitidos por Fannie Mae e Freddie Mac. Já as compras dos ativos das GSE foram concentradas em ativos de médio prazo, pois a oferta de longo prazo era limitada. Além da intervenção no setor imobiliário, o FED também anunciou compras no total de US\$300 bilhões em títulos de longo prazo do Tesouro americano, priorizando maturidades de 2 a 10 anos.

O objetivo principal do FED era restaurar o mercado de títulos imobiliários que havia congelado durante a crise. O anúncio do programa não foi diretamente vinculado ao impacto das compras sobre a atividade econômica, mas sim ao impacto sobre a oferta de crédito e a normalização do setor financeiro. Portanto, a primeira fase do programa de expansão monetária do FED que se seguiu à paralisação dos mercados financeiros em 2008 teve como principal objetivo servir de contraparte para as operações vistas como fundamentais para o funcionamento de diversos mercados. Isto é, a primeira etapa do relaxamento monetário foi de fato um relaxamento creditício.

Subsequentemente, o FED adotou políticas de afrouxamento quantitativo mais "tradicionais", por intermédio da compra direta de títulos do Tesouro (*Treasuries*). A primeira vez em que isso foi feito foi em março de 2009, e o programa durou 6 meses. Pouco mais de um ano depois de as medidas terem sido interrompidas, o FED retomou o programa de compras de títulos do Tesouro em novembro de 2010, sob fortes críticas.

Ao contrário do que muitos analistas argumentam, as compras atuais do FED não visam catalisar diretamente o crédito, como foi a intenção com a primeira etapa das medidas de expansão monetária, que chamamos de afrouxamento creditício. A redução das taxas longas mediante a compra de títulos de maior maturidade visa, principalmente, atuar sobre os balanços das famílias. Os passivos das famílias americanas continuam sobrecarregados de dívidas imobiliárias contraídas durante o período dos excessos de crédito para o setor. Ao reduzir as taxas mais longas, o afrouxamento quantitativo ajuda a acelerar a desalavancagem, diminuindo o serviço da dívida e abrindo um pouco de espaço no orçamento das famílias. Portanto, embora os efeitos dessas medidas sejam limitados e atuem de forma lenta sobre os passivos, é pouco razoável a visão de que de nada adiantam.

BoE

O programa de *Quantitative Easing* foi anunciado em fevereiro de 2009, logo em seguida ao anúncio do FED, no Relatório de Inflação. Por ser o BoE um banco central com meta de inflação, o Relatório de Inflação é uma publicação muito importante, que recebe bastante atenção dos agentes do mercado quando as mais recentes estimativas e perspectivas para a economia são apresentadas. O *Quantitative Easing* previamente anunciado no documento do BoE foi formalmente adotado na reunião de março de 2009. O programa de *Quantitative Easing* foi vinculado ao crescimento da demanda doméstica, ou seja, havia um comprometimento claro de trazer o crescimento nominal para um patamar próximo a 5%, nível condizente com a média histórica da Inglaterra. O programa teve como objetivo estimular o crescimento dos agregados monetários por meio da criação de reservas no Banco Central da Inglaterra.

O BoE anunciou que seriam realizadas tanto compras de ativos privados quanto compras de títulos da dívida pública. No entanto, o mercado de dívida privada, na Inglaterra, ainda é muito pouco desenvolvido, em comparação com o dos EUA, por exemplo, e, por isso, a compra de ativos privados atingiu valor muito limitado. Apesar de as políticas adotadas terem sido não convencionais, o objetivo era o mesmo que em um afrouxamento monetário tradicional: estimular a demanda doméstica. Como veremos na subseção seguinte, essa não é uma característica comum a todos os programas de *Quantitative Easing*. Principalmente no Banco Central Europeu, o programa implementado durante a crise visava principalmente ao aumento de liquidez no setor bancário.

Inicialmente, o BoE anunciou compras na parte curta da curva com maturidades de até 5 anos,[2] mas acabou posteriormente intervindo nas maturidades mais longas. Uma das preocupações do Banco Central da Inglaterra foi comprar títulos das dívidas de fundos de pensão e seguradoras, na medida em que essas instituições alterariam o portfólio, substituindo títulos por outros investimentos. Apesar de o setor bancário participar como intermediador desse processo, os bancos tinham que comprar títulos do governo dos principais detentores — fundos de pensão e seguros — para revender ao Banco Central. O principal mecanismo pelo qual as compras provocariam impacto seria exatamente essa realocação de portfólio. Na medida em que as compras do BoE aumentavam a procura por títulos da dívida e diminuíam os juros, outros investimentos se tornavam mais lucrativos, impulsionando o mercado de ações e de crédito.

A principal crítica ao programa foi, justamente, esse impacto indireto do *Quantitative Easing*, já que ele afetava os ativos privados apenas indiretamente, através da realocação de recursos na economia. Uma das críticas mais recorrentes consistiu em que essa realocação não necessariamente ocorreria por ativos internos e que o capital adquirido por meio da venda de títulos públicos estaria sendo aplicado em investimentos no exterior, não alterando em nada a frágil situação do mercado de crédito doméstico. Como veremos mais detalhadamente na Seção 4, o programa foi bem-sucedido em reduzir as taxas de juros longas da economia, mas as taxas oferecidas a pequenas e médias empresas ainda continuam elevadas. Dessa forma, a recuperação do crédito ainda é incipiente. Um dos resultados verificados, no entanto, foi a alta concentração no mercado de títulos da dívida inglesa, gerando questionamentos sobre como a venda dos títulos detidos pelo BoE pode causar volatilidade e um aumento excessivo das taxas de juros no futuro.

BCE

O programa de *Quantitative Easing* do BCE foi menor do que os programas dos outros dois bancos centrais. A perspectiva do Banco Central Europeu era diferente desses outros bancos centrais, já que o crédito do sistema financeiro europeu é primordialmente originado pelos bancos. No sistema europeu, o aumento da liquidez no setor bancário foi o principal objetivo do programa, que, na verdade, foi chamado de *credit enhanced program*.

O programa anunciado pelo BCE teve como principal medida o aumento do conjunto de ativos que poderiam ser utilizados como colateral para a tomada de empréstimos junto à autoridade monetária. Esses empréstimos colateralizados já constituíam operações que o BCE realizava no período anterior à crise, e, por isso, a sua implementação foi relativamente fácil e direta. Foram adotadas extensões da classe de ativos que seriam aceitos como colateral. Além disso, a maturidade dos empréstimos também foi aumentada, chegando, no auge da crise, a alcançar 1 ano.

A taxa dessas operações também foi fixada em 1%, e o volume de empréstimos foi estipulado como ilimitado. Muitas dessas operações estão sendo ou já foram lentamente revertidas, de acordo com a

---

[2] Compraram quase todos os títulos da dívida inglesa de até 3 anos.

menor demanda dos bancos por empréstimos do BCE, devido ao retorno da liquidez no mercado interbancário.[3]

A tabela a seguir relaciona as medidas que foram utilizadas pelo BCE para aumentar a liquidez no sistema bancário europeu.

TABELA 3
Programa de suporte à expansão do crédito (*enhanced credit support*)
Operações de volume ilimitadas com taxas fixas
Expansão de colateral
Provisão de liquidez de longo prazo
Provisão de liquidez em outras moedas
Compra de títulos privados (*covered bonds* no total de 60 bilhões de euros)
Compra de títulos de governos da Zona do Euro (valor atual de 76 bilhões de euros)

O programa de compras de ativos privados (*covered bonds*) foi limitado a 60 bilhões de euros e não foi o principal canal de afrouxamento da política monetária. O *Quantitative Easing* realizado pelo BCE, na sua forma mais tradicional, apenas veio a ocorrer em 2010, devido à aguda crise das dívidas soberanas de alguns países europeus. Diante do questionamento sobre a capacidade de pagamento dos países periféricos e o possível contágio da crise para países maiores como Espanha e Itália, o BCE iniciou um programa de compras de títulos públicos de países com alta volatilidade, para evitar movimentos abruptos nos *spreads*. Essa compra de títulos públicos de alguns países da Zona do Euro foi bastante criticada, inclusive por membros do próprio BCE.[4]

Para não provocar impactos inflacionários, as compras foram esterilizadas. Diferentemente dos programas iniciados em 2009, que já estão expirando, o programa de compras de títulos públicos ainda está em vigor, e sua continuação e eficácia continuam na agenda do debate atual entre os membros do Banco Central Europeu. A principal diferença entre o programa do BCE e os implementados pelo FED e pelo BoE é que o BCE não anunciou montantes específicos de compras de títulos por país e nem divulgou quais seriam a duração do programa e o total de títulos a serem absorvidos. Outra diferença é que as compras dos outros bancos centrais não foram esterilizadas. Pelo contrário, a expansão do balanço dos bancos centrais fazia parte do objetivo da política monetária.

4 RESUMO DOS EFEITOS ENCONTRADOS NA LITERATURA ECONÔMICA

Existem duas principais referências sobre o impacto das compras de ativos realizadas pelo FED e pelo BoE, que podem servir de base para analisar ambos os casos, já que os programas adotados nos dois países, em termos de porcentagem do PIB, foram da mesma magnitude.

A literatura sobre os impactos do *Quantitative Easing* nos ativos financeiros é mais ampla do que a literatura sobre os efeitos na economia real. Nesta seção, nos concentramos no efeito do *QE* sobre os ativos financeiros.

As duas principais referências, Gagnon *et al.* (2010) e Joyce *et al.* (2010), utilizam técnicas similares para medir o impacto dos programas. São usados técnicas de estudo de casos[5] e também modelos OLS com séries temporais. No caso de Joyce *et al.* (2010), foi utilizada uma janela de 3 dias entre o anúncio

---

[3] A exceção são os bancos de alguns países que continuam severamente combalidos.

[4] Axel Weber, presidente do Banco Central da Alemanha e principal candidato a substituir o atual governador do BCE, foi publicamente contra o programa, afirmando que seu impacto foi incerto.

[5] Também nomeados na literatura de *event studies*.

das compras de ativos e a análise do impacto sobre os instrumentos financeiros. O principal impacto do *Quantitative Easing* é explicado pela teoria de realocação de portfólio.

Com relação ao BoE, um menor retorno dos títulos da dívida do governo geraria uma realocação de recursos para outros ativos, fazendo com que os investimentos em ativos líquidos aumentassem rapidamente. É importante entender que as compras dos bancos centrais atuam reduzindo o prêmio de risco e, por isso, fazem também com que as taxas de títulos, não necessariamente comprados pelo governo, como títulos indexados à inflação, também sejam reduzidas.

No estudo realizado por Gagnon *et al.* (2010), esse canal da redução da taxa de juros, por meio do prêmio de risco e não das expectativas de taxas de juros mais baixas no futuro, é bastante explorado. De acordo com o estudo, as compras de ativos pelo banco central reduzem a oferta de ativos com maior duração e aumentam a oferta de ativos de curto prazo (reservas dos bancos). Como esses ativos não são substitutos perfeitos, a redução da oferta de ativos de longo prazo diminui o prêmio de risco, reduzindo, assim, o retorno.

No estudo de Gagnon *et al.* (2010), a janela utilizada para a análise do impacto do anúncio do *Quantitative Easing* foi de apenas 1 dia.[6]

As conclusões dos dois estudos foram as seguintes: no documento do BoE, a análise sugere que a compra de títulos do governo de 5 a 25 anos contribui para uma queda de cerca de 100 pontos-base (pb) em relação ao que as taxas de juros teriam sido caso a política não tivesse sido implementada. No FED a evidência é similar, com redução dos juros dos títulos de 10 anos variando entre 30 e 100 pb. Desse modo, as evidências analisadas sugerem que o impacto nas taxas de juros é significativo e que não só ativos comprados têm o retorno reduzido mas, em virtude da redução do prêmio de risco, diversos ativos experimentam uma queda nas taxas de juros.

5 O QUE A RECENTE EVIDÊNCIA SUGERE PARA UMA NOVA RETOMADA DE *QUANTITATIVE EASING* DIANTE DA MODESTA RECUPERAÇÃO MUNDIAL?

Devido às diferentes respostas dos três bancos centrais à aguda crise financeira, é natural imaginar que as respostas em face de uma desaceleração do crescimento também sejam diversas.

O FED anunciou o seu segundo programa de *Quantitative Easing* em face do risco de deflação nos EUA e da elevada taxa de desemprego. No entanto, a situação do outro lado do Atlântico continua sendo diferente. Apesar de as funções de respostas do BoE e do FED serem similares, a atividade e a inflação nos dois países estão em trajetórias divergentes. No Reino Unido, a inflação segue relativamente alta e as evidências quanto ao nível de atividade são mais animadoras. Desse modo, ao contrário dos EUA, novas rodadas de QE não parecem justificáveis do ponto de vista macroeconômico neste momento. No entanto, uma forte contração do crescimento devido ao severo pacote de austeridade fiscal, que prevê cortes muito profundos no orçamento durante quatro anos, pode mudar esse quadro. Um novo programa de QE, no Reino Unido, se daria por intermédio de compras centralizadas em títulos públicos, em função do tamanho restrito do mercado de títulos privados.

O alto grau de conservadorismo do BCE perante a expansão do balanço no auge da crise e o foco em uma política direta de aumento de liquidez para os bancos, em vez de compras de ativos, fizeram com que a autoridade monetária da Zona do Euro tivesse uma reação muito mais tímida perante seus pares nos EUA e no Reino Unido. Além disso, o fato de o BCE ter apenas 11 anos de existência e de ter de lidar com complexas questões políticas e institucionais na Zona do Euro impede que a autoridade monetária tenha uma postura mais ativista. Para completar, o BCE herdou o legado conservador do Bundesbank, o

---

[6] Embora tenha também estimado janelas maiores para comparar os resultados.

banco central da Alemanha, mantendo sempre o foco no comportamento da inflação, que deve se situar abaixo da meta de 2%.

Em resumo, investigando as atitudes dessas instituições durante a recente crise e os diferentes tipos de política implementados por cada banco central, pode-se inferir quais as respostas às novas pressões da economia. Fica, assim, a importante questão de até que ponto a política monetária não convencional, com as taxas de juros próximas de zero, deveria ser utilizada não somente em períodos de estresse financeiro, mas também para estimular a atividade e aumentar as expectativas de inflação quando há um risco não desprezível de deflação. As evidências analisadas sugerem que o impacto nas taxas de juros é significativo e que não só ativos comprados têm o retorno reduzido mas, em virtude da redução do prêmio de risco, diversos ativos experimentam uma queda nas taxas de juros.

Desse modo, há argumentos ponderáveis para justificar a adoção das políticas não convencionais quando os instrumentos tradicionais de política monetária perdem a eficácia, isto é, quando as taxas de juros nominais se aproximam de zero. Assim como ocorre com o uso convencional da política monetária, o tamanho e a duração de cada programa excepcional dependem dos objetivos principais dos bancos centrais, bem como da função de resposta das diversas economias.

As motivações para o uso dessas políticas por parte dos três bancos centrais analisados foram variadas e pretenderam aliviar problemas de natureza diferente em cada caso. No caso do FED, a primeira preocupação foi a de sustentar o sistema de pagamentos depois da paralisação ocasionada pela quebra do banco Lehman Brothers. Subsequentemente, o objetivo foi o de acelerar a desalavancagem das famílias. Para o Banco da Inglaterra, o mais importante era sustentar a atividade econômica e impedir a contração brutal do crédito que poderia se materializar em função dos problemas bancários. Já o BCE estava mais preocupado com a sustentação da liquidez bancária e, posteriormente, com os reflexos das crises das dívidas sobre os *spreads* dos diferentes países. Diante dessas observações, é falacioso fazer um julgamento generalista sobre as políticas de afrouxamento quantitativo. As lições dessas diferentes experiências e suas implicações para o entendimento da macroeconomia pós-crise continuarão no centro do debate ao longo dos próximos anos.

Uma importante questão que não foi diretamente discutida neste ensaio é o quanto as taxas de juros longas mais baixas são capazes de estimular a economia e o consumo, em um período de forte incerteza. Devido ao intenso uso de medidas não convencionais, o impacto da expansão do balanço dos bancos centrais na economia real é ainda incerto. Estudos futuros devem enfocar o impacto na economia real e na expectativa de inflação das recentes medidas adotadas.

4

Resposta Regulatória à Crise Financeira

Armando Castelar Pinheiro

*"Todas as crises financeiras desde o século XIX deram origem
a mudanças na regulação financeira"*
(Dionisio Dias Carneiro.)

1 INTRODUÇÃO

Os anos dourados da "exuberância irracional" deixaram uma conta amarga para os cidadãos dos países ricos. A taxa de desemprego desses países, que caiu de 7,5% do início dos anos 1990 para 5,4% em 2007, subiu rapidamente nos anos seguintes, atingindo, segundo estimativas do FMI, 8,3% em 2010. Para salvar o sistema financeiro e bancar os pacotes de estímulo fiscal que impediram uma queda ainda maior do emprego, o setor público vem se endividando em ritmo antes observado apenas em períodos de guerra. Assim, a dívida bruta do governo central, que não inclui estados e municípios, nem empresas sob responsabilidade pública, como as americanas Fannie Mae e Freddie Mac, subiu de 45,5% do PIB em 2007 para 67,0% em 2010 e, de acordo com as projeções do FMI, deve bater em 80,6% do PIB em 2015. Para a dívida bruta, esses valores não são menos assustadores: respectivamente, 72,7%, 95,9% e 105,3% do PIB. Para pagar essa dívida, o que só começará a ser feito quando a crise ficar para trás, vai ser preciso uma alta significativa da carga tributária, o que atrapalhará o crescimento. No meio-tempo, o próprio tamanho da dívida se tornou uma fonte adicional de instabilidade.

O setor financeiro, como se sabe, esteve no centro desse processo: nos anos dourados, ele foi a grande alavanca da expansão, dando crédito a quem podia e a quem não podia pagar por ele, lucrando regiamente com isso; na crise, ele se tornou um dreno de volumosos recursos públicos e um freio à retomada do crescimento, pela necessidade de desalavancagem financeira e absorção de perdas com ativos financiados a valores que só se justificavam em meio a uma bolha especulativa. Segundo o FMI, os bancos sofreram perdas estimadas em 2,2 trilhões de dólares, parte substantiva da qual recaiu sobre os ombros do contribuinte. Não surpreende, portanto, que os bancos tenham se tornado uma espécie de inimigo público número um, com banqueiros que recebem enormes bônus quando tudo vai bem mas que precisam ser socorridos pelos contribuintes quando suas apostas dão errado.

Não há como discordar de que há problemas sérios com os incentivos e controles com que as instituições financeiras operam nos países ricos. A verdade, porém, é que a tendência dessas instituições a correr riscos maiores do que é adequado do ponto de vista da sociedade assim como a constatação de que o contribuinte tende a pagar a conta dos riscos que não dão certo são fatos bem conhecidos, e há muito tempo. Não por outra razão, o setor financeiro é um dos mais regulados nas economias de mercado.

Assim, uma leitura alternativa, e mais relevante, da crise é que ela foi o resultado de uma regulação deficiente. Afinal de contas, o papel dos reguladores financeiros é exatamente evitar que os bancos corram riscos excessivos, objetivo que a crise mostrou não ter sido alcançado com os atuais modelos regulatórios. Além disso, foi a parte do setor financeiro que é mais regulada, e não a que é objeto de pouca ou nenhuma regulação, que se arriscou demais e provocou a crise. Essas constatações desencadearam um frenesi reformista, focado em evitar uma repetição da crise, até como satisfação aos contribuintes, que arcaram com a conta dos excessos.

Os três últimos anos foram marcados por intensas discussões nos países que estiveram no centro da crise — EUA, Reino Unido e Zona do Euro — sobre o que está errado na regulação existente e o que deve mudar. Vários países vêm adotando reformas, que vão de mudanças paramétricas até uma larga redefinição do papel de órgãos reguladores e dos graus de liberdade com que as instituições financeiras podem operar. Uma preocupação de fundo nesse processo tem sido o risco de que as iniciativas isoladas de reforma em uma jurisdição acabem sendo ineficazes se os bancos puderem simplesmente transferir suas atividades para locais com regras mais lenientes. Para reduzir esse risco, grande parte da discussão sobre a reforma da regulação financeira tem-se dado no contexto multilateral, em especial no âmbito do Acordo de Basileia, para o qual se está definindo uma terceira versão. O sentido de urgência por trás dessas reformas pode ser aferido pela velocidade com que se convergiu para os novos padrões de capital mínimo no contexto do Basileia 3: apenas um ano e meio, contra os mais de 10 anos que se consumiu para acordar as regras do Basileia 2.

Além da velocidade com que as reformas estão sendo aprovadas, dois fatores chamam a atenção. Primeiro, o esforço de incorporar as maiores economias emergentes numa discussão historicamente centralizada nos países do G-7. Nesse sentido, o G-20 se tornou a principal instância decisória multilateral, enquanto a gestão técnica das reformas passou a ser supervisionada pelo Financial Stability Board, instituição permanente que saiu da conversão do Financial Stability Forum e que incorpora os países emergentes. Segundo, a abrangência do processo de reforma, que, como acordado no G-20, tem quatro grandes pilares: um sistema reforçado de regulação; esquemas mais eficazes de supervisão; o desenvolvimento de mecanismos para lidar com instituições financeiras sistemicamente importantes; e melhorias no processo de avaliação da implementação das novas normas (Lipsky, 2010). Vê-se, portanto, que o G-20 reconhece a necessidade de ir além de simples mudanças paramétricas no modelo de regulação atual.

Este texto discute o andamento desse processo de reforma regulatória no setor financeiro. Ele está estruturado em cinco seções, incluindo esta introdução. A Seção 2 analisa o que a crise mostrou sobre as falhas do modelo regulatório então em vigor. A Seção 3 apresenta e discute as mudanças introduzidas pela terceira versão do Acordo de Basileia. A Seção 4 examina as reformas em andamento nos EUA e na Europa. Uma última seção discute as lacunas mais evidentes no atual estágio do processo de reforma e examina as implicações desse processo para o Brasil.

2 POR QUE A REGULAÇÃO BANCÁRIA NÃO IMPEDIU A CRISE?

Em que pese a toda carregada discussão sobre as reformas liberais das últimas três décadas, mais recentemente focada no papel do setor público no combate à crise, o fato é que mesmo as economias mais liberais do planeta são marcadas por forte intervenção do Estado na economia, sob a forma de uma ampla regulação. Assim, enquanto se reduziam barreiras à entrada, se privatizavam empresas estatais, promoviam aberturas comerciais e, de forma geral, se estimulava a competição, por outro lado se ampliavam os tentáculos regulatórios por intermédio, por exemplo, da proteção ao consumidor e ao meio ambiente, e de exigências de transparência, da contabilidade corporativa aos efeitos colaterais de remédios.

O setor financeiro esteve historicamente entre os mais regulados, não apenas pelo papel central que desempenha nas economias modernas, mas também pela percepção de que ele é afetado por basicamente todos os tipos de falhas de mercado conhecidas: assimetria de informação, externalidades de rede, poder de mercado, contágio etc. Esses problemas são tão graves e presentes que a regulação é vista como essencial para garantir o bom funcionamento do setor e, em certo grau, a sua própria existência.[1]

Em um mercado financeiro não regulado, os bancos têm uma tendência a correr riscos excessivos. Essa tendência advém do fato de os bancos trabalharem de forma muito mais alavancada que outras

---

[1] Por outro lado, a própria intervenção pública no setor, como a concessão de garantias para depósitos e a proteção a certas instituições vistas como grandes demais para quebrar, resolve problemas com uma mão, mas cria outros com a outra.

empresas, o que, em combinação com o instituto da responsabilidade limitada, faz com que seja interessante para o acionista do banco participar de projetos arriscados: este ganhará desproporcionalmente se as coisas derem certo e, no pior cenário, perderá apenas o seu capital. Isso em si não é ruim, se os financiadores dos bancos souberem do risco que estão correndo e se sentirem confortáveis com isso. Mas esse em geral não é o caso dos pequenos depositantes que mantêm seus recursos nos bancos (e em outras instituições financeiras, como empresas de seguro e fundos de pensão, por exemplo). Problemas de assimetria de informação e ação coletiva fazem com que seja difícil e mesmo pouco racional para um pequeno depositante avaliar o risco incorrido pelo banco e, eventualmente, decidir retirar seus recursos da instituição, caso não concorde com o nível de risco assumido.

Nos livros-texto, a regulação financeira prudencial tem como foco principal proteger o pequeno depositante contra essa tendência dos acionistas dos bancos de correr riscos excessivos. Em adição, devido ao papel central do crédito e do sistema de pagamentos nas economias modernas, e dada a dificuldade de importar esses serviços, o custo social da quebra de instituições financeiras supera o custo privado numa escala maior do que ocorre com empresas de outros setores. Como ilustrado por essa e outras crises financeiras, a sociedade tem um interesse grande na manutenção dessas instituições em operação. Isso significa que a dose socialmente ótima de risco é inferior àquela em que os bancos incorreriam se deixados à vontade. Assim, o objetivo principal da regulação prudencial é incentivar as instituições financeiras a incorrer em uma dose de risco considerada ótima do ponto de vista social, isto é, levando em conta os custos da quebra de bancos para toda a sociedade.

A forma preferida dos reguladores para contra-arrestar esses incentivos perversos é exigir que o banco utilize tão mais capital próprio quanto mais arriscada for a composição de seus ativos; ou seja, que o teto permitido para a sua alavancagem seja tão mais baixo quanto mais arriscados os seus negócios. A lógica aqui é dupla: de um lado, a exigência de capital mínimo significa que os acionistas têm mais a perder com a quebra do banco e, portanto, correrão tão menos riscos quanto menor o máximo permitido de alavancagem; de outro lado, quanto mais capital próprio tiver o banco, maior sua capacidade de absorver prejuízos sem que seus depositantes, credores e, ao fim e ao cabo, o contribuinte tenham de arcar com perdas. Ainda que haja outras formas de influir na disposição do banco a correr riscos com recursos de investidores pouco informados — como, por exemplo, um prêmio de seguro de depósito proporcional ao risco incorrido —, a exigência de um capital próprio mínimo proporcional ao risco embutido nos ativos é o elemento central dos modelos de regulação prudencial, como os que inspiraram os chamados Acordos de Basileia.

Foi basicamente esse modelo, ou, mais precisamente, a forma como ele foi adotado, que a crise de 2008 mostrou ser insuficiente para contrapor-se aos incentivos dos bancos à assunção de uma dose de risco bem superior àquela que a sociedade considera ideal. Como observado anteriormente, a reação regulatória à crise se dividiu entre mudanças empreendidas no espaço nacional e aquelas de caráter multilateral. Estas, em especial, se inspiram em quatro grandes problemas revelados pela crise:

1. A regulação existente subestimava o risco dos ativos dos bancos, dando atenção demais ao risco de crédito e de menos ao de perdas com as posições de tesouraria, em especial subestimando a correlação entre preços de ativos, de forma que os bancos estavam subcapitalizados para o nível de risco que carregavam. Esse problema foi agravado pela leniência de alguns reguladores com a transferência de parte do risco para veículos fora do balanço, dessa forma escapando das exigências de capital.

2. Nem todo capital dos bancos é igualmente bom para cobrir prejuízos e garantir a sua solvência. De um lado, itens como créditos tributários e ativos intangíveis têm pouco valor quando as instituições afetadas estão à beira da insolvência; de outro, a margem para impor perdas aos credores, mesmo aqueles detentores de dívida subordinada, se mostrou quase inexistente, pois numa crise financeira, em contraste com uma falência isolada, há um risco considerável de contágio e a possibilidade de

que instituições solventes mas sem liquidez enfrentem sérios problemas se a aversão ao risco dos credores aumentar muito.

3. Um sistema bancário com baixo risco de solvência pode entrar em colapso se for insuficientemente líquido. Em especial, nos dois últimos anos ficou claro que, na crise, a liquidez no mercado de ativos cai muito, fazendo com que a capacidade de transformar títulos em caixa seja bem menor do que em condições normais.

4. O atual modelo de regulação acentua os ciclos: na fase de expansão, os ativos parecem menos arriscados e mais valorizados, o que reduz a necessidade de capital, estimulando os bancos a emprestar mais. Na fase descendente ocorre o oposto. Isso amplia os custos de uma crise financeira para a economia real, ao mesmo tempo em que favorece certo grau de irresponsabilidade coletiva na fase de expansão.

Esses são essencialmente os temas que inspiraram as reformas contidas na terceira versão do Acordo de Basileia, discutidas na próxima seção. Outras lições da crise têm sido tratadas no âmbito local, ou ainda são objeto de discussão no âmbito do Basel Committee on Banking Supervision (BCBS):

- Há necessidade de diferenciar instituições que impõem risco sistêmico, que se submeteriam a uma regulação macroprudencial e seriam reguladas mais intensamente, à semelhança do que ocorre com as concessões de serviços públicos, e as demais instituições financeiras, que teriam mais liberdade na sua atuação. O tamanho deve ser um critério central na definição do primeiro grupo de instituições, mas não o único. O potencial de contágio, por exemplo, mostrou ser um elemento decisivo na definição de que instituições são sistemicamente importantes: enquanto a falência do Washington Mutual foi assimilada de forma relativamente indolor, a da AIG poderia ter precipitado uma catástrofe. Além disso, é necessário criar mecanismos para lidar com o caso particularmente difícil, mas crítico, das instituições sistemicamente importantes com operações em múltiplas jurisdições. Há também que criar mecanismos para se poder lidar com a insolvência dessas instituições. Uma opção que tem sido discutida a esse respeito é exigir um "testamento vital" (*living will*) para grupos financeiros grandes e complexos. O estabelecimento de mecanismos efetivos de resolução reduziria o risco moral e contribuiria para reforçar a estabilidade financeira global. Idealmente, esse mecanismo faria com que nenhuma instituição fosse vista como grande demais ou muito importante para falir. Se esses planos de recuperação ou falência forem vistos como críveis, eles iriam melhorar o planejamento para a contingência de uma crise, dando efetivos poderes de resolução às autoridades competentes.

- A crise revelou que com a securitização de créditos (quando créditos são agrupados e direitos sobre o fluxo de caixa daí provenientes vendidos a terceiros) e a consequente transferência do risco de crédito para investidores que tinham pouca capacidade de avaliá-los desapareciam os incentivos para que os bancos desempenhassem uma de suas principais funções: selecionar adequadamente os devedores e monitorá-los durante a vigência do contrato. Nos EUA, como se verá, passou-se a exigir que as instituições que os originaram mantenham nas suas carteiras uma proporção mínima desses ativos. O objetivo é estimular uma avaliação mais cuidadosa do risco incorrido na concessão do crédito.

- A crise também mostrou que as agências de classificação de risco operavam com incentivos errados, na medida em que, ao serem pagas pelos emissores de papel, diretamente ou em serviços de consultoria voltados para a estruturação dos papéis a serem vendidos, elas revelaram uma tendência a subestimar o risco desses investimentos. O Acordo de Basileia 3 propõe dar-se menos importância às avaliações feitas pelas agências de classificação de risco na definição do capital mínimo exigido das instituições financeiras, enquanto alguns países querem regular mais intensamente essas agências, para limitar os conflitos de interesse e dar mais transparência às suas classificações.

- Também se descobriu a partir da crise que a regulação subestimara a importância do risco de contraparte, notadamente em operações com derivativos, que, negociadas em balcão, sequer eram devidamente conhecidas dos órgãos de supervisão. Tanto na Europa como nos EUA, a nova regulação prevê a transferência da maioria dos contratos com derivativos, hoje negociados em balcão, para bolsas de valores, com uma contraparte central. Também se passará a exigir o registro de todas as operações, e, no contexto do Acordo de Basileia, se aumentaram as exigências de capital sobre as operações de balcão. Com isso se espera dar mais transparência a essas operações e diminuir a probabilidade de propagação do risco no caso em que uma instituição enfrente dificuldades.
- A regulação deve se dar por função e objetivo, não pela categoria em que a instituição está legalmente inserida. O que importa, nesse sentido, é o grau de alavancagem e o descasamento de prazos entre ativos e passivos com que a empresa opera. Em especial, como ensinou o exemplo da AIG, o risco sistêmico não necessariamente se originará de um banco. Esse tipo de abordagem será especialmente importante na definição das instituições a serem reguladas com maior intensidade. Na mesma linha, a experiência da Espanha ensinou que a regulação deve incidir sobre as atividades incluídas no balanço ou registradas fora dele.

Outra questão introduzida pela crise é o equilíbrio entre competição e estabilidade no sistema financeiro. Há uma extensa literatura acadêmica, em grande parte desenvolvida a partir da crise das *savings and loans* americanas, na primeira metade dos anos 1980, demonstrando que é ótimo do ponto de vista social impor algumas restrições à competição entre instituições financeiras (Hellmann, Murdock e Stiglitz, 2000; Matutes e Vives, 2000). O argumento central é que o poder de mercado dado a essas instituições aumenta o seu valor para os acionistas, que dessa forma ficariam menos propensos a colocar sua sobrevivência em risco. Na ausência de restrições à concorrência — por exemplo, limites à remuneração paga aos depositantes —, os bancos teriam incentivos a correr mais riscos. O outro lado da moeda é que a menor competição reduz a eficiência técnica, alocativa e dinâmica, o que pode ter altos custos para a economia, dado o papel central da intermediação financeira.

A preocupação com a estabilidade prevaleceu entre o período após a Grande Depressão e os anos 1970, quando o setor foi caracterizado por fortes limites à concorrência, como os estabelecidos na Lei Glass-Steagall, e grande presença estatal. Nas décadas seguintes, o setor financeiro foi transformado pela mesma onda de desregulamentação, privatização e estímulo à competição que também mudou inteiramente a forma de operação de setores como telecomunicações e transportes (Vives, 2010).

Será que a competição entre as instituições financeiras se tornou excessiva, e terá isso ajudado a fomentar a crise? Há evidências nos dois sentidos. É fato que a intensificação da competição no setor e a sua globalização reduziram o retorno sobre os ativos dos bancos, o que estimulou uma maior alavancagem e o maior descasamento de prazos entre passivos e ativos, que foram duas das principais causas da crise. Vale dizer, os bancos efetivamente correram mais riscos em busca de maior retorno, e o esquema de incentivos de bônus magnificou essa inclinação. Por outro lado, os lucros e o valor dos bancos poucas vezes estiveram tão altos como logo antes da crise, e, em casos como os do Bear Stearns e do Lehman Brothers, os próprios gestores detinham elevadas participações no capital dos bancos. Assim, não foi por falta de ter o que perder que eles correram um risco excessivo.

Desde o início da crise ficou claro que o modelo de regulação prudencial em vigor precisava ser significativamente reformado. Mas essa constatação veio acompanhada da percepção de que a hora de fazer uma reforma dessa envergadura não era no auge da crise, pois as mudanças necessárias exporiam mais a frágil saúde dos bancos e podiam acentuar a contração do crédito. Era preciso esperar que a saúde do sistema financeiro melhorasse para aplicar as vacinas anticrise. Um par de trilhões de dólares depois, a hora da reforma regulatória do sistema financeiro chegou, tanto no âmbito multilateral como nacional.

3 BASILEIA 3

O objetivo do chamado Acordo de Basileia 3, nas palavras dos seus autores, é o de "melhorar a capacidade do setor bancário de absorver choques originados de estresses financeiros e econômicos, qualquer que seja a fonte, dessa forma reduzindo o risco de transbordamento do setor financeiro para a economia real" (BCBS, 2010c). À primeira vista, portanto, a ênfase não parece ser no ajuste de incentivos, na correção dos comportamentos desviantes, mas em impedir que problemas nas instituições financeiras prejudiquem o funcionamento do resto da economia. Uma leitura mais cuidadosa das reformas aí contidas mostra, porém, a relevância das lições da crise descritas aqui anteriormente, ainda que seja importante não esquecer a influência do contexto, em especial o grande custo da crise para as economias do G-3.

O principal elemento de Basileia 3 é a redefinição das exigências de capital mínimo dos bancos, o chamado Índice de Basileia. O foco passa a ser no capital de Nível I, que passa a consistir, quase que só, de capital acionário ordinário tangível. Além disso, são dadas novas ponderações de risco a alguns tipos de ativo, notadamente às operações de tesouraria e interfinanceiras, além das posições em derivativos. Também se dá um tratamento mais rigoroso à contabilização no capital mínimo de participações minoritárias, de ativos tributários com diferimento temporário, e do valor de receitas com serviços de hipotecas (pouco relevante no Brasil).

O Quadro 1 detalha os novos pisos e tipos de capital com que os bancos deverão trabalhar. O capital ordinário mínimo deve ser de 4,5%, o de Nível I total, de 6,0%, e o capital total, de 8,0%. Assim, por essa ótica, não muda o capital regulatório mínimo, que permanece em 8%, mas se passa a exigir que pelo menos 75% dele sejam de Nível I (antes 50%) e que, deste, 75% sejam de capital ordinário (antes 50%). Além disso, cria uma nova exigência de capital, chamada de "amortecedor de conservação", de 2,5%, que é uma reserva de capital à qual os bancos podem ter acesso em situações de crise, mas sob certas condições, em especial sobre a distribuição de dividendos e o pagamento de bônus, de forma que se criem regras não discricionárias para a preservação de capital. Todo esse segundo tipo de capital tem de ser ordinário. Com isso, o capital mínimo, em situação de normalidade, será de 10,5% e o de Nível I, de 8,5%.

QUADRO 1	Exigências mínimas e amortecedores de capital (%)		
	Capital ordinário (depois de deduções)	Capital nível I	Capital total
(A) Mínimo	4,5	6,0	8,0
(B) Amortecedor de conservação	2,5		
(A) + (B)	7,0	8,5	10,5
Amortecedor contracíclico*	0 a 2,5		

Fonte: Basel Committee on Banking Supervision.
(*) Capital ordinário ou outra forma de capital que absorva perdas plenamente.

Também foi criada uma exigência de capital de caráter contracíclico, que dependerá das circunstâncias de cada país e só entrará em cena quando se acreditar que há um aumento excessivo do crédito. Essa exigência poderá ser atendida com capital ordinário ou instrumentos como dívida conversível em ações. O Comitê também estabeleceu um índice de alavancagem não ponderado pelo risco, que é simplesmente a razão entre o capital de Nível I e o total dos ativos. Para alívio aos bancos, que chegaram a temer um piso para esse índice de 4%, o BCBS fixou o piso desse novo índice em 3%. A vantagem dessa exigência de capital é que ela é robusta a dificuldades na medição do risco assumido pelos bancos, que foi significativamente subestimado no período pré-crise (Hellwig, 2010).

Em anteposição ao relativo rigor na fixação das exigências de capital mínimo em Basileia 3, o BCBS foi razoavelmente condescendente no cronograma com que as novas regras deverão entrar em vigor (Quadro 2). Segundo o BCBS, as novas regras demandarão uma capitalização significativa dos bancos — em que pese todo o capital levantado no último par de anos —, e um *phase-in* bem gradual evitará que isso prejudique a recuperação da economia. De fato, os bancos vão enfrentar no início desta década um estresse elevado na renovação de um grande volume de dívidas vincendas. A implementação das novas regras deverá começar em janeiro de 2013, com o biênio 2011-12 sendo utilizado para aprovar, adaptar e introduzir as novas regras na legislação de cada país. A expectativa é que os bancos aproveitem esse tempo para se capitalizar por meio da retenção de lucros. A primeira mudança será a maior exigência de capital ordinário de Nível I, que começará em 2013 e deverá estar concluída no início de 2015.

As deduções de alguns tipos de capital que não mais contarão no cálculo do capital ordinário — o valor agregado de créditos tributários resultantes de diferenças temporais, investimentos em instituições financeiras e direitos de serviço de hipotecas que exceder 15% do capital ordinário — serão gradualmente implantadas, um quinto ao ano, em 2014-18. Outros tipos de capital que não mais contarão como capital ordinário de Nível I serão excluídos do cômputo desses índices em janeiro de 2013. O amortecedor de conservação começará a ser exigido em 2016 e estará integralmente adotado em 2019. O índice de alavancagem sem ponderação para o risco será monitorado pelos reguladores e supervisores bancários a partir de janeiro de 2011; a partir de janeiro de 2013 terá início sua aplicação nos vários países, com os ajustes finais sendo feitos em 2017, e em 2018 esse indicador passará a fazer parte do Pilar I do Acordo, com uma possível recalibração de componentes e valores.

O Basileia 3 também exige que os bancos mantenham níveis mínimos de liquidez, como definido pelo Índice de Cobertura de Liquidez, que fixa que o banco deve manter um piso de liquidez para poder cumprir seus compromissos no período de 30 dias em uma situação de estresse, e pelo Índice de Financiamento Líquido Estável, que requer que o financiamento de longo prazo seja maior ou igual aos ativos de longo prazo. O elemento crítico nesse caso é o peso dado a cada tipo de ativo e fonte de financiamento (equivalentes aos usados no cálculo do Índice de Basileia, mas sob outra ótica). A última versão do Acordo é mais benigna nos dois lados (p. ex., reduzindo o peso das hipotecas e aumentando o de certos tipos de depósitos), diminuindo o ajuste a ser feito pelos bancos. Depois de um período de observação, com início em janeiro de 2011, o BCBS pretende que o Índice de Cobertura de Liquidez seja introduzido no início de 2015. Para o segundo índice, cuja estruturação tem mudado mais nas últimas revisões, a meta é começar o processo de observação em 2012, mas só no início de 2018 colocá-lo como exigência mínima.

QUADRO 2 Prazos para implantação das novas regras de capital mínimo									
	2011	2012	2013	2014	2015	2016	2017	2018	Em 1.º de janeiro de 2019
Índice de alavancagem não ponderado pelo risco	Monitoramento		Adoção gradual em todas as jurisdições					Migra para pilar I	
(A) Índice de capital ordinário mínimo			3,5%	4,0%	4,5%	4,5%	4,5%	4,5%	4,5%
(B) Amortecedor de proteção						0,625%	1,25%	1,875%	2,50%
(A) + (B)			3,50%	4,00%	4,50%	5,125%	5,75%	6,375%	7,00%
Introdução de deduções para cálculo do índice de capital ordinário de nível I *				20%	40%	60%	80%	100%	100%
Mínimo capital de nível I			4,5%	5,5%	6,00%	6,00%	6,00%	6,0%	6,0%
Mínimo capital total			8,0%	8,0%	8,0%	8,0%	8,0%	8,0%	8,0%

(continua)

(Continuação)

	2011	2012	2013	2014	2015	2016	2017	2018	Em 1.º de janeiro de 2019
Capital mínimo mais amortecedor de conservação			8,0%	8,0%	8,0%	8,625%	9,25%	9,875%	10,5%
Eliminação de instrumentos que não mais se qualificam como capital de níveis I e II **			Eliminados gradativamente a partir de 2013						
Índice de cobertura de liquidez	Começa período de observação					Introdução de padrões mínimos			
Índice de financiamento líquido estável		Começa período de observação					Introdução de padrões mínimos		

Fonte: Basel Committee on Banking Supervision.
(*) Inclui quantidades excedentes de créditos tributários diferidos, investimentos em instituições financeiras e direitos relativos a hipotecas.
(**) Injeções de capital pelo setor público realizadas até 12 de setembro de 2010 serão contabilizadas como capital até janeiro de 2018. Tipos de capital que não mais qualifiquem como capital não ordinário de Nível 1 ou 2 serão descontinuados à base de 10% ao ano, começando em janeiro de 2013. O mesmo ocorrerá com alguns tipos de capital ordinário atualmente considerados de Nível I (tipicamente instrumentos atualmente contabilizados como capital acionário de Nível I sem restrições), enquanto outros perderão sua efetividade integralmente em janeiro de 2013.

O resultado final do Basileia 3 será um sistema bancário menos rentável e em que atividades mais arriscadas migrarão para instituições como os fundos de *hedge*. A extensão dessa mudança dependerá de como os bancos serão capazes de mitigar o impacto das novas regulações e de quão rigorosas estas serão ao final do processo. Para avaliar essa questão, o BCBS patrocinou dois estudos que tiveram como objetivo avaliar o impacto das novas regras: um olhou os efeitos no período de transição, o outro, os de longo prazo. Nos dois casos, foi utilizada uma série de diferentes modelos e a análise construída essencialmente em cima da mediana dos resultados (BCBS, 2010a e b).

O exercício supõe, conservadoramente, que o efeito das maiores exigências de capital e liquidez é repassado pelos bancos aos seus clientes, na forma de *spreads* de juros mais altos, com o retorno sobre o patrimônio líquido mantendo-se estável.[2] Isso se reflete na economia na forma de um crédito mais caro, o que por sua vez desencoraja o consumo e o investimento e, dessa forma, impacta a trajetória do PIB.

A análise de curto prazo considera apenas os custos das novas regulações no período de transição. A conclusão é de que o impacto sobre a economia, em termos de perda de produto, é relativamente modesto — um aumento de 1 ponto percentual no índice de capital ordinário tangível leva a uma queda mediana de 0,09% no PIB em relação à linha de base. O impacto mediano de satisfazer o requisito de liquidez é da mesma ordem de grandeza: 0,08%. Assim, as novas regulações diminuíram o nível do PIB em no máximo 0,19% após quatro anos e meio, o equivalente a um crescimento anual do PIB 0,04% mais baixo ao longo do que na trajetória base nesse período.

A análise de longo prazo considera, além do custo, os benefícios, sendo o principal deles a menor probabilidade de crises bancárias e de perdas de produção a ela associadas com um sistema financeiro mais sólido.[3] Outro benefício resulta da menor amplitude das flutuações no nível de atividade durante os períodos sem crise. Esse benefício tende a ser amplificado pelas exigências de capital contracíclico. Já os custos, como antes, derivam do aumento nos *spreads* de crédito e da consequente redução do consu-

---

[2] Cada ponto percentual a mais no índice de capital eleva o *spread* de crédito em 13 pontos-base. O custo adicional de cumprir as exigências de liquidez soma cerca de 25 pontos base nos *spreads* de crédito quando o ativo ponderado pelo risco (RWA) permanece inalterado, porém, cai para 14 pontos base ou menos depois de se levar em conta a queda no RWA e a correspondente redução no capital regulatório mínimo associada às maiores participações de ativos de baixo risco.

[3] Os próximos parágrafos se baseiam em BCBS (2010a e b).

mo, do investimento e do PIB. Há, portanto, uma troca entre uma perda "permanente" devido ao encarecimento do crédito contra os ganhos com menos e menores crises e um ciclo econômico mais suave.

A experiência histórica sugere que as crises bancárias ocorrem em média uma vez a cada 20 a 25 anos, ou seja, têm uma probabilidade média anual de ocorrência da ordem de 4 a 5%. Usando a estimativa mediana dos custos descontados acumulados com crises em todos os estudos comparáveis, que é de cerca de 60%, cada redução de 1 ponto percentual na probabilidade anual de uma crise gera um benefício esperado por ano igual a 0,6% do PIB quando se considera que as crises bancárias podem ter um efeito permanente sobre a atividade real. Utilizando a mediana das estimativas de perdas quando as crises são vistas como tendo apenas um efeito temporário, que é de cerca de 20%, cada redução de um ponto percentual na probabilidade anual de uma crise gera um benefício esperado por ano igual a 0,2% do PIB. Por outro lado, as evidências sugerem que exigências mais altas de reservas de capital e liquidez podem reduzir significativamente a probabilidade de crises bancárias, especialmente para níveis não muito altos de capital regulatório mínimo. No todo, os resultados empíricos sobre os benefícios líquidos de longo prazo mostram que:

- O efeito é positivo mas pequeno quando se considera que os efeitos das crises não são permanentes e é bem mais substancial quando se consideram impactos permanentes.

- Quando considera apenas a maior exigência de capital, e um efeito permanente moderado, o ganho líquido aumenta bastante e monotonicamente quando se cresce o capital regulatório mínimo de 8% para 13% e depois este se estabiliza, em torno de 2% do PIB, para níveis mais elevados de capital mínimo.

- As exigências de liquidez geram ganhos líquidos positivos para níveis baixos de capital mínimo (8% a 10%), mas têm pouco impacto adicional para níveis mais elevados de capitalização.

No todo, a conclusão dos grupos técnicos responsáveis por esses estudos é de que existe uma margem considerável para aumentar os padrões de capital e liquidez e ainda se obter benefícios líquidos positivos. Além disso, tanto para o período de transição como para o de longo prazo, os custos das novas regras serão, provavelmente, menores do que se estima, pois os bancos podem reagir melhorando a sua eficiência, ampliando os resultados com outras atividades que não a intermediação financeira (prestação de serviços), ou aceitando operar com uma menor rentabilidade, o que faz sentido para o investidor, pois eles se tornarão instituições com menos risco. Da mesma forma, a redução do risco tende a baixar o custo de captação dos bancos.[4] Além disso, parte das operações mais arriscadas pode passar para o setor não bancário, o que reduziria o risco dos ativos.[5] Na prática, os bancos devem adotar uma combinação dessas estratégias.

4 REFORMAS NOS EUA E NA EUROPA

O objetivo central da nova regulação financeira introduzida nos EUA com a Lei Dodd-Frank é reduzir o risco assumido pelas instituições financeiras, em especial os bancos, e diminuir os conflitos de interesse entre elas e seus clientes e contrapartes. Com alguma arbitrariedade, pode-se destacar os seguintes itens como os principais:

- Estabeleceram-se procedimentos legais para a intervenção federal em instituições financeiras com problemas e cuja falência coloque em risco o sistema financeiro americano, permitindo-se a sua eventual dissolução ou desmembramento.[6] A lei requer que o custo final desse processo recaia in-

---

[4] No limite, a diferença entre o custo de capital próprio e de dívida deve se concentrar nos benefícios tributários do endividamento.

[5] Por outro lado, a transferência do risco para o setor não regulamentado pode reduzir os benefícios em termos de estabilidade financeira.

[6] Essa foi uma questão importante durante a crise, quando o governo se achou sem instrumentos para intervir em grandes instituições em situação de virtual insolvência. Esse foi o caso específico do Citigroup. A legislação até então existente permitia que o FDIC, a seguradora de depósitos americana, interviesse no Citibank, a subsidiária bancária do grupo, mas não havia como intervir na *holding* do grupo, que era parte num mundo de operações com derivativos. Encampar o banco sem fazer nada com a *holding* teria gerado uma crise muito maior do que a

tegralmente sobre as demais instituições.[7] Se isso vai ser respeitado ou não em uma futura crise é algo que o tempo dirá, principalmente porque, ao contrário do que em certa altura chegou a constar da lei, não há recursos reservados para tal fim: numa crise como a última, em que quase todos os grandes bancos estavam com problemas, a ponto de se socorrerem com fundos públicos, qual deles seria capaz de bancar a quebra dos outros?

- Criou-se a Agência de Proteção Financeira do Consumidor, com o poder de regular e fiscalizar os produtos financeiros oferecidos aos consumidores. Apesar de localizada institucionalmente no FED, seu presidente é indicado pelo Presidente da República e aprovado pelo Senado, sem subordinação hierárquica ao FED. Esse é um tema fora da esfera do Acordo de Basileia e que reflete mais diretamente uma importante lição da crise americana: os investidores em geral não estão suficientemente preparados para analisar os riscos envolvidos em certos produtos oferecidos pelas instituições financeiras. Ainda que fora do escopo dessa agência, é ilustrativo o exemplo de muitos municípios nos EUA e na Europa que entraram em complexas operações com derivativos sem saber bem o que estavam fazendo. Uma agência como essa vai um passo além da ideia de educar os investidores ou restringir a participação de aplicadores menos sofisticados em determinados tipos de operação. Esse é um tema que pode ganhar proeminência em outros países no futuro.

- Ficou estabelecido que os recursos obtidos com a emissão de alguns tipos de ações preferenciais não mais poderão ser contabilizados como capital de Nível 1 para efeito do Acordo de Basileia, o que exigirá que os bancos reponham esses fundos, provavelmente com ações ordinárias. Essa medida reflete uma conclusão generalizada em todos os países que sofreram diretamente com a crise de que a regulação anteriormente em vigor deixava muitos buracos para que os bancos atingissem o mínimo de capital regulatório com recursos que, na prática, não serviam para cobrir prejuízos ou que, se utilizados para tal fim, poderiam contagiar outros bancos e ampliar o problema sistêmico.

- Na securitização de créditos, os bancos que os concederam deverão reter no balanço pelo menos 5% do risco de crédito. Isso visa corrigir o problema identificado na concessão de créditos imobiliários, em que os padrões de análise de crédito se mostraram especialmente ruins. Isso permitiu que se concedesse crédito a muitos tomadores sem condições de arcar com o seu custo. Em parte, a razão para esse comportamento foi a percepção, errônea, como se viu depois, de que o preço de moradias nos EUA iria sempre subir e, portanto, o risco de crédito era mínimo se devidamente diversificado. Mas também contribuiu o fato de que a securitização de recebíveis imobiliários permitia transferir inteiramente esse risco para outros investidores.

- Os bancos ficam impedidos de realizar operações proprietárias (em que aplicam seus próprios recursos) e de investir mais do que 3% de seu capital de Nível 1 em fundos *hedge* e de *private equity*. O princípio por trás dessa medida, no espírito da antiga Lei Glass-Steagall, é separar as instituições que aceitam depósitos, e, portanto, contam com garantias públicas para parte de seus passivos, daquelas que não gozam desse benefício e que, se quebrarem, não vão onerar tanto o contribuinte. Essa é uma forma de limitar a tendência dos bancos a correr riscos com recursos de terceiros que não têm capacidade de avaliar o risco a que estão submetidos, ou que não se importam com isso devido ao seguro de depósito dado pelo governo.

- A maior parte das operações de balcão com derivativos padronizados deve ser transferida para câmaras de liquidação ou, preferencialmente, bolsas de derivativos, e os bancos devem passar as operações com papéis de maior risco para subsidiárias não cobertas por seguro de depósito. Essa medida tem um duplo objetivo. Um, reduzir o risco de contraparte por meio da centralização das

---

resultante da quebra do Lehman Brothers.

[7] Numa ilustração viva do conceito "grande demais para quebrar", essa medida já provocou uma redução do *rating* dos bancos americanos, pois até então as agências de classificação de risco consideravam que se necessário o governo americano iria socorrê-las, impedindo a quebra e salvando os credores.

operações em câmaras de liquidação. Outro, dar ao regulador uma melhor noção do risco assumido pelas várias instituições, o que é mais difícil quando as operações de balcão concentram a maioria das posições em derivativos. Nesse sentido, a lei também especifica o tipo de colateral a ser mantido em operações com derivativos e passa a exigir maior transparência naquelas de balcão, que passam a ter de ser todas registradas, e o acesso do regulador a essa informação, incluindo dados detalhados sobre cada contraparte individual.

Apesar de sua abrangência, a nova regulação avança pouco em melhorar a estrutura institucional do aparato regulador, limitando-se à fusão do OTS (Office of Thrift Supervision) com o OCC (Office of the Comptroller of the Currency). O setor de seguros continuará sendo regulado separadamente por estado, apesar de a lei criar o Federal Insurance Office, com o mandato de monitorar as seguradoras, mas sem assumir a responsabilidade direta pela sua supervisão. A lei também traz medidas que elevam o nível de capitalização do sistema, inclusive como consequência das novas regras para derivativos, mas de forma geral avança pouco em limitar a alavancagem das instituições financeiras.

Para reduzir a confusão entre tantos reguladores e evitar a má definição de responsabilidades, a lei cria o Financial Stability Oversight Council, com nove membros e a presidência do Secretário de Tesouro. O Conselho será responsável por identificar instituições sistemicamente importantes, que ficarão sujeitas a uma supervisão mais rigorosa. Por maioria de dois terços, o Conselho pode forçar a desalavancagem, submeter a intervenção pública ou determinar a liquidação de empresas, bancárias e não bancárias, que coloquem em risco a estabilidade financeira. Outras ferramentas que podem ser usadas para limitar o risco imposto por essas instituições são níveis mais elevados de capital mínimo e de indicadores de liquidez, testes de estresse mais frequentes e requisitos de disponibilidade de informação mais rigorosos. O que se espera, além disso, é que, em se identificando riscos à solvência ou faltas agudas de liquidez, o Conselho aplique tempestivamente medidas corretivas.

Com 2.319 páginas e quatro centenas de temas a serem interpretados, estudados e depois clarificados e regulamentados pelo FED e outros reguladores, a nova legislação é muito ampla e ainda levará anos até ser inteiramente definida e mais tempo ainda a ser colocada plenamente em prática. Isso significa que por vários anos ela provocará discussões sobre a regulação do setor financeiro, influenciando os modelos regulatórios adotados na Europa e em outros países, pela força das ideias e da pressão dos EUA para evitar que seus bancos percam competitividade no mercado global.

Assim, ainda demorará até uma definição maior do novo modelo regulatório americano. A vitória dos republicanos nas eleições de novembro de 2010 vai complicar bastante esse processo de detalhamento regulatório, considerando a oposição que esses fizeram a várias provisões da Lei Dodd-Frank. Ainda que não tenham poder para mudar a lei, podem influir muito no seu detalhamento — por exemplo, restringindo os fundos a serem disponibilizados para a ampliação dos quadros das agências reguladoras e influindo na definição de conceitos básicos, como o que é um derivativo padrão, operação proprietária ou *private equity*.

Outro tema temporariamente abandonado é a criação de um imposto específico sobre o balanço das instituições financeiras sistemicamente importantes, como fez a Inglaterra, para, de um lado, ajudar a pagar o custo fiscal da crise e, de outro, alimentar um fundo que possa ser utilizado para socorrer o setor financeiro em uma futura crise. O projeto de lei que resultou na Lei Dodd-Frank chegou a conter, quase já ao final, uma nova taxa, a ser paga por bancos e fundos de *hedge*, para arrecadar US$19 bilhões, mas essa provisão foi depois retirada para poder garantir uma maioria que permitisse aprovar o resto do projeto. Esse tema deverá voltar à discussão.

Outro tema insepulto é o que fazer com as Government Sponsored Enterprises (GSEs), especialmente a Fannie Mae e a Freddie Mac, que hoje estão envolvidas em cerca de 90% de todas as hipotecas residenciais originadas nos EUA. Já se ventilou a hipótese de estatizar formalmente essas instituições, assim como de dividi-las em unidades menores e depois privatizá-las, que parece a proposta mais sensata, mas cuja implementação necessita aguardar a normalização do mercado imobiliário nos EUA. Além disso, essa é uma questão com importantes implicações fiscais, uma vez que o reconhecimento formal de que o Tesouro americano é o avalista de suas dívidas irá mostrar uma contabilidade pública mais deteriorada do que aparece hoje nos documentos oficiais.

Em setembro de 2010, o Parlamento Europeu aprovou várias mudanças na regulação financeira na Europa. Foram criadas três "Autoridades Europeias de Supervisão" para fiscalizar os serviços financeiros em toda a Europa nas áreas de bancos, seguros e mercado de capitais. Além disso, se estabeleceu um "Conselho Europeu de Risco Sistêmico", composto basicamente pelos presidentes dos 27 bancos centrais dos países que formam a União Europeia e presidido pelo presidente do Banco Central Europeu (BCE). Ele terá a função de alertar sobre o risco de ameaças à estabilidade financeira na região. Essa instituição se assemelha, portanto, ao Financial Stability Oversight Council; não obstante, enquanto este deve focar mais na coordenação entre agências de setores diferentes, na Europa há além disso o objetivo de garantir a integração entre países membros.

Não está ainda claro como esses órgãos pan-europeus trabalharão com os supervisores locais, que permanecem responsáveis pela fiscalização cotidiana das instituições e mercados em cada país. Um objetivo é que os órgãos supranacionais definam padrões técnicos que ajudem a harmonizar as práticas em cada país. No evento de uma crise, esses órgãos também assumiriam um papel mais destacado. Além disso, o supervisor europeu de mercado de capitais ficará responsável por fiscalizar as operações das agências de *rating*, que foram muito criticadas pelos governos europeus, não apenas na crise financeira como também na de dívida soberana dos países do sul da Europa.

A União Europeia também está trabalhando em novas regras para operações com derivativos que se assemelham às definidas nos EUA pela Lei Dodd-Frank e que foram acordadas em linhas gerais pelos países do G-20. Assim, se exigirá que os contratos de derivativos padronizados sejam liquidados centralmente e que as operações de balcão sejam registradas e a informação pertinente disponibilizada para os supervisores financeiros. A definição de que contratos são padronizados ficará a cargo da Autoridade Europeia de Mercado de Capitais, que também se responsabilizará por fiscalizar os organismos encarregados do registro de operações de balcão. Assim como ocorreu nos EUA, a única exceção a essa regra serão os contratos de derivativos padronizados utilizados por empresas não financeiras para *hedge* "genuíno" (*i.e.*, mitigar risco comercial, em vez de especular). Espera-se que essas novas regras passem a valer a partir de 2012, depois de aprovação em cada país membro.[8]

5 OBSERVAÇÕES FINAIS

As reformas anunciadas até aqui têm sido criticadas por todos os lados, o que pode ou não ser um bom sinal. Essas críticas se agrupam em torno de dois temas: que as reformas não tratam ou pelo menos não deram prioridade a problemas importantes apontados pela crise; e que algumas medidas propostas não vão ser suficientes para resolver as questões que se propõem tratar.

Em relação ao primeiro ponto, a crítica é que até aqui o esforço de reforma se concentrou no sistema bancário e em questões de regulação microprudencial, deixando de fora os demais pilares da estratégia traçada pelo G-20, e mesmo questões importantes que não são ali tratadas. Assim, o primeiro pilar foi o que mais progrediu, com as propostas de aumentar as exigências de capital em termos de quantidade e qualidade, bem como de introduzir indicadores de liquidez mínimos, medidas que irão futuramente tornar os bancos mais robustos a crises. Entre as respostas à crise que ainda devem ser

---

[8] Na Europa também se discute a introdução de limites a operações a descoberto e com *credit default swaps*, mas ainda é pouco claro se essas ideias irão prosperar.

desenvolvidas estão as que versam sobre o tratamento a ser dado às instituições importantes demais para falir, sobre como dar mais recursos e melhores incentivos aos reguladores e supervisores e a regulação macroprudencial.

O BCBS vem desenvolvendo uma metodologia para identificar que instituições são sistemicamente importantes. Esta se baseia em três critérios (Lipsky, 2010): tamanho; substituibilidade, definida como a capacidade de outros atores fornecerem os serviços em caso de quebra; e interconectividade, que mede a extensão das ligações com outras partes do sistema financeiro. Instituições sistemicamente importantes, bancárias ou não, oferecem maior risco para o sistema financeiro e a economia e, portanto, devem ter uma capacidade de absorver perdas maior do que a exigida dos demais bancos. Esta pode ser obtida, basicamente, por três meios ou combinações deles (Lipsky, 2010):

- A exigência de um capital adicional dessas instituições, para estimulá-las a correr menos risco e prover um colchão de recursos para cobrir prejuízos no caso de apostas malfeitas.
- Criar um imposto, a ser cobrado dessas instituições — a proposta é que a base de tributação seja o total de passivos que não o patrimônio líquido e os depósitos garantidos —, que formaria um fundo, que por sua vez ficaria disponível para cobrir os prejuízos decorrentes da quebra de alguma dessas instituições. Isso daria substância à afirmação dos governos americano e europeu de que, em futuras crises, o contribuinte não será chamado a pagar pelos erros dos bancos. Por outro lado, argumentam alguns, o risco é que esse fundo estimule a tomada de risco e a leniência do supervisor, pela certeza de que há recursos para o resgate.
- Limitar o tamanho e/ou as áreas de atuação de cada instituição financeira individual. Isso mitigaria o impacto da quebra de uma dessas instituições. A chamada *Volker rule* vai nessa direção.

Um capítulo adicional nessa questão é a capacidade de lidar com instituições que são não apenas sistemicamente importantes, mas também globais, uma vez que nesse caso a intervenção do regulador exigirá a coordenação entre organismos sujeitos a mais de uma jurisdição. Para que essas instituições efetivamente acreditem nas regulações a que estarão submetidas, será necessário desenvolver e tornar operacionais esses esquemas de intervenção envolvendo reguladores de vários países.

A coordenação entre reguladores de diferentes setores e países é fundamental, inclusive eventualmente por meio de mecanismos que permitam a fiscalização cruzada entre eles ou por órgãos colegiados.[9] Ainda na mesma linha, seria importante maximizar as regras aplicáveis em caráter multilateral, como no caso das regras de capital e liquidez mínimas fixadas pelo Acordo de Basileia. Na mesma linha, deve-se aproveitar o multilateralismo para dificultar a captura regulatória pelo setor, que foi abalada pela crise mas pode se restabelecer com a normalização do setor financeiro.

Warren Buffett observou certa feita que "só quando a maré baixa é que se descobre quem estava nadando nu". A crise, nesse sentido, funcionou como uma baixa-mar: além do mais rumoroso caso de Bernard Madoff, vários outros casos de pirâmides e outros tipos de fraude foram revelados nos últimos anos. Esses episódios evidenciaram que a supervisão financeira deixara muito a desejar no período pré-crise. O mesmo se conclui das fraudes cometidas na concessão de hipotecas e na leniência com que se tratou a transferência de risco para fora do balanço dos bancos para os veículos especiais que mais tarde tantos prejuízos trouxeram. Viñals e Fietcher (2010) observam que, não apenas no setor bancário, muitos problemas revelados pela crise resultaram da falta de supervisão e de sanções mais fortes e tempestivas. A fraqueza na supervisão foi tão responsável por produzir a crise quanto a regulação imperfeita.

---

9 A importância dada pelo G-20 ao tema da supervisão pode ser aferida pelo grupo ter elencado como quarto pilar do seu programa de reforma a avaliação internacional e pelos pares dos supervisores. Segundo Lipsky (2010), o FMI avançou nessa área, tornando mandatória nas visitas preparatórias do Anexo IV uma avaliação mais profunda dos riscos a que está submetido o setor financeiro de países com instituições sistemicamente importantes. Revisão por pares das práticas regulatórias e de supervisão também estão sendo promovidas pelo Financial Stability Board.

Não surpreende, portanto, que o segundo pilar do programa de reforma do G-20 seja a instituição de uma supervisão eficaz. Como já observado, as falhas mais dramáticas durante a crise financeira ocorreram nas instituições regulamentadas. Uma das causas disso foi a falta de fronteiras claras entre os reguladores, o que permitiu que as instituições se protegessem do rigor da supervisão regulatória, aparentemente até mesmo confundindo o funcionamento de seus próprios sistemas de gestão de risco (Lipsky, 2010). Assim, devem ser criados mecanismos para evitar a arbitragem regulatória entre formatos legais (e, portanto, reguladores nacionais) e países. Em especial, como adverte Lipsky, deve-se tomar cuidado para que todas as instituições financeiras sistemicamente importantes caiam dentro do perímetro de regulação e que instituições construídas com a intenção de legalmente driblar a fiscalização não tenham sucesso.

Outro tema importante é como dotar os reguladores de meios de exercer as responsabilidades ampliadas que surgirão com uma reforma na linha aqui apresentada anteriormente. Os incentivos para que essas instituições operem com os incentivos corretos só serão efetivos se houver mecanismos claros e operacionais para que os supervisores financeiros nelas intervenham e, se necessário, forcem a conversão de dívidas e/ou as liquidem. Uma lição da crise foi que, como atualmente estruturados, os órgãos reguladores não são páreo para a criatividade das instituições financeiras em contornar as restrições regulatórias à assunção do risco, o que também facilita a sua captura.[10] Uma reforma não estaria completa, portanto, sem se corrigir esse desequilíbrio. Até aqui, na prática, pouco se progrediu nessa área.

Uma terceira área que avançou, mas pouco, é a da regulação macroprudencial, que contempla os mecanismos voltados para reduzir a prociclicidade dos instrumentos regulatórios existentes e evitar que problemas em instituições individuais se propaguem para todo o sistema financeiro.

Para lidar com o primeiro ponto, o Basileia 3 introduziu o "amortecedor contracíclico". Este consiste em um adicional de capital mínimo, de 0% a 2,5%, a ser exigido das instituições financeiras em países que experimentem uma expansão excessiva do crédito. A definição do que é excessivo será feita, em princípio, por organismos multilaterais, mas isso não será trivial. Primeiro, porque é razoável esperar que os órgãos locais, com mais informação e responsabilidade sobre o que ocorre em cada país, acabem sendo muito influentes nessas decisões. Segundo, porque maiores exigências de capital em um país do que em outro gerarão forte oposição local, sob o argumento de que isso cria uma desvantagem competitiva com relação a instituições de outros países que não estarão sujeitas às mesmas exigências e ainda por cima poderão operar sem as mesmas restrições no país sujeito a esse adicional de capital mínimo. Melhor seria, nesse caso, a adoção de mecanismos automáticos como as provisões ajustadas para o ciclo.[11]

Em relação à redução do risco e intensidade de contágio, um passo importante é transferir o máximo de operações de derivativos para bolsas. Operações por meio de câmaras de liquidação reduzem o risco de contraparte, ao exigir a constituição de margens, aproveitar o *netting* multilateral de posições e obedecer a modelos próprios de gestão de risco. Nas operações que permanecerem no formato de balcão, deve-se exigir o registro e a identificação das contrapartes, como se faz crescentemente no Brasil. Esses registros precisam incluir operações realizadas em outras jurisdições. Mecanismos adequados para agregar e processar essa informação devem ser criados, para que o regulador conheça os níveis de exposição das instituições a determinadas contrapartes ou riscos e possa intervir tempestivamente se estes chegarem a níveis excessivos.

Medidas nessa direção estão sendo adotadas em vários países, inclusive nos EUA e na Europa, mas nota-se uma falta de coordenação nesses esforços e de sua interação com outras reformas em andamento. Em especial, seria desejável, de um lado, que as definições do que são derivativos padronizados e com que margem deveriam as câmaras de liquidação trabalhar fossem minimamente padronizadas interna-

---

[10] Ver Hellwig (2010) para uma breve discussão sobre essa forma de captura regulatória no setor financeiro (captura por sofisticação) e sua influência na definição do modelo regulatório pré-crise.

[11] As provisões para perdas seriam calculadas com base na probabilidade de inadimplência através do ciclo, e não na probabilidade a cada instante. Isso fará com que o capital mínimo dos bancos seja maior na fase boa do ciclo, caindo na ruim. Ainda que esse mecanismo possa se mostrar menos potente que o amortecedor anticíclico, por não reagir diretamente à expansão do crédito, ele tem a vantagem da maior simplicidade.

cionalmente; de outro, é necessário conciliar os pesos de risco atribuídos em Basileia 3 a operações com derivativos e o tamanho das margens mínimas requeridas nas operações em câmaras de liquidação, para evitar a arbitragem regulatória.

Outra lição da crise que perdeu densidade nos últimos meses diz respeito à necessidade de dar aos gestores das instituições financeiras incentivos corretos para a assunção e gestão de risco. Em especial, a crise revelou que a propensão desses gestores de assumirem grandes riscos é maior do que se supunha, tendência essa que não se altera pela maior exigência de capital mínimo dos bancos. Assim, a teoria enfatiza o problema de agência entre a sociedade e os acionistas e, até certo ponto, os credores dos bancos, mas dá pouca atenção ao problema de agência entre acionistas e gestores. Estes têm uma participação em geral pequena no capital dessas instituições, mas seus bônus são muito dependentes dos lucros; por outro lado, quando se observam prejuízos, eles não pagam nada. Observam-se, assim, os mesmos incentivos distorcidos que para os acionistas dos bancos: ganham desproporcionalmente se a aposta der certo, pouco perdem se der errado, como resultado da responsabilidade limitada, no caso dos acionistas, e do fato de que não há bônus negativo, no dos gestores.

Para lidar com esse problema se propôs mudar as regras para a remuneração da alta administração dos bancos, de forma a limitar a propensão à tomada de risco. A Lei Dodd-Frank dá aos acionistas a oportunidade de opinar a respeito da compensação de executivos de empresas listadas, mas essa opinião não é vinculante — mesmo que a maioria dos acionistas discorde dos esquemas de remuneração, as empresas estão em tese livres para ignorar sua opinião. Por outro lado, a SEC ficou incumbida de avaliar se os esquemas de remuneração adotados pelas instituições financeiras estão contribuindo para a excessiva tomada de risco e, se sim, fazer algo, como facilitar a demissão de diretores pelos acionistas descontentes. Vários analistas advogam ir além e, a exemplo do que ocorre no Brasil, fazer com que os diretores dessas instituições, em caso de falência, tenham que ajudar a cobrir as perdas com seu próprio patrimônio.

Alguns analistas também defendem que as exigências de capital definidas em Basileia 3, apesar de mais elevadas que antes, ainda são insuficientes. Aqui há dois argumentos. O primeiro é que o mínimo regulatório proposto é desnecessariamente baixo, e mais poderia ser exigido sem grandes prejuízos, pois a premissa de que o custo da dívida dos bancos é tão mais baixo que o de capital próprio é equivocada, uma vez que se controlem os incentivos tributários e as garantias implícitas dadas pelo contribuinte aos bancos, especialmente aos sistemicamente importantes. Caso se corrija para esses benefícios, o custo dessas duas formas de capital para a sociedade como um todo não é tão distinto (Admati *et al.*, 2010). O segundo é que é falsa a ideia de que a conversão compulsória de certos tipos de dívida em capital em caso de insolvência é garantia de que se evitará uma crise: o mais provável é que um passo nesse sentido contagie outras instituições que, mesmo saudáveis, podem ter problemas de liquidez, o que limitaria a ação do regulador em exigir essa conversão. Melhor seria, portanto, exigir maiores níveis de capital acionário ordinário.

Também se tem criticado o largo prazo para implementação das novas regras, tanto as de Basileia 3 como as da Lei Dodd-Frank, o que revelaria um excesso de conservadorismo dos reguladores. Segundo o FMI, se suas previsões macroeconômicas se confirmarem, não haveria problema em acelerar esse processo. Alguns observadores notam, além disso, que esse prazo muito longo estimula as atividades de *lobby* contra as propostas, que podem ganhar força com a normalização da macroeconomia. Persaud (2010) observa, por exemplo, que "em cada uma das últimas sete crises financeiras internacionais, planos para uma transformação radical da regulação ou dos arranjos monetários internacionais fizeram notável progresso [na crise], apenas para serem depois esquecidos no fundo da gaveta tão logo a economia se recupera".[12]

---

[12] Cabe registrar que a oposição a certas reformas também vem de países cujos sistemas financeiros estão em posição mais débil e/ou são mais sensíveis às mudanças propostas.

Outra questão é a forte concentração bancária resultante da crise e a reação dos reguladores ao decorrente aumento do poder de mercado das instituições sobreviventes. O JP Morgan Chase comprou o Bearn Stearn e o Washington Mutual; o Bank of America, a Countrywide e a Merrill Lynch; o Wells Fargo, o Wachovia; o Lloyds TSB, o HBOS; o Santander adquiriu bancos em diversas partes do mundo; as Cajas de Ahorro espanholas estão se fundindo etc. Esse tipo de concentração é normal em crises bancárias, sendo estimuladas pelos reguladores financeiros (ainda que às vezes com oposição dos órgãos antitruste, como foi a compra do HBOS pelo Lloyds), como forma de reduzir o custo da quebra de bancos — no Brasil, à época do PROER, o setor bancário também passou por um processo semelhante.

Como observa Vives (2010), "esses eventos aprofundam a tendência de crescente consolidação [bancária] dentro dos países, entre países e entre linhas de negócios — muitas vezes resultando em grandes conglomerados financeiros". Essa é uma tendência que vai de encontro a pelo menos dois dos pilares de reforma definidos pelo G-20: ela torna mais agudo o problema das instituições "grandes demais para quebrar" e dificulta a implantação de um sistema de supervisão efetivo, pela dificuldade de supervisionar instituições que operam em múltiplas jurisdições e pela maior intensidade das inter-relações entre instituições que operam simultaneamente com diferentes linhas de negócio. A própria economia política do processo de reforma tende a ser afetada por essa tendência, dada a maior influência política que essas instituições vão adquirindo.[13]

A adoção das novas regulações no Brasil deve ter poucos impactos, na medida em que várias delas já são atendidas, por exigência ou prática, mas não completamente indolores. Assim, o país já trabalha com níveis mais elevados de capital mínimo e dispõe de mecanismos para que o regulador intervenha em instituições com risco de insolvência, enquanto itens como a concentração de operações com derivativos em bolsas já são prática no país. Não obstante, algumas mudanças na definição dos tipos de capital a serem mantidos pelos bancos tendem a impactar uma ou outra instituição (p. ex., créditos tributários e alto peso do capital ordinário). Da mesma forma, também no Brasil as reformas de natureza macroprudencial mudarão a regulação financeira, por exemplo, em relação ao amortecedor de capital anticíclico e às maiores exigências a serem feitas sobre as instituições sistemicamente importantes.

Por outro lado, como observa o FMI (2010), ainda que menos afetados pelas novas regulações, os países emergentes também terão desafios a enfrentar nessa área. Assim, eles terão de continuar investindo na melhora do sistema financeiro local, para que ele possa intermediar volumes crescentes de recursos, de forma eficiente e segura. Em especial, como é o caso do Brasil, é necessário alongar prazos e reduzir o custo do financiamento para consumidores e pequenas e médias empresas. Na maioria dos países, além disso, o crédito imobiliário e o mercado de capitais permanecem atrofiados.

Em adição a esses desafios mais estruturais, os emergentes terão de lidar com condições externas que, se de um lado são favoráveis, inclusive em reconhecimento à sua capacidade de lidar com a crise, por outro devem aumentar os riscos do sistema financeiro, a partir de uma grande e até certo ponto indesejada entrada de capitais, fruto da enorme liquidez sendo criada nas economias do G-3. Em particular, para manter a estabilidade tão duramente conquistada, será preciso lidar com as consequências dessas volumosas entradas de investimentos em ações e títulos de renda fixa. Nesse sentido, além da pressão sobre o câmbio, esses ingressos vão estimular a expansão do crédito e a alavancagem de instituições financeiras, empresas e consumidores, além de poder gerar bolhas nos mercados de ativos reais, como ações e imóveis. As políticas macroeconômicas tradicionais, nas áreas fiscal, monetária e de controle da conta de capital, podem ser insuficientes para lidar com esses problemas, e podem e devem ser complementadas por medidas macroprudenciais.

---

[13] Vives (2010) aponta ainda a necessidade de colaboração mais próxima entre reguladores financeiros e agências antitruste, para buscar o melhor equilíbrio entre competição e estabilidade, assim como de que a regulação bancária seja adaptada a esse grau ótimo de competição, no sentido de trabalhar as dimensões em que a competição deve ser restrita e aquelas em que ela deve ser incentivada.

5

Risco Sistêmico, Redes e Regulação: A Tríade dos Sistemas Financeiros Modernos

Monica Baumgarten de Bolle

"Precisely because it is impossible to say, for example, where the chemical process ends and the biological one begins, even natural sciences do not have rigidly fixed and sharply drawn frontiers. There is no reason for economics to constitute an exception in this respect".
(Nicholas Georgescu-Roegen, 1966).

1 INTRODUÇÃO

A crise financeira internacional de 2007/08/09 familiarizou a profissão com os conceitos de redes, interconexões, complexidade e adaptatividade. Essas noções eram, até recentemente, pouco exploradas pelos economistas e gestores de política econômica. Contudo, a rapidez e a violência com que foram rompidos os mecanismos de crédito depois da quebra do banco americano Lehman Brothers expuseram de forma inequívoca a real natureza da rede financeira internacional: um enorme emaranhado de interconexões difíceis de mapear, dominado por grandes instituições financeiras, ou *hubs*, que comprometeriam todo o funcionamento da rede caso viessem a falhar, e composto por agentes interessados em maximizar ganhos e minimizar riscos sem, no entanto, enxergar a topografia, isto é, visualizar a malha de inter-relações do sistema financeiro.

Os modelos reducionistas que os economistas costumam usar para entender os processos que governam os preços, o crescimento e a atividade e a atuação da política econômica sobre a trajetória dessas variáveis não são adequados para explicar a virulência e a velocidade de propagação da crise financeira. Por isso a necessidade de recorrer a outras áreas da ciência, onde o reducionismo foi abandonado, para compreender a natureza das estruturas complexas que caracterizam os sistemas financeiros modernos. Que a coletividade de elementos que interagem comumente possui propriedades que não dependem, nem exclusivamente, e nem crucialmente, da natureza dos componentes de um sistema é um problema clássico de agregação. A ideia de que o comportamento agregado pode exibir propriedades que não são redutíveis ao funcionamento de suas partes está enraizada em áreas tão distantes quanto a Sociologia e a Biologia. Nesse campo, por exemplo, alguns evolucionistas aplicam os conceitos de redes, auto-organização e criticalidade, propriedades que emergem da dinâmica coletiva,[1] para estudar a origem da vida como um fenômeno que resulta das interações e recombinações de uma intrincada malha de proteínas, moléculas e aminoácidos.

A insatisfação com o arcabouço teórico e analítico para estudar crises financeiras reflete-se no consenso atual de que os anos que antecederam o grande colapso financeiro de 2008 foram caracterizados por uma crescente despreocupação com o risco sistêmico, levando à criação de instrumentos de crédito obscuros e que impediam uma avaliação confiável da vulnerabilidade do sistema. A maior leniência com o risco que resultou no aumento da complexidade financeira também possibilitou uma percepção equivocada sobre a capacidade de autorregulação dos mercados. Nenhuma outra denominação expressou melhor esse excesso de confiança nos componentes do sistema financeiro global do que "Grande Moderação", isto é, a noção de que mudanças fundamentais na institucionalização e na implementação das políticas econômicas, sobretudo da política monetária, tivessem acabado, definitivamente, com a era

---

[1] Ver Kauffman (1993).

de alta volatilidade que predominara até o início dos anos 1990. A fé professada na "Grande Moderação" por economistas renomados e influentes, como Ben Bernanke, atual presidente do FED americano, não encontra respaldo na experiência histórica dos EUA. De fato, quando analisamos o comportamento da atividade industrial americana desde 1919, constatamos que o curto período de moderação da volatilidade foi particularmente excepcional (Gráfico 1).

GRÁFICO 1

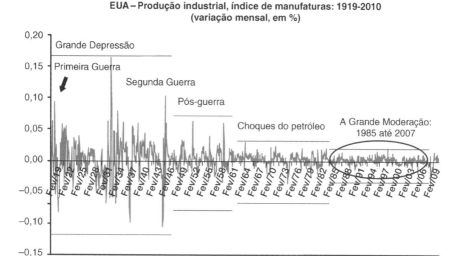

Fonte: Federal Reserve Bank of St. Louis.

A crise de 2008 serviu também para nos demover da noção de que havíamos entrado em uma nova era em que as melhorias na engenharia financeira, monetária e fiscal tinham reduzido brutalmente a possibilidade de turbulências cataclísmicas. Como bem ilustrou o diretor do departamento de estabilidade financeira do Banco da Inglaterra, Andrew Haldane (2009), as semelhanças entre a epidemia de SARS que aterrorizou o mundo em 2002 e o colapso financeiro de setembro/outubro de 2008 não são mera coincidência. Os dois episódios foram manifestações do comportamento, sob estresse, de redes complexas e adaptativas. Complexas pelo emaranhado de interconexões, quase impossíveis de mapear, entre instituições financeiras e não financeiras. Adaptativas porque o comportamento dessas redes resulta da interação entre agentes maximizadores, porém confusos, operando sob condições de aguda assimetria informacional.

Por que os reguladores foram incapazes de reconhecer o que se passava no sistema financeiro, sobretudo no período de exuberância inequívoca imediatamente anterior à crise? Talvez a melhor forma de explicar a complacência que predominou nos sistemas financeiros das economias avançadas seja por intermédio do paradigma de fragilidade financeira de Hyman Minsky, elaborado em 1975.[2] Entende-se por fragilidade financeira a capacidade que um sistema tem de absorver choques sem desorganizar os canais normais de financiamento existentes.

Segundo Minsky, um sistema é frágil quando aumentam as chances de que o comportamento incoerente de uma crise se manifeste. A incoerência é a possibilidade de que um choque relativamente pequeno, em vez de decair, se amplifique e se propague, prejudicando o funcionamento das inter-relações

---

[2] Ver Minsky (1975). Devo a Dionisio Dias Carneiro a minha primeira incursão no pensamento desse economista relativamente desconhecido, mas cuja contribuição para a natureza das crises de crédito foi fundamental, sendo ainda surpreendentemente atual.

financeiras. Minsky endogeneizou a tendência das economias às crises financeiras ao observar que a fragilidade é um atributo dos sistemas financeiros modernos, que se intensifica ao longo do ciclo econômico. Isto é, quando a retomada da atividade ainda é incipiente, as unidades econômicas (empresas, famílias, bancos, governo) agem com maior cautela, porém, na medida em que a recuperação ganha força, essas unidades se tornam progressivamente menos avessas ao risco, acreditando que a prosperidade é autossustentável. Esse processo atinge um ponto crítico às vésperas de uma crise financeira, quando um choque modesto é capaz de desestabilizar o sistema. A ideia está intimamente relacionada às transições de fase estudadas pelo físico Lev Landau,[3] ganhador do Prêmio Nobel de Física em 1962. A lógica e a dinâmica Landau-minskiana estão no cerne da crise financeira iniciada no mercado de ativos imobiliários *subprime* nos EUA, que deflagrou a catástrofe de 2008.

A incapacidade dos modelos mecanicistas/reducionistas de explicar a violência e a imprevisibilidade da crise de 2008 está forçando a profissão a rever os seus modelos e instrumentos de análise. Uma área bastante promissora é a incorporação de conceitos e técnicas da Teoria da Complexidade, cujas origens remontam a Lev Landau, Benoît Mandelbrot,[4] Albert-László Barabási, entre outros, para entender como operam os sistemas financeiros modernos. A partir desse entendimento, o mundo estará mais bem preparado para reduzir a probabilidade de crises devastadoras e para enfrentá-las de modo menos desorganizador. É esse desafio que o presente artigo discute.

Na segunda seção, analisamos as revelações da crise financeira de 2008 sobre a caracterização do risco sistêmico, comparando o modelo canônico de crises bancárias com as teorias de redes. Em seguida, abordamos o tema das redes bancárias e as suas implicações para as diretrizes das propostas de reforma regulatória que estão sendo formuladas globalmente. Uma tentativa de caracterizar a rede bancária brasileira é apresentada na quarta seção, onde também discutimos a adequação dos princípios básicos da regulação no Brasil. Finalmente, concluímos com alguns comentários gerais.

2 O QUE É RISCO SISTÊMICO?

A SIMPLICIDADE ELEGANTE, PORÉM INCOMPLETA DO MODELO CANÔNICO

Nos sistemas bancários tradicionais, os bancos são provedores de serviços que sustentam as transações do sistema de pagamentos e são responsáveis pela transformação de maturidades, tomando passivos líquidos (depósitos) e tornando-os em ativos relativamente ilíquidos (empréstimos), porém mais rentáveis. A função central de um banco tradicional é a de financiar e monitorar projetos ilíquidos e opacos para o resto do sistema financeiro devido aos problemas de assimetria de informação. É através da relação estabelecida entre o banco e o tomador que a instituição é capaz de obter mais informações sobre as características do projeto financiado e superar os problemas de seleção adversa e risco moral (*moral hazard*) que tipificam essas relações. A essência dos bancos, de acordo com a visão clássica, é, portanto, criar liquidez. Entretanto, essa característica os deixa vulneráveis às corridas bancárias.

O modelo canônico de corridas bancárias é o do artigo seminal de Douglas Diamond e Philip Dybvig (1983). De acordo com essa classe de modelos, a iliquidez intrínseca dos bancos os sujeita a episódios de pânico "autorrealizável" que podem culminar na falência da instituição. A prescrição para resolver esse tipo de crise é simples: cria-se um emprestador de última instância, geralmente o banco central, para lidar com os problemas de falta de liquidez. Ao mesmo tempo, institui-se um sistema de liquidação, intervenção e/ou nacionalização para os casos de insolvência. Nesses modelos, o risco sistêmico está associado à presença de instituições que são "grandes demais para quebrar", ou

---

[3]   Isto é, o que acontece com a organização das moléculas de uma substância quando o seu estado não pode ser caracterizado nem como líquido nem como gasoso.

[4]   O inventor da geometria fractal.

seja, aquelas que, se sofrerem uma corrida contra os seus depósitos e não sobreviverem, comprometem o funcionamento do sistema de pagamentos da economia. As prescrições de regulação financeira para esses casos procuram controlar o risco que essas instituições, individualmente, impõem ao sistema. As regras de capital de Basileia, recentemente fortalecidas sob as propostas de Basileia 3, são especialmente adequadas para isso.

Contudo, a paralisação do mercado interbancário em 2008 depois da quebra do Lehman Brothers mostrou que essa definição de risco sistêmico estava incompleta. Claro que instituições "grandes demais para quebrar" são perigosas e precisam ser monitoradas e reguladas com maior rigor. Mas há também as instituições que, mesmo sendo relativamente pequenas em termos do tamanho do seu balanço, podem interromper o funcionamento das redes de liquidez e crédito se entrarem em colapso. Essas são as instituições que representam elos importantes nas ligações dessas redes, ou seja, que são "interconectadas demais para quebrar". Essa concepção bidimensional de risco sistêmico, formulada a partir do par de atributos (tamanho, conexões) de cada instituição, tem sido internalizada nas propostas de reforma regulatória. A Lei Dodd-Frank nos EUA, as propostas de reforma na Zona do Euro[5] e a reforma regulatória do Reino Unido refletiram essa preocupação no estabelecimento de orgãos independentes ou comitês responsáveis por zelar pela estabilidade dos sistemas financeiros nos seus países de origem. Dentre essas propostas, a mais marcante foi a do Reino Unido, que, ao criar o Financial Policy Committee dentro do Banco da Inglaterra, devolveu à autoridade monetária o mandato sobre a estabilidade financeira, diluído na criação do sistema tripartite britânico em 1997.

COMPLEXIDADE E RISCO SISTÊMICO

No entanto, a crise financeira de 2007/08 mostrou que o risco sistêmico não é somente bidimensional, isto é, não é apenas o resultado das combinações (tamanho, conexões) de cada instituição. Ele resulta também das características da rede que engloba todas essas instituições, individualmente identificadas e classificadas a partir desse par de atributos. Isso torna o conceito de risco sistêmico bem mais intrincado.

As redes financeiras modernas, como mostra a proliferação de artigos acadêmicos sobre o assunto,[6] são complexas, dinâmicas e não lineares. O grau de complexidade, de adaptabilidade e de não linearidade influencia a robustez da rede às falhas aleatórias e aos ataques direcionados, isto é, tem algo a dizer sobre o risco sistêmico.

Nesse contexto, podemos caracterizar o risco sistêmico como definido a partir de três componentes fundamentais:

1. O tamanho das instituições que compõem o sistema financeiro;
2. O grau de interconectividade de cada instituição;
3. A topologia da rede financeira.

O primeiro atributo, como já discutimos, é relativamente fácil de mensurar. Basta ter alguma métrica razoável de tamanho, como a importância relativa dos ativos e/ou dos passivos de cada instituição no sistema financeiro. O segundo componente é um pouco mais complicado, pois envolve o conhecimento dos detalhes das diferentes transações financeiras, como o tamanho, o instrumento utilizado e o mercado em que são conduzidas. Alguns desses mercados, como o mercado interbancário, são também sistêmicos, isto é, interrupções no fluxo de transações comprometem todas as redes de crédito da economia que estão conectadas por intermédio dele, como veremos mais adiante (Seção 3).

---

[5] Nos EUA, a Lei Dodd-Frank estabeleceu o Financial Oversight Council, enquanto na Europa propõe-se criar o European Financial Stability Board.
[6] Ver Haldane (2009) para um bom resumo desse tema.

Mas o que caracteriza a topologia das redes financeiras? Tipicamente, essas redes são complexas, isto é, exibem um padrão de interconexões que não é nem aleatório, nem determinístico. Redes aleatórias ou determinísticas têm uma distribuição de interconexões entre os vértices cujos momentos são bem definidos.[7] Já as redes complexas exibem um padrão de distribuição das conexões entre os vértices que segue uma lei de potência, isto é, a probabilidade de o vértice i, v_i, ser igual a x é dada por:

$$P(v_i = x) \approx \frac{1}{v_i^{\mu}}; v_i = 1, 2, ...; \mu = \{0, \infty\}$$

Quanto maior é o parâmetro μ mais raros são os vértices com muitas ligações, o que significa que maior é o grau de robustez às falhas aleatórias e menor é a robustez aos ataques direcionados. As instituições com muitas ligações são os hubs da rede, ou os vértices que são "interconectados demais para quebrar".

Outra propriedade topológica importante que influencia a suscetibilidade das redes às falhas é o seu grau de coesão. O grau de coesão é uma medida da densidade da rede em uma determinada região, ou da distância entre os vértices nessa parte da rede. Por exemplo, se a rede é mais densa ao redor dos vértices com muitas interconexões, um ataque direcionado a um desses vértices muito próximos do *hub* tem maiores chances de resultar em um colapso, isto é, no desmantelamento da rede.

A terceira propriedade topológica fundamental para determinar o grau de robustez da rede é a extensão do fenômeno chamado *small world*. Esse é um fenômeno que está tipicamente presente em redes sociais, e que foi originalmente identificado pelo psicólogo Stanley Milgram em 1967. Milgram demonstrou, através de uma experiência com cartas enviadas por correio a um grupo aleatório de pessoas, que o grau de separação entre dois desconhecidos é surpreendentemente pequeno, isto é, dois indivíduos que nunca se viram estão muito mais interligados, por meio das suas respectivas redes sociais, do que se imaginaria. Nas redes complexas, esse padrão de interligações significa que os choques podem se propagar com enorme velocidade. A propriedade de *small world* certamente teve um papel fundamental na paralisação simultânea dos mercados interbancários globais depois da quebra do banco Lehman Brothers em 2008.

3 REDES INTERBANCÁRIAS E AS IMPLICAÇÕES PARA O FOCO REGULATÓRIO

A tentativa de mapear redes financeiras difundiu-se enormemente depois da crise de 2008, mas antes disso alguns estudos pioneiros utilizaram as técnicas das teorias de redes para visualizar os mercados interbancários. Como as transações do mercado interbancário são relativamente simples, envolvendo apenas fluxos de empréstimos e pagamentos de curto prazo, é mais fácil estabelecer os padrões de interconexões. Isto é, duas instituições são interconectadas quando efetuam uma transação de empréstimo/pagamento entre si. Quanto maiores o volume e o tamanho de cada uma dessas transações, maior o grau de conexão entre essas instituições.

A título de ilustração, a partir dessas definições, Boss *et al.* (2003) mapearam o mercado interbancário austríaco, revelando a estrutura a seguir.

---

[7] Isto é, a média e a variância, por exemplo, são estimáveis e têm algo a dizer sobre as características típicas dessas redes. Já as leis de potência são diferentes. Primeiro porque a média nada diz sobre as características típicas da população. Segundo porque geralmente a variância dessas distribuições tende a ser infinita. Para uma descrição mais detalhada das leis de potência, ver Mandelbrot (1997).

FIGURA 1

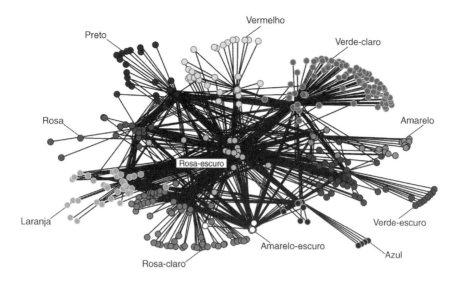

As cores (representadas em tons de cinza na figura) designam o tipo de instituição bancária, divididas em sete setores: caixas de poupança, bancos agrícolas, cooperativas (*Volksbanken*), bancos de ações conjuntas (isto é, que operam como sociedades anônimas), bancos hipotecários estaduais, associações de empréstimo imobiliário e bancos de propósito especial. Esses três primeiros setores, subdivididos por tipo de instituição, são os nódulos periféricos (cores: laranja, azul, amarelo, preto, vermelho e verde-claro). Os demais estão espalhados tanto pela periferia da rede, quanto representados no núcleo (cores: rosa de várias tonalidades e verde-escuro). A rede interbancária austríaca é fractal, ou seja, é compatível com uma distribuição para as conexões entre os vértices que exibe o padrão "livre de escala" das leis de potência. Isso significa que os vértices mais interconectados, isto é, os *hubs* no centro da rede (rosa-escuro) são raros, enquanto os nódulos periféricos com poucas conexões são mais numerosos.

Outros estudos, como de Inaoka *et al*. (2004) para o mercado interbancário japonês e o de Soramaki *et al*. (2006) para o mercado de reservas bancárias dos EUA, encontraram redes semelhantes, também com um nítido padrão fractal. Comparando, portanto, os três trabalhos (Áustria, Japão e EUA), é possível concluir que a topologia dos mercados interbancários é sugestiva de redes complexas com uma distribuição de probabilidade das interconexões entre os vértices que segue uma lei de potência. O parâmetro μ, discutido na seção anterior, é tipicamente próximo de 2, embora a densidade, ou a coesão (*clustering*) das redes seja variável. Define-se como o grau de coesão a probabilidade de que dois vértices que tenham ligações com um terceiro estejam também diretamente conectados. Analiticamente, sejam $m_{nn,i}$ o número de conexões diretas entre os vizinhos n de um nódulo i e v_i o número de conexões potenciais entre os vértices; o grau de coesão é igual a:

$$C_i = \frac{m_{nn,i}}{v_i(v_i-1)}; m_{nn,i}, v_i = 1, 2, \ldots$$

Em todos os casos analisados encontram-se evidências de que as redes são evolutivas e dinâmicas, isto é, o grau de conectividade varia e tende a ser altamente correlacionado com o volume e o valor das transações. Quando aumentam o volume e/ou valor das transações, aumenta a conectividade.

No caso dos mercados de crédito mais complexos do que o interbancário, a mensuração do grau de interconectividade é particularmente intrincada, já que envolve a necessidade de conhecer os detalhes das transações efetuadas, isto é, o volume, o tipo de ativo e os mercados em que são conduzidas. Para complicar, alguns mercados, como o próprio mercado interbancário, são sistêmicos, o que significa que a malha financeira completa pode ser composta de uma série de redes superpostas ou adjacentes. A mensuração das outras características topológicas da rede, como o grau de densidade/coesão e a presença de propriedades de *small world*, é também bastante intrincada. Embora existam sugestões sobre como levar em consideração essas dimensões do risco sistêmico,[8] as propostas de reforma ainda estão longe de incorporar esses conceitos.

A definição incompleta de risco sistêmico está refletida não só nas propostas de reforma regulatória dos diferentes países como também no mais recente esforço do Comitê de Basileia, sob as normas de Basileia 3. As novas regras concentram-se primordialmente na qualidade e no montante de capital das instituições financeiras, deixando para 2015 a espinhosa questão dos critérios mais rigorosos de liquidez que os bancos deverão cumprir. As principais mudanças são:

1. O aumento do nível mínimo de *common equity*, o capital de melhor qualidade, dos 2% atuais para 4,5% até 2015. O período de transição terá início em 2013, quando os bancos deverão aumentar o montante de capital de 2% dos ativos ponderados pelo grau de risco para 3,5%.

2. A introdução de um colchão de reserva de *common equity* de 2,5%, tal que o nível total de capital desse tipo passará a ser de 7% dos ativos totais ponderados pelo grau de risco. Embora os bancos possam utilizar esse colchão para absorver perdas em momentos de estresse, quanto mais próximo do nível mínimo de *common equity* de 4,5% estiver o capital, maiores as restrições sobre a distribuição de lucros e dividendos da instituição. Esse colchão de reserva deverá começar a ser introduzido em 2016 e estará finalizado até o final de 2018.

3. A implementação de um colchão de capital contracíclico, dentro do intervalo de 0 a 2,5% de *common equity* ou de capital com igual capacidade de absorção de perdas. O nível do colchão contracíclico será estabelecido por cada país, dependendo das características específicas de seus sistemas financeiro e regulatório. A finalidade é proteger o sistema bancário contra os riscos cumulativos associados aos períodos de crescimento excessivo do crédito.

4. O estabelecimento de um limite global de alavancagem de 3% dos ativos totais de cada instituição.[9] A implementação do limite de alavancagem será feita de forma gradual, com uma fase inicial de monitoramento iniciando-se em 2011, seguida de uma fase de teste entre 2013 e 2017. A divulgação das razões de alavancagem de cada instituição se iniciará em 2015, e o critério deverá ser oficializado em 2018.

5. O nível mínimo de capital *Tier* 1, que inclui *common equity* e outros tipos de capital, será elevado de 4% para 6%, e o período de transição se iniciará em 2013, tendo de ser cumprido até 2015.

6. O nível mínimo de capital total, incluindo o colchão de reserva de 2,5% de *common equity*, passa a ser de 10,5% (incluindo esse colchão, o nível mínimo de capital *Tier* 1 passa a ser de 8,5%).

Embora as novas regras não diferenciem as instituições sistêmicas das demais, o comitê de Basileia reconheceu explicitamente a necessidade de adotar critérios mais rígidos para esses bancos. Tais critérios ainda serão definidos a partir do trabalho conjunto do Comitê de Supervisão Bancária e do Financial Stability Board.

Ao fortalecer o capital bancário, formular colchões para enfrentar futuras crises, estabelecer limites de alavancagem e reconhecer o papel das instituições sitêmicas, Basileia 3 é um avanço na direção correta. No entanto, as regras ainda são excessivamente focadas na concepção de risco sistêmico que têm como alicerce principal as instituições que compõem o sistema. Como discutimos nas seções anteriores,

---

[8] Ver Lo (2009).
[9] O limite de alavancagem é definido sobre os ativos totais, não ponderados pelo grau de risco.

nos sistemas financeiros modernos o risco sistêmico é multidimensional e composto do tamanho das instituições, do seu grau de interconectividade e das características topológicas das redes de crédito que elas integram. As novas normas regulatórias tentam dar conta dos dois primeiros atributos, enquanto o último, complexo e apenas parcialmente compreendido, está sendo perigosamente deixado de lado.

4 A REDE INTERBANCÁRIA BRASILEIRA

Como trazer essa nova compreensão sobre natureza dos mercados interbancários para a realidade brasileira? O conceito de risco sistêmico no Brasil, ainda muito atrelado ao tamanho das instituições bancárias, continua adequado, ou será que temos de repensar esse fundamento essencial das normas regulatórias?

Conforme ilustra a tabela a seguir, o sistema bancário brasileiro é bastante concentrado. Dentre as 50 maiores instituições, um seleto grupo de três a cinco bancos domina uma grande parte do mercado, formando, na terminologia das seções anteriores, um importante *hub*. Embora os dados para mapear a rede interbancária brasileira não estejam disponíveis, podemos inferir algumas de suas características a partir dos balanços das instituições e da evolução recente das operações diárias do mercado interbancário.

TABELA 1 CONCENTRAÇÃO do sistema bancário brasileiro – Universo das 50 maiores instituições (% do total de cada categoria)		
	Três Maiores Instituições	**Cinco Maiores Instituições**
Ativos	**47%**	**66%**
Aplicações Interfinanceiras	62%	72%
Instrumentos Financeiros Derivativos	34%	60%
Relações Interfinanceiras	39%	60%
Operações de Crédito	48%	67%
Outros Créditos	51%	70%
Passivo Exigível	**48%**	**67%**
Depósitos	54%	77%
Depósitos à vista	69%	87%
Depósitos interfinanceiros	30%	33%
Depósitos poupança	53%	95%
Depósitos a prazo	55%	70%
Outros depósitos	32%	55%
Captações no Mercado Aberto	63%	82%
Emissão de Títulos	48%	68%
Relações Interfinanceiras	62%	81%
Obrigações por Empréstimos	22%	36%
Instrumentos Financeiros Derivativos	25%	35%
Outras Obrigações	42%	58%

Fonte: Banco Central do Brasil.
Nota: As três maiores instituições são o Banco do Brasil, o Banco Itaú e o Banco Bradesco. As cinco maiores instituições incluem também o Banco Santander e a Caixa Econômica Federal.

Se a concentração do sistema bancário brasileiro é alta, o que é possível dizer sobre o comportamento do mercado interbancário, composto, em grande medida, por esse *hub* de instituições, antes e depois da crise de 2008? Os gráficos a seguir mostram a evolução diária dos fluxos do mercado interbancário e o número das operações de janeiro de 2008 a setembro de 2010.

GRÁFICO 2

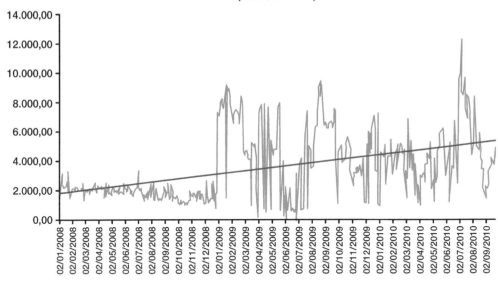

Fonte: Cetip e Banco Central do Brasil.

GRÁFICO 3

Fonte: Cetip e Banco Central do Brasil.

O Gráfico 2 mostra o impacto da crise sobre as transações interbancárias, ilustrando que, depois do episódio de turbulência financeira no fim de 2008, o volume das operações se tornou altamente volátil. O Gráfico 3 aponta que o número de operações caiu substancialmente, de uma média de cerca de 75 transações por dia para algo em torno de 50, sugerindo que a crise tenha resultado em redução da participação das instituições menores, tornando o *hub* identificado acima ainda mais representativo do funcionamento do mercado interbancário brasileiro.

O padrão de comportamento dos fluxos observado no Gráfico 2 sugere a presença de uma lei de potência governando o tamanho das operações depois da crise de 2008, padrão esse que não voltou aos baixos níveis de volatilidade constatados antes do final de 2008. Para investigar essa possibilidade, analisamos as propriedades do histograma dos fluxos diários interbancários durante o período em questão. Como mostra o Gráfico 4 a seguir, a lei de potência que mais se aproximaria do comportamento verificado teria um parâmetro μ próximo de 4. Os pontos das retas traçadas no gráfico designam quantas observações no período entre janeiro de 2008 e setembro de 2010 correspondem aos fluxos de volume dentro dos intervalos especificados no gráfico. De acordo com a discussão das seções anteriores, quanto maior o parâmetro μ, mais "suave" é a lei de potência, já que menos da sua massa está concentrada nos extremos. Ou seja, 4 é um valor alto o suficiente para sugerir que os fluxos observados no mercado interbancário brasileiro não sejam governados por uma lei de potência com caudas muito largas.

GRÁFICO 4

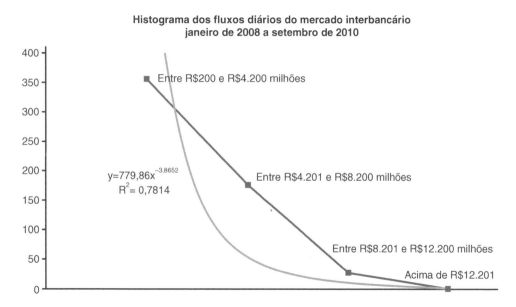

Essas observações sobre as características do mercado interbancário brasileiro têm algumas implicações interessantes. Primeiro, o fato de o sistema bancário brasileiro ser composto por um conjunto pequeno de instituições dominantes, ou seja, a constatação de que o *hub* bancário brasileiro é pouco numeroso, resulta na necessidade de estabelecer critérios de regulação mais rigorosos para essas instituições. De fato, como observam Loyo e Azevedo (2010), o objetivo das propostas de reforma internacionais de estabelecer critérios de capital e liquidez mais rígidos para as instituições sistemicamente importantes já vigora no Brasil.[10]

Segundo, embora tenha ocorrido um aumento brutal da volatilidade dos fluxos do mercado interbancário brasileiro no período pós-crise, a imprevisibilidade desses fluxos, apesar de alta, não é extrema, ou seja, não há fortes evidências de que essas operações são governadas por leis de potência com caudas muito largas. Isso significa que a probabilidade de ocorrência de um evento extremo, como a interrup-

---

[10] Embora não apenas porque essas instituições expõem o sistema a um maior grau de risco, mas também devido à percepção de que os bancos menores têm desvantagens competitivas importantes que são parcialmente compensadas com uma maior liberalidade de tratamento.

ção total das operações interbancárias como na crise americana, é relativamente baixa. Embora essas conclusões derivem de observações que podem não representar fielmente a distribuição das operações do mercado interbancário (isto é, não podemos gerar outras séries para essas operações além das observadas para sustentar essas conclusões), o polpudo colchão de liquidez do sistema brasileiro estabelecido por intermédio das regras draconianas dos depósitos compulsórios reduz drasticamente a possibilidade de se observar o travamento completo que se verificou nos EUA.

Em combinação com a constatação de que os mercados de crédito mais sofisticados, como os de ativos securitizados, ainda são relativamente pouco desenvolvidos no Brasil, essas implicações sugerem que a concepção de risco sistêmico no país ainda está muito atrelada à definição canônica do modelo de Diamond-Dybvig. Isto é, no Brasil, o tamanho da instituição ainda impera como o atributo mais importante para desenhar as normas prudenciais. Portanto, o fortalecimento das regras de capital e liquidez *à la* Basileia 3 pode ser suficiente para resguardar o país de uma crise financeira tão severa quanto a americana.

5 CONCLUSÃO

Todas as crises financeiras desde o século XIX deram origem a mudanças na regulação financeira. Partindo dessa observação, Carneiro (2010) relata como a crise do banco inglês Barings, em 1890-91, levou ao estabelecimento das funções de "emprestador de última instância" para os bancos centrais modernos, hoje conhecidas como função de Bagehot. Do mesmo modo, o autor aponta que a crise bancária norte-americana de 1907 possibilitou a criação do Sistema de Reserva Federal em 1913; a crise dos anos 1930 levou à aprovação da Lei Glass-Steagall, que segregou as funções dos bancos comerciais, proibindo que essas instituições carregassem títulos que não fossem de crédito; as crises dos anos 1990 que resultaram na quebra do Long Term Capital Management e deram início ao debate sobre a necessidade de regular os fundos de *hedge*, o que acabou não indo adiante.

Nesse contexto, a crise financeira de 2008 não poderia ser diferente. Entretanto, com o aumento da complexidade dos sistemas financeiros modernos, os desafios para a reforma regulatória são hoje muito maiores do que no passado, como discutimos neste artigo. Carneiro (2010) destaca cinco tipos de fragilidade revelados pela crise financeira internacional de 2008 que são intrincados e complicados de contornar com mudanças regulatórias fomentadas na percepção tradicional de risco sistêmico. São eles:

- A proliferação de substitutos da liquidez por intermédio de inovações financeiras que geram uma subestimação do custo privado da liquidação dos ativos e uma percepção distorcida dos prêmios de risco.
- A proliferação de instituições financeiras não submetidas às restrições de liquidez e capital a que estão usualmente sujeitos os bancos comerciais, e que participavam ativamente do mercado de reservas bancárias nos EUA. Isso exacerbou a subestimação do risco de liquidez e, no momento da crise, elevou os riscos de contraparte, já que a opacidade dos balanços dessas instituições foi a grande responsável pela paralisação do mercado interbancário americano no final de 2008.
- A existência de um sistema bancário "sombra" interligado às redes interbancárias tradicionais, expondo essas redes a um risco maior de colapso.
- Os excessos de crédito e endividamento provocados pela subestimação dos riscos, que induz à fragilidade financeira "minskiana", isto é, a de que um choque de pequenas proporções possa abalar todas as redes, inter-relacionadas, de crédito.
- O aumento do grau de interconexão entre bancos e não bancos, como ilustrou a debacle da seguradora AIG, que dificulta a identificação dos *hubs* que podem comprometer o funcionamento das redes de crédito.

Todas essas fragilidades estão relacionadas tanto ao tamanho e à interconectividade das instituições quanto à topologia das redes de crédito. Portanto, nenhum esforço de reforma regulatória que desconsidere todas as dimensões do risco sistêmico será capaz de reduzir sensivelmente a probabilidade de ocorrência de crises financeiras de severidade semelhante à de 2008.

No Brasil, apesar dos avanços no desenvolvimento e no aprofundamento dos mercados de crédito, o sistema bancário ainda é dominado por um grupo pequeno de instituições, o que facilita o trabalho dos reguladores nesse quadro de maior complexidade mundial. Entretanto, a reduzida complexidade do sistema bancário brasileiro, quando comparada à de outros países, tem custos. O grau de complexidade dos sistemas financeiros que analisamos neste artigo é causa e consequência das inovações que, se por um lado modificam e amplificam o risco sistêmico, por outro também facilitam a alocação de recursos ao criar novos mecanismos de crédito. O estabelecimento desses mecanismos preenche lacunas importantes, resultando em ganhos de eficiência e de produtividade. Portanto, se um sistema menos complexo como o brasileiro é mais fácil de regular devido a uma definição mais primitiva de risco sistêmico, ele é também menos capaz de criar novas oportunidades para melhorar a alocação de recursos.

Para onde caminha o sistema financeiro brasileiro? A estabilidade macroeconômica consolidada nos últimos anos deveria permitir o desenvolvimento de mercados de crédito mais sofisticados, possibilitando a existência de mecanismos de financiamento em longo prazo e o aperfeiçoamento do mercado de capitais brasileiro, elevando, portanto, a complexidade do sistema financeiro. No entanto, o aumento observado do papel dos bancos públicos no setor bancário brasileiro no período pós-crise (Gráfico 5) tem, possivelmente, ao menos dois efeitos nefastos. Por um lado, a participação crescente dessas instituições no mercado de crédito inibe o aumento da complexidade das relações financeiras que está intimamente ligado à capacidade de inovação. Por outro, o risco sistêmico do setor bancário passa a ter implicações fiscais diretas, aumentando a vulnerabilidade das contas públicas brasileiras.

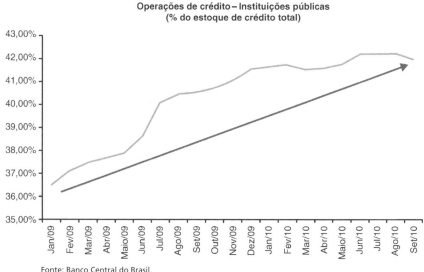

Fonte: Banco Central do Brasil.

A escolha entre complexidade, risco sistêmico elevado e ganhos de eficiência, de um lado, e simplicidade, risco sistêmico baixo e deficiências alocativas, de outro, não é trivial. Mas a opção de aumentar a "simplicidade" do sistema bancário brasileiro com bancos públicos turbinados provavelmente trará custos muito superiores aos potenciais benefícios.

DISTÂNCIA DE CARTEIRA ENTRE FUNDOS E RISCO SISTÊMICO

Nelson Camanho

1 INTRODUÇÃO

Um dos principais dilemas atuais de regulação financeira é de que forma implementar a fiscalização do setor financeiro não bancário, que é constituído por fundos mútuos de investimento, bancos de investimento, *hedge funds, private equity funds*, entre outros. Diferentemente do setor bancário, sobre o qual, a fim de impedir um alto grau de instabilidade financeira, as autoridades reguladoras mantêm um pulso firme, o setor não bancário não está sujeito ao mesmo rigor quanto às regras de supervisão e, portanto, pode ser fonte de consideráveis instabilidades para o setor financeiro.

A crise financeira de 2008, que teve como principal evento a bancarrota do banco Lehman Brothers, aguçou os instintos das autoridades reguladoras, que terão um papel importante na definição de regras de regulação financeira pós-crise 2008. Um de seus principais desafios é a medição do grau de risco sistêmico do setor não bancário, que pode contaminar o sistema bancário em um curto espaço de tempo, fazendo com que uma regulação focada apenas no sistema bancário se torne inócua.

Este artigo explora uma basc internacional de dados de fundos mútuos de investimento e sugere algumas medidas que poderiam ser usadas no monitoramento do grau de instabilidade do sistema não bancário.

O artigo utiliza as posições acionárias de cada fundo para calcular uma medida de distância de carteira entre dois fundos, que reflete o quão próximos estão de uma mesma fonte de possível instabilidade financeira. Assim, se dois fundos apresentam exatamente a mesma carteira, considera-se que estão expostos aos mesmos choques que podem atingir as ações de sua carteira. Dessa forma, esses dois fundos teriam medida zero para a distância de carteira. Por outro lado, se a interseção da carteira de dois fundos é vazia, ou seja, se os dois fundos investem em grupos de ações diferentes, estariam expostos a fontes de contágio bem distintas e, portanto, apresentariam valor um para a distância de carteira.

De posse da medida da distância de carteira entre quaisquer dois fundos, constroem-se distâncias agregadas, que potencialmente auxiliariam reguladores a acompanhar o grau de risco sistêmico ao qual os fundos estariam expostos. Como a medida de distância varia com o tempo, períodos em que a distância agregada diminuísse consideravelmente indicariam uma probabilidade alta de instabilidade financeira, principalmente se um choque de liquidez atingir o componente comum aos fundos.

A segunda seção introduz e define as medidas de distância entre dois fundos e de distância agregada. A terceira seção descreve os dados e apresenta e discute os resultados de distância para eles calculados. A quarta seção conclui.

2 DISTÂNCIA ENTRE FUNDOS

Considere dois fundos mútuos acionários i e j cujas carteiras se componham apenas de ações. Considere que há N ações que possam fazer parte da carteira de um fundo qualquer. Defina o peso da ação n na carteira do fundo i no período t como:

$$\omega_{in}^t = \frac{inv_{in}^t}{cart_i^t} \tag{1}$$

em que inv_{in}^{t} representa o total valor investido pelo fundo i no período t na ação n; $cart_i^t$,o valor total da carteira do fundo i no período t; e ω_{in}^t, o peso da ação n na carteira do fundo i no período t.

O vetor de pesos acionários do fundo i no período t, Ω_i^t, é dado por:

$$\Omega_i^t = (\omega_{i1}^t, \omega_{i2}^t, ..., \omega_{iN}^t) \tag{2}$$

Finalmente, de posse de Ω_i^t e Ω_j^t para quaisquer dois fundos i e j, pode-se definir a medida de distância de carteira entre dois fundos, d_{ij}^t:

$$d_{ij}^t = \frac{1}{2}\sum_{n=1}^{N}|\omega_{in}^t - \omega_{jn}^t| \tag{3}$$

Assim, se os fundos i e j possuírem exatamente os mesmos pesos acionários para sua carteira no período t, terão distância de carteira zero. Se, por outro lado, os dois fundos não possuírem nenhuma ação em comum, sua distância de carteira terá o máximo valor possível de um.

3 DISTÂNCIA AGREGADA

Reguladores se interessam por ferramentas que sinalizem fontes de instabilidades financeiras. Pode-se adotar uma abordagem macro, que indicaria o nível de estabilidade geral do sistema financeiro, ou uma abordagem micro, que apontaria quais fundos seriam mais centrais como propagadores de risco sistêmico. A distância agregada utiliza a primeira abordagem e visa auxiliar os reguladores a detectar uma maior probabilidade de crise generalizada no sistema financeiro. Ao acompanhar a série de tempo da distância agregada, os reguladores poderiam identificar um valor limite, abaixo do qual a vulnerabilidade dos fundos a um choque de liquidez seria alta o suficiente para justificar uma intervenção dos reguladores. Após a decisão de intervenção ser tomada, uma abordagem micro poderia indicar quais fundos deveriam sofrer intervenção com mais urgência, visando levar o sistema financeiro de volta à normalidade.

Antes de definir a distância agregada, deve-se decidir qual o grupo de fundos sobre o qual se deseja realizar a agregação. Uma unidade natural de agregação seria um país ou uma região. Dessa forma, poder-se-ia calcular a série de tempo de distância agregada para os Estados Unidos, para a Europa continental ou para o Reino Unido (daqui em diante, referir-me-ei sempre como distância agregada por país ou região, mas seria perfeitamente possível construir outros tipos de agregação, tais como por estilo de fundo, tamanho, idade, entre outros).

Proponho duas medidas de distância agregada ou distância média: a primeira, mais simples, é a média da distância no país num período específico; a segunda leva em consideração o tamanho (capitalização) do par de fundos que constitui a distância e a pondera para tal.

A medida de distância média, d_{MED}^t, é:

$$d_{MED}^t = média\{D_{ij}^t\} = \frac{\sum\limits_{i=1}^{F}\sum\limits_{j=1}^{F}d_{ij}^t}{F(F-1)} \tag{4}$$

em que D_{ij}^t é um vetor que contém as distâncias entre todos os possíveis pares para os F fundos no país no período t.

A medida de distância agregada ponderada por capitalização dos F fundos é:

$$d_{CAP}^t = \sum_{i=1}^{F}\sum_{j=1}^{F}\eta_{ij}^t d_{ij}^t \tag{5}$$

com o peso η_{ij}^t definido como

$$\eta_{ij}^t = \frac{CAP_i^t \, CAP_j^t}{\sum\limits_{k=1}^{F} \sum\limits_{\substack{m=1 \\ k \neq m}}^{F} CAP_k^t \, CAP_m^t} \tag{6}$$

em que CAP_i^t é a capitalização do fundo i no período t.

4 SIMULAÇÕES EXEMPLIFICATIVAS

Nesta subseção, simulo os valores de distâncias entre fundos e distâncias agregadas para um país imaginário com 4 fundos, A, B, C e D, e 10 ações negociadas no mercado, cujos pesos acionários, ω_{in}, variam segundo o fundo, mas, em cada fundo, podem assumir valores de zero a um.[1] Suponho que todos os fundos possuem a mesma capitalização, a fim de focar a análise na medida de distância média agregada dada pela equação (4).

As simulações apresentam casos que resultam em distâncias agregadas crescentes, variando de zero a um. A simulação 1 refere-se a um país com todos os fundos igualmente expostos às 10 ações e, por conseguinte, com distância zero. A simulação 2 apresenta um caso com dois conjuntos de dois fundos investindo igualmente dentro do conjunto e com interseção vazia entre conjuntos. Na simulação 3, cada fundo escolhe 3 ações para nelas investir igualmente, mas tendo apenas uma ação em comum com apenas um outro fundo. A simulação 4 analisa o caso de um fundo mais central, que investe em todas as 10 ações igualmente, enquanto os outros 3 fundos não possuem nenhum investimento em comum entre si. Finalmente, a simulação 5 representa o caso em que todas as interseções são vazias, levando a uma distância agregada de um. As Tabelas 1 a 5 apresentam as simulações e distâncias resultantes:

TABELA 1 Simulação de distâncias para fundos igualmente expostos										
Posições Acionárias						**Distância entre Fundos**				
	A	B	C	D			A	B	C	D
w1	0,25	0,25	0,25	0,25		A	0	0	0	0
w2	0	0	0	0		B	0	0	0	0
w3	0,25	0,25	0,25	0,25		C	0	0	0	0
w4	0	0	0	0		D	0	0	0	0
w5	0,25	0,25	0,25	0,25						
w6	0,25	0,25	0,25	0,25		**Distância Média**				
w7	0	0	0	0		0				
w8	0	0	0	0						
w9	0	0	0	0						
w10	0	0	0	0						

---

[1] É claro que a soma dos 10 pesos $\Sigma_{n=1}^{10} \, \omega_{in}$ para cada fundo i é igual a um.

TABELA 2 Simulação de distâncias para dois conjuntos ortogonais de fundos igualmente expostos

Posições Acionárias	A	B	C	D
w1	0,2	0,2	0	0
w2	0,2	0,2	0	0
w3	0,2	0,2	0	0
w4	0,2	0,2	0	0
w5	0,2	0,2	0	0
w6	0	0	0,2	0,2
w7	0	0	0,2	0,2
w8	0	0	0,2	0,2
w9	0	0	0,2	0,2
w10	0	0	0,2	0,2

Distância entre Fundos	A	B	C	D
A	0	0	1	1
B	0	0	1	1
C	1	1	0	0
D	1	1	0	0

Distância Média
0,666666667

TABELA 3 Simulação de distâncias para quatro fundos com pouco investimento em comum

Posições Acionárias	A	B	C	D
w1	0,333333	0	0	0
w2	0,333333	0	0	0
w3	0,333333	0,333333	0	0
w4	0	0,333333	0	0
w5	0	0,333333	0,333333	0
w6	0	0	0,333333	0
w7	0	0	0,333333	0,333333
w8	0	0	0	0,333333
w9	0	0	0	0,333333
w10	0	0	0	0

Distância entre Fundos	A	B	C	D
A	0	0,666667	1	1
B	0,666667	0	0,666667	1
C	1	0,666667	0	0,666667
D	1	1	0,666667	0

Distância Média
0,833333333

TABELA 4 Simulação de distâncias para um fundo central e três fundos sem investimento comum

Posições Acionárias	A	B	C	D
w1	0,1	0,333333	0	0
w2	0,1	0,333333	0	0
w3	0,1	0,333333	0	0
w4	0,1	0	0,333333	0
w5	0,1	0	0,333333	0
w6	0,1	0	0,333333	0
w7	0,1	0	0	0
w8	0,1	0	0	0,333333
w9	0,1	0	0	0,333333
w10	0,1	0	0	0,333333

Distância entre Fundos	A	B	C	D
A	0	0,7	0,7	0,7
B	0,7	0	1	1
C	0,7	1	0	1
D	0,7	1	1	0

Distância Média
0,85

TABELA 5	Simulação de distâncias para quatro fundos sem nenhum investimento em comum			

	Posições Acionárias			
	A	B	C	D
w1	0,5	0	0	0
w2	0,5	0	0	0
w3	0	0,5	0	0
w4	0	0,5	0	0
w5	0	0	0,5	0
w6	0	0	0,5	0
w7	0	0	0	0
w8	0	0	0	0,5
w9	0	0	0	0,5
w10	0	0	0	0

	Distância entre Fundos			
	A	B	C	D
A	0	1	1	1
B	1	0	1	1
C	1	1	0	1
D	1	1	1	0

Distância Média
1

5 DADOS E RESULTADOS

DESCRIÇÃO DOS DADOS

Utilizo dados de fundos mútuos de investimento com posições acionárias, gentilmente cedidos por Sandy Lai, que fazem parte da base de dados da Thomson Financial, a qual tem dados de ações de mais de 70 países, com exceção dos Estados Unidos e Canadá, e de fundos em mais de 30 países, mas predominantemente fundos não americanos. A subamostra da base de dados que utilizo possui frequência semestral e vai do segundo semestre de 2002 ao primeiro semestre de 2009, com exceção do segundo semestre de 2006, que está ausente da base original de dados.

Como se trata de uma base de dados internacional, decidi separar os fundos por país. Os fundos mútuos de investimento possuem estilos diferenciados, e uma das características de tais estilos é se o fundo é internacional ou doméstico. Defino um fundo internacional como um fundo investindo em pelo menos uma ação negociada em um país diferente do de localização do fundo. Por conseguinte, um fundo doméstico investe apenas em ações localizadas no mesmo país do fundo. Essa medida varia com o tempo, e o mesmo fundo que foi internacional num período pode ser classificado como doméstico no período seguinte.

Para criar as medidas de distância, é preciso que se comparem fundos similares, para os quais o conjunto de ações das quais o fundo seleciona sua carteira seja o mesmo. Não seria apropriado, por exemplo, comparar um fundo brasileiro que só investe em ações brasileiras com outro fundo brasileiro que investe em ações brasileiras e ações não brasileiras. Enquanto o primeiro tem as ações brasileiras como conjunto de escolha, o segundo tem todas as ações mundiais (ou pelo menos de mais um país além do Brasil). Dessa forma, utilizarei apenas fundos domésticos e compararei fundos somente dentro de um mesmo país.

Decidi utilizar dados de apenas três países: Brasil, Alemanha e Reino Unido. Esses são os países para os quais encontrei um número razoável de fundos domésticos, condição necessária para a construção das medidas de distância agregada, como se pode aferir nas Tabelas 6 e 7.

TABELA 6   Número total de fundos por país e período

Período	Brasil	Alemanha	Reino Unido
Número de Fundos (Total)			
2002_s2	404	2894	1195
2003_s1	162	2692	1231
2003_s2	393	2543	1126
2004_s1	304	2500	1084
2004_s2	352	2353	1194
2005_s1	508	2431	1225
2005_s2	533	2101	1117
2006_s1	496	2231	965
2006_s2	Ausente	Ausente	Ausente
2007_s1	276	2200	1184
2007_s2	705	2189	1220
2008_s1	1104	1851	1346
2008_s2	941	1545	1221
2009_s1	914	1228	1046

TABELA 7   Número de fundos domésticos por país e período

Período	Brasil	Alemanha	Reino Unido
Número de Fundos Domésticos			
2002_s2	399	72	138
2003_s1	162	67	127
2003_s2	393	52	92
2004_s1	303	43	65
2004_s2	348	65	69
2005_s1	503	67	64
2005_s2	526	62	58
2006_s1	492	70	58
2006_s2	Ausente	Ausente	Ausente
2007_s1	263	78	40
2007_s2	685	88	41
2008_s1	957	85	36
2008_s2	798	70	30
2009_s1	773	64	28

É interessante notar que, nessa subamostra da base de dados, apenas o Brasil apresenta uma grande proporção de fundos domésticos. Possivelmente, fundos na Alemanha e no Reino Unido estão mais propensos a investir em ações estrangeiras, já que os custos de transação para investimento em outros países da União Europeia são baixos para países membros.

6 RESULTADOS

Com os dados acionários de fundos domésticos desses três países, construí as medidas de distância para quaisquer dois fundos em um país, de acordo com a equação (3). Em seguida, de posse das 4.144.533

medidas de distância[2] entre fundos, foi possível construir as séries de tempo das medidas de distância agregada: distância média d^t_{MED} e distância agregada ponderada por capitalização, d^t_{CAP}, de acordo com as equações (4) e (5), respectivamente. O Gráfico 1 apresenta os resultados, respectivamente, para a distância média e a distância ponderada.

GRÁFICO 1

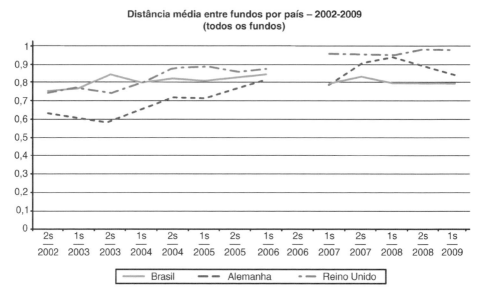

Nota: O período segundo semestre de 2006 está ausente da base de dados.

GRÁFICO 2

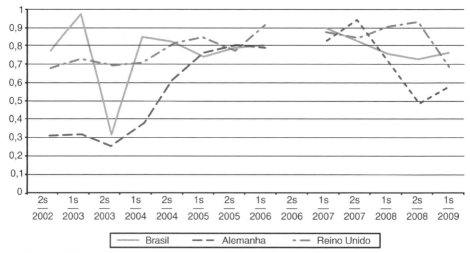

Nota: O período segundo semestre de 2006 está ausente da base de dados.

---

[2] Esse é o número total de pares de fundos, considerando-se todos os países e todos os períodos. Para obter tal valor, eleve ao quadrado todos os elementos da Tabela 7 e some-os.

Enquanto a medida não ponderada (Gráfico 1) não mostra muita variação nem temporal nem em relação aos países, mas apenas uma leve tendência de aumento da distância, a medida ponderada (Gráfico 2) apresenta movimentos interessantes. É notável que, antes da bancarrota do Lehman Brothers (segundo semestre de 2008), as distâncias de todos os países diminuíram pelo menos por um período, e de forma drástica para a Alemanha. É necessário investigar mais a fundo as razões de tal redução das distâncias, mas uma possível causa é o aumento do efeito manada entre os fundos mútuos, indicando que muitos deles estariam expostos à mesma fonte de risco sistêmico e, assim, contribuindo para uma maior instabilidade do sistema financeiro. Outro aspecto que merece um estudo mais aprofundado em relação à Nota (O período segundo semestre de 2006 está ausente da base de dados) é a queda temporária, no segundo semestre de 2003, dos valores de distância para os fundos brasileiros. O que teria levado a esse maior efeito manada?

7 ROBUSTEZ

As medidas apresentadas nos Gráficos 1 e 2 podem estar fortemente influenciadas por fundos com carteiras com poucas ações. É mais difícil comparar dois fundos com poucas ações, já que a probabilidade de a interseção de suas carteiras ser vazia é consideravelmente mais alta, fazendo com que as medidas de distância agregada contenham muitos pares de fundos com distância máxima.

Com o fim de construir uma medida livre desses efeitos, recalculei as medidas de distância entre fundos e de distância agregada para fundos com mais de 10 ações em cada período.[3] Os resultados estão apresentados nos Gráficos 3 e 4:

GRÁFICO 3

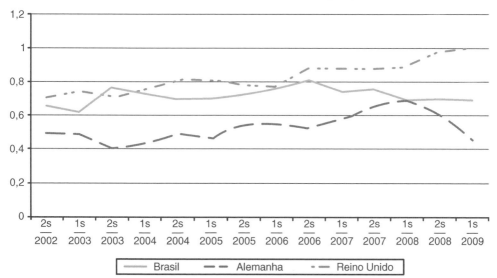

Nota: O período segundo semestre de 2006 está ausente da base de dados.

---

[3] Mais precisamente, em cada período e país, incluí apenas os fundos com mais de dez ações.

GRÁFICO 4

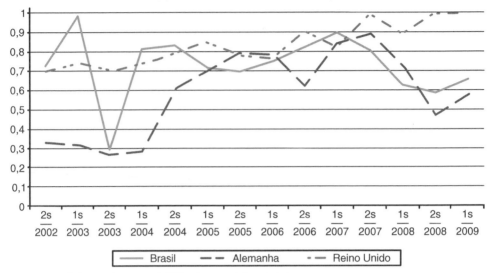

Distância média entre fundos (ponderada por capitalização) por país – 2002-2009
(apenas fundos com mais de dez ações)

Nota: O período segundo semestre de 2006 está ausente da base de dados.

O aspecto qualitativo das séries de tempo evidentemente não mudou: ainda há claramente menos variação na medida não ponderada (Gráfico 3) e movimentos mais informativos na distância ponderada (Gráfico 4). A principal mudança é nítida ao compararmos os Gráficos 2 e 4: nesse último, fica mais evidente que os fundos brasileiros também apresentaram uma redução importante da distância agregada antes do segundo semestre de 2008, período em que o Lehman Brothers foi à falência.

8 CONCLUSÃO

Este artigo propõe uma nova medida de distância entre dois fundos acionários que objetiva medir o grau de exposição a risco comum a esses dois fundos. Criam-se também duas medidas de distância agregada derivadas da medida de distância simples e estuda-se se tais distâncias agregadas dão indícios do grau de risco sistêmico ao qual os fundos estão expostos.

O resultado mais relevante é a queda da distância agregada ponderada em torno da bancarrota do Lehman Brothers: o fato de que muitos fundos estejam com posições acionárias parecidas pode sugerir uma maior propensão à instabilidade no sistema financeiro.

Esta é apenas minha primeira tentativa de utilizar a informação de posições acionárias de fundos para se obter um grau de risco sistêmico no sistema financeiro não bancário, que é objeto de uma regulação menos rigorosa do que o sistema bancário. Seria interessante estender e aprimorar esta análise. Primeiramente, poder-se-ia analisar as diferenças de posições em grupos de ações, em vez de posições de ações individuais: muitas ações têm correlações altas entre si, fazendo com que dois fundos que invistam em ações parecidas, mas não exatamente as mesmas, estejam incorrendo os mesmos riscos, o que não é capturado pelas medidas sugeridas neste artigo. Pretendo, numa extensão deste artigo, calcular as novas medidas de distância por grupo de ações e usar uma metodologia inspirada por Daniel, Grinblatt, Titman, e Wermers (1997), que criam grupos de ações classificados por características: tamanho, *book-to-market* e *momentum*.

Em segundo lugar, seria interessante aplicar a metodologia de redes a partir do uso da medida de distância entre dois fundos: estabelecer-se-ia um valor limite para a distância, abaixo do qual dois fundos estariam conectados nas redes: os fundos seriam nós e as conexões representariam fundos que apresentassem posições acionárias relativamente parecidas. De posse da rede, poder-se-ia implementar métodos clássicos de rede, como em Jackson (2008) e aferir que fundos estariam mais aglomerados, quais fundos seriam mais centrais (não necessariamente os maiores) e como a rede evoluiria com o tempo, fornecendo informações importantes para os reguladores, que teriam a possibilidade de uma intervenção mais dirigida para os fundos mais importantes para a criação de risco sistêmico.

7

Os Novos Dilemas do Mercado Acionário Brasileiro

Ana Dolores Novaes[1]

1 INTRODUÇÃO

Escrevo este artigo em homenagem ao amigo, professor e sócio Dionisio Dias Carneiro.

Em 2002, Dionisio publicou um pequeno artigo crítico da alteração da Lei das Sociedades por Ações (LSA) de 2001. Sua preocupação era com a separação entre a propriedade e a administração. Escreveu: "Instituições que favoreçam o desenvolvimento dos mercados, aprendemos com a experiência, são mais difíceis de produzir do que políticas macroeconômicas de qualidade" (2002, p. 10). Sua observação não poderia ser mais atual.

De fato, dez anos após a segunda mudança da LSA e da criação do Novo Mercado pela Bovespa (hoje BM&F Bovespa), surgiram as primeiras companhias de capital disperso no Brasil. Essas companhias exigem uma governança diferenciada daquela em que há um acionista controlador. Não surpreende que tanto a CVM quanto a BM&F Bovespa (Bolsa) estejam introduzindo mudanças na regulação das ofertas públicas (nova Instrução 361) e propostas de alteração do regulamento de listagem da Bolsa, respectivamente. Infelizmente, as principais mudanças propostas pela Bolsa, no âmbito da autorregulação, não foram aceitas pelas companhias em 2010. Entretanto, conforme o Mestre ensinou, essas mudanças são mesmo difíceis de alcançar. Seus proponentes não devem desanimar.

Este artigo procura contribuir para esse debate analisando os principais dilemas de governança corporativa para companhias de capital disperso. A primeira seção traz a evolução dos últimos dez anos do mercado acionário, pontuada a importância da criação no Novo Mercado (NM). A segunda seção analisa os novos temas do mercado acionário a partir do surgimento das companhias sem acionista controlador, a saber, a introdução da oferta obrigatória de aquisição de ações por atingimento de participação acionária relevante, o novo papel do conselho de administração e a necessidade de introduzir o comitê de auditoria quando uma companhia tem capital disperso. A seção seguinte discute a escolha entre regulação estatal *versus* autorregulação para lidar com esses temas. A última seção conclui o artigo trazendo uma proposta de como a Bolsa poderia prosseguir para retomar o debate e aprimorar a governança corporativa.

2 EVOLUÇÃO RECENTE DO MERCADO ACIONÁRIO

Até a criação do Novo Mercado, o mercado acionário brasileiro era irrelevante como fonte de capital para as companhias. Sua capitalização em relação ao PIB era inexpressiva, e os investidores o percebiam como um mercado de alto risco (um cassino). Contribuía para essa percepção o ambiente macroeconômico, mas também características intrínsecas do mercado, tais como governança e informações corporativas que deixavam muito a desejar. Durante as décadas de 1980 e 1990, o mercado acionário sofreu com a instabilidade macroeconômica e a migração de parte do mercado para a Bolsa

---

[1] Este artigo beneficiou-se de discussões no seminário em homenagem ao Prof. Dionisio Dias Carneiro realizado em 24 de setembro de 2010 na Casa das Garças, no Rio de Janeiro. Agradeço aos participantes e a Cristiane Pereira da BM&F Bovespa pelos comentários recebidos. Agradeço ainda à BM&F Bovespa pela disponibilização dos dados do mercado acionário nos últimos dez anos e da estrutura de proteção à dispersão acionária das companhias com base em julho de 2010. As ideias aqui apresentadas são exclusivamente da autora e não devem ser de forma nenhuma associadas às companhias nas quais serve como conselheira ou consultora.

de Nova York, onde a governança era superior. Além disso, ao contrário do que muitos investidores esperavam, a privatização de companhias estatais para companhias submetidas a uma governança corporativa de qualidade superior em seus países de origem não resultou em melhoria do mercado. O governo até que exigiu que as companhias privatizadas continuassem listadas, mas o que se viu foi o fechamento de capital branco[2] de várias companhias e a diminuição da qualidade da informação prestada ao público.

Além das companhias privatizadas e das estatais remanescentes, o mercado continuou dominado por companhias de controle familiar que frequentemente usam estruturas piramidais nas quais há uma divergência entre o poder de controle e o recebimento do fluxo de caixa das companhias. Para essas estruturas, muito contribuiu o amplo uso das ações preferenciais, sem direito a voto. Em operações de compra e venda de controle de companhias listadas em bolsa, o que se via era o acionista preferencialista ser a variável de ajuste que explicava o pagamento de altos prêmios de controles para o acionista controlador. Dyck e Zingales (2004, p. 538) estimaram o valor do benefício privado do controle de companhias em 39 países e concluíram que o Brasil era o campeão da amostra, com 65%. Esse percentual é a diferença entre o preço da ação ordinária com direito a voto e a preferencial sem direito a voto após anúncio de transação em que há mudança de controle.

O marasmo do mercado acionário no início da década de 2000 é demonstrado no Gráfico 1, no qual se compara a capitalização do mercado em relação ao PIB em 2002 (ano da primeira emissão do NM) e 2009. O valor de mercado das companhias mal passava de 30% do PIB em 2002 e, nos sete anos anteriores (1995-2001), houve apenas cinco ofertas públicas iniciais de ações. O Gráfico 1 também mostra a mudança desse paradigma. Nos últimos sete anos, houve um aumento significativo da importância do mercado acionário no Brasil. Ao final de 2009, a capitalização da Bolsa já era superior a 70% do PIB.

GRÁFICO 1

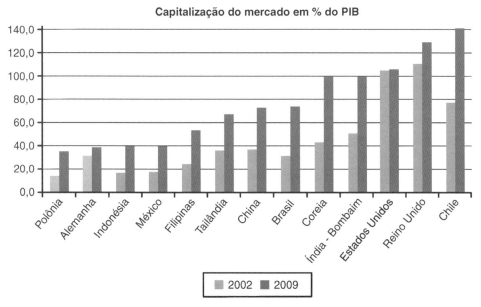

Nota: Os dados da China incluem as bolsas de Xangai e de Shenzhen.
Fonte: World Federation of Exchanges e Banco Mundial para o PIB de 2009. Para o Brasil, o dado da capitalização de 2009 é da BM&F Bovespa e o PIB do Ipeadata.

---

[2] O fechamento de capital branco ocorre quando o controlador faz uma oferta para adquirir as ações no mercado e o acionista minoritário se vê obrigado a vender as suas ações para não ficar com um ativo ilíquido. Diante dos abusos, a CVM editou a Instrução 361 em março de 2002.

A criação do Novo Mercado, com regras de governança diferenciadas, pela Bovespa, em 2000, foi um dos fatores que contribuiu para esse expressivo aumento da importância do mercado acionário. A Tabela 1 traz os dados da evolução do NM e do mercado de ações como um todo, para a última década. Nos últimos cinco anos, a capitalização das companhias listadas no NM, o volume transacionado e o número de companhias listadas nesse segmento passaram de menos de 5% em 2004 para mais de 20% do total do mercado no final de 2009. A capitalização do NM em relação ao PIB no final de 2009 era de 17,7%, em comparação com 56,5% dos demais segmentos. O forte crescimento da capitalização do NM explica 40% do aumento da capitalização do mercado brasileiro do Gráfico 1.

É importante destacar também o aumento do número de companhias que abriram o capital depois de anos de inatividade desse mercado. Conforme mostra o Gráfico 2, as ofertas públicas iniciais (OPI) nesse período ocorreram predominantemente no NM. Em 2007, auge da atividade de abertura de capital no Brasil, 43 companhias o fizeram no NM e apenas 21 nos demais segmentos.

GRÁFICO 2

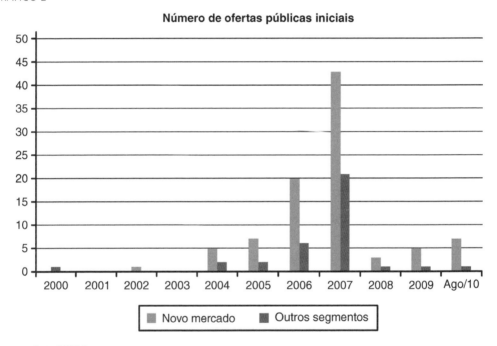

Fonte: BM&F Bovespa.

Essa discussão demonstra a relevância da criação do NM para a retomada do mercado acionário após anos de marasmo. No que se segue, as razões para o sucesso do NM são analisadas e os seus novos desafios são confrontados.

3 O NOVO MERCADO E OS NOVOS DILEMAS

Diante do estado lamentável do mercado acionário brasileiro no final dos anos 1990, a Bolsa resolveu agir e introduziu segmentos especiais de listagem que exigem um nível de governança diferenciado. O objetivo foi diminuir o custo de captação para as companhias, bem como reduzir a percepção de risco por parte dos investidores. As exigências para os novos segmentos incluíam regras bem mais severas de governança corporativa do que aquelas exigidas pela Lei das Sociedades por Ações (LSA) de 1976. Exemplos das regras do NM que vão além da lei incluem: (i) emissão apenas de ações ordinárias

TABELA 1	Mercado acionário, novo mercado e PIB do Brasil, 2000-2002										
	2000	2001	2002	2003	2004	2005	2006	2007	2008	2009	ago/10
Segmento Novo Mercado											
Nº de cias. listadas	0	0	2	2	7	18	44	92	99	105	107
Valor de emissões primárias — IPO, R$ milhões	0	0	351	0	940	2.342	6.824	22.265	7.474	904	6.118
Valor de mercado, R$ milhões	0	0	3.248	6.836	31.079	79.867	226.678	439.268	248.123	557.656	612.930
Volume transacionado no ano em R$ milhões	0	0	856	1.743	5.252	16.844	71.430	214.361	259.231	330.206	261.849
Mercado Inteiro											
Nº de cias. listadas	495	468	436	410	390	381	394	449	439	434	465
Valor de emissões primárias — IPO, R$ milhões	33	0	351	0	1.705	3.049	9.071	32.050	7.495	14.087	6.279
Valor de mercado, R$ milhões	440.997	430.302	438.278	676.706	904.943	1.128.492	1.544.748	2.477.555	1.375.272	2.334.720	2.245.192
Volume transacionado no ano em R$ milhões	185.191	150.305	138.969	204.584	304.102	401.091	598.880	1.199.307	1.375.848	1.300.558	1.047.287
PIB Nominal em R$ milhões	1.179.482	1.302.136	1.477.822	1.699.948	1.941.498	2.147.239	2.369.484	2.661.344	3.004.881	3.143.015	3.363.026
Percentual do Novo Mercado do Total do Mercado											
Nº de cias. listadas	0,0%	0,0%	0,5%	0,5%	1,8%	4,7%	11,2%	20,5%	22,6%	24,2%	23,0%
Valor de emissões primárias — IPO	0,0%	na	100,0%	na	55,1%	76,8%	75,2%	69,5%	99,7%	6,4%	97,4%
Valor de mercado	0,0%	0,0%	0,7%	1,0%	3,4%	7,1%	14,7%	17,7%	na	23,9%	27,3%
Volume transacionado	0,0%	0,0%	0,6%	0,9%	1,7%	4,2%	11,9%	17,9%	18,8%	25,4%	25,0%
Novo Mercado sobre o PIB											
Valor de emissões primárias — IPO, R$	0,0%	0,0%	0,0%	0,0%	0,0%	0,1%	0,3%	0,8%	0,2%	0,0%	0,2%
Valor de mercado, R$	0,0%	0,0%	0,2%	0,4%	1,6%	3,7%	9,6%	16,5%	8,3%	17,7%	18,2%
Volume transacionado em R$ (total ano)	0,0%	0,0%	0,1%	0,1%	0,3%	0,8%	3,0%	8,1%	8,6%	10,5%	7,8%
Total sobre o PIB											
Valor de emissões primárias — IPO, R$	0,0%	0,0%	0,0%	0,0%	0,1%	0,1%	0,4%	1,2%	0,2%	0,4%	0,2%
Valor de mercado, R$	37,4%	33,0%	29,7%	39,8%	46,6%	52,6%	65,2%	93,1%	45,8%	74,3%	66,8%
Volume transacionado em R$ (total ano)	15,7%	11,5%	9,4%	12,0%	15,7%	18,7%	25,3%	45,1%	45,8%	41,4%	31,1%

Nota: Em 2009, o Banco Santander realizou IPO no valor de R$14,1 bilhões no Nível 2 da Bovespa, segmento de governança diferenciada para companhias com ações preferenciais e que requer o pagamento do *tag along* de 80% para acionistas preferencialistas em caso de alienação de controle.
Fonte: BM&F Bovespa e Ipeadata (PIB).

(uma ação, um voto); (ii) *tag along* de 100% para todos os acionistas, em caso de alienação do controle da companhia (a lei só exige 80%); (iii) apresentação das demonstrações financeiras em padrão internacional (USGaap ou IFRS[3]); (iv) divulgação de informação sobre transações com partes relacionadas e de negociação de valores mobiliários pelos administradores; (v) mandato uniforme e eleição na mesma data dos membros do conselho de administração, que deve contar com pelo menos 20% de conselheiros independentes; e (vi) adesão à Câmara de Arbitragem da Bolsa para dirimir disputas entre acionistas.

Observe-se que a Bolsa agiu como um agente coordenador das boas práticas de governança corporativa, há muito desejadas pelos investidores. Não houve mudança na legislação, mas uma mudança voluntária, nos moldes da autorregulação. Em princípio, qualquer companhia poderia ter adotado essas práticas, mas foi necessária a coordenação da Bolsa para que os ganhos resultantes da boa governança ficassem mais claros para investidores e companhias. A adesão das companhias foi voluntária, mas havia um incentivo a fazê-lo, pois os investidores estavam dispostos a pagar um múltiplo mais alto por companhias com melhores práticas de governança. Após um início tímido, o NM mercado deslanchou em 2005 (ver Tabela 1).

Contudo, ao completar 10 anos de existência, em dezembro de 2010, o Novo Mercado enfrenta novos dilemas. Avança o número de companhias listadas que têm uma estrutura de capital pulverizada, isto é, elas não possuem um acionista ou grupo de acionistas que, isolada ou conjuntamente, detenham mais de 50% das ações com direito a voto. Em julho de 2010, 41 das 106 companhias listadas no Novo Mercado não tinham acionista controlador. Esse é o embrião das futuras corporações brasileiras, tal como existe nos mercados de capitais acionários mais desenvolvidos. Na medida em que mais recursos são exigidos das companhias por conta do desenvolvimento tecnológico, ampliação das atividades de fusões e aquisições,[4] ou projetos cada vez mais intensivos em capital, é de se esperar que o fenômeno da dispersão do controle passe a predominar. É possível fazer a previsão de que, num curto espaço de tempo, menos de uma década, companhias tradicionais e/ou familiares passem a ter capital difuso.

A lei que rege as sociedades anônimas é de 1976, época em que predominava o controle familiar e concentrado das companhias. A qualidade dessa legislação é indiscutível, mas após 35 anos algumas lacunas começam a surgir, em particular no que diz respeito à realidade das companhias de controle disperso. Podemos mencionar pelo menos três temas importantes: (i) o tratamento dos acionistas minoritários no âmbito de uma aquisição de controle diretamente no mercado acionário; (ii) o papel do conselho de administração e do conselheiro independente, em especial quando há uma oferta de aquisição de controle; e (iii) a escolha entre ter conselho fiscal *versus* comitê de auditoria. Esses temas não são diretamente tratados na LSA. A Bolsa tentou introduzi-los na proposta de mudança do regulamento do NM em 2010, mas não obteve sucesso. No que se segue, a importância de cada um desses temas é analisada, e é apresentada uma proposta para retomar o debate por parte da Bolsa.

4 AQUISIÇÃO DO CONTROLE DE UMA COMPANHIA DIRETAMENTE NO MERCADO

Há uma lacuna na LSA no que diz respeito à aquisição de controle de companhias dispersas no mercado. A lei prevê o pagamento ao acionista minoritário, com direito a voto, de 80% do preço recebido pelo controlador, quando esse último ALIENA o controle, mas não possui dispositivo para o caso em que o controle é ADQUIRIDO diretamente no mercado. Essa última possibilidade aumentou com o surgimento no mercado de companhias de capital disperso.

---

[3] A Lei 11.638/2007 passou a exigir o padrão IFRS a partir de 2010 para todas as companhias listadas.

[4] Na medida em que fusões e aquisições são pagas com ações, há um aumento da diluição do controlador. Esse fenômeno ocorreu no final do início do século XX nos EUA e no Reino Unido e contribuiu para criar as grandes corporações. Para uma discussão sobre o assunto, ver Gorga (2009).

Como não há uma regulação sobre o assunto, várias companhias, que realizaram ofertas públicas iniciais recentemente no NM, incluíram cláusulas de proteção à dispersão orçamentária (as chamadas pílulas de veneno, ou *poison pill*). Em linhas gerais, essas cláusulas dispõem que se um investidor (ou grupo de investidores) adquirir um determinado percentual do capital da companhia (tipicamente entre 10% e 20%), ele será obrigado a fazer uma oferta a todos os acionistas da companhia a um preço que prevê prêmios excessivos em relação ao preço de mercado. Na teoria, essa cláusula impede que um investidor adquira uma determinada quantidade de ações da companhia e diminua a liquidez. Na prática, é uma forma de perpetuação no poder de controle da companhia de ex-acionistas controladores e administradores.

Algumas companhias foram além e incluíram cláusula adicional segundo a qual o acionista que propuser retirar a cláusula da proteção da dispersão do estatuto será obrigado a realizar a oferta de acordo com a cláusula. Essa é a chamada cláusula pétrea, pela qual o proponente da mudança toma o *veneno* disposto no estatuto. Segundo dados da BM&F Bovespa, em julho de 2010, de 106 companhias listadas no NM, 54 tinham cláusula de proteção da dispersão acionária, e, dessas, 25 tinham a cláusula pétrea. Em um primeiro instante, essas cláusulas foram bem aceitas pelo mercado, mas, após maior entendimento de seu significado, percebeu-se o seu lado negativo. Elas poderiam destruir valor para o acionista ao impossibilitarem a mudança de controle e perpetuarem no comando da companhia administradores que não estão gerando valor para o acionista.[5] A disposição estatutária brasileira que inviabiliza a remoção da chamada cláusula pétrea retira dos acionistas o direito de definir os destinos da companhia, e sua validade jurídica é discutível, pois prevê sanções ao acionista pelo simples exercício do direito de votar, além de retirar da Assembleia Geral de Acionistas o direito de tomar resoluções que julga convenientes para o desenvolvimento da companhia (art. 121 LSA). Para efeitos comparativos, veremos na próxima seção que mecanismos de defesa também foram considerados ilegais nos Estados Unidos quando considerados impeditivos da troca de controle da companhia.

Observe-se ainda que na ausência de uma regulação sobre a aquisição do controle no mercado, se uma companhia passa a ter capital disperso e não possui disposição estatutária regulando o assunto (e há 16 companhias assim no mercado em 2010), é possível que um investidor (ou grupo de investidores) adquira o controle diretamente no mercado e substitua o conselho de administração. Fará isso sem pagar nenhum prêmio ao acionista disperso, diferentemente do que ocorre quando há um controlador e este aliena a sua participação. A mudança de controle de uma companhia é momento crucial na sua vida. O novo controlador pode fechar e/ou vender linhas de negócio, alterar a estratégia, endividar a companhia, mudar a política de dividendos etc. O acionista que vendeu as suas ações no mercado o fará totalmente no escuro, pois não sabe da real intenção do adquirente (ou dos adquirentes) quando a oferta pública não é obrigatória. Mais grave: os acionistas serão tratados de forma diferente. O adquirente pode ter pago pouco para um acionista e muito para um outro acionista. É justamente essa falta de transparência e tratamento diferenciado que a regulação busca eliminar.

Para preencher o vácuo regulatório, a Bolsa propôs alteração do regulamento do NM introduzindo a exigência da realização de oferta pública de aquisição de ações (OPA) no caso de um investidor (grupo de investidores) adquirir 30% do capital de uma companhia.[6] O preço da OPA seria o maior preço pago pelo acionista adquirente nos 12 meses que antecederam a oferta. Essa regra é inspirada na Diretiva 25 de 2004 da Comunidade Europeia. O objetivo tanto da Diretiva quanto da Bolsa é proteger o acionista de companhias quando estas são alvos de aquisições e mudanças de controle. A ideia por trás da regra é assegurar tratamento igual a todos os acionistas. Infelizmente essa proposta foi rejeitada em setembro de 2010 por 60 das 105 companhias listadas no NM e o regulamento não

---

[5] Para exemplificar o debate no mercado, ver reportagem de Yuki Yokoi (2009, pp. 23-26) e Martins Neto (2010, pp. 48-52).
[6] A aquisição desse percentual do capital de uma companhia de capital disperso presume o controle e deflagra a necessidade de se fazer a oferta pública. Embora o percentual seja arbitrário, ele está em linha com o padrão internacional.

pode ser alterado. Aparentemente, as companhias rejeitaram a proposta por entenderem que esse assunto deve ser tratado pelas próprias companhias ou regulado por lei e não imposto pela Bolsa. Para ser aprovada, a proposta não poderia ser rejeitada por mais de um terço das companhias listadas no segmento.

A rejeição das companhias do NM implica a continuidade do vácuo regulatório e coloca em questão se esse assunto deve ser tratado por lei ou através da autorregulação, conforme proposto pela Bolsa. A experiência internacional sugere que ambos os caminhos podem ser adotados. Nos Estados Unidos e no Reino Unido, a tomada de controle de companhias é regulada desde 1968. Em seguida a uma série de tomadas hostis de companhias tradicionais americanas, o objetivo do William Act americano foi prover os investidores com informações completas e protegê-los de ações que favorecessem a administração da companhia-alvo (contra o desejo dessa administração de se perpetuar no poder) ou o comprador hostil. A lei prevê que o mesmo preço seja pago a todos os acionistas. Essa lei também delegou à Security and Exchange Commission (SEC) importantes poderes para regular a recompra de ações pelas companhias e impor a divulgação de informações detalhadas por parte de qualquer pessoa (ou grupo de pessoas agindo em conjunto com um interesse comum) que adquira mais de 5% do capital de uma companhia. A SEC requer ainda, em caso de oferta de tomada de controle, a divulgação detalhada da operação e que a administração da companhia-alvo se pronuncie sobre a oferta de compra de controle (Hazen e Markham, 2006, pp. 1085-1099).

A Comunidade Europeia regulou o assunto através da Diretiva 25 de 2004, inspirando-se no *City Code on Takeover and Mergers* inglês de 1968. Esse último é um exemplo de autorregulação e buscou estabelecer regras que assegurassem a transparência e o tratamento justo de todos os acionistas. O ponto central da regra inglesa é exigir uma oferta pública de compra de todas as ações de uma companhia, se uma pessoa ou grupo de pessoas adquirirem no mercado um terço de suas ações. O preço a ser pago deve ser igual para todos. Além disso, a regulação impede que a administração da companhia-alvo introduza qualquer medida que impeça a compra da companhia (p. ex., criar *poison pills*) sem a autorização dos acionistas e se pronuncie sobre a oferta.

Essa breve descrição das experiências europeia e americana demonstra o papel importante do conselho de administração da companhia quando há uma oferta de aquisição. Esse ponto é analisado na próxima seção.

5 O NOVO PAPEL DO CONSELHO DE ADMINISTRAÇÃO

O conselho de administração ganha relevância nas companhias de capital disperso. Isso decorre da natureza do conflito existente em função da estrutura de capital de uma companhia. Quando uma companhia tem controlador, o conflito ocorre entre os interesses do controlador e os do acionista minoritário. Já no caso de uma companhia de controle disperso, o conflito se dá entre a administração e os milhares/centenas de acionistas dispersos. No Brasil, os investidores estão acostumados ao primeiro conflito conforme ilustrado por várias disputas entre acionistas controladores e minoritários.[7] Só muito recentemente, com a dispersão acionária, o investidor brasileiro está sendo introduzido ao conflito entre eles e a administração da companhia.

Nas companhias em que há um acionista controlador, é ele quem escolhe a maioria dos conselheiros, e estes, na prática, seguem a vontade do controlador. Nas companhias em que um grupo de acionista forma maioria, em geral esses acionistas estão ligados por acordo de acionistas. Nesses acordos, há a previsão de uma reunião prévia àquela do conselho, e o conselheiro de administração escolhido por

---

[7] Esses conflitos emergiram, por exemplo, na compra da Ambev pela Inbev, na reorganização societária da Telemar e da COSAN, na oferta pública de aquisição de ações da Arcelor Brasil, na aquisição da Aracruz pela VCP, e mais recentemente, na capitalização da Petrobras. Essas operações dispararam ações e reclamações na CVM por parte dos acionistas minoritários.

cada um desses acionistas deve votar de acordo com a orientação da reunião prévia entre acionistas. A administração da companhia não pode computar voto deferido em sentido contrário a esse acordo (art. 118 da LSA de acordo com a redação dada pela reforma de 2001). Na prática, essas situações retiram a independência do conselheiro, embora, de acordo com os artigos 153 a 158 da LSA, ele continue sujeito aos deveres de atuar com diligência e lealdade à companhia (e não ao acionista controlador).

Observe-se a diferença dessa situação de uma companhia em que não há nenhum acionista com mais de 5% do capital social, isto é, na qual a maioria do capital se encontra dispersa na mão de centenas/milhares de acionistas. Nesse caso, o administrador não responde diretamente ao acionista que o elegeu, mas a milhares de acionistas dispersos pelo mercado. Nessas situações, o conselheiro deve ser independente, o que implica, por exemplo, não ter vínculo com a companhia, não ter sido empregado ou diretor da companhia, não ser fornecedor ou comprador de serviços ou produtos da companhia em magnitude que implique perda de independência, não ter relação de parentesco com administradores da companhia e não receber outra remuneração que não a de conselheiro. A definição de conselheiro independente da Bolsa exige esses pré-requisitos. Esses pré-requisitos fazem sentido. Imagine-se o conflito entre um conselheiro que tem um contrato relevante para ele com a companhia (mas não relevante para a companhia), como ter certeza de que os termos são de mercado? A melhor forma é exigir independência.

O papel do conselheiro, em especial nas companhias de capital disperso, é particularmente relevante quando há uma oferta para a aquisição do controle da companhia. Essa situação ilustra claramente o conflito latente entre a administração da companhia (continuar exercendo poder na companhia) e o acionista disperso que gostaria de alienar o controle da companhia, recebendo um prêmio de controle, ou de ver mudanças na administração que potencialmente gerem valor. Vale a pena ilustrar o papel do conselho de companhias dispersas em outros países, pois situações semelhantes vão começar a acontecer no Brasil.

Nos Estados Unidos, no julgamento do caso que criou jurisprudência (Unocal *vs* Mesa), a Corte de Delaware foi clara sobre o papel de um conselho composto por maioria de independentes. Na decisão, a Corte decidiu que, além de agir de forma informada, de boa-fé e diligentemente (Regra do Julgamento Negocial), o conselheiro, quando confrontado com uma oferta de aquisição de controle, tem a obrigação de determinar se a oferta está de acordo com os melhores interesses da "companhia e de seus acionistas" (Hazen e Markham, 2006, p. 978). A Corte também reconheceu que, no caso de o conselho impor dificuldades à tomada de controle (p. ex., introduzir uma pílula de veneno), é necessário que o conselho satisfaça um teste adicional, a saber, que a decisão foi no melhor interesse da companhia e dos acionistas e não para que os administradores se perpetuem no poder. Nesse sentido, a prova de que o conselho agiu no melhor interesse (exclusivamente) da companhia de seus acionistas ao tomar uma determinada decisão "é materialmente ampliada quando a aprovação é tomada por um conselho formado por maioria de conselheiros independentes" (Hazen e Markham, 2006, p. 978). Essa presunção foi reforçada em outra decisão que marcou o direito societário americano, Moran *vs* Household.

A partir desse caso, a Corte de Delaware deixou claro que medidas defensivas que sejam impeditivas de mudança ou coercitivas para o acionista são consideradas draconianas e, portanto, ilegais. É importante mencionar aqui dois casos nos quais a atitude do conselho de administração foi julgada inadequada. O primeiro foi no caso Revlon *vs* MacAndrews & Forbes Holdings. Nesse caso, a Corte de Delaware decidiu que o conselho quebrou a sua obrigação fiduciária para com os acionistas que foram prejudicados pela decisão do conselho que estabeleceu empecilhos à tomada de controle. Na decisão pesou o fato de que o conselho da Revlon não era formado por maioria de conselheiros independentes e, portanto, não se poderia reforçar a presunção de que a decisão foi tomada no melhor interesse dos acionistas (Hazen e Markham, 2006, p. 994). No caso Revlon, estava claro que a companhia estava à venda com a possibilidade de sua dissolução. Como havia uma disputa entre mais de um pretendente, o conselho deveria trabalhar para maximizar o preço a ser recebido pelo acionista e não proteger os detentores de títulos de renda fixa emitidos pela companhia. Outro caso foi o Quickturn Design System *vs* Shapiro, no qual a Suprema Corte de Delaware julgou ilegal a decisão do conselho de administração da Quickturn, alvo de tomada hostil, que introduziu um mecanismo de defesa limitando o poder de novos conselheiros para alterar um plano de subscrição de ações a valores inferiores ao de mercado, em caso de tentativa de tomada hostil da companhia. A Corte entendeu que esse mecanismo de defesa tirava o poder de conselheiros legitimamente eleitos pelos acionistas, impedindo-os de exercerem os seus deveres fiduciários e de atuarem no melhor interesse dos acionistas (isto é, retirando a pílula de veneno). Pesou para a decisão o fato de que o dispositivo foi instituído por um conselho no qual apenas um membro era independente (Hazen e Markham, 2006, pp. 1064-1071).

Não é à toa que tanto nos Estados Unidos quanto na Comunidade Europeia o conselho de administração de companhia-alvo de tomada de controle deve se pronunciar sobre a oferta. No Brasil, a minuta de alteração da Instrução 361 da CVM, cuja audiência pública estava em andamento quando este artigo era escrito, também torna obrigatória tal manifestação por parte do conselho. É interessante observar que as companhias do NM já se anteciparam a essa proposta, pois aprovaram proposta nesse sentido da Bolsa na consulta de alteração do regulamento do NM em setembro de 2010.

A proposta de aumentar o percentual de conselheiros independentes de 20% para 30% não foi aprovada pelas companhias do NM na consulta da Bolsa para a revisão do Regulamento do NM. Votaram contra 54 das 105 companhias do NM. A recusa pode ser explicada pela presença no segmento de companhias com estruturas de controle diversas. O fato é que, para uma companhia de controle definido, não é relevante o aumento de 20% para 30% de conselheiros independentes, pois quem tem o controle é quem de fato decide, sendo o conselheiro independente mais um consultor e guardião das ações da companhia na área de governança corporativa (p. ex., ao votar a favor ou contra em transações entre a companhia e os seus controladores). Por outro lado, companhias que só recentemente passaram a ter o capital disperso ainda estão impregnadas pelos controladores e administradores anteriores à abertura de capital. Contudo, para uma companhia de capital disperso, o recomendável é que o conselho seja composto por maioria de conselheiros independentes, conforme sugerido aqui pela discussão anterior. Essa exigência reduz o conflito potencial entre a administração da companhia e os seus acionistas.

A maioria de conselheiros independentes é a regra da boa governança para companhias de controle disperso. Contudo, no dia a dia da companhia de capital disperso, o conselho também exerce a função de monitoramento da diretoria quanto às práticas contábeis e prevenção de fraudes. E aqui cabe a pergunta, qual a melhor forma para monitorar uma companhia de capital disperso, o comitê de auditoria ou o conselho fiscal previsto na LSA (arts. 161 a 165-A da LSA)? Esse é o próximo tópico.

6 CONSELHO FISCAL *VERSUS* COMITÊ DE AUDITORIA

Enquanto o conselho fiscal foi instituído pela LSA, o comitê de auditoria ganhou importância após o escândalo da Enron e a exigência da Lei Sarbanes-Oxley (SOX) para a sua constituição pelas companhias listadas nos Estados Unidos. Um acordo entre a SEC americana e a CVM permitiu que as companhias brasileiras com ADRs nos Estados Unidos continuassem com a estrutura do conselho fiscal, não sendo necessária a constituição de comitê de auditoria. Surgiu a figura do chamado "conselho fiscal turbinado", que combina características do conselho fiscal e funções do comitê de auditoria.

As principais diferenças entre os dois institutos são: (i) o conselho fiscal não pode ser composto por administradores da companhia, enquanto o comitê de auditoria da SOX é composto por membros independentes do conselho de administração; (ii) o conselho fiscal fiscaliza a administração e OPINA sobre as demonstrações financeiras, enquanto o comitê de auditoria SUPERVISIONA o trabalho das auditorias interna e externa da companhia, acompanhando a preparação das demonstrações financeiras da companhia e assegurando que haja um canal de denúncias em funcionamento para que fraudes e desvios possam ser denunciados. Note-se que o comitê de auditoria funciona como órgão assessor do conselho de administração e atua de forma antecipada, durante a preparação das demonstrações financeiras.

Quando uma companhia tem capital disperso, aumenta a importância do órgão de monitoramento da integridade das demonstrações financeiras e prevenção de fraudes. A ausência de um dono (controlador) implica a necessidade da existência de uma estrutura de governança que busque assegurar a lisura da administração e das demonstrações financeiras. O controlador exerce esse papel numa companhia em que há um controlador, o que não ocorre quando a companhia tem capital disperso. O conselho fiscal tradicional brasileiro, tal como previsto na LSA, não satisfaz essa necessidade. Mais uma vez, a LSA estava mirando companhias de controle familiar e concentrado, daí o requisito de que o órgão fosse composto por pessoas externas à administração. A situação é bastante diferente numa companhia de capital disperso. Nesse caso é muito melhor para o acionista que ele possa responsabilizar diretamente o conselho de administração por fraudes e desvios. Numa companhia com controlador, o acionista minoritário pode sempre apontar o dedo para o controlador, o que não é possível quando o capital é disperso. Miceli da Silveira (2010, pp. 60-61) lembra ainda que o comitê de auditoria "é o padrão no mundo, e o conselho fiscal constitui uma notável peculiaridade brasileira".

Não é à toa que a Bolsa tentou tornar o comitê de auditoria obrigatório para as companhias do NM, na proposta de revisão do regulamento votada em setembro de 2010. A proposta da Bolsa, contudo, não era a criação de um comitê composto por membros independentes do conselho de administração, tal qual na SOX. Isso seria incongruente com a exigência de conselheiros independentes de apenas 30% do total. A proposta da Bolsa exigia a presença de um conselheiro independente e que os demais fossem escolhidos pelo conselho, mas não necessariamente dentre os membros do conselho de administração.

As companhias do NM, contudo, recusaram, por ampla maioria, a proposta da Bolsa. Votaram contra 61 das 105 companhias do NM. A estrutura de capital e o custo de criar outro órgão pesaram na decisão das companhias. Primeiro, a proposta da Bolsa não implica a eliminação do conselho fiscal, previsto em lei. Assim, uma companhia atualmente sem conselho fiscal seria obrigada a criar um comitê de auditoria e poderia ser requisitada, em uma assembleia de acionistas, a criar também o conselho fiscal. Segundo, a proposta não satisfaz as exigências das companhias com ADRs nos Estados Unidos e que hoje têm o conselho fiscal turbinado, aceito pela SEC. Terceiro, para as companhias com controle, o fato de o conselho fiscal ser composto por membros de fora do conselho de administração faz sentido, pois esse é um órgão de fiscalização e não de supervisão (esta exercida pelo próprio controlador).

Diante da recusa das companhias em aprovar as principais mudanças propostas pela Bolsa, analisamos na próxima seção os próximos passos para o mercado.

7 MUDANÇA DA LEI DAS SOCIEDADES POR AÇÕES *VERSUS* AUTORREGULAÇÃO

Um tema recorrente durante os debates da mudança do regulamento do NM foi a adequação de algumas propostas serem exigidas pela Bolsa em vez de reguladas por lei. Entre esses pontos estão a necessidade da oferta pública de compra de ações no caso de aquisição de participação relevante e a constituição do comitê de auditoria quando a lei prevê o conselho fiscal. Por outro lado, a proposta de aumentar o percentual de conselheiros independentes deveria ser, na visão das companhias, uma opção delas e não uma exigência.

A governança corporativa é um tema que está sempre evoluindo, e recorrer à lei para aprimorá-la pode atrasar o desenvolvimento de nosso mercado de capitais. A tentativa da Bolsa em avançar nesse tema ao tentar mudar o regulamento do NM deparou-se com a resistência das companhias. Mas a experiência internacional mostra que outras bolsas, como a de Nova York e a alemã, promoveram a governança corporativa ao exigir padrões mais elevados de governança das companhias lá listadas. Só para dar um exemplo, já em 1900, a bolsa de Nova York exigia que as companhias lá listadas publicassem demonstrações financeiras auditadas e resistiu ao desvio de uma ação um voto (Coffee, 2010, p. 40). Aliás, vale observar que companhias com controlador não têm que satisfazer determinadas regras (Nyse, 2003, pp. 1-2) na Bolsa de Nova York, inclusive maioria de conselheiros independentes.

O professor Dionisio Dias Carneiro (2002), ao comentar a mudança da Lei das Sociedades por Ações de 2001, adiantou-se a um debate bastante atual:

> *O ponto mais controvertido que ilustra o papel que os interesses conjunturais desempenham nos esforços de reforma diz respeito à obrigação do membro do Conselho de Administração de votar contra os eventuais interesses da empresa, por necessidade de seguir um acordo de acionistas. As questões e os interesses do momento se fizeram sentir de forma inequívoca nas discussões do tópico, passando, muitas vezes, ao largo da questão mais ampla: a percepção da autonomia dos órgãos de administração de uma empresa aberta como requisito primário de governança corporativa e da imagem (para o público acionista em uma empresa de capital pulverizado) de que os conselheiros são responsáveis pela gestão e, assim, vistos como capazes de zelar pelos interesses no longo prazo da empresa.*
>
> *Outro ponto polêmico foi a eleição do terceiro membro do Conselho Fiscal, que teve, por assim dizer, solução aquém do desejável, na medida em que, na prática, ficou sendo privilégio do grupo controlador, bastando a este negar consenso.[8] Em nome do possível, que no caso foi a derrubada de 48 emendas que poderiam ter, no julgamento do governo, consequências piores, optou-se pelo indesejável.*
>
> *O fim dessa tramitação não extingue os aprimoramentos. A exemplo da Lei de Responsabilidade Fiscal, que marcou uma etapa na condução dos negócios públicos, espera-se que os resultados obtidos ajudem a consolidar a imagem de que é possível, no setor privado brasileiro, obter-se efetivamente a separação entre a propriedade e a administração, que deve prevalecer em uma empresa de propriedade do público, como objetiva ser uma empresa de capital aberto.*

Os comentários do professor Dionisio Dias Carneiro servem de alerta para aqueles que querem alterar a LSA, que pode se tornar uma colcha de retalho. A melhor opção é recorrer ao debate no mercado e promover a autorregulação.

Uma possibilidade de progredir seria adotar a regra inglesa "pratique ou explique" (*comply or explain*), adotada desde 1992 no Reino Unido e, a partir de 2006, pela Comunidade Europeia. Observadores do cenário brasileiro de governança têm sugerido esse caminho. De acordo com essa regra, há um código de governança das melhores práticas que as companhias deveriam adotar. As companhias têm a opção de segui-las ou explicar para seus acionistas por que consideram que essas regras não são apropriadas para as circunstâncias particulares da companhia (Hogg, 2010). O caminho "pratique ou explique" é especialmente apropriado para que investidores avaliem a governança interna de uma companhia. Pela regra inglesa, é necessário que as companhias informem os acionistas sobre o funcionamento do conselho de administração e de seus comitês (remuneração, nomeação e auditoria), incluindo tópicos tais como número de reuniões, presença dos conselheiros, avaliação do desempenho do conselho e comitês, participação de conselheiros em outras atividades/funções, detalhes das atividades exercidas pelo conselho e comitês etc. Um bom exemplo de uma regra "pratique ou explique" é informar se a companhia tem auditoria interna, e, se não tem, explicar.

A efetividade da regra "pratique ou explique" depende da estrutura de cada mercado. Por exemplo, se há predominância de companhias com controlador, há necessidade de maior intervenção regulatória

---

[8] A mudança de 2001 retirou o 5.º do art. 161 da LSA que dispunha que o terceiro membro do conselho fiscal deveria ser escolhido de comum acordo entre o acionista controlador e os acionistas minoritários, e, se não houvesse consenso, a assembleia decidiria, e cada ação, independentemente de sua espécie ou classe, teria direito a um voto. A redação atual garante ao acionista controlador eleger a maioria do conselho fiscal.

para proteger o direito de acionistas minoritários. Por outro lado, se a propriedade é muito dispersa (e a presença de estrangeiros é importante), pode ser difícil para o acionista ser ouvido. Há ainda o custo de acompanhamento de todas essas regras por investidores, que pode ser elevado, mesmo para investidores institucionais. Isso tudo sem falar na possibilidade de as companhias simplesmente escreverem qualquer coisa e ficar por isso mesmo. O Reino Unido tem uma longa transição, e já possuía regras de proteção aos direitos dos acionistas quando da adoção da regra "pratique ou explique". Embora seja um caminho possível para uma governança superior à vigente em nosso mercado, a regra "pratique ou explique" não parece ser adequada ou suficiente para lidar com questões básicas de direito de acionistas, atualmente em discussão no Brasil, tais como oferta pública pelo atingimento de percentual relevante do capital ou o requisito da criação de um comitê de auditoria por companhias de capital disperso.

Após a derrota das propostas da Bolsa, resta discutir o caminho que a Bolsa e o mercado poderiam seguir para atingir o seu objetivo de aprimorar a governança no Brasil. Esse é o tópico da próxima seção.

8 PROPOSTA PARA A BM&F BOVESPA

A recusa das companhias do NM em aceitar as mudanças propostas pela Bolsa para o Regulamento do NM caiu como uma ducha de água fria. A dificuldade da Bolsa para conseguir a adesão das companhias do NM às mudanças propostas no regulamento é fruto de um momento muito particular do mercado brasileiro, a transição de um mercado preponderantemente dominado por grupos familiares para companhias de capital pulverizado. Ter sucesso em colocar companhias com estruturas tão diferentes sob um mesmo regulamento era de fato uma tarefa hercúlea. Aparentemente, os milhares de investidores que se beneficiariam da medida não foram tão ativos quanto as companhias diretamente afetadas.

O sucesso do NM é explicado pela redução do custo de captação das companhias. Ao aceitarem regras de governança, há muito demandadas pelo mercado, as companhias listadas nesse segmento deram um sinal de que respeitariam os direitos básicos dos acionistas minoritários. Assim, o mercado aceitou pagar múltiplos mais elevados para essas companhias. Além disso, a adesão às regras era voluntária, o que não ocorre na mudança do regulamento do NM, pois, se 66% das companhias aceitassem as mudanças, as demais teriam que aderir compulsoriamente ou se retirar do segmento. Contudo, a governança corporativa está constantemente evoluindo, e a nova realidade do mercado acionário brasileiro requer um passo adiante em relação às regras atuais. Uma nova proposta só terá chance de ter sucesso se partir dos pilares que estão na base do sucesso do NM: adesão voluntária, redução do custo de captação pela companhia e aprimoramento da governança corporativa para as companhias de capital disperso.

Diante da nova realidade, a Bolsa poderia partir para criar um NM *SEGMENTO DISPERSO* em paralelo ao NM TRADICIONAL (capital concentrado). Os requisitos para listagem no SEGMENTO DISPERSO incluiriam:

i. apenas companhias de capital disperso seriam admitidas (ausência de acionista ou grupo de acionistas com mais de 50% do capital da companhia);

ii. conselho de administração formado por maioria de conselheiros independentes;

iii. obrigatoriedade da instituição do comitê de auditoria formado apenas por conselheiros independentes;[9]

iv. adesão à definição de "grupo de acionistas" que inclua grupo de pessoas (físicas ou jurídicas) que

---

[9] As companhias desse segmento infelizmente terão que arcar com o custo extra do conselho fiscal caso a assembleia de acionistas da companhia requeira a sua instalação. Contudo, esse risco pode ser mitigado através da educação do investidor, já que numa companhia de capital disperso o comitê de auditoria faz muito mais sentido do que o conselho fiscal.

atuem em conjunto visando ao mesmo interesse;

v. exigência de realização de oferta pública de aquisição de ações pelo atingimento de participação de 30% no capital da companhia ao maior preço pago pelo acionista adquirente nos últimos 12 meses; e

vi. possibilidade da dispensa, pela assembleia geral da companhia, da oferta pública do item anterior ou alterações de sua característica.

A pergunta que se coloca é se haveria adesão ao NM SEGMENTO DISPERSO. Muito provavelmente, pois entre duas companhias de capital disperso ou pulverizado a qualidade da governança corporativa é fundamental para o preço da ação, baixando o custo de captação para as companhias, tal como ocorreu no NM. É provável que companhias hoje listadas no NM, sem controlador, passem para o SEGMENTO DISPERSO à medida que acionistas relevantes (detentores de 10 a 20% do capital) diminuam a sua participação. Pode-se imaginar inclusive que essa passagem se dê quando ocorrer um aumento de capital e/ou colocação secundária. Assim, uma companhia em que há um grupo de investidores com 30%-40% do capital, hoje no NM, poderia migrar para o mercado SEGMENTO DISPERSO ao perceber que o seu custo de captação caiu, ou seja, que o mercado está disposto a pagar mais por essa companhia se ela for pulverizada no segmento SEGMENTO DISPERSO e não no atual NM, cujas regras seriam mais adequadas a companhias de capital concentrado.

A ideia é ter duas regras de listagem diferenciadas no NM, uma adequada para as companhias de controle concentrado e para as quais o NM incialmente foi criado e outra para as companhias de capital disperso que começam a surgir e cujo número deverá crescer continuamente nos próximos anos. Os requisitos de listagem seriam diferentes de acordo com a estrutura de capital das companhias e, portanto, das regras de governança das companhias. Essa estrutura dual não exigiria mudanças na lei e seria voluntária. Uma companhia de capital disperso ainda poderia escolher ser listada no segmento tradicional, mas isso não seria bem visto pelo mercado, e o seu custo de capital seria maior. Ela teria um incentivo a migrar para o SEGMENTO DISPERSO.

É óbvio que o melhor seria ter um regulamento único para todas as companhias, mas a prática mostrou que esse ideal não é factível. A particularidade do momento do mercado brasileiro em combinação com a nossa estrutura legal sugere que a opção pela dualidade seria de fácil compreensão pelo investidor do NM e de aceitação mais fácil pelas companhias, pois seria voluntária.

É importante observar que a criação de um novo segmento para companhias de capital disperso não diminuiria a atratividade do NM TRADICIONAL, talhado para companhias de capital concentrado. Essa última estrutura ainda estará presente por muito tempo no mercado brasileiro e continuará atraindo companhias com essa estrutura de capital.

Em suma, essa proposta tornaria a governança corporativa compatível com a estrutura de capital da companhia de capital disperso, alinhando o mercado brasileiro às melhores práticas internacionais, atraindo mais investidores dispostos a investir em companhias dispersas no Brasil.

Políticas de Defesa da Concorrência e Crise Econômica

Carlos Winograd[1]

1 INTRODUÇÃO

Nas últimas décadas, a visão dominante na agenda das economias desenvolvidas — e mais recentemente das economias emergentes — mudou gradualmente das reformas macroeconômicas para as microeconômicas. As primeiras buscam, sobretudo, a estabilização em seu conjunto, enquanto as últimas têm o seu foco nas regras e no ambiente institucional que promovam a concorrência de mercado, reduzindo barreiras à entrada e fortalecendo a transparência nos mercados.

Hoje existe um amplo consenso de que a concorrência nos mercados beneficia o desempenho da economia no longo prazo ao encorajar a eficiência através dos ganhos de produtividade e do aumento dos incentivos à inovação.[2] As propostas de criação de instituições e as reformas regulatórias se concentram cada vez mais na promoção da competição, tanto em economias em que a privatização tem sido a tendência dominante quanto em países em que a propriedade pública ou o controle público permanecem uma característica importante (por exemplo, as políticas de defesa da concorrência na França e na União Europeia). Nesse contexto, a política de defesa da concorrência é mais e mais entendida como um conjunto de instrumentos de política em vez da tradicional abordagem antitruste. A reforma regulatória, uma área de elaboração de política econômica de muita intensidade em período recente, foi desenvolvida no marco de uma abordagem de política de defesa da concorrência. Essa tendência no conteúdo e na prática da reforma regulatória emerge de forma bastante acentuada nos países europeus.

Será essa tendência afetada pela atual crise financeira e a severa turbulência econômica que dela resulta? Está em questão o consenso recente sobre o papel relevante das políticas de defesa da concorrência para a melhoria do bem-estar coletivo? Será afetada a prática da política de defesa da concorrência dentro do compacto de política econômica? Será que na arena política será postergado o ativismo em defesa da concorrência e seus percebidos benefícios de longo prazo em favor de políticas macroeconômicas de salvamento de mais curto prazo com objetivos corporativos? Essas questões parecem extremamente atuais hoje em dia, quando cada reportagem sobre a atual turbulência econômica e financeira ressalta um novo pacote de resgate em diferentes países do globo, ou o colapso potencial de uma importante instituição financeira, ou ainda a necessidade de salvar algum legendário *campeão* de um setor industrial.

Haverá um efeito de contágio de maciça pressão intervencionista vinda do setor financeiro contaminando o *lobby* defensivo de um setor após outro? O setor automotivo, o siderúrgico e, em seu devido tempo, o agrícola têm um argumento razoável para entrar na fila para receber recursos públicos? Poder-se-á argumentar que, sendo a má administração bancária e financeira a fonte da desordem corrente (seja corporativa, regulatória, ou ambas), por que os outros setores (produtivos) da economia teriam que suportar os danos destrutivos sem nenhuma ação do estado? Os argumentos mais variados, desde a abordagem dos setores estratégicos até os critérios do emprego regional, não parecem emergir e parecer potencialmente válidos aos olhos dos legisladores? Um perigoso jogo de economia política pode explodir, com consequências incertas para o bem-estar social.

---

[1] PSE-ENS, Paris e Universidade de Evry-Paris. Agradeço a assistência de pesquisa e os comentários de Matteo Mogliani. Grato também aos valiosos comentários de Edmar Bacha, Paolo Benedetti, Gaston Besanson, Marcelo Celani, Gabriel Martinez Riva e David Spector.

[2] Não linearidades na relação entre concorrência e inovação que foram tratadas por Aghion *et al.* (2002) serão revistas na segunda seção.

Estaremos vivendo a crise da hegemonia da visão de mercado para a organização da vida econômica? Trata-se da proeminente e finalmente esperada emergência da abordagem da falha de mercado *maciça* e a reversão da abordagem da reforma de mercado? Ou trata-se mais de uma evidência de que se deve promover uma regulação robusta preocupada em selecionar instrumentos para preservar os mecanismos de mercado? Podemos diferenciar a prevenção de efeitos de contágio potenciais do setor financeiro (e um intervencionismo para evitar um colapso financeiro superdestrutivo) das políticas protecionistas em favor dos que já estão estabelecidos em setores não financeiros, tanto no cenário doméstico como na arena do comércio internacional?

Onde podemos encontrar lições úteis para esses conflitos potenciais da agenda de política econômica? Há quem considere que a Grande Depressão dos anos 1930 e a crise japonesa dos anos 1990 deveriam reforçar o pessimismo dos partidários das políticas de defesa da concorrência diante da atual crise.[3] Em Winograd (2009) discutimos as lições que podem ser retiradas da experiência da Argentina, uma sociedade *excêntrica* com nítida propensão à crise crônica.

A reversão do papel de liderança dos partidários da concorrência é uma possibilidade. E permanece a questão da *histerese* potencial no que se refere à força futura da tribo pró-concorrência quando a crise recuar. Neste artigo apresentamos nossa visão das questões fundamentais que devem ser tratadas ao discutir a abordagem adequada para enfrentar o impacto da crise econômica na elaboração e execução das políticas de defesa da concorrência.

Este artigo está dividido em cinco seções. A segunda seção, a seguir, discute brevemente os argumentos subjacentes que explicam o *trade off* entre benefícios de curto prazo de protecionismo dos já estabelecidos (políticas de resgate sistemáticas) e ganhos de bem-estar esperados no longo prazo em virtude das políticas de defesa da concorrência. A terceira seção apresenta uma breve discussão de políticas de defesa da concorrência em tempo de crise. A quarta seção analisa a possibilidade de um fenômeno de histerese pela perturbação persistente (de longo prazo) da agenda e das agências de defesa da concorrência, devido ao estresse político gerado pela crise econômica. Nessa seção nos referimos às lições que podem ser tiradas da Argentina propensa a crises. A quinta seção apresenta as conclusões.

2 CONCORRÊNCIA E DESEMPENHO ECONÔMICO

A LITERATURA SOBRE O TEMA[4]

Ainda que haja um amplo consenso de que a concorrência aumenta a eficiência estática, continua o debate sobre se a concorrência é necessária para a eficiência dinâmica e o crescimento. A microeconomia corrente mostra que a concorrência resulta em eficiências de alocação estática e de produção. Contudo, uma das principais contribuições da concorrência ao desenvolvimento é o incentivo à eficiência dinâmica (Bresnahan, 2001; Ellig, 2001).

Tradicionalmente, a análise da eficiência é baseada em comparações estáticas de bem-estar (Harberger, 1954), mostrando que a alocação de recursos é ótima quando os agentes tomam decisões usando informação de mercado. A teoria da contestabilidade (Baumol *et al.*, 1982) mostra que resultados de eficiência da competição perfeita podem ser obtidos também em condições de monopólio (uma firma). A questão-chave torna-se a ausência de barreiras à entrada e saída, e não a presença de um grande número de agentes econômicos pequenos.

O papel e os efeitos da concorrência sobre a eficiência estática têm sido criticados principalmente com base em pressuposições de informação perfeita (ausência de assimetrias) e de inexistência de

---

[3] Para a Grande Depressão nos Estados Unidos, ver Cole e Ohanian (2004), e para o Japão nos anos 1990 ver Hayashi e Prescott (2002) e Porter e Sakakibara (2004).

[4] Para as relações entre competição e desenvolvimento, ver Ahn (2002), Lachmann (1999) e Rey (1997).

custos de transação. Vickers (1995) afirma que a competição no caso de assimetrias de informação está longe de ser plenamente entendida e que os resultados, normalmente analisados por um modelo principal-agente, são ambíguos. Se os incentivos estão desalinhados, as funções de custos não são necessariamente minimizadas, e a eficiência pode ser prejudicada.

Outros críticos se concentram nas relações entre concorrência e incentivos para investir. A concorrência tem sido vista normalmente como um ambiente em que desaparece o excedente econômico (*economic rents*). Há quem argumente que nesse caso não haveria incentivo para a inovação.[5] Modelos simples pressupõem mercados de capital perfeitos, de tal modo que se aplique o teorema de Modigliani-Miller e o caminho da inovação é determinado pelo valor presente líquido total dos lucros de monopólio devidos à inovação. A competição de mercado de produtos nesses modelos é indubitavelmente negativa.

Pesquisas recentes, contudo, contestam essas teorias. A literatura sobre crescimento endógeno focalizou os efeitos da governança corporativa sobre a inovação e o crescimento. Nickell (1996) e Blundell *et al.* (1999) relatam correlações positivas entre competição, crescimento da produtividade e inovação. Aghion *et al.* (2002) mostraram uma correlação inversa de formato em U entre concorrência no mercado de produtos e o registro de patentes no caso de firmas no Reino Unido. O excesso de competição pode prejudicar a inovação tanto quanto a competição de menos.[6] Carlin *et al.* (2001) relatam que o aumento de vendas está relacionado ao número de concorrentes com um indicador de "elasticidade de demanda". Firmas com competidores lutando por uma parcela do mercado apresentaram taxas de crescimento mais rápidas do que aquelas que não tinham competidores. Essa linha de pesquisa aponta efeitos mais sutis impulsionando decisões de investimento e mostra que, ainda que algumas decisões tenham uma correlação positiva com a competição, o efeito final pode ser ambíguo.

Nessa nova geração de modelos, a inovação depende não só dos rendimentos futuros, mas também da diferença entre estes e os rendimentos anteriores à inovação (lucros adicionais). Ellig (2001) chama a atenção para ideias complementares sobre os efeitos dinâmicos da concorrência: schumpeterianas, da escola austríaca, evolutivas, dependência da trajetória (*path dependence*), e o ponto de vista dos recursos da firma. Todas essas teorias expressam basicamente a mesma ideia: o poder de mercado não é necessariamente consequência de comportamento anticoncorrência, e mercados concentrados podem produzir resultados eficientes quando estão envolvidos inovação, efeitos de rede e recursos especializados (tais como conhecimento).

Esses resultados estão hoje no centro da discussão nos círculos antitruste nos Estados Unidos e na Europa. Muitos autores chamam a atenção para regras simples da abordagem antitruste ou tradicional sobre como os mercados funcionam na "nova economia".[7] Em algumas indústrias, a concentração é consequência natural do progresso técnico e da forma em que a competição funciona, de modo que a punição poderia ser uma estratégia enganosa. Sob certas condições, como a incerteza tecnológica, as firmas podem competir por mercados através de efeitos de rede e externalidades.[8] Evans *et al.* (2001) argumentam que pouca competição estática nas indústrias poderia dificultar uma vigorosa competição dinâmica.

Tal observação pode ser relevante para países em desenvolvimento. Medidas de concentração não são uma condição necessária para a intervenção e algumas vezes são menos relevantes do que imagina a maioria dos que atuam na área. Mercados estreitos e economias de escala naturalmente permitem

---

[5] O termo inovação é usado aqui indicando não só mudança tecnológica mas também a introdução de novos produtos (Aghion *et al.*, 2002).

[6] No modelo de Aghion, a competição poderia no fim estimular a inovação e o crescimento porque as firmas estão tentando "fugir da competição". Esse efeito é mais evidente em setores em que as firmas competem "cabeça a cabeça", em que firmas oligopolísticas não têm vantagens competitivas. O ponto que interessa é que a concorrência muito apertada pode reduzir os rendimentos atuais mais rapidamente do que os rendimentos futuros, de modo que não aumenta o lucro adicional que justificaria os gastos em pesquisa e desenvolvimento para transformar a firma em líder.

[7] Ver Evans e Schmalensee (2001).

[8] Padrões concorrentes em serviços eletrônicos ou setores de alta tecnologia parecem refletir esse tipo de comportamento.

poucos participantes. Assim, em termos de concorrência, o relevante é saber se há barreiras à entrada ou quaisquer outras condições que enfraqueçam um limite mínimo de contestabilidade nesse mercado. Gal (2002) e Winograd (2003) discutem o caso das políticas de defesa da concorrência e seu desenho institucional em pequenas economias abertas.[9]

VERIFICAÇÃO EMPÍRICA

Há muitos estudos empíricos ligando a competição a mudanças de produtividade. Estudos de caso comparativos de indústrias selecionadas nos Estados Unidos, Japão e Europa (Baily, 1993; Baily e Gersbach, 1995) mostram que a competição global com produtores das melhores práticas reforça a produtividade. Nickel (1996) e Disney *et al.* (2000) usaram vários indicadores de competição em regressões de produtividade e encontraram que a competição aumenta os níveis de produtividade e crescimento.[10]

OBRIGANDO O CUMPRIMENTO DAS LEIS DE CONCORRÊNCIA

É difícil medir o impacto negativo da conduta anticompetitiva sobre os consumidores e a eficiência econômica. Foram feitas algumas estimativas grosseiras do custo social geral de monopólios (por exemplo, Posner, 1975).[11] Há evidência mais precisa para casos individuais.

Cartéis elevam os preços acima do seu nível de competição e reduzem o produto e a produtividade do trabalho. Os consumidores ou pagam preços elevados ou renunciam aos produtos cartelizados (ver OECD 2002, 2003).[12] Outras medidas antitruste, relacionadas com restrições verticais e abusos da dominância de mercado, igualmente aumentam o bem-estar do consumidor, a produtividade e a inovação. Por exemplo, depois que foi abolida a manutenção do preço de revenda para certos produtos farmacêuticos no Reino Unido, os supermercados reduziram os preços entre 25% e 50% (OECD, 2002). A aplicação de leis de defesa da concorrência pode prevenir também os danos causados pelo abuso da dominância de mercado, como os preços predatórios, os acordos de venda exclusiva e a vinculação de vendas, que podem dificultar a entrada no mercado. É preciso levar em conta que, exceto para a conduta de cartéis, é necessária uma abordagem caso a caso.

REESTRUTURAÇÃO DE MONOPÓLIOS E SALVAGUARDA DA REFORMA ESTRUTURAL

A aplicação de leis de defesa da concorrência pode ajudar a reestruturar monopólios, levando a inovações e a reduções de preços significativas. Por exemplo, nos Estados Unidos, o Sherman Act dos anos 1970 ajudou a reestruturar o sistema nacional de telefonia. O desmembramento de 1984 separou a manufatura das operações de longa distância e dos serviços locais no sistema telefônico americano.[13] A forte competição pode ter estimulado mais inovações, como a fibra ótica.

---

[9] A competição não é necessariamente um processo que exige um grande número de participantes. Essa questão é importante na medida em que reformas regulatórias têm sido guiadas com frequência pelo preconceito de que "muitos é melhor que poucos".

[10] Com base em uma amostra de 676 firmas do Reino Unido no período 1975-1986, Nickell (1996) verificou forte evidência de que a competição (medida pelo maior número de competidores e pelo nível mais baixo de rendimentos) levou a um crescimento maior na produtividade. Usando um conjunto de dados mais recente e muito maior, de cerca de 143.000 estabelecimentos do Reino Unido no período 1980-1992, Disney *et al.* (2000) mostraram que a competição de mercado aumentou significativamente os níveis e as taxas de crescimento da produtividade.

[11] Posner estimou o custo social como proporção das vendas nos Estados Unidos em cerca de 14% nos serviços médicos, 13% na indústria ótica, 19% nos transportes, 20% em refinarias de petróleo e 20% nas companhias de aviação.

[12] Catorze estudos de caso feitos por agências de defesa da concorrência em países da OCDE mostraram que adicionais de preços dos cartéis variaram entre 5% e 65%, com a mediana em torno de 15% a 20% (OECD, 2002). Outro estudo da OECD (2003) ilustra que o comércio internacional de 16 casos de grandes cartéis foi superior a US$55 bilhões. Estudos históricos igualmente apontam para o dano econômico causado pelos cartéis. Por exemplo, no Reino Unido, os acordos para fixação de preços eram comuns em três quartos da indústria britânica antes da adoção da lei de defesa da concorrência (o Restrictive Practices Act) em 1996; esses cartéis reduziam o crescimento anual da produtividade do trabalho em 0,8 ponto percentual (OECD, 2002).

[13] As reformas levaram a cortes de 17% a 50% nas tarifas de longa distância e serviços internacionais durante o período 1984-1996 (OECD, 1999).

A aplicação de leis de defesa da concorrência é também um componente fundamental de reformas estruturais de sucesso. O comportamento cooperativo ou posições dominantes induzidas pela regulação não vão desaparecer simplesmente por causa de menos regulação. Uma aplicação estrita da lei de defesa da concorrência é muito importante. Obrigar o cumprimento da lei deve valer para qualquer ação anticompetitiva que possa minar a reforma.

Leis de defesa da concorrência deveriam ser aplicadas a todos os setores da economia. Muitos setores, no entanto, reivindicam seu próprio conjunto particular de regras e autoridades de defesa da concorrência, com o argumento de sua especificidade ou *caráter único*. Deve haver cautela com a introdução de leis específicas por setor ou agências reguladoras específicas por setor, pois há o perigo de que elas adotem uma abordagem excessivamente tolerante com o modo de operação tradicional do setor em vez de promover o regime de competição normalmente pretendido pela reforma regulatória. Agências específicas de setores podem resistir às ações pró-concorrência da reforma devido ao interesse próprio. De fato, uma agência cuja principal finalidade é regular uma indústria pode ter incentivos para garantir sua própria sobrevivência mantendo aquela regulação.[14] Problemas de captura de agências reguladoras podem surgir com mais frequência com tais arranjos institucionais. Sucesso e fracasso em iniciativas de defesa da concorrência revelam o papel crítico do desenho institucional e das razões de política econômica no desenvolvimento de reformas regulatórias, em particular a força política dos agentes já estabelecidos (firmas e sindicatos) comparada à dos novos entrantes e consumidores.

DEFESA DA CONCORRÊNCIA

Muitos estudos sobre países da OCDE ilustram os efeitos positivos da defesa da concorrência, trazendo mais concorrência, eficiência, custos mais baixos de entrada e expansão e estruturas industriais mais competitivas e eficientes (Ahn, 2002). Os Estados Unidos têm se destacado nas reformas estruturais baseadas na competição.

Duas características regulatórias básicas dos Estados Unidos são os regimes regulatórios com uma postura favorável a políticas de defesa da concorrência e a transparência e contestabilidade dos processos regulatórios.[15] Será que o poderoso *lobby* institucional em favor de ações e práticas pró-competição vai sobreviver às pressões que emergem da atual crise com sua natural aversão a custos econômicos e sociais de curto prazo?

Reformas econômicas baseadas na competição melhoram o desempenho econômico, resultando em ganhos de produtividade do trabalho e do capital e melhores preços devido aos custos de operação mais baixos. Além disso, aumentam a produtividade total dos fatores. Reformas estimulam a reestruturação de firmas, o que por sua vez também melhora a produtividade. Favoreceram a introdução de novas tecnologias, tais como a fibra ótica e a rede digitalizada nas telecomunicações, e obrigaram firmas a eliminar o excesso de capacidade, como na eletricidade.

Os ganhos nos setores reformados se espalham para outros setores, seja pelo efeito demonstração

---

[14] A desregulamentação dos transportes nos Estados Unidos oferece um exemplo de agência específica para um setor aplicando de modo inconsistente a lei geral de defesa da concorrência. Ainda que originalmente encarregada de garantir a concorrência, a US Interstate Commerce Commission (Comissão de Comércio Interestadual dos Estados Unidos) e o Civil Aeronautics Board (Conselho de Aeronáutica Civil) tornaram-se um meio de manter os cartéis. Durante vários anos depois de a indústria de aviação americana ser desregulada, a jurisdição sobre fusões de companhias de aviação ficou com o Departamento de Transporte, e não com as agências antitruste. O Departamento aprovou várias combinações que levaram a um poder de mercado significativo em vários mercados de linhas entre pares de cidades, apesar da forte objeção das autoridades antitruste. O mesmo aconteceu recentemente no caso de uma fusão de ferrovias aprovada por um conselho especial no Departamento de Transporte dos Estados Unidos. Na Austrália, a jurisdição da agência de defesa da concorrência deverá tornar-se o "regulador" residual, a fim de evitar os problemas inerentes à entrega da aplicação da lei a agências encarregadas de setores específicos.

[15] Até a crise financeira e econômica recente, a orientação pró-concorrência nos Estados Unidos garantiu que a regulação se baseasse em princípios de mercado. A regulação normalmente tem sido usada para estabelecer condições para a concorrência, e não para substituir a concorrência. Políticas de defesa da concorrência se basearam em instituições fortes pró-concorrência. A transparência e contestabilidade das políticas regulatórias enfraquecem os monopólios de informação e o poder dos grupos de interesse, ao mesmo tempo em que favorecem o empreendedorismo e a busca contínua por melhores soluções regulatórias.

seja porque os setores reformados fornecem insumos importantes. Serviços melhorados, fornecidos em separado de outros, e específicos para o consumidor permitem a melhoria da produtividade. Garantia dos prazos de fornecimento no transporte facilitou relações fornecedor-produtor mais eficientes, tais como os estoques de resposta instantânea (*just-in-time*). O desenvolvimento e a aplicação de *software* para decisões de preços, roteamento e logística em setores antes regulados tiveram efeito-demonstração importante em outros setores. E seu desenvolvimento pioneiro reduziu os custos e melhorou a qualidade das novas tecnologias, facilitando sua adoção em outras indústrias.

Reformas regulatórias que aumentam a competição melhoram também a dinâmica da alocação de recursos e de investimentos, possivelmente trazendo ganhos de longo prazo da produtividade. Iniciativas pró-concorrência no setor financeiro também melhoraram o funcionamento dos mercados de capitais (em épocas menos voláteis), aumentando a eficiência do investimento.[16]

Reformas regulatórias também podem ter efeitos macroeconômicos significativos. Podem reduzir preços, beneficiando tanto empresas quanto consumidores. Preços menores dos insumos podem reduzir preços dos produtos finais. Preços mais baixos e mais flexíveis podem ter contribuído para a estabilidade de preços. Na maioria dos setores reformados, o emprego aumentou no longo prazo, depois da queda inicial provocada pela reestruturação. Ademais, o emprego foi realocado para firmas mais eficientes do setor. Produto e renda maiores nos setores reformados também podem aumentar o produto e o emprego no resto da economia.

3 E AS POLÍTICAS DE DEFESA DA CONCORRÊNCIA EM TEMPOS DE CRISE?

Se as políticas de defesa da concorrência têm um impacto positivo sobre a produtividade e resultam em ganhos de bem-estar, por que estaríamos preocupados com a potencial ruptura dessas políticas? Como se viu na seção anterior, a literatura teórica e empírica destaca o efeito favorável do ativismo pró-concorrência sobre a produtividade e o crescimento, bem como sobre o bem-estar coletivo. Ainda que algumas restrições e controvérsias tenham sido discutidas, o consenso geral é de que a competição tem um impacto positivo importante no longo prazo. Em setores que passam por um processo de reestruturação, podem surgir no curto prazo custos não desprezíveis. Há uma sequência temporal nos custos e benefícios das políticas de defesa da concorrência: os custos vêm antes, os ganhos, mais tarde.

A economia política das políticas de defesa da concorrência tem que levar em conta esse perfil temporal a fim de maximizar o sucesso da agenda de política econômica. Em tempos de profunda crise macroeconômica, os custos econômicos e sociais de curto prazo dos que já estão estabelecidos é ampliado, assim como o seu *lobby* para sobreviver. Certamente fica mais difícil para os legisladores e a sociedade civil separar no custo composto o que se deve à crise e o que é custo transitório de políticas de defesa da concorrência. Além disso, os custos agregados de curto prazo podem ser politicamente inaceitáveis. Nesse caso, as políticas de defesa da concorrência podem ser severamente questionadas e sua implementação pode estar sujeita a maior interferência política, e eventualmente pode haver reversão do arranjo institucional.

Em tempos de crise financeira, é preciso ter em conta uma questão essencial: colocado de forma simplificada, a defesa da concorrência tem que levar em conta a diferença fundamental entre o setor financeiro (bancário) e os outros setores da economia. A quebra de um banco devido a má administração ou devido a uma corrida bancária (pânico) não afeta apenas a instituição em questão. Pode produzir também um amplo contágio atingindo firmas financeiras originalmente sólidas, que agora também estão em risco de quebra. Crédito e liquidez, por sua vez, sofrem paralisação, e o resto da economia enfrenta perdas severas.

---

[16] No caso dos Estados Unidos, o tamanho dos setores reformados em seu conjunto é relativamente pequeno — 5% do PIB — mas o crescimento da produtividade nesses setores pode ter contribuído para melhorar o desempenho da produtividade na economia como um todo.

Se uma firma estabelecida em outro setor quebra, seus competidores não serão atingidos e, ao contrário, podem até se beneficiar, absorvendo o mercado da firma falida. Se a firma que deixa o setor é relativamente ineficiente comparada com as demais do setor, os consumidores poderão beneficiar-se da subsequente realocação. No caso do setor financeiro, uma corrida bancária pode acabar com agentes mais eficientes tanto quanto com os menos eficientes.

Essa diferença fundamental entre o setor financeiro e os demais pode justificar que a intervenção do estado e as políticas públicas ignorem a eficiência relativa da firma do setor financeiro. Diante de uma corrida bancária e do congelamento da liquidez, um banco mais eficiente pode defrontar-se com um risco maior de falência, comparado a uma instituição menos eficiente, devido a um desajuste temporário no perfil de seus fluxos de crédito. Além disso, as agências governamentais podem não ter informação precisa sobre a eficiência relativa das firmas em dificuldade, e o risco de contágio e o custo potencial para o resto da economia superam tais considerações.

A necessidade de levar em conta os riscos em tempos de crise e as particularidades do setor bancário não devem impedir as ações pró-concorrência de parte das agências encarregadas. Diante disso, seria melhor concentrar as iniciativas governamentais na solução da dificuldade financeira, para aliviar a contração de crédito afetando o resto da economia. Isso é preferível à desesperada facilitação de ajuda do Estado às empresas não financeiras e à aceitação passiva de fusões que ferem a competição nos setores não financeiros da economia. Mas é necessário um grau razoável de flexibilidade e sensibilidade política quando há muita dificuldade econômica e ansiedade social. Para além dos argumentos schumpeterianos da destruição criativa e dos ganhos de eficiência potenciais nas contrações, as iniciativas que reduzem a competição terão que ser discutidas pelos encarregados das políticas de defesa da concorrência no sentido de orientar as escolhas para aquela que seja menos danosa.

Insistimos que não pregamos maior tolerância para o setor bancário, mas apenas que se considere o *timing* adequado para a intervenção. Em melhores condições macroeconômicas, menos volatilidade, e passada a dificuldade financeira mais severa, as agências de defesa da concorrência devem focalizar rigorosamente a estrutura e as práticas de mercado das firmas financeiras.

A ajuda direta pode ser preferível a *más* fusões para salvar firmas segundo preocupações regionais ou supostas considerações *estratégicas*. As perdas para os consumidores advindas de fusões que ferem a concorrência podem dar origem a efeitos mais permanentes (poder de mercado e rendas monopolísticas) que aquelas da ajuda direta, que poderá ter caráter transitório. A ajuda direta pode ter limite de tempo e extrair concessões de reestruturação da firma recebendo ajuda, com menos distorção do jogo competitivo. Mas nem sempre são verdadeiros esses aspectos favoráveis da ajuda direta comparada às fusões que ferem a competição: muitas vezes a ajuda se prolonga no tempo e incentiva os beneficiários a investir pesadamente na indústria do *lobby*. Podem ser beneficiadas firmas ineficientes e prejudicadas as eficientes. Além disso, pode ocorrer um mau efeito *demonstração*, induzindo um contágio em que firma após firma entra na fila por fundos públicos.

Os argumentos de economia política não devem ser negligenciados no caminho para a implementação de políticas de defesa da concorrência. Isso vale mais em tempos de graves dificuldades econômicas. Os que se beneficiam de ajuda direta e subsídios estão concentrados em setores e regiões e investem com força na defesa de seus interesses, enquanto os perdedores tendem a ser mais passivos e seus custos, menos visíveis no curto prazo. A batalha das agências de defesa da concorrência pelo apoio do público não é óbvia. Uma avaliação legalmente obrigatória do impacto da ajuda direta ou de iniciativas paternais sobre a concorrência poderia ser um bom instrumento para provocar o debate público. Os custos potenciais de medidas anticrise (perdas de bem-estar no longo prazo) poderiam ser discutidos na arena política e atingir o público em geral, permitindo que se considere que opções são preferíveis.

Mas, quando prevalece a dificuldade política e social, a tribo pró-competição deveria evitar a inflexibilidade de uma *cruzada*. Isso pode pôr em risco toda a agenda e o arranjo institucional das políticas de defesa da concorrência. Isso vale, sobretudo, para países com severa fragilidade institucional. Não é fácil, mas quem disse que seria fácil?

4 POLÍTICAS DE DEFESA DA CONCORRÊNCIA, CRISE E HISTERESE: LIÇÕES DA ARGENTINA

A Argentina pode ser considerada um caso interessante de economia de crise. Em Winograd (2009) discutimos as lições que se podem tirar da experiência argentina, uma sociedade *excêntrica* com uma nítida propensão à crise crônica. O país teve uma das histórias de desenvolvimento mais impressionantes do fim do século XIX e primeiras décadas do século XX. Nos anos 1920, a Argentina estava entre os 10 países mais ricos do mundo (em termos de renda *per capita*). Mas a Argentina também é conhecida por sua instabilidade institucional desde os anos 1930: desordem política, monetária e fiscal, inflação crônica desde a Segunda Guerra Mundial, hiperinflação nos anos 1980 e início dos 1990, além de ataques especulativos recorrentes à moeda, crises de balança de pagamentos e moratórias da dívida.[17]

A instabilidade econômica persistente refletiu-se em baixo crescimento, alta volatilidade na produção e no emprego, bem como uma desordem política entrincheirada levando a mudanças recorrentes de regime político, com uma sucessão de experiências democráticas fracassadas rompidas por administrações militares cada vez mais violentas. Desde 1983 a Argentina tem um regime democrático, mas não conseguiu eliminar seu viés secular para a crise econômica. Como funciona a política de defesa da concorrência nesse ambiente de crises frequentes, com seus efeitos destrutivos do *lobby* pela sobrevivência, através das práticas defensivas corporativas e dos sindicatos? Além disso, essa política se implementa em um arranjo institucional fraco que facilita a captura das agências reguladoras e a política de compadrio.

Mesmo em condições de crise persistente, a política de defesa da concorrência pode ser politicamente palatável, a despeito de ações defensivas e do *lobby* ativo de poderosos agentes já estabelecidos.[18] Mas o manejo criativo da economia política não está imune ao nível de pressão provocado por perdas de curto prazo cada vez maiores enquanto se esperam os ganhos anunciados (politicamente vendidos) de longo prazo (dinâmicos) da política de defesa da concorrência.

No fim de 1999, a Secretaria de Defesa da Concorrência e do Consumidor da Argentina, recém-criada, decidiu ir adiante com políticas intensivas e ativas de defesa da concorrência, isto é, decidindo *ex officio*. Depois da reforma legislativa de 1999, as questões regulatórias foram tratadas de modo mais eficiente. Isso é ilustrado por um amplo conjunto de iniciativas antitruste e regulatórias técnica e politicamente complexas em eletricidade, telecomunicações, serviços postais, comércio varejista e supermercados, aeroportos e portos, além de ativas políticas de defesa do consumidor.[19]

Setores de infraestrutura (linhas aéreas, energia, ferrovias, telecomunicações, rodovias pedagiadas, distribuição de água etc.) foram privatizados nos anos 1990, mas em muitos casos a estrutura regulatória era deficiente e não foram adotadas rigorosas políticas de defesa da concorrência. Sob o regime de taxas de câmbio fixas que prevaleceu nos anos 1990, com um grau de liberdade reduzido para responder a fortes mudanças nos preços relativos, o papel de políticas de defesa da concorrência ganhou particular relevância.[20]

Que lições podem ser tiradas da Argentina propensa a crises? Devemos destacar o papel crucial da escolha e sequência das ações empreendidas. Em vista da situação financeira extremamente frágil do país, foram deixadas de lado iniciativas fortes no setor bancário e as fusões foram analisadas tendo em

---

[17] Para um relato detalhado da história da Argentina, ver Diaz Alejandro (1970), Mallon e Sourrouille (1975), Véganzones e Winograd (1994, 1995, 1997) e Della Paollera e Taylor (2003).
[18] Ver Celani e Winograd (2005) e Winograd (2009).
[19] Para uma análise detalhada, ver Celani e Winograd (2005) e Winograd (2009).
[20] O papel crescente das políticas de defesa da concorrência na Europa, no período recente, pode estar ligado ao conjunto restrito de instrumentos de política macroeconômica em nível nacional que prevalece na Zona do Euro.

mente a perturbação potencial (pânico e contágio) que podiam provocar na economia.

Iniciativas *leves*, mais relacionadas com a advocacia da competição ou políticas pró-consumidor, podem não ser a solução para problemas estruturais em setores pesados como infraestrutura ou telecomunicações, e nem constituem uma reforma regulatória fundamental. Essas ações, contudo, podem ter um forte impacto na reputação das agências reguladoras ao se aproximarem das necessidades comuns dos cidadãos. Um caso interessante é o programa para oferecer aos moradores das cidades transparência e informação gratuita a respeito das despesas de condomínio. Esse mercado tem sérios problemas de assimetria da informação, e a população não confia no comportamento dos administradores. A reação *explosiva* de administradores diante de uma súbita redução de seu poder de mercado apenas reforçou a credibilidade da agência reguladora da concorrência.[21] Nesse caso o efeito positivo se mostra nos benefícios de curto prazo, ao contrário da maioria das ações no campo das políticas de defesa da concorrência, em que os benefícios de bem-estar percebidos tendem a se concentrar no longo prazo.

O benefício de se construir uma reputação da agência reguladora tem um efeito de contágio positivo sobre outras ações mais convencionais que podem exigir confiança durante a espera pelos ganhos do futuro. Ações desse tipo podem ajudar a que a agenda da agência reguladora se aproxime do público em geral e obtenha apoio. Políticos e membros do Executivo, por sua vez, tendem a prestar mais atenção em outros aspectos técnicos e ganhos de mais longo prazo da agenda de defesa da concorrência. No cenário de maior sucesso, as instituições de defesa da concorrência podem aumentar sua influência e aconselhar outras agências governamentais.

O diálogo e a pedagogia persistente sobre os fundamentos das políticas de defesa da concorrência e seus objetivos junto a membros do Parlamento e chefes de departamentos do Executivo explicam parte da resiliência dessas políticas. Em países com pouca tradição na cultura da concorrência, instituições frágeis, bem como uma prática secular de *lobby* intensivo, captura de agências reguladoras, além de clientelismo e compadrio político, o esforço didático e o debate público são especialmente relevantes. Uma interação contínua com representantes da sociedade civil, associações de consumidores, com o setor empresarial e a imprensa é imprescindível para o sucesso. Em condições de crise econômica e pressão política sobre essa agenda de política econômica, a construção de reputação e credibilidade exige um delicado balanço entre flexibilidade e consistência.

CRISE EXTREMA, ESTRESSE POLÍTICO E HISTERESE

Se a implementação da política de defesa da concorrência na Argentina conseguiu superar a ameaça representada pela prolongada crise econômica sofrida pelo país desde meados de 1998, o estresse extremo que resultou do colapso financeiro de 2001-2002 certamente desestruturou essas políticas. Desordem macroeconômica maciça, desconfiança popular e a ansiedade social e política levaram a uma enxurrada de políticas macroeconômicas que tenderam a desconsiderar a agenda de defesa da concorrência. As frágeis instituições de defesa da concorrência não conseguiam resistir à patologia invasiva da visão de curto prazo, mais natural em um ambiente de colapso que vinha depois de anos de crise.

Os times encarregados das agências de defesa da concorrência mudaram. Demissões voluntárias e mudanças introduzidas pelas novas autoridades nacionais levaram a uma perda gradual de precioso capital humano que foi difícil substituir mais tarde por novos recrutamentos. Uma medida simbólica revelaria as preferências dos novos gestores: a Secretaria de Defesa da Concorrência e do Consumidor mudou seu nome para Secretaria de Comércio Interior. Esse nome para esse departamento do governo vinha dos anos 1940, expressão de uma escola de ideias intervencionistas alheias à cultura e prática regulatórias que haviam sido introduzidas no período recente.

---

[21] Ver Winograd (2009).

Vários fatores explicam o declínio das capacidades que haviam sido desenvolvidas por essas agências: por um lado os salários dos técnicos altamente qualificados nas agências sofreram forte queda, como os de todos os funcionários públicos. Ainda mais importante foi a perda de motivação que antes existia pela participação no órgão de defesa da concorrência.

O processo de estabelecimento de um tribunal plenamente independente para substituir a Comissão de Concorrência existente havia se iniciado em 2001, mas foi paralisado e não apresenta progresso. Um aspecto positivo é que a lei de 1999 e a reforma de 2001 continuam em vigor, e que não prosperaram as tentativas de reformar a lei com a introdução de restrições importantes ao seu alcance, como a noção de setores *estratégicos* aos quais não se aplicaria a regulação da concorrência.

Foram as consequências negativas da crise econômica sobre a política e as instituições de defesa da concorrência transitórias ou mais permanentes? Poderão a desorganização e as pressões trazidas pelas dificuldades extremas produzir um fenômeno de histerese no caminho da elaboração das políticas de defesa da concorrência? Ainda que a resposta a essas questões não possa ser definitiva, observamos que é persistente o relativo declínio na prática e reputação das instituições de defesa da concorrência. Uma base para essa afirmativa encontra-se no *ranking* das autoridades de defesa da concorrência que aparece na *Global Competition Review*.

Em 2001, a Argentina estava classificada mais ou menos no meio do *ranking*, melhor que o Brasil e o México e perto da Espanha. Em 2003, a Argentina foi classificada em último lugar na lista de 26 autoridades, uma forte deterioração em sua posição em termos de credibilidade e coerência. Essa situação não mudou desde então, e a Argentina teve a última posição dentre 38 instituições classificadas em 2007. Recordemos que no período 2003-2008 a economia argentina teve uma taxa de crescimento anual entre 7% e 9% ao ano, com forte redução no desemprego e na pobreza. A melhoria nas condições econômicas gerais não trouxe uma reversão da trajetória divergente na prática da defesa da concorrência que havia sido provocada pelo estresse econômico extremo dos tempos de crise aguda.

5 CONCLUSÃO

Neste artigo discutimos a condução da política de defesa da concorrência, bem como a resiliência institucional das respectivas agências reguladoras em tempos de crise. Abordamos duas áreas de política, a saber, o cumprimento obrigatório das leis de defesa da concorrência e a advocacia da concorrência, começando pela proposição de que há um consenso atual sobre a sequência temporal dos custos e benefícios das políticas de defesa da concorrência.

Estudos empíricos sobre o impacto de políticas de defesa da concorrência sobre o desempenho econômico mostram um consenso sobre o efeito positivo na produtividade e no crescimento no longo prazo. No curto prazo, as políticas de defesa da concorrência podem trazer custos devido à reestruturação. Em tempos de crise, ansiedades sociais e políticas tendem a superestimar o curto prazo, levando a fortes pressões sobre as instituições de defesa da concorrência e suas atividades. O *lobby* pela sobrevivência dos que já estão estabelecidos, firmas ou sindicatos, pode tornar-se um setor hiperativo, e pode ser difícil conter a pressão para distorcer as políticas de defesa da concorrência. A voz de ativos perdedores de curto prazo pode sobrepujar a legião mais silenciosa e difusa dos beneficiários de longo prazo. Além disso, a situação pode ser mais difícil onde as instituições são mais fracas e a captura das agências reguladoras é mais viável. Investir em *lobby* pode assim tornar-se uma indústria de alta rentabilidade.

Existe um argumento essencial a ser levado em conta na formulação de políticas de defesa da concorrência em meio a crises econômicas: o setor bancário é significativamente diferente dos setores não financeiros. No primeiro caso, o colapso de uma firma pode levar ao contágio e contaminar todo o setor.

O resultado pode ser o de maciços custos econômicos e de bem-estar. No segundo caso, ao contrário, os competidores nas indústrias não financeiras podem se beneficiar da saída de uma firma estabelecida. Em tempos de crise é aconselhável um tratamento cuidadoso das atividades de defesa da concorrência focalizadas no setor bancário.

O interesse em lições do caso da Argentina deriva da história crônica e diversificada de crise econômica e política desse país. Políticas de defesa da concorrência foram adotadas na Argentina há apenas dez anos, em uma ampla variedade de mercados e com recurso a um conjunto de diferentes instrumentos. As iniciativas se estenderam da infraestrutura a mercados menos usuais, como a distribuição de jornais e os gastos de condomínio. Mas o desenvolvimento de políticas de defesa da concorrência eficazes e de uma cultura da competição que levem a ganhos de bem-estar sustentáveis no longo prazo exige capital humano qualificado, bem como instituições com credibilidade. A vontade política de desenvolver ambos é uma condição necessária. Um esforço de longo prazo é necessário para estabelecer a competição como um dado fundamental do ambiente de negócios. A ameaça de competição ou sua ação efetiva tende a provocar inovação e maior eficiência, bem como uma trajetória de mudanças empresariais que produz perdedores e ganhadores no mercado. Fica claro, assim, que não se pode negligenciar a economia política da defesa da concorrência se é que se quer maximizar a probabilidade de sucesso.

A Argentina passou por um prolongado período de recessão e frustração política desde 1998, seguido de uma crise econômico-financeira extrema em 2001-2002. Em uma ambiente de aguda instabilidade macroeconômica, a condução de políticas de defesa da concorrência, que inevitavelmente requer sintonia fina sistemática e rigorosa, é um árduo desafio. A urgência da estabilização absorve a maior parte da energia política, e, quando emergem excessivos conflitos de objetivos e de interesses, é a defesa da concorrência que pode perder a batalha na arena política. Isso é mais provável no caso de instituições fracas.

Para aumentar as chances de sobrevivência de políticas de defesa da concorrência em tempos de severas dificuldades econômicas, é preciso criatividade política. A cena política não deve ser negligenciada, e a prática e a retórica das políticas de defesa da concorrência devem levar em conta as tensões que permeiam o processo de tomada de decisões de política. Deve-se apoiar a tarefa da construção sistemática de reputação e uma prática que combine flexibilidade e coerência. Uma abordagem ao estilo de uma *cruzada* rígida tem que ser moderada em tempo de crise, pois pode prejudicar muito as instituições de defesa da concorrência. Iniciativas de política de competição que deem benefícios de curto prazo aos cidadãos (eleitores) podem ser cruciais para legitimar políticas de defesa da concorrência e para o apoio continuado dos políticos no poder.

Mas, como se mostra neste artigo, mesmo com o investimento bem dirigido de capital político e técnico, o sucesso das políticas de defesa da concorrência em tempo de crise não é garantido. Tensões extremas podem descarrilar a prática e podem colocar em perigo o retorno a um papel proeminente para a cultura da defesa da concorrência. O desaparecimento das políticas de defesa da concorrência e a decadência das agências correspondentes podem não ser apenas o efeito transitório da crise e podem tornar-se um fenômeno permanente. Uma síndrome de histerese institucional pode emergir, e a volta da bonança pode não ser suficiente para trazer de volta a defesa da concorrência como prioridade da agenda econômica. O caso da Argentina ilustra bem esses riscos.

PARTE 2

JUROS E POLÍTICA MONETÁRIA

9
REGULAÇÃO E POLÍTICA MONETÁRIA: SUBSTITUTOS OU COMPLEMENTARES?
Alkimar R. Moura

10
A LONGA TRAVESSIA PARA A NORMALIDADE: OS JUROS REAIS NO BRASIL
Ilan Goldfajn e Aurélio Bicalho

11
A ESTABILIZAÇÃO INCOMPLETA
Francisco L. Lopes

12
ALÉM DA TRÍADE: COMO REDUZIR OS JUROS?
Edmar Lisboa Bacha

13
INDEPENDÊNCIA MONETÁRIA PARCIAL: O EXCESSO DE CORRELAÇÃO
ENTRE CÂMBIO E JUROS LONGOS
Diogo Guillén e Thomas Wu

14
DECOMPOSIÇÃO DA CURVA DE JUROS NO REINO UNIDO:
CREDIBILIDADE E DINÂMICA FISCAL
Rodrigo P. Guimarães

Regulação e Política Monetária: Substitutos ou Complementares?

Alkimar R. Moura[1]

1 INTRODUÇÃO

Ao analisar as perspectivas das mudanças regulatórias nos Estados Unidos no pós-crise, naquele que é provavelmente seu último trabalho publicado, o professor Dionisio Dias Carneiro encerrava seu texto com um comentário premonitório a respeito das possibilidades de que o então Plano Obama pudesse representar uma solução eficaz e duradoura para a crise que se instalou no sistema financeiro norte-americano. Seu parágrafo final é o seguinte:

> *"É mais provável que, com as distorções que vieram à tona, a interação entre as dificuldades políticas para montar um sistema que pelo menos evite, na melhor das hipóteses, a repetição do passado, com o desejo de restabelecer o quanto antes a oferta de crédito, resulte em mais do mesmo."*

O que ocorreu no intervalo de tempo entre a publicação do artigo e os dias de hoje só comprova a alta qualidade analítica que fundamentou o saudável ceticismo revelado pelo professor Dionisio na citação anterior, pois as mudanças regulatórias nos Estados Unidos, juntamente com as propostas emanadas do Comitê de Supervisão Bancária do Banco de Compensações Internacionais (BIS), provavelmente não assegurarão que não teremos mais do mesmo.

Este texto tem por objetivo, em primeiro lugar, discutir brevemente as principais propostas de mudanças na regulação do sistema financeiro decorrentes das medidas recentemente aprovadas pelo Congresso norte-americano e das propostas emanadas do BIS, dentro do arcabouço regulatório que se convencionou denominar Basileia 3.

Aceitando-se o pressuposto de que tais mudanças na regulação do sistema bancário são insuficientes para evitar a repetição de novas turbulências sistêmicas, a questão que se discute na segunda parte do trabalho tem a ver com a possibilidade de efetuar mudanças na gestão da política monetária de modo que ela própria possa contribuir não apenas para o equilíbrio macroeconômico, mas também para a estabilidade do sistema financeiro. Reconhece-se que essa questão ainda não detém o mesmo grau de adesão na academia e na comunidade dos banqueiros centrais quanto as atuais regras de política monetária representadas, por exemplo, pelo regime de metas inflacionárias. Em razão disso, são resumidos dois trabalhos acadêmicos que, com metodologias diferentes, procuram incluir variáveis ligadas a riscos bancários nas decisões de política monetária dos bancos centrais. A última parte do texto sintetiza as conclusões do trabalho.[2]

---

[1] Agradeço a Edmar Bacha as observações sobre uma versão inicial do texto e a Everton Pinheiro, da ABBC — Associação Brasileira de Bancos, pelos esclarecimentos em relação às diretrizes de Basileia 3. Erros e omissões são de responsabilidade do autor.

[2] A crédito do Bank of England, registre-se que esse é provavelmente o único Banco Central a explicitar claramente que o seu mandato compreende atingir a estabilidade monetária (*Core Purpose 1*) e a estabilidade do sistema financeiro (*Core Purpose 2*), entendida como *detecting and reducing threats to the financial system as a whole*. Ver: www.bankofengland.co.uk

2 AS MUDANÇAS REGULATÓRIAS

A LEI DODD-FRANK

O chamado *Dodd-Frank Wall Street Reform and Consumer Protection Act*, ou simplesmente a Lei Dodd-Frank, aprovado pelo Congresso norte-americano e sancionado pelo Presidente Obama em 21/7/2010, representa a mais ampla tentativa de modificar a regulação e o funcionamento do sistema financeiro desde a década de 1930. De fato, o leque de temas englobados naquela legislação é ambicioso, tratando desde assuntos relacionados à estabilidade do sistema financeiro até questões de mudanças que poderiam ser chamadas de microeconômicas, como por exemplo as ligadas à governança das empresas, às operações de securitização, à compensação de executivos do mercado financeiro, ao funcionamento dos mercados de títulos municipais, ao papel das agências de *rating* e à auditoria nas operações do Federal Reserve Bank e várias outras no mesmo sentido.

Sua principal inovação é a de introduzir a regulação macroprudencial no sistema financeiro norte-americano, com o objetivo de reduzir o risco sistêmico. Secundariamente, a nova legislação pretende restabelecer a responsabilidade e a confiabilidade do cidadão no sistema financeiro. Os itens a seguir indicam as principais mudanças introduzidas por aquela legislação, sem pretender listar todas as propostas nela contidas.

a. Criação de um Conselho de Supervisão da Estabilidade Financeira (*Financial Stability Oversight Council*), composto de 11 membros votantes, dez dos quais representam os reguladores federais e um membro independente (com formação no ramo de seguros), e de cinco membros sem direito a voto. O Conselho tem a função de identificar os riscos para a estabilidade do sistema financeiro decorrentes de dificuldades experimentadas por instituições bancárias e financeiras não bancárias que, por seu tamanho, pela complexidade de suas operações ou pelo seu grau de inter-relacionamento com outras entidades, possam representar um risco sistêmico. Essas instituições poderão ser obrigadas a cumprir requisitos mais rígidos de capital, liquidez, alavancagem e administração de risco. Como última instância, o Conselho terá também a autoridade para ordenar a redução do tamanho e a consequente venda de ativos de instituições que possam representar riscos para o sistema.

b. Término com a possibilidade de salvamento de instituições grandes demais para quebrar (*too big to fail*) com recursos públicos: instituições com essas características estarão sujeitas à regra de Volcker quanto à negociação com carteira de títulos e ao patrocínio de fundos de *hegde* e de fundos de *private equity*. Além disso, essas instituições serão obrigadas a apresentar planos periódicos de autoliquidação (*funeral plans*) em caso de risco de falência, e, caso o pior ocorra, o regulador deverá intervir para implementar um processo de liquidação organizada que possa mitigar seus efeitos sobre a estabilidade do sistema.

c. Reforma do Sistema de Reserva Federal, sobretudo de seus empréstimos aos bancos, que não poderão ser feitos a uma instituição isoladamente e nem a empresas insolventes. As operações de empréstimos serão divulgadas, obedecida certa defasagem de tempo, com informações sobre montantes, prazos, juros e contrapartes. A governança do Sistema de Reserva Federal será mudada, no tocante à eleição dos presidentes dos bancos centrais regionais, e será realizado um estudo do método atual de indicação dos diretores desses últimos bancos.

d. Criação de uma agência para tratar da proteção ao consumidor de serviços financeiros (*Consumer Finance Protection Bureau*), com autonomia administrativa e financeira e autoridade para estabelecer regras aplicáveis às instituições que ofereçam serviços ou produtos financeiros aos consumidores, além de supervisionar a aplicação das leis que asseguram o acesso justo, equitativo e não discriminatório ao crédito.

e. Regulação dos derivativos, dando à Securities and Exchange Commission (SEC) e à Commodities and Futures Trading Commission (CFTC) autoridade para regular as operações no mercado de balcão com derivativos e, ao mesmo tempo, exigindo que a negociação, a compensação e a liquidação de contratos possam ser feitas em uma central de negociação e de compensação. Esses reguladores terão também autoridade para impor exigência de capital e de cobertura de margens para os *dealers* em mercados de *swaps*, e não sobre os usuários finais desses produtos.

f. Regulação das agências de *rating* de crédito: criação, junto à SEC, de uma entidade com autoridade para regular, supervisionar e fiscalizar as organizações encarregadas da produção de *ratings* baseados em métodos estatísticos, as NRSROs (*Nationally Recognized Statistical Ratings Organizations*). Essa entidade terá acesso às metodologias usadas para a atribuição dos *ratings*, imporá regras às agências de classificação para evitar o conflito de interesses entre estas e os emissores ou os subscritores de obrigações. Além disso, uma empresa de *rating* com desempenho insatisfatório ao longo do tempo na atribuição níveis de risco poderá ser descredenciada junto à SEC.

g. Redução de riscos associados ao processo de securitização de ativos: introduz-se a exigência de que qualquer instituição financeira que venda produtos lastreados em ativos/créditos retenha, no mínimo, 5% do risco de crédito em seu próprio balanço, a não ser que o ativo/crédito subjacente seja de baixo risco. Ao mesmo tempo, os emissores de títulos securitizados devem disponibilizar aos investidores mais informação sobre os ativos que lastreiam a emissão.

BASILEIA 3

Ao mesmo tempo que a Lei Dodd-Frank, o BIS, divulgou, em 12 de setembro de 2010, as novas diretrizes quanto aos requisitos de capital dos bancos, endossando as propostas acordadas em 26 de julho de 2010 pelo Comitê de Supervisão Bancária de Basileia (BIS, 2010) e introduzindo, ao mesmo tempo, padrões de liquidez que deverão ser atendidos pelos bancos a partir de 2015. Essas modificações tornam concretas as decisões que constituem o que se convencionou chamar de Basileia 3 e que serão implementadas gradualmente, a partir de 2013 e indo até 2018, uma vez aprovadas pelos países componentes do G-20, na reunião de Seul em novembro de 2010.

Para resumir, os principais pontos das propostas são os seguintes:

a. Aumento do requisito de capital satisfeito através de ações ordinárias e lucros retidos (*minimum common equity*) do atual nível de 2,0% para 3,5% em 2013, 4,0% em 2014 e 4,5% a partir de 2014. (Todas as cifras mencionadas neste e nos itens a seguir se referem a percentagens em relação aos ativos ponderados pelo risco, segundo a definição dos acordos de Basileia.)

b. Exigência de que os bancos constituam um colchão de conservação de capital (*capital conservation fund*), também sob a forma de ações ordinárias, com o objetivo de proteger a instituição para absorver perdas em futuros períodos de estresse. Além disso, embora os bancos possam utilizar esse colchão de capital, a redução do capital para os níveis próximos aos mínimos exigidos levará à imposição de restrições à distribuição de lucros aos acionistas. Essa reserva de capital começa a vigorar a partir de 2016 com o valor de 0,625% e se estabiliza em 2,5% a partir de 2019. Portanto, a partir desse último ano, as exigências de capital a serem cumpridas com ações ordinárias alcançam 7,0%.

c. Um colchão contracíclico (*countercyclical buffer*) no intervalo de 0% a 2,5% poderá ser criado de acordo com as necessidades de cada país, a ser cumprido sob a forma de ações ordinárias, e destina-se a ser usado em períodos de crescimento excessivo de crédito.

d. Um limite de alavancagem de 3,0%, representado pela relação entre o capital nível 1 (*Tier 1*) e os ativos totais (incluindo itens fora do balanço), será testado paralelamente às mudanças anteriores, no período entre 2013 e 2017.

e. Um indicador de liquidez será introduzido a partir de 2015: a razão de cobertura de liquidez (*liquidity coverage ratio*), definida pelo quociente entre os ativos de alta liquidez e as saídas líquidas de caixa no horizonte de 30 dias. Essa fração deve se situar acima de 100%, para mostrar que o banco deve manter ativos líquidos capazes de suportar as saídas de caixa por um período de 30 dias. Um indicador complementar de liquidez, a razão de fundos estáveis (*net stable funding ratio*), será também monitorado pelos supervisores de 2018 em diante.

f. Um tratamento mais restritivo será aplicado às instituições bancárias sistemicamente importantes, ainda a ser elaborado pelo Comitê de Supervisão Bancária do BIS, mas que deverá incluir uma combinação de exigências adicionais de capital e de capital contingente e endividamento.

Como se pode concluir pelos itens relacionados anteriormente, o perímetro da regulação estabelecido no novo Acordo de Basileia é bem mais amplo do que nas diretrizes anteriores, ao abranger os tópicos de solvência, alavancagem e liquidez dos bancos. Adicionalmente, além da elevação dos requisitos de capital, Basileia 3 adotou uma postura mais exigente no tocante à qualidade do capital regulatório e também uma atitude inovadora, ao considerar a possibilidade de introdução de requisitos de capital que atuem de forma a reduzir os movimentos cíclicos do crédito bancário.

A maior parte das medidas incorporadas na Lei Dodd-Frank ou no novo arcabouço de Basileia 3 diz respeito às mudanças necessárias no ambiente regulatório para prevenir crises sistêmicas decorrentes de causas provavelmente conhecidas, porém incertas e/ou com baixa probabilidade de ocorrer (o chamado *tail risk*, que poderia ser traduzido por risco de caudas largas). Na melhor das hipóteses, espera-se também que elas concorram para mitigar os efeitos de turbulências que ainda possam ocorrer, decorrentes de causas ainda desconhecidas, ou seja, aquilo que o professor Rajan chamou apropriadamente *the possibility of unknown unknowns* (Rajan, 2010, p. 176).

3 REINVENTAR O PAPEL DOS BANCOS CENTRAIS?

Uma questão importante é analisar se as mudanças regulatórias, embora necessárias, serão suficientes para evitar a eclosão de outra crise financeira semelhante à iniciada em 2008 e cujos desdobramentos persistem até hoje. Em outras palavras, o que se pretende discutir no restante do texto é se as mudanças necessárias para evitar novas turbulências sistêmicas devem ir além das mudanças regulatórias e alcançar também a definição dos objetivos, instrumentos e procedimentos operacionais de política monetária da autoridade monetária.

À luz da recente crise financeira e em decorrência da atuação dos bancos centrais nos Estados Unidos, União Europeia, Inglaterra, Japão e em outros países desenvolvidos, a questão não é meramente retórica, e foi colocada de maneira direta por vários economistas e pode ser sintetizada na conclusão de um deles: "*Central Banks had to reinvent themselves and modify the conduct of monetary policy*" (Freixas, 2010).

Em verdade, no turbilhão da crise, essa reinvenção já ocorreu nos bancos centrais dos principais países desenvolvidos, quando estes foram obrigados a intervir nos mercados monetários e de crédito, com uma série de operações financeiras inusitadas para os padrões então considerados normais para uma autoridade monetária. Os balanços dos mais importantes bancos centrais incharam em valores absolutos e provavelmente experimentaram uma piora na qualidade dos seus ativos, com um aumento na percentagem de ativos privados arriscados em relação aos ativos totais, em detrimento da carteira de títulos públicos em seu poder. Além disso, alguns bancos centrais certamente extravasaram os limites de seu mandato legal, ao atuarem como emprestadores de última instância para instituições financeiras não bancárias, quando ocorreu a completa paralisia no mercado interbancário de crédito. (Para uma descrição sintética da atuação do Federal Reserve Bank após o colapso do banco Lehman Brothers, ver Moura, 2010.)

Diversos trabalhos acadêmicos já avançaram na discussão do tema das mudanças na política monetária para incluir variáveis relacionadas à estabilidade do setor financeiro. Alguns desses estudos são anteriores à recente crise financeira, mas a emergência dessa última aumentou o interesse, tanto de acadêmicos quanto de técnicos nas áreas de pesquisas de bancos centrais, por análises que levem em conta aspectos ligados aos riscos que afetam o sistema bancário e que devem ser considerados nas decisões de política monetária. Sem pretender cobrir a vasta literatura que já existe sobre o tema, o que se busca no restante do artigo é a apresentação resumida de dois modelos de análises que tratam da questão, sem presumir que tais modelos constituem as mais refinadas construções teóricas sobre a questão.

INCLUSÃO DE VARIÁVEIS LIGADAS À ESTABILIDADE DO SISTEMA BANCÁRIO

A primeira vertente procura introduzir variáveis ligadas à estabilidade do sistema bancário nas funções de reação do Banco Central ou na integração daquelas variáveis aos modelos macroeconômicos mais conhecidos e usados nas decisões de política monetária.

Um indicador de risco do sistema bancário bastante utilizado nessa abordagem baseia-se na metodologia de análise de dívida contingente (CCA, *contingent claims analysis*), desenvolvida por Merton, que permite desenvolver indicadores de risco levando-se em conta dados de mercado, os chamados *market-based financial stability indicators* (FSIs). Essa metodologia parte da premissa de que as obrigações de uma empresa, ou de um banco, no caso particular do sistema financeiro, derivam do valor de seus ativos, o qual supostamente segue um processo estocástico em torno de uma tendência determinística. A variação esperada no valor dos ativos em um período futuro, relativamente ao valor das dívidas no seu vencimento, fornece um indicador do risco de inadimplência do banco, ou "distância até a inadimplência", em uma tradução da expressão *distance to default* da literatura sobre CCA. Em outras palavras, se o valor dos ativos do banco, no vencimento das dívidas arriscadas (*risky debt*), for superior ao valor destas, a instituição é solvente; caso contrário, ela não será capaz de honrar seus compromissos e sofrerá uma perda a ser suportada pelos seus credores. A distância até a inadimplência é medida empiricamente como o número de desvios-padrão da série de variação do valor dos ativos do banco que separa esse valor da barreira de insolvência, dada pelo valor das obrigações.

Essa metodologia de análise de dívida contingente tem a vantagem de usar o conhecido modelo de Black e Scholes de precificação de opções para calcular o valor dos ativos, obrigações e patrimônio líquido do banco. Além disso, o cálculo da distância até a inadimplência é possível pelo uso de dados de mercado de alta frequência que são disponíveis ou podem ser estimados com relativa facilidade, tais como o valor de mercado do banco, a volatilidade da cotação de suas ações nas bolsas, o valor de mercado da dívida e a taxa de juros livre de risco. Por último, saliente-se que esse indicador de estabilidade financeira é *forward-looking*, não dependendo de dados históricos.

Vários estudos têm usado esse indicador de estabilidade financeira para diversos objetivos: o FMI, por exemplo, tem usado essa metodologia para avaliação da inter-relação entre riscos soberanos e riscos bancários (ver FMI, 2010). Da mesma forma, alguns bancos centrais nacionais têm publicado pesquisas procurando avaliar a solvência de sistemas bancários domésticos usando a metodologia CCA. Entre esses últimos, citam-se os seguintes textos: Gray, Garcia, Luna e Restrepo (2009) para o Chile; Antunes e Silva (2010) para Portugal, e Souto, Tabak e Vazquez (2009) para o Brasil.

O estudo do Banco Central do Chile é inovador, pois tenta integrar a análise da vulnerabilidade do sistema bancário ao modelo macroeconômico desenvolvido no Banco Central daquele país no início da implementação do modelo de metas inflacionárias em 2000. Pretende-se responder à questão formulada no início desta seção, ou seja, se o Banco Central deveria explicitamente incluir um indicador de estabilidade do sistema bancário na função de reação da autoridade monetária.

O modelo completo consta de dois módulos: o módulo macroeconômico e o de risco do sistema bancário (distância até a inadimplência). O primeiro consta das cinco seguintes equações: hiato do produto, curva de Phillips, taxa real de câmbio, curva de rendimentos (*yield curve*) e uma regra de Taylor para expressar a função de reação do Banco Central. O módulo da distância até a inadimplência foi estimado endogenamente, junto com outras variáveis macroeconômicas. Supõe-se que esse indicador de risco bancário interage com as seguintes equações do modelo macroeconômico: hiato do produto, taxa real de câmbio e regra de Taylor.

O modelo completo não é testado contra evidências baseadas em séries históricas da economia e do sistema bancário chileno. Na verdade, os parâmetros do modelo são calibrados e usados para gerar trajetórias esperadas, que mostram as respostas a um choque de 100 pontos-base na inflação e no produto, nas seguintes variáveis: produto, inflação, taxa de câmbio, taxa básica de juros e distância até a inadimplência.

O resultado desse exercício hipotético é demonstrar que a inclusão do indicador de risco bancário na função de reação do Banco Central reduz a inflação e a volatilidade do produto. Em outras palavras, uma variação na taxa básica de juros maior do que exigida pela taxa de inflação e pelo hiato do produto pode se mostrar eficiente, pois choques negativos em preços de ativos podem aumentar os riscos de crédito com consequências sistêmicas sobre os bancos e, em última análise, sobre o valor do produto.

Assim, pode-se sugerir que, a partir desses exercícios de simulação, a inclusão de indicadores de risco bancário na função de reação do Banco Central, ou seja, na gestão da política monetária, é capaz de complementar as mudanças no ambiente regulatório necessárias para evitar a repetição das crises financeiras recentes.

INCLUSÃO DAS VARIÁVEIS LIGADAS A RISCO DE CRÉDITO E DE LIQUIDEZ

Uma alternativa à inclusão de variáveis ligadas ao risco bancário na função de reação do Banco Central, como proposta no item anterior, é fazê-lo através da introdução de taxas de juros com maior poder de influenciar diretamente as decisões privadas de consumo e de investimento. Na verdade, na recente crise financeira, uma das situações mais difíceis enfrentadas pelos bancos centrais consistiu na virtual paralisação dos mercados interbancários de crédito, que se refletiu, por exemplo, na abertura de um diferencial crescente entre a taxa básica de juros e taxas interbancárias de maior prazo. Esse diferencial é um indicador do risco de crédito de contrapartes e do risco de liquidez nas operações de compra e venda de recursos entre os bancos.

Um dos modelos mais simples para levar em conta indicadores de risco implícitas em taxa de juros mais relevantes para as decisões que afetam a demanda agregada é o proposto por Martin e Costa Milas (2010), ao analisar a crise do *subprime* e a política monetária no Reino Unido. Um dos sintomas da crise financeira foi a abertura de um diferencial significativo entre a taxa LIBOR de três meses de prazo e a taxa básica de juros fixada pelo Banco Central, sendo a primeira taxa a variável mais importante a afetar as decisões de endividamento do setor privado e a demanda agregada do que aquela taxa determinada por decisões de política monetária. Dessa forma, uma mudança no grau de relacionamento entre a LIBOR de três meses e taxa básica pode implicar diferentes impactos na demanda agregada, na inflação e no hiato do produto, sem que tenha ocorrido nenhuma modificação na taxa básica de juros e na postura da política monetária.

O modelo de Martin e Costa Milas pode ser resumido nas três seguintes equações, extraídas do texto original, em que as variáveis são:

π_t: inflação no período t;

y_t: hiato do produto no período t,

$i^{básica}$: taxa básica de juros,

$i^{emp.}$: taxa de juros de empréstimos para o setor privado (taxa LIBOR de 3 meses),

$\bar{r}$: taxa de juros de equilíbrio,

v: choque de oferta,

η: choque de demanda,

ω: parâmetros da estrutura a termo da taxa de juros.

$$\pi_{t+1} = \pi_t + \alpha_y y_t + v_{t+1} \tag{1}$$

$$y_{t+1} = \beta_y y_t - \alpha_r (E_t i_t^{emp.} - E_t \pi_{t+1} - \bar{r}) + \eta_{t+1} \tag{2}$$

$$i_t^{emp.} = \omega_{0t} + \omega_{1t} i_t^{básica} \varepsilon_t. \tag{3}$$

A equação (1) é a curva de Phillips, onde a inflação depende da taxa de inflação e do hiato do produto no período anterior e de um choque de oferta. A segunda equação é a curva de demanda agregada, indicando que o hiato do produto depende de seu valor no período anterior, da taxa real de juros relevante para as decisões de gastos do setor privado em relação ao seu valor de equilíbrio e de um choque de demanda. A equação (3) representa a estrutura a termo da taxa de juros, onde a taxa LIBOR de três meses relaciona-se à taxa básica de juros fixada pelo Banco Central.

Supõe-se que os formuladores de política monetária definam uma trajetória da taxa básica para minimizar a função perda do Banco Central e com isso escolhem também uma regra ótima de política monetária. Essa última difere das formulações mais conhecidas da regra de Taylor, ao incluir também os parâmetros da estrutura a termo da taxa de juros.

O modelo é testado com dados mensais do Reino Unido no período de 1994 a 2008 e apresenta resultados estatisticamente significativos com os sinais corretos. Além disso, indicadores associados a risco e a liquidez são relevantes para explicar o diferencial entre a taxa de juros de empréstimo para o setor privado e a taxa básica fixada pelo Banco Central. Ao usar o modelo para investigar o efeito da crise do *subprime* nas decisões de política monetária, conclui-se que, durante alguns períodos em 2007, o aperto monetário, calculado pela taxa LIBOR de três meses, foi maior do que o indicado pelas mudanças na taxa básica de juros. Em contrapartida, houve períodos em que a queda na taxa básica foi maior do que seria justificado pelas variáveis macroeconômicas.

Um conjunto de outros trabalhos recentes também procurou definir a regra ótima de política monetária na presença de fricções nos mercados monetário e de crédito, incluindo o próprio Taylor, ao sugerir ajustamento na regra que leva seu nome para levar em conta a variação contemporânea nos *spreads* bancários (Taylor, 2008). Ao analisarem tal proposta no contexto de um modelo de equilíbrio geral dinâmico e estocástico (DSGE), Curdia e Woodford (2009) chegam à conclusão de que tal regra modificada pode reduzir as distorções causadas por choques financeiros e melhorar a resposta da economia a outros tipos de choques. Entretanto, os mesmos autores concluem que o tamanho do ajuste na regra é menor que o originalmente proposto por Taylor.

6 CONCLUSÃO

Existe relativo consenso de que a crise financeira iniciada nos Estados Unidos foi causada principalmente por uma combinação de uma política monetária frouxa durante um longo período, junto com uma regulação igualmente permissiva dos mercados financeiros e de capitais, além de fatores ligados à opacidade dos ativos negociados, incentivos perversos, falhas na governança e nos mecanismos internos de controle de risco das próprias instituições financeiras. Pode-se dizer que a crise produziu um impacto suficientemente forte na esfera política e no *establishment* regulatório dos mais importantes países. Isso é confirmado pela recente aprovação da Lei Dodd-Frank nos Estados Unidos e pelas propostas emanadas do Comitê de Supervisão Bancária do BIS, que estabelece um cronograma de mudanças na regulação e na supervisão bancária, a ser implantado a partir de 2013.

Em geral, as mudanças vão no sentido de ampliar o perímetro de regulação, abrangendo instituições não bancárias sistemicamente importantes, aumentando os requisitos de capital para todas as instituições, impondo restrições à alavancagem, exigindo coeficientes de liquidez para os bancos e melhorando a qualidade do capital regulatório necessário para cumprir as exigências das autoridades de regulação e de supervisão. Entidades sistemicamente relevantes, bancos ou instituições não bancárias, serão objeto de regras mais estritas para funcionamento e liquidação.

Pode-se dizer que as mudanças propostas insistem no modelo regulatório iniciado com as primeiras diretrizes emanadas do que foi então denominado Basileia 1, em 1988, para controlar o risco de crédito dos bancos. Esse modelo regulatório associa níveis crescentes de risco às exigências por mais recursos próprios. Sugere-se neste texto, a partir de alguns textos acadêmicos, que mudanças na gestão da política monetária podem complementar as modificações na ação regulatória, no sentido de tornar mais eficiente a atuação dos bancos centrais. Mais do que isso, essa combinação de regulação *cum* política monetária pode nos afastar da emergência de novas crises financeiras, evitando, dessa forma, a repetição dos erros do passado, como temia o professor Dionisio.

A Longa Travessia para a Normalidade: os Juros Reais no Brasil[1]

Ilan Goldfajn
Aurélio Bicalho

1 INTRODUÇÃO

Dionisio Dias Carneiro tinha interesse particular por política monetária, em especial no Brasil. Pesquisou, ensinou, orientou e escreveu sobre o assunto em vários momentos da sua vida. Um dos assuntos que o intrigava era a trajetória dos juros reais no Brasil. Após a estabilização e a queda do risco macroeconômico nos últimos anos, por que a economia brasileira precisava ainda de juros relativamente elevados para manter a inflação sob controle e a economia crescendo sustentavelmente?

A economia brasileira tem experimentado uma tendência de queda dos juros reais nos últimos anos, principalmente após a adoção do regime de metas de inflação em 1999. Mesmo assim, os juros reais no Brasil permanecem bem acima do padrão internacional, mesmo de países de desenvolvimento similar. As taxas de juros reais no Brasil têm recuado nos últimos anos de 11,4% ao ano, em média, no período entre janeiro de 2000 e junho de 2004, para 9,7% entre julho de 2004 e dezembro de 2008, e abaixo de 7% mais recentemente. O Gráfico 1 mostra as séries de juro real *ex ante*,[2] *ex post*[3] e de mercado[4] nos últimos 11 anos.

Na sua travessia para uma economia estável e próspera, o Brasil precisa gerar as condições para passar a ter uma taxa de juros baixa. Não é uma tarefa fácil, mas não é intransponível. Há vários casos bem-sucedidos de redução de juros em países emergentes. A Turquia, no começo de 2003, amargava juros reais (acima da inflação) de 25% ao ano e depois conseguiu que suas taxas convergissem para níveis de um dígito. A Polônia derrubou sua taxa de juros reais de 9% ao ano para 3%, a partir de 2001. Na América Latina ocorreu o mesmo. No Chile as taxas caíram de 8% para 3%, assim como houve quedas significativas no Peru.

GRÁFICO 1

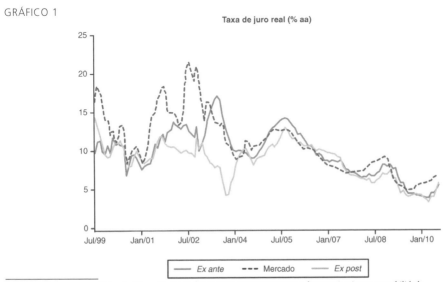

[1] Agradecemos os comentários de Edmar Bacha. Todos os erros remanescentes são de nossa inteira responsabilidade.
[2] Diferença entre a taxa de juro nominal Selic, decidida pelo Banco Central, e a inflação (IPCA) projetada para os próximos 12 meses.
[3] Diferença entre a taxa de juro nominal Selic, decidida pelo Banco Central, e a inflação (IPCA) acumulada nos 12 meses anteriores.
[4] Diferença entre a taxa de juro nominal do *swap* PRÉ×DI de 360 dias e a inflação (IPCA) projetada para os próximos 12 meses.

O juro real depende das condições econômicas como a estabilidade, o risco percebido, a política fiscal (gastos, dívida pública), assim como das distorções ainda existentes da economia brasileira.

Uma queda dos juros possibilita um conjunto de desenvolvimentos que não são viabilizados com juros altos, como o alongamento dos horizontes dos poupadores e dos investidores. A economia brasileira precisa financiar um vultoso montante de investimentos de longo prazo que requer tempo, paciência e juros menores para torná-los viáveis. Esses investimentos irão requerer financiamento não subsidiado para a economia brasileira crescer de forma sustentada, já que as contas públicas em ordem são uma condição necessária para o desenvolvimento.

Neste texto, opta-se por seguir a abordagem de Bernhardsen e Gerdrup (2007), em que há distinção entre a taxa de juro real de equilíbrio de curto e longo prazos.[5] A vantagem dessa separação é apenas didática, pois facilita a compreensão dos fatores que afetam a taxa de juro real de equilíbrio em horizontes temporais diferentes.

Na última década, houve avanço em algumas das variáveis explicativas da taxa de juro real de equilíbrio. Os sucessivos superávits primários desde 1999 foram determinantes para a redução da dívida pública em proporção do PIB. A consolidação do regime de metas de inflação contribuiu para a diminuição do prêmio de risco inflacionário. Esses fatores, junto com a preservação do regime de câmbio flutuante, criaram um ambiente macroeconômico mais estável. Nesse ambiente, os prêmios de risco soberano recuaram persistentemente até 2007. Em abril de 2008, o país recebeu a classificação de risco grau de investimento pela agência S&P.

Além de fatores estruturais, elementos conjunturais afetam a taxa de juros de equilíbrio. Mudanças nos gastos do governo ou no crescimento da economia mundial afetam a taxa de juros que mantém a estabilidade da economia. Dessa maneira, a forte queda da atividade econômica global durante a crise pode ter reduzido a taxa de juro real de equilíbrio e não somente a taxa de juro efetiva do Brasil.

Neste artigo, são avaliados os fatores estruturais e conjunturais que afetaram a taxa de juros de equilíbrio nos últimos anos. Inicialmente, estima-se a relação entre a taxa de juros efetiva e alguns fatores estruturais, com o objetivo de testar se a tendência de queda observada na série de taxa de juros é, na realidade, reflexo da melhora desses fundamentos. Em seguida, a partir de uma curva que relaciona a taxa de juros com os determinantes da atividade (IS), estima-se o comportamento da taxa de juro de equilíbrio de curto prazo, incluindo o período recente de recuperação após o choque da crise internacional. As estimativas indicam que a crise realmente reduziu a taxa de juro real de equilíbrio. No entanto, as políticas fiscais e creditícias anticíclicas e a retomada da economia mundial elevaram novamente a taxa de juro neutra.

A experiência internacional revela que são bastante incertas as estimativas de juro real de equilíbrio. Por ser uma variável latente, as estimativas são muito sensíveis ao modelo escolhido para abordar o problema e dependem das hipóteses aplicadas a esse modelo. Por isso, são comuns grandes intervalos nas estimativas, mesmo para países mais estáveis e que possuem taxas de juros substancialmente inferiores às observadas no Brasil.

As estimativas deste artigo confirmam que a taxa de juro real de equilíbrio caiu nos últimos anos. Mas o nível estimado continua bastante elevado quando comparado a outras economias emergentes. A redução do diferencial de juros em relação a outras economias exige um ajuste fiscal que controle o crescimento dos gastos do governo.

Além desta introdução, o estudo apresenta mais quatro seções: na Seção 2 temos uma breve retrospectiva da literatura no Brasil; na Seção 3 apresenta-se uma análise do juro real de equilíbrio; a Seção 4 traz a discussão sobre incerteza nas estimativas da taxa de juro real de equilíbrio e as consequências para a política monetária; e a conclusão está na Seção 5.

---

[5] Archibald e Hunter (2001) também utilizam os conceitos de taxa de juro real de equilíbrio de curto e longo prazos.

2 BREVE RETROSPECTIVA DA LITERATURA NO BRASIL

O nível elevado da taxa de juro real no Brasil e suas causas têm sido tema de diversos estudos nos últimos anos. Arida, Bacha e Lara-Resende (2004) explicam essa anomalia pela incerteza jurisdicional e pela ausência de conversibilidade da moeda. A incerteza jurisdicional afeta a poupança e evita o desenvolvimento de um mercado de crédito de longo prazo. A ausência da conversibilidade da moeda pressiona as taxas de juros de curto prazo, pois os poupadores exigem uma taxa maior para alocar seus recursos no mercado de dívida local. Esses fatores institucionais afetam a curva de poupança doméstica e o fluxo de capitais, influenciando a taxa de juro real de equilíbrio.

Bacha, Holland e Gonçalves (2009) testam os efeitos da dolarização, da incerteza jurisdicional e do controle de capital na taxa de juro real. A estimativa em painel para diversos países mostra que o efeito da dolarização é significativo, embora pequeno, em explicar o nível mais alto da taxa de juro real no Brasil. Os resultados também evidenciam a importância do risco de crédito soberano em explicar o nível da taxa de juro real. Países de classificação de risco grau de investimento possuem taxas de juros reais cerca de 2 pontos percentuais (pp) mais baixas do que países com classificação de risco pior. No longo prazo, essa diferença pode chegar a 4 pp.

Bacha (2010) analisa o juro real no Brasil em relação ao resto do mundo e encontra que a diferença entre essas duas taxas diminuiu com a adoção do regime de metas de inflação. No entanto, controlando para os ciclos econômicos no Brasil e no resto do mundo, e para a inércia do ajustamento, a diferença entre as duas taxas permanece elevada. As estimativas apontam que o nível da dívida pública brasileira ajuda a explicar o diferencial de juros.

3 JURO REAL DE EQUILÍBRIO

Segundo Woodford (2003), a taxa de juro real de equilíbrio[6] é aquela que mantém a demanda agregada igual ao produto potencial em todo período de tempo. Essa taxa deve ser igual (também em todo período de tempo) à taxa de juro natural wickselliana, que pode ser definida como a taxa de equilíbrio dos retornos no caso de preços totalmente flexíveis.

Segundo os modelos de Ramsey de crescimento de longo prazo com consumidor representativo e com horizonte infinito que maximiza o seu bem-estar e firmas que maximizam o lucro, a taxa de juro real de equilíbrio r_t depende da taxa de desconto intertemporal dos indivíduos ρ, do inverso da elasticidade de substituição intertemporal do consumo θ e da taxa de crescimento da produtividade g. Nesse modelo, $r_t = \rho + \theta g$.[7] Quanto maior é ρ, menos os indivíduos preferem o consumo futuro em relação ao consumo presente, e maior é a taxa de juro real de equilíbrio. Quanto menor for a elasticidade de substituição do consumo entre dois períodos de tempo (quanto maior for θ), mais elevada é a taxa de juro real de equilíbrio.

No modelo de Ramsey, o aumento da taxa de crescimento da produtividade também eleva a taxa de juro real de equilíbrio. De acordo com Ferguson (2004), a aceleração da expansão da produtividade do trabalho eleva a taxa de crescimento potencial da economia. O aumento do PIB potencial implica elevação da renda permanente e da riqueza, o que induz o consumo e a acumulação de capital e pressiona a taxa de juro real de equilíbrio para cima.

Por não ser um número fixo, Blinder (1999) sugere o uso de modelos macroeconométricos, mesmo que na forma reduzida, para a estimação da taxa de juro real de equilíbrio. Blinder observa que a taxa de juro real de equilíbrio estimada através de um modelo macro, como a curva IS, depende da política fiscal e da taxa de câmbio real, além de outros choques que afetam a demanda agregada.

---

[6] Neste texto, taxa de juros real de equilíbrio, taxa de juros real neutra e taxa de juros real natural referem-se ao mesmo conceito.

[7] Solução para modelo com função de utilidade com coeficiente de aversão ao risco relativa constante (CRRA). Veja Romer (2001) e Blanchard e Fisher (1989).

As medidas de tendência ou a média de longo prazo são outro método utilizado, em geral, como uma referência para o comportamento da taxa de juro real de equilíbrio. Por essa análise, é evidente a trajetória de queda da taxa no Brasil ao longo dos últimos anos. Contudo, é provável que fatores estruturais e conjunturais tenham contribuído para isso. Na identificação desses fatores, seguimos Bernhardsen e Gerdrup (2007), que separam o juro real de equilíbrio entre o de longo prazo e o de curto prazo.

O juro real de equilíbrio ou neutro de longo prazo depende dos fundamentos da economia, de fatores estruturais, como produtividade, preferências intertemporais, prêmio de risco soberano, dívida pública, prêmio de risco de inflação, questões institucionais etc. São fatores diretamente associados ao comportamento da poupança no longo prazo. O juro real de equilíbrio de curto prazo depende do juro real de longo prazo e de elementos conjunturais. Mudanças no gasto do governo, variações na taxa de câmbio real e alterações no ritmo de crescimento da economia global afetam o juro real de equilíbrio no curto prazo e podem afetar a taxa de longo prazo.

JURO REAL DE EQUILÍBRIO DE LONGO PRAZO

Nas estimativas da taxa de juro real de equilíbrio para o Brasil, Miranda e Muinhos (2003) utilizam o modelo de crescimento de longo prazo (Ramsey) entre outros diversos métodos de estimação. Os resultados, para diferentes valores de ρ, θ e g, variam entre 6,7% e 15,3%, ou seja, a estimativa da taxa de juro real de equilíbrio para o Brasil por esse método possui elevado grau de incerteza.

Bacha, Holland e Gonçalves (2009) e Bacha (2010) mostram evidências empíricas de que alguns fatores estruturais como dolarização, classificação de risco soberano e dívida pública são relevantes para o nível da taxa de juro real.

A literatura revela que diversas variáveis podem influenciar a taxa de juro real de equilíbrio de longo prazo e que diferentes métodos podem ser aplicados na sua estimação (Giammarioli e Valla, 2004).

Neste artigo, aplica-se uma abordagem simples para o teste da relação de algumas variáveis estruturais com o nível da taxa de juros real. A série histórica dessa variável sugere que há uma tendência de queda ao longo dos últimos anos. Essa tendência pode ou não refletir mudanças observadas em alguns fatores estruturais, como o prêmio de risco país, o nível da dívida pública etc. Primeiramente, supõe-se que o juro real de equilíbrio tem a seguinte forma funcional:

$$\overline{r}_t = \beta_0 + \beta_1 t + \beta_2 X_t \tag{1}$$

X_t é um vetor de variáveis estruturais, e t é uma tendência linear. Quando $\beta_1 = \beta_2 = 0$, a taxa de juro real de equilíbrio é igual à média histórica da taxa de juro real.

Nessa economia, supõe-se que a taxa de juro real efetiva é igual à taxa de juro real de equilíbrio mais choques transitórios[8] (ε_t):

$$r_t = \overline{r}_t + \varepsilon_t \tag{2}$$

Substituindo a equação (1) na equação (2), chega-se à equação (3) para o teste da relação entre as variáveis estruturais e a taxa de juro real.

$$r_t = \beta_0 + \beta_1 t + \beta_2 X_t + \varepsilon_t \tag{3}$$

---

8 Os choques podem ser na inflação, nas expectativas de inflação ou no hiato do produto, por exemplo.

O objetivo é estimar a equação (3) e testar se a tendência de queda observada na taxa de juro real nos últimos anos é totalmente explicada por alguns fatores estruturais.[9] As estimativas[10] da Tabela 1 mostram que o prêmio de risco país, a dívida pública em proporção do PIB e o crédito em proporção do PIB, todos com defasagens, afetam o nível da taxa de juro real.[11]

TABELA 1 Variável dependente: taxa de juro real						
Variáveis/ Equações[1]	1	2	3	4	5	6
Constante	0,160	0,110	0,150	0,030	0,290	0,120
	(4,63)*	(3,23)*	(4,71)*	(4,71)*	(4,60)*	(4,71)*
Tendência linear	−0,001	0,000	−0,001	−0,001	−0,001	0,000
	(−1,85)***	(−0,72)	(−1,77)***	(−1,97)***	(−1,64)	(−0,35)
$Embi_{t-2}$		0,220				0,200
		(2,13)**				(2,38)**
$Surp.\ Inf_{t-1}$			0,160			0,110
			(1,37)			(1,19)
$Dívida_{t-3}$				0,320		0,200
				(1,84)***		(1,16)
$Crédito^2_{t-5}$					−0,640	−0,450
					(−2,33)**	(−1,79)***
R^2-ajustado	0,75	0,77	0,76	0,77	0,77	0,81
DW	1,82	1,94	1,96	1,86	1,71	1,80
LM	0,40[0,53]	0,01[0,91]	0,00[0,97]	0,33[0,57]	1,68[0,20]	0,95[0,34]
JB	1,17[0,56]	2,69[0,26]	4,16[0,12]	1,38[0,50]	2,64[0,27]	5,23[0,07]
HET	4,39[0,04]	2,30[0,12]	2,90[0,07]	3,21[0,05]	2,31[0,11]	2,82[0,03]

[1] Todas as equações possuem um AR(2) para correção da autocorrelação serial dos resíduos.
[2] Média móvel de quatro trimestres do crédito em proporção do PIB.
( ) Estatística t – Robusta a heterocedasticidade (Matriz de White) para as equações (1), (3), (4) e (6).
* Significativo a 1%.
** Significativo a 5%.
*** Significativo a 10%.

A tendência linear, que é significativa na especificação 1, perde significância nas equações com o prêmio de risco e crédito em proporção do PIB. Essas duas variáveis são robustas à inclusão de todas as variáveis (especificação 6). Portanto, a tendência de queda observada na taxa de juro real nos últimos anos é explicada por fundamentos. A queda do prêmio de risco, a redução da dívida pública em proporção do PIB e o aumento do crédito afetaram o juro real (com defasagens), contribuindo para a sua diminuição ao longo dos últimos anos.

O impacto do prêmio de risco e da dívida pública na taxa de juro real é coerente com os resultados encontrados por Bacha, Holland e Gonçalves (2009) e Bacha (2010). A novidade é o impacto do crédito na taxa de juro real de equilíbrio. As estimativas mostram que o aumento do crédito em proporção do PIB contribui, com longas defasagens, para a redução do juro real de equilíbrio de longo prazo. A relação negativa do crédito com a taxa de juros no longo prazo pode ser reflexo do impacto de avanços na estrutura institucional do mercado financeiro, que estaria sendo captada pela variável crédito.

Segundo ECB (2004), a eficiência dos mercados financeiros pode contribuir para a alocação ótima da poupança no tempo e entre projetos financeiros. Uma melhora na estrutura dos mercados

---

[9] Nas equações todas as variáveis estão em nível. Todas foram submetidas a quatro testes de raiz unitária (Dickey-Fuller aumentado, Dickey-Fuller GLS, Phillips-Perron e Kwiakowski-Phillips-Schimidt-Shin). Pelos testes, predomina a integração de ordem 0 para as variáveis juro real, Embi e surpresa inflacionária; e ordem 1 para as variáveis dívida-PIB e crédito-PIB. O teste KPSS, por exemplo, não rejeita a estacionariedade das séries dívida e crédito. Testes de cointegração Engle-Granger não rejeitam a existência de uma relação de longo prazo entre dívida e juro real e crédito e juro real (sob a hipótese de juro real I(1)).

[10] As estimativas foram feitas para o período entre 1999:3 e 2008:3. Devido ao forte impacto que a crise internacional teve na economia, os dados recentes podem afetar os parâmetros, interferindo no resultado das estimativas.

[11] A taxa de juro real *ex ante* foi utilizada nas estimativas.

poderia, por exemplo, ampliar as opções de ativos em termos de retorno, risco e liquidez disponíveis para os poupadores. Isso funcionaria como um estímulo à poupança, o que diminuiria a taxa de juro real de equilíbrio. O aumento do crédito na economia pode estar relacionado a esse avanço nas estruturas dos mercados, com o desenvolvimento de novos produtos, o que tenderia a reduzir a taxa de juros.

No curto prazo, o impacto do crédito na taxa de juros tende a ser positivo. Um aumento exógeno no crédito pressiona a demanda agregada e eleva a taxa de juros. Portanto, para que o crédito contribua para a redução da taxa de juro real de equilíbrio de longo prazo é necessário que sua expansão seja determinada por fatores estruturais, como a redução da assimetria de informação, avanço institucional que acelere a recuperação do colateral e desenvolvimento de novas estruturas financeiras, por exemplo. Forçar o aumento do crédito através de políticas direcionadas tende a ter o efeito contrário, ou seja, aumenta o juro real de equilíbrio, como será visto na próxima seção.

A mediana da taxa de juro real de equilíbrio estimada pelas seis equações anteriores estava em torno de 8,0% ao ano antes da crise, no terceiro trimestre de 2008. O Gráfico 2 compara a mediana das estimativas do modelo com uma medida de tendência[12] para a taxa de juros.

GRÁFICO 2

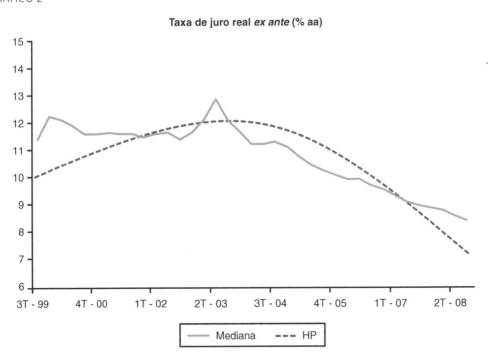

As duas estimativas mostram a tendência de queda do juro real de equilíbrio de longo prazo.

JURO REAL DE EQUILÍBRIO DE CURTO PRAZO

A taxa de juro real de equilíbrio de curto prazo é influenciada pelas variáveis conjunturais, além dos fatores estruturais que afetam a taxa de equilíbrio de longo prazo. Em outras palavras, no curto prazo, a taxa de juro que equilibra a demanda agregada com a oferta pode desviar da taxa de longo prazo. Esses

---
[12] Filtro Hodrick-Prescott (HP).

desvios podem ser provocados por mudanças na política fiscal, no câmbio ou na economia mundial. Quando a economia mundial desacelera, por exemplo, a demanda agregada cai. Para restaurar o equilíbrio, a taxa de juro real pode ser menor do que a taxa de longo prazo, para acelerar o crescimento e igualar a demanda agregada com a oferta. Nesse exemplo, a taxa de juro real de equilíbrio de curto prazo pode ficar abaixo da de longo prazo até que a economia mundial volte à normalidade.

A intensificação da crise internacional a partir de setembro de 2008 produziu forte contração na economia global e abriu espaço para a queda da taxa de juro real sem causar desequilíbrios na economia. O Banco Central, entre janeiro e julho de 2009, cortou a taxa de juros em 500 pontos-base (pb) para estimular a demanda doméstica. Ao mesmo tempo, a política fiscal foi direcionada para dar ímpeto ao crescimento. O governo reduziu impostos e aumentou os gastos. Políticas creditícias também atuaram para estimular a atividade econômica. Desde então, a economia acelerou e cresceu a taxas elevadas. Em seguida, a atividade global voltou a se expandir. Parte dos estímulos foi retirada, outra parte continua atuando na economia. A interseção desses efeitos afetou o juro real de equilíbrio de curto prazo.

A curva IS pode ser utilizada para estimar a taxa de juro real de equilíbrio. Com esse fim, utilizou-se uma especificação mais geral.

$$y_t - \bar{y}_t = \alpha_0(y_{t-1} - \bar{y}_{t-1}) + \alpha_1(y_t^M - \bar{y}_t^M) + \alpha_2(r_{t-1} - \bar{r}_{t-1}) + \alpha_3(G_t - \bar{G}_t) + \alpha_4(C_t^d - \bar{C}_t^d) + \alpha_5(e_t - \bar{e}_t) \tag{4}$$

Na equação (4), y_t é o produto; $\bar{y}_t$ é o produto potencial; y_t^M é o produto internacional; $\bar{y}_t^M$ é o produto internacional potencial; r_t é a taxa de juro real; $\bar{r}_t$ é a taxa de juro real de equilíbrio de longo prazo; G_t representa as despesas fiscais,[13] $\bar{G}_t$ é a despesa fiscal de equilíbrio; C_t^d é o crédito direcionado;[14] $\bar{C}_t^d$ é o crédito direcionado de equilíbrio; e_t é a taxa de câmbio real; e $\bar{e}_t$ é a taxa de câmbio de equilíbrio.[15]

Nessa especificação da curva IS, se os gastos do governo superam o equilíbrio, o produto ultrapassa o potencial, e a taxa de juro real precisa ser ajustada para cima. O crédito direcionado, a taxa de câmbio real e o PIB mundial têm impactos na mesma direção do gasto do governo. Por definição, o juro real de equilíbrio é aquele compatível com a igualdade entre produto e produto potencial ($y = \bar{y}_t$) Sob essa condição, é possível reescrever a equação (4) como:

$$r_t = \bar{r}_t - \frac{1}{\alpha_2}[\alpha_1(y_t^M - \bar{y}_t^M) + \alpha_3(G_t - \bar{G}_t) + \alpha_4(C_t^d - \bar{C}_t^d) + \alpha_5(e_t - \bar{e}_t)] \tag{5}$$

A equação (5) determina a taxa de juro real de equilíbrio de curto prazo. No longo prazo, todas as variáveis estão em equilíbrio, logo:

$$r_t = \bar{r}_t - \frac{1}{\alpha_2}[\alpha_1\overset{0}{(y_t^M - \bar{y}_t^M)} + \alpha_3\overset{0}{(G_t - \bar{G}_t)} + \alpha_4\overset{0}{(C_t^d - \bar{C}_t^d)} + \alpha_5\overset{0}{(e_t - \bar{e}_t)}] \tag{6}$$

$$r_t = \bar{r}_t \tag{7}$$

A distinção entre as taxas de juros de equilíbrio de curto e longo prazos contribui para a compreensão dos elementos que afetam a política monetária. Sabe-se que mudanças estruturais, que influenciam a taxa de juros de longo prazo, se movem lentamente. No entanto, mudanças na conjuntura podem permitir que a taxa de juro real permaneça algum tempo abaixo ou acima da taxa de longo prazo, sem produzir desequilíbrios na economia.

---

[13] Nesse exercício, a medida de gastos fiscais adotada foi a despesa total do governo central em termos reais.

[14] A medida de crédito direcionado aplicada nesse exercício foi o desembolso do BNDES em termos reais.

[15] Para os gastos do governo, para a taxa de câmbio e para o crédito direcionado utilizou-se o filtro HP como estimativa das taxas de equilíbrio. Para o hiato global, uma combinação do filtro HP e da tendência linear foi utilizada como estimativa do produto potencial global. Como taxa de juro real de equilíbrio de longo prazo utilizou-se a mediana das estimativas da equação (3).

A equação (4) foi estimada para quatro especificações diferentes. Para cada estimação, utilizou-se a mediana das estimativas da Tabela 1 como medida de juro real de equilíbrio de longo prazo. Na primeira especificação, todas as variáveis (hiato mundial, taxa de juro real, despesas fiscais, taxa de câmbio real e crédito direcionado) foram incluídas no modelo. Na segunda especificação, excluiu-se a variável de crédito. Nas especificações 3 e 4, medidas alternativas para o hiato do produto do Brasil[16] foram utilizadas. Os resultados das estimativas estão na Tabela 2, no Apêndice deste capítulo.

A partir dessas estimativas e rearranjando a equação (4) como a equação (5), calculou-se o juro real de equilíbrio de curto prazo, aquele compatível com hiato do produto igual a zero para todo t. O Gráfico 3 ilustra a mediana das quatro especificações e os valores máximos e mínimos para cada período de tempo observado entre essas especificações. A inclusão dos valores extremos ilustra a incerteza em cada momento do tempo na estimativa da taxa de juro real de equilíbrio de curto prazo. Os resultados demonstram que a taxa de juro real de equilíbrio de curto prazo oscila em torno da taxa de equilíbrio de longo prazo ao longo do tempo, dependendo da conjuntura.

GRÁFICO 3

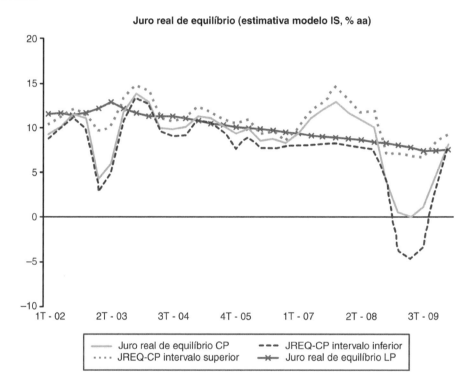

Os resultados sugerem que o juro real de equilíbrio de curto prazo caiu bastante durante a crise internacional. A queda da atividade econômica global reduziu o crescimento do país, permitindo que a taxa de juro real ficasse abaixo da taxa neutra de longo prazo para equilibrar a economia através dos estímulos ao consumo e ao investimento. Nota-se, também, que a incerteza sobre o nível do juro real de equilíbrio de curto prazo aumentou substancialmente durante a crise internacional. Essa incerteza reflete, em grande medida, a intensidade do impacto do crescimento mundial na economia doméstica, além da intensidade dos impactos das medidas anticíclicas adotadas durante a crise.

---

[16] Em alternativa à estimativa por filtro HP do produto potencial, aplicaram-se na construção do hiato do produto as estimativas do PIB potencial por função de produção e por tendência linear com quebra estrutural.

No auge da crise, o Banco Central reduziu a taxa de juros para estimular o crescimento. Ao mesmo tempo, o governo adotou uma política fiscal expansionista via aumento de gastos e redução de impostos. Além disso, utilizou o canal de crédito como instrumento para incentivar a atividade econômica. A partir do momento que essas medidas começaram a atuar na economia e o mundo voltou a crescer, a taxa de juro real de equilíbrio de curto prazo inverteu a sua trajetória de queda e passou a subir em direção à taxa neutra de longo prazo.

No início de 2010, as estimativas mostram que a taxa de juro de equilíbrio de curto prazo estava próxima da neutra de longo prazo. Logo, os estímulos monetários deveriam ser retirados, pois o risco era um aquecimento exagerado da atividade econômica, com elevação das pressões inflacionárias.

Com o hiato do mundo ainda negativo, a taxa de juro real de equilíbrio de curto prazo poderia ser menor do que a de longo prazo, desde que as políticas fiscais e creditícias retornassem aos seus equilíbrios. Portanto, parte relevante da pressão na taxa de juro real de equilíbrio de curto prazo advém do aumento dos gastos e do crédito direcionado, políticas que até o momento não foram totalmente revertidas.

A política fiscal e a creditícia também podem afetar a taxa de juro real de equilíbrio de longo prazo. No caso fiscal, há evidência empírica dos efeitos através da dívida pública. Alterações no gasto de equilíbrio de longo prazo, $\bar{G}_t$, e no crédito direcionado de equilíbrio, $\bar{C}_t$, por exemplo, devem afetar a taxa de juro real de equilíbrio de longo prazo, $\bar{r}_t$.

Portanto, a adoção de uma política fiscal mais conservadora, especialmente via redução permanente da taxa de crescimento dos gastos correntes, contribuiria para a redução da taxa de juro real de equilíbrio tanto no curto prazo quanto no longo prazo. A redução do crescimento dos gastos correntes, tudo o mais constante, aumenta a poupança da economia, reduzindo o juro real de equilíbrio.

4 INCERTEZAS SOBRE O EQUILÍBRIO E CONSEQUÊNCIAS PARA A POLÍTICA MONETÁRIA

A taxa de juro real neutra (ou de equilíbrio) é uma variável não observável, assim como o produto potencial e a taxa natural de desemprego, que são variáveis de suma relevância para a condução da política monetária. No caso da taxa de juro real de equilíbrio, a experiência internacional mostra que as estimativas são bastante incertas, mesmo para países com taxas muito inferiores e com menor volatilidade do que a taxa do Brasil.

Em países desenvolvidos, Bernhardsen e Gerdrup (2007) estimam para a Noruega uma taxa de juro real neutra entre 2,5% e 3,5%, ou seja, um intervalo de 1 pp, mesmo para um país com uma taxa de juros bastante inferior à brasileira no passado recente. Para a Zona do Euro, ECB (2004) estima uma taxa de juro neutra entre 2% e 3%, também um intervalo de 1 pp. Para Archibald e Hunter (2001), a taxa de juro neutra na Nova Zelândia estaria entre 2,8% e 5,6%. Em países emergentes, como o Chile, Fuentes e Gredig (2007) estimam a taxa de juro real neutra entre 2% e 3,6%, um intervalo de 1,6 pp.

De fato, os intervalos das estimativas para a taxa de juro real de equilíbrio em diversos países revelam o grau de incerteza que cerca essas variáveis. É comum um intervalo de 1 pp nessas estimativas, mesmo para economias com níveis baixos de taxas de juros. No Brasil, onde a taxa de juros tem tido uma tendência de queda, como se mostrou nas seções anteriores, e o nível da taxa ainda é bastante elevado quando comparado aos padrões internacionais, é provável que o grau de incerteza seja mais alto.

O grau de incerteza nas estimativas das taxas neutras, sejam elas de juros ou de desemprego, influencia substancialmente as decisões de política monetária e seus resultados na economia. Orphanides e Willians (2002) são categóricos sobre as consequências de conduzir a política monetária com uma percepção errada sobre as incertezas em torno das taxas naturais:

> *Nossos experimentos de avaliação de política sugerem que uma confiança exagerada na habilidade do executor de políticas para detectar mudanças nas taxas naturais — isto é, a busca de políticas que se acredita serem ótimas sob a falsa suposição de que percepções equivocadas com relação a avaliações em tempo real das taxas naturais são menores do que de fato são — pode ter consequências potencialmente desastrosas para a estabilidade econômica.*[17]

Orphanides e Willians (2002) estimam uma regra de política monetária que é robusta quando existe incerteza nas estimativas das taxas naturais, tanto de juro real quanto de desemprego. Inicialmente, consideram a seguinte regra de Taylor generalizada

$$f_t = \theta_f f_{t-1} + (1 - \theta_f)(\hat{r}_t^* + \pi_t) + \theta_\pi (\pi_t - \pi^*) + \theta_u (u_t - \hat{u}_t^*) + \theta_{\Delta u}(u_t - u_{t-1}) \tag{8}$$

f é a taxa de juro nominal básica (*Fed funds* nos EUA e Selic no Brasil); π é a taxa de inflação; π^* é a meta de inflação; $\hat{r}_t^*$ é a taxa de juro real neutra estimada pela autoridade monetária; u_t é a taxa de desemprego; $\hat{u}_t^*$ é a taxa natural de desemprego estimada; $\theta_f \geq 0$ é o grau de inércia ou suavização da política monetária. Quando $0 < \theta_f < 1$, denomina-se "ajustamento parcial"; o caso $\theta_f = 1$ é definido como regra em "diferença"; e $\theta_f > 1$ representa o comportamento superinercial. Quando $\theta_f = \theta_{\Delta u} = 0$, tem-se o caso especial em que a função de reação do Banco Central é igual à regra de Taylor clássica.

Se o Banco Central segue a regra de Taylor generalizada na condução da política monetária, o erro de política introduzido em cada período t devido ao engano sobre o nível das taxas naturais é dado por

$$(1 - \theta_f)(\hat{r}_t^* - r^*) + \theta_u (\hat{u}_t^* - u^*) \tag{9}$$

r^* é a verdadeira taxa de juro real neutra, e u^* é a verdadeira taxa natural de desemprego.

A regra de política monetária que é imune aos erros de medida das taxas naturais é a regra em "diferença", em que $\theta_f = 1$ e $\theta_u = 0$:

$$f_t = f_{t-1} + \theta_u (\pi_t - \pi^*) + \theta_{\Delta u}(u_t - u_{t-1}) \tag{10}$$

Orphanides e Willians estimam um simples modelo com as curvas IS e de Phillips e uma regra de política monetária para a economia americana. Restrito a esse sistema, o Banco Central procura minimizar uma função perda. A função perda depende do desvio da inflação da meta, do desvio da taxa de desemprego da taxa natural e das variações da taxa de juros nominal. O modelo considera o grau de incerteza, s, nas estimativas das taxas neutras (de juro real e de desemprego). Logo, a autoridade monetária escolhe os parâmetros da regra de Taylor generalizada (equação (8)), minimizando a função perda restrita às curvas IS e de Phillips e ao grau de incerteza das medidas naturais, s. Se o formulador de política acredita que $s = 0$, então ele avalia que as estimativas de juro real de equilíbrio e da taxa natural de desemprego são precisas. O Banco Central pode otimizar os parâmetros da função de reação para diferentes valores de s.

O principal resultado das estimativas de Orphanides e Willians (2002) é a assimetria que existe entre o custo de subestimar e o de superestimar o grau de incerteza nas estimativas da taxa natural. As

---

[17] Ver Orphanides e Willians (2002). Tradução livre dos autores.

simulações mostram que a inflação se desvia substancialmente da meta e a taxa de desemprego afasta-se da taxa natural quando o Banco Central conduz a política monetária acreditando que as estimativas das taxas naturais são precisas ($s = 0$) mas na verdade há grande incerteza nas estimativas ($s = 2$, por exemplo). Por outro lado, se o Banco Central acredita que $s = 2$, mas $s = 0$, a perda é apenas ligeiramente maior do que se tivesse otimizado os parâmetros da função de reação para $s = 0$. O Gráfico 4 ilustra os resultados de Orphanides e Willians (2002).

GRÁFICO 4

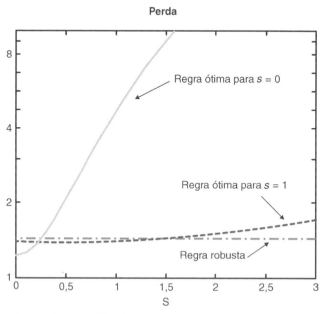

Fonte: Orphanides e Willians (2002).

O Gráfico 4 mostra no eixo x o grau de engano da autoridade monetária em relação às taxas naturais, s, e no eixo y a perda determinada pelos desvios da inflação em relação à meta, os desvios da taxa de desemprego em relação à taxa natural e a variação da taxa de juros. A linha contínua do Gráfico 4 mostra a perda quando o Banco Central otimiza os parâmetros da função de reação para $s = 0$ para diferentes valores verdadeiros de s. Nota-se que a perda aumenta substancialmente quando a incerteza é maior (s cresce) e o Banco Central está conduzindo a política monetária acreditando que não há incerteza, ou seja, que $s = 0$. Em outras palavras, há um grande aumento da instabilidade macroeconômica quando a política monetária é conduzida acreditando-se em estimativas precisas para a taxa de juro real de equilíbrio e para a taxa natural de desemprego, quando na verdade existe elevada incerteza nessas estimativas.

O Gráfico 4 também mostra que o Banco Central consegue reduzir consideravelmente a perda (ou a instabilidade) quando considera que existe incerteza nas estimativas ($s = 1$). E o resultado (a perda) de conduzir a política monetária para $s = 1$, quando na verdade $s = 0$, é apenas ligeiramente inferior se os parâmetros da função de reação tivessem sido estimados para $s = 0$. Esses resultados apontam a assimetria existente, pois subestimar a incerteza (s) quando esta é grande pode causar enorme instabilidade macroeconômica, enquanto superestimar s quando na verdade s é zero tem apenas um pequeno custo em termos de instabilidade. A regra robusta no Gráfico 4 é a regra de Taylor em diferença, que é imune às estimativas das taxas naturais.

As evidências internacionais mostram que é bastante incerta a estimativa da taxa de juro real de equilíbrio em diferentes países. Para o Brasil, é natural que essas estimativas sejam ainda mais imprecisas, devido ao nível ainda alto da taxa de juro real e à tendência de queda dos últimos anos (os resultados da Seção 3 mostram o elevado grau de incerteza associado ao nível da taxa de juro real de equilíbrio no Brasil). Logo, as evidências encontradas por Orphanides e Willians (2002) reforçam que a política monetária não deve ser conduzida com a crença em estimativas precisas da taxa de juro real de equilíbrio. Pelo contrário, a recomendação é conduzir a política monetária supondo incerteza elevada nas estimativas das taxas naturais. Nesse caso, em que a regra de Taylor tem a forma funcional em diferenças, os desvios da inflação esperada (ou da inflação efetiva) em relação à meta e as variações da taxa de desemprego são as variáveis que devem ter peso maior nas mudanças da taxa de juros.

5 CONCLUSÃO

As estimativas para a taxa de juros real no Brasil encontradas neste artigo não necessariamente levam a uma regra simplória. A política monetária deve continuar se baseando nos sinais advindos da inflação, da atividade e de outras variáveis macroeconômicas, permitindo que mudanças estruturais sejam percebidas sem mais demoras. Mas as estimativas deste artigo permitem embasar a política monetária e colocam luz sobre as razões da lenta transição para um nível da taxa de juros internacional.

A taxa de juro real de equilíbrio no Brasil caiu nos últimos anos, mas ainda encontra-se em patamar elevado comparado aos padrões internacionais. A manutenção de uma política fiscal em que os gastos continuam crescendo acima do PIB evita uma queda mais rápida da taxa de juros. Além disso, a política de crédito direcionado e o arcabouço institucional que afeta a poupança e o mercado de crédito de longo prazo contribuem para que o Brasil tenha uma das taxas de juros mais altas do mundo.

A crise internacional pode ter reduzido a taxa de juros de equilíbrio no Brasil. Mas isso pode ter acontecido devido a questões conjunturais e não estruturais. Os fatores estruturais, como prêmio de risco, preferência intertemporal, arcabouço institucional etc., se alteram lentamente ao longo do tempo. Por isso, é relevante a separação entre a taxa de juro real de equilíbrio de longo prazo, aquela determinada por elementos estruturais, e a taxa de juro real de equilíbrio de curto prazo, aquela que é afetada pela taxa de equilíbrio de longo prazo e por fatores conjunturais.

A queda da atividade econômica global impactou negativamente o crescimento no Brasil, permitindo que a taxa de juro real fosse menor sem causar desequilíbrios na economia. No entanto, as estimativas apresentadas na Seção 3 mostram que as políticas fiscais e creditícias se tornaram mais expansionistas durante a crise e voltaram a pressionar o juro real de equilíbrio de curto prazo entre meados de 2009 e início de 2010. A retomada do crescimento na economia mundial também reduziu a folga para juros menores no Brasil.

A experiência internacional e as simulações da Seção 3 indicam que as estimativas da taxa de juro real de equilíbrio são bastante incertas. Por isso, por um lado, não é possível descartar que a crise internacional tenha acelerado o ritmo de queda da taxa de juros de equilíbrio no Brasil. Há evidências de aceleração da queda do juro real em economias emergentes em crises passadas. Por outro lado, o comportamento da política fiscal e de crédito pode ter atuado na direção contrária, evitando que a taxa de juro real de equilíbrio continuasse em queda.

Dadas as elevadas incertezas associadas às medidas das taxas de equilíbrio (de juros ou de desemprego), acreditamos que o melhor que a autoridade monetária pode fazer é conduzir a política monetária de forma pragmática, avaliando continuamente o impacto de suas ações sobre a economia. A subestimação do grau de engano na estimativa da taxa de juro real de equilíbrio pode causar grandes instabilidades macroeconômicas, enquanto superestimar a incerteza leva a resultados ligeiramente inferiores caso as estimativas sejam realmente precisas.

A estabilidade macroeconômica e a credibilidade da autoridade monetária exercem papel fundamental na redução dos prêmios de risco, permitindo a queda da taxa de juros real de equilíbrio de longo prazo. Aliado a isso, uma política fiscal voltada para a redução dos gastos públicos contribuiria para acelerar esse processo e fazer com que no futuro próximo o Brasil tenha taxas de juros reais mais próximas dos padrões internacionais.

APÊNDICE

TABELA 2 Variável dependente: hiato do produto				
Variáveis/Equações[1]	1	2	3[†]	4[‡]
Hiato$_{t-1}$	0,27	0,34	0,84	0,31
	(2,42)**	(7,78)*	(18,93)*	(1,95)***
Juro real$_{t-1}$	−0,27	−0,330	−0,16	−0,21
	(−2,91)*	(−4,82)	(−5,25)*	(−2,62)**
Hiato mundo$_t$	0,49	0,51		0,43
	(5,29)*	(4,87)*		(3,94)*
Despesa fiscal$_t$	0,05	0,06	0,01	
	(2,06)**	(2,76)*	(0,66)	
Câmbio real$_{t-4}$	0,05	0,06	0,02	0,03
	(2,57)**	(4,94)*	(3,38)*	(2,43)**
Crédito$_t$	0,02			0,02
	(1,61)			(1,92)***
R²-ajustado	0,80	0,79	0,94	0,72
DW	1,67	1,71	1,49	1,43
LM	1,20[0,28]	0,78[0,34]	1,99[0,17]	3,86[0,06]
JB	0,93[0,63]	0,55[0,76]	2,62[0,27]	0,88[0,64]
HET	1,52[0,21]	2,50[0,05]	0,63[0,72]	3,72[0,01]

[1] Todas as variáveis estão em log e em desvio do equilíbrio de longo prazo.
[2] Média móvel de quatro trimestres do crédito em proporção do PIB.
[†] Hiato do produto estimado por função de produção; equação possui 3 *dummies* devido a *outliers*.
[‡] Hiato do produto estimado por tendência linear com quebra estrutural.
( ) Estatística *t*; Robusta à heterocedasticidade (matriz de White) para as equações (2) e (4).
* Significativo a 1%.
** Significativo a 5%.
*** Significativo a 10%.

A Estabilização Incompleta[1]

Francisco L. Lopes

Quando, em 1977, Dionisio Dias Carneiro editou o volume *Brasil: Dilemas da Política Econômica*, junto com Rogério Werneck, ainda estávamos na Escola de Pós-graduação de Economia da Fundação Getulio Vargas, mas já prestes a iniciar o esforço de construção de um novo mestrado em economia na Pontifícia Universidade Católica do Rio de Janeiro. Muitos textos daquele volume já tinham características que vieram posteriormente a ser associadas ao pensamento econômico da PUC-Rio: foco em problemas atuais da política econômica, rigor analítico e disposição para enfrentar temas controversos com honestidade intelectual e sem a preocupação de se pautar pela ortodoxia vigente. Mario Henrique Simonsen costumava dizer que a ortodoxia de hoje nada mais é que a heterodoxia de ontem que deu certo. O presente texto foi escrito nesse espírito e dentro dessa tradição, e acredito que Dionisio, se ainda estivesse entre nós, saberia apreciá-lo. Que fique, portanto, como a singela homenagem de um velho saudoso amigo.

Nosso assunto é o aparente paradoxo da situação econômica brasileira. Porque, mais de quinze anos depois do Plano Real, ainda é difícil evitar a impressão de que a política de estabilização, iniciada no governo FHC, não está funcionando adequadamente. Temos um nível patologicamente elevado de taxa de juros, uma aparente tendência crônica a sobrevalorização da taxa de câmbio e um crescimento explosivo do déficit em conta-corrente. O que pode estar errado?

Consideremos inicialmente a questão de por que a taxa de juros real é tão elevada. Há duas vertentes de explicação:

1. A taxa de juros é elevada devido a características da posição de equilíbrio macroeconômico, resultantes de nossa triste história de inflação crônica, de descontrole fiscal e de sucessivos calotes. O país sofre de um pecado original que só poderá ser "purgado" gradualmente através de comportamento macroeconômico exemplar por longo período de tempo.

2. A taxa de juros é elevada devido à forma de atuação do Banco Central (BC) e a distorções estruturais que impedem o funcionamento adequado do regime de metas. Essas distorções não estão associadas a questões fiscais ou à avaliação de crédito do país, mas resultam de características do funcionamento dos mercados financeiros e de capitais herdadas do período de inflação crônica. Ou seja, refletem o fato de que o trabalho de construção institucional da estabilidade ainda ficou incompleto.

Acreditamos que as duas explicações são logicamente sustentáveis e que ambas têm um elemento de verdade. Queremos, porém, focalizar a segunda, que nos parece mais relevante na conjuntura atual.

É importante, como preliminar, notar que não pretendemos criticar a concepção do tripé estabilizador, composto de austeridade fiscal, flutuação cambial e regime de metas de inflação. As vantagens do tripé são inequívocas. A austeridade fiscal produz o ambiente de confiança indispensável para a estabilidade. A flutuação cambial, pré-requisito para o regime de metas, libera a taxa de juros de restrições externas e maximiza sua efetividade. O regime de metas como que automatiza o trabalho de estabilização, garantindo seu resultado. O BC passa a operar como uma espécie de mecanismo automático de preservação da estabilidade. A partir da meta de inflação definida pelo governo, o BC aumenta a taxa de juros quando a inflação supera a meta e baixa a taxa de juros quando a inflação fica abaixo da meta.

---

[1] Texto preparado para o seminário em homenagem a Dionisio Dias Carneiro, realizado no IEPE/CdG, em 24 de setembro de 2010. O autor agradece os comentários e sugestões de Alexandre Pundek Rocha, Arminio Fraga, Edmar Bacha e dos participantes do seminário na Casa das Garças.

Pressupõe-se, naturalmente, que a taxa de juros é um instrumento eficaz para o controle do nível de atividade e da inflação. Logo a taxa de inflação converge sempre inexoravelmente para a meta, ainda que possa se afastar temporariamente dela em consequência de choques inflacionários. Isso é o melhor que se pode conseguir na prática em matéria de estabilidade de preços. O sistema é transparente com regras claramente definidas que os agentes privados entendem perfeitamente. Isso faz com que se torne altamente confiável, o que facilita a administração de riscos e estimula projetos de investimento de longo prazo. Dessa forma a política monetária cria o substrato de confiança e estabilidade que garante a expansão sustentada da atividade produtiva.

Tudo isso provavelmente descreve bem o que acontece em alguns países desenvolvidos que adotam o regime de metas de inflação, como a Suécia ou a Inglaterra. No Brasil, porém, o tripé estabilizador é meio de mentirinha, operado com um componente de "jeitinho" brasileiro. Teoricamente existe flutuação cambial, mas na prática o movimento da taxa de câmbio é inibido pela atuação rotineira do BC no mercado de divisas. Por outro lado o instrumento de política monetária do BC, a taxa Selic, tem impacto reduzido sobre o nível de atividade e a inflação. Ou seja, o regime é de metas de inflação, mas seus pressupostos básicos não estão presentes.

Para tornar claro o argumento, consideremos um modelo simplificado do funcionamento da economia no regime de metas. O modelo tem quatro equações. A primeira define a taxa de juros real (r) pela diferença entre a Selic e a taxa de inflação (dp):

$$r = \text{Selic} - \text{dp} \tag{1}$$

A segunda equação, uma curva de Phillips aceleracionista, explica a aceleração da taxa de inflação como resultado da soma de um componente de demanda com um componente de choque inflacionário (z). O componente de demanda é uma função positiva $f(u)$ do nível de utilização da capacidade produtiva:

$$\text{dp} - \text{dp}_{(-1)} = f(u) + z \quad \text{com f' } > 0 \tag{2}$$

Quando não ocorre choque inflacionário, a inflação permanecerá constante ao longo do tempo se a utilização da capacidade estiver no nível de equilíbrio ou natural (u^*) definido por $f(u^*) = 0$. Se a utilização da capacidade estiver acima do nível natural, a inflação estará em aceleração; se estiver abaixo, a inflação estará em desaceleração. Por enquanto, de forma irrealista e apenas para simplificar a exposição inicial, estamos ignorando o impacto do movimento da taxa de câmbio na determinação da taxa de inflação, o que será corrigido mais adiante.

A terceira equação define o equilíbrio macroeconômico entre poupança e investimento, com a poupança decomposta nos três componentes de poupança privada (SP), poupança do governo (SG) e poupança externa (SX):

$$I(r) = SP(u) + SG + SX(e) \quad \text{com I'} < 0, \text{SP'} > 0 \text{ e SX'} < 0 \tag{3}$$

O investimento é função negativa da taxa de juros real, e a poupança privada é função positiva do nível de utilização da capacidade. A poupança do governo é o superávit fiscal do setor público. A poupança externa, que depende negativamente da taxa de câmbio real, é o excesso de importações sobre exportações totais de bens e serviços, ou seja, o déficit em conta-corrente excluindo pagamentos de juros, lucros e dividendos.[2]

---

[2] Estamos supondo que a poupança privada não depende da taxa de juros real e que a poupança externa não depende do nível de atividade, duas hipóteses simplificadoras que não alteram nossas conclusões.

Note-se que nesse modelo simplificado não estamos considerando o impacto da taxa de juros sobre o consumo agregado. Para captar isso bastaria adicionar a taxa de juros real como determinante da poupança privada (SP), o que não teria consequência relevante para nossas conclusões.

Num regime de flutuação cambial em que o Banco Central não intervém no mercado de divisas, a poupança externa tem que ser igual ao financiamento externo líquido (FX), o que define a quarta equação:

$$SX\ (e) = FX\ (r, B) \quad \text{com } SX' < 0,\ FX_r > 0 \text{ e } FX_B > 0 \tag{4}$$

Essa equação mostra que, com livre flutuação cambial, a poupança externa e a taxa real de câmbio são determinadas pelo financiamento externo, o qual está positivamente relacionado à taxa de juros real e a uma variável, representada por B (de Brasil), que indica o grau de atratividade do país para financiadores externos. Para uma dada taxa de juros real, uma maior atratividade externa do país aumenta o volume de financiamento externo. Podemos notar também que, *ceteris paribus*, a equação define uma relação negativa entre taxa real de câmbio e taxa real de juros.

O indicador de atratividade B está inversamente relacionado ao risco de crédito do país, como refletido no prêmio de risco praticado nos títulos de dívida externa ou nos CDS. Será conveniente, porém, adotar uma concepção mais ampla, de modo a capturar também o poder de atração exercido, por exemplo, sobre capitais especulativos de curto prazo por oportunidades de ganho rápido em determinadas situações conjunturais.

Combinando as duas últimas equações, obtemos uma relação negativa entre o nível de utilização da capacidade e a taxa de juros real, que pode ser entendida como uma generalização da tradicional curva IS para uma economia aberta:

$$I\ (r) - FX\ (r,B) = SP\ (u) + SG \tag{3a}$$

com
$$I' < 0,\ FX_r > 0,\ FX_B > 0 \text{ e } SP' > 0$$

Essa equação mostra como o nível de utilização da capacidade é determinado a partir da taxa de juros real, para dados níveis da poupança do governo e da atratividade externa do país. Um aumento da taxa de juros real diminui a utilização da capacidade, uma diminuição da taxa de juros real eleva a utilização da capacidade. Se considerarmos uma posição em que não ocorre choque inflacionário, a taxa de inflação é estável e a utilização da capacidade permanece no nível natural de equilíbrio (u^*), a equação define a taxa de juros real de equilíbrio (r^*).

Nesse modelo, ainda limitado pela desconsideração do impacto direto da taxa de câmbio sobre a inflação, podemos ver como o regime de metas pode ser operado através do controle da taxa de juros. Considere um choque inflacionário que aumenta a taxa de inflação e num primeiro momento reduz a taxa real de juros, supondo um nível ainda fixo da Selic. Como consequência da relação IS, isso aumenta a taxa de utilização da capacidade, o que produz um efeito secundário de aceleração da inflação através do componente de demanda. Note-se que esse efeito é desestabilizador, já que o aumento da inflação reduz ainda mais a taxa de juros real.

Para corrigir a situação, o BC precisa produzir um aumento na taxa Selic de magnitude superior a essa aceleração inflacionária inicial de modo a obter uma elevação da taxa real de juros. Isso então reduz o nível de atividade, iniciando um movimento de desaceleração da taxa de inflação em direção à meta inflacionária. Enquanto a inflação estiver acima da meta o BC deve manter a taxa de juros real acima do nível de equilíbrio r^*. Por fim, quando a meta é alcançada, o BC pode reduzir a Selic até o nível de equilíbrio.

Podemos notar que o modelo não produz um mecanismo automático de estabilização com uma taxa de juros nominal constante.[3] Se a Selic permanecer fixa após um choque inflacionário, o modelo gera um processo de desequilíbrio crescente e ilimitado. O controle inflacionário depende da atuação decidida do BC sobre a Selic para controlar a taxa de juros real, e por isso mesmo essa instituição deve ser imune a considerações políticas ou de qualquer outra natureza não relacionada ao objetivo da estabilidade. Quanto mais livre estiver a autoridade monetária para alterar a taxa Selic, mais eficiente será a operação do regime de metas e, como consequência, maiores os seus benefícios.

Essas conclusões não são alteradas quando levamos também em consideração o impacto direto da taxa de câmbio no processo inflacionário. Para isso devemos alterar a equação da curva de Phillips introduzindo um termo que captura o efeito de alterações na taxa de câmbio real (e):

$$dp - dp_{(-1)} = f(u) + \lambda \, de_{(-1)} + z \quad com \, f' > 0 \tag{2a}$$

Nessa equação "$de_{(-1)}$" indica a variação percentual defasada da taxa de câmbio real, e o parâmetro "λ" é o coeficiente de repasse do câmbio para a inflação (*pass-through*).[4]

Nesse modelo expandido temos um segundo canal de transmissão para a política monetária.[5] Uma elevação da taxa de juros real impacta agora a taxa de inflação por meio de dois mecanismos. Por um lado há a transmissão via demanda, com a elevação da taxa de juros produzindo uma redução da taxa de utilização da capacidade (pela equação da IS) e um impacto deflacionário. Observe-se que essa transmissão via demanda passa tanto pela função investimento como pelas exportações líquidas. Por outro lado há a transmissão via câmbio, com a elevação da taxa de juros produzindo uma apreciação da taxa real de câmbio (pela condição de equilíbrio do balanço de pagamentos) que tem impacto direto sobre a dinâmica inflacionária. É nesse sentido que se pode dizer que a livre flutuação cambial aumenta a eficácia da taxa de juros no controle da inflação.

Podemos notar que essa modificação na equação da curva de Phillips não altera a definição da taxa de juros de equilíbrio r^*, que continua sendo determinada na equação da curva IS (3a) a partir do nível de equilíbrio da utilização da capacidade (u^*). Observamos também que o equilíbrio do balanço de pagamentos da equação (4) define uma taxa de câmbio real de equilíbrio (e^*) que está inversamente relacionada à taxa de juros de equilíbrio e ao grau de atratividade do país aos financiadores estrangeiros. Ou seja, a taxa de câmbio de equilíbrio será mais apreciada (menor) se a taxa de juros real de equilíbrio for maior ou se houver maior grau de interesse dos investidores externos.

Com esse modelo expandido, é fácil entender a vertente de explicação do nível elevado da taxa de juros real como resultado de características da posição de equilíbrio macroeconômico. A operação eficiente do regime de metas faz com que a taxa de juros real ocasionalmente se distancie do nível de equilíbrio, já que isso é necessário para o controle da inflação. Esses desvios, entretanto, serão temporários e de curta duração se o BC mantiver uma disciplina rígida que consolide e defenda uma sólida reputação de comprometimento com a estabilidade. Na posição de equilíbrio, porém, a taxa de juros real pode ser muito elevada por três razões, que ficam evidentes quando se analisa a equação (3a) da curva IS:

1. Em virtude de uma reduzida propensão a poupar, que afeta o nível de equilíbrio da poupança privada SP (u^*);

---

[3] Ao contrário, por exemplo, de regimes alternativos em que o BC apenas fixa a evolução de um agregado monetário ou da taxa nominal de câmbio, sem a necessidade de monitorar a evolução da economia. Nesse sentido, o regime de metas (ou a adoção de uma regra de Taylor) pressupõe um BC ativista, ao contrário do BC passivo do monetarismo de Friedman ou do padrão-ouro.

[4] A taxa de câmbio aparece aqui com defasagem de um período por representar um fator de custo na formação do índice de preços. Seria simples generalizar a equação para considerar explicitamente a dinâmica das expectativas, tanto do índice de preços como da taxa de câmbio, mas isso não tem maior relevância para nossas conclusões. O efeito final da inclusão de expectativas racionais seria aumentar a sensibilidade de $f(u)$, isto é, tornar mais vertical a curva de Phillips de curto prazo. Note-se também que essa equação pode ser alternativamente formulada em termos da variação percentual da taxa de câmbio nominal (E), ou seja: $dp = f(u) + (1-\lambda) \, dp_{(-1)} + \lambda \, dE_{(-1)} + z$

[5] Outros possíveis canais de transmissão, através de efeitos sobre a riqueza financeira do setor privado, sobre os balanços de empresas ou sobre o crédito bancário serão ignorados neste texto. Ver, por exemplo, Lopes (1998).

2. Em virtude de uma gestão fiscal deficiente, resultado de um governo que gasta muito além de sua capacidade de arrecadação, produzindo déficits públicos e fazendo com que o nível de poupança do governo SG seja muito reduzido;
3. Em virtude de uma reputação deteriorada de crédito internacional, resultado de uma longa história de calotes e políticas econômicas equivocadas, que aumenta o prêmio de risco demandado pelos financiadores externos, deprime o nível do indicador de atratividade externa (B) e reduz a poupança externa financiável ao nível da taxa de juros real de equilíbrio.

Pode-se notar, quando se analisa a condição de equilíbrio no balanço de pagamentos (Equação 4), que uma taxa de juros real muito elevada não é por si só suficiente para explicar um nível muito apreciado da taxa de câmbio real, pois isso vai depender também do nível do indicador de atratividade externa B. Só o que se pode afirmar é que uma taxa de câmbio muito apreciada na posição de equilíbrio sugere que a distorção maior é de natureza fiscal.

Para entender a segunda vertente de explicação para o fenômeno da taxa real de juros elevada, temos que introduzir algumas hipóteses adicionais no modelo. A primeira delas é que há uma sensibilidade muita reduzida do nível de atividade à taxa de juros através da função investimento (ou do consumo, quando se considera essa variável). Para tornar mais nítido o mecanismo que queremos modelar, podemos postular que o investimento é totalmente insensível à taxa real de juros, de modo que o equilíbrio macroeconômico entre poupança e investimento se reduz a:

$$I = SP\,(u) + SG + SX\,(e) \quad com\ I = cte, SP' > 0\ e\ SX' < 0 \tag{3b}$$

Essa equação mostra como o nível de utilização da capacidade é agora determinado pela taxa de câmbio real, para dado nível de poupança do governo. O nível de atividade da economia não é mais afetado diretamente pela taxa de juros, mas apenas indiretamente pelo impacto desta sobre a taxa de câmbio. A equação é suficiente para determinar a taxa de câmbio real de equilíbrio (e^*) a partir do nível de equilíbrio da utilização da capacidade (u^*) definido pela curva de Phillips.

É importante observar que nesse caso, a despeito da insensibilidade do investimento (e do consumo) à taxa de juros, o regime de metas ainda pode contar com o mecanismo de transmissão da política monetária via demanda. Um aumento da taxa de juros real aumenta o financiamento externo, o que deprime a taxa real de câmbio, reduz as exportações, aumenta as importações e diminui o nível de atividade abaixo do nível de equilíbrio, produzindo uma desaceleração inflacionária continuada.

Em princípio, toda a argumentação sobre como características desfavoráveis da posição de equilíbrio produzem uma taxa de juros real elevada permanece válida nesse caso especial do modelo. Não é, porém, a posição de equilíbrio que nos interessa agora, mas a dinâmica de operação do regime. Para examinar isso de forma realista para o caso brasileiro atual, temos que modificar a equação do balanço de pagamentos para capturar o fato de que o BC intervém de forma rotineira no mercado de câmbio:

$$SX\,(e) = FX\,(r, B) - DR \quad com\ SX' < 0, FX_r > 0\ e\ FX_B > 0 \tag{4a}$$

Nessa equação, DR representa o aumento da posição de reservas internacionais do BC.

O regime cambial brasileiro admite oficialmente a intervenção da autoridade no mercado de divisas para "controlar a volatilidade", mas na realidade isso tem se caracterizado como uma flutuação amortecida assimétrica. Com a justificativa de reduzir a volatilidade, o BC atua comprando sempre que o mercado inicia um movimento de apreciação da taxa de câmbio. Para evitar, porém, a percepção de que trabalha com um piso para taxa de câmbio, uma percepção que seria desconfortável num regime que se proclama de flutuação cambial, a autoridade permite sempre um pequeno movimento para baixo.

A política, porém, é assimétrica, já que são permitidos movimentos rápidos de depreciação da taxa de câmbio, mas apenas movimentos amortecidos de apreciação.

Imaginemos então que ocorre um choque inflacionário, e o BC, dentro da disciplina do regime de metas, aumenta a taxa real de juros com o objetivo de trazer a taxa de inflação de volta para a meta. Por hipótese, não há nenhum impacto via investimento (ou consumo) sobre a utilização da capacidade e sobre a inflação, e toda a transmissão da política monetária ocorre através da taxa de câmbio. De fato, surge uma tendência de apreciação da taxa de câmbio real que tem dois impactos. Por um lado, aumenta as importações e reduz as exportações, deprimindo o nível de atividade e produzindo uma pressão continuada de desaceleração da inflação através do componente de demanda da curva de Phillips. Enquanto a utilização da capacidade ficar abaixo do nível natural de equilíbrio, a taxa de inflação estará caindo. Por outro lado, há também um impacto direto da apreciação cambial sobre a dinâmica inflacionária, mas esse impacto é um impulso único e com magnitude que depende do coeficiente de repasse (*pass-through*). Em princípio, portanto, o BC continua com capacidade de operar o regime de metas, ainda que a taxa de juros provavelmente tenha a sua eficácia reduzida pela insensibilidade do investimento (e do consumo).

Suponha, porém, que a política de controle da volatilidade cambial do BC atue exatamente inibindo o funcionamento do único canal de transmissão disponível para a política monetária que agora é a taxa de câmbio. Se o BC permite apenas uma apreciação cambial "a passos de cágado" (para usar uma expressão favorita do Mario Henrique Simonsen que nosso Dionisio achava muito engraçada), a operação do regime passa a exigir um horizonte de tempo extremamente dilatado. Quando ocorre um choque inflacionário, o disciplinado BC prontamente eleva a Selic e a taxa real de juros. O regime de metas pressupõe que esse nível elevado da taxa de juros será mantido até que a inflação tenha retornado ao nível da meta. Isso inicia um movimento lento e amortecido de apreciação cambial que tem a consequência de reduzir a inflação também lentamente. A transição do sistema de volta ao equilíbrio torna-se muito demorada, e ao longo desse período a taxa de juros real permanece elevada.

Nesse modelo, pode-se imaginar que uma sequência limitada de choques inflacionários produza uma dinâmica em que a taxa de juros real permanece elevada ao longo de um período de duração ilimitada. Não há uma tendência de correção automática do desequilíbrio, e a atuação do BC sobre a taxa de juros é neutralizada pela política cambial. Naturalmente a economia não estará numa posição de equilíbrio, mas, a exemplo do que acontece com o desemprego involuntário da Teoria Geral, este pode ser um desequilíbrio desconfortavelmente duradouro. Em princípio, é razoável supor que, de alguma forma, no longo prazo o equilíbrio será restabelecido, mas, como diria Keynes, no longo prazo estaremos mortos (junto com boa parte do parque industrial brasileiro).

O importante é entender que nessa versão do modelo a velocidade de convergência para o equilíbrio após um choque inflacionário depende apenas do grau de amortecimento praticado na política cambial do BC. Não adianta o Copom ficar impaciente e produzir uma elevação maior da taxa Selic para apressar a convergência. Se a mesa de câmbio do BC continuar permitindo somente uma apreciação a passo de cágado, a consequência dessa impaciência será apenas uma maior acumulação de reservas internacionais.

Essa análise mostra que a rigor, quando se adotam as hipóteses de insensibilidade do investimento à taxa de juros e de flutuação cambial amortecida, o regime de metas fica mais bem caracterizado como um sistema de controle da inflação via política cambial. A estabilização da taxa de inflação em torno da meta é obtida pela evolução da taxa de câmbio, enquanto a evolução da taxa de juros determina apenas o comportamento da posição de reservas internacionais.

Um complicador importante ocorre se, após o choque inflacionário e a elevação da taxa de juros real pelo BC, o governo adota também uma política fiscal expansionista, reduzindo a poupança do setor público SG. O governo, preocupado com o nível de emprego (e com sua popularidade), estaria tentando introduzir uma compensação fiscal para os "efeitos colaterais adversos" da ortodoxia do BC. Nesse caso, o efeito da política monetária sobre o nível de atividade pode ser reduzido ou mesmo neutralizado totalmente, e a transmissão do aumento da Selic sobre a inflação passa a ocorrer apenas através do impacto direto da apreciação cambial na curva de Phillips. Essa transmissão é afetada pelo valor possivelmente reduzido do coeficiente de repasse (menor que 20% ao ano?), mas também pelo fato de que se trata de um impulso único. Ou seja, a inflação desacelera quando a taxa de câmbio cai, mas volta a acelerar se a taxa de câmbio subir novamente em direção ao equilíbrio, o que significa que não se consegue um ganho permanente na taxa de inflação sem uma apreciação também permanente da taxa de câmbio. Em outras palavras, se apenas esse canal de transmissão estiver disponível, o regime de metas fica inviável, já que não será possível obter uma redução permanente da inflação utilizando apenas a taxa de juros.

Na realidade, a política cambial de flutuação amortecida não apenas compromete a eficácia do regime de metas, mas também pode produzir complicações de modo próprio. Observe inicialmente que a assimetria do amortecimento significa que a taxa de câmbio continua livre para flutuar para cima, o que atua, em princípio, como inibidor para uma importante classe de aplicações estrangeiras especulativas. Um especulador interessado em arbitrar um diferencial entre as taxas de juros doméstica e internacional tem que levar em conta que poderá ser punido por uma rápida desvalorização da taxa de câmbio numa conjuntura desfavorável de mercado. A possibilidade de desvalorização cambial introduz um desconfortável elemento de risco na arbitragem internacional de taxas de juros.

Imagine, porém, que após um choque inflacionário o Banco Central elevou a taxa de juros real e a economia encontra-se na lenta transição de volta ao equilíbrio. A forma lenta e gradual de resolução do desequilíbrio é consequência da compra de reservas internacionais pelo BC. Se a flutuação cambial fosse realmente livre, a taxa de câmbio corrente pularia imediatamente para o valor mais apreciado (*i.e.*, mais baixo) que garante o equilíbrio do balanço de pagamentos (na equação (4a)) no nível mais elevado da taxa de juros real. Na flutuação amortecida, a taxa de câmbio ainda caminhará em direção a esse nível mais apreciado, mas somente de forma lenta e gradual.

O importante é notar que durante essa transição gradual o risco para o especulador de uma reversão na conjuntura do mercado fica minimizado. O especulador sabe que grande parte do ajuste cambial requerido pela elevação da taxa de juros real está sendo temporariamente bloqueada pelo BC. Isso significa que existe folga para que ocorra uma eventual reversão na atratividade externa do país (queda de B) sem nenhuma pressão de alta na taxa de câmbio corrente. Se isso ocorresse dentro de certos limites, o BC simplesmente precisaria comprar um menor volume de reservas internacionais para garantir o ajuste gradual da taxa de câmbio, mas não teria razão para mudar a velocidade do ajuste. Percebe-se, então, que temos aqui uma situação que é um verdadeiro paraíso para o especulador interessado em arbitrar o diferencial de taxa de juros, pois o risco de uma inesperada reversão no movimento da taxa de câmbio fica bastante reduzido. Na prática, pode-se criar uma situação anacrônica em que todos os especuladores operam na ponta vendedora e apenas o BC opera na ponta compradora, tentando evitar uma apreciação cambial muito rápida. Ou seja, elimina-se o saudável embate de especulador contra especulador, que é o normal num mercado livre.

Naturalmente, uma extensão lógica do raciocínio sugere a possibilidade do aparecimento de uma bolha especulativa de ingresso de capital, que poderíamos denominar "bolha Brasil". Os especuladores, percebendo a oportunidade de um ganho de arbitragem com pouco risco no contexto de uma flutuação amortecida, decidem internalizar recursos, o que por sua vez produz novos ingressos de capital e reduz ainda mais o risco de reversão da taxa de câmbio corrente. Quanto maior for a atratividade externa ainda não integralmente refletida naquela taxa, maior será o espaço para acomodar uma eventual redução da atratividade externa. Em nosso modelo, o parâmetro B estaria sofrendo aumentos sucessivos e exigindo níveis progressivamente mais apreciados da taxa de câmbio que equilibra o mercado de divisas. A taxa de câmbio corrente produzida pela flutuação amortecida estaria também caminhando na mesma direção, mas de forma lenta e gradual, sem eliminar o desequilíbrio. Nessa bolha especulativa haveria uma relação circular de causalidade entre ingresso de capital especulativo e apreciação cambial. A consequência desagradável do fenômeno é que quanto maior for o volume de capital especulativo internalizado, tanto maior será o trauma de uma eventual parada brusca do movimento de capital.

A Figura 1 ilustra essa possibilidade de uma bolha Brasil. A compra de reservas internacionais pelo Banco Central (DR) mantém a taxa de câmbio acima do nível de equilíbrio que seria compatível com o volume de financiamento externo produzido pelo valor corrente do parâmetro de atratividade externa (B). A política cambial de flutuação amortecida permite que a taxa de câmbio caminhe em direção ao equilíbrio apenas de forma muito gradual. Na figura, isso produziria um pequeno movimento para baixo da posição de desequilíbrio que está ali representada. Para o especulador estrangeiro disposto a arbitrar o diferencial das taxas de juros esse movimento é irrelevante, e o país apresenta-se como uma oportunidade de ganho altamente interessante. O resultado no nosso modelo é um aumento do parâmetro de atratividade externa (para $B + b$, na figura), o que atua no sentido de aumentar o volume de financiamento externo, aumentando o desequilíbrio. Quando maior o desequilíbrio, tanto maior a sensação de segurança do especulador e, portanto, tanto maior a atratividade da aposta (e o valor do parâmetro B). Como em toda bolha, cria-se um mecanismo de retroalimentação que tende a se sustentar até o rompimento num colapso.

FIGURA 1

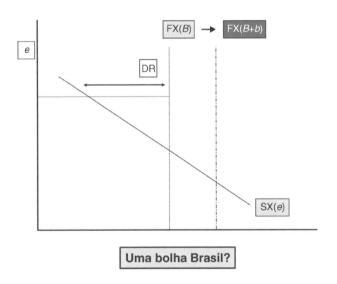

Uma bolha Brasil?

O que temos então, em resumo, é uma explicação para o nível elevado da taxa de juros real que não depende de propriedades desfavoráveis da posição de equilíbrio macroeconômico. A taxa de juros real permanece alta porque a economia se encontra permanentemente em desequilíbrio, como resultado de uma sequência de choques inflacionários, de uma política cambial de flutuação amortecida e da reduzida sensibilidade da demanda agregada à taxa real de juros.

Cabe questionar, porém, se existe sustentação empírica para essa tese de que a taxa de juros real elevada no Brasil pode ser consequência da dinâmica de um desequilíbrio duradouro dentro do regime de metas. A tese depende de duas hipóteses: uma reduzida sensibilidade do nível de atividade à taxa de juros real e uma política cambial de flutuação amortecida. Em relação a essa última, não há o que questionar, já que a história recente parece inequívoca. Permanece, porém, a questão da validade da primeira hipótese.

O desenvolvimento de um teste empírico rigoroso transcende o escopo do presente texto. Adiciono, não obstante, algumas observações. Em primeiro lugar, é importante notar que nosso argumento foi construído com base na hipótese de uma reduzida sensibilidade do nível de atividade (u) à taxa real de juros (r), mas poderia ter sido alternativamente construído com base numa reduzida sensibilidade da inflação ao nível de atividade. Isso pode resultar tanto de uma derivada muito pequena de $f(u)$ na curva de Phillips como de um componente muito rígido de inércia inflacionária.[6] Em última análise, portanto, o que deve ser testado é a sensibilidade da inflação à taxa de juros real.

Observo que no modelo de projeção da Macrométrica é fácil produzir uma análise comparativa da eficácia da política monetária no Brasil e nos Estados Unidos, o que pode ser instrutivo a despeito das conhecidas limitações de um modelo estrutural desse tipo. Se simulamos uma elevação de 5 pontos percentuais na taxa de intervenção do BC (a taxa dos FED *funds* nos Estados Unidos e a taxa Selic no Brasil), obtemos uma perda de produto industrial acumulada em 3 anos da ordem de 16 pontos percentuais (pts%) nos Estados Unidos e de 4 pts% para o Brasil.[7] Ou seja, a sensibilidade do nível de atividade à taxa de juros parece ser quatro vezes menor no nosso caso. O impacto acumulado ao longo de 3 anos sobre a taxa de inflação dos preços ao consumidor seria uma redução de 3,4 pts% nos Estados Unidos e de 0,8 pts% no Brasil, novamente uma diferença por um fator multiplicativo da ordem de 4.

Por outro lado, mesmo uma observação casual de algumas características do funcionamento dos mercados financeiros e de capitais no Brasil, em geral herdadas do período de inflação crônica, parece sugerir motivos para essa ineficácia da taxa de juros. O BC opera com a taxa Selic, mas como isso se reflete nas outras taxas de juros da economia? Desde 2007, a TJLP, que é a referência para os empréstimos de longo prazo do BNDES, praticamente não foi afetada por mudanças na Selic. Antes de 2007, o coeficiente de repasse de mudanças na Selic para a TJLP, estimado por regressão, era de aproximadamente 40%.[8] No caso da TR, que baliza todos os empréstimos do setor imobiliário, o coeficiente é de 25%. Isso determina o repasse para a rentabilidade da caderneta de poupança e parece afetar também o repasse para o CDB prefixado, que fica próximo a 70%. No caso das taxas de empréstimos apuradas pelo BACEN, o coeficiente de repasse para o período posterior a 2005 foi de 30% no desconto de duplicatas da pessoa jurídica, de 80% no capital de giro, de 100% na aquisição de veículos pela pessoa física e de 50% na aquisição de outros bens pela pessoa física. Ou seja, de modo geral, há um amortecimento no repasse de variações da Selic sobre as demais taxas de juros da economia, e esse amortecimento parece muito intenso em áreas de importância estratégica, como os empréstimos de longo prazo do BNDES, os empréstimos imobiliários, o desconto de duplicatas e a aquisição de bens de consumo. Seria interessante examinar como essa evidência se compara com a realidade de economias avançadas, como a americana, em que a eficácia da taxa de juros como instrumento de política monetária parece ser maior do que no nosso caso.

Bacha (2010) menciona adicionalmente o problema dos créditos direcionados (particularmente do BNDES e de outros bancos de fomento e o crédito agrícola), que, por serem subsidiados, têm que ser racionados administrativamente, o que os torna em princípio insensíveis à taxa de juros. Nesse caso, as decisões do BC podem ter algum impacto sobre o custo dessas operações, mas isso não afeta o volume de crédito concedido nem seu efeito sobre o resto da economia.

Outra observação relevante é o grande percentual de ativos financeiros indexados a taxas *overnight*, como a Selic ou o CDI. Normalmente, numa economia em que predominam ativos financeiros prefixados, uma elevação da taxa de juros provoca transferências de renda de credores para devedores. Como o governo é sempre um grande devedor, isso reduz a riqueza financeira do setor privado, com impacto depressivo sobre o nível de atividade. Por outro lado, as instituições financeiras também são afetadas,

---

[6] Por exemplo, se o termo $dp_{(-1)}$ da curva de Phillips fosse substituído por um longo somatório em s de $dp_{(-s)}$.

[7] Em relação à uma trajetória original de referência.

[8] Ver o Apêndice para os resultados de regressão mencionados em seguida. As variações percentuais em 12 meses das rentabilidades da Selic, TR, Poupança e CDB Pré foram calculadas com base nos índices de rentabilidade nominal da Andima. As taxas de juros apuradas pelo BACEN referem-se a pessoas jurídicas (PJ) ou pessoas físicas (PF), conforme o caso.

na medida em que tipicamente captam a prazos mais curtos do que emprestam. Como consequência, há uma deterioração temporária nos seus balanços, que tende a produzir critérios mais rigorosos na concessão de créditos. No caso brasileiro, o M4, que já supera os 80% do PIB, é totalmente ligado a taxas *overnight*. Por outro lado, apenas 45% do crédito bancário é contratado com taxas prefixadas.

Em última análise, porém, é possível que a explicação principal para a baixa potência da taxa de juros no Brasil seja mesmo o fato de que a economia opera com um volume de crédito muito reduzido quando comparado ao PIB, particularmente nas modalidades prefixada e de médio e longo prazos. O mercado de crédito ainda não se desenvolveu adequadamente após a estabilização, por exemplo, na área imobiliária, e isso em grande parte é devido à longa convivência com taxas de juros elevadas no passado. Ou seja, foi criada uma espécie de armadilha estrutural, com uma relação de causalidade circular entre reduzida intensidade do crédito e juros reais elevados.

Nossa tese sobre a existência de uma espécie de equilíbrio falso (isto é, um desequilíbrio duradouro), caracterizado por nível elevado da taxa de juros real, sugere que o regime de metas no Brasil não funciona adequadamente. O que pode então ser feito a respeito? A solução, obviamente, está na correção das duas anomalias que são a raiz do problema, ou seja, a reduzida eficácia da Selic como instrumento de controle inflacionário e o regime de flutuação amortecida da taxa de câmbio.

Com relação à eficácia da Selic, há uma série de sugestões de política econômica que vêm imediatamente à mente. Provavelmente a maior prioridade é eliminar o complexo TR-caderneta de poupança, uma segmentação anacrônica do mercado de crédito que efetivamente estabelece um piso para a taxa Selic, além de reduzir sua eficácia. A tentação natural de equacionar esse problema de forma politicamente indolor apenas introduzirá distorções adicionais ao sistema, como ficou claro em 2008.

Importante também é enfrentar o problema dos créditos públicos direcionados que são racionados administrativamente, o que talvez possa ser feito com a utilização de mecanismos de leilão. A prática pelo BNDES de taxas de juros de longo prazo muito abaixo da Selic é talvez a maior demonstração prática de que realmente existe uma situação duradoura de desequilíbrio macroeconômico. Numa economia de mercado sem distorções, também se observa uma curva de retornos (*yield curve*) invertida, com taxas longas menores do que a taxas curtas, quando a política monetária adota temporariamente uma postura contracionista em resposta a um choque inflacionário. O problema no Brasil é que isso é um fenômeno permanente, não temporário, o que termina gerando um esquema de racionamento administrativo no crédito longo.

A atual rigidez da TJLP também parece desnecessária, e inclusive não existia quando de sua criação por Persio Arida em 1994. A mudança da atual periodicidade trimestral para mensal na fixação da TJLP seria recomendável, pois poderia aumentar a sensibilidade à Selic na contratação de novos créditos, mesmo que os contratos existentes continuem sendo repactuados com periodicidade trimestral ou mais longa.

Com relação à dívida pública ligada à taxa *overnight*, tanto no caso das LTFs como do excesso de operações compromissadas pelo Banco Central (o chamado *undersold*), é recomendável uma atuação mais decisiva do governo para eliminar o que parece ser um "traço cultural" herdado do nosso passado inflacionário. Afinal quem não gosta de ativos financeiros que oferecem simultaneamente grande liquidez e alta rentabilidade? Nossa sugestão (Lopes, 2006) para uma transição rápida passa por uma alteração do próprio conceito de LFT, que continuaria a ser um ativo de taxa flutuante (*floating rate*), porém ligado à remuneração de títulos prefixados de prazos mais longos.

Há que se reconhecer, porém, que todas essas medidas podem não ser suficientes para a desmontagem da armadilha estrutural que resulta da relação circular entre baixa intensidade de crédito e baixa potência da taxa Selic. Para isso, provavelmente, a única solução efetiva é um período de convivência com inflação baixa e taxas de juros reais reduzidas, mas como conseguir isso?

Com relação ao regime cambial, a questão parece também complexa. Para evitar o ingresso de capital especulativo buscando arbitragem do diferencial de juros, a volatilidade de curto prazo da taxa de câmbio deveria ser aumentada e não reduzida, como se pretende atualmente. A baixa volatilidade sincroniza a atuação de todos os especuladores numa posição de mercado oposta ao BC, o que nunca é saudável. Por outro lado, certamente não seria recomendável pensar em controles de capital para resolver o problema. Esses controles só produzem distorções e têm eficácia comprovadamente limitada. Em última análise, a única solução correta é a efetiva implantação da livre flutuação.

De preferência, a medida deveria ser adotada depois de algum avanço no aumento da potência da taxa Selic como instrumento de controle inflacionário, na linha do que foi mencionado anteriormente. O momento ideal para isso seria logo após uma "parada brusca" (*sudden stop*), como a que ocorreu em 2008 (e que, tendo em vista o crescente desequilíbrio na nossa balança de transações correntes, tem alta probabilidade de ocorrer novamente num horizonte de médio prazo). Nesse caso, seria possível promover uma redução rápida e significativa da Selic e anunciar uma decisão irrevogável do BC de se abster completamente de qualquer intervenção no mercado cambial (inclusive através de derivativos).[9]

É curioso notar que a flutuação amortecida da taxa de câmbio tem uma desagradável semelhança com o sistema de indexação generalizada do nosso passado inflacionário. Ambos pareciam muito convenientes quando foram inicialmente introduzidos, já que permitiam uma convivência relativamente benigna com deformações sérias no funcionamento da macroeconomia. Sua posterior eliminação, porém, transformou-se num grande desafio.

APÊNDICE

VARIÁVEL DEPENDENTE: TJLP (% a.a.)				
Método: Mínimos Quadrados				
Data: 27/8/2010 Hora: 21:17				
Intervalo: de jan/2000 a jan/2007				
Número de observações: 85				
Variáveis Independentes	Coeficiente	Erro-padrão	Estatística T	Valor P
Constante	2,57386	0,71695	3,59002	0,00056
Var%12 Rentab Selic	0,3882	0,03808	10,19302	0
R-Quadrado	0,55591	Média var. dep.		9,826
R-Quadrado ajustado	0,55056	D.-padrão var. dep.		1,21
Erro-padrão da regressão	0,81137	Soma quadr. resíduos		54,64
Log verossimilhança	−101,83	Durbin-Watson		0,15975
Critério de Akaike	2,44306	Critério de Schwarz		2,50053
Estatística F	103,898	Prob(F)		0

---

[9] Note-se, porém, que a conjuntura de 2008 foi particularmente favorável para essa medida ao combinar uma parada brusca com elevação da taxa de câmbio com pressões externas de sentido deflacionário. Normalmente essa combinação não deve ser esperada, o que significa que a adequada administração da inflação nessa transição será sempre um problema não trivial.

VARIÁVEL DEPENDENTE: Var%12 Rentabilidade TR

Método: Mínimos Quadrados

Data: 27/8/2010 Hora: 20:52

Intervalo: de jan/2000 a jul/2010

Número de observações: 127

Variáveis Independentes	Coeficiente	Erro-padrão	Estatística T	Valor P
Constante	−1,85265	0,12818	−14,45375	0
Var%12 Rentab. Selic	0,25305	0,00762	33,18803	0
R-Quadrado	0,89808	Média var. dep.		2,284
R-Quadrado ajustado	0,89726	D.-padrão var. dep.		1,049
Erro-padrão da regressão	0,33631	Soma quadr. resíduos		14,14
Log verossimilhança	−40,804	Durbin-Watson		0,05433
Critério de Akaike	0,67407	Critério de Schwarz		0,71886
Estatística F	1101,446	Prob(F)		0

VARIÁVEL DEPENDENTE: Var%12 Rentabilidade Poupança

Método: Mínimos Quadrados

Data: 27/8/2010 Hora: 20:57

Intervalo: de jan/2000 a jul/2010

Número de observações: 127

Variáveis Independentes	Coeficiente	Erro-padrão	Estatística T	Valor P
Constante	4,20416	0,13306	31,59497	0
Var%12 Rentab Selic	0,26883	0,00792	33,96271	0
R-Quadrado	0,90223	Média var. dep.		8,599
R-Quadrado ajustado	0,90144	D.-padrão var. dep.		1,112
Erro-padrão da regressão	0,34913	Soma quadr. resíduos		15,24
Log verossimilhança	−45,555	Durbin-Watson		0,0565
Critério de Akaike	0,7489	Critério de Schwarz		0,79369
Estatística F	1153,466	Prob(F)		0

VARIÁVEL DEPENDENTE: Var%12 Rentabilidade CDB Pré 30 dias

Método: Mínimos Quadrados

Data: 27/8/2010 Hora: 21:02

Intervalo: de jan/2000 a jun/2010

Número de observações: 126

Variáveis Independentes	Coeficiente	Erro-padrão	Estatística T	Valor P
Constante	3,06957	0,23363	13,13857	0
Var%12 Rentab. Selic	0,67384	0,01386	48,62496	0
R-Quadrado	0,95017	Média var. dep.		14,126
R-Quadrado ajustado	0,94977	D.-padrão var. dep.		2,688
Erro-padrão da regressão	0,6024	Soma quadr. resíduos		45
Log verossimilhança	-113,918	Durbin-Watson		0,06422
Critério de Akaike	1,83996	Critério de Schwarz		1,88498
Estatística F	2364,387	Prob(F)		0

VARIÁVEL DEPENDENTE: Tx. Juros – Desconto de Duplicatas – PJ (Juros Pré)

Método: Mínimos Quadrados

Data: 27/8/2010 Hora: 21:11

Intervalo: de jan/2005 a jul/2010

Número de observações: 67

Variáveis Independentes	Coeficiente	Erro-padrão	Estatística T	Valor P
Constante	35,01964	2,04507	17,12391	0
Var%12 Rentab Selic	0,3104	0,14426	2,15167	0,03514
R-Quadrado	0,06649	Média var. dep.		39,309
R-Quadrado ajustado	0,05213	D.-padrão var. dep.		3,845
Erro-padrão da regressão	3,74355	Soma quadr. resíduos		910,92
Log verossimilhança	–182,496	Durbin-Watson		0,21968
Critério de Akaike	5,50734	Critério de Schwarz		5,57315
Estatística F	4,63	Prob(F)		0,03514

VARIÁVEL DEPENDENTE: Tx. Juros – Capital de Giro – PJ (Juros Pré)

Método: Mínimos Quadrados

Data: 27/8/2010 Hora: 21:11

Intervalo: de jan/2005 a jul/2010

Número de observações: 67

Variáveis Independentes	Coeficiente	Erro-padrão	Estatística T	Valor P
Constante	21,67913	1,62886	13,30935	0
Var%12 Rentab Selic	0,81525	0,1149	7,09532	0
R-Quadrado	0,43647	Média var. dep.		32,944
R-Quadrado ajustado	0,4278	D.-padrão var. dep.		3,942
Erro-padrão da regressão	2,98167	Soma quadr. resíduos		577,87
Log verossimilhança	–167,25	Durbin-Watson		0,18768
Critério de Akaike	5,05224	Critério de Schwarz		5,11805
Estatística F	50,344	Prob(F)		0

VARIÁVEL DEPENDENTE: Tx. Juros Aquisição Veículos – PF (Juros Pré)

Método: Mínimos Quadrados

Data: 27/8/2010 Hora: 21:12

Intervalo: de jan/2005 a jul/2010

Número de observações: 67

Variáveis Independentes	Coeficiente	Erro-padrão	Estatística T	Valor P
Constante	17,30745	1,38147	12,52827	0
Var%12 Rentab Selic	1,00567	0,09745	10,31998	0
R-Quadrado	0,621	Média var. dep.		31,203
R-Quadrado ajustado	0,61516	D.-padrão var. dep.		4,076
Erro-padrão da regressão	2,52881	Soma quadr. resíduos		415,67
Log verossimilhança	–156,213	Durbin-Watson		0,16028
Critério de Akaike	4,72277	Critério de Schwarz		4,78858
Estatística F	106,502	Prob(F)		0

VARIÁVEL DEPENDENTE: Tx. Juros Aquisição de Bens (Outros) – PF (Juros Pré)				
Método: Mínimos Quadrados				
Data: 27/8/2010 Hora: 21:31				
Intervalo: de jan/2005 a jul/2010				
Número de observações: 67				
Variáveis Independentes	Coeficiente	Erro-padrão	Estatística T	Valor P
Constante	50,13872	2,29513	21,84572	0
Var%12 Rentab Selic	0,52034	0,1619	3,21396	0,00204
R-Quadrado	0,13713	Média var. dep.		57,328
R-Quadrado ajustado	0,12385	D.-padrão var. dep.		4,488
Erro-padrão da regressão	4,20128	Soma quadr. resíduos		1147,3
Log verossimilhança	−190,225	Durbin-Watson		0,43927
Critério de Akaike	5,73805	Critério de Schwarz		5,80386
Estatística F	10,33	Prob(F)		0,00204

ALÉM DA TRÍADE: COMO REDUZIR OS JUROS?[1]

Edmar Lisboa Bacha

"O balanço das questões tratadas indica uma herança de superindexação que parece incontornável, pois não se pode apagar a memória longa dos financiadores do Estado brasileiro. A recomendação que decorre do ceticismo e da necessidade de evitar artificialismos é não fazer nada de novo [mas isto] quer dizer persistir em reformar o Brasil com juros altos. O risco aqui é um eventual desgaste dessa alternativa aumentar a probabilidade de que algum governo tente mudanças drásticas".
(Dionisio Dias Carneiro, 2006, p. 213)

Argumenta-se que a diferença entre os juros reais brasileiros e os praticados internacionalmente é persistente, mesmo após a introdução da tríade da política macroeconômica, por causa das heranças de um passado hiperinflacionário e de superindexação. Propõe-se lidar com essas heranças através de um redutor de gastos do governo; a vinculação dos créditos direcionados à postura da política monetária; a dação de parcela das reservas internacionais em garantia da dívida pública; a definição de uma meta de inflação de longo prazo; a introdução de um novo regime de indexação dos preços administrados; e a liberalização das aplicações financeiras no exterior.

1 INTRODUÇÃO

Dezesseis anos após o lançamento do Plano Real, a estabilização brasileira continua incompleta. A taxa real de juros não só é a maior do planeta, mas situa-se acima de qualquer padrão internacional atual. Nos quarenta e dois países considerados pelo *The Economist*, a média simples das taxas de juros reais é de –0,6%, com um desvio-padrão de 2,5%. A taxa de juros real do Brasil é de 5,5%, estando assim, com alta probabilidade, fora da distribuição que gera as taxas reais de juros nos demais países do mundo.[2]

As taxas reais de juros no Brasil já foram mais altas do que atualmente. Desde 1999, a tríade da política macroeconômica — superávit primário, câmbio flutuante e metas de inflação — tem permitido uma redução dos juros reais. Mas esse movimento tem sido insuficiente para colocá-los dentro dos padrões dos demais países, mesmo que se dê um desconto pela peculiaridade da atual situação internacional. Pois as taxas reais de juros mundo afora estão anormalmente baixas por causa da anêmica retomada do crescimento econômico, especialmente nos países industriais, após a megacrise financeira de 2008-09.

Poder-se-ia ainda arguir que a dificuldade de reduzir os juros brasileiros se deva à expansão descontrolada dos gastos do governo e do crédito dos bancos públicos, que colocam a economia num ritmo de crescimento insustentável, forçando o Banco Central a apertar a política monetária mesmo a partir de juros tão elevados para os padrões internacionais.

Tais fatores — a inércia do ajustamento e a situação conjuntural — sem dúvida estão presentes. Não obstante, parece-nos que a dificuldade de fazer os juros brasileiros convergirem para os padrões internacionais tem raízes mais profundas, que se situam em nosso passado hiperinflacionário.

Na próxima seção, argui-se, num exercício econométrico, que as taxas de juros brasileiras tendem a se manter mais altas do que os padrões internacionais, mesmo quando se leva em conta a inércia

---

[1] Sem responsabilizá-los pelos resultados, agradeço as sugestões de Alkimar Moura, André Lara Resende, Aurélio Bicalho, Eduardo Vassimon, Fernando Gonçalves, Francisco Lopes, Ilan Goldfajn, Julio Dreizzen e Pedro Malan.
[2] Valores calculados a partir das taxas de juros de 3 meses e da inflação projetada para 2010 no *The Economist* de 16/10/2010.

do ajustamento e a atual situação relativa de demanda no Brasil e no mundo. Também se documenta a importância da dívida pública para a manutenção dos juros altos no país.

Na terceira seção, sugere-se que o peso da dívida pública é excessivo, dado nosso passado inflacionário, e discutem-se medidas que permitam reduzir as taxas de juros, ao atacar os receios de calote e de diluição inflacionária da dívida. Cinco medidas são sugeridas: um teto para os gastos correntes do governo visando reduzir a dívida pública; o uso de parte das reservas internacionais para garantir a dívida; a inclusão do princípio da estabilidade de preços na Constituição; o estabelecimento de uma meta de inflação de longo prazo; e a liberdade para a aplicação da poupança doméstica no exterior.

A herança inflacionária também se manifesta na persistência de instituições e mecanismos montados para conviver com a alta inflação, que hoje reduzem a potência da política monetária. A quarta seção enfoca dois desses mecanismos — os créditos direcionados e os preços administrados. Propõe-se a superação desses problemas através da sujeição dos créditos direcionados às decisões de política monetária do Banco Central e da criação de um indexador unificado, compatível com a meta de inflação de longo prazo, ao qual se vinculariam os reajustes dos preços administrados.

As conclusões estão resumidas na quinta seção, que apresenta um sequenciamento para a introdução das medidas sugeridas.

2 EQUILÍBRIO COM JUROS ELEVADOS

O Gráfico 1 mostra a evolução das taxas reais de juros no Brasil e no mundo, de 1995 a 2010. O mundo aqui consiste em Zona do Euro, Canadá, China, EUA, Índia, Japão, México, Reino Unido e Rússia (aproximadamente 71% do PIB mundial afora o Brasil em PPP). O Gráfico 2 é derivado do anterior e mostra a diferença entre as taxas reais de juros do Brasil e do mundo.

Alguns temas são salientes: (i) os juros reais brasileiros são sempre bem mais altos do que os mundiais; (ii) há uma quebra estrutural em 1999, refletindo a mudança de regime cambial — com câmbio fixo, a diferença de taxas era bem mais alta do que após a introdução do câmbio flutuante; (iii) entre 2000 e 2005, a diferença entre as taxas é (surpreendentemente?) crescente, mas, a partir de 2005 e até 2009, há uma tendência de convergência; (iv) a partir de meados de 2009, manifesta-se uma nova tendência de divergência, ainda que a diferença entre as taxas se mantenha menor do que em qualquer outro período, exceto por 2000.

Tratamos de explicar as diferenças entre as taxas reais de juros do Brasil e do mundo num dado trimestre através de uma equação de regressão com três variáveis:[3] a diferença dessas mesmas taxas no trimestre anterior, a diferença entre os hiatos do produto no Brasil e no mundo (contemporânea ou defasada) e a dívida líquida do setor público no Brasil no final do trimestre anterior, além de uma quebra estrutural (mudança de regime cambial) em 1999.[4] Pode-se pensar essa equação como uma espécie de regra de Taylor, em que o Banco Central ajusta os juros reais ao longo do tempo, em função tanto do aquecimento da economia quanto do volume da dívida pública (no pressuposto de que, quanto maior for essa dívida, maior precisará ser a taxa de juros para que ela seja absorvida pelos investidores, sem a necessidade de mais inflação).

---

[3] Agradeço a Aurélio Bicalho a discussão e elaboração dos exercícios econométricos.

[4] As variáveis estão em logs, exceto pela relação dívida/PIB que está em nível; veja-se o Apêndice para as definições relevantes. Não se pôde construir uma série consistente da dívida bruta para todo o período, razão por que se utilizou a dívida líquida. Além dessas variáveis, foram também testados, sem resultados satisfatórios, um fator de tendência e uma medida de risco Brasil. Exceto pela dívida, os testes de Dickey-Fuller aumentado e de Phillips-Perron rejeitam a existência de raízes unitárias. Embora esses testes não rejeitem a hipótese de que a dívida tenha raiz unitária, o teste de Kwiatkowski-Phillips-Schmidt-Shin não rejeita que a dívida seja estacionária. Por isso, embora não se possa rejeitar a existência de raiz unitária para a dívida, essa existência não fica comprovada, razão pela qual, seguindo Bohn (2005), a mantivemos na regressão.

GRÁFICO 1

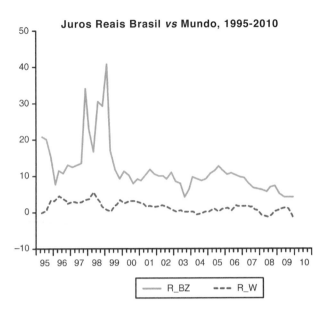

GRÁFICO 2

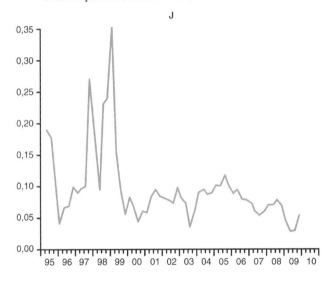

Os resultados das regressões estão nas Tabelas 1 e 2. Na Tabela 1, as equações referem-se ao período do terceiro trimestre de 1995 até o quarto trimestre de 2009. Na Tabela 2, elas se referem ao período do primeiro trimestre de 2000 até o quarto trimestre de 2009, ou seja, exclusivamente ao período da flutuação cambial. A primeira equação dos dois quadros não inclui a dívida; a segunda inclui a dívida e todos os demais regressores; a terceira inclui a dívida, mas exclui a constante (porque ela perde significância na presença da dívida). Na Tabela 1, usa-se a diferença defasada dos hiatos do produto; na Tabela 2, a diferença contemporânea desses hiatos — uma escolha determinada exclusivamente pela qualidade dos resultados estatísticos nos dois casos.

Nas equações (1) e (4), respectivamente nas Tabelas 1 e 2, os coeficientes de todas as variáveis independentes, cujos erros-padrão se indicam entre parênteses, são significativos: constante, diferença defasada dos juros e diferença dos hiatos do produto. Os resultados perdem significância quando se introduz o valor defasado da dívida líquida do setor público junto com a constante entre os regressores, como nas equações (2) e (5). Entretanto, ao se suprimir a constante, como nas equações (3) e (6), a significância dos coeficientes novamente se eleva.

TABELA 1   Regressões para a diferença de juros Brasil/Mundo, 1995-2009

Variáveis Independentes	Regressões		
	(1)	(2)	(3)
Constante	0,064	0,010	
	(0,020)***	(0,038)	
Juros defasados	0,560	0,531	0,537
	(0,147)***	(0,121)***	(0,107)***
Dif. hiatos defasados	1,140	0,905	0,884
	(0,501)**	(0,566)	(0,520)*
Dívida pública defasada		0,189	0,214
		(0,108)*	(0,053)***
Dummy pós-99	−0,031	−0,066	−0,070
	(0,016)*	(0,027)**	(0,023)***
Estatísticas			
R^2-ajustado	0,582	0,602	0,608
DW	2,060	1,975	1,980
LM_1	0,15[0,70]	0,00[0,96]	0,00[0,95]
HET	7,98[0,00]	6,38[0,00]	6,22[0,00]
JB	86,30[0,00]	67,09[0,00]	62,62[0,00]

( ) Desvio-padrão – White. *Significativo a 10%. **Significativo a 5%. ***Significativo a 1%. Amostra 1995-III a 2009-IV. LM: teste de autocorrelação serial Lagrange Multiplier para uma defasagem [] p-valor. HET: teste de heterocedasticidade Breusch-Pagan-Godfrey [] p-valor. JB: teste de normalidade dos resíduos Jarque-Bera [] p-valor.

TABELA 2   Regressões para a diferença de juros Brasil/Mundo, 2000-2009

Variáveis Independentes	Regressões		
	(4)	(5)	(6)
Constante	0,020	0,001	
	(0,008)**	(0,019)	
Juros defasados	0,740	0,687	0,687
	(0,107)***	(0,117)***	(0,116)***
Dif. hiatos	0,580	0,498	0,496
	(0,228)**	(0,240)**	(0,228)**
Dívida pública defasada		0,047	0,049
		(0,044)	(0,018)**
Estatísticas			
R^2-ajustado	0,558	0,560	0,572
DW	1,858	1,765	1,763
LM_1	0,04[0,84]	0,35[0,56]	0,36[0,55]
HET	1,69[0,20]	1,15[0,34]	1,15[0,34]
JB	0,04[0,98]	0,30[0,86]	0,32[0,85]

( ) Desvio-padrão. *Significativo a 10%. **Significativo a 5%. ***Significativo a 1%. Amostra 2000-I a 2009-IV. LM: teste de autocorrelação serial Lagrange Multiplier para uma defasagem [] p-valor. HET: teste de heterocedasticidade Breusch-Pagan-Godfrey [] p-valor. JB: teste de normalidade dos resíduos Jarque-Bera [] p-valor.

A partir desses resultados, é possível calcular a diferença de equilíbrio entre as taxas de juros do Brasil e do mundo, definindo-se o equilíbrio não somente pela igualdade dos juros correntes com os respectivos juros defasados, mas também pela zeragem dos hiatos do produto no Brasil e no mundo. Restringindo-nos ao período de câmbio flutuante, essa diferença é igual a 7,7%, segundo a equação (4). Quando se introduz a dívida, e se fazem os cálculos a partir do atual valor dessa variável, que é de 40% do PIB, conclui-se da equação (6) que a diferença de juros de equilíbrio é igual a 6,3%.[5] Ou seja, nesse sentido de equilíbrio, não se observa uma tendência para a aproximação das taxas de juros brasileiras às taxas de juros internacionais.[6]

Os resultados confirmam a importância da pressão de demanda sobre a capacidade para explicar a diferença das taxas de juros. Por exemplo, segundo a equação (3), que se refere ao período como um todo, no curto prazo, mantido o hiato do produto no mundo constante, um aumento de 1 ponto percentual na pressão da demanda sobre o PIB potencial no Brasil implica um aumento de 0,9 ponto percentual na diferença de juros. No caso da equação (6), que se refere exclusivamente ao período pós-2000, o impacto é menor, igual a 0,5 ponto percentual. A diferença dos impactos se mantém quando se considera o longo prazo — respectivamente, 2,6 e 1,6 pontos percentuais —, e pode estar refletindo o fato de a política monetária ter se tornado mais potente no período da flutuação cambial. Desse modo, excessos de demanda requerem agora menor variação dos juros para manter a inflação sob controle do que era o caso durante o período de câmbio administrado.

Os coeficientes da dívida também apontam para a maior efetividade da política monetária após a flutuação cambial. Assim, segundo a equação (3), que é válida para todo o período, um aumento de 1 ponto percentual na relação dívida/PIB eleva a diferença de juros em 0,21 ponto percentual no curto prazo. Já na equação (6), que se refere ao período da flutuação cambial, esse impacto é bem menor, de 0,05 ponto percentual. Essa queda do impacto do aumento da dívida sobre os juros é compatível com a percepção de que a implantação da tríade da política macroeconômica levou a uma maior disposição dos investidores para absorver a dívida e a uma maior potência da política monetária. Portanto, para manter a inflação sob controle, aumentos da oferta de dívida implicam agora aumentos dos juros bem menores do que era o caso durante o período de câmbio administrado.

Baldacci e Kumar (2010) reportam estudos para os EUA que estimam impactos de 0,03 a 0,05 pontos percentuais de aumento de juros por cada 1 ponto percentual de aumento da dívida pública americana como proporção do PIB. Sua própria análise empírica encontra valores similares a esse num painel de 31 países para o período de 1980-2008. Os resultados obtidos para o Brasil para o período de flutuação cambial são, portanto, compatíveis com a evidência internacional, mas também revelam a importância da dívida para os juros, especialmente tendo em conta o processo paulatino de ajustamento de juros nas nossas equações. Assim, no período da tríade, retratados na equação (6), no longo prazo um aumento de 1 ponto percentual na dívida resulta num aumento de 0,19 ponto percentual na diferença de juros,[7] um valor bem maior do que os valores retratados no painel de Baldacci e Kumar.

Os resultados estatísticos confirmam a percepção de que os juros reais elevados no Brasil são persistentes e têm a ver com prêmios de risco relacionados a temores, que perduram, de diluição inflacionária e calote da dívida pública. Por outro lado, também é arguível que mecanismos de indexação e de segmentação de créditos, montados para proteção contra a alta inflação, continuam a reduzir a potência da política monetária, mesmo sob o regime da tríade macroeconômica. Discutimos na próxima seção os riscos da dívida e na seguinte os mecanismos redutores da potência da política monetária.[8]

---

[5] Na equação (4), esse valor é igual a $0{,}02/(1{-}0{,}74)$; na equação (6), a $0{,}049 \times 0{,}4/(1{-}0{,}687)$.
[6] Um fator de tendência (1/tempo) também foi testado, sem resultados significativos. Utilizando um modelo dinâmico, que permite que a taxa de juros equilíbrio varie ao longo do tempo, Tâmega-Fernandes *et al.* (2010) captam uma tendência de declínio desde 2005 nessa taxa, que atualmente estaria no intervalo de 5,4% a 6,8%. Ver também o artigo de goldfajn e Bicalho neste livro.
[7] Isso resulta da divisão do coeficiente da dívida defasada por 1 menos o coeficiente da diferença defasada de juros na equação (6).
[8] Partes dos temas das seções que se seguem foram antes consideradas em Arida, Bacha e Resende (2005) e Bacha, Gonçalves e Hollanda (2009).

3 DÍVIDA PÚBLICA E HERANÇA INFLACIONÁRIA

É muito ruim a experiência monetária brasileira até o Plano Real. Rogoff e Reinhart (2004a) mostram que o Brasil perde apenas do Congo entre os países com as moedas que mais se desvalorizaram no mundo entre 1970 e 1991. Mesmo no período pós-real, entre 1995 e 2009, a inflação dos preços ao consumidor no Brasil foi de 7,5% ao ano; no resto do mundo,[9] de 3,6%. Na última década, entre 2000 e 2009, a inflação anual no Brasil foi 6,6% e no resto do mundo, 2,8%. Ademais, o país se inclui entre os "caloteiros em série" identificados em Rogoff e Reinhart (2004b). Não se trata apenas de calotes da dívida externa, pois foram várias as supressões da "correção monetária" da dívida interna em planos econômicos desde o início da década de 1980, culminando com o congelamento dos depósitos no Plano Collor de 1990.

Propostas mais ou menos explícitas de calote na dívida deixaram de estar presentes nos programas do PT apenas desde a Carta aos Brasileiros de meados de 2002, embora constassem da Declaração de Olinda do final de 2001. No atual programa do partido, resta a demanda por um 'imposto sobre as grandes fortunas'. Talvez mais significativas sejam as contínuas manifestações contra a política de juros do Banco Central por parte de lideranças empresariais e políticas, tanto do governo quanto da oposição — sem explicitação de uma alternativa que não envolva calote ou mais inflação. Essas críticas deixam no ar a dúvida sobre por quanto tempo mais a elite brasileira dará sustentação a uma política de contenção da inflação que requer juros reais tão elevados. É uma situação parecida com a que havia no país com respeito aos planos de estabilização desde o Cruzado até o Plano Real. Na aparente falta de alternativas, a cada governo que entrava, ou ministro da Fazenda que era substituído, imediatamente começavam os rumores sobre um próximo congelamento de preços, o que contribuía para acelerar a inflação. Atualmente, os temores latentes sobre a continuidade do tripé macroeconômico contribuem para sustentar os juros elevados.

É muito alto o gasto do governo com o pagamento de juros sobre a dívida pública: 5,4% do PIB em 2009. É isso que causa o incômodo político. Esse valor resulta da multiplicação da taxa média de juros pela razão entre a dívida e o PIB. Fosse essa razão menor, menor também seria o ônus do serviço da dívida sobre o PIB. Superando 40% do PIB, a dívida pública líquida é muito elevada em face de nosso triste histórico de alta inflação e sucessivos calotes. Entre os nossos parceiros de risco soberano na Standard & Poor's (2010), somente a Índia tem dívida pública mais elevada. Mas a Índia não tem um passado de altíssima inflação e sucessivos calotes como o nosso — uma das razões por que a poupança interna desse país é tão mais elevada do que a do Brasil e os juros reais tão mais baixos.

A dívida líquida não é apenas elevada; dentre os ativos do governo central que reduzem seu valor destacam-se ativos locais de liquidez duvidosa. Além disso, a dívida é de curto prazo e muito dependente da taxa Selic. Nessas condições, aumentos dos juros pelo Banco Central arriscam tornar o serviço da dívida politicamente insuportável, aguçando a percepção de uma monetização futura e diminuindo o impacto da política monetária sobre a inflação. Blanchard (2005) e Favero e Giavazzi (2005) investigaram de forma independente qual seria o nível de dívida em que a política monetária se tornaria perversa — o ponto a partir do qual aumentos adicionais dos juros, por seu impacto sobre o risco de monetização futura, aumentariam em vez de diminuir a inflação prospectiva. Exercício similar foi feito por Carneiro e Wu (2005). Embora os números divirjam, a conclusão desses autores foi que, embora a dívida ainda não houvesse atingido o nível que tornaria perversa a política monetária, ele estava à vista, a persistirem as tendências que na ocasião se observavam. Desde então, essa preocupação se tornou menos urgente, pois a dívida caiu como proporção do PIB e a taxa real de juros retrocedeu. Sem embargo, conforme sugerido pelos exercícios econométricos da seção anterior, é demonstrável a importância do tamanho da dívida na explicação das altas taxas reais de juros do país.

---

[9] Resto do mundo: Reino Unido, EUA, China, México, Rússia, Índia, Zona do Euro, Canadá e Japão (aproximadamente 71% do PIB mundial afora Brasil em PPP).

É razoável concluir que se torna necessário um movimento convincente de diminuição do valor da dívida ao longo do tempo para reduzir o prêmio de risco embutido nas taxas de juros. Há uma proposta no Congresso para colocar um teto à expansão do gasto corrente do governo federal, de modo a permitir um aumento do superávit primário sem prejuízo do crescimento e assim obter uma queda da dívida pública como proporção do PIB. De acordo com nossos resultados econométricos — expressos na equação (6) da Tabela 2 —, uma redução da dívida líquida do setor público dos atuais 40% para 20% do PIB faria a diferença entre os juros reais brasileiros e a média dos juros mundiais cair à metade, em equilíbrio (de 6,3% para 3,15%).

Essa proposta poderia complementar-se com um mecanismo financeiro, através do qual parcela das reservas internacionais — reconhecidamente excessivas do ponto de vista da provisão de um seguro contra abalos externos, mas nem por isso menos custosas — passasse a oferecer garantia legal para a dívida interna.[10] Não se trata de resgatar a dívida interna, pois isso requereria a conversão das reservas em reais, valorizando ainda mais a moeda, mas de criar um lastro externo para a dívida interna que permita a redução de seu prêmio de risco. Impostos diferenciados à parte, tal mecanismo permitiria que o Tesouro brasileiro captasse recursos no mercado doméstico, com papéis assim lastreados, pagando taxas de juros nominais em reais mais próximas às taxas em dólares com que hoje capta recursos no exterior.

Tais medidas dariam credibilidade a um compromisso com uma meta de inflação de longo prazo. A proposta é que o Conselho Monetário Nacional defina uma meta de inflação, a ser alcançada até o final desta década, para deixar claro que a estabilidade de preços não tem um horizonte de apenas 2 anos, como no atual regime de metas, mas é um objetivo nacional permanente. Essa meta precisa ser suficientemente baixa para desestimular a indexação, mas suficientemente maior do que zero para dar margem a ajustes de preços relativos sem que se corra o risco de uma deflação. Uma meta de longo prazo de 3% parece cumprir ambos os requisitos, além de aproximar-se da taxa média de inflação na última década no 'resto do mundo' definido na seção anterior.

Para fortalecer essa sinalização, sugere-se a aprovação de emenda constitucional incluindo a busca da estabilidade de preços nos princípios da ordem econômica e financeira do país (Constituição Federal, art. 170). Os atuais objetivos vão da soberania nacional à proteção da pequena empresa, passando pela busca do pleno emprego e a redução das desigualdades, mas surpreendentemente não incluem a busca da estabilidade de preços, talvez porque a Constituição tenha sido aprovada num período de alta inflação, em que tal estabilidade parecia inalcançável. Não se trata de mera declaração de intenções, mas *inter alia* de caracterizar que o objetivo de manutenção do poder de compra de salários e aposentadorias prescrito em outras partes da Constituição (artigos 7º, 37, 39, 40, 42 e 201) será perseguido preferencialmente pela busca da estabilidade de preços e não por leis ordinárias ou decisões judiciais que os indexem à inflação passada.[11]

O componente final das medidas propostas nesta seção seria a liberalização das aplicações financeiras no exterior. Atualmente, a modalidade de fundos de investimento no exterior (regulados pelos artigos 97 e 110-B da Instrução 409 da CVM) está restrita apenas a clientes de grande porte, e mesmo assim a liquidação financeira das posições tem que ser feita em reais, dentro do país. O que se propõe é uma liberalização dessas restrições, regulamentando-se a negociação no varejo interno de fundos de investimento no exterior, com a possibilidade de liquidação das operações em dólares no exterior.

Trata-se de deixar aberta a porta de saída, para reduzir a parcela do prêmio de risco embutida na taxa de juros por causa das restrições hoje existentes para as aplicações financeiras em moedas outras que não o real. Quando o governo dificulta as aplicações em dólares, o resultado é que os investidores locais demandam um aumento da taxa local de juros para acomodar uma parcela maior de sua riqueza

---

[10] Caso o Tesouro não saldasse a dívida interna em reais, ela seria paga em dólares por agentes fiduciários do governo brasileiro no exterior.

[11] Ver mais adiante uma proposta de indexação, referida à inflação à frente, a ser aplicada aos preços administrados, que também poderia se aplicar às remunerações protegidas contra a inflação no texto constitucional.

em reais. Concretamente, entre os emergentes com um passado de alta inflação e sucessivos calotes na dívida, o Brasil é o único país que desenvolveu um amplo mercado financeiro doméstico baseado exclusivamente na moeda nacional. Todos os outros na mesma categoria (Argentina, Bolívia, Equador, Peru, Uruguai, para citar apenas os exemplos próximos) tiveram que admitir o dólar como uma moeda paralela. Esse feito brasileiro deve ser preservado, pois a dolarização do sistema financeiro doméstico é sem dúvida danosa. O problema são os custos. No passado inflacionário, inventaram-se as contas remuneradas para preservar a poupança na moeda nacional; atualmente, os juros elevados cumprem o papel de manter os brasileiros atrelados ao real.[12]

Acopladas à tríade da política macroeconômica, as medidas aqui delineadas permitirão lidar com as causas dos juros elevados, mas os investidores precisam estar convencidos de que isso é para valer — e uma boa maneira de obter esse convencimento é facilitando as aplicações financeiras no exterior. Dessa forma, os brasileiros poderão livremente aplicar suas poupanças onde quiserem mundo afora, deixando de haver a justificativa do aprisionamento para que requeiram uma remuneração de suas aplicações em reais maior do que as taxas de juros vigentes internacionalmente. Trata-se de medida congruente com a progressiva introdução da conversibilidade plena do Real, que vem sendo perseguida pelo Banco Central desde a criação da moeda, em 1994.

4 POLÍTICA MONETÁRIA E HERANÇA DA SUPERINDEXAÇÃO

Ao longo do período inflacionário, diversos mecanismos de proteção foram sendo montados, para preservar preços e créditos da corrosão inflacionária. Hoje, esses mecanismos reduzem a potência da política monetária, e sua superação facilitaria a redução dos juros no país. Consideramos aqui dois desses mecanismos que nos parecem particularmente perversos.

Trata-se em primeiro lugar de ampliar o alcance da política monetária sobre a oferta de crédito, de forma que ela passe a influenciar não só o custo do crédito livre (via taxa Selic), mas também o volume do crédito direcionado (desembolsos do BNDES e de outros bancos de fomento, mais o crédito habitacional e o crédito agrícola). Os créditos direcionados, que representam hoje cerca de 1/3 do total dos créditos do sistema financeiro, são via de regra subsidiados e portanto racionados através de mecanismos administrativos. Dessa forma, boa parte da expansão do crédito independe das decisões do Banco Central. Isso requer uma taxa Selic mais alta para conter a inflação do que seria o caso se os créditos direcionados também se contraíssem quando o Banco Central apertasse a política monetária.[13] A proposta, então, é que o volume dos créditos direcionados passe a ser determinado periodicamente pelo Conselho Monetário Nacional (CMN), de forma compatível com a postura da política monetária, conforme definida pelos movimentos da taxa Selic. Quando, por exemplo, o Banco Central reduzisse a taxa Selic, isso seria acompanhado por decisão do CMN aumentando a oferta do crédito direcionado suprido majoritariamente pelo BNDES, Caixa e Banco do Brasil.

O aumento da potência da política monetária seria também obtido pela ampliação do conjunto de preços que variam em função da demanda de bens e serviços, conforme afetada pela taxa Selic. Atualmente, somente os chamados preços livres assim o fazem de forma plena, pois os chamados preços administrados, sujeitos a regras contratuais, tendem a ser reajustados de acordo com índices que medem a inflação passada, independentemente das condições de demanda. A consequência é que um aperto monetário tem que ser mais forte e mais duradouro do que seria o caso se houvesse maior flexibilidade dos

---

[12] Mesmo enfrentando problemas de endogeneidade que vão contra a hipótese, a análise de painel em Bacha, Gonçalves e Holland (2009) mostra haver uma relação inversa entre dolarização financeira e a taxa de juros local.

[13] Persio Arida tem proposto a substituição da TJLP pela NTN-B como referência para os créditos do BNDES; o Ministério da Fazenda já anunciou o propósito, mas depois dele desistiu de ligar a remuneração da poupança à taxa Selic. Tais medidas permitiriam aumentar o alcance da taxa Selic sem a necessidade de controles quantitativos dos créditos direcionados. Enquanto não são adotadas, melhor instituir tais controles que, salvo melhor juízo, independem de medidas legislativas.

preços administrados, que respondem por cerca de 30% da amostra de produtos que entra no IPCA. Há boas razões, entretanto, para que determinados preços, que envolvem contratos de longo prazo, como os aluguéis residenciais, por exemplo, embutam regras predeterminadas de reajuste.

Trata-se, então, de imaginar regras de reajuste dos preços administrados que não reduzam o impacto da política monetária sobre a inflação. Embora cada caso tenha suas especificidades, em termos gerais pode-se pensar num mecanismo de estágios sucessivos para submeter tais preços à influência da política monetária. Inicialmente, haveria uma unificação dos regimes de indexação, de modo que, a partir do vencimento dos atuais contratos, tais preços passassem a ser reajustados exclusivamente pelo IPCA, o índice de referência do sistema de metas de inflação. Em seguida, haveria uma mudança do mecanismo da indexação, que progressivamente deixaria de ter como referência a inflação passada, passando a ter como referência a meta de longo prazo (3% ao ano). Assim, em vez de ser feita integralmente pelo IPCA passado, a indexação dos preços administrados passaria a ser feita de acordo com uma média ponderada entre o IPCA passado e a meta de longo prazo. O peso da meta de longo prazo seria progressivamente aumentado, até atingir a unidade. Ou seja, os reajustes dos preços administrados continuariam predeterminados, mas o indexador desses reajustes seria condizente com os objetivos de longo prazo da política monetária.

5 CONCLUSÃO

Os testes estatísticos aqui apresentados sugerem que a diferença entre os juros reais brasileiros e aqueles praticados internacionalmente é persistente, mesmo após a introdução da tríade da política macroeconômica em 1999. Os testes também permitem arguir que essa persistência tem raízes em nosso passado hiperinflacionário, que reduzem a tolerância a dívidas públicas elevadas e travam a potência da política monetária.

Propôs-se, então, uma série de mudanças institucionais, desenhadas para lidar com as heranças da hiperinflação e da superindexação, permitindo assim fazer a taxa real de juros convergir para os padrões internacionais. A prudência recomenda a implantação dessas medidas em estágios, começando por aquelas que atacam os fundamentos da "dominância fiscal" e do baixo alcance da política monetária sobre os créditos bancários, seguida daquelas que lidam com os mecanismos de indexação, para finalmente alcançar aquelas que arrefecem o aprisionamento da poupança.

Tais estágios seriam os seguintes: (i) aprovação do redutor de gastos do governo e da vinculação dos créditos direcionados à postura da política monetária; (ii) dação de parcela das reservas internacionais em garantia da dívida pública; (iii) inclusão do princípio da busca da estabilidade de preços na Constituição e estabelecimento da meta de inflação de longo prazo; (iv) novo regime de indexação para os preços administrados; e (v) liberalização das aplicações financeiras no exterior.

APÊNDICE: DESCRIÇÃO DAS VARIÁVEIS

Diferença de juros Brasil/mundo: $\log((1+r\_bz/100)/(1+r\_w/100))$

r_bz: taxa de juro real *ex post* – $((1+i/100)(1+IPCA12m/100)))$, em que i é a última taxa Selic decidida no trimestre

r_w: taxa de juro real *ex post* construída a partir das taxas básicas de juros dos países e da inflação ao consumidor acumulada em 12m; mesma fórmula anterior

Diferença dos hiatos: $(h\_bz – h\_w)$

$h\_bz = \log(y\_bz/y\_bz\_hp)$

y_bz: índice do PIB real Brasil com ajuste sazonal

y_bz_hp: Filtro Hodrick-Prescott do índice do PIB real Brasil com ajuste sazonal

h_w = log(y_w/y_w_hp)

y_w: índice do PIB real amostra mundo com ajuste sazonal

y_w_hp: Filtro Hodrick-Prescott do índice do PIB real amostra mundo com ajuste sazonal

Dívida pública:

d: dívida total líquida do setor público em proporção do PIB no último mês do trimestre

Dummy pós-99: 0 de 1995:1 a 1999:2 e 1 de 1999:3 a 2009:4

Amostra mundo: Reino Unido, EUA, China, México, Rússia, Índia, Zona do Euro, Canadá e Japão (aproximadamente 71% do PIB mundial afora Brasil).

A série do índice PIB amostra mundo começa em 1997:1. O período entre 1995:1 e 1996:4 foi estimado a partir de um modelo econométrico em função do PIB EUA e PIB Zona do Euro.

Os índices do PIB, as taxas de juros nominais e as taxas de inflação foram agregados a partir dos pesos em PPP de cada país.

INDEPENDÊNCIA MONETÁRIA PARCIAL: O EXCESSO DE CORRELAÇÃO ENTRE CÂMBIO E JUROS LONGOS[1]

Diogo Guillén
Thomas Wu

1 INTRODUÇÃO

Um importante resultado do modelo de Mundell-Fleming,[2] conhecido como Trindade Impossível, implica que, em países onde fluxos de capital entre residentes e não residentes são permitidos, existe um *trade-off* entre os graus de independência das políticas cambial e monetária. Se o governo opta por uma taxa de câmbio administrada, seja para prover uma âncora nominal, seja para estimular o crescimento por meio das exportações líquidas, então ele perde a autonomia sobre a taxa de juros, que passa a flutuar ao sabor dos fluxos de capitais. Porém, se a opção é por um regime monetário em que a taxa de juros é fixada de forma a combater os ciclos econômicos, visando a manter preços e produtos estáveis, então se perde a autonomia sobre a taxa de câmbio, cuja dinâmica passa a ser determinada pelas condições do balanço de pagamentos.

De julho de 1994 a janeiro de 1999, o Brasil escolheu abrir mão da independência monetária em troca de uma âncora cambial, com o objetivo de completar o processo de desindexação iniciado, com sucesso, pela URV, três meses antes da introdução do real. Nesse período, coube à taxa de juros a indigesta responsabilidade de absorver os choques externos deflagrados pelas crises mexicana em 1995, asiática em 1997 e russa em 1998. Em cada um desses episódios, os fluxos adversos, com consequente elevação súbita do prêmio de risco, tiveram de ser compensados por níveis estratosféricos da taxa Selic. Após a crise cambial em janeiro de 1999, o papel de âncora nominal passou a ser desempenhado por uma meta para a inflação. A política monetária se preparava, assim, para recuperar sua independência, ao assumir a responsabilidade de manter as expectativas inflacionárias ancoradas ao redor da meta, ao mesmo tempo em que transferia para a taxa de câmbio o papel de absorver os choques externos.

A prática, entretanto, revelou-se mais complicada do que a teoria. Uma infeliz combinação de conjuntura externa desfavorável, com características específicas da economia brasileira, que faziam com que fluxos de capitais adversos possuíssem efeitos estagflacionários sobre preços e produtos domésticos, impediu que a taxa básica de juros pudesse se tornar efetivamente independente da influência dos choques externos. Nos primeiros quatro anos de vida do regime de metas para a inflação, os ciclos de aperto monetário continuaram a estar associados a paradas súbitas nos fluxos de capitais — a recessão da economia americana, o contágio da crise argentina e o racionamento de energia elétrica, todos em 2001, e a incerteza pré-eleitoral de 2002.

Somente a partir de 2003, com a percepção da continuação do esforço na estabilidade macroeconômica, e ajudado por um cenário externo extremamente favorável, de alta demanda tanto por bens, quanto por ativos brasileiros — cujos reflexos puderam ser sentidos na melhora dos termos de troca e no acúmulo de reservas internacionais —, o regime monetário foi consolidando sua credibilidade. A taxa Selic pôde, assim, se desvincular do prêmio de risco, e os ciclos de apertos monetários passaram a ser determinados por restrições domésticas, ou seja, por conjunturas de excesso de aquecimento de demanda com efeitos malignos sobre a dinâmica inflacionária.

---

[1] Os autores agradecem a revisão de Renata Assis e as críticas e as sugestões de Edmar Bacha, Monica de Bolle, Nelson Camanho, Erik Carvalho, Flavio Fucs, Eduardo Loyo e, especialmente, Felipe Tâmega, além dos demais participantes do seminário.

[2] Ver Flemming (1962) e Mundell (1963).

O objetivo deste artigo é mostrar que, apesar de termos finalmente conseguido isolar a taxa básica de juros da influência dos fluxos de capitais, o grau de independência do nosso regime de política monetária é apenas parcial. O argumento parte da ideia de que as taxas de juros que realmente importam para as decisões de consumo e investimento, e, consequentemente, para o nível de atividade e inflação, são as de médio e longo prazos. Dessa forma, mudanças na taxa Selic só terão efeitos significativos sobre a demanda agregada caso elas possuam algum impacto sobre a estrutura a termo das taxas de juros. E, como veremos a seguir, a evidência empírica sugere que os vértices da curva de juros superiores a 6 meses continuam a sofrer forte influência dos fluxos de capitais externos, reduzindo a potência da política monetária.

O restante deste artigo está organizado da seguinte forma. A Seção 2 discute a metodologia utilizada para se comparar o grau de independência monetária do Brasil em relação a países mais desenvolvidos e apresenta a evidência empírica. A Seção 3 ressalta as principais implicações, tanto para o mercado quanto para o Tesouro Nacional, de nossa independência monetária apenas parcial. A Seção 4 sugere que esse problema pode ser atenuado com a continuação do processo de internacionalização do real. Finalmente, a Seção 5 conclui.

2 EXCESSO DE CORRELAÇÃO ENTRE CÂMBIO E JUROS LONGOS

A metodologia utilizada neste artigo busca analisar se o grau de independência monetária no Brasil é apenas parcial, investigando o comportamento conjunto das taxas de juros de diferentes maturidades em relação à taxa de câmbio e ao índice de ações. Ou seja, analisamos como cada vértice da estrutura a termo se correlaciona com movimentos de câmbio e bolsa no Brasil e em diferentes países. Cabe ressaltar que o teste aqui realizado é agnóstico no que se refere à modelagem. Desse modo, investigamos as correlações sem impor nenhuma estrutura. *A priori*, essas correlações podem ser tanto positivas quanto negativas.

O período amostral analisado vai de janeiro de 2003 a agosto de 2010. Restringimos o início da série a 2003 por duas razões. Primeiro, porque argumentamos que somente a partir desse ano é que a taxa de juros básica finalmente se tornou independente da influência do fluxo de capital externo. Segundo, porque também a partir desse ano é que contratos futuros de Taxa Média de Depósitos Interfinanceiros (DI) de Um Dia mais longos passaram a apresentar liquidez suficiente para que séries de taxas de juros de maturidade mais longas para o Brasil pudessem ser calculadas. Retiramos da amostra o segundo semestre de 2008 e o primeiro semestre de 2009, que, por se referirem ao período mais turbulento da crise financeira, tornam os retornos de todos os ativos financeiros altamente correlacionados (o determinante comum é a aversão a risco), não refletindo o comportamento conjunto observado em períodos de normalidade. Em relação à frequência amostral, utilizamos dados mensais, que suavizam o comportamento das taxas de juros mais curtas (menores do que três meses), visto que as séries diárias desses vértices apresentam mudanças drásticas pontuais, após a reunião dos comitês de política monetária dos respectivos países, o que contamina a avaliação das correlações com frequência intramensal.

Nossa amostra inclui, além do Brasil, outros países mais desenvolvidos, onde prevalece a percepção de que a política monetária é completamente independente, para que possam servir de *benchmark*. São eles: Austrália, Canadá, Estados Unidos, Nova Zelândia, Noruega, Reino Unido e Suécia. É importante ressaltar que todos os países selecionados para fins de comparação possuem um regime de câmbio flutuante e livre mobilidade de capitais. Para cada um dos países em nossa amostra, coletamos as seguintes séries:

- taxa de câmbio nominal, definida como unidades da moeda local necessárias para se comprar 1 dólar, à exceção dos Estados Unidos, onde a taxa está definida como dólares necessários para se comprar 1 euro (ou seja, aumentos da taxa de câmbio equivalem a desvalorizações cambiais), obtida a partir da base de dados do Federal Reserve Bank of St. Louis;

- índice de bolsa local: All Ordinaries (Austrália), Bovespa (Brasil), S&P TSX (Canadá), S&P 500 (Estados Unidos), NZSE 50 (Nova Zelândia), OSE All Share (Noruega), FTSE 100 (Reino Unido) e Stockholm General (Suécia); dados disponíveis no *website* do Yahoo! Finance; e
- taxas de juros prefixadas para as maturidades de um, dois, três e seis meses e de um, dois, três e cinco anos em cada moeda, obtidas dos respectivos bancos centrais de cada país, com exceção do Brasil, cujos dados foram gentilmente fornecidos pela Ventor Investimentos.

A Tabela 1 apresenta, para cada país (nas diferentes linhas), a correlação entre a desvalorização cambial e a primeira diferença de cada um dos diferentes vértices da curva de juros (nas diferentes colunas). Cada célula contém duas estatísticas: o coeficiente de correlação e, abaixo deste, entre parênteses, o p-valor do teste da hipótese nula de que a correlação calculada não é estatisticamente diferente de zero. As células claras e escuras denotam que essa hipótese pode ser rejeitada ao nível de significância de 5% e 1%, respectivamente.

Conforme comentamos na introdução, os resultados obtidos para o Brasil revelam que, para horizontes mais curtos (um a três meses), a correlação entre movimentos de juros e câmbio não é significativa, evidência empírica do sucesso com que o regime de metas para a inflação tornou o instrumento de política monetária independente do fluxo cambial. Porém, quando olhamos as maturidades maiores

TABELA 1

Correlação entre câmbio e diferentes vértices da curva de juros
(dados mensais, janeiro de 2003 a agosto de 2010, exceto período de crise)

	1 mês	2 meses	3 meses	6 meses	1 ano	2 anos	3 anos	5 anos
Austrália	2,6%		−9,8%	−22,8%		−28,5%	−25,0%	−19,3%
	(81,9%)		(38,7%)	(4,2%)		(1,1%)	(2,5%)	(8,6%)
Brasil	−6,4%	3,2%	13,0%	36,6%	49,5%	56,4%	58,8%	
	(57,5%)	(78,0%)	(25,1%)	(0,1%)	(0,0%)	(0,0%)	(0,0%)	
Canadá			−25,0%	−21,3%	−16,5%	−11,4%	−7,8%	−2,4%
			(2,9%)	(6,4%)	(15,1%)	(32,2%)	(49,8%)	(83,6%)
Estados Unidos	−13,0%		−18,8%	−18,5%	−20,0%	−20,9%	−22,8%	−20,4%
	(25,0%)		(9,5%)	(10,1%)	(7,5%)	(6,3%)	(4,2%)	(7,0%)
Nova Zelândia	4,8%	7,5%	6,8%		5,9%	−7,5%		−14,5%
	(67,6%)	(50,6%)	(55,1%)		(63,6%)	(50,9%)		(20,1%)
Noruega			−18,8%	−17,2%	−22,4%		−14,2%	−12,1%
			(10,0%)	(13,2%)	(4,9%)		(21,0%)	(28,5%)
Reino Unido	−16,2%	−14,2%	−15,7%	−7,9%	7,9%	9,7%	12,6%	20,1%
	(15,0%)	(20,9%)	(16,4%)	(48,7%)	(48,4%)	(39,4%)	(26,6%)	(7,4%)
Suécia	−23,6%		−18,4%	−9,3%	−5,4%	9,0%		1,3%
	(3,5%)		(10,2%)	(41,2%)	(64,8%)	(42,6%)		(90,8%)

Fonte: Ventor Investimentos para curva de juros brasileira, respectivos bancos centrais para curvas de juros de outros países e Federal Reserve Bank of St. Louis para taxas de câmbio.
Nota: Período de crise definido como segundo semestre de 2008 e primeiro semestre de 2009.

do que seis meses, saltam aos olhos as elevadas correlações. Tais correlações não apenas são maiores em magnitude do que aquelas encontradas em quaisquer outros países da amostra, mas são também as únicas que são significativas a 1%. Chama a atenção, também, o fato de que essas correlações são positivas, sugerindo que choques que depreciem a taxa de câmbio estejam associados a aberturas da parte média/longa da curva de juros. Em outras palavras, reversões súbitas do fluxo cambial com elevação do prêmio de risco não apenas depreciam a taxa de câmbio, como também provocam aumentos nas taxas de juros de médio/longo prazos.

Note-se também que nenhum outro país da amostra apresenta correlações positivas de magnitude e significância semelhantes àquelas registradas para o Brasil. Para alguns países e em apenas alguns vértices isolados, observam-se correlações negativas e significativas a 5%. Correlações negativas sugerem que os movimentos predominantes nesses países são de aumentos (reduções) de juros, não motivados pelo prêmio de risco, que acabam apreciando (depreciando) a taxa de câmbio. Em suma, os resultados apresentados na Tabela 1 tornam evidente o contraste entre o Brasil, onde o grau de independência monetária é apenas parcial, e os países mais desenvolvidos, onde o grau de independência monetária é total.

TABELA 2

Correlação entre índice de bolsa e diferentes vértices da curva de juros
(dados mensais, janeiro de 2003 a agosto de 2010, exceto período de crise)

	1 mês	2 meses	3 meses	6 meses	1 ano	2 anos	3 anos	5 anos
Austrália	−29,3%		−16,5%	−3,3%		8,3%	4,4%	6,0%
	(0,8%)		(14,4%)	(77,2%)		(46,5%)	(69,9%)	(59,5%)
Brasil	−36,1%	−40,0%	−43,7%	−52,1%	−53,9%	−53,6%	−57,1%	
	(0,1%)	(0,0%)	(0,0%)	(0,0%)	(0,0%)	(0,0%)	(0,0%)	
Canadá			6,7%	5,4%	3,8%	4,5%	5,0%	4,5%
			(56,4%)	(64,2%)	(74,2%)	(70,0%)	(66,5%)	(69,8%)
Estados Unidos	12,1%		23,4%	20,3%	23,3%	27,9%	24,4%	22,5%
	(28,7%)		(3,7%)	(7,1%)	(3,8%)	(1,2%)	(2,9%)	(4,5%)
Nova Zelândia	−19,8%	−21,2%	−24,0%		−10,9%	8,2%		17,9%
	(12,0%)	(9,5%)	(5,8%)		(45,8%)	(52,2%)		(16,2%)
Noruega			−14,6%	−15,9%	−12,5%		4,4%	9,9%
			(20,4%)	(16,5%)	(27,6%)		(70,0%)	(38,3%)
Reino Unido	14,2%	16,5%	15,5%	17,9%	23,3%	19,4%	13,7%	7,5%
	(20,9%)	(14,3%)	(17,1%)	(11,2%)	(3,8%)	(8,5%)	(22,7%)	(50,9%)
Suécia	−20,3%		−13,6%	−7,9%	0,5%	10,8%		19,1%
	(7,1%)		(22,9%)	(48,4%)	(96,9%)	(34,2%)		(9,0%)

Fonte: Ventor Investimentos para curva de juros brasileira, respectivos bancos centrais para curvas de juros de outros países e Yahoo! Finance para índices de bolsa.
Nota: Período de crise definido como segundo semestre de 2008 e primeiro semestre de 2009.

Outra forma de ilustrar a influência do fluxo de capitais externos sobre as maturidades médias/longas da curva de juros brasileira é por meio da repetição do exercício, substituindo-se a taxa de câmbio por outra variável macroeconômica que também seja altamente correlacionada aos movimentos de capitais. A Tabela 2 apresenta as correlações entre os diferentes vértices da curva de juros e o retorno do índice de bolsa local. A estrutura dessa tabela é a mesma da tabela anterior: cada linha se referindo a um país, cada coluna a um vértice da curva de juros, cada célula contendo o coeficiente de correlação e o p-valor, e os sombreamentos, claro e escuro, indicando significância a 5% e 1%, respectivamente.

Mais uma vez, percebemos que os resultados obtidos para o Brasil diferem substancialmente daqueles dos países mais desenvolvidos. Ao longo de toda a estrutura a termo brasileira, os coeficientes de correlação são negativos e significativos a 1%, sugerindo forte associação entre os fluxos de entrada e saída de estrangeiros tanto em renda fixa quanto em renda variável.

Apesar de intuitiva, essa associação negativa não se verifica nos países mais desenvolvidos, onde a autoridade monetária possui maior controle sobre a estrutura a termo. O único país que apresenta uma correlação negativa e significativa entre bolsa e juros é a Austrália, e apenas em uma única maturidade (1 mês). Todos os outros (poucos) coeficientes de correlação significativos encontrados são positivos, mas o resultado predominante é de ausência de correlação entre a estrutura a termo e o retorno no mercado de ações. Novamente, a evidência empírica sugere que um grau maior de independência monetária envolve o isolamento da curva de juros em relação aos fluxos de renda variável.

3 IMPLICAÇÕES SOBRE O BEM-ESTAR E O FINANCIAMENTO DA DÍVIDA

Na seção anterior, apresentamos evidência empírica do excesso de correlação, em comparação a outras economias mais maduras, entre movimentos da curva de juros com a taxa de câmbio e o índice de bolsa no Brasil. Em particular, percebemos que movimentos de abertura (fechamento) da curva de juros, desvalorizações (valorizações) cambiais e queda (aumento) nos preços de ações tendem a estar associados, um sinal de que o fluxo de capitais externos é o principal determinante dos retornos nesses três mercados. Conforme comentamos na introdução, esse excesso de correlação enfraquece a potência da política monetária, na medida em que taxas de juros mais longas deixam de refletir essencialmente as expectativas de mercado em relação à trajetória da taxa básica de juros.

A evidência empírica apresentada também possui implicações negativas sobre o bem-estar dos agentes econômicos. Em economias desenvolvidas, com política monetária independente, câmbio flutuante e livre mobilidade de capitais, cada mercado possui o seu determinante macroeconômico próprio. O mercado de renda variável engloba questões de crescimento de longo prazo, com ênfase no papel desempenhado pelo progresso tecnológico. Os outros dois mercados se referem a questões relacionadas aos desequilíbrios de curto prazo. O mercado de renda fixa é determinado pelos desequilíbrios domésticos, ou seja, desvios da taxa de inflação em relação a uma meta (explícita ou implícita) ou do nível de atividade em relação a sua tendência de longo prazo. Por fim, o mercado cambial reflete desequilíbrios externos, registrados no balanço de pagamentos.

A existência de três mercados com dinâmica própria permite que os agentes econômicos se protejam dos diferentes choques macroeconômicos por meio de um portfólio diversificado. Esse é o caso das economias desenvolvidas consideradas em nossa amostra, conforme ilustrado pela ausência de correlações significativas nas Tabelas 1 e 2. Porém, no caso brasileiro, o excesso de correlação no retorno desses três ativos impossibilita que agentes domésticos se protejam de cada choque individual. Na prática, é como se apenas duas classes de ativos domésticos estivessem disponíveis. De um lado, as taxas de juros de curto prazo, que de fato refletem desequilíbrios domésticos seguindo a lógica de nosso regime de metas para a inflação. De outro, juros longos, câmbio e bolsa, que acabam oferecendo proteção ao mesmo fundamento macroeconômico: o fluxo de capitais estrangeiros.

Em outras palavras, uma posição aplicada em um título da dívida com prazo maior do que 1 ano, ou comprada em real ou no índice Bovespa, estará fundamentalmente apostando no mesmo evento: maior otimismo do estrangeiro em relação à economia brasileira. Obviamente, cada mercado possui seu ruído próprio. Especulações de que o presidente do Banco Central do Brasil irá renunciar ao seu cargo para poder disputar as eleições para o governo de algum estado provocam ruídos essencialmente na curva de juros; notícias sobre a capitalização da Petrobras interferem com mais força na dinâmica dos preços de ações; e manifestações de desconforto do ministro da Fazenda com a valorização da moeda doméstica são basicamente precificadas no mercado cambial. Porém, apesar dos ruídos próprios, existe apenas uma tendência comum, que é dada pelo fluxo. Não é à toa que o componente principal do retorno desses três ativos, que corresponde aos pesos de uma carteira que melhor reflete os movimentos da tendência comum, pode ser interpretado como o "*kit* Brasil".

Outra implicação negativa do excesso de correlação das maturidades mais longas da curva de juros brasileira com a taxa de câmbio se refere ao elevado custo de financiamento da dívida. Meese e Rogoff (1983) introduziram um dos mais importantes quebra-cabeças em finanças internacionais ao mostrarem que projeções fora da amostra para a taxa de câmbio nominal, baseadas em um passeio aleatório, possuem desempenho superior a qualquer modelo macroeconômico, mesmo quando valores efetivos dos regressores (supostamente desconhecidos pelo econometrista) são utilizados na construção das projeções. Quando os vértices mais longos da estrutura a termo são altamente correlacionados à taxa de câmbio, as taxas de juros acabam importando as mesmas propriedades estatísticas indesejadas. Em outras palavras, projetar o comportamento das taxas longas passa a ser um exercício quase tão complicado quanto o de prever a dinâmica do câmbio. Diante dessa dificuldade, é compreensível que potenciais credores se sintam desconfortáveis em financiar a dívida do governo por intermédio de títulos prefixados de longo prazo, o que acaba se traduzindo na forma da exigência de um prêmio maior (especialmente em comparação a países onde as propriedades estatísticas das taxas de juros são mais "bem-comportadas").

As propriedades estatísticas problemáticas da taxa de câmbio, que são repassadas para as maturidades longas da taxa de juros, não se limitam àquelas associadas à impossibilidade de se encontrar uma **distribuição condicional** mais precisa do que a de um passeio aleatório. A **distribuição incondicional** da taxa de câmbio também é reconhecidamente mal comportada, especialmente em países emergentes, onde predominam os choques de prêmio de risco. Além da questão das caudas largas presentes em séries de ativos financeiros, as taxas de câmbio em países emergentes apresentam uma forte assimetria, que é uma característica típica do comportamento dos fluxos: os episódios de fuga de capitais são mais curtos e violentos do que os episódios de entrada.[3] A possibilidade de *sudden stops* acaba expondo não apenas as posições compradas em real ao risco de uma desvalorização cambial súbita e violenta, mas também as posições aplicadas em títulos prefixados mais longos a uma perda de valor de face igualmente súbita e violenta, dada a alta correlação entre câmbio e juros longos. E, mais uma vez, essa insegurança adicional se explicita num prêmio maior, o que eleva o custo de financiamento da dívida.

4 CAUSAS E SOLUÇÕES

Uma das causas do excesso de correlação entre câmbio e juros no Brasil pode estar associada à pouca liquidez tanto do mercado internacional de renda fixa denominado e liquidado em reais como do mercado *offshore* de reais. Com a ausência desses mercados, um investidor estrangeiro que decida reter, em seu portfólio, ativos que paguem o elevado diferencial de juros oferecido pelo Brasil acaba sendo obrigado, salvo algumas exceções,[4] a primeiro comprar reais no mercado de câmbio brasileiro

---

[3] Esse comportamento assimétrico é racionalizado em Gopinath (2004).
[4] Desde o final de 2004, instituições privadas e públicas passaram a emitir títulos denominados em reais no mercado internacional, mas, além de esse mercado ser pequeno em termos de volume em relação ao mercado de renda fixa doméstico, como veremos a seguir, o fato de esses títulos serem liquidados em moeda estrangeira faz com que eles gerem fluxos.

para depois adquirir títulos emitidos em nosso próprio país. Dessa forma, quase todo investimento estrangeiro em um ativo de renda fixa denominado em reais gera automaticamente um fluxo cambial.

Em geral, quando o fluxo é um problema, *policy-makers* costumam recorrer instintivamente a controles de capitais. Porém, aumentar as barreiras à livre mobilidade de capitais, como, por exemplo, elevar a alíquota do IOF sobre o investimento estrangeiro em renda fixa, não resolve a questão do excesso de correlação. Caso essa medida seja bem-sucedida em reverter a tendência de apreciação cambial no curto prazo (principal motivação do governo nos dois aumentos recentes da alíquota do IOF), ela estará acompanhada por uma abertura da curva de juros, um efeito colateral que encarece o custo de financiamento da dívida. A estratégia mais adequada para reduzir a correlação entre juros e câmbio vai em direção oposta à dos controles de capitais e envolve completar o processo de internacionalização do real.

O primeiro passo em direção à maior conversibilidade do real foi dado em julho de 2004, quando o Conselho Monetário Nacional aprovou a Resolução n.º 3.221, que estabeleceu as condições para a emissão de títulos denominados em moeda local no mercado internacional.[5] No final de 2004, bancos nacionais começaram a captar no exterior em reais, e em setembro de 2005 o Tesouro Nacional emitiu o primeiro título público da dívida externa denominado em moeda doméstica, o Global BRL 2016.[6] Essas emissões pioneiras representaram um avanço inquestionável no processo de internacionalização do real, especialmente no contexto da questão do pecado original (*original sin*).[7] Porém, como a maior parte desses títulos é liquidada em moeda estrangeira, eles acabam gerando fluxos cambiais no momento em que os recursos ingressam no país. No caso das emissões do Tesouro Nacional, os fluxos não passam pelo mercado, sendo automaticamente contabilizados como reservas internacionais, ou seja, o mecanismo é idêntico ao dos títulos da dívida externa denominados em moeda estrangeira.

O passo seguinte no processo de internacionalização do real consiste, então, em emitir títulos que, além de denominados, sejam também liquidados em nossa própria moeda. Obviamente, esse passo não faz sentido sem a presença de um mercado de câmbio *offshore* suficientemente líquido, no qual estrangeiros possam adquirir reais de outros estrangeiros. Caso contrário, títulos emitidos no exterior que sejam liquidados em reais acabarão gerando fluxos cambiais, uma vez que a moeda doméstica deverá ser adquirida no Brasil. Vale notar que o Banco Central do Brasil e o Conselho Monetário Nacional adotaram, a partir de 2008, uma série de medidas visando a facilitar o uso e a aceitação do real no exterior, o que promove um estímulo ao desenvolvimento de um mercado *offshore* de reais.[8]

Finalmente, o processo de internacionalização de nossa moeda completar-se-á quando instituições privadas estrangeiras passarem a emitir títulos denominados em reais. Para aqueles que julgam ser essa possibilidade bastante remota, McCauley (2006) descreve como o dólar australiano se tornou uma moeda 100% conversível em apenas dez anos. Ao final dessa etapa, estrangeiros interessados em explorar o diferencial de juros oferecido pelo Brasil poderão fazê-lo no mercado doméstico ou externo, com títulos emitidos por instituições brasileiras ou estrangeiras, que podem envolver ou não a compra de reais, e, caso seja necessário, esses reais poderão ser comprados dentro ou fora do Brasil. Obviamente, todos esses mercados continuarão interligados por operações de arbitragem, mas, como os títulos, não serão substitutos perfeitos entre si. Visto que cada mercado envolve riscos distintos, abre-se o espaço para que a dinâmica do mercado de renda fixa aumente sua independência em relação à dinâmica do mercado de câmbio.

---

[5] Essa resolução foi revogada posteriormente pela Resolução nº 3.844 de março de 2010, aprovada pela CMN, com o intuito de simplificar as normas e os procedimentos aplicáveis a capitais estrangeiros no país.

[6] Ver detalhes em Gomes *et al.* (2007).

[7] Ver Eichengreen e Hausmann (1999).

[8] Ver BCB (2009).

5 CONCLUSÃO

Neste artigo, vimos que a falta de independência monetária completa, traduzida pelo excesso de correlação entre a parte longa da estrutura a termo e a taxa de câmbio, reduz a potência da política monetária, na medida em que taxas de juros de maior maturidade deixam de precificar apenas as expectativas dos agentes financeiros em relação à trajetória futura da taxa Selic. Esse fenômeno traz ainda pelo menos duas outras importantes implicações negativas. Primeiro, ele causa uma perda de bem-estar, ao impedir que agentes econômicos se protejam de choques macroeconômicos por meio de portfólios diversificados. Segundo, ele eleva o custo de financiamento da dívida, pois todas as propriedades estatísticas indesejadas típicas da dinâmica cambial (tanto aquelas associadas à distribuição condicional quanto aquelas associadas à incondicional) acabam sendo incorporadas pelas taxas de juros mais longas, o que induz o credor potencial a cobrar um prêmio maior do Tesouro para financiá-lo a taxas prefixadas.

Esse problema pode estar relacionado à inexistência de um mercado internacional de renda fixa denominado e liquidado em reais e de um mercado *offshore* de reais suficientemente líquidos. Com a ausência desses mercados, um investidor estrangeiro que decida reter em seu portfólio ativos que paguem o elevado diferencial de juros oferecido pelo Brasil é obrigado, salvo algumas exceções, a primeiro comprar reais no mercado de câmbio brasileiro para depois adquirir títulos emitidos em nosso próprio país.

A solução envolveria, então, completar o processo de internacionalização do real, permitindo que estrangeiros interessados em explorar o diferencial de juros oferecido pelo Brasil possam fazê-lo no mercado doméstico ou externo, com títulos emitidos por instituições brasileiras ou estrangeiras, envolvendo ou não a compra de reais e, caso seja necessário, podendo adquirir os reais dentro ou fora do Brasil. Com uma moeda 100% conversível, rompe-se o elo automático entre a decisão de um investidor estrangeiro de adquirir um ativo de renda fixa brasileiro e uma operação no mercado de câmbio.

Decomposição da Curva de Juros no Reino Unido: Credibilidade e Dominância Fiscal

Rodrigo P. Guimarães

Neste artigo exploramos o uso de modelos dinâmicos da estrutura a termo da taxa de juros para estudar questões de política econômica, tais como o impacto de regimes de metas de inflação e efeitos de crise fiscal sobre a política monetária, ou a preponderância fiscal. O modelo é aplicado às curvas de juros real e nominal do Reino Unido, país com a mais longa história de dados para ambas as curvas de juros e um dos mais antigos regimes de metas de inflação. Como o Reino Unido (RU) também foi um dos países mais afetados pela recente crise financeira, utilizamos o modelo para analisar o efeito da crise, e particularmente a deterioração da posição fiscal, sobre as duas curvas de juros.

O artigo é organizado da seguinte forma. Na primeira seção apresentamos os dados do RU e motivamos as questões a serem analisadas. Na seção seguinte introduzimos o modelo, que pertence a classe de modelos conhecidos como *Affine Dynamic Term Structure Models* (ADTSM), e o método de estimação. Em seguida discutimos os resultados e as implicações para política econômica, por fim concluindo e ressaltando as possíveis lições para o caso brasileiro.

1 MOTIVAÇÃO

Uma das razões para o foco no RU é a disponibilidade de uma longa série de dados para a curva real de juros, disponível desde o começo da década de 1980. Nenhum outro país desenvolvido emite títulos indexados à inflação há tanto tempo ou em semelhante proporção ao total de títulos públicos emitidos pelo RU. Isso reduz substancialmente os problemas de liquidez encontrados em outros países, como nos EUA.[1] Embora o Brasil também emita títulos indexados à inflação há bastante tempo, esses títulos têm sido emitidos para maturidades curtas, e portanto não existe, como no RU, uma curva de juros real para maturidades de longo prazo que permitam inferir a dinâmica de longo prazo implícita na curva atual. Uma segunda razão é que a independência do Bank of England (BoE) só ocorreu cinco anos após a adoção do regime de metas de inflação, o que representa um importante experimento natural para ilustrar a utilidade do modelo utilizado.

TAXAS DE JUROS REAIS E NOMINAIS NO RU

O Gráfico 1 mostra a evolução das duas curvas desde 1985,[2] para maturidades de 3, 5, 10 e 20 anos. Dois fatos se evidenciam a partir do gráfico. Primeiro, observa-se uma clara tendência de queda a partir da década de 1990, com os juros nominais caindo de uma média em torno de 10%, entre 1985 e 1992, para aproximadamente 4% na década de 2000. Vale ressaltar que essa tendência também foi observada na maioria dos países desenvolvidos desde meados dos anos 1980, o que dificulta determinar a causa da queda. Esse é o período comumente referido como a Grande Moderação (*the Great Moderation*).

---

[1] Ver D'Amico, Kim e Wei (2008) http://www.bis.org/publ/work248.htm.
[2] Os dados estão disponíveis no website do Bank of England: http://www.bankofengland.co.uk/statistics/yieldcurve/index.htm .

Segundo, a crise atual provocou deslocamentos muito maiores aos observados nos ciclos no início da década de 1990 e 2000, principalmente na curva real.

GRÁFICO 1

Histórico das curvas de juros nominal e real para o Reino Unido (% aa)

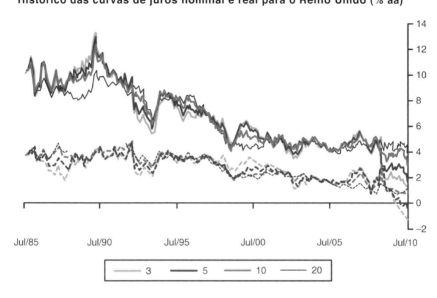

O Gráfico 2 mostra o período da crise financeira para as mesmas taxas do Gráfico 1. Vemos que houve mudanças bruscas em torno da quebra do banco de investimento americano Lehmans Brothers em outubro de 2008, com uma inversão acentuada da curva real e um *steepening* da curva nominal. A partir de janeiro de 2009, tem havido uma grande estabilidade no lado nominal. Os juros reais, por sua vez, apresentam queda semelhante, mas com defasagem de quase 1 ano em relação à curva nominal. Como interpretar esses movimentos?

GRÁFICO 2

Curvas de juros nominal e real para o Reino Unido na atual crise (% aa)

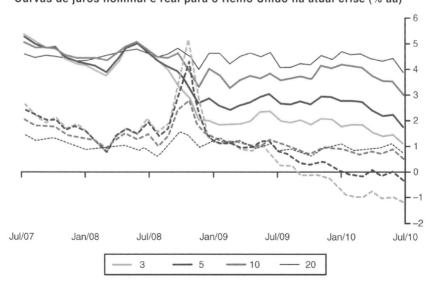

Os movimentos nos juros são compatíveis com um sério susto deflacionário inicial, seguido por uma acomodação da política monetária. Porém é difícil dizer mais, especialmente no que diz respeito à defasagem nos movimentos na curva real, sem um modelo para distinguir expectativas de taxas de juros básica e inflação dos componentes de prêmio de risco. Dada a magnitude do choque, é razoável imaginar que os prêmios de risco possam ter variado significativamente durante esse período.

EVOLUÇÃO DO REGIME DE METAS DE INFLAÇÃO NO RU

Em outubro de 1992, três semanas após abandonar o Exchange Rate Mechanism (ERM) do European Monetary System (EMS), o RU adotou o regime de metas de inflação. Inicialmente a meta era manter o índice de preços RPIX entre 1% e 4%, com o objetivo de que a inflação permanecesse na metade inferior da banda ao final do período do Parlamento na época. Em maio de 1997, ao BoE foi outorgada independência operacional, e a meta estabelecida formalmente em 2,5%, com uma banda simétrica. Em janeiro de 2004, a meta foi mudada para 2%, medida pelo índice de preços CPI, com banda simétrica de 1%.[3] O Gráfico 3 mostra a evolução do índice de preços utilizado como meta (RPIX até dezembro de 2003 e CPI a partir de janeiro de 2004) e da meta, com as bandas em torno da meta.

GRÁFICO 3

Evolução do regime de metas de inflação e inflação observada no Reino Unido (% aa)

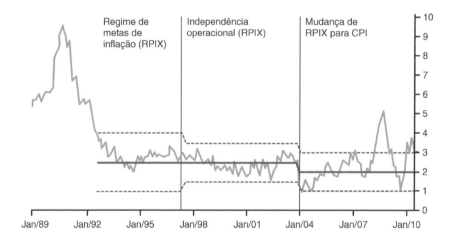

2 MODELO DA ESTRUTURA A TERMO DA TAXA DE JUROS

As taxas de juros, assim como qualquer ativo, combinam expectativas da evolução dos fundamentos e prêmios de risco. A curva nominal pode ser decomposta em prêmio de risco (a termo) real, prêmio de risco associado à inflação e expectativa da evolução das taxas de juros reais de curto prazo e das taxas de inflação no futuro. Modelos dinâmicos que impõem as restrições de não arbitragem entre os preços de títulos de prazos diferentes nos permitem extrair esses componentes das curvas de juros real e nominal. Essa decomposição é útil para bancos centrais, que têm como um dos seus objetivos garantir a estabilidade das expectativas de inflação. E, sendo a expectativa da taxa de juros futura um de seus instrumentos de política monetária, é fundamental poder extrair esses componentes das

---

[3] Para mais detalhes, ver Benati (2005) e http://www.bankofengland.co.uk/monetarypolicy/framework.htm, que contêm um resumo do atual arcabouço e links para alguns dos documentos oficiais explicando as mudanças ocorridas no regime de metas de inflação no RU.

curvas de juros. A decomposição também pode ser útil para entender a relação entre a curva de juros e variáveis macroeconômicas.[4]

A vantagem do uso dessa classe de modelos é que ela nos permite utilizar um número maior de variáveis que são *forward looking* comparados com métodos puramente empíricos, como VARs, VAR estruturais, VECM etc., que não impõem restrições de arbitragem. Ao mesmo tempo, mantém a vantagem desses métodos de forma reduzida ao serem mais parcimoniosos em relação a modelos estruturais como os DSGEs, e portanto menos dependentes da validade das hipóteses e restrições de um modelo em particular.

MODELO

O modelo utilizado é baseado em Joyce, Lildholdt e Sorensen (2010), e pertence à classe de modelos *Gaussian Affine,* uma classe particular da família ADTSM[5] em que não há volatilidade estocástica ou saltos, somente choques com distribuição normal e homoscedástica. Para uma resenha recente do uso de modelos da dinâmica da estrutura a termo de juros, ver Gürkaynak e Wright (2010) e Joslin, Singleton e Zhu (2010). O modelo assume que quatro variáveis de estado determinam a evolução das curvas de juros real e nominal. Isso implica um modelo parcimonioso, dado que os modelos para a curva nominal de juros em geral assumem quatro variáveis ou mais, sem modelar a curva real.[6]

De acordo com esse modelo, as taxas de juros e os prêmios de risco são uma função linear das variáveis de estado, que evoluem de acordo com um VAR:

$$X_t = \mu + \Phi X_{t-1} + \Sigma \varepsilon_t, \varepsilon_t \sim N(0, I_4)$$

$$\mu = \begin{pmatrix} \mu_1 \\ \mu_2 \\ \mu_3 \\ \mu_4 \end{pmatrix}, \quad \Phi = \begin{pmatrix} \Phi_{11} & 0 & 0 & 0 \\ \Phi_{21} & \Phi_{22} & 0 & 0 \\ \Phi_{31} & \Phi_{32} & \Phi_{33} & 0 \\ \Phi_{41} & \Phi_{42} & \Phi_{43} & \Phi_{44} \end{pmatrix}, \quad \Sigma = \begin{pmatrix} \sigma_{11} & 0 & 0 & 0 \\ 0 & \sigma_{22} & 0 & 0 \\ 0 & 0 & \sigma_{33} & 0 \\ 0 & 0 & 0 & \sigma_{44} \end{pmatrix}$$

A taxa de juros de curto prazo é dada por:

$$r_t = \delta_0 + \delta_1' X_t$$

Para precificar qualquer título sem cupom, basta especificar o prêmio de risco. Para que os preços satisfaçam a condição de não arbitragem, o preço em t de um título de n anos tem que satisfazer a equação:

$$P_{t,n} = E_t[M_{t+1} P_{t+1,n-1}]$$

em que M é o fator de desconto estocástico que precifica qualquer ativo na economia e satisfaz a equação:[7]

$$\ln M_{t+1} \equiv m_{t+1} = -r_t - \frac{\Lambda_t' \Lambda_t}{2} - \Lambda_t' \varepsilon_{t+1}$$

---

[4] Ver Rudebusch, Sack e Swanson (2007) e Gürkaynak e Wright (2010).
[5] Para uma resenha da família ADTSM, ver Piazzesi (2009).
[6] Ver Cochrane e Piazzesi (2005) e Joslin, Singleton e Zhu (2010).
[7] Ver Duffie (2001) ou Singleton (2006).

e Λ_t é o preço de risco. Como em Duffee (2002), o preço de risco é uma função linear das variáveis de estado: $\Lambda_t = \lambda_0 + \lambda_1 X_t$. Com a especificação do preço de risco podemos determinar a dinâmica das variáveis na medida de probabilidade neutra ao risco:

$$\begin{aligned}
X_{t+1} &= \mu + \Phi X_t + \Sigma \varepsilon_{t+1} \\
&= \mu + \Phi X_t + \Sigma(\varepsilon_{t+1}^Q - \Lambda_t) \\
&= \mu^Q + \Phi^Q X_t + \Sigma \varepsilon_{t+1}^Q
\end{aligned}$$

com

$$\begin{aligned}
\mu^Q &= \mu - \Sigma \lambda_0 \\
\Phi^Q &= \Phi - \Sigma \lambda_1
\end{aligned}$$

Sob medida de probabilidade neutra ao risco Q, os preços dos ativos são simplesmente o valor esperado descontado pela taxa de juros sem risco:

$$P_{t,n} = E_t^Q[e^{-r_t} P_{t+1,n-1}]$$

Com essa especificação as taxas de juros são uma função linear das variáveis de estado, na qual os coeficientes satisfazem equações de diferença que dependem apenas dos parâmetros na medida Q.

$$y_{t,n} = A_n + B_n X_t$$

$$A_n = -\delta_0 + A_{n-1} + B_{n-1}\mu^Q + \frac{1}{2}B_{n-1}\Sigma\Sigma' B'_{n-1}$$

$$B_n = -\delta + B_{n-1}\Phi^Q$$

$$A_0 = 0, B_0 = [0\ 0\ 0\ 0]$$

A medida Q portanto determina a interseção dos juros (isto é, a relação entre as taxas de diferentes maturidades em qualquer ponto do tempo), enquanto a medida P (a medida de probabilidade objetiva) determina a evolução temporal de toda a curva. Isso é intuitivo, e corresponde ao fato de que não arbitragem só impõe restrições à relação entre preços de ativos, dada uma dinâmica de um subconjunto dos ativos ou os fundamentos (no nosso caso as variáveis de estado). Como a curva real não depende da inflação, pelo menos contemporaneamente, ela não pode depender de todas as variáveis de estado que determinam a curva nominal. Assumimos que a curva real é determinada por dois fatores, com os restantes determinando a evolução da inflação e seu prêmio de risco. Isso implica restrições adicionais aos parâmetros:

$$\delta_1 = \begin{bmatrix} \delta_{11} & \delta_{12} & 0 & 0 \end{bmatrix}'$$

$$\lambda_1 = \begin{bmatrix} \lambda_{11} & \lambda_{11} & 0 & 0 \\ \lambda_{11} & \lambda_{11} & 0 & 0 \\ \lambda_{11} & \lambda_{11} & \lambda_{11} & \lambda_{11} \\ \lambda_{11} & \lambda_{11} & \lambda_{11} & \lambda_{11} \end{bmatrix}$$

Com essas restrições, a curva real só depende dos primeiros dois fatores:

$$y_{t,n}^r = A_n^r + B_n^r X_t$$

$$A_n^r = -\delta_0 + A_{n-1}^r + B_{n-1}^r \mu^Q + \frac{1}{2} B_{n-1}^r \Sigma\Sigma' B_{n-1}^{r'}$$

$$B_n^r = -\delta + B_{n-1}^r \Phi^Q$$

$$A_0^r = 0,\ B_0^r = [0\ \ 0\ \ 0\ \ 0]$$

$$B_n^r = [b_{n,1}^r\ \ b_{n,2}^r\ \ 0\ \ 0]$$

MÉTODO DE ESTIMAÇÃO

A estimação por máxima verossimilhança para modelos *Gaussian Affine* pode ser feita por *filtro de Kalman*[8] porque as variáveis observadas, as taxas de juros real e nominal de diferentes prazos, são funções lineares das variáveis não observadas. Também é conveniente para lidar com a falta de dados para taxas de juros reais de curto prazo em algumas datas e permite o uso de pesquisas com frequência de observações diferente da frequência utilizada para as taxas de juros e de inflação.

A equação de observação é dada por:

$$
\begin{bmatrix} \pi_t \\ y_{t,j}^r \\ y_{t,i}^n \\ E_t^C(\pi_{t,5:10}) \end{bmatrix}
=
\begin{bmatrix} 0 \\ A_j^r \\ A_i^n \\ G_0 \end{bmatrix}
+
\begin{bmatrix} 0 & 0 & 0 & 1 \\ b_{j,1}^r & b_{j,2}^r & 0 & 0 \\ b_{i,1}^n & b_{i,2}^n & b_{i,3}^n & b_{i,4}^n \\ G_1 & G_2 & G_3 & G_4 \end{bmatrix}
X_t +
\begin{bmatrix} 0 \\ u_t^r \\ u_t^n \\ u_t^C \end{bmatrix}
$$

em que π é a taxa de inflação, $y_{t,j}^r$ é a taxa de juros real de j anos, $y_{t,i}^n$, a taxa de juros nominal de i anos e $E_t^C(\pi_{t,5:10})$ é a previsão da inflação média de 5 a 10 anos no futuro na pesquisa Consensus. Os coeficientes A^r, A^n, b^r, b^n para cada maturidade são a solução das equações de diferença acima, e os G correspondem aos coeficientes da iteração do VAR das variáveis de estado que correspondem à média de 5 anos da taxa de inflação 5 anos à frente. Com essa especificação, a quarta variável de estado é simplesmente a taxa de inflação observada.

A equação de transição (ou de estado) é simplesmente o VAR que descreve a evolução das variáveis de estado:

$$X_t = \mu + \Phi X_{t-1} + \Sigma\varepsilon_t$$

Os dados utilizados na estimação são:

1. Juros reais: 2, 3, 4, 5, 7 e 10 anos
2. Juros nominais: 2, 3, 4, 5, 7 e 10 anos
3. Inflação, medida pelo RPIX, e expectativas de inflação média de 5 a 10 anos.

Todos os dados de juros são mensais, medidos no fim do mês, assim como a taxa de inflação. As expectativas de inflação são obtidas da pesquisa Consensus, disponíveis a cada 6 meses.[9]

---

[8] Ver Hamilton (1994).

[9] A Consensus faz uma pesquisa mensal para previsões de curto prazo, o ano atual e o seguinte, e uma semestral para previsões de longo prazo, que é a utilizada neste estudo. A amostra consiste nos principais bancos de investimentos, consultorias e institutos de pesquisa econômica.

RESULTADOS

Nesta seção apresentamos a evolução dos quatro componentes de interesse: expectativas de juros real, expectativa de inflação, prêmio de risco real e prêmio de risco inflacionário. Por motivos de espaço não apresentamos mais detalhes do ajuste do modelo, ressaltando somente que os resultados são muito semelhantes aos obtidos por Joyce, Lildholdt e Sorensen (2010).

Os Gráficos 4 a 7 mostram a evolução das taxas à frente dos quatro componentes para três maturidades: 2, 5 e 10 anos à frente.

GRÁFICO 4
GRÁFICO 5

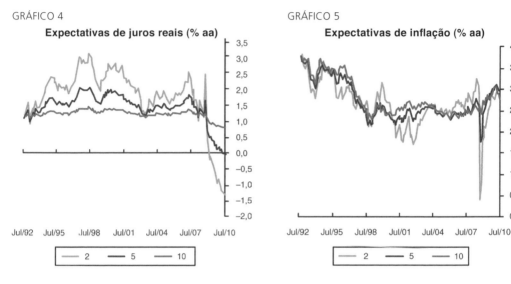

Como seria razoável esperar, o componente de expectativas de juros reais e da inflação é mais variável para as maturidades mais curtas, refletindo os ciclos econômicos e de política monetária. Isso pode também refletir o fato de as expectativas estarem bem ancoradas. Já os prêmios de risco tendem a ser maiores para prazos mais longos. A volatilidade dos prêmios de risco de inflação e juros real exibe padrões opostos: para inflação o prêmio de risco é mais volátil para prazos curtos, sugerindo que apesar de haver mais compensação pelo risco inflacionário para maturidades mais longas o risco no curto prazo responde aos ciclos. Já o prêmio de risco a termo real é mais volátil quanto mais longa a maturidade, embora as diferenças não sejam tão acentuadas como para a inflação.

GRÁFICO 6
GRÁFICO 7

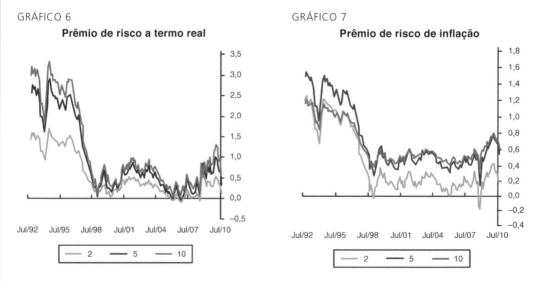

Como observado por Kim e Orphanides (2005), a inclusão de pesquisas de opinião ajuda a identificar as duas medidas de probabilidade, evitando que o modelo atribua um peso excessivo da variação aos prêmios de risco. Nossas estimativas são muito similares às decomposições nominais de Wright (2010)[10] para o RU, especialmente as suas estimativas baseadas em previsões das taxas de juros futuras usando pesquisas, e às estimativas do Federal Reserve Board para os EUA.[11] Isso sugere que a inclusão de pesquisas de opinião de profissionais é suficiente para garantir uma decomposição robusta da curva, independentemente de que variável (inflação ou juros) e qual maturidade as pesquisas cobrem.

A tendência a atribuir uma variabilidade excessiva aos prêmios de risco, ou um excesso de persistência às expectativas, é fruto de um viés em amostras pequenas. Esse viés pode ser entendido pelo alto grau de persistência nas séries de tempo dessas variáveis (ligadas à medida P, que determina as expectativas) e maior variabilidade no formato das curvas (ligado à medida Q, que determina os prêmios de risco). Quando incluímos uma pesquisa de opinião e forçamos as expectativas implícitas no modelo a reproduzi-las, resolvemos esse viés.

Vale ressaltar que, como este artigo se concentra nas expectativas implícitas em mercados financeiros (via preços de títulos públicos e pesquisa de opiniões de profissionais), não exploramos as expectativas de inflação dos consumidores e empregadores ou a sua relação e sua importância relativa às implícitas em preços de ativos.

3 INDEPENDÊNCIA, CREDIBILIDADE E DOMINÂNCIA FISCAL

A seguir, primeiro aplicamos o modelo para analisar o efeito da independência operacional nos componentes dos juros no RU. Em seguida usamos a decomposição junto a outras variáveis para tentar entender melhor o comportamento das duas curvas de juros durante a atual crise financeira mundial.

INDEPENDÊNCIA OPERACIONAL E PRÊMIOS DE RISCO

Para evitar a influência do ciclo econômico e de política monetária, nesta seção nos concentramos nas taxas de 5 anos, 5 anos à frente. A ideia é que, excluindo os próximos cinco anos, minimizamos o impacto do estado atual da economia e da resposta esperada de política econômica no curto a médio prazos. O Gráfico 8 mostra a evolução da decomposição para essa taxa. Na seção a seguir focaremos o período mais recente, olhando em mais detalhe para a evolução das curvas de juros durante a crise, e portanto aqui nos concentramos no período até 2007.

Olhando para o gráfico, o que salta aos olhos é uma clara quebra em torno de 1997, ano em que ao BoE foi outorgada independência operacional. Até então, a decisão sobre a taxa de juros era feita em conjunto entre o ministro da Economia e o presidente do BoE. A partir de 1997, a decisão passou a ser feita pelo Monetary Policy Committee (MPC), o equivalente ao FOMC americano, composto por membros do BoE e alguns membros externos. A meta continuou a ser fixada anualmente pelo ministro da Economia, e foram anunciadas várias medidas para aumentar a transparência e *accountability* da política monetária. Entre outras coisas, o BoE passou a ter relatórios trimestrais de inflação e teria que escrever uma carta pública ao ministro cada vez que a inflação ficasse fora das bandas em torno da meta.

---

[10] Wright (2010) é o primeiro a olhar para a decomposição das taxas de juros nominal de longo prazo em expectativas de taxas futuras e prêmios de risco para dez dos principais países industrializados. Ele faz duas decomposições separadas: uma decomposição usando pesquisas sobre juros futuros sem nenhum modelo, e portanto só disponível para uma maturidade específica, e usando modelos da família ADTSM sem incluir pesquisas. De forma geral, a variação do prêmio de risco a termo nominal produzida pelos dois métodos é semelhante, embora os níveis e a magnitude sejam bastante diferentes.

[11] Disponíveis no website: http://www.federalreserve.gov/econresdata/researchdata.htm .

GRÁFICO 8

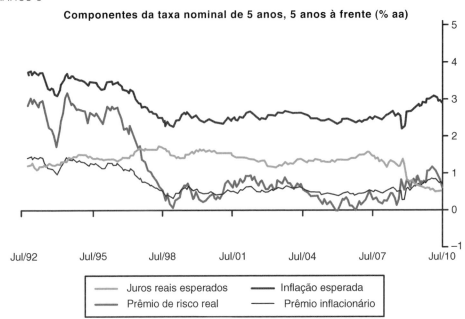

Em torno de 1997 houve uma clara queda no nível do prêmio de risco a termo real, passando de uma média de 2-2,5% para uma média de 0-0,5% ao ano. A queda no prêmio de risco de inflação foi menor, de 1% a 0,5%, mas houve também uma queda de 0,5 a 1% na taxa de inflação esperada. A taxa de juros real básica se manteve praticamente constante, com uma leve elevação.

Os resultados de Gürkaynak, Levin e Swanson (2006) reforçam a interpretação de que a independência do BoE foi um fator determinante no comportamento da taxa de juros no RU. Usando dados diários da curva de juros dos EUA, RU e Suécia, os autores comparam a sensibilidade a dados macroeconômicos e anúncios de política monetária da taxa de inflação longa implícita para medir o grau com que expectativas de inflação são mais estáveis (*anchored*) nos países com metas de inflação (RU e Suécia). Eles encontram uma sensibilidade no RU semelhante à dos EUA ("altamente significativa") antes da independência do BoE em 1997, e nenhuma depois. Para EUA e Suécia não há nenhuma evidência de quebra em 1997, sugerindo que de fato isso foi um fator no RU e não uma tendência global comum, como por exemplo a queda generalizada e maior estabilidade nas taxas de inflação observadas na maioria dos países entre 1985 e começo da década de 2000 (o que é um fator que dificulta a análise do efeito de regimes de metas de inflação, que foram implementadas na maioria dos países que adotaram esse regime durante esse período). As decomposições de Wright (2010) também suportam essa interpretação, pois nenhum outro país na sua amostra apresenta uma quebra tão clara como no RU no mesmo período.

CRISE FINANCEIRA E DOMINÂNCIA FISCAL

Nesta seção retornamos às questões levantadas no final da seção "Taxas de Juros Reais e Nominais no RU" de como interpretar o Gráfico 2. Em particular, o que explica a defasagem no movimento dos juros reais em relação aos movimentos dos juros nominais? O Gráfico 9 mostra a evolução dos componentes dos juros durante o período de julho de 2007 a agosto de 2010 para a taxa de 5 anos, 5 anos à frente, embora algumas das mudanças sejam mais claras nos Gráficos 4 a 7. A seguir descrevemos as mudanças a partir do terceiro trimestre de 2008, quando a crise se aprofundou, de acordo com a decomposição do nosso modelo, e discutimos se há evidência que corrobore a descrição dos eventos.

GRÁFICO 9

Componentes da taxa nominal de 5 anos, 5 anos à frente (% aa)

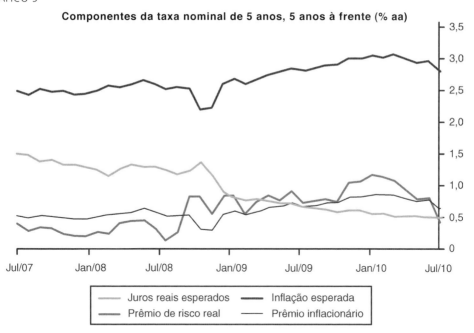

Juros reais esperados — Inflação esperada
Prêmio de risco real — Prêmio inflacionário

Inicialmente, há um grande susto deflacionário (Gráfico 5), levando a uma drástica e rápida queda nas taxas de inflação esperada. No primeiro momento, quando os bancos centrais estavam apenas começando o ciclo de reduções nas taxas de juros básicas, a queda brusca na inflação esperada levou a um aumento dos juros reais esperados (Gráfico 4). Como também houve um aumento instantâneo no prêmio de risco real (Gráfico 6), as taxas de juros reais observadas sobem de forma acentuada (Gráfico 3). Dadas as respostas do banco central, com um ritmo de cortes nunca antes visto, o mercado revisou o seu perfil de juros reais esperados (Gráfico 4), os quais passaram a cair de forma acelerada, e passou a esperar medidas heterodoxas, como o *Quantitative Easing* (QE), que veio a ser implementado no RU e EUA. Embora a queda nos juros reais de curto prazo pudesse ser esperada pelos níveis perto de zero a que a taxa básica foi reduzida, as taxas de juros reais de longo prazo também passaram a cair substancialmente (Gráficos 8 e 9), pela primeira vez se deslocando de forma significativa nessa amostra, o que talvez seja relacionado ao QE e ao medo da experiência japonesa, mas retornaremos a esse ponto adiante. Porém, como o prêmio de risco real seguiu subindo (Gráfico 6), a taxa de juros real de longo prazo observada permaneceu estável e em níveis semelhantes aos do período pré-crise (Gráfico 3).

De acordo com a decomposição, abril/maio de 2010 é um ponto de inflexão para os prêmios de risco real e de inflação, e para a inflação esperada, os três revertendo a tendência de alta que vinham apresentando (Gráfico 9), o que coincide com a curva de juros nominais observada apresentando nova tendência de queda em todas as maturidades (Gráfico 3). O prêmio de risco de inflação (Gráfico 7) apresentou comportamento similar ao prêmio de risco a termo real, com a diferença de que subiu gradualmente e com menor variação total (Gráficos 7 e 9). Por último, depois do susto deflacionário inicial, as expectativas de inflação subiram até meados do segundo trimestre de 2010 (Gráfico 5), e pela primeira vez desde a independência do BoE as expectativas de longo prazo de inflação também subiram acima do nível da meta (Gráfico 8).

A distinção crítica nessa descrição ocorre entre taxas de juros reais esperadas e o prêmio de risco a termo real, no sentido em que a decomposição entre inflação esperada e prêmio de risco é parcialmente observável a partir das previsões na pesquisa Consensus. Além disso, os dois termos apresentam variações opostas em alguns períodos, o que resulta na taxa de juros observada permanecendo estável. Portanto a questão fundamental é se podemos de alguma forma validar o comportamento dessas duas variáveis.

GRÁFICO 10

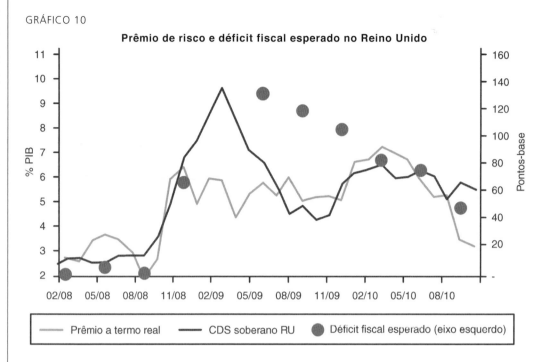

A chave, acreditamos, está na evolução esperada da situação fiscal no RU, como sugerido por Cochrane (2010) para os EUA. A deterioração das contas fiscais implica que a dívida líquida como percentagem do PIB no RU passou de 35% no ano fiscal 2007-08 para mais de 60% esperados ao final do ano fiscal atual, atingindo um pico esperado de 70% em dois anos de acordo com as previsões do Tesouro do RU.[12] No começo do ano de 2010 várias estimativas apontavam para uma razão dívida/PIB em excesso de 100%, o que não seria incomum de acordo com o estudo de Reinhart e Rogoff (2010b) sobre crises bancárias mundiais. O Gráfico 10 mostra a medida de prêmio de risco a termo real 5 anos à frente ao lado do prêmio de CDS soberano do RU de 5 anos e as expectativas de déficit fiscal como percentagem do PIB para o RU.[13] O comovimento entre os prêmios de risco e as expectativas de déficit confirma a importância da crise fiscal para ativos financeiros, e juros em particular, vista a partir de meados de 2009, quando as preocupações se voltaram para a situação fiscal da Grécia. Além desse comovimento, em maio de 2010 o novo governo de coalizão no RU foi formado, e rapidamente anunciou seu compromisso com reformas fiscais para estabilizar a razão dívida/PIB, com detalhes sendo anunciados desde então. A transição de governo e a possibilidade de não haver um governo de maioria (*hung Parliament*) foram fatores que aumentavam a incerteza para o cenário fiscal no RU.

Por último, vale ressaltar que um choque fiscal como o observado tenderia a aumentar a inflação esperada e o prêmio de risco de inflação de acordo com a dominância fiscal (ver Cochrane (2010)) e diminuir a taxa de juros real esperada em resposta a expectativas de crescimento menor e/ou uma política monetária mais acomodativa para compensar o choque (ver Reinhart e Rogoff (2010a)). A evolução

---

[12] Ver o website do HM Treasury http://www.hm-treasury.gov.uk/psf_statistics.htm.
[13] Essas expectativas são extraídas das pesquisas trimestrais de médio prazo feitas pelo HM Treasury com bancos de investimento, consultorias, institutos de pesquisa, disponíveis no website http://www.hm-treasury.gov.uk/data_forecasts_index.htm. A pesquisa contém previsões para o ano corrente e os próximos quatro anos. O Gráfico 10 mostra o déficit esperado para o últimos ano em cada pesquisa para minimizar o impacto imediato da crise sobre os números.

desses componentes no Gráfico 9 e da situação fiscal, e sua parcial resolução em maio de 2010, sugerem que a decomposição do modelo faz sentido econômico.

4 CONCLUSÃO

Neste artigo usamos um modelo de estrutura a termo das taxas de juros aplicado às curvas de juros nominal e real para identificar separadamente os componentes de expectativas e de risco embutidos nessas taxas. A aplicação do modelo ao RU sugere que a independência operacional outorgada ao BoE em 1997 teve efeitos significativos nas taxas de juros reais e nominais de longo prazo.

Os resultados sugerem que mudanças no atual sistema de metas para inflação no Brasil que aumentem a credibilidade da política monetária podem ter impactos significativos nas taxas de juros de longo prazo brasileiras, nominais e reais. O modelo sugere que a independência do banco central do RU pode ter reduzido as taxas de juros reais de longo prazo, via redução no prêmio a termo real, em até 2% ao ano. Como o RU é um dos países com economia mais estável e com um mercado financeiro e de financiamento que só fica atrás do norte-americano, uma diferença dessa magnitude sugere que questões de credibilidade e estabilidade institucional podem explicar uma boa parcela dos altos juros reais de longo prazo no Brasil. E como esses efeitos são difíceis de ser distinguidos através de métodos econométricos baseados puramente em dados macroeconômicos, ou *backward looking*, nossos resultados sugerem uma aplicação importante dessa classe de modelos ao caso brasileiro.

PARTE 3

CÂMBIO, INDÚSTRIA E BALANÇO DE PAGAMENTOS

15
INVESTIMENTOS, POUPANÇAS, CONTAS-CORRENTES E CÂMBIO REAL
**Affonso Celso Pastore, Maria Cristina Pinotti
e Terence de Almeida Pagano**

16
O "PROBLEMA" DO CÂMBIO E AS MEDIDAS DE POLÍTICA ECONÔMICA
Márcio G. P. Garcia

17
POLÍTICA CAMBIAL NO BRASIL
John Williamson

18
EVIDÊNCIAS DE "DOENÇA HOLANDESA"? UMA ANÁLISE
DA EXPERIÊNCIA RECENTE NO BRASIL
Sandra Polónia Rios e Roberto Iglesias

19
DESINDUSTRIALIZAÇÃO NO BRASIL: FATOS E VERSÕES
Regis Bonelli e Samuel de Abreu Pessôa

INVESTIMENTOS, POUPANÇAS, CONTAS-CORRENTES E CÂMBIO REAL

Affonso Celso Pastore
Maria Cristina Pinotti
Terence de Almeida Pagano

1 INTRODUÇÃO

No Brasil as poupanças domésticas são insuficientes para financiar os investimentos, cuja elevação requer a absorção de poupanças externas, gerando déficits nas contas-correntes. Há uma regularidade empírica que persiste há décadas: as poupanças externas são predominantemente usadas para financiar o aumento da formação bruta de capital fixo. Mas a dependência dos investimentos com relação às poupanças externas cresceu depois de 1994. Entre 1970 e 1993, o aumento de um ponto percentual na formação bruta de capital fixo em proporção ao PIB levava a um aumento de importações líquidas menor do que o que ocorre a partir de 1994.

A aceleração do crescimento requer maiores déficits nas contas-correntes, o que levanta a questão sobre a sua sustentabilidade. Há exemplos de países, como a Austrália, que conseguiram conviver com déficits persistentes e elevados nas contas-correntes, mantendo taxas elevadas de crescimento. Por que o Brasil não poderia repetir esse feito? Ocorre que o mundo não é tão simples. Quanto mais elevados em proporção ao PIB forem os déficits em contas-correntes, mais rapidamente cresce o passivo externo líquido em proporção ao PIB, e mostramos neste trabalho evidências de que o câmbio real de equilíbrio no Brasil se deprecia com o aumento do passivo externo em proporção ao PIB. Para permitir a elevação das importações líquidas, absorvendo poupanças externas, o câmbio real tem que se valorizar. É isso que ocorre por algum tempo em resposta a um aumento da taxa de investimentos. Porém o crescimento do passivo externo leva depois de algum tempo à depreciação do câmbio real, truncando aquele processo.

A conclusão é que, para acelerar o crescimento, o país precisa elevar as poupanças domésticas.

2 INVESTIMENTOS E POUPANÇAS DOMÉSTICAS

O Brasil não é um país exportador de capitais, como a China. Devido à insuficiência das poupanças domésticas, os investimentos em capital fixo exigem a complementação das poupanças externas, que são importadas através dos déficits nas contas-correntes. Essa é uma regularidade empírica que existe há décadas, e que se acentuou nos últimos anos. No eixo vertical do diagrama de dispersão, no Gráfico 1, construído com base nas contas nacionais trimestrais cobrindo o período de 1994 a 2010, está a formação bruta de capital fixo medida a preços constantes do ano 2000, e no eixo horizontal estão as exportações líquidas. Ambas são medidas em proporção ao PIB. É notável a estabilidade da relação linear entre essas duas variáveis. Quando as importações líquidas se elevam, ocorre também alguma elevação do consumo. Mas a substituição da poupança doméstica por poupança externa é apenas parcial: as poupanças externas são predominantemente usadas para financiar a elevação da capacidade produtiva, contribuindo para o crescimento econômico.

GRÁFICO 1

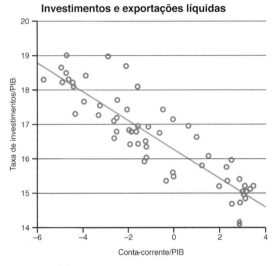

Fonte: IBGE.

Os efeitos das variações nas taxas de investimento sobre as importações líquidas seriam menores caso as poupanças domésticas se elevassem quando ocorresse um aumento na taxa de investimentos. Na maioria dos países as taxas de poupanças domésticas guardam uma correlação positiva com as taxas de investimentos, mas entre 1994 e 2010 o que existiu no Brasil foi uma correlação negativa,[1] como se vê no Gráfico 2 (o coeficiente de correlação é −0,68). Pelo menos no período de 1994 a 2010 o Brasil esteve livre do quebra-cabeça de Feldstein-Horiokka (Blanchard e Giavazzi (2002)).

GRÁFICO 2

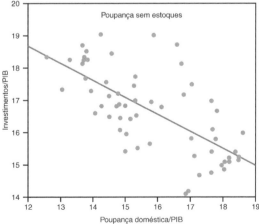

Fonte: IBGE.

---

[1] Utilizamos os dados das contas nacionais para calcular a taxa de poupança doméstica. Partindo da identidade Y = C + I + G + X − M, adicionando e subtraindo os tributos e transferências do governo, temos (Y − C − T) + (T − G) + (M − X) = I, ou Sdom + Sext = I. Para calcular a poupança doméstica, é preciso retirar a variação de estoques do cálculo do PIB, pois do lado direito da equação estamos considerando apenas a formação bruta de capital fixo.

Algumas dessas características existem por um período bem mais longo do que o iniciado com a reforma monetária de 1994. No período entre 1970 e 1993 também havia uma correlação negativa entre as exportações líquidas e a taxa de investimentos a preços constantes medidas em relação ao PIB, que era até mais elevada do que no período de 1994 em diante, chegando a −0,89. Mas em contrapartida a pressão de um aumento de investimentos sobre as exportações líquidas era muito menor. Por volta de 1994 há uma clara quebra de estrutura, como indicam as duas retas no diagrama de dispersão no Gráfico 3, uma ajustada aos dados do período de 1970 a 1993 e a outra ao período de 1994 a 2010. A diferença de declividades das duas retas mostra que a partir de 1994 uma elevação de um ponto porcentual com relação ao PIB na taxa de investimentos requer um aumento significativamente maior nas importações líquidas.[2] Depois de 1994, o financiamento dos investimentos tornou-se ainda mais dependente da absorção de poupanças externas.

GRÁFICO 3

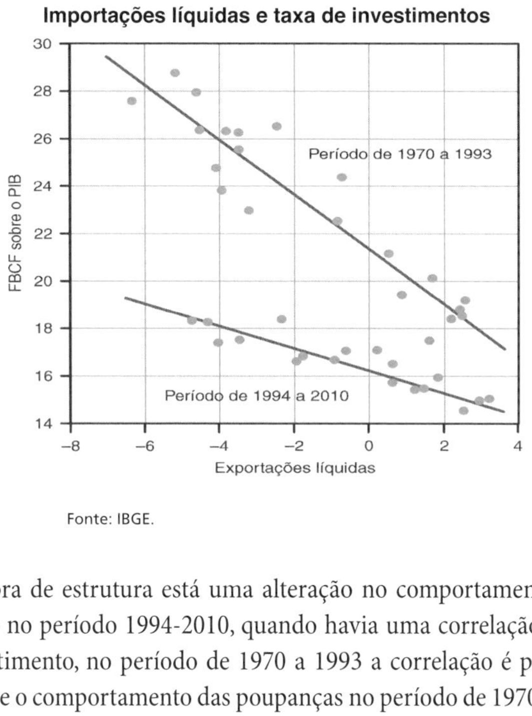

Fonte: IBGE.

Por trás dessa quebra de estrutura está uma alteração no comportamento das poupanças. Contrariamente ao ocorrido no período 1994-2010, quando havia uma correlação negativa entre as taxas de poupança e de investimento, no período de 1970 a 1993 a correlação é positiva, atingindo +0,78. Investigamos brevemente o comportamento das poupanças no período de 1970 a 1993, e verifica-se que elas sofrem influências semelhantes às constatadas por Loayza, Schmidt-Hoebel e Servén (2000) em seu estudo cobrindo vários países em vários anos, ou seja, a taxa de poupanças no Brasil nesse período mostra uma inércia, e responde positivamente à taxa de crescimento econômico.[3] Esse comportamento se altera completamente depois de 1994. Não somente não mais se constata a resposta das poupanças às variações nas taxas de crescimento do PIB[4] como caem as taxas médias de poupanças e investimentos (Tabela 1).

---

[2] As declividades das duas retas traçadas no Gráfico 3 diferem significativamente entre si.

[3] A elevação da taxa de investimentos aumenta a taxa de crescimento do PIB, o que leva a um aumento da poupança doméstica. A relação estimada foi
(taxa de poupança)$_t = b_0 + b_1(\Delta y/y)_t + b_2$(taxa de poupança)$_{t-1}$,
em que $(\Delta y/y)$ é a taxa de crescimento econômico. As estimativas dos coeficientes foram: $b_1 = 13{,}930$, com um desvio-padrão igual a 4,215; e $b_2 = 0{,}983$, com um desvio-padrão igual a 0,111. A probabilidade de que cada um desses coeficientes tenha sido obtido ao acaso é praticamente nula, e uma estimativa recursiva dos coeficientes mostra sua grande estabilidade nesse período.

[4] Usamos a regressão mostrada na nota anterior e estimada entre 1970 e 1993 para prever, com base em projeções dinâmicas, as taxas de poupança de 1994 a 2010. As projeções dinâmicas preveem muito bem as taxas de poupança entre 1970 e 1993, mas falham completamente em prever o que de fato ocorreu de 1994 em diante.

TABELA 1 Taxas de poupança e de investimento

	De 1970 a 1993	De 1994 a 2010
Poupança		
Mediana	21,5	15,9
Máximo	24,1	18,3
Mínimo	16,3	13,4
Investimento		
Mediana	22,7	16,8
Máximo	28,8	18,4
Mínimo	15,5	14,5

Fonte: IBGE.

Podemos apontar alguns fatores responsáveis pela queda na taxa média das poupanças domésticas. O primeiro vem da Constituição de 1988, que criou uma rede de proteção social que desestimula a poupança dos indivíduos. O segundo vem da queda das poupanças públicas, que ocorreu apesar da elevação contínua da tributação devido ao crescimento acelerado das despesas correntes. O terceiro vem do estímulo ao consumo gerado inicialmente pelo controle da inflação e acentuado nos últimos anos por ações deliberadas de política econômica. Já a correlação negativa entre as taxas de poupança e de investimentos se deve em parte à vulnerabilidade da economia brasileira a choques, que era particularmente elevada entre 1994 e a metade dos anos 2000, e às reações de política econômica em resposta a esses choques.

Olhemos mais de perto para os fatores que vêm estimulando o consumo e para as causas da correlação inversa entre taxas de poupanças e de investimentos. No Gráfico 4 superpomos a taxa de investimentos a preços constantes às importações líquidas e às taxas de poupança, e nele assinalamos três períodos. Entre 1994 e 1999 a taxa de investimentos se expandiu acima da média do período. Foi durante esse período que tivemos o programa de estabilização baseado na âncora cambial. A literatura registra fartas evidências de que em todos os países que adotaram esse tipo de programa ocorreu uma explosão de consumo (Calvo e Vegh, 1999; De Gregorio, Guidotti e Vegh, 1998). O Brasil não foi uma exceção, e a explosão do consumo levou à queda das poupanças do setor privado. Nesse período caiu também a poupança do setor público devido à política fiscal expansionista. A estabilidade de preços e a retomada do crescimento estimularam os investimentos. Os ingressos de capitais, particularmente investimentos estrangeiros diretos, ajudaram a valorizar o real, permitindo o aumento das importações líquidas.

GRÁFICO 4

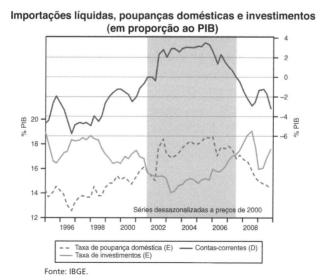

Fonte: IBGE.

O segundo período se inicia em torno de 2002, quando os preços internacionais das *commodities* começaram a crescer, estimulando as exportações, o que deveria induzir o aumento dos investimentos. Mas esse foi, também, um período no qual ocorreram choques, como: o contágio do *default* da Argentina em 2001; o aumento da aversão ao risco gerado pelas crises contábeis nos EUA; e a crise de confiança ocorrida na transição do governo FHC para o governo Lula. Nesse período a dívida pública tinha uma elevada proporção dolarizada, e sempre que um choque levasse à depreciação cambial crescia a relação dívida/PIB, e com isso elevava-se o temor de um *default,* o que levava a uma fuga de capitais que depreciava a taxa cambial, elevando a relação dívida/PIB, aumentando o temor de *default*, fechando assim um círculo vicioso. Para evitar uma crise com uma componente de profecia autorrealizável, o governo tinha que elevar o superávit fiscal primário para garantir a queda da relação dívida/PIB. O corte de despesas e o aumento de impostos desestimulavam a atividade econômica, e esse movimento era acentuado ainda mais pela elevação da taxa real de juros necessária para dissipar a inflação vinda da depreciação cambial. Por isso, apesar do *boom* de preços de *commodities*, a taxa de investimentos declinou, o que ocorreu ao lado da elevação das poupanças geradas pela queda do consumo das famílias e pelo aumento do superávit primário.

A partir de 2007 os investimentos superam as poupanças domésticas, estimulados pelos efeitos defasados da política fiscal expansionista e do progressivo afrouxamento monetário que se estendeu do final de 2005 até o início de 2008. O Banco Central reagiu tardiamente ao aquecimento da economia, iniciando um ciclo de elevação da taxa básica de juros que teria prosseguido se não fosse interrompido ao final de 2008 pela crise externa, cujo contágio provocou a forte contração da produção industrial. Com a instalação da crise global, as autoridades elevaram os gastos públicos correntes (os aumentos na folha de pagamentos do funcionalismo, dos pagamentos dos benefícios da previdência e das transferências de renda), estimulando o consumo. A partir do contágio da crise externa o Banco Central reduziu a taxa de juros e os recolhimentos compulsórios sobre depósitos. Os investimentos despencaram, mas as poupanças totais domésticas caíram ainda mais, quer porque o governo reduziu suas poupanças, quer porque caíram os lucros retidos pelas empresas, e finalmente porque o estímulo ao consumo das famílias reduziu as suas poupanças. O resultado foi o aumento das importações líquidas, com o aumento do déficit nas contas-correntes, que ocorreu simultaneamente à valorização do câmbio real.

A persistência do governo perseguindo metas para o superávit primário e mantendo a flutuação cambial e o regime de metas de inflação foi gradativamente tornando o Brasil menos vulnerável a choques externos. Isso contribuiu para reduzir ou mesmo eliminar a correlação negativa entre taxas de poupança e de investimentos. Mas as poupanças domésticas devem persistir baixas devido aos fatores indicados anteriormente.

Ressalte-se que nos últimos anos tem ocorrido um grande afrouxamento fiscal, com o crescimento acelerado das despesas correntes. Isso tem ocorrido ao lado de estímulos ainda maiores para a elevação do consumo, o que acentua a tendência à manutenção das baixas taxas de poupança. Com isso o país continuará dependente de poupanças externas em uma proporção maior do que a que ocorria entre 1970 e 1993.

3 CRESCIMENTO ECONÔMICO, PASSIVO EXTERNO E CÂMBIO REAL DE EQUILÍBRIO

Um país cuja taxa de investimentos depende da importação de poupanças tem seu crescimento econômico dependente das condições externas. Taxas de investimento em maiores níveis requerem um aumento das importações líquidas, o que significa maiores déficits em contas correntes. Que limites isso impõe à taxa de crescimento econômico?

Tomemos um modelo de fontes de crescimento com uma função de produção de Cobb-Douglas

$$y_t = m_t K_t^{\alpha} N_t^{(1-\alpha)} \tag{1}$$

em que K_t é o estoque de capital, N_t é a população economicamente ativa e m_t é a produtividade total dos fatores. Substituindo em (1) a população economicamente ativa e o estoque de capital estimado a partir da equação de inventário perpétuo $K_t = FBKF_t + (1 - \delta)K_{t-1}$, dividindo (1) membro a membro por ela mesma defasada de um período, usando as definições $(y_t/y_{t-1}) = (1 + g_t)$, $(m_t/m_{t-1}) = (1 + \pi_t)$, e $(N_t/N_{t-1}) = (1 + x_t)$, e finalmente usando a equação de inventário perpétuo, obtemos

$$\frac{FBCF_t}{y_t} = \frac{k_{t-1}}{y_t} \left\{ \left[\frac{(1+g_t)}{(1+\pi_t)(1+x_t)^{1-\alpha}} \right]^{1/\alpha} - (1-\delta) \right\} \tag{2}$$

que nos fornece a taxa de investimentos necessária para gerar uma dada taxa g_t de crescimento econômico, dadas as taxas de crescimento da população economicamente ativa e da produtividade total dos fatores. Usando as estimativas de Souza Junior (2005) para o estoque de capital e as suas indicações sobre os valores de α e δ, conclui-se que para obter taxas de crescimento do PIB em torno de 5,5% ao ano são necessárias taxas de investimento da ordem de 25% do PIB. Essa estimativa é obtida admitindo uma taxa de participação estável com a população em idade ativa crescendo 1,5% ao ano e uma taxa de crescimento da produtividade total dos fatores também em torno de 1,5% ao ano.

No passado o Brasil já atingiu taxas de investimento superiores a 25% do PIB e taxas de crescimento da produtividade total dos fatores maiores do que 1,5% ao ano (Gomes, Pessoa e Veloso, 2003). Investimentos em educação e a remoção de distorções podem acelerar o crescimento da produtividade total dos fatores, mas seus efeitos não ocorrem a curto prazo. Para acelerar o crescimento nos próximos anos o país teria que elevar as taxas de investimento. No entanto, a quebra de estrutura apresentada no Gráfico 3 mostra que se a formação bruta de capital fixo se elevar para próximo de 25% do PIB, por exemplo, que é uma taxa já atingida (e mesmo superada) no passado, e que de acordo com estimativas derivadas da equação (2) conduziria a um crescimento econômico próximo de 5,5% ao ano, seriam necessárias importações líquidas muito mais elevadas do que as ocorridas em qualquer ponto do período analisado neste trabalho. Isso levanta a questão da sustentabilidade dos déficits em contas-correntes necessários para levar a essas taxas de crescimento.

Quanto maiores forem as taxas de investimento maiores serão os déficits nas contas-correntes, o que significa um câmbio real mais apreciado. Essa apreciação é necessária para permitir o aumento das importações líquidas, e ocorrerá quer porque os fluxos de capitais suficientemente elevados conduzem à valorização do câmbio nominal, quer porque o aumento da demanda doméstica pressiona os preços dos bens *non-tradables* que crescem relativamente aos preços dos bens *tradable* que persistem ancorados pelo câmbio nominal. Significa que para crescer sem inflação, com estabilidade nos preços dos bens *non-tradable* o país precisa de ingressos de capital suficientes para financiar esses déficits nas contas-correntes. Alguns países, como a Austrália, entraram com sucesso por essa rota de crescimento. Por que o Brasil não poderia repetir o mesmo feito?

Ocorre que o mundo não é tão simples. Os déficits persistentes nas contas-correntes têm que ser financiados com o aumento do estoque do passivo externo líquido, quer na forma de dívida externa (pública e privada), quer na forma de investimentos (investimentos diretos ou em ações), e a acumulação desse passivo externo impõe uma restrição ao comportamento do câmbio real de equilíbrio. Passivos externos líquidos mais elevados em proporção ao PIB levam a um câmbio real de equilíbrio mais depreciado; e passivos externos líquidos pequenos levam a câmbios reais mais apreciados. Quanto maiores forem as taxas de investimento, maiores serão os déficits nas contas-correntes, o que requer uma apreciação cambial maior, mas a acumulação do passivo externo em proporção ao PIB pressiona o câmbio real na direção contrária, impedindo que o processo continue.

A literatura registra dois tipos de modelos que levam à proposição de que o câmbio real de equilíbrio varia em função do passivo externo líquido expresso em proporção ao PIB, e mostra evidências empíricas de que esse efeito é muito importante. O primeiro é o modelo desenvolvido por Faruqee (1995), inspirado em Mussa (1984), e que serve de base a várias estimativas do câmbio real de equilíbrio entre países, realizadas pelo FMI (2006). Ele leva a uma relação de longo prazo que é uma relação de cointegração entre o câmbio real, a posição do passivo externo líquido e outras variáveis que afetam o fluxo das contas-correntes, como: as diferenças de produtividade (produto por trabalhador) nos setores de bens *tradable* e *non-tradable* relativamente aos parceiros de comércio; uma medida das relações de troca; o nível do consumo do governo. O segundo são os modelos inspirados em Obstfeld e Rogoff (1996, Capítulo X) desenvolvidos por Lane e Milesi-Ferretti (2000) e por Aguirre e Calderón (2005) e que o utilizaram com sucesso para a explicação do comportamento do câmbio real de equilíbrio em vários países em vários momentos do tempo.

Em todos esses casos existe uma "forma reduzida" explicativa do câmbio real de equilíbrio dada por

$$log\ Q_t = b_0 + b_1 ln\ (F/Y)_t + b_2 ln\ [(y/y^{\cdot})/(A/A^{\cdot})]_t + b_3 log\ (p^x/p^m)_t + b_4 log\ (G/G^{\cdot})_t + u_t \qquad (3)$$

em que Q é o câmbio real de equilíbrio, (F/Y) é o quociente entre o passivo externo líquido e o PIB, $(y/y^{\cdot})$ é o quociente entre a produtividade do trabalho no setor de bens *tradable* no país e no exterior, $(A/A^{\cdot})$ é o quociente entre a produtividade do trabalho no setor de bens *non-tradable*, (p^x/p^m) são as relações de troca e $(G/G^{\cdot})$ representa os quociente entre os gastos do governo no país e no resto do mundo.

A intuição por trás dessas previsões parte da noção de que o câmbio real é um preço relativo, entre bens *tradable* e *non-tradable*, prevendo que: a. como o governo consome uma proporção maior de bens *non-tradable* (serviços), o aumento de seus gastos eleva os preços dos bens *non-tradable* relativamente aos preços dos bens *tradable*, valorizando o câmbio real; b. a elevação da produtividade de bens *non-tradable* amplia sua oferta relativamente à de bens *tradable*, desvalorizando o câmbio real ao reduzir o preço dos bens *non-tradable* relativamente ao dos *tradable*; c. um ganho de relações de troca eleva as exportações relativamente às importações, permitindo que se obtenha o mesmo saldo nas contas-correntes com um câmbio real mais valorizado; e d. uma queda no passivo externo líquido permite que o país eleve o déficit nas contas correntes através de um câmbio real mais valorizado.

Na análise que se segue apresentaremos as evidências empíricas desse modelo para o Brasil. Na próxima seção apresentaremos estimativas com base em dados anuais, nas quais estamos interessados na sensibilidade do câmbio real ao passivo externo e às relações de troca, sem nos importarmos com a dinâmica do ajuste. Na seção seguinte apresentamos a estimativa do modelo com base em dados mensais, cobrindo um período mais curto, e proporcionando informações empíricas muito interessantes sobre a dinâmica do ajuste, corroborando a conclusão tirada na seção anterior de que as variações no passivo externo são a variável dominante na explicação dos movimentos do câmbio real.

4 A ESTIMATIVA COM DADOS ANUAIS

Trabalharemos com duas medidas de câmbio real. Uma é a série mais curta estimada pelo Banco Central do Brasil para uma cesta de moedas, e a outra é a série mais longa do câmbio real medida em relação ao dólar norte-americano.[5] Ambas usam como deflator doméstico os preços aos consumidores. O Banco Central do Brasil estima também a *posição internacional de investimentos* (o passivo externo líquido)

---

[5] A taxa de câmbio real cesta de moedas é uma média ponderada das taxas de câmbio reais dos 15 países mais significativos no âmbito do comércio exterior. São utilizados os índices de preços aos consumidores para transformar o câmbio nominal em câmbio real. No caso brasileiro, o índice é o INPC. A ponderação de cada moeda é dada pela participação das exportações de cada país sobre o total exportado. Os cálculos são os do Banco Central do Brasil.

a partir de 2001, o que nos deixaria com uma amostra muito curta, mas podemos recuar essa série para trás usando as estimativas de Lane e Milesi-Ferreti (1999), encadeando essas duas séries.

Na sua estimativa, Lane e Milesi-Ferretti acumulam os saldos nas contas-correntes liquidamente de transferências na conta de capital. O passivo externo líquido é dado por

$$F = FDI + EQ + DEBT + R \qquad (4)$$

em que FDI, EQ e $DEBT$ são os estoques líquidos (ingressos de estrangeiros menos as variações das posições de brasileiros no exterior) de investimentos diretos, portfólio em ações e dívida, com R designando o estoque de reservas. A identidade do balanço de pagamentos afirma que a soma da conta corrente, dos fluxos financeiros líquidos e das variações nas reservas é igual a zero, e então

$$CC = (\Delta FDI) + (\Delta EQ) + (\Delta DEBT) + \Delta R + \Delta K - EO \qquad (5)$$

em que EO são os erros e omissões. Supondo que os erros e omissões refletem as mudanças em instrumentos de dívida retidos no exterior por residentes, e desprezando a valoração dos ativos, pode-se, aproximadamente, estimar as variações no passivo externo líquido pela soma do saldo nas contas correntes livre das transferências líquidas na conta de capital, ΔK,

$$\Delta F = CC + \Delta K. \qquad (6)$$

Essa é a forma usada por Lane e Milesi-Ferretti nas suas estimativas. Desprezando a contribuição de ΔK, produzimos uma nova estimativa do passivo externo partindo do valor inicial publicado por Lane e Milesi-Ferretti, simplesmente acumulando os saldos nas contas correntes. No Gráfico 5 comparamos três estimativas: a que denominamos passivo externo oficial, que encadeia a estimativa de Lane e Milesi-Ferretti com a do Banco Central; a que simplesmente acumula os saldos nas contas-correntes; e finalmente a que retira da estimativa do Banco Central as ações cujos preços são marcados a mercado pelo Banco Central.

GRÁFICO 5

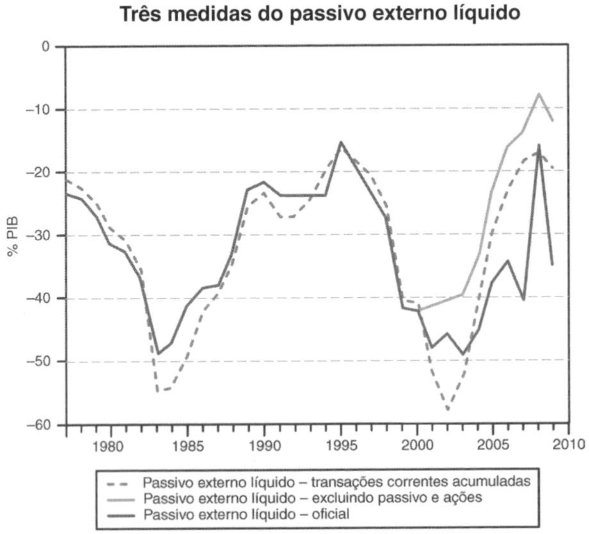

Três medidas do passivo externo líquido

Legenda do gráfico:
- - - Passivo externo líquido – transações correntes acumuladas
— Passivo externo líquido – excluindo passivo e ações
— Passivo externo líquido – oficial

Fonte: Banco Central do Brasil, cálculos dos autores e Lane e Milesi-Ferretti (2006).

Verifica-se que são pequenas as diferenças entre a série obtida acumulando as contas-correntes e a série obtida por Lane e Milesi-Ferretti. A volatilidade dos preços das ações faz com que a sua valoração leve a diferenças importantes, mas quando eliminamos da série as ações, o perfil do passivo externo se aproxima do obtido acumulando os saldos nas contas-correntes.

Na Tabela 2 usamos apenas a medida do passivo externo oficial encadeando a estimativa de Milesi-Ferretti com a do Banco Central. Em todos estes casos o passivo externo líquido em proporção ao PIB tem um coeficiente que difere significativamente de zero, com uma elasticidade de curto prazo que varia de 0,24 a 0,40 e uma elasticidade de longo prazo que é em torno do dobro da de curto prazo. O câmbio real responde também às relações de troca, mas essa resposta é menos importante. Em geral a sensibilidade do câmbio real aos preços de exportações é maior do que aos preços das importações.

Na Tabela 3 estimamos o modelo com dados anuais com as três medidas alternativas de passivo externo. Em todos os casos o coeficiente do passivo externo difere significativamente de zero, e não há grandes diferenças nas elasticidades em cada uma dessas três medidas. Neste exercício omitimos as estimativas com base no câmbio real medido em relação ao dólar, ficando apenas com o câmbio real medido em relação à cesta de moedas. Note-se que o maior poder explicativo é obtido com a série do passivo externo que simplesmente acumula os saldos nas contas-correntes.

TABELA 2	Estimativas com base em dados anuais					
Variável dependente	Cesta	USD	Cesta	USD	Cesta	USD
C	3,7873	4,0452	3,5976	4,0161	2,9885	2,4924
	(0,8015)	(0,6630)	(0,7973)	(0,6612)	(0,6102)	(0,4553)
LOG(Câmbio (–1))	0,4900	0,5382	0,4280	0,4841	0,4109	0,5254
	(0,1196)	(0,0814)	(0,1259)	(0,0829)	(0,1263)	(0,0917)
LOG((–1)*F/Y)	0,2489	0,2966	0,2887	0,2917	0,3179	0,3072
	(0,0687)	(0,0592)	(0,0735)	(0,0575)	(0,0698)	(0,0642)
LOG(XPTOTALM)	–0,2715	–0,3598	–0,5138	–0,5461	–	–
	(0,1101)	(0,0967)	(0,2108)	(0,1336)		
LOG(MPRM)	–	–	0,3541	0,2429	–	–
			(0,2649)	(0,1352)		
LOG(XPTOTALM/MPRM)	–	–	–	–	–0,5443	–0,4007
					(0,2113)	(0,1391)
R²	0,7937	0,8708	0,8133	0,8835	0,7983	0,8481
S.E.	0,1019	0,0949	0,0998	0,0917	0,1008	0,1028
Estatística F	23,0823	67,4145	18,5158	53,0835	23,7432	53,9516

Os números entre parênteses logo abaixo das estimativas dos coeficientes são os desvios-padrão.
Fonte: Banco Central do Brasil, FUNCEX, Lane e Milesi-Ferretti (2006).

O teste de causalidade de Granger mostra que em geral há uma causalidade bilateral entre o passivo externo e o câmbio real, mas o valor da estatística F é sempre maior na causalidade do passivo externo para o câmbio real. Ou seja, há mais evidências de que o passivo externo causa o câmbio real do que o contrário. Em adição, os testes mostram uma grande estabilidade dos coeficientes das várias medidas do passivo externo nas regressões das Tabelas 2 e 3. Já a significância das relações de troca é menor, e em várias das estimativas o peso dos preços externos recai somente sobre os preços em dólares das exportações.

Embora as relações de troca tenham efeitos sobre o câmbio real de equilíbrio, a explicação dominante do comportamento do câmbio real vem das variações do passivo externo líquido. Ilustramos essa

TABELA 3 Estimativas variando a medida o passivo externo líquido

	Passivo externo oficial	Acumulando as contas-correntes	Passivo oficial excluindo ações
Variável dependente	Cesta	Cesta	Cesta
C	3,5976	2,2002	0,1596
	(0,7973)	(0,6569)	(1,3530)
LOG(Câmbio(−1))	0,4280	0,3867	0,5831
	(0,1259)	(0,1033)	(0,1294)
LOG((−1)*F/Y)	0,2887	0,4001	0,3846
	(0,0735)	(0,0716)	(0,1379)
LOG(XPTOTALM)	−0,5138	−0,1113	0,1146
	(0,2108)	(0,1681)	(0,2698)
LOG(MPRM)	0,3541	0,3470	0,3891
	(0,2649)	(0,2120)	(0,3217)
R²	0,8133	0,8744	0,7557
S.E.	0,0998	0,0818	0,1140
Estatística F	18,5158	29,5872	13,1491

Os números entre parênteses logo abaixo das estimativas são os desvios-padrão.
Fonte: Banco Central do Brasil, Funcex, Lane e Milesi-Ferretti (2006).

última conclusão com os dados do Gráfico 6, no qual superpomos as duas medidas do câmbio real a duas medidas do passivo externo: a derivada da junção dos dados do Banco Central com a série de Lane e Milesi-Ferretti; e a derivada da acumulação dos saldos nas contas-correntes.

GRÁFICO 6

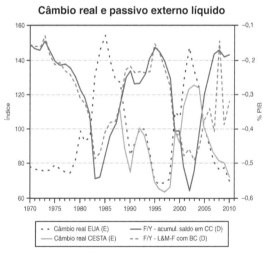

Fonte: Banco Central do Brasil e Lane e Milesi-Ferretti (2006).

É visível a elevada correlação inversa entre o passivo externo e o câmbio real. No passado já tivemos passivos externos líquidos iguais ou mesmo maiores do que 50% do PIB, e quando isso ocorreu o câmbio real esteve mais fortemente depreciado do que a média do período. Em oposição, já tivemos passivos externos líquidos iguais ou mesmo inferiores a 15% do PIB, e quando isso ocorreu o câmbio real esteve sempre mais apreciado do que a média do período.

A grande variação do câmbio real de equilíbrio e a sua dependência com relação ao estoque do passivo externo medido em proporção ao PIB nos levam a refletir sobre o significado de estimativas de sub ou supervalorização cambial derivadas da aplicação da hipótese da paridade de poder de compra (PPC). Ela admite que a longo prazo o câmbio real seja aproximadamente constante e que as variações do câmbio nominal reflitam apenas os diferenciais de inflação. Isso pode ocorrer a longo prazo (Isard, 2007), mas a comparação mostrada no Gráfico 6 e os resultados das estimativas das Tabelas 2 e 3 indicam que essa é uma intepretação pobre do que de fato ocorre. O câmbio real somente será uma constante na medida em que o passivo externo líquido do país (e as relações de troca) persista constante, e isso está longe de ocorrer na prática.

5 A ESTIMATIVA COM DADOS MENSAIS

Será que estamos realmente convencidos de que as variações do passivo externo líquido dominam na explicação dos movimentos do câmbio real relativamente às relações de troca? Para responder a essa indagação temos que analisar as estimativas de um modelo VEC, que também nos leva às estimativas das curvas de resposta a impulsos a choques no passivo externo e nas relações de troca e permite uma decomposição de variância do câmbio real atribuída a cada uma das variáveis explicativas. Nesse caso a causalidade flui do passivo externo para o câmbio real. A estimativa está na Tabela 4.[6]

TABELA 4	Estimativa do Câmbio Real de Equilíbrio		
Equação Cointegração:	**CointEq1**		
LOG(Q(−1))	1,00000		
LOG(p^x/p^m(−1))	0,59280		
	(0,17886)		
LOG((−1)*F/Y(−1))	−0,41763		
	(0,04872)		
C	−5,04122		
	(0,07143)		
Correção de Erros:	**D(LOG(Q))**	**D(LOG(p^x/p^m))**	**D(LOG((−1)*F/Y))**
CointEq1	−0,1176	−0,0158	−0,0037
	(0,0234)	(0,0159)	(0,0049)
D(LOG(Q(−1)))	0,3904	−0,0824	0,0040
	(0,0604)	(0,0410)	(0,0127)
D(LOG(Q(−2)))	−0,1213	−0,0615	0,0400
	(0,0622)	(0,0422)	(0,0131)
D(LOG(p^x/p^m(−1)))	−0,0854	−0,2052	−0,0103
	(0,0960)	(0,0652)	(0,0202)
D(LOG(p^x/p^m(−2)))	−0,0592	−0,0393	−0,0087
	(0,0962)	(0,0653)	(0,0203)
D(LOG((−1)*F/Y(−1)))	0,5531	−0,3325	0,6724
	(0,2977)	(0,2022)	(0,0628)
D(LOG((−1)*F/Y(−2)))	−0,5172	0,2330	0,2184
	(0,2954)	(0,2006)	(0,0623)

(Continua)

---

[6] As estimativas foram feitas com 243 observações, de abril de 1994 a junho de 2010. Os testes de ADF e de Philips-Perron rejeitam a hipótese de raiz unitária no passivo externo líquido, mas aceitam no câmbio real e nas relações de troca. O teste de Johansen mostra a existência de um vetor de cointegração.

(Continuação)

R²	0,2458	0,0747	0,8188
R² Ajustado	0,2266	0,0512	0,8142
Soma Quad. Resid.	0,3292	0,1518	0,0146
Desv.-Padrão Eq.	0,0373	0,0253	0,0078
Estatística – F	12,8159	3,1766	177,7025
Média Variável Dep.	0,000461	0,001790	–0,001280
Desv.-Padrão Dep.	0,042469	0,026041	0,018262

Nota: Desvio-padrão entre parênteses.
Fonte: Banco Central do Brasil, Funcex, Lane e Milesi-Ferretti (2006).

Usamos como medida do passivo externo a obtida acumulando os saldos nas contas-correntes. A equação de cointegração mostra coeficientes diferindo significativamente de zero. Por outro lado, no modelo de correção de erros o coeficiente dos resíduos do vetor de cointegração difere significativamente de zero na equação explicativa das variações do câmbio real, o que, juntamente com o fato de que o passivo externo não falha em causar o câmbio real no sentido de Granger, indica a exogeneidade do passivo externo.

No Gráfico 7 está a comparação entre o câmbio real atual e o câmbio real de equilíbrio. Há movimentos do câmbio real atual não captados pelo modelo, como as depreciações ocorridas em resposta às paradas de ingressos de capitais de 2001, 2002 e 2008. Esses são "choques" cujos efeitos tendem a ser transitórios, e vê-se pelo gráfico que rapidamente o câmbio real retorna mais para próximo da sua trajetória de longo prazo. Em particular, vê-se que a forte valorização do câmbio real ocorrida entre 2002 e 2008 decorre do efeito conjunto dos ganhos de relações de troca e da queda do passivo externo líquido.

GRÁFICO 7

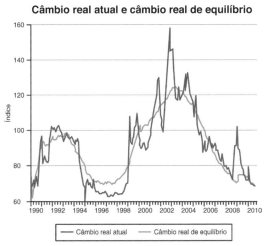

Fonte: Banco Central do Brasil e cálculo dos autores.

No Gráfico 8 estão as curvas de resposta a impulsos de um desvio-padrão em cada uma das duas variáveis explicativas. Trabalhamos com o passivo externo com o sinal invertido, o que leva a uma resposta a impulso com o perfil mostrado no gráfico. Um aumento nas relações de troca leva a uma apreciação do câmbio real. Note-se que um desvio-padrão do passivo externo é maior do que o das relações de troca, e essa é uma razão para um efeito final maior.[7]

---

[7] Em uma distribuição normal o intervalo entre menos e mais um desvio-padrão inclui um pouco mais de 65% da frequência dos "choques", o que significa que em torno de 35% dos choques são maiores do que os usados como base para a construção dessas curvas. Ou seja, em aproximadamente 35% dos casos ocorrem choques no passivo externo e nas relações de troca maiores do que um desvio-padrão, levando a efeitos finais maiores do que os vistos nas curvas do Gráfico 8.

GRÁFICO 8

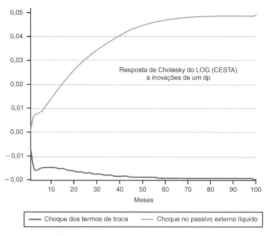

Fonte: Cálculo dos autores.

Refizemos o gráfico anterior padronizando as respostas, de forma a fazer as duas convergindo a 100% no novo equilíbrio. O que se verifica no Gráfico 9 é que a resposta a um choque nas relações de troca é muito mais rápida. Nesse caso, decorridos poucos meses, em torno de 80% da resposta total já ocorreu, enquanto no caso do passivo externo são necessários mais de 30 meses, ou seja, em torno de 3 anos, para que 80% da resposta ocorra.

GRÁFICO 9

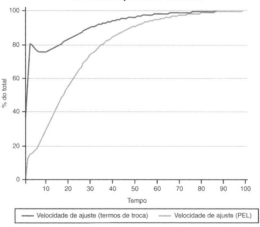

Fonte: Cálculo dos autores.

A lentidão da resposta a um choque no passivo externo é uma propriedade muito importante. Suponhamos uma queda nas poupanças domésticas e/ou um aumento dos investimentos, levando a um aumento nas importações líquidas. Para que as importações líquidas cresçam o câmbio real tem que se valorizar,[8] mas, quando temos uma sequência grande de anos com déficits elevados, o passivo externo

---

[8] Como o país é tomador de preços no mercado internacional, o aumento da demanda de bens tradable não altera seu preço, mas o aumento da demanda de bens *non-tradable* esbarra com uma oferta inclinada positivamente, o que leva à valorização do câmbio real.

líquido cresce. Suponhamos que o país gere uma absorção maior do que o PIB por uma sequência de anos, produzindo uma sequência de déficits nas contas-correntes que gere um crescimento contínuo desse passivo. Nesse caso a tendência é para a depreciação do câmbio real de equilíbrio, e, se a resposta do câmbio ao passivo externo fosse instantânea, o câmbio real se depreciaria instantaneamente, e pelo menos uma parte do aumento do déficit nas contas-correntes não ocorreria, impedindo que crescessem tanto as importações quanto os investimentos. Essa contradição desaparece com uma resposta lenta ao impulso do passivo externo. Nesse caso, o déficit nas contas-correntes começa a elevar o passivo externo, mas a resposta do câmbio a esse choque permanente é lenta, o que retarda a depreciação cambial e permite que os déficits nas contas-correntes se materializem, abrindo espaço para o crescimento ainda que temporário das importações e dos investimentos. Para que esses resultados sejam consistentes, a resposta do câmbio real a um impulso proveniente do passivo externo tem que ser longa.

Resta, neste ponto, responder a mais uma indagação: qual das duas variáveis — o passivo externo líquido ou as relações de troca — é a mais importante empiricamente para determinar o câmbio real de longo prazo? Em princípio as duas são importantes, mas pode ocorrer que a variância do câmbio real seja predominantemente explicada por uma delas. O modelo VEC nos permite encaminhar uma resposta através da decomposição de variância. Os resultados estão no Gráfico 10. A importância da componente autorregressiva declina rapidamente, mas em torno de 20 meses após iniciado o choque ela ainda é a componente dominante. Esse é um comportamento condizente com as evidências empíricas do câmbio real, registradas na literatura, que rejeitam a presença de uma raiz unitária nessa variável, mas reconhecem sua elevada autorregressividade (Froot e Rogoff, 1995). Mas, decorridos 40 meses do choque, isto é, um pouco mais de 3 anos, o grosso da variância é explicado pelas variações no passivo externo, e explicações apenas marginais devem-se às relações de troca e à autorregressividade.

GRÁFICO 10

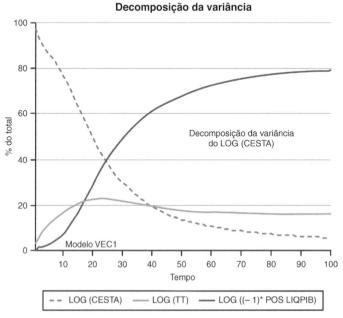

Fonte: Cálculo dos autores.

Todos esses são resultados que confirmam a conclusão anterior de que a força predominante na determinação das oscilações do câmbio real de equilíbrio são as variações no passivo externo líquido.

6 A NECESSIDADE DE ELEVAR AS POUPANÇAS DOMÉSTICAS

Quando o câmbio real se deprecia, ocorre uma queda nos déficits (ou um aumento nos superávits) nas contas-correntes, mas esse movimento não se explica apenas por um *expenditure switching,* alterando a composição dos gastos em bens *tradable* e *non-tradable*. Em geral depreciações cambiais mais fortes ocorrem ao lado de contrações fiscais e monetárias, que são políticas de *expenditure reducing*. O déficit nas contas-correntes é o excesso da absorção sobre a renda, e sua queda requer a queda na absorção. O caso brasileiro mostra exemplos desse problema. Um deles é o ajuste do balanço de pagamentos iniciado em 2002, que não ocorreu apenas em função da depreciação do câmbio real, mas também como uma consequência da elevação forte do superávit fiscal primário seguido de elevação forte da taxa real de juros. As políticas de *expenditure reducing* que ocorrem junto com as grandes depreciações requerem a queda da absorção relativamente ao PIB, e dentro da absorção a variável cuja amplitude de variação é maior é a formação bruta de capital fixo. Por isso os períodos de depreciação cambial estão associados à queda da formação bruta de capital fixo.

Se o país iniciar um período de fortes estímulos aos investimentos em capital fixo, elevando a absorção, provocará o crescimento do déficit nas contas-correntes. Inicialmente o câmbio real se valoriza e o país absorve poupanças externas que permitem elevar os investimentos. Mas em seguida ocorre a elevação do passivo externo líquido, o que conduz à depreciação do câmbio real, que termina em uma redução na taxa da formação bruta de capital fixo.

Será que não há formas de superar esse problema? Uma possibilidade é que esse efeito do crescimento do passivo externo sobre o câmbio real seja atenuado. Dib e Goldfajn (2010) argumentam que a composição do passivo externo também é relevante. Sua hipótese é de que quanto maior for o passivo a ser honrado em moeda local relativamente àquela parcela em moeda estrangeira, menos volátil será a taxa cambial e mais o passivo externo se ajusta em resposta a uma depreciação cambial.

Nos últimos anos tem ocorrido uma mudança grande na composição do passivo externo. A dívida externa brasileira, que se aproximava de 40% do PIB em 2002, situa-se atualmente em torno de 15% do PIB, e a composição do passivo em carteira alterou-se nos últimos anos em favor do passivo em ações relativamente ao passivo em títulos, como se vê no Gráfico 11. Ao lado disso, os investimentos diretos continuaram a crescer. Contrariamente ao que ocorre com o passivo em títulos de dívida, os investimentos diretos e em ações são passivos que se convertem em reais, com o risco de câmbio suportado pelos investidores.

Se o país não pode escapar de acumular déficits externos mais elevados devido à ausência de um esforço fiscal que eleve as poupanças domésticas, pode ao menos gerar estímulos para que se eleve a proporção do passivo externo líquido em moeda local. Com isso pode reduzir as pressões da acumulação do passivo externo sobre o câmbio real, e permitindo uma maior absorção de poupanças externas. Goldfajn e Dib mostram algumas evidências empíricas encorajadoras indicando que o câmbio real reage à composição do passivo externo. Mas, apesar de sua lógica convincente, as suas séries são muito curtas, o que enfraquece os resultados, e não nos dá grande conforto.

A continuidade da mudança na composição do passivo externo deve ser estimulada. Mas as ações com maior efeito em permitir taxas de investimento mais elevadas são as que levem ao crescimento das poupanças totais domésticas. E para que isso ocorra o governo teria que alterar sua atitude na política fiscal.

GRÁFICO 11

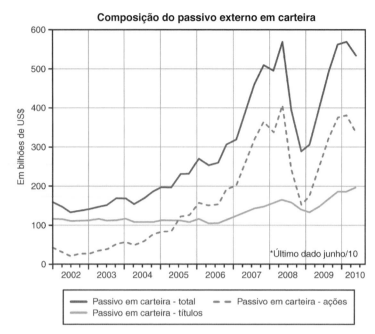

Fonte: Banco Central do Brasil.

O "Problema" do Câmbio e as Medidas de Política Econômica

Márcio G. P. Garcia[1]

1 INTRODUÇÃO

Desde a parada brusca sofrida pela economia brasileira, em 2002, o real vem apresentando tendência de apreciação. O Gráfico 1 mostra a evolução das taxas de câmbio nominais contra o euro e contra o dólar, bem como a taxa real de câmbio.[2]

GRÁFICO 1

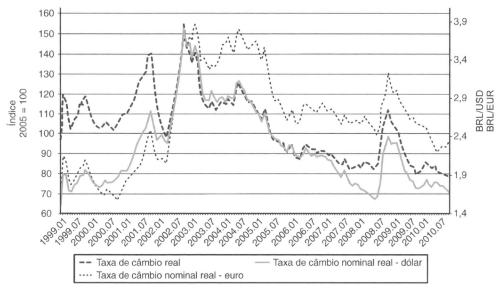

Fonte: IPEA Banco Central do Brasil, FED.

A apreciação da taxa de câmbio real desde o final de 2002 tem prejudicado exportadores, sobretudo aqueles que exportam manufaturas intensivas em trabalho, bem como produtores para o mercado interno que competem com importações. A apreciação da taxa de câmbio real vem, portanto, preocupando as autoridades econômicas. Várias medidas de intervenção nos mercados cambiais foram tomadas ao longo dos últimos oito anos: compras esterilizadas de dólar no mercado à vista, compras de dólar futuro (*swaps* cambiais reversos), amplo resgate da dívida externa, maior liberalização de fluxos cambiais (embora não tenhamos atingido a plena conversibilidade) e, finalmente, imposto (IOF) sobre entrada de capitais dirigidos a investimentos considerados especulativos.

---

[1] Agradeço a excelente assistência de pesquisa de Alessandro Rivello e Carolina Machado. Agradeço também a Darwin Dib (Itaú), por fornecer valiosos dados.
[2] A taxa real de câmbio é uma medida da competitividade das exportações brasileiras calculada pela média ponderada do índice de paridade do poder de compra dos 16 maiores parceiros comerciais do Brasil. A paridade do poder de compra é definida pelo quociente entre a taxa de câmbio nominal (em R$/unidade de moeda estrangeira) e a relação entre o Índice de Preço por Atacado (IPA) do país em caso e o Índice Nacional de Preços ao Consumidor (INPC/IBGE) do Brasil. As ponderações utilizadas são as participações de cada parceiro no total das exportações brasileiras em 2001. Os cálculos foram feitos pelo IPEA, e a série está disponível no Ipeadata (http://www.ipeadata.gov.br/ipeaweb.dll/ipeadata?Tick=1389643703).

As intervenções esterilizadas realizadas pelo Banco Central (BC) sempre foram justificadas como uma forma de diminuir a vulnerabilidade externa da economia, como pode se depreender de documentos oficiais: "[em] 6.1.2004 foi iniciado um programa de recomposição das reservas internacionais, pautado pelas condições de liquidez existentes em cada momento, objetivando atuar de forma neutra sobre a volatilidade do mercado cambial e sobre a flutuação da taxa de câmbio".[3] Em anos subsequentes,[4] a mesma ideia é repetida: a política de compra esterilizada de divisas estrangeiras visa a recompor reservas e reduzir a exposição do setor público a variações do dólar, e não a alterar o nível da taxa de câmbio.

À medida que o acúmulo de reservas atingiu níveis muito elevados sem que tal processo fosse interrompido, a despeito de seu elevado custo fiscal, disseminou-se a percepção de que tais intervenções tinham, também, o objetivo de alterar o nível da taxa de câmbio. A criação de IOFs sobre investimentos estrangeiros em mercados de capitais, de derivativos e de renda fixa bem como declarações explícitas de autoridades dirimiram quaisquer dúvidas sobre suas intenções quanto a depreciar a taxa de câmbio. A recém-eleita presidente Dilma Rousseff declarou na reunião do G-20, ocorrida na cidade de Seul em novembro de 2010, quanto à sobrevalorização do real: "Isso não é bom para o Brasil. Vamos ter que olhar cuidadosamente, tomar todas as medidas possíveis" (*O Estado de São Paulo*, 12/11/2010). Portanto, é muito provável que, a persistirem as atuais condições de ampla liquidez no mundo, a política de intervenções cambiais não só se mantenha como seja aprofundada.

Neste artigo, reporto alguns resultados de pesquisas desenvolvidas nos últimos anos, frequentemente com alunos de pós-graduação, que visam a esclarecer algumas das principais questões envolvidas:

- O *carry-trade* é responsável por grande parte da apreciação cambial verificada desde 2003?
- A análise custo-benefício justifica continuar a acumulação de reservas cambiais para além dos elevados níveis atuais (US$286 bilhões, em outubro de 2010)?
- As intervenções esterilizadas do Banco Central conseguem afetar a taxa de câmbio? Em caso positivo, tal efeito é duradouro?
- Outros artifícios aos quais o governo vem recorrendo, como o IOF sobre investimentos especulativos, podem alterar a taxa de câmbio?

2 *CARRY-TRADE* E APRECIAÇÃO DA TAXA DE CÂMBIO

Os principais determinantes da taxa real de câmbio de equilíbrio, como explicado no artigo 15 deste livro, de autoria de Affonso Celso Pastore *et al.*, são a melhora dos termos de troca e a diminuição do passivo externo líquido. Tal movimento de longo prazo explica a maior parte da apreciação cambial ocorrida desde 2002.

Não obstante, o *carry-trade*, atraído pelo elevado diferencial de juros e baixa volatilidade do câmbio, tem voltado a ser importante na determinação da taxa de câmbio nominal. Embora dados de *carry-trade* sejam geralmente proprietários (e difíceis de obter), os dados das posições dos estrangeiros nos mercados de derivativos da BM&F Bovespa servem como uma boa aproximação da direção do movimento. Se a negociação na BM&F Bovespa seguir o padrão geral, podemos inferir a derivada do volume total de *carry-trade*.

As séries do mercado futuro da BM&F Bovespa, mostradas no Gráfico 2, revelam que aumentos na posição vendida em dólar futuro dos estrangeiros (área cinza-clara) estão geralmente associados a apreciações da taxa de câmbio nominal (elipses cinza-escuras) e vice-versa.

---

[3] Banco Central (2004).
[4] Banco Central (2005), Banco Central (2006) e Banco Central (2007).

GRÁFICO 2

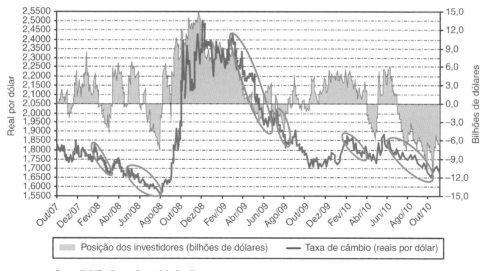

Fonte: BVMF e Banco Central do Brasil.

O Gráfico 3, que abarca um período bem mais longo, mostra que já houve posições de estrangeiros vendidas em dólar no mercado futuro da BM&F Bovespa tão grandes quanto as atuais. Não obstante, a taxa de câmbio, hoje, é muito mais apreciada. Logo, o *carry-trade* não parece ser nem o único nem o principal determinante da taxa de câmbio. Ou seja, tal evidência corrobora a hipótese de que a taxa de câmbio obedece a outros determinantes fundamentais, como os termos de troca e o passivo externo líquido, com o *carry-trade* cumprindo papel residual. Naturalmente, seria desejável medir a importância relativa dos efeitos, o que pretendo fazer futuramente.

GRÁFICO 3

Fonte: BVMF e Banco Central do Brasil.

Ainda que o *carry-trade* não tenha sido responsável pela maior parte da apreciação até agora, seu papel pode ser bem maior daqui para a frente, devido aos seguintes fatores:

- o novo *status* de proeminência e segurança do Brasil no conjunto dos BRICs;
- o elevadíssimo diferencial de juros;
- a entrada de novos *players* no *carry-trade* (fundos *Toshin* japoneses, por exemplo). Os estrangeiros detêm, hoje (novembro de 2010), 10% da dívida pública mobiliária federal interna (R$150 bi).

Se isso vier a se mostrar verdadeiro, aumentará mais a pressão sobre o Banco Central e demais autoridades econômicas para que tomem medidas objetivando depreciar o real.

3 OS ALTOS CUSTOS E BAIXOS BENEFÍCIOS DE SE ACUMULAR MAIS RESERVAS

O custo de cada US$1 adicional de reservas é o diferencial de juros, que é grande (de 8 a 10 pontos percentuais) e deve aumentar, pois o Banco Central provavelmente voltará a elevar os juros em 2011 para conter a inflação. No nível atual, o custo fiscal de deter reservas (mais de 1% do PIB por ano) já está proibitivo para um país em desenvolvimento com tantas carências. Caso o real se aprecie, como vem ocorrendo e ocorreu no passado, tal custo será ainda maior.

Já o benefício de cada US$1 adicional, quando já se acumularam US$286 bilhões, é muito pequeno e cadente. Não há nenhum modelo da literatura que prescreva para o Brasil níveis tão altos de reservas quanto os atuais, ainda que alguns países detenham ainda mais reservas como proporção do PIB. Portanto, por mais que a crise do *subprime* tenha ensinado aos *policy-makers* que é bom ter muita reserva, haverá algum nível (finito) de reservas a partir do qual os benefícios da acumulação serão superados pelos seus custos. Passamos bem pela maior crise desde a Grande Depressão com US$207 bi. Por que precisamos de mais?

Tais considerações levam muitos a acreditar que, atualmente, as compras esterilizadas de câmbio conduzidas pelo Banco Central (e futuramente pelo fundo soberano) são de fato determinadas pelo objetivo de depreciar a taxa de câmbio, e não pela compra de eventual seguro contra crises financeiras internacionais. A próxima seção analisa a eficácia das intervenções esterilizadas no mercado de câmbio em alterar a taxa de câmbio.

4 A EFICÁCIA DAS INTERVENÇÕES ESTERILIZADAS EM ALTERAR A TAXA DE CÂMBIO

Nesta seção, reporto alguns dos principais resultados da dissertação de mestrado de Werther Vervloet (2010). As equações estimadas estão reproduzidas a seguir. A equação (1) trata as intervenções como uma única variável, quer sejam de compra ou de venda. Já a equação (2) separa as intervenções de compra das de venda.

$$\Delta s_t = \gamma_0 + \gamma_1 \Delta(i_t - i_t^*) + \gamma_2 \Delta R_t + \gamma_2 \Delta Ibov_t + \gamma_4 \Delta CRB_t + \gamma_5 \Delta OI_t + \gamma_6 Int_t^{tot} + u_t \tag{1}$$

$$\Delta s_t = \gamma_0 + \gamma_1 \Delta(i_t - i_t^*) + \gamma_2 \Delta R_t + \gamma_2 \Delta Ibov_t + \gamma_4 \Delta CRB_t + \gamma_5 \Delta OI_t + \gamma_6 Int_t^{compra} + \gamma_7 Int_t^{compra} + u_t \tag{2}$$

As variáveis $\Delta s_t, \Delta R_t, \Delta Ibov_t, \Delta OI_t,$ e ΔCRB_t são a diferença do logaritmo natural multiplicada por cem, da taxa de câmbio, índice EMBI+BR em pontos-base, índice Ibovespa, posição dos estrangeiros no mercado futuro da BM&F Bovespa e índice CRB, respectivamente. Todas expressam variação percentual diária. Tais variáveis são incluídas nas equações como controles, isto é, como outros determinantes da variação cambial. Caso não fossem incluídas, ocorreria, potencialmente, viés de variáveis omitidas.

Um problema clássico na estimação de tais equações é que intervenções são endógenas, geralmente respondendo ao comportamento da própria variável dependente, a variação da taxa de câmbio. Assim, faz-se necessário usar instrumentos na estimação. Reportamos, na Tabela 1, os resultados da estimação de ambas as equações por mínimos quadrados ordinários (MQO – colunas 1 e 2) e mínimos quadrados dois estágios (MQ2e – colunas 3 e 4). O período amostral é o compreendido entre os dias 8/1/2004 e 23/4/2010, totalizando 1578 dias úteis. Entre parênteses seguem as estatísticas t.[5]

TABELA 1	Resultados empíricos: efeitos de intervenções sobre a taxa de câmbio			
ΔS_t	MQO(1)	MQO(2)	MQ2e(3)	MQ2e(4)
C	−0,036*	−0,044**	−0,086***	−0,064***
	(−1,763)	(−2,151)	(−3,523)	(−2,011)
$\Delta(i - i^*)_t$	0,156	0,131	0,296	0,305
	(0,515)	(0,430)	(0,518)	(0,971)
$\Delta Ibov_t$	−0,124***	−0,124***	−0,129***	−0,129***
	(−10,260)	(−10,256)	(−10,404)	(−10,332)
ΔCRB_t	−0,184**	−0,183***	−0,190***	−0,192***
	(−10,261)	(−10,100)	(−10,248)	(−10,295)
ΔR_t	0,092***	0,093***	0,090***	0,089***
	(12,101)	(12,164)	(11,715)	(11,525)
ΔOI_t	0,0724***	0,015***	0,0315***	0,032***
	(3,328)	(3,104)	(3,817)	(5,042)
Int_t^{tot}	0,0724	–	0,422***	–
	(1,536)	–	(3,813)	–
Int_t^{compra}	–	0,113**	–	0,333**
	–	(2,02)	–	(2,336)
Int_t^{venda}	–	−0,0242	–	0,591***
	–	(−0,287)	–	(4,096)
AR(1)	−0,187***	−0,187***	−0,188***	−0,185**
	(−7,515)	(−7,976)	(−7,443)	(−7,268)
Estatística F	118,681***	104,13***	116,45***	102,00***
Adj. R2	0,34	0,344	0,32	0,316
Q Stat. (6 *lags*)	5,36	8,17	6,49	10,68

O termo AR(1) foi incorporado como forma de lidar com resíduo autocorrelacionado (para mais detalhes, ver Vervloet, 2010). Os resultados apresentados na Tabela 1 mostram que as intervenções cambiais têm efeito sobre a taxa de câmbio. Mesmo nas estimações realizadas por MQO, pode-se perceber que tanto na estimação realizada utilizando as intervenções totais (soma das intervenções no mercado à vista e futuro) quanto nas estimações separando entre intervenções de compra e venda esse resultado se faz presente, o que não é comum em regressões para outros países.

Na coluna (1), apesar de o resultado ser marginalmente insignificante, afere-se que, em média, se o BC intervém em US\$1 bilhão no mercado cambial, a taxa de câmbio se altera em 0,07% para mais ou para menos, dependendo se é uma intervenção de compra ou de venda. A série de intervenções foi construída de tal forma que uma compra tem valor positivo e uma venda tem valor negativo.

---

[5] *, ** e *** indicam significância a, respectivamente, 10%, 5% e 1%.

Separando as intervenções em de compra e de venda, os resultados tornam-se um pouco distintos. De acordo com os resultados na coluna (2), apenas intervenções de compra são eficazes em alterar a taxa de câmbio. Quando o Banco Central compra US$1 bilhão no mercado cambial, a taxa de câmbio se deprecia em 0,113%, ou seja, passa de 1,700 R$/US$ para 1,702 R$/US$.

Os resultados utilizando instrumentos são mais fortes, como esperado. Os efeitos das intervenções nos modelos estimados com MQ2e continuam dentro do esperado. A coluna (3) indica que uma intervenção no valor de US$1 bilhão faz com que a taxa de câmbio se altere em 0,422%. Seguindo o mesmo exemplo anterior, a taxa de câmbio passaria de 1,700 R$/US$ para 1,707 R$/US$. Ou seja, ao se utilizar a estimação em dois estágios, há um aumento significativo no tamanho do efeito que as intervenções têm na taxa de câmbio. Esse fato é consistente, pois se esperava a existência de um viés negativo nas estimações feitas por MQO.

Na coluna (4), temos resultado semelhante. O coeficiente relativo às intervenções de compra aumenta e o efeito de o Banco Central comprar US$1 bilhão no mercado é uma depreciação de 0,33% na taxa de câmbio. O coeficiente relativo às intervenções de venda ganha significância: para cada US$1 bilhão vendidos, a taxa de câmbio se aprecia em 0,59%. Em suma, a maior estimativa do efeito de uma intervenção esterilizada ocorre nas vendas, não nas compras. Seguindo o exemplo anterior, uma venda de US$1 bilhão causa uma apreciação do real de 1,700 R$/US$ para 1,690 R$/US$. Mesmo tal efeito, ainda que estatisticamente significante, parece pouco importante do ponto de vista econômico.

As demais variáveis incluídas no modelo aparecem com o sinal correto e são significantes, com exceção do diferencial das taxas de juros de curto prazo. Isso se deve, provavelmente, ao fato de esse diferencial possuir pouca variação em frequência diária, lembrando que se trata de taxas de juros de maturidade de 1 mês.

Estabelecido que intervenções cambiais afetam a taxa de câmbio, ainda que os impactos não sejam muito elevados, vale perguntar se tal efeito é permanente ou transitório. Diversos modelos testados em Vervloet (2010) mostram que o efeito é temporário, durando, no máximo, poucas semanas.

Tais resultados econométricos têm as seguintes implicações:

- as compras esterilizadas produzem efeito meramente temporário sobre a taxa de câmbio, mas têm onerosos custos fiscais permanentes; e
- se o objetivo for mitigar a apreciação do BRL, as intervenções têm que ser contínuas.

A imagem que vem à mente é a de um nadador tentando nadar rio acima; ele deve nadar continuamente para não ser levado pela correnteza. Tal como no caso do nadador, que ao fim e ao cabo se cansará, o custo fiscal acabará inviabilizando a política de acumulação de reservas. Portanto, melhor seria ver como nadar para a margem.[6]

5 CONTROLES DE ENTRADA DE CAPITAIS

Saber se controles de capitais são ou não desejáveis pressupõe resposta à questão de se controles de entrada de capitais funcionam ou não, e por quanto tempo. Carvalho e Garcia (2008) mostraram que, na experiência de câmbio controlado no Brasil durante o último lustro do século XX, tais controles não foram eficazes em deter a entrada de capital, ou, na melhor das hipóteses, funcionaram por pouco tempo (seis meses). As principais formas de elisão dos controles, na década de 1990, incluíram várias estratégias que visavam a disfarçar os fluxos destinados à renda fixa como se fossem destinados a outros investimentos isentos do IOF. Assim, é fútil discutir se são bons ou não. É como discutir se é bom transformar chumbo em ouro.

---

[6] Agradeço a Samuel Pessôa por essa analogia, sem responsabilizá-lo por nenhuma conclusão aqui contida.

Ainda que a regulação tenha sido fortalecida, há razões para ceticismo quanto à eficácia dos controles de capital em alterar a trajetória da taxa de câmbio de equilíbrio. Afinal, o sistema financeiro é hoje mais desenvolvido do que há 15 anos. Além disso, o comércio internacional aumentou significativamente, proporcionando múltiplas formas de se disfarçarem fluxos de capital como financiamento ao comércio internacional.

Para que o Brasil cresça de forma sustentada a taxas próximas de 5% ao ano, será necessário absorver significativos volumes de poupança externa por muitos anos. Nesse cenário, dada a fungibilidade do capital, separar o joio (fluxos especulativos) do trigo (investimento externo direto, financiamento ao comércio exterior etc.) é muito difícil. Controles de capital podem apenas fazer uma ponte até que medidas mais fundamentais, como um ajuste fiscal, sejam implementadas.

6 CONCLUSÃO

Caso a atual recuperação internacional da crise se mantenha, o Brasil continuará indo bem, firmando sua posição de destino favorito do capital estrangeiro. Esse fluxo de entrada de capital irá implicar ainda maior apreciação do real. A apreciação da taxa de câmbio irá, por sua vez, pressionar os *policy-makers* para fazer "algo", como o IOF, especialmente agora que a opinião especializada internacional passou a ver com bons olhos tais iniciativas.

A abertura dos ainda fechados mercados de câmbio brasileiros é excelente para o Brasil a longo prazo, mas é incerto que esse fator deprecie o real. Intervenções esterilizadas deverão continuar a ser realizadas, a despeito do seu alto custo fiscal e pequeno efeito sobre a taxa de câmbio. O acúmulo de reservas deverá prosseguir.

Recentemente, o BC aumentou o montante que vem comprando, e o Fundo Soberano Brasileiro está prestes a iniciar suas operações, também para realizar compras de dólar. Desvios nas políticas econômicas vigentes, como o abandono *de facto* da sistemática de metas para a inflação em prol do controle da taxa de câmbio, são um risco sob o novo governo.

A medida de política econômica que mais ajudaria a depreciar a taxa real de câmbio seria a alteração da postura fiscal de forte expansão dos gastos fiscais correntes, que vem ocorrendo, com raras interrupções, desde 1995, e que piorou desde 2008, quando o governo passou travestir aumentos de gastos correntes repetitivos como gastos anticíclicos. Normalmente, diminuições dos gastos fiscais reduzem a demanda interna por serviços, que são *non-tradeable*, depreciando assim a taxa real de câmbio. No caso brasileiro, tal efeito seria magnificado por abrir a possibilidade de o Banco Central reduzir juros sem colocar em risco o controle inflacionário, o que diminuiria a atratividade de aplicações em renda fixa no Brasil. Não está claro, contudo, que o novo governo esteja determinado a mudar a postura fiscal, apesar de inúmeras declarações nesse sentido após as eleições. Mesmo que queira fazê-lo, o Executivo federal encontrará dificuldades junto aos demais poderes, aos entes subnacionais e aos segmentos organizados acostumados a auferir benefícios do erário público.

Como previ, continuaram as intervenções de compra, com as reservas atingindo US$300 bilhões. Recentemente, o BC retomou as intervenções de compra de dólar futuro, via derivativo conhecido como *swap* cambial reverso.

Não é certo que as intervenções combinadas nos dois mercados (à vista e futuro) sejam mais eficientes para depreciar o real. O custo fiscal de o BC intervir via *swap* cambial reverso é quase igual ao de acumular reservas. Ou seja, a volta do uso dos *swaps* cambiais reversos não deve trazer modificação substancial aos dilemas da política cambial.

17

Política Cambial no Brasil[1]

John Williamson[2]

1 INTRODUÇÃO

O regime macroeconômico implantado no Brasil durante a segunda administração de Fernando Henrique Cardoso, e em grande medida mantido pelo seu sucessor, é típico nos países avançados. Sua âncora é um regime de metas de inflação (com uma meta de taxa de inflação algo superior àquela de países mais avançados, de 4,5% ao ano, com uma margem de 2 pontos percentuais para cima ou para baixo). A taxa de câmbio flutua. Essa flutuação é com frequência descrita como livre, mas, dada a extensão do recente acúmulo de reservas, ela não merece a classificação de livre flutuação tal como entendida pela maioria dos economistas. A política fiscal foi durante algum tempo mais ambiciosa durante o regime de Lula, resultando em um superávit primário de pelo menos 4,5% do PIB (subsequentemente reduzido para permitir maiores investimentos públicos, e reduzido ainda mais para ajudar a combater a crise, embora ainda tenhamos que aguardar para saber se isso é tão temporário quanto inicialmente prometido). A política monetária tem tido o objetivo de alcançar a meta de inflação, dada a política fiscal, o que — haja vista a história do país — tem implicado manter taxas de juros elevadas. (A taxa Selic, a taxa de redesconto do Banco Central, foi de 15,4% ao ano em média nos primeiros sete anos do governo Lula.)

A questão a ser examinada neste texto é a da sabedoria do componente cambial dessa estratégia (assumindo que uma política monetária de metas de inflação será mantida). Não argumentamos que uma mudança radical da estratégia cambial seja justificável, mas consideramos que seria possível conceber um regime melhor. Normalmente este é descrito como um regime de taxas de câmbio de referência, e difere das práticas atuais por anunciar uma meta de taxa de câmbio. O único compromisso das autoridades é não intervir ou de alguma forma agir no sentido de deliberadamente afastar a taxa de câmbio da meta. Ações para impulsionar a taxa de câmbio rumo à meta são permitidas, e este texto inclui um levantamento das ações potencialmente disponíveis.

2 REGIMES CAMBIAIS QUE NÃO SÃO PRÁTICOS

Todos os três regimes cambiais normalmente discutidos nos livros-texto são impraticáveis: taxas de câmbio totalmente fixas, taxas de câmbio "estáveis porém ajustáveis" (as taxas de câmbio atreladas mas com ajustamento do regime de Bretton Woods) e taxas de câmbio de flutuação livre. Resumirei minhas razões para rejeitar cada um deles.

Taxas de câmbio fixas foram experimentadas por vários países, inclusive na vizinha Argentina em 1991-2001. Há circunstâncias em que fixar a taxa de câmbio pode ser uma política sensata. Para que faça sentido para um país fixar permanentemente sua taxa de câmbio em relação a outra moeda, e assim abandonar qualquer tentativa de ter uma política monetária independente (diferente de uma fusão de soberanias monetárias como a ocorrida na União Monetária Europeia), me parecem necessárias quatro condições (como defendi em Williamson, 1991):

---

[1] O autor agradece a Edmar Bacha e a vários outros participantes no seminário na Casa das Garças em 13 de agosto de 2010, bem como a Ilan Goldfajn, os comentários a uma versão anterior. Copyright do Peterson Institute for International Economics.

[2] Dionisio Carneiro foi um dos meus colegas mais próximos na PUC durante a maior parte do tempo da minha estada no Rio de Janeiro de 1977 a 1981. Recordo-o afetuosamente, e estou muito contente de haver recebido esse convite para contribuir para uma coletânea reunida em sua memória.

1. A economia é pequena e aberta, de modo a satisfazer as condições para ser absorvida em uma área monetária mais ampla, de acordo com a literatura tradicional sobre uniões monetárias ótimas.
2. O grosso de seu comércio internacional ocorre com o(s) parceiro(s) a cujas moedas pretende atrelar sua taxa de câmbio, de tal modo que a taxa de câmbio efetiva não seja muito distorcida por movimentos entre terceiras moedas.
3. O país deseja seguir uma política macroeconômica que resulte em uma taxa de inflação coerente com a do país a cuja moeda pretenda atrelar sua própria moeda.
4. O país está preparado para adotar arranjos institucionais que garantam credibilidade continuada ao compromisso de manter fixa a taxa de câmbio. Isso se faz da melhor maneira substituindo o Banco Central por um *currency board* (algo como um "conselho diretor de conversão de moeda").

É claro que na base desses critérios a Argentina errou ao adotar uma taxa de câmbio fixa em relação ao dólar. Não é uma pequena economia aberta; relativamente pouco do seu comércio exterior era com os Estados Unidos, mesmo incluindo seus satélites monetários; a Argentina tem tido historicamente uma taxa de inflação superior à dos Estados Unidos; e (como insistiram os entusiastas de *currency boards*) a taxa de câmbio fixa não era sustentada por um verdadeiro *currency board*.

A segunda abordagem falsa é a que foi chamada de "câmbio atrelado ajustável" (*adjustable peg*) sob o regime de Bretton Woods e de "taxa de câmbio fixa porém ajustável" pelo Comitê dos Vinte. Trata-se de um sistema historicamente condenado pelas crises especulativas que inevitavelmente gera. Quando, no início do século, desenvolveu-se toda uma literatura visando a mostrar a impossibilidade de soluções intermediárias, baseou-se na proposição falsa de que a única solução intermediária concebível envolvia alguma variante de câmbio atrelado ajustável. Essa literatura é falsa porque existem possibilidades alternativas (como vamos discutir), mas está correta a proposição de que o câmbio atrelado ajustável deve ser descartado por causa do fator especulação.

A terceira abordagem que deve ser sumariamente descartada é a das taxas de câmbio em livre flutuação. O motivo é que grandes desalinhamentos cambiais estarão virtualmente garantidos se nada for feito para limitar seu tamanho. Basta pensar nas variações da taxa dólar/euro na última década, bem superiores a 50%, apesar da ausência de choques que pudessem ter justificado sequer uma mudança de um décimo desse tamanho. Outros desalinhamentos graves têm se apresentado nas taxas de câmbio de outras moedas em flutuação, como a libra, o iene, e mesmo o real. Caso consideremos que é importante limitar o tamanho do desalinhamento, este deve ser um objetivo consciente da política econômica.

3 ALTERNATIVA I: O "REGIME BBC"

Qualquer governo, como o do Brasil, engajado em uma flutuação não livre da taxa de câmbio, deve ter em mente algum conceito de quando o câmbio está "forte demais" ou "fraco demais". A maneira mais direta de formalizar isso, e que me atrai há muito tempo, é a instituição do que hoje em dia se denomina "regime BBC". Nesse contexto, BBC é a sigla para "*band, basket, and crawl*" (ou seja, banda cambial, cesta de moedas e microajustamentos), e nada tem a ver com a BBC de Londres.[3]

Os objetivos do componente "banda" de um arranjo de flexibilidade limitada desse tipo são diversos. Primeiro, não adianta dedicar recursos a limitar movimentos da taxa de câmbio mais rigorosamente do que é possível calcular uma taxa de câmbio de equilíbrio, e cálculos exatos de uma taxa de equilíbrio não são possíveis. Eu costumava argumentar que o grau de flexibilidade indicado por esse critério era da ordem de mais 10% ou menos 10%, embora bandas ainda mais amplas — tais como os ±15% escolhidos em 1993 pelos europeus — tenham sido usadas na prática. O segundo objetivo ao

---

[3] Foi Rudi Dornbusch quem primeiro o chamou de "regime BBC".

operar com uma banda ampla é conceder um grau de liberdade para políticas monetárias anticíclicas (McKinnon, 1971). Se um país tem uma banda de 10% e se defronta com uma recessão que no resto do mundo não está ocorrendo, poderá baixar sua taxa de juros para 5% abaixo da norma internacional durante dois anos sem a ameaça de criar um incentivo para a arbitragem, uma vez que a taxa de câmbio pode inicialmente aumentar 10% acima[4] de seu valor permanente. Um terceiro objetivo de funcionar com banda ampla é permitir operar miniajustamentos não infinitesimais.[5] Finalmente, há o objetivo de não obrigar as autoridades a comprar ou vender reservas cada vez que há uma entrada ou saída de divisas, permitindo, em vez disso, que a pressão de mudanças nos movimentos de capital seja absorvida ao menos em parte pelos movimentos da taxa de câmbio.

O objetivo de se atrelar a moeda nacional a uma cesta de moedas (e não a uma única moeda) é evitar movimentos bruscos na taxa de câmbio efetiva (que é o que importa do ponto de vista macroeconômico), quando esses movimentos bruscos resultem essencialmente de mudanças exógenas em taxas de câmbio de terceiras moedas.

Os miniajustamentos da taxa cambial (o *crawl*) têm sido usados mais comumente para compensar diferenciais de inflação. Mudanças na taxa de câmbio são também um instrumento poderoso para facilitar processos de ajustamento. Poderia ser desejável, por exemplo, gerar uma apreciação secular da moeda nacional a fim de compensar o efeito Balassa/Samuelson, segundo o qual em uma economia em rápido crescimento sobe mais rapidamente a produtividade do setor dos bens comerciados internacionalmente (*tradable*).

Em outras palavras, todos os motivos para desejar flexibilidade das taxas de câmbio conforme apresentados nos livros-texto são atendidos pela flexibilidade limitada da taxa de câmbio. Evitadas seriam apenas as oscilações extremas que ocorrem sem fundamentos no regime de câmbio flutuante. Não há dúvida de que ainda existem economistas que negam a ocorrência de tais flutuações sem fundamento, mas o seu número certamente se reduziu durante a crise recente.

Durante muito tempo considerei esses argumentos decisivos na defesa de um sistema de flexibilidade limitada. Em especial, não me impressionava a ideia de que especuladores atacariam esse arranjo, pois eu não podia entender como eles poderiam lucrar com um ataque desses à custa da autoridade em vez de lucrar à custa de especuladores ainda mais enganados. (Se a taxa de equilíbrio de fato está no interior da banda, no longo prazo as autoridades terão lucro se a taxa de câmbio atinge o limite superior da banda e terão prejuízo com a taxa de câmbio no limite inferior da banda. Supondo que não há diferenciais de taxas de juros, as autoridades necessariamente levarão vantagem com tal estratégia, por motivos de tipo friedmaniano. Donde se conclui que os especuladores coletivamente perderiam dinheiro, isto é, qualquer lucro dos especuladores ocorreria apenas à custa de outros especuladores.)

Pensemos agora na Indonésia em 1997. No início da crise do Leste Asiático o país parecia estar em situação confortável: a taxa de crescimento ainda era razoável (7,9% em 1996), o déficit do balanço de pagamentos era administrável, a razão dívida/PIB era moderada, a taxa de inflação estava sob controle (9% ao ano) e seu impacto externo era neutralizado por minidepreciações, e suas exportações cresciam (em quase 10%). A Indonésia estava aplicando um "regime BBC", embora a banda (aumentada para ±6% antes de a crise realmente atingir o país) fosse mais estreita do que eu teria preferido. Mas, a despeito de sua boa situação macroeconômica,[6] a Indonésia sofreu contágio da Tailândia. O problema foi que a crise iniciada na Tailândia moveu a taxa de câmbio de equilíbrio para fora da banda anterior. Isso significou que de fato se materializou a situação considerada normal por Obstfeld (1995), em que um país com uma banda cambial sofre problemas típicos de uma taxa de câmbio atrelada, mas com

---

[4] Uso a convenção latino-americana de que um aumento na taxa de câmbio significa que a moeda doméstica enfraqueceu.
[5] Ver Johnson em Bergsten *et al.* (1970) para a discussão original das condições para que seja possível instituir mudanças previsíveis de paridade sem provocar especulação desestabilizadora.
[6] Sabemos todos, hoje, que a corrupção deixava muito a desejar, mas isso não foi tão relevante, pois tal situação prevalecia há muito tempo.

ajustamentos, porque a taxa de câmbio está fixada no limite da banda. Embora o regime BBC minimizasse as chances de esse tipo de situação se materializar por causa de choques nacionais, dentro das regras do sistema, foi incapaz de reagir a um choque externo. Diante da (lamentável) falta de apoio do FMI para o *status quo*, a Indonésia não teve outro remédio senão mudar para um câmbio flutuante. Foi o desvio inesperado das regras do sistema que provocou a fuga inicial de capitais, à medida que as corporações da Indonésia que haviam tomado empréstimos em dólar trataram de cobrir suas dívidas, o que então levou a uma fuga de capitais maior, quando a população de origem chinesa que tinha ativos na Indonésia tratou de se livrar deles. Ainda que esse tipo de situação não seja comum, não há garantia de que não volte a acontecer. É necessário um sistema que tenha resiliência também em uma situação assim.

4 ALTERNATIVA II: FLUTUAÇÃO ADMINISTRADA

A dificuldade surgiu na Indonésia porque uma mudança exógena (do ponto de vista nacional) colocou a taxa de câmbio de equilíbrio fora da banda que as autoridades haviam garantido sustentar. Uma solução para esse problema seria remover a obrigação de o governo intervir para manter uma taxa de câmbio específica, ou seja, deixar a taxa de câmbio flutuar. Não é necessário que isso seja igual ao sistema atual se as autoridades aceitam uma meta para a taxa de câmbio e compromissos específicos relativos à maneira pela qual essa meta será perseguida.

Dois princípios gerais de administração têm sido apresentados na literatura. O primeiro — no sentido tanto de primeiro a ser proposto (Wonnacott, 1958) como de continuar sendo o mais amplamente conhecido — afirma que os governos deveriam, em suas intervenções, atuar no mercado contrariamente à tendência vigente (*leaning against the wind*), no sentido de reequilibrar a balança entre oferta e procura. Deveriam comprar reservas se a moeda nacional está se apreciando (se a taxa de câmbio está caindo, no sentido latino-americano) e vender reservas em caso contrário. Concluiu-se que essa regra tem algumas características desejáveis: por exemplo, De Grauwe e Grimaldi (2006) mostraram que em um modelo do comportamento da taxa de câmbio (que discutirei adiante) ela tende a apresentar propriedades estabilizadoras (ao reforçar o peso relativo dos operadores atuando no mercado cambial com base nos fundamentos da economia).

Não obstante, essa regra me parece ser basicamente um engano. Se acreditamos que existe algo como uma taxa de câmbio de equilíbrio, essa regra às vezes obriga o governo a intervir para afastar a taxa de câmbio do equilíbrio. Se a taxa de câmbio está acima daquela de equilíbrio, presumivelmente deveríamos desejar que o governo comprasse reservas para impulsioná-la para baixo (e vice-versa), enquanto essa regra que se propõe obriga o governo a reduzi-la somente quando, além disso, ela está subindo. Isso não pode ser correto. Se o mercado está buscando corrigir um desequilíbrio, deveríamos procurar acelerar, e não retardar, o processo.

A regra alternativa[7] sugere que o princípio adequado seria um compromisso das autoridades de intervir para levar a taxa de câmbio para o valor de referência publicado, que seria uma estimativa da taxa de câmbio de equilíbrio. Mas as autoridades teriam a permissão (diferente da obrigação) de intervir (ou procurar influenciar a taxa de câmbio) também em um sentido positivo, de modo a levar a taxa de câmbio para o equilíbrio estimado.

Aqui temos obviamente o mesmo problema que surge em qualquer tentativa de escolher uma paridade para o câmbio: a necessidade de estimar um nível de equilíbrio da taxa de câmbio. Ninguém imagina que isso possa ser feito com exatidão, mas oscilações nas taxas de câmbio flutuantes têm sido tão grandes que mesmo uma estimativa aproximada do equilíbrio poderia ser de grande valia. Existe

---

[7] Ver Ethier e Bloomfield (1975) para a primeira sugestão nesse sentido.

hoje uma literatura abundante que procura estimar taxas de câmbio de equilíbrio (ver, por exemplo, IMF, 2006, Cline e Williamson, 2010). O problema que é de longe o mais difícil é definir o fluxo de capital considerado compatível com o equilíbrio. A minha própria abordagem (em associação com William R. Cline) tem sido a de recorrer a regras de bom senso (com alguma base empírica) que consideram que não é aconselhável que devedores tenham déficits em conta-corrente (ou seja, entrada de capitais) superiores a 3% do PIB, e em seguida impor um limite similar aos países com superávit, para que sejam mantidas pressões de ajustamento simétricas. Em seguida seria imposta em princípio uma disciplina para países que ameaçam ter desequilíbrios maiores, ao mesmo tempo permitindo que qualquer país dentro desses limites bastante amplos aplique suas políticas sem uma disciplina internacional. Isso tem a desvantagem de permitir grandes mudanças na "taxa de câmbio de equilíbrio" quando um país ou região monetária (como primeiro ficou evidente em trabalho recente de Cline e eu próprio sobre a Zona do Euro) apresenta mudanças elevadas, mas ainda inferiores a 3% do PIB, na conta corrente projetada. A questão seria mais simples se fosse possível supor que o país ou a região tem uma meta bem definida para o saldo em conta-corrente.

5 FLUTUAÇÃO COM TAXA DE CÂMBIO DE REFERÊNCIA

A essência da proposta de se ter uma taxa de câmbio de referência é que os países concordem em adotar algum tipo de taxa de câmbio de referência e em abdicar de ações que possam afastar a taxa de câmbio de seu valor de referência. Além isso, seria dada aos países competência para impulsionar a taxa de câmbio em direção à taxa de câmbio de referência anunciada, mas não seria compulsório que o fizessem. Um sistema de taxas de câmbio de referência pode ser introduzido unilateralmente por um país que anuncia uma meta e cumpre as regras de administração da taxa de referência, ou pode ser introduzido de forma multilateral por um acordo internacional (presumivelmente no FMI) sobre um conjunto de taxas de câmbio de referência em que todos os países concordassem em respeitar as regras do sistema. O segundo caso seria o ideal, em parte porque exigiria que o FMI (ou qualquer organismo responsável pela determinação das taxas de câmbio de referência) assegurasse a consistência mútua. Contudo, uma vez que estamos discutindo como o Brasil deveria mudar unilateralmente sua política, vamos colocar o foco em tal mudança unilateral. Mas devemos reconhecer que uma mudança multilateral seria melhor.

A primeira vantagem de uma abordagem com taxas de câmbio de referência é que ela é condizente com a teoria mais convincente do mercado mundial de câmbio. Em minha opinião, não se trata do modelo padrão adotado pela profissão, o modelo de expectativas racionais e mercados eficientes (modelo REEM), no qual taxas de câmbio de referência seriam inúteis, e, sim, do modelo de comportamento das taxas de câmbio de De Grauwe e Grimaldi (2006). A hipótese desse modelo é que os operadores ativos no mercado de câmbio podem projetar uma taxa de câmbio para um momento determinado de duas maneiras: ou usam um modelo fundamentalista (que leva em conta os fatores que a maioria dos economistas considera importantes na determinação do equilíbrio de longo prazo) e em seguida usam as taxas de juros esperadas etc., entre agora e o longo prazo, para descontar os valores obtidos na solução de longo prazo, ou então usam um modelo baseado em análise grafista. Esse último simplesmente extrapola o passado recente. Na prática há muitos tipos de modelos grafistas, e alguns são mais complexos, mas a modelagem captura a essência. Os corretores mudam estocasticamente o modelo que usam, mas no momento da escolha eles são influenciados pela vantagem ou lucratividade recente das duas regras. Esse modelo é complexo demais para uma solução analítica, mas depois de repetidas simulações eles chegaram às conclusões a seguir:

1. As mudanças na taxa de câmbio estão normalmente desconectadas de mudanças nos fundamentos da economia, embora a taxa de câmbio *seja* cointegrada ao seu valor fundamental.

2. Caso se queira aderir toda vez a uma mesma regra, o uso do modelo grafista tende a ser mais lucrativo que o fundamentalista. (Muitas vezes é melhor ainda ficar passando de uma regra para outra.)

3. As taxas de câmbio têm uma distribuição de caudas largas (isto é, valores bastante afastados da média têm densidade de probabilidade bem maior do que em uma distribuição normal).

4. A taxa de câmbio, algumas vezes, mas de forma imprevisível, está desconectada de seu valor fundamental e, em vez disso, está envolvida em uma dinâmica de bolha e colapso.

Em outras palavras, o modelo é condizente com os principais fatos dos mercados cambiais, inclusive alguns que devem constranger aqueles que ainda são adeptos do modelo mais prevalecente na profissão.

De Grauwe e Grimaldi concluíram também que a intervenção, mesmo quando guiada pelo primeiro dos princípios para flutuação administrada analisados aqui anteriormente ("atuar contrariamente à tendência vigente"), estaria longe de ser o exercício em futilidade sugerido pelo modelo padrão, e teria efeito estabilizador. Essencialmente, esse efeito viria não do peso das compras ou vendas de moeda pelas autoridades, mas do aumento do peso dos fundamentalistas no modelo. Nitidamente, é de se esperar que seja ainda mais estabilizadora uma intervenção guiada por quanto a taxa de câmbio está distante de seu valor fundamental.

De fato, um sistema de taxas de câmbio de referência é, no essencial, semelhante a um sistema de banda no qual não haja a obrigação rígida de defender os limites da banda. Isso tem a desvantagem de não dar aos atores no mercado de câmbio uma garantia de intervenção ilimitada para manter uma taxa firme, que é essencial para criar o que Krugman chamou de "viés na banda" (*bias in the band*), a credibilidade da manutenção da taxa de câmbio dentro de seus limites. Mas tem a vantagem compensatória de não exigir o que em certas circunstâncias só poderia ser oferecido a custo excessivo, com a perda de credibilidade das autoridades se e quando fossem incapazes de defender a banda.

De um ponto de vista global, a principal vantagem do sistema de taxa de referência talvez seja a de evitar que os países ajam de maneira antissocial. Mas, do ponto de vista nacional, a grande vantagem será a de contribuir para que os países previnam oscilações cambiais danosas. Não só pode ajudar que se evite a fraqueza periódica a que esteve sujeita a maioria das moedas (objetivo que seria mais bem alcançado através de um acordo multilateral, na medida em que as taxas de câmbio de referência poderiam ganhar o tipo de legitimidade atualmente atribuída quando duas moedas são objeto de um acordo bilateral), como pode legitimar o combate à "doença holandesa".

É aceito amplamente que a apreciação excessiva é ruim para o crescimento.[8] Existe, portanto, um argumento perfeitamente válido em favor de se combater a "doença holandesa". Uma série de instrumentos pode ajudar:

1. O instrumento clássico de combate à apreciação indesejada é a intervenção esterilizada. (Se a intervenção ocorre e não é esterilizada, é mais comum descrevê-la como uma mudança de política monetária.) Esse instrumento, no entanto, pode ser caro, pois a esterilização implica emitir títulos de dívida domésticos com uma taxa de juros doméstica e comprar títulos de dívida estrangeiros com uma taxa de juros estrangeira, e isso normalmente envolve a aceitação de perdas pelas autoridades.

2. É óbvio que a expansão monetária, ou intervenção não esterilizada, conterá a taxa de câmbio, mas pode haver uma contradição com a disciplina macroeconômica.

3. Pode ser possível usar instrumentos monetários substitutivos como um aumento nas reserva compulsórias dos bancos ou a obrigatoriedade de instituições de poupança do governo transferirem seus depósitos dos bancos privados para o banco central, mas esses instrumentos tendem por fim a diminuir a eficiência do sistema monetário.

4. Pode fazer sentido exigir dos bancos que mantenham reservas compulsórias mais altas para em-

---

[8] Continua uma discussão sobre se a depreciação é boa para o crescimento. Minha opinião é que ela facilmente pode causar mais dano que benefício ao privar um país da poupança necessária para financiar o crescimento.

préstimos denominados em moeda estrangeira ou, em caso extremo, proibir tais empréstimos. Na medida em que os estrangeiros preferirem evitar a moeda doméstica, a entrada de empréstimos estrangeiros diminuirá e diminuirão os riscos financeiros.

5. Se estrangeiros (ou nacionais) mantiverem ativos em moeda estrangeira, pode-se tributar de forma diferenciada os juros desses ativos (como fez a Suíça durante os últimos dias de Bretton Woods).

6. Conforme seja permitido internacionalmente e factível politicamente, poder-se-ia tributar exportações tradicionais.

7. A solução dada por todo bom economista, e defendida pelo FMI, é apertar a política fiscal. Trata-se de boa economia, e eu próprio sempre defendo isso. Mas temos que reconhecer que é difícil a situação dos ministros das Finanças obrigados a defender aumento de impostos e corte de gastos pelo fato de os estrangeiros terem tanta confiança no país.

8. Muitas vezes será possível relaxar controles sobre a saída de capitais. O problema que pode ocorrer é que a redução de controles da saída provoque um aumento da entrada líquida de capitais, já que pode ser tomado como sinal de que é fácil sair quando a situação comece a piorar (Labán e Larrain, 1997).

9. O remédio clássico é controlar o fluxo de entrada de capital. Não tenho objeção doutrinária a isso, mas é preciso levantar a questão da capacidade administrativa. Provavelmente, o maior erro cometido por países ao introduzir controles de capital é superestimar seu impacto. Afirma-se muitas vezes que o controle de capital não é substituto para a boa política econômica, e isso é verdade, ainda que acaciano. Mas seria errado negar que o controle pode ter um papel construtivo como parte de um pacote.

10. Um instrumento sobre o qual há desacordo ainda maior é o que hoje em dia é chamado com frequência de "intervenção oral". Há quem argumente que qualquer menção ao que as autoridades pretendem fazer no mercado cambial oferece um "alvo para ataque". É claro que houve ocasiões em que as autoridades forneceram alvos para ataque, que surgem sempre que elas se comprometem a defender uma taxa de câmbio abaixo do equilíbrio. Isso costumava acontecer com o câmbio atrelado ajustável, quando países cometiam o erro de continuar a defender taxas de câmbio que tinham deixado de ser condizentes com um equilíbrio razoável, muitas vezes devido a diferenciais de inflação. Mas não dá para ganhar dinheiro — exceto, talvez, à custa de outros especuladores — atacando uma taxa de câmbio do lado direito do equilíbrio,[9] como já explicamos.

É evidente que há múltiplos instrumentos com os quais se pode tentar defender a taxa de câmbio, inclusive intervenção (mas não limitado a isso), política monetária e fiscal e controles de capital. Cada um tem seus problemas, e não é possível basear-se inteiramente em nenhum deles, ou pretender ir longe demais, sem pôr em perigo outros objetivos. Segue-se que não é sensato dar nenhuma garantia incondicional de que uma taxa de câmbio específica será mantida, mas isso não é desculpa para a recusa em fornecer ao mercado qualquer informação sobre a intenção das autoridades.

6 CONCLUSÃO

Argumentou-se neste texto que o principal defeito da política cambial do Brasil é a falta de qualquer obrigação de parte das autoridades de indicar o que elas consideram ser a taxa de câmbio desejável. Se fossem especificar tal taxa de câmbio, é claro que teriam que se comprometer com certas ações. A vantagem de dar uma taxa de referência em vez de comprometer-se a defender uma taxa de câmbio ou banda

---

9 Por "lado direito do equilíbrio" quero dizer uma taxa de câmbio que deprecia a moeda quando a taxa de intervenção é superior à taxa de equilíbrio e aprecia a moeda quando a taxa de câmbio de intervenção é inferior à de equilíbrio.

cambial particular é que as ações com as quais as autoridades estariam comprometidas seriam apenas no sentido negativo, isto é, não afastar a taxa de câmbio do nível que tivessem decidido apresentar como meta. Teriam o direito, mas não a obrigação, de intervir mais ativamente, tentando levar a taxa de câmbio para a meta, mas como isso seria um direito e não um dever, jamais impediria que o banco central atingisse alguma outra meta (tal como uma meta de inflação).

Poderíamos conceber também um movimento internacional concertado para ter metas de câmbio. Isso teria uma vantagem e uma desvantagem em comparação com um movimento puramente nacional como discutimos aqui. A vantagem seria que o endosso internacional de uma meta para a taxa de câmbio do Brasil significaria aprovação internacional para essa meta, que se espera tenha o mesmo impacto psicológico no mercado que um acordo para intervir tanto por parte de países de moedas fracas como de países de moedas fortes. Com isso seria mais fácil para as autoridades brasileiras combater tentativas de mercado de levar o real para um nível inadequadamente forte ou fraco. A desvantagem seria que isso exige que algum organismo internacional, presumivelmente o FMI, tenha a responsabilidade de apresentar e obter aprovação para um conjunto de taxas de câmbio, em vez de isso ser uma decisão puramente nacional. Como o Brasil seria parte nessa decisão (por exemplo, por causa de presença de um membro brasileiro na Diretoria Executiva do FMI), teria uma proteção importante contra o estabelecimento de uma meta cambial inadequada. Mas, em última análise, o Fundo teria que estar seguro de alcançar uma decisão, e a ele teria que ser concedido poder para sobrepor-se a considerações nacionais caso fosse necessário. Como tantas vezes, qualquer movimento no sentido de um arranjo cooperativo internacional exige sacrificar um pouco de soberania nacional.

Evidências de "Doença Holandesa"? Uma Análise da Experiência Recente no Brasil

Roberto Iglesias
Sandra Polónia Rios

1 INTRODUÇÃO

Após o auge do crescimento das exportações no período 2003-2004, observou-se uma desaceleração nas quantidades exportadas totais e de produtos manufaturados, até a variação negativa em 2008, coincidindo com a crise financeira internacional. Muitos analistas têm atribuído papel central à apreciação cambial como explicação para o fraco desempenho das quantidades exportadas no período recente.

Existem diversos debates relacionados com os efeitos da apreciação cambial sobre as exportações. Muitos têm enfatizado o crescimento da participação das exportações de produtos básicos e os riscos da "primarização" da pauta de exportações brasileiras, ainda que de fato o crescimento acentuado do valor e da participação das exportações de básicos tenha estado concentrado nos anos mais recentes, quando os preços desses produtos aumentaram a taxas elevadíssimas.

Alguns autores foram mais longe. Entenderam que a perda de dinamismo e até a contração das quantidades exportadas de produtos manufaturados foram resultado da existência de um processo de "doença holandesa" na economia brasileira, como resultado de perda de rentabilidade, pela combinação da apreciação do câmbio e do crescimento dos preços dos bens não comercializáveis.

Para ganhar perspectiva nessa discussão, parece interessante observar a evolução do *quantum* exportado total e de manufaturados nos últimos 13 anos. Houve efetivamente valorização real da moeda brasileira após 2003, mas, em 2008, a taxa de câmbio ainda continuava em níveis superiores aos de 1996-98. Não se pode atribuir exclusivamente à taxa de câmbio a explicação para o fraco desempenho recente das exportações de manufaturados. Além disso, até 2007 não faltou demanda externa. Resta buscar outros fatores que possam ter afetado o comportamento recente das exportações.

A queda observada a partir de 2007 nas quantidades exportadas do total das exportações e de produtos manufaturados esteve associada ao rápido crescimento da absorção interna, que, combinada ao excessivo grau de proteção à indústria doméstica, pode ter garantido elevadas margens de retorno no mercado doméstico. Portanto, para completar o diagnóstico do desempenho exportador recente, deve-se prestar atenção ao comportamento da rentabilidade no mercado doméstico e da absorção, que estimularam a orientação das vendas ao mercado doméstico.

Este artigo examina, em primeiro lugar, alguns fatores que podem ter afetado a decisão das firmas brasileiras sobre a distribuição da produção entre o mercado doméstico e o mercado externo e suas decisões de preços em ambos os mercados. Em segundo lugar, busca discutir se há evidências de que diminuição da rentabilidade das exportações tenha resultado em um processo de encolhimento da produção industrial. Do nosso ponto de vista essa conexão é central, pois somente se pode diagnosticar "doença holandesa" no caso de uma associação entre perda de dinamismo na exportação de manufaturados e redução da taxa de crescimento da produção ou de sua contração.

O artigo está organizado da seguinte maneira. A Seção 2 examina brevemente o desempenho exportador entre 1996 e 2008, analisando a reação esperada das quantidades exportadas em função da situação dos determinantes macroeconômicos e comparando o desempenho observado ao esperado.

A Seção 3 discute algumas hipóteses sobre os efeitos da apreciação real da taxa de câmbio na decisão de alocar vendas nos mercados externo e doméstico e de fixar preços por parte dos exportadores. A recomposição da rentabilidade unitária, via fixação de preços em ambos os mercados, e a expansão das vendas domésticas podem ser explicações de por que a economia brasileira não experimentou um processo de "doença holandesa". A Seção 4 analisa algumas evidências sobre as reações dos exportadores discutidas na seção anterior.

Para examinar a relação entre a perda de dinamismo exportador e a produção industrial, a Seção 5 compara as taxas setoriais de crescimento do *quantum* exportado com as da produção industrial, nos anos do *boom* exportador e no biênio 2006-07. Procura-se responder se houve uma desaceleração sistemática e generalizada das taxas de crescimento da produção industrial brasileira em direção à extinção, como previsto no modelo de "doença holandesa" tradicional, de economias com mercado doméstico pequeno e tomadoras de preços.

A Seção 6 fecha o artigo, reunindo os principais elementos discutidos e assinalando alguns caminhos de pesquisa para desenvolver e melhorar nossa compreensão do desempenho exportador e da atividade industrial.

2 A EVOLUÇÃO DO DESEMPENHO EXPORTADOR RECENTE E DE SEUS PRINCIPAIS DETERMINANTES MACROECONÔMICOS

A análise da evolução das exportações brasileiras no período 1996-2008 mostra que o *boom* exportador ficou, de fato, circunscrito ao biênio 2003-04. Após esse biênio, as taxas de crescimento das quantidades exportadas totais e de manufaturados desaceleraram. Essa desaceleração vem estimulando o debate sobre os determinantes macroeconômicos do desempenho exportador, especialmente sobre o papel da apreciação da taxa de câmbio (Iglesias e Rios, 2010). Para ganhar perspectiva sobre as causas do comportamento recente das exportações, parece conveniente analisar a evolução das quantidades exportadas pelo Brasil — totais e de bens manufaturados — no período 1996-2008 em conjunto com alguns determinantes macroeconômicos da decisão de exportar.

A Tabela 1 apresenta a taxa de crescimento média anual do *quantum* exportado em períodos selecionados, escolhidos em função das características das taxas de variação do *quantum* e da evolução da taxa de câmbio real. Assim, é inevitável separar o período após 1999 do anterior, e, após 1999, parece importante destacar o biênio 2006-07 dos demais anos, pois esse é um biênio de apreciação cambial, mas de normalidade da economia mundial, e se distingue claramente dos anos do *boom* exportador. A tabela apresenta também os dados de outros determinantes tradicionais das equações de exportações, como a demanda internacional e a situação da demanda doméstica. Essa tabela permite observar movimentos em algumas das principais variáveis determinantes das quantidades exportadas e levantar hipóteses complementares à apreciação da taxa de câmbio real.

Em primeiro lugar, os anos do *boom* exportador (2003-2004) resultaram de uma combinação muito favorável: elevada taxa de câmbio real, elevado crescimento do comércio mundial e baixa absorção doméstica. Como esperado de um contexto assim, as quantidades exportadas totais cresceram 17,4% ao ano e as de manufaturados, 23,5% — as mais altas taxas médias anuais de todo esse período.

Em segundo lugar, a apreciação da taxa de câmbio real não produz sempre os resultados na direção esperada ou na intensidade de outros períodos da história recente, o que implica a existência de outros fatores operando sobre as exportações ou de efeitos de defasagem nas respostas das quantidades.[1]

---

[1] Para a análise, utilizou-se a taxa de câmbio efetiva real para os produtos manufaturados elaborada pelo IPEA. A diferença com relação à de exportações totais é a ponderação de países. O comportamento das duas no período é muito semelhante.

TABELA 1	Desempenho exportador brasileiro e evolução dos seus principais determinantes							
	Índice médio de 2005=100		Taxa de crescimento média anual (%)					
Anos	Taxa de câmbio real Manufaturados	Volume do comércio mundial	Absorção doméstica (Consumo + Formação bruta de capital fixo)	Preço exportações totais	Preço manufaturados	*Quantum* de exportações totais	*Quantum* de exportações de manufaturados
1996-98	78,2	7,3	1,9	-2,0	−1,0	5,3	5,8
1999-2002	123,7	5,2	1,2	-4,5	−3,7	9,2	7,0
2003-04	119,9	8,2	1,8	7,7	2,6	17,4	23,5
2005	100,0	7,2	3,9	12,1	11,0	9,4	10,8
2006-07	88,1	7,7	6,2	11,5	10,4	4,4	2,7
2008	85,1	2,6	6,9	26,3	16,2	−2,5	−5,0

Fonte: World Economic Outlook, FUNCEX e IPEADATA.
Taxa de câmbio efetiva real de exportações de manufaturados – IPA externo e INPC doméstico, ponderação das exportações de manufaturados de 2001 – IPEADATA.

Por exemplo, em 2005, a taxa de câmbio real valorizou-se em relação a 2003-04, situando-se, inclusive, em um nível muito inferior ao observado no período 1999-2002. Adicionalmente, a taxa de expansão da absorção doméstica duplicou em relação ao período do *boom* e triplicou em relação a 1999-02. Obviamente, era de se esperar um desempenho pior das exportações do que em 2003-04 e inferior também ao do período 1999-02. Surpreendentemente, observou-se, em 2005, um crescimento das quantidades exportadas de manufaturados superior em 4 pontos percentuais a 1999-2002, apesar da taxa de câmbio real inferior e do crescimento maior da absorção doméstica.

No período 2006-07, a taxa de câmbio das exportações de manufaturados valorizou-se mais um pouco, mas o nível ainda era superior ao de 1996-98. Adicionalmente, o crescimento mundial foi superior em 2006-07 aos anos de comparação na década de 1990. Apesar de todos esses fatores positivos, as taxas de crescimento do *quantum* exportado de manufaturados foram inferiores em 2006-07 quando comparadas com as do período 1996-98. Claramente, isso não pode ser atribuído unicamente à apreciação da taxa de câmbio real nem muito menos à evolução da economia mundial. A valorização real média da taxa de câmbio em 2006-07 foi de 12% em relação ao nível de 2005, porém as taxas de crescimento das quantidades exportadas no biênio caíram a um quarto das observadas em 2005.

Em suma, por que as taxas de crescimento das exportações de manufaturados e totais caíram tanto em 2006-07 em relação a 2005, quando a valorização relativa foi pequena? Ou por que caíram em relação a 1996-98, quando seria esperado que, como reação à evolução taxa de câmbio, tivessem aumentado? O crescimento da demanda mundial estava em níveis próximos, então essa não pode ser a razão.

É claro que existe outra diferença entre esses três períodos: o ritmo de expansão da absorção doméstica. Se o ritmo de expansão da absorção doméstica aumenta em 60%, passando de 3,9% para 6,2%, ou triplica, como ocorreu entre 1996-98 e 2006-07, diminui a capacidade ociosa da economia e a possibilidade de atender simultaneamente os mercados doméstico e externo. Era esperado, então, que as taxas de crescimento das quantidades exportadas caíssem em 2006-07, e não necessariamente ou não principalmente pela dinâmica da taxa de câmbio real, mas porque a absorção doméstica estava crescendo fortemente.

O que se poderia esperar em 2008? A taxa de câmbio média foi ainda superior à média de 1996-98, porém a taxa de variação do *quantum* exportado de manufaturados se contrai e cai em 2,5%. Parece difícil creditar o fraco desempenho do *quantum* exportado à apreciação cambial, quando o mundo desacelerou violentamente e a economia brasileira, que já vinha em trajetória de aquecimento, experimentou crescimento da demanda doméstica de 6,9%.

3 ALGUMAS HIPÓTESES SOBRE OS EFEITOS DA APRECIAÇÃO DA TAXA DE CÂMBIO REAL NAS DECISÕES DOS EXPORTADORES INDUSTRIAIS

Há dois paradoxos no desempenho recente da relação entre a taxa de câmbio real e as quantidades exportadas de produtos manufaturados: primeiro, a apreciação cambial em 2005, quando comparada com os níveis médios de 1999-02, foi acompanhada de uma elevação da taxa de crescimento do *quantum* exportado; e segundo, o nível médio da taxa de câmbio de 2006-07 não justifica semelhante desaceleração das taxas de crescimento das exportações, quando comparadas, por exemplo, com as observadas em 1996-98.

Por que o *quantum* exportado de manufaturados cresceu mais em 2005 do que no período 1999-02? Uma explicação plausível e tradicional é que, nesse ano, ainda havia capacidade ociosa na economia brasileira, ainda que a absorção doméstica tivesse acelerado. Por isso foi possível aumentar as exportações de manufaturados a uma taxa superior à de 1999-2002 com uma taxa de câmbio real muito inferior.

É possível, porém, adicionar outras hipóteses explicativas para esse paradoxo. Os modelos de histereses nas transações comerciais internacionais da década de 1990 (Krugman, 1989) procuravam explicar a falta de reação das quantidades exportadas aos movimentos de curto prazo da taxa de câmbio nominal (que produziam alterações reais nessa variável). Uma das explicações era que as decisões de exportar, principalmente produtos manufaturados diferenciados, envolvem investimentos e custos afundados, de maneira que o exportador toma uma decisão de longo prazo e mudanças temporárias de rentabilidade não alteram essa decisão.

O paradoxo observado em 2006-07 — desaceleração exacerbada das quantidades exportadas com uma taxa de câmbio real em níveis superiores aos de 1996-98 — parece estar relacionado com a expansão da absorção doméstica, que atingiu taxas médias de 6,2% no biênio. Essa expansão da demanda doméstica foi muito superior aos valores estimados do crescimento do produto potencial da economia brasileira nesses anos, originando consequentemente crescimento das importações e redirecionamento da produção industrial para o mercado doméstico.[2]

Supondo que os paradoxos possam ser explicados pela histerese e pelo crescimento da absorção doméstica, resulta evidente que a apreciação da taxa de câmbio após 2005 diminuiu a rentabilidade das vendas externas *vis-à-vis* a rentabilidade média auferida em 1999-2004. A questão levantada por aqueles que acreditam que haja um processo de "doença holandesa" no Brasil é que essa perda de rentabilidade leva a uma contração das exportações e da produção industrial. Duas questões devem ser discutidas: (i) a perda de rentabilidade foi irreversível ou os exportadores industriais tiveram maneiras de recompor sua rentabilidade? e (ii) houve ou não um processo generalizado de contração da produção industrial, quando se comparam os anos do *boom* (2003-2004) e os anos de apreciação cambial e normalidade econômica (2006-2007)?

Até que ponto a perda de rentabilidade produzida pela apreciação da taxa de câmbio foi irreversível? Pode-se responder a essa questão desde o plano conceitual e desde o plano empírico. Conceitualmente, o exportador pode reagir de duas maneiras à queda da rentabilidade produzida pela apreciação da taxa de câmbio: i. pode aumentar seus preços externos para compensar a redução da taxa de câmbio ou ii. pode aumentar os preços praticados no mercado doméstico, para compensar parcial ou totalmente a redução da margem de rentabilidade nas exportações e buscar assim fixar uma margem de rentabilidade global para seu negócio.

Novamente, os modelos de histereses indicam que o exportador não abandonará imediatamente um mercado externo mesmo que a moeda em que são feitos seus cálculos de rentabilidade se aprecie relativamente à moeda de faturamento/pagamento (nesse caso, o real se apreciando perante o dólar). O exportador buscará compensar essa perda de rentabilidade com mudanças de preços de seus produtos nos distintos mercados em que atua de maneira de manter suas margens de rentabilidade.

Segue-se que, após o ajuste diferenciado de preços para fixar a margem de rentabilidade por unidade de produto do seu negócio, o produtor industrial busca privilegiar o mercado mais rentável e com maior dina-

---

[2] Como se verá na Seção 5, todos os setores da indústria manufatureira mostraram queda nas taxas de expansão das quantidades exportadas, mas foram poucos os que reduziram o ritmo de crescimento da sua produção física entre os períodos de 2003-04 e 2006-07.

mismo.[3] Em suma, a análise do comércio internacional em mercados imperfeitos enfatiza que a firma industrial pode discriminar preços com o objetivo de melhorar a margem de rentabilidade por unidade de produto e, em função do tamanho de seus mercados, priorizar determinados mercados e maximizar seus lucros.

É importante notar que essa capacidade de discriminar preços não é exatamente a resposta esperada dos exportadores tradicionais nos modelos de "doença holandesa", pois esses modelos supõem que os afetados pela apreciação do câmbio se enfrentam com preços dados nos mercados internacional e local (hipótese de país pequeno). Nesses modelos, as empresas exportadoras tradicionais pouco podem fazer para escapar do destino da compressão da rentabilidade proveniente da apreciação do câmbio, do crescimento dos preços dos produtos não comercializáveis e do salário. Se houver compressão da rentabilidade (*profit squeezing*), segue-se que o exportador tradicional não investe, desacelera o ritmo de crescimento de sua produção e, no final, contrai a produção antes de desaparecer.[4]

A possibilidade de aumentar diferenciadamente os preços permite a recomposição da rentabilidade perante a apreciação da taxa de câmbio e torna a resposta à nossa primeira questão um problema empírico. Mas deve ficar claro que, se existe a possibilidade de recompor a rentabilidade, questiona-se uma conexão central para a existência da "doença holandesa": a irreversibilidade do *profit squeezing* dos exportadores tradicionais.

Conceitualmente, as firmas da indústria de transformação do Brasil não são exatamente iguais ao exportador hipotético dos modelos de "doença holandesa" para economias pequenas, que são tomadores de preços e não têm mercado alternativo ao externo. Grande parte dos exportadores brasileiros de manufaturados tem algum poder de mercado e pode, portanto, fixar em alguma medida sua margem de rentabilidade, aumentando seus preços externos e seus preços domésticos. Algumas evidências agregadas desse processo de recomposição de preços serão discutidas na próxima seção.

A segunda questão relacionada com a existência ou não de "doença holandesa" no país é a necessidade de constatar contração da produção. Como discutido, a possibilidade de recomposição da rentabilidade industrial inibe a contração da produção. As empresas brasileiras têm no mercado doméstico, pela proteção ainda existente, um espaço próprio de maior rentabilidade. O que aconteceu nos últimos anos foi que a demanda nesse mercado se expandiu, permitindo a expansão da produção. Deve ficar claro que a diminuição observada no ritmo de crescimento das vendas externas não significa falência empresarial nem evidência de "doença holandesa", e pode indicar redirecionamento para mercados mais rentáveis e com maior expansão. A Seção 5 mostrará algumas evidências agregadas e setoriais da expansão industrial.

4 EVIDÊNCIAS SOBRE REAÇÕES DOS EXPORTADORES PERANTE A VALORIZAÇÃO DA TAXA DE CÂMBIO REAL

Esta seção apresenta algumas evidências sobre estratégias adotadas pelas empresas para lidar com a apreciação cambial, discutindo os impactos sobre as quantidades exportadas e a capacidade de discriminar preços entre os diferentes mercados, em busca de fixar margens de rentabilidade.

a. Variações da taxa de câmbio real e variações das quantidades exportadas

O Gráfico 1 mostra que a taxa de câmbio efetiva real da indústria apreciou-se sistematicamente a partir do segundo trimestre de 2003, quando se consideram as taxas de variação do trimestre contra igual período do ano anterior. As taxas de crescimento das quantidades exportadas de

---

[3] É importante ressaltar que o aumento de preços externos reduz as quantidades vendidas nesses mercados, podendo afetar negativamente a massa de lucros.

[4] Corden e Neary (1982) e Corden (1984) desenvolveram o modelo de "doença holandesa". O crescimento dos preços internacionais das *commodities* agrícolas e minerais e o surgimento e expansão dos setores exportadores desses produtos são algumas das condições necessárias para a existência da doença – por seus impactos negativos na rentabilidade dos setores exportadores tradicionais –, mas não são suficientes. Para que o setor exportador tradicional se reduza tem que haver queda de rentabilidade, e para isso esse setor deve ser tomador de preços no mercado internacional – além de haver arbitragem perfeita de preços – e o mercado doméstico não deve ser alternativa para o escoamento da produção, por ser pequeno demais. Nosso ponto de vista é que há evidências de aumentos diferenciados de preços e que isso deve ser estudado empiricamente, pois é óbvio que a indústria brasileira não sofreu um processo de encolhimento. A Seção 5 discute as evidências sobre a expansão da produção.

manufaturados continuaram positivas e crescentes, na mesma base de comparação, até o segundo trimestre de 2004 e positivas até o fim de 2007. Os exportadores de manufaturados haviam conquistado mercados a partir de 1999, ou mesmo antes, haviam investido e realizado despesas e não iam mudar rapidamente sua estratégia.

Adicionalmente, e isso é pouco lembrado nas análises do papel da taxa de câmbio, não importa só a variação na margem, deve-se considerar o nível. E a taxa de câmbio real tinha sofrido fortes desvalorizações em 1999 e 2002, de maneira que os movimentos de apreciação cambial posteriores ocorreram sob taxas reais muito desvalorizadas.

GRÁFICO 1

Fonte: IPEADATA — FUNCEX.

A natureza dos mercados internacionais do produto, as características e a magnitude dos investimentos realizados para entrar no mercado internacional e a relação entre mercados externo e doméstico nas vendas totais levam a supor distintas reações dos setores de atividade diante da apreciação. O Gráfico 2 mostra a variação do índice de rentabilidade setorial, calculado pela FUNCEX, e as quantidades exportadas dos mesmos setores de atividade e da indústria manufatureira, entre as médias dos biênios 2003-04 e 2006-07. Cada ponto representa a variação da quantidade exportada e da rentabilidade de um determinado setor industrial.

GRÁFICO 2

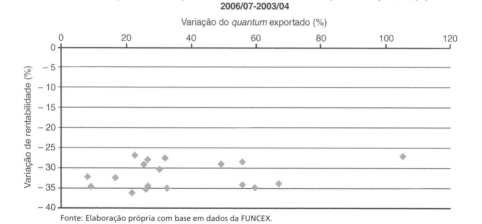

Fonte: Elaboração própria com base em dados da FUNCEX.

A rentabilidade exportadora dos distintos setores caiu entre 25% e 35%, e as taxas de variação das exportações foram positivas e diferentes, variando entre 20% e 60%. Os setores continuaram exportando, expandindo as quantidades com menor intensidade à medida que persistia a apreciação, mas deve ficar claro que a resposta das quantidades exportadas dos produtos manufaturados à taxa de câmbio real é uma média de comportamentos muito diferenciados entre os grupos de atividade que compõem esse agregado. Por isso, e para avançar na discussão do desempenho recente das exportações de manufaturados, é preciso melhorar e aprofundar as estimações setoriais (ou por grupo de atividade) dos determinantes das quantidades exportadas.

b. Discriminação de preços e fixação da margem de rentabilidade por unidade de produto

O que se observou nos anos pós-*boom* foi que os empresários da indústria de transformação recorreram a duas estratégias em matéria de preços: aumentaram seus preços externos em dólares e aumentaram seus preços domésticos. E aumentaram proporcionalmente mais os preços no mercado doméstico, que é onde tendem a ter um maior poder econômico.

GRÁFICO 3

Fonte: FGV e FUNCEX.

Entre meados de 2004 e meados de 2007, a taxa de câmbio se apreciou 33,4% e os preços externos dos produtos manufaturados aumentaram 35%, compensando a perda de rentabilidade pela taxa de câmbio. Os exportadores brasileiros de produtos manufaturados começam a realizar o movimento antecipado pelos modelos de histereses: aumentar seus preços em dólares, pois estavam vendendo para mercados cujas moedas também se estavam apreciando, e deviam manter sua margem de rentabilidade em reais. As taxas de crescimento dos preços externos de manufaturados foram de 11% em 2005, 12,4% em 2006 e 8,4% em 2007.

O Gráfico 3 mostra também uma queda da relação preços externos/preços domésticos dos manufaturados, o que implica que os preços no mercado doméstico aumentaram mais rapidamente que os preços externos, permitindo aumentar a margem unitária das vendas no mercado doméstico. Ou seja, os preços ao atacado da indústria cresceram rapidamente a partir de 2003.

A rentabilidade em moeda doméstica dos exportadores brasileiros nesse período foi afetada pelos seguintes elementos:
- redução do custo de insumos importados;
- compensação da apreciação da taxa de câmbio real com aumento dos preços de exportação em dólares;
- aumento dos preços domésticos dos seus produtos;
- aumento dos salários e dos bens e serviços não comercializáveis.

O que aconteceu com os preços domésticos dos principais setores da indústria de transformação? Aumentaram mais ou menos que a média da indústria? A Tabela 2 mostra a relação entre os preços dos setores em 2004 e em 2007. Se o valor da relação subiu em 2007 quando comparado com 2004, isso significa que o setor aumentou seus preços acima da média da indústria entre esses dois anos. Como mencionado, o aumento de preços da média da indústria manufatureira foi de 14,2%, entre meados de 2004 e 2007.

Os setores que aumentaram seus preços abaixo da média devem ter experimentado problemas maiores de rentabilidade que aqueles que aumentaram próximo ou acima da média. Não conseguiram fixar sua margem de rentabilidade global com a mesma intensidade que as indústrias com maior poder de mercado, com menor concorrência externa ou com uma demanda doméstica mais aquecida.

TABELA 2   Relação entre o índice de preço setorial e o índice de preço médio da indústria de transformação – 2004 e 2007

Setores	2004	2007
Prod. aliment. e bebidas	104,7	95,0
Produtos têxteis	117,8	103,2
Artigos do vestuário	110,4	101,9
Couros e calçados	103,7	101,6
Metalurgia básica	101,2	104,2
Máquinas e equipamentos	101,3	101,8
Mat. elétr., equip. comunic.	141,5	104,3
Produtos de madeira	89,7	99,9
Celulose, papel etc.	110,1	100,3
Veículos automotores etc.	101,3	101,8
Móveis e artig. do mob.	96,9	101,1
Prod. minerais não met.	98,3	101,1
Máquinas e mat. elétricos	104,6	97,9
Outros equip. de transporte	83,5	102,6

Fonte: IPA – Fundação Getulio Vargas.

É importante tomar nota dos setores que não tiveram capacidade de aumentar preços acima da média da indústria, pois a seguir se analisará a reação destes diante do aquecimento do mercado doméstico e se verá que setores cresceram acima ou abaixo da média da indústria de transformação. São os seguintes os setores que aumentaram seus preços por baixo da média da indústria:
- Alimentos e bebidas
- Têxteis
- Vestuário
- Couro e calçados
- Material eletrônico, equipamento de comunicação
- Celulose e papel
- Máquinas e materiais elétricos

Esses setores podem ter experimentado maiores problemas de rentabilidade porque diante da queda de rentabilidade no mercado externo não foram capazes de compensar com aumentos tão fortes de preços no mercado doméstico.

5 CRESCIMENTO DAS QUANTIDADES EXPORTADAS E DA PRODUÇÃO INDUSTRIAL

Como discutido nas seções anteriores, administrar suas margens unitárias foi exatamente o que fizeram os exportadores: aumentaram seus preços externos na mesma proporção, em média, que a apreciação nominal e expandiram seus preços domésticos mais rapidamente para lograr uma margem global de rentabilidade que contribuísse para compensar a apreciação, os aumentos de preços de bens e serviços não comercializáveis e salários.

A questão que falta responder é se diante da diminuição da rentabilidade — pela apreciação — e do ritmo de expansão do mercado externo — como resultado dos aumentos de preços de 2005 e 2006 — as empresas brasileiras privilegiaram o mercado doméstico, por ser mais rentável.

Existem sinais macroeconômicos de que de fato foi assim, pois a absorção doméstica cresceu fortemente nesses anos, permitindo taxas crescentes de expansão da demanda doméstica. Mas novamente não se deve esperar um comportamento semelhante entre todos os setores industriais.

A discussão desta seção — para onde foram os exportadores e o que aconteceu com a produção industrial? — está relacionada à preocupação de que a indústria como um todo (algum setor ou parte de setores industriais) não tenha sido capaz de recompor suas margens nem manter o tamanho de seu mercado e que esteja sofrendo um processo sistemático de perda de rentabilidade e contração da produção, que, do nosso ponto de vista, é a essência da "doença holandesa".

Na experiência brasileira recente, observar taxas decrescentes de expansão das exportações de manufaturados, como observamos entre 2005 e 2008, não é sinal de "doença holandesa". É sinal de que esse negócio ficou menos rentável e de que as empresas não estão investindo com tanta intensidade nesse mercado, assim como de que aumentaram os preços em dólares para manter margens por unidade de produto relativamente estáveis e que esse aumento afetou as quantidades vendidas no exterior. "Doença holandesa" é um processo em que a perda de rentabilidade na exportação leva as empresas a desacelerar o crescimento da produção, em primeiro lugar, e depois a contrair a produção. Obviamente, essas empresas não investem e, portanto, não podem manter taxas constantes ou crescentes de expansão da produção. Nada parecido com os sinais de "doença holandesa" parece ter acontecido com a indústria de transformação em seu conjunto. Sua taxa média de expansão em 2006-07 (4,28%) foi levemente superior à de 2003-04 (4,08%) e em 2008 foi superior à dos períodos anteriores (4,61%). Deve-se lembrar que taxas menores de expansão, como as observadas em alguns setores da indústria, podem também ser sintomas de falta de maturação dos investimentos e, portanto, de esgotamento da capacidade instalada.

A Tabela 3 mostra a estrutura de estabelecimentos (unidades locais) e de emprego assalariado entre 1996 e 2008 por grandes setores de atividade. A indústria de transformação tem uma perda de participação na estrutura de estabelecimentos de 10,8% para 9,3%, entre 1996-98 e 2003-04, que pode estar associada aos fenômenos de reestruturação que se seguiram à liberalização comercial ou ao crescimento mais rápido de outros setores da economia. Mas não existe nenhum processo de perda relativa substantiva de estabelecimentos após o biênio 2003-04 e até 2007. Em 2008, a crise parece ter afetado mais a indústria, mas também a perda é relativamente menor nesse último ano do que no período entre 1996-98 e 2003-04.

TABELA 3 Evolução da estrutura de estabelecimentos e do emprego assalariado por grandes setores de atividade – 1996-2008

SETORES de Atividade	Unidades locais (%)						
	1996-98	1999-2002	2003-2004	2005	2006	2007	2008
Agricultura, pecuária, silvicultura , pesca e exploração florestal	0,95	0,88	0,87	0,88	1,04	1,16	1,51
Indústrias extrativas	0,35	0,32	0,30	0,29	0,29	0,29	0,28
Indústrias de transformação	10,83	9,83	9,33	9,27	9,23	9,14	8,98
Produção e distribuição de eletricidade, gás e água	0,18	0,14	0,13	0,13	0,12	0,13	0,13
Construção	2,75	2,55	2,33	2,29	2,26	2,34	2,54
Comércio e outros serviços	84,94	86,27	87,03	87,14	87,05	86,94	86,56
SETORES de Atividade	Pessoal ocupado assalariado (%)						
	1996-98	1999-2002	2003-2004	2005	2006	2007	2008
Agricultura, pecuária, silvicultura , pesca e exploração florestal	1,04	1,66	1,47	1,37	1,33	1,30	1,29
Indústrias extrativas	0,51	0,42	0,41	0,42	0,44	0,45	0,45
Indústrias de transformação	18,39	19,65	20,12	19,95	19,49	19,58	19,24
Produção e distribuição de eletricidade, gás e água	1,38	0,92	0,78	0,72	0,64	0,64	0,63
Construção	3,51	4,00	3,60	3,87	4,36	4,85	5,55
Comércio e outros serviços	75,17	73,35	73,62	73,67	73,74	73,18	72,84

Fonte: Cadastro Central de Empresas – IBGE.

Parece interessante observar o que acontece com o emprego assalariado antes e depois do *boom* exportador. A participação do emprego na indústria cresceu quase 2 pontos entre 1996-98 e 2003-04, mas, após o *boom*, o emprego cede um pouco — menos que 1 ponto percentual, no contexto de um grande crescimento do emprego na construção. Nada nos dados disponíveis de estabelecimentos e empregos industriais nos permite sustentar que exista um processo amplo de encolhimento do setor industrial na economia brasileira.

Isso posto, parece óbvio que taxas setoriais negativas de expansão das exportações combinadas a taxas menores de expansão da produção em relação ao período do *boom* são indicadores de que existem sérios problemas de rentabilidade nessas indústrias. Se a isso adicionamos as dificuldades de aumentar os preços no mercado doméstico, nos encontramos com um setor que está enfrentando uma situação próxima à de "doença holandesa".

As Tabelas A.1 e A. 2 do Apêndice nos mostram, respectivamente, a taxa de crescimento média do *quantum* exportado e das quantidades produzidas para os setores da indústria de transformação para o período 1996-2008. À continuação se agrupam os setores pelas características de sua reação nas taxas de exportação e de produção entre 2003-04 e 2006-07.

QUADRO 1

SETORES COM TAXAS DE VARIAÇÃO DAS EXPORTAÇÕES NEGATIVAS EM 2006-07 E TAXAS DE EXPANSÃO DA PRODUÇÃO EM 2006-07 MENORES QUE EM 2003-04:

- Produtos de madeira
- Material eletrônico e de comunicações
- Veículos automotores

Outros dois setores tiveram taxas negativas de variação das exportações e da produção, mas com sinal de melhora na produção em 2006-2007. São eles:

- Vestuário
- Preparação de couros e calçados

Excluindo a indústria automotiva, os outros quatro setores são os que mais parecem estar sofrendo um problema de rentabilidade, pois tiveram problemas para aumentar seus preços acima da média da indústria. Porém, vestuário e couros e calçados apresentam problemas de contração da produção há muito tempo, e independentemente de apreciação da taxa de câmbio real, assim como material eletrônico e de comunicações (Tabela A.2). Esses problemas podem estar associados à abertura comercial dos anos 1990 ou ao aumento da concorrência com fornecedores asiáticos, mas não parecem ter começado em 2005.

QUADRO 2

SETORES COM TAXAS NEGATIVAS DE VARIAÇÃO DAS EXPORTAÇÕES EM 2006-07, MAS COM TAXAS DE EXPANSÃO DA PRODUÇÃO EM 2006-07 SUPERIORES A 2003-04:

- Máquinas para escritório e de informática
- Móveis e indústrias diversas

Claramente esses setores direcionaram a maior parte da produção para o mercado doméstico, que era mais rentável e estava em expansão em 2006-07.

Eliminados os setores com problemas mais agudos na exportação — taxas negativas em 2006-07 —, identificamos os setores que tiveram um crescimento da produção inferior a 2003-4.

QUADRO 3

SETORES COM TAXAS DE EXPANSÃO DA PRODUÇÃO ABAIXO DA MÉDIA DA INDÚSTRIA DE TRANSFORMAÇÃO EM 2006-07 E ABAIXO DE SEU PRÓPRIO DESEMPENHO EM 2003-04

- Celulose e papel
- Outros produtos químicos

Esses setores estão crescendo pouco e apresentam desaceleração da produção quando comparamos o período do *boom* exportador com o desempenho de 2006-07. Mas os problemas desses setores não parecem estar nas restrições no mercado externo, pois as taxas de crescimento do *quantum* exportado em 2006-07 foram superiores à média da indústria de transformação.[5]

QUADRO 4

SETORES CUJA PRODUÇÃO CRESCEU ABAIXO DA MÉDIA DA INDÚSTRIA EM 2006-07, MAS COM TAXAS SUPERIORES ÀS DE 2003/04

- Alimentos
- Têxtil
- Refino de petróleo e álcool
- Borracha e plástico
- Minerais não metálicos
- Produtos de metal

O baixo dinamismo em 2006-07, quando comparado com a média da indústria, não parece estar associado às exportações, pois as vendas externas desses setores cresceram acima da média da indústria nesses anos. Seus problemas parecem estar associados à demanda de bens de consumo ou bens de salários (alimentos e têxteis) ou à maturação de investimentos, que os estão impedindo crescer mais rapidamente, como refino de petróleo, minerais não metálicos e produtos de metal.

O exame dos dados com as hipóteses de verificação do modelo de "doença holandesa" indica que a indústria brasileira não parece ter sofrido até 2008 um problema generalizado dessa doença, com exceção do setor de produtos de madeira, que tem um dos mais altos coeficientes de exportação da indústria manufatureira. A perda de rentabilidade no mercado externo, dada a sua importância para esse setor, pode ter criado dificuldades que se evidenciam em quedas das exportações e desaceleração da produção.

De maneira geral, os setores industriais reduziram o ritmo de expansão das suas exportações, como resultado da taxa de câmbio apreciada, mas parecem ter conseguido recompor suas margens nas vendas no mercado doméstico. Como consequência disso e da expansão do mercado doméstico, a maioria dos setores expandiu sua produção em forma mais acelerada em 2006-07 e 2008, quando comparados com os anos do *boom*.

6 CONCLUSÃO

O *boom* das exportações entendido como expansão acelerada das quantidades exportadas existiu entre 2003-04. Depois as quantidades exportadas de produtos manufaturados, principalmente, mas também dos outros tipos de produtos (básicos e semimanufaturados), foram, crescentemente, desacelerando-se. As altas taxas de crescimento do valor exportado no período 2005-08 foram resultado da expansão dos preços de todos os tipos de produtos, mas principalmente de básicos.

A apreciação da taxa de câmbio tem sido apontada como explicação central para a desaceleração das quantidades exportadas, mas é uma variável que explica mal os principais movimentos recentes

---

[5] Esses setores são produtores de insumos para muitos setores industriais. O fato de estarem crescendo abaixo da média da indústria em um contexto de expansão pode significar falta de capacidade ou situação de maturação de investimentos.

das quantidades exportadas. Em primeiro lugar, a valorização de 2005 pouco fez para reduzir a taxa de crescimento. Para entender o paradoxo da forte desaceleração das quantidades exportadas em 2006-07 — taxa de câmbio real mais elevada que no período pré-1999, uma expansão da demanda mundial mais elevada e taxas de crescimento das exportações inferiores a 1996-98 —, deve-se recorrer à expansão da absorção doméstica. A reação defasada e diferenciada das quantidades exportadas pelos segmentos da indústria à taxa de câmbio requer avançar na especificação de funções setoriais da oferta exportável.

Os exportadores brasileiros buscaram recompor a rentabilidade na exportação aumentando seus preços no mercado externo de maneira a compensar a apreciação do real. Puderam fazer isso porque têm poder de mercado ou porque vendem para mercados onde as moedas também se estavam apreciando em relação ao dólar. Nesse caso o aumento de preços não alterava o custo de importação no mercado de destino. Também aumentaram seus preços em reais, de maneira de melhorar a rentabilidade no mercado doméstico. É fundamental, portanto, incorporar as estratégias de preços e de preservação da rentabilidade à análise da conduta dos exportadores de manufaturas. Diante da alegação de que há um processo generalizado de "doença holandesa" na economia brasileira, parece central analisar melhor as estratégias de preços das firmas e a recomposição da rentabilidade global por unidade de produto.

Finalmente, se há uma queda de rentabilidade, não é esperado que se acelere o ritmo de expansão das quantidades produzidas. Mas foi isso exatamente o que fez a maioria dos setores industriais em 2006-07, em comparação com o período 2003-04. Isso nos permite inferir que a situação de rentabilidade não era crítica e que as empresas se expandiram, só que em direção ao mercado doméstico, por ser mais rentável e por estar crescendo muito rapidamente.

Houve setores com problemas, que encolheram as suas exportações e que cresceram menos em 2006-07, porém eram setores que vinham com problemas desde antes do *boom* exportador. Outros desaceleraram a produção em relação ao período do *boom*, mas aumentaram suas vendas externas em 2006-07 acima da média da indústria — portanto não se pode atribuir seus problemas às exportações.

APÊNDICE

TABELA A.1 Taxas de crescimento médias do *quantum* exportado (%)

	1997-98	1999-2002	2003-2004	2005	2006-2007	2008	2009
Produtos alimentícios e bebidas	4,23	14,38	14,77	10,52	2,00	−1,58	−1,02
Produtos têxteis	−3,45	8,99	29,70	6,60	0,41	−4,78	−19,22
Confecção de artigos do vestuário e acessórios	−13,50	17,33	13,29	−9,75	−19,88	−27,51	−24,72
Preparação de couros, seus artefatos e calçados	−1,29	6,74	9,04	−3,91	−1,03	−16,90	−16,42
Produtos de madeira	0,37	18,85	20,24	−4,76	−4,58	−27,83	−32,81
Celulose, papel e produtos de papel	6,80	4,95	16,81	11,60	5,32	6,70	13,12

(Continua)

(Continuação)

TABELA A.1 Taxas de crescimento médias do *quantum* exportado (%)

	1997-98	1999-2002	2003-2004	2005	2006-2007	2008	2009
Coque, refino de petróleo e combustíveis	2,70	24,20	14,83	7,94	9,88	−4,90	−13,34
Produtos químicos	5,76	4,78	12,29	10,34	6,82	−7,82	4,24
Artigos de borracha e plástico	4,78	7,11	20,53	10,66	8,06	−4,04	−17,09
Produtos de minerais não metálicos	5,29	12,70	26,23	3,25	3,19	−20,21	−24,88
Metalurgia básica	−4,99	6,88	6,49	4,84	0,17	−6,18	−11,35
Produtos de metal	3,65	3,81	29,27	6,98	3,11	6,84	−24,30
Máquinas e equipamentos	−0,24	6,57	38,99	6,69	2,70	−2,06	−38,80
Máquinas para escritório e de informática	−0,39	−2,72	17,45	49,70	−10,21	−13,72	−5,18
Máquinas, aparelhos e materiais elétricos	−2,79	10,34	22,80	19,19	11,19	−0,25	−24,38
Material eletrônico e de comunicações	19,45	24,40	13,00	115,37	−9,02	−4,18	−29,28
Equipamentos médico-hospitalares, de automação industrial e de precisão	23,38	13,09	10,73	11,06	12,83	−2,79	−17,33
Veículos automotores, reboques e carrocerias	21,40	3,33	29,65	20,71	−3,19	−4,63	−40,93
Outros equipamentos de transporte	36,87	7,84	42,42	−4,67	18,69	12,80	−46,34
Móveis e indústrias diversas	10,05	14,15	25,72	−0,10	−0,17	−6,17	−21,19
Produtos manufaturados, classificação FUNCEX	7,69	6,97	23,50	10,81	2,69	−5,00	−22,83

Fonte: FUNCEX.

TABELA A.2 Taxas de crescimento da quantidade produzida domesticamente (%)

	1997-1998	1999-2002	2003-2004	2005	2006-2007	2008	2009
3.2 Alimentos	1,15	2,19	1,31	0,61	2,18	1,24	−2,34
3.3 Bebidas	−1,26	−2,17	0,73	6,36	6,22	−2,15	9,73
3.5 Têxtil	−6,57	0,69	2,55	−2,11	2,68	0,84	−8,92
3.6 Vestuário e acessórios	−2,41	−0,13	−5,59	−5,05	−0,14	5,54	−9,94
3.7 Calçados e artigos de couro	−9,48	−1,61	−3,84	−3,20	−2,47	−4,54	−10,75

(Continua)

(Continuação)

TABELA A.2 Taxas de crescimento da quantidade produzida domesticamente (%)

	1997-98	1999-2002	2003-2004	2005	2006-2007	2008	2009
3.8 Madeira	−2,21	3,51	6,49	−4,46	−4,89	−8,12	−19,57
3.9 Celulose, papel e produtos de papel	1,59	3,41	7,12	3,10	1,46	5,09	−1,27
3.11 Refino de petróleo e álcool	4,70	−0,28	0,06	1,48	2,33	0,60	−1,00
3.12 Produtos químicos							
3.15 Outros produtos químicos	3,05	−0,84	4,98	−1,25	2,32	0,52	−6,03
3.16 Borracha e plástico	−1,08	−0,57	2,00	−1,20	4,00	5,17	−11,92
3.17 Minerais não metálicos	3,64	−1,16	0,56	2,82	3,91	8,79	−5,08
3.18 Metalurgia básica	1,39	2,87	4,65	−1,96	4,78	5,33	−19,17
3.19 Produtos de metal – exclusive máquinas e equipamentos	−0,10	1,54	1,96	−0,15	2,20	4,50	−16,30
3.20 Máquinas e equipamentos	1,44	4,62	10,60	−1,35	10,65	8,12	−20,09
3.21 Máquinas para escritório e equipamentos de informática			20,08	17,26	31,69	−6,36	−9,19
3.22 Máquinas, aparelhos e materiais elétricos	5,43	5,28	4,40	7,88	11,32	4,97	−20,88
3.23 Material eletrônico, aparelhos e equipamentos de comunicações	−18,92	−1,96	8,81	14,22	−0,53	2,01	−29,10
3.24 Equipamentos de instrumentação médico-hospitalar, ópticos e outros			2,47	2,56	6,55	15,97	−12,10
3.25 Veículos automotores	−4,18	1,29	16,38	6,84	7,93	13,01	−16,15
3.26 Outros equipamentos de transporte	10,75	19,49	9,73	5,54	7,86	37,38	5,97
3.27 Mobiliário	−5,41	1,49	−1,48	0,54	7,93	0,48	−4,73
3.28 Diversos			4,36	8,45	−1,46	1,21	−9,18
Taxa de crescimento média da indústria de transformação	0,12	1,54	4,08	2,72	4,28	4,61	−8,67

Fonte: IBGE.

Desindustrialização no Brasil: Fatos e Versões[1]

Regis Bonelli
Samuel de Abreu Pessôa

"Since its origins in the 1950s, the study of development economics has been concerned with similarities in the way countries grow"
(Syrquin e Chenery, 1989, p. 145).

1 INTRODUÇÃO

A análise do desempenho da indústria brasileira mostra que esse setor é o mais dinâmico da economia e também o mais exposto às flutuações de curto prazo associadas às crises externas que nos atingiram, bem como às medidas de política econômica adotadas para estabilizar a economia. Mas a existência dessas flutuações não deve desviar nossa atenção das tendências mais longas e de efeitos mais permanentes.

Em parte por causa das flutuações de curto e médio prazos, existe no Brasil preocupação com a perda de importância relativa da indústria na economia. As razões para essa preocupação se baseiam no temor de que o crescimento da produção, do emprego, da produtividade e do investimento industrial no Brasil venha ocorrendo em ritmo inferior ao do total da economia. Existe também a preocupação com o fato de que o Brasil tem crescido menos do que um grupo de países emergentes de crescimento industrial rápido. Mais recentemente, o debate ganhou intensidade com afirmações apontando para a existência de um processo de desindustrialização em marcha no país.[2]

As razões para essa preocupação se expressam no temor de que o crescimento industrial no Brasil tenha ocorrido em ritmo inferior ao do total nacional ou, em algumas versões, ao da economia mundial. Essa segunda vertente de preocupação, no entanto, parece menos fundamentada — exceto quando se compara o Brasil com um grupo de países emergentes de crescimento industrial rápido, como é o caso da China, da Índia e de outros países do Leste e Sudeste Asiático, especialmente.

Este trabalho objetiva avaliar essas questões a partir do exame da evidência empírica relacionada à produção industrial. Ele não lida, exceto pontualmente — e quando houver necessidade para a exposição —, com as políticas econômicas que possam ter sido eventualmente responsáveis pelas alterações na estrutura da produção do país, favoráveis ou não a mudanças na participação da indústria no total da atividade econômica.[3]

O trabalho está organizado em três seções além desta introdução. Na próxima seção documentamos que a queda da participação da indústria no produto interno bruto foi muito menor do que o sugerido pelos dados usualmente considerados na avaliação da questão. Dois motivos explicam esse fato. Primeiro, mudanças na metodologia das contas nacionais superestimaram a queda, possivelmente porque a indústria é mais bem medida do que os demais componentes do produto. Sempre que há uma melhora na metodologia, que permite medir com mais precisão outros componentes do produto agregado, a participação da indústria no total diminui. Segundo, alterações dos preços rela-

---

[1] Texto baseado em trabalho elaborado para a Unidade de Política Econômica — PEC, da Confederação Nacional da Indústria — CNI, Brasília. A versão integral pode ser encontrada no site do IBRE — Instituto Brasileiro de Economia, FGV — Fundação Getulio Vargas, como Texto para Discussão nº 7 com o título de "Desindustrialização no Brasil: Um Resumo da Evidência".
[2] Ver, para visões divergentes, Bonelli (2005) e Nassif (2008). Para uma análise internacional, ver Tregenna (2009).
[3] Neste trabalho trataremos unicamente da indústria de transformação.

tivos da indústria: a participação da indústria quando medida a preços constantes é diferente da sua participação medida a preços correntes.

Na terceira seção do trabalho comparamos a participação da indústria no Brasil com a participação da indústria nas economias de um grande número de países no longo prazo. A evidência apresentada sugere que havia até a abertura comercial na década de 1990 uma "hipertrofia" que foi corrigida com as políticas de liberalização adotadas à época. Visto sob esse ângulo, em vez de desindustrialização, o que observamos foi o recuo relativo da indústria a partir do padrão de desenvolvimento "soviético" produzido pelo período do nacional desenvolvimentismo. A quarta seção conclui o texto com comentários adicionais.

2 INDÚSTRIA E ECONOMIA NO BRASIL: TENDÊNCIA DE LONGO PRAZO

Uma primeira, e parcial (porque incompleta e baseada em erro estatístico), resposta para a pergunta principal que motivou este estudo — existe perda de participação da indústria na economia brasileira? — encontra resposta no Gráfico 1, que mostra a participação percentual da indústria no PIB a preços básicos desde o ano de início da apuração de contas nacionais no Brasil (1947) até o presente.

A resposta à pergunta, a julgar pela inspeção visual das informações nesse gráfico, é um eloquente sim: partindo de participações da ordem de 19-20% do PIB na virada dos anos 1940 para 1950, no início da longa fase de industrialização substitutiva de importações do pós-guerra, a indústria viu seu peso na economia aumentar quase que continuamente até meados dos anos 1980. As exceções estão associadas a curtos períodos recessivos da atividade industrial, notadamente no começo dos anos 1960 e, com menor intensidade, em meados dos anos 1970.

GRÁFICO 1

Participação percentual da indústria de transformação no PIB a preços básicos – 1947-2008
(% baseadas em valores a preços correntes)

Fonte: Ipeadata, elaboração dos autores.

Mas, depois de chegar a representar quase 36% do PIB brasileiro em 1985, a perda de participação foi de tal ordem que a indústria respondia por apenas aproximadamente 18% do PIB na década de 2000, excluindo-se o ano de crise de 2008. Portanto, ter-se-ia chegado nesses anos a um peso de cerca da metade do máximo registrado duas décadas antes.

No entanto, essa primeira conclusão não é válida, e por duas razões principais. Em primeiro lugar, porque existem duas descontinuidades na série de longo prazo que são difíceis de justificar por motivos estritamente relacionados ao desempenho econômico da indústria e do país: uma entre 1989 e 1990 e a outra entre 1994 e 1995. As razões para essas descontinuidades estão em mudanças metodológicas no sistema de contas nacionais entre os anos mencionados. No segundo caso, os valores da série a preços correntes para os anos anteriores não foram simultaneamente corrigidos quando da revisão dos valores do PIB a preços correntes de 1995 em diante. Como o PIB nominal aumentou cerca de 10% com essa revisão, segue-se que o peso da indústria diminuiu naquele ano, dado que o valor adicionado da indústria de Transformação não sofreu correção.[4] Argumento semelhante pode ser usado para a variação entre 1989 e 1990, quando o sistema também sofreu alterações.

Antes de apresentar a segunda possível razão para a perda de participação, sugerimos no Gráfico 2 uma solução para as descontinuidades mostradas acima pelo encadeamento com dados de sistemas de contas nacionais homogêneos para as variações entre os anos assinalados.[5]

GRÁFICO 2

Fonte: Ver texto.

---

[4] De fato, é impossível explicar uma perda de participação de pouco mais de 8% em um único ano, como 1995, sabendo-se que a indústria de transformação (VA a preços básicos) cresceu aproximadamente o mesmo que o PIB — mas em que os preços relativos foram desfavoráveis à indústria. Observe-se que parte da explicação pode estar no texto imediatamente a seguir. Como curiosidade, registre-se que o PIB chinês sofreu revisão de mesma direção e ordem de magnitude em 2004.

[5] As fontes são: "Contas Consolidadas para a Nação – Brasil, 1980-1993" (IBGE, DECNA, outubro de 1994) e "Contas Consolidadas para a Nação — Brasil, 1990-1995" (IBGE, DECNA, outubro de 1996). As quedas de participação nelas registradas são: entre 1989 e 1990, de 32,39% para 29,08%; e entre 1994 e 1995, de 23,7% para 22,0%.

Feita a correção, conclui-se que a queda na participação da indústria no PIB (a custo de fatores até 1994 e a preços básicos depois desse ano) é muito menos acentuada do que se observava nos dados não corrigidos. De fato, chega-se em 2008 a uma participação de 22,9%, em vez dos 15,6% antes obtidos. Conclui-se que houve redução em relação aos 36% atingidos em 1985, mas muito menor do que se acreditava antes.

A segunda razão para a queda de participação baseia-se no fato de que os gráficos anteriores estão construídos com base em valores correntes, e, como se sabe, as mudanças de preços relativos entre a indústria e os demais setores da economia brasileira foram intensas no longo prazo. Logo, parte da perda de peso da indústria na economia pode ser devida aos efeitos das mudanças nos preços relativos: se os preços da indústria crescem menos do que o nível geral, isso pode resultar em perda de participação, embora implique ganho de competitividade. Nesse sentido, é razoável supor que uma das principais razões para a perda de participação da indústria em 1995 tenha sido a abertura comercial: mais exposta à competição dos importados estimulada pela abertura — à qual se somou valorização cambial —, os preços relativos da indústria diminuíram, ao passo que a produtividade aumentava, elevando bastante a competitividade industrial.

Uma forma de corrigir esse efeito é fazer a análise a partir de valores a preços constantes de um determinado ano. E é isso que é feito no gráfico seguinte, com as variáveis medidas a preços básicos de 2008. Esse gráfico permite observar as fases de aceleração e desaceleração da atividade industrial *vis-à-vis* o nível agregado: uma inclinação positiva corresponde a uma taxa de crescimento industrial superior à do PIB; uma inclinação negativa reflete o oposto.

GRÁFICO 3

Participação percentual da indústria de transformação no PIB – 1947-2008
(a preços constantes; % em valores de 2008)

Fonte: Ipeadata. Elaboração dos autores.

Observa-se nitidamente no gráfico o ganho de peso do começo da série até meados dos anos 1970, quando taxas de 21% são registradas em 1973 e em 1976. A partir desse último ano a curva apresenta inclinação negativa na maior parte do tempo, com breves interrupções em ciclos de crescimento industrial acelerado (1983-86, 1992-95 e 1999-2004). Em 2008 chega-se a uma participação de 15,6%, ou seja, cerca de 5% menos do que nos pontos de auge de três décadas atrás. Registra-se que a maior parte da queda ocorreu até 1992. Logo, a perda de peso da indústria teve início em meados dos anos 1970 e ocorreu principalmente até o início dos anos 1990.

De posse das informações a preços correntes (corrigidas) e a preços constantes, é possível visualizar a evolução da relação entre os preços dos produtos industriais e o nível geral de preços da economia, o deflator implícito do PIB. Isso é feito no gráfico a seguir, que mostra o índice de preços relativos da indústria com base em 2008 (= 1,0).

O gráfico registra fortes flutuações de preços relativos ao longo do tempo. Em particular, embora com breves interrupções, o período entre 1952 e 1985 é de grande elevação, tendo o índice aumentado de 0,8 para 1,3. Essa fase inclui, como se recorda, o último ciclo de substituição de importações no país.

GRÁFICO 4

Índice de preços relativos da indústria de transformação – 1947-2008 (2008 = 1,0)

Fonte: Elaboração dos autores; ver texto.

Observe-se ainda que as flutuações aparentemente se tornam mais intensas depois de 1990. Em seguida a bruscas mudanças entre 1988 e 1991 e entre esse ano e 1993, o índice passa por aguda queda daí até 1996: cai de 1,26 para 0,96 no curto espaço de três anos. Essa forte queda é, possivelmente, efeito da liberalização comercial da primeira metade dos anos 1990. De 1998 a 2004 observa-se novo encarecimento relativo da produção manufatureira – fruto, possivelmente, da desvalorização cambial em parte do período. Depois de 2004 o índice cai novamente de forma contínua. Em 2008 chega-se exatamente ao nível de preços relativos de 1971. Registre-se também a associação dessa última série com a série a preços correntes (Gráfico 2): os movimentos dessa última espelham bastante bem os preços relativos e suas mudanças ao longo do tempo.

Em resumo, pode-se afirmar que houve perda de participação da indústria na economia desde meados dos anos 1970. Mas: (a) quando se faz a avaliação correta, com as séries expressas em preços constantes, a perda é bem menor do que se imaginava, chegando a cerca de 5% do PIB, e a maior parte dela ocorreu antes de 1993; e (b) é importante qualificar essa tendência por fases de política econômica e pelas crises externas em geral a elas associadas.

Na busca por motivos para essas mudanças destaca-se o fato de que, exceto pelos anos 2005-2008, as perdas de peso da indústria sempre estiveram associadas a momentos de recessão e/ou crise externa (em geral conjuntamente). A explicação para as mudanças nesses casos não é difícil de encontrar. Por ser um setor que tipicamente produz bens elásticos em relação à renda, o desempenho do setor amplifica os movimentos da renda: nas fases de prosperidade a indústria tende a aumentar de peso na economia, e o oposto ocorre nas fases de estagnação ou recessão.[6]

Essa linha de explicação, no entanto, descreve variações cíclicas da indústria. Ela não explica adequadamente fenômenos de mais longo prazo. Para estes, é mais útil recorrer a comparações com outros países.

3 O BRASIL NO CONCERTO DAS NAÇÕES: O PADRÃO NORMAL DE CRESCIMENTO[7]

FATOS ESTILIZADOS

A evolução de longo prazo das estruturas econômicas de um grande número de países segue padrões até certo ponto semelhantes entre si ao longo do processo de desenvolvimento. Um quadro composto de fatos estilizados sugere que, embora as experiências históricas nacionais revelem diferenças quanto ao papel do governo e das instituições; quanto à importância do setor externo na estratégia de crescimento; quanto às dotações de capital e tecnológica; e quanto à importância das escalas demográfica e territorial em cada caso específico, algumas regularidades caracterizam o desenvolvimento de um grande número de nações. Dois fatores se destacam na geração dessas regularidades: (a) a lei de Engel (e as elasticidades do consumo em relação à renda a ela associadas), que relaciona as modificações nos padrões de gastos ao nível e distribuição da renda familiar *per capita*; e (b) o papel do progresso técnico e da difusão internacional do conhecimento e da informação na geração de padrões de produção e consumo até certo ponto comuns dentro de faixas semelhantes de renda *per capita* entre países, fenômeno esse acelerado durante a recente época de globalização da informação, produção e finanças.[8]

Em nível agregado, a evolução da estrutura do Produto Interno Bruto (PIB) por setores tende em grande número de países a obedecer uma sequência típica tal que, com o crescimento econômico, primeiro se tem uma queda na participação da agropecuária e outras atividades "primárias" no produto total. Essa queda é compensada inicialmente por forte expansão da indústria — que é o que caracteriza o crescimento via industrialização — e, em menor medida, pelo aumento dos serviços. Posteriormente é esse setor que vê crescer sua participação de forma contínua no produto agregado.

Dependendo do país, o peso da indústria também pode diminuir com o passar do tempo, em função seja do grau de desenvolvimento — na medida em que o consumo de bens industrializados passa a crescer mais lentamente quando a renda per capita ultrapassa certo nível —, seja da política econômica geral e, em especial, da política comercial. Essa evolução típica caracteriza tanto a evolução do produto quanto a do emprego. Nesse último caso, a fase de perda de participação relativa da indústria é denominada — especialmente no caso dos países de industrialização avançada — desin-

---

[6] Não é por outro motivo que as flutuações na produção de bens de consumo não durável são consideravelmente menores do que as das demais categorias de bens (intermediários, duráveis de consumo e de capital): porque a demanda por aqueles bens é menos elástica em relação à renda do que a dos demais.

[7] A subseção inicial desta seção baseia-se em Bonelli (2005).

[8] Ver Matsuyama (2008) para uma revisão da literatura sobre mudança estrutural.

dustrialização.[9] Essa última fase da sequência tem gerado temor em diversos países, especialmente no que diz respeito à perda relativa de postos de trabalho. Esse é o caso nos países da OCDE, onde o emprego na indústria respondia por elevadas parcelas do emprego total até o começo da segunda metade do século XX.

Mas ela não implica, claramente, supor que será algum dia possível alcançar, qualquer que seja o país, um padrão de produção e consumo que prescinda das manufaturas. Apenas, que o próprio processo de desenvolvimento tem gerado mudanças que implicam perda da importância relativa da indústria.

Esse processo está em curso nas economias maduras desde as décadas de 1960 e 1970 em relação tanto à produção quanto ao emprego. O próprio nível absoluto de emprego diminuiu em diversos países desenvolvidos, especialmente nos EUA. Apesar disso, a produção manufatureira cresceu a taxas historicamente elevadas até 2007.

Mas certamente não ocorre a ninguém imaginar que os países da OCDE não mais terão indústrias, dentro de um horizonte previsível, por maior que seja o deslocamento de produção e do emprego, porque esse processo tem limites. Essa perda de importância quantitativa da produção e do emprego reflete um conjunto de forças que inclui:

1. **Fortes ganhos de produtividade na produção industrial** em diversos países — os EUA sendo o caso mais nítido, especialmente com a recuperação da produtividade observada desde o começo dos anos 1990 até recentemente.
2. **Mudanças nos padrões de comércio**, com parte da produção antes gerada nos países da OCDE sendo suprida por países em desenvolvimento caracterizados por vantagens competitivas, em geral, mas não exclusivamente, associadas (temporariamente) à utilização de mão de obra de baixo custo e a uma taxa de câmbio muito desvalorizada; a concorrência dos produtos importados por parte de países em desenvolvimento — o caso mais notável sendo o da China, cujo crescimento da produção e do volume de comércio tem permitido contínua penetração em mercados como o dos EUA e outros países da OCDE — é fenômeno frequentemente citado como origem da desindustrialização.
3. **Mudanças de preços relativos** derivadas da introdução de novas tecnologias, economias de escala e especialização e ganhos de produtividade a elas associados.
4. **Terceirização de atividades** antes executadas no interior das fábricas, que faz com que o uso de mão de obra direta por unidade de produção industrial diminua.

Além disso, e talvez mais relevante, sabe-se que mudanças no interior da indústria, ditas estruturais, também acompanham a industrialização. Nesse processo tendem a ganhar peso as indústrias produtoras de bens de capital, intermediários e duráveis de consumo, no lugar das produtoras de bens de consumo corrente. No interior do setor serviços também se observam mudanças ao longo do processo de desenvolvimento, com a expansão acelerada dos serviços modernos, caracterizados por elevada elasticidade renda, em contraposição à queda relativa dos serviços tradicionais. Obviamente, esses processos também são influenciados pela ação da política econômica e pelo padrão de comércio resultante, particularmente no caso da produção industrial.

Estudos feitos com foco no Brasil sugerem que existe um padrão normal de crescimento industrial e mudança estrutural, padrão esse que caracterizou um grande número de países desenvolvidos e em desenvolvimento. Uma análise em duas etapas para o período 1980-95 apresentou resultados que ajudam na compreensão da identificação do padrão.[10] Na primeira examinou-se como evoluiu

---

[9] A diferença entre as mudanças na composição do produto e do emprego segundo setores deve-se às distintas evoluções da produtividade da mão de obra entre eles.

[10] A base de dados desses trabalhos é da Unido — United Nations Industrial Development Organization. Um resumo dos resultados pode ser encontrado em Bonelli e Gonçalves (1998, 1999).

o tamanho da indústria nesses países, medido pelo valor adicionado gerado, em comparação com um padrão normal *à la* Chenery.[11] O Brasil, em particular, teve, no período analisado, participação do produto industrial no PIB acima do padrão normal definido para países com níveis de renda *per capita*, demográfico e tecnológico semelhantes. Depois de 1985 observou-se a existência de um movimento de convergência em relação ao padrão normal.[12]

Em uma segunda fase a análise foi aprofundada de modo a levar em conta a evolução da estrutura industrial. Um dos resultados do estudo é que o Brasil tinha indústrias com peso acima do padrão normal ao lado de outras em que esse peso esteve bem abaixo. De modo geral, a estrutura industrial brasileira tinha no período 1980-95 indústrias do complexo metal-mecânico com participação bem superior à de outros países semelhantes, controlando-se pelo tamanho da população, renda *per capita* e nível tecnológico. Em alguns segmentos — como, por exemplo, as indústrias química, de refino de petróleo, produtos de borracha e plásticos, bem como os produtos de minerais não metálicos (materiais de construção) e madeira e mobiliário — o Brasil convergiu entre 1980 e 1995 na direção do padrão típico. Em outros — caso dos citados complexo metal-mecânico, bem como de alimentos, bebidas e fumo — o desvio persistiu com o tempo.

Parece oportuno, portanto, avançar em relação a esse tema em uma perspectiva de longo prazo e à luz dos importantes processos de mudança que têm caracterizado o Brasil nas últimas duas décadas.

UMA DESCRIÇÃO ANALÍTICA DAS MUDANÇAS NA PARTICIPAÇÃO DA INDÚSTRIA NO PIB

Uma primeira questão que pode ser explorada a partir da base de dados construída para este trabalho relaciona-se à evolução da participação da indústria no PIB no mundo.[13] Esse aspecto é visto no Gráfico 5, para o qual usamos duas amostras de países extraídas de um conjunto cujo número varia ligeiramente com o tempo entre 1970 e 2007. Um primeiro conjunto é o dos países em relação aos quais dispomos de informações para todos os anos do intervalo 1970-2007. Esse grupo tem 156 países. O outro conjunto inclui todos os países para os quais se dispõe de informação em algum ano.

Observe-se que a evolução de longo prazo é semelhante para os dois grupos de países: há um ligeiro aumento de peso da indústria até o fim da década de 1980, especialmente depois da recessão mundial de 1980-82: a participação passa de taxas da ordem de 14% para 15% (1988). Segue-se uma fase de acentuado declínio. Para a amostra constante, essa queda é de 15% para 12% entre o final dos anos 1980 e 2005-07. Isso implica que existe uma tendência mundial (expressa pela média simples adotada no gráfico) no sentido de redução do peso da indústria.

A segunda curva mostrada no gráfico sugere o mesmo movimento. A principal diferença entre as duas ocorre a partir de 1990, e a causa não é difícil de encontrar: o fim da URSS e a criação dos estados independentes. Como esses passaram a existir a partir de 1990, e são países em que a indústria tem, tipicamente, grande peso nas respectivas economias, o deslocamento da curva para cima é nítido. Mas a direção da mudança seguinte assemelha-se à da curva representativa da amostra de número constante de países. De fato, no caso dessa amostra ampliada a participação da indústria cai de 15,6% em 1990 para 12,3% em 2007.

---

[11] O trabalho pioneiro nessa linha é o de Chenery (1960).

[12] É importante reconhecer que os padrões normais podem mudar no médio prazo. Além disso, certos grupos de países tendem a apresentar padrões fora daquele característico da amostra total. Esse foi o caso, por exemplo, dos países do bloco socialista, que em geral tinham uma participação da indústria no PIB muito superior à dos demais, controlando-se para as demais variáveis, e os tipicamente exportadores de petróleo, onde ocorre o oposto: uma participação da indústria no PIB bem inferior à do padrão normal definido para todos os países.

[13] A versão integral deste trabalho detalha as fontes utilizadas e aspectos das classificações dos países em grupos. Ver Bonelli e Pessôa (2010).

GRÁFICO 5

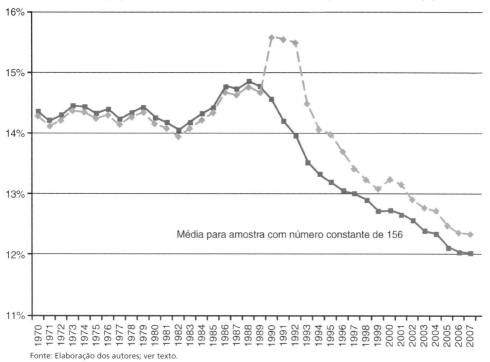

Fonte: Elaboração dos autores; ver texto.

Essa tendência é confirmada e amplificada quando se calcula a evolução da participação média da indústria de transformação mundial no PIB mundial, média esta definida como a soma dos produtos da indústria dos países dividida pela soma dos PIB. Essas médias são mostradas em Bonelli e Pessôa (2010).[14] Dois fatos chamam atenção na comparação desses dois conjuntos de dados: o primeiro é que a descontinuidade que aparecia quando se passava a incluir os países para os quais a informação começa em 1990 (resultantes, em geral, do desmembramento da URSS) deixa de existir; o segundo é que a queda no peso da indústria é mais pronunciada quando se toma essa segunda medida — antes se passava de 14,4% para 12% com os dados da amostra constante, e com as médias ponderadas a queda é muito maior, de 24,9% para 16,6%. As proporções maiores nessa segunda medida se devem ao fato de que os países com maiores participações da indústria no PIB são também os países com maiores valores absolutos dessas variáveis. Eles são também os países que apresentaram as maiores quedas no período, como será visto adiante.

Conclui-se que a indústria mundial passou por um processo de considerável "desindustrialização" nesses quase 40 anos cobertos pelos gráficos — ou, em outras palavras, por um processo de perda de importância quantitativa na atividade econômica mundial.

Claramente, subjacente a essa perda de peso está, em primeiro lugar, o aumento da importância econômica dos serviços.[15] Talvez mais interessante, esse processo ocorreu mesmo com o aumento de importância mundial de países, como diversos emergentes asiáticos, nos quais a participação da indústria no PIB é bem maior do que a média mundial — com a China como o exemplo mais claro.

---

[14] Em outras palavras: no gráfico deste texto são apresentadas médias aritméticas simples; em Bonelli e Pessôa (2010) apresentam-se também as médias ponderadas.

[15] Isso porque é pouco provável que a agropecuária e/ou atividades do setor secundário (mineração, construção, serviços industriais de utilidade pública) tenham aumentado de peso relativamente ao PIB mundial nesse período para a grande maioria dos países representados na amostra.

Em segundo lugar está o fato de que os preços industriais foram, possivelmente, desfavoráveis à indústria, como ocorreu no caso do Brasil. A razão para isso é o avanço do progresso técnico, que atinge principalmente a produção de mercadorias e, nesse grupo, as manufaturas.

As médias mundiais, como não poderia deixar de ser, encobrem grandes diferenças entre países. Por exemplo, a participação da indústria no PIB de Palau em 1970 era de 0,7% (em 2007 chegou a 3%), ao passo que em Luxemburgo era de 43,2% em 1970 (mas apenas 7,6% em 2007). Em 2007 o intervalo era de 0,3% (no já referido Palau) a 41,9% em Porto Rico. Por esse motivo mostramos nas tabelas seguintes resultados para grupos de países de alguma forma semelhantes.

A Tabela 1 inclui países com a dimensão aproximada do Brasil, ou grau de desenvolvimento semelhante (com a exceção da Austrália e da Nova Zelândia), e mostra as médias trienais das participações da indústria no PIB no começo e no fim do período aqui analisado (1970-72 e 2005-07). Nota-se que em quase todos eles o peso da indústria diminuiu sensivelmente, com duas exceções: na Turquia a indústria passou de 15,9% para 20,9% do PIB e no Uruguai, de 22,1% para 22,8%. Já as perdas foram particularmente pronunciadas nos casos da Argentina, Austrália, Brasil, Equador, Grécia, Israel, Nova Zelândia e Venezuela. Na média dos países, o peso da indústria diminuiu quase 6 pontos percentuais em um período de 35 anos.

TABELA 1 Participação da indústria no PIB – países selecionados (1970-72 e 2005-07)			
Países	Média 1970-72	Média 2005-07	Diferença
África do Sul	0,207	0,163	−0,044
Argentina	0,303	0,208	−0,095
Austrália	0,206	0,103	−0,103
Bolívia	0,146	0,115	−0,031
Brasil	0,253	0,157	−0,096
Chile	0,160	0,138	−0,023
Colômbia	0,181	0,150	−0,030
Equador	0,179	0,029	−0,150
Grécia	0,187	0,113	−0,074
Israel	0,216	0,133	−0,083
México	0,220	0,161	−0,059
Nova Zelândia	0,226	0,139	−0,086
Paraguai	0,168	0,134	−0,034
Turquia	**0,159**	**0,209**	**0,050**
Uruguai	0,221	0,228	0,008
Venezuela	0,237	0,158	−0,079
Média dos 16 países	**0,204**	**0,146**	**−0,058**

Fonte: Elaboração dos autores; ver texto.

Obviamente, essas perdas também caracterizaram os países do primeiro mundo. Isso é visto na Tabela 2, onde apresentamos a mesma informação que antes para 17 países: 14 na Europa, mais EUA, Canadá e Japão.

TABELA 2 Participação da indústria no PIB, médias trienais para 17 países desenvolvidos (1970-72 e 2005-07)			
Países	Média 1970-72	Média 2005-07	Diferença
Áustria	0,282	0,176	**−0,106**
Bélgica	0,284	0,152	**−0,132**
Canadá	0,201	0,154	−0,047
Dinamarca	0,174	0,122	−0,053
Finlândia	0,227	0,203	−0,024
França	0,217	0,114	**−0,103**
Alemanha	0,305	0,203	**−0,102**
Itália	0,248	0,163	−0,085
Japão	0,364	0,212	**−0,153**
Luxemburgo	0,385	0,074	**−0,311**
Holanda	0,223	0,122	**−0,101**
Noruega	0,180	0,087	−0,093
Espanha	0,244	0,144	**−0,100**
Suécia	0,222	0,172	−0,049
Suíça	0,228	0,181	−0,047
Reino Unido	0,290	0,123	**−0,167**
Estados Unidos	0,231	0,132	**−0,099**
Média (17 países)	**0,253**	**0,149**	**−0,104**

Fonte: Ver texto.

Essa tabela deixa claro que a participação da indústria diminuiu bastante em todos os países. Destacam-se as perdas na Áustria, Bélgica, França, Alemanha, Japão, Luxemburgo, Holanda, Espanha, Reino Unido e EUA. O único país em que a perda foi pequena foi a Finlândia. Note-se que a média caiu de 25,3% para 14,9% (uma queda de 10 pontos percentuais), ao passo que no caso dos países da tabela anterior (países em desenvolvimento) a queda foi bem menor: de 20,4% para 14,6%, ou 5,8 pontos percentuais.

É oportuno também observar que um conjunto de países se destaca dos demais pelos elevados pesos da indústria no PIB. Trata-se dos países da área socialista antes e depois de 1989, como mencionado na subseção anterior. Mas deve-se registrar que mesmo nesses casos houve perda de participação da indústria no PIB. Esse aspecto é revelado na Tabela 3, em que incluímos os oito países para os quais temos informações desde 1970. Em Bonelli e Pessôa (2010) também se considera um grupo mais amplo de países para os quais os dados estão disponíveis apenas depois de 1989.

O primeiro aspecto que Bonelli e Pessôa (2010) destacam é a elevada participação da indústria no PIB em ambos os casos, muito acima da dos grupos de países antes analisados. No caso do primeiro subgrupo, mostrado na Tabela 3, a média era de 25,7% em 1970-72 e chega a 31,5% quando se excluem Cuba e Mongólia. Mesmo nesses casos de países pouco industrializados o peso da indústria diminuiu ao longo do tempo. Em três casos o peso da indústria no PIB superava os 35% em 1970 (Bulgária, China e Romênia). A queda nos 35 anos seguintes foi substancial para todos eles: excluindo-se Cuba e Mongólia, o peso da indústria no PIB caiu 13,6 pontos percentuais. E mesmo na China a participação diminuiu 6%.

No caso do segundo grupo discutido em Bonelli e Pessôa (2010), as participações são mais elevadas, especialmente levando-se em conta que os dados iniciais são de 1990. No triênio 1990-92 a participação média nesses países é de 28%, observando-se quatro casos de participações acima de 35%. A queda nos 15 anos seguintes foi substancial para todos eles, exceto a Eslováquia: o peso da indústria no PIB para a média desses 18 países caiu 10,5 pontos percentuais em apenas 15 anos.

TABELA 3 Participação da indústria no PIB, países socialistas e ex-socialistas			
Países – Grupo Ex-Socialistas 1	Média 1970-72	Média 2005-07	Diferença
Bulgária	0,367	0,147	–0,220
China	0,381	0,322	–0,059
Cuba	0,098	0,072	–0,026
Hungria	0,233	0,192	–0,041
Macau (China)	0,164	0,038	–0,126
Mongólia	0,072	0,036	–0,036
Polônia	0,325	0,164	–0,160
Romênia	0,420	0,208	–0,213
Média 8 países	0,257	0,147	–0,110
Excl. Cuba e Mongólia	0,315	0,178	–0,136

Fonte: Ver texto.

Essa análise evidencia, portanto, que, afora nos casos de grupos muito específicos de países, a tendência mundial tem sido de redução da participação da indústria no PIB. As exceções a essa regra são, também em geral, os casos de países pequenos em termos da magnitude do PIB.

ANÁLISE DE *CROSS SECTION*

Nesta subseção apresentamos o resultado de um exercício econométrico bastante simples. Motivados pelo trabalho de Syrquin e Chenery (1989), avaliamos como a indústria brasileira se situa em relação a um padrão internacional. Adicionalmente, avaliamos como o processo de ajustamento da indústria brasileira em seguida à abertura da economia afetou o desvio da indústria com relação à norma internacional. Para implementar a análise, trabalhamos com sete variáveis explicativas da participação da indústria no produto, que é a variável dependente. São elas: o produto *per capita*, o produto *per capita* ao quadrado, a população e população ao quadrado, a relação capital-trabalho, a produção *per capita* de petróleo (barris) e a densidade populacional. As quatro primeiras foram retiradas diretamente dos modelos de Syrquin e Chenery (1989).

Como ressalta uma recente resenha da literatura de mudança estrutural (Matsuyama, 2008), existe em um dado ponto do tempo um padrão entre o nível da renda *per capita* e participação da indústria no PIB. A literatura mostra que o padrão não é linear. Em geral uma parábola associa a participação da indústria no PIB ao produto *per capita*. De fato, esse parece ser o caso em nossos dados.

O Gráfico 6 apresenta a relação entre a participação da indústria no produto e o logaritmo (em base natural) do produto *per capita* para os períodos 1970-1975 e 2001-2007. Os dados correspondem à média aritmética para o período, e o logaritmo foi calculado em relação à renda média. Em ambos os períodos as séries apresentam um formato parabólico. O ponto em losango identifica a economia brasileira. Nota-se que no período 1970-1975 a participação da indústria no produto era muito acima da norma mundial (dada pela linha de ajuste da parábola). Como veremos, o ajustamento da indústria brasileira ocorreu em seguida à liberalização da economia nos anos 1990 e não em seguida à crise da economia nos anos 1980.

As parábolas no gráfico apresentam a relação parcial entre as variáveis. A análise econométrica, mais adiante, mostrará que as demais variáveis incluídas no modelo também foram significativas. Dessa forma, o desvio representado pela distância do ponto em losango à curva parabólica ajustada não incorpora o impacto das demais variáveis.

GRÁFICO 6

Participação da indústria no PIB e logaritmo do PIB *per capita* (médias 1970-1975, esquerda, e 2000-2007 direita)

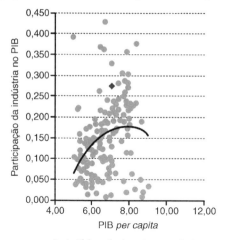 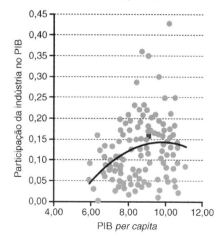

Fonte: Elaboração dos autores; ver texto.

Nas equações de regressão mostradas a seguir incluiu-se a população entre as variáveis explicativas porque economias maiores podem beneficiar-se melhor dos retornos à escala. Sob a hipótese de que a indústria é o setor da economia que apresenta maiores retornos à escala espera-se que haja uma relação positiva entre a participação da indústria no produto e a escala do país, medida pela população.

A variável capital por trabalhador, a produção de petróleo *per capita* e a densidade populacional descrevem a dotação de fatores da economia. Sob a hipótese de que a indústria é o setor intensivo em capital, espera-se que uma maior dotação de capital esteja associada a maiores valores para a participação da indústria no produto. Por outro lado, espera-se que economias com maiores áreas se especializem em produção agrícola e, portanto, apresentem participação menor da indústria. As economias fortemente especializadas em produção de petróleo apresentam câmbio fortemente apreciado e devem, portanto, apresentar uma baixa participação da indústria no produto.

A Tabela 4 apresenta o resultado da regressão para a amostra com 156 países e para os seis períodos considerados em nossa análise. As variáveis foram significativas com o sinal esperado, com exceção do último subperíodo (2000-2007), em que a relação capital-trabalho e a densidade populacional não foram significativas.[16] Observe-se que a significância da variável densidade populacional declina com o tempo. É possível que esse resultado represente uma crescente associação entre agricultura e indústria.

O interesse principal da análise econométrica é acompanhar a dinâmica da indústria brasileira ao longo do tempo. Para tanto, analisamos o comportamento do erro da regressão associado ao Brasil.

O Gráfico 7 indica para cada um dos períodos o percentual de países cujo erro da regressão é maior do que o erro para o Brasil. Para os quatro primeiros subperíodos — 1970-1975, 1976-1981, 1982-1987 e 1987-1993 —, o Brasil está no primeiro décimo da distribuição dos erros. Isto é, menos de 10% dos países apresentaram desvios **maiores** do que o nosso. Certamente tínhamos muita indústria para pouco PIB! Nos dois últimos subperíodos — 1994-2000 e 2001-2007 — o resultado inverteu-se. Temos pouca indústria para muito PIB, dada as demais características da economia brasileira.

A conclusão é imediata. As políticas associadas ao nacional-desenvolvimentismo produziram um padrão de industrialização hipertrofiado. O ajustamento da indústria em direção à norma in-

---

[16] Além da regressão básica relatada na Tabela 4, a versão integral mostra as regressões com a amostra de países mais abrangente possível, o que implica 184 países no último período analisado. Informações para essa amostra completa foram aproveitadas no Gráfico 7 deste texto.

ternacional em seguida às políticas de liberalização na primeira metade da década de 1990 indica que havia elevado grau de artificialismo no modelo anterior, em que pese o sucesso que teve o nacional-desenvolvimentismo em dotar o Brasil de uma matriz industrial diversificada. Não obstante, sabemos dos problemas de baixa eficiência da indústria à época. Os resultados sugerem — e essa proposição precisa ser mais bem investigada em estudos posteriores — que havia uma associação entre a hipertrofia da indústria e sua baixa eficiência.

TABELA 4   Resultados da análise de regressão variável dependente: participação da indústria no produto (%). (Amostra constante de 156 países, P-valor em tipo menor em negrito)

	1970-1975	1976-1981	1982-1987	1988-1993	1994-2000	2001-2007
Interseção	−0,839	−0,910	−1,267	−1,364	−1,095	−1,037
	0,0002	**0,0002**	**0,0000**	**0,0000**	**0,0000**	**0,0000**
ln (PIB *per capita*)	0,131	0,127	0,209	0,235	0,175	0,161
	0,0322	**0,0375**	**0,0025**	**0,0002**	**0,0004**	**0,0018**
(ln (PIB *per capita*))^2	−0,007	−0,007	−0,011	−0,013	−0,009	−0,008
	0,0915	**0,0950**	**0,0081**	**0,0009**	**0,0022**	**0,0073**
ln (Relação Capital por Trabalhador)	0,005	0,007	0,006	0,006	0,001	0,001
	0,0260	**0,0058**	**0,0087**	**0,0066**	**0,0549**	**0,6231**
ln (POP)	0,023	0,025	0,025	0,024	0,022	0,023
	0,0000	**0,0000**	**0,0000**	**0,0000**	**0,0000**	**0,0000**
ln (Produção de petróleo em milhares de barris/dia)	−0,007	−0,009	−0,009	−0,008	−0,006	−0,007
	0,0034	**0,0002**	**0,0001**	**0,0001**	**0,0020**	**0,0019**
ln (Densidade Populacional)	0,010	0,010	0,008	0,007	0,006	0,005
	0,0031	**0,0020**	**0,0090**	**0,0304**	**0,0560**	**0,1650**
R-quadrado	0,533	0,534	0,534	0,518	0,507	0,404
R-quadrado ajustado	0,514	0,515	0,515	0,499	0,487	0,380
Erro-padrão	0,061	0,061	0,058	0,055	0,052	0,057
Observações	156	156	156	156	156	156

A liberalização da economia brasileira dos anos 1990, incluindo a abertura da economia ao comércio internacional, promoveu um ajustamento que reverteu a tendência anterior. O gráfico também indica que nos anos mais recentes a participação da indústria no PIB voltou a crescer comparativamente às demais economias. Se na década de 1990 aproximadamente 80% dos países da amostra apresentaram resíduos maiores do que o desvio do Brasil, no período mais recente essa estatística reduziu-se para 70%.

GRÁFICO 7

Número de países cujo erro da regressão é maior do que o erro para o Brasil (%)

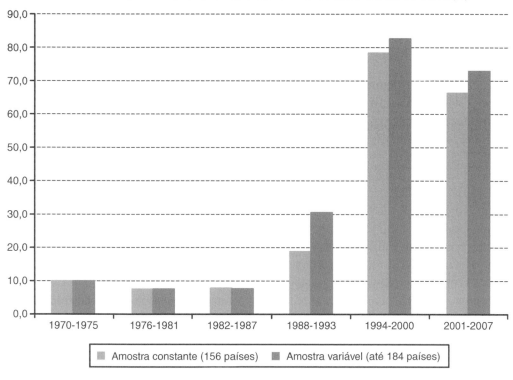

Fonte: Ver texto.

POR QUE SOMOS DIFERENTES DOS ASIÁTICOS?

O exercício econométrico não permite responder a essa pergunta. A Tabela 5 apresenta o resíduo da regressão para o Brasil e para uma seleção de países asiáticos. Note-se que, mesmo após consideradas todas as variáveis incluídas na regressão, os resíduos dos países asiáticos são positivos. A China, por exemplo, apresenta uma participação da indústria no produto de três desvios-padrão em relação à sua posição na norma internacional. Cingapura e Tailândia apresentaram comportamento inverso ao brasileiro. Ao longo do período, o resíduo da regressão para esses países aumentou.

TABELA 5 Resíduo da regressão — Brasil e países asiáticos selecionados (em número de desvios-padrão)

	1970-1975	1976-1981	1982-1987	1988-1993	1994-2000	2001-2007
Brasil	1,0	1,4	1,5	0,8	−0,7	−0,5
China	3,8	4,3	3,4	3,0	3,5	2,4
Cingapura	0,1	−1,7	−2,0	1,0	1,0	1,4
Coreia	−0,8	0,5	0,7	−0,2	0,2	0,7
Malásia	0,0	0,4	1,1	1,2	2,1	2,5
Tailândia	−0,6	0,2	−0,8	0,4	2,0	3,0

Como as regressões não foram capazes de descrever as diferenças da participação da indústria no produto entre o Brasil e os países asiáticos, não é possível responder de forma conclusiva à pergunta colocada no início desta subseção. Mas é possível especular com base na literatura internacional e lançar hipóteses a serem testadas futuramente. Economias com elevadas poupanças devem apresentar, tudo o mais constante, valores mais elevados para a participação da indústria no produto. Um texto recente documenta detalhadamente os elevados níveis de poupança dos países asiáticos, bem como o persistente excesso de poupança sobre o investimento para esses mesmos países.[17] A hipótese é de que o "excesso de indústria" desses países se deve ao excesso de poupança sobre o investimento neles observado.

4 CONCLUSÃO

O Brasil passou por significativas reformas nos anos 1990, alterando a estratégia de desenvolvimento que vinha sendo seguida de forma praticamente ininterrupta desde a década de 1930, calcada na força do papel econômico de um Estado produtor, indutor e regulador que atuava no marco de uma economia fechada e pouco competitiva. Assim, o país atravessou uma abertura comercial, privatizou a maioria das empresas estatais, liquidou monopólios públicos na infraestrutura, promoveu a desregulação de diversos setores econômicos, adotou atitude mais aberta em relação ao investimento estrangeiro e controlou a inflação. Como resultado, apresentou um registro de crescimento a nosso ver favorável, dado o contexto em que as reformas foram feitas — embora o consenso em relação a esse resultado esteja longe de ser alcançado.[18] Mas é reconhecido que o principal macrossetor negativamente afetado, em relação à experiência pretérita, foi o industrial.

A evidência apresentada neste trabalho aponta para aspectos que sugerem perda de importância da atividade industrial ao lado de outros nos quais essa perda não é tão nítida. Uma apreciação completa deveria permitir a separação de três aspectos: (i) a redução na participação da indústria devida a fatores como a instabilidade macroeconômica atravessada pelo país durante parte apreciável dos anos 1980 e 1990; (ii) a tendência mundial de perda de peso da indústria na atividade econômica global, fartamente documentada na terceira seção deste trabalho; (iii) finalmente, isolada a influência desses aspectos, e caso persistisse evidência de declínio relativo da atividade manufatureira, seria possível afirmar inequivocamente que existe um processo de desindustrialização em marcha.

Obviamente, uma decomposição que nos permita isolar total e satisfatoriamente cada um desses efeitos não existe. Como apontamos ao longo do texto, houve perda de participação da indústria na economia. Mas, quando se faz a avaliação com as séries a preços constantes, a perda é bem menor do que se imaginava, chegando a apenas cerca de 5% do PIB desde o auge de meados dos anos 1970, a maior parte da qual até 1992. Por trás dessa redução incluem-se as crises externas, as mudanças na política econômica em geral a elas associadas e tendências ocorrendo em nível global. As fases de perda de peso da indústria estiveram quase sempre associadas a períodos de recessão e crise externa.

As últimas quatro décadas assistiram a substanciais mudanças nas participações da indústria e economia brasileiras em relação ao restante do mundo. Quando a indústria cresceu rapidamente nos anos 1970, ela ganhou participação no mundo. O oposto ocorreu durante a longa década perdida. Mas recentemente observa-se uma relativa manutenção do peso da indústria brasileira no total mundial, ao lado de suave perda em termos do PIB. Isso não parece justificar a afirmativa de que tem havido desindustrialização em escala apreciável no Brasil.

O receio da desindustrialização no Brasil é diluído pelo fato de que as exportações, mesmo de produtos básicos, são muito mais diversificadas do que em períodos anteriores da história do país e de

---

[17] Prasad (2009). Ver, por exemplo, Figuras 1, 3 e 5.
[18] Ver, a propósito, Pinheiro, Bonelli e Pessôa (2009).

outras nações que se desindustrializaram. Isso tende a diminuir o chamado risco da "loteria das *commodities*", segundo o qual os países seriam beneficiados por pouco tempo por ganhos de preços em relação a poucos produtos e sem continuidade a prazo mais largo. Na verdade, a perda de participação da indústria brasileira no PIB reflete, principalmente, o contexto macroeconômico: o baixo crescimento do nível de atividade em diversas fases desde os anos 1990 em um ambiente de juros e carga tributária muito elevados tem papel fundamental na explicação do lento crescimento da indústria em subperíodos específicos.

Tendo identificado uma redução da participação da indústria no PIB no longo prazo, o passo seguinte foi estudar em que medida esse é um fenômeno tipicamente brasileiro ou reflete uma tendência operando em escala global. A análise desse aspecto foi possível graças a uma base de dados internacional construída para este trabalho. As conclusões principais dessa parte do trabalho podem ser resumidas como se segue:

1. A participação da indústria no produto é bem descrita pelo nível de desenvolvimento da economia e da sua dotação de fatores e tecnológica;
2. A indústria brasileira apresentava comportamento desviante com relação à norma internacional para o período anterior à liberalização da economia da primeira metade da década de 1990, sendo a participação da indústria no produto muito maior do que o nível previsto em função do estágio de desenvolvimento econômico do Brasil;
3. Esse padrão se manteve inalterado até o final dos anos 1980;
4. Em seguida à liberalização da economia esse comportamento "anômalo" desaparece;
5. Nos últimos anos, a posição da indústria no Brasil situou-se pouco abaixo do padrão internacional.

Apesar da escassa evidência indicativa de desindustrialização no Brasil, não é exagero acrescentar uma palavra de cautela em relação aos riscos de que em uma fase como a que o Brasil começa a atravessar, em que se configuram déficits em transações correntes provavelmente vultosos nos anos à frente, a ameaça de desindustrialização venha a se tornar concreta. Essa ameaça está resumida na recente passagem:

> "*apreciações cambiais reais induzidas por aumentos da entrada de capitais podem expulsar a atividade manufatureira e levar a fenômenos do tipo da 'doença holandesa' — particularmente na presença de externalidades que fazem com que mudanças na atividade manufatureira sejam de reversão muito custosa. Déficits em conta corrente elevados e apreciações cambiais reais, resultantes de* booms *de crédito alimentados por um superotimismo, podem ser difíceis de reverter sem uma depreciação real prolongada... Os fluxos de capital — particularmente para economias pequenas — podem ser voláteis, ir embora apressadamente e ser disruptivos. A volatilidade dos fluxos de capital pode resultar de fatores que se autojustificam, como também de uma subestimação dos riscos de liquidez por parte dos tomadores de empréstimos*".
> (Blanchard e Milesi-Ferretti, 2009, p. 5)

Em suma, a evidência passada não autoriza diagnosticar a existência de um processo de desindustrialização no Brasil. Na verdade, até a década de 1980, a estrutura econômica brasileira impulsionada pela substituição de importações foi viesada em favor da indústria. As perdas de participação observadas em fases específicas do desenvolvimento brasileiro depois daí foram devidas principalmente à instabilidade macroeconômica, à liberalização comercial (que em parte corrigiu um padrão de alocação de recursos que se traduziu em estagnação) e, não menos importante, a mudanças estruturais operando a longo prazo na economia global.

Isso não significa, uma vez mais, que não exista risco de desindustrialização. Nesse caso, a nosso ver pouco provável — dadas a inserção internacional da economia brasileira, a proteção com que conta a indústria, sua diversificação produtiva etc. —, a melhor defesa é a adoção de políticas de inovação e transferência de tecnologia e de desoneração de tributos, na linha do sugerido pela experiência internacional.

O anterior pode parecer desapontador, especialmente para quem experimenta desconforto com relação ao atual equilíbrio macroeconômico atingido pelo Brasil. Políticas de inovação e transferência de tecnologia, como sugerido, são de caráter microeconômico — e, portanto, pouco efetivas para atacar o problema segundo aqueles que avaliam que há, de fato, um problema macroeconômico. Em geral, esse problema se manifestaria por uma taxa de câmbio muito valorizada. Em nossa visão, o problema macroeconômico central no Brasil deriva dos baixos níveis de poupança que o país vem registrando. A taxa de câmbio valorizada somente explicita esse fato nos preços básicos da economia.

Consequentemente, nossa avaliação é de que a baixa poupança que vigora na economia brasileira gera, tudo o mais constante, uma tendência de valorização do câmbio e de redução da participação da indústria no produto. Se houver o entendimento de que o setor industrial apresenta externalidades que justifiquem políticas públicas para elevar sua participação no produto, não se deve tentar alterar a política cambial por intervenção direta. O câmbio representa variável endógena da economia. Uma possibilidade seria utilizar uma política de desoneração tributária para a indústria de transformação. Seria muito bem-vinda, por exemplo, uma política de desoneração da folha de salários e/ou da tributação incidente sobre o setor.

PARTE 4

INSTITUIÇÕES, REGIME FISCAL E CRESCIMENTO

20
INSTITUIÇÕES E CRESCIMENTO ECONÔMICO
Marcos de Barros Lisboa

21
CRESCIMENTO COM BAIXA POUPANÇA DOMÉSTICA
Pedro Cavalcanti Ferreira e Renato Fragelli Cardoso

22
A DETERIORAÇÃO DO REGIME FISCAL
NO SEGUNDO MANDATO DE LULA E SEUS DESDOBRAMENTOS
Rogério Werneck

23
TESTE DE SUSTENTABILIDADE DA DÍVIDA, AJUSTE FISCAL
NO BRASIL E CONSEQUÊNCIAS PARA O PRODUTO
Aurélio Bicalho e João Victor Issler

Instituições e Crescimento Econômico

Marcos de Barros Lisboa[1]

Com o tema da riqueza das nações, Adam Smith inicia o pensamento econômico moderno. Quais são os determinantes da renda e da qualidade de vida? Por que os países apresentam diferenças tão significativas de renda por habitante? O que determina a taxa de crescimento da renda e do emprego?

Desde Adam Smith, essas perguntas, como o fantasma do pai de Hamlet, assombram e, ao mesmo tempo, motivam nossa profissão. Durante boa parte do século XX, os modelos tradicionais associaram crescimento econômico a aumentos da produtividade e ao acúmulo de fatores de produção: capital e trabalho. O crescimento da oferta de trabalho e os incrementos da produtividade eram tratados como exógenos, determinados por motivos além dos econômicos. O capital, por sua vez, era inteiramente determinado pela taxa de poupança e pelo desenvolvimento da tecnologia. Países com acesso às mesmas técnicas produtivas e com a mesma taxa de poupança deveriam convergir para a mesma renda por habitante. Esses modelos de crescimento, no entanto, não conseguiam explicar satisfatoriamente as diferenças de renda por habitante entre os diversos países, nem as diferenças observadas em suas taxas de crescimento.

Nos anos 1980, ocorreram duas importantes inovações. De um lado, surgiram novos modelos de crescimento em que o aumento de produtividade seria determinado pela competição entre as firmas e poderia variar entre os países e ao longo do tempo, em decorrência dos fatores estruturais das economias; seria endógeno, no jargão da nossa profissão. Dessa forma, países com características distintas, para além do crescimento populacional e da taxa de poupança, poderiam apresentar diferentes taxas de crescimento econômico. Os novos resultados fizeram renascer a pesquisa teórica sobre crescimento econômico, retomando, em parte, as sugestões feitas por Schumpeter, no começo do século passado.

A segunda grande inovação foi a construção de grandes bases de dados sobre cerca de uma centena de países na segunda metade do século XX. Até então, a análise empírica sobre as diversas experiências de crescimento econômico se baseava em casos específicos ou em pequenas bases de dados. A consolidação de informações detalhadas de diversos países permitiu o desenvolvimento de uma extensa literatura acadêmica aplicada cujo objetivo era testar estatisticamente as possíveis explicações para as diferenças observadas tanto na renda por habitante em cada país quanto nas taxas de crescimento.

A pesquisa científica se caracteriza por seus procedimentos de análise, pelo método com que se analisam os temas e as conjecturas e, sobretudo, pela forma com que interage com as dificuldades, isto é, com as inconsistências entre os fatos e o previsto pelas teses dominantes. São as inconsistências que motivam a pesquisa e o desenvolvimento de novos modelos e argumentos, que têm por objetivo construir conjecturas testáveis empiricamente.[2]

Houve, ao longo do século passado, um intenso debate sobre a possibilidade de uma abordagem analítica da ciência e do confronto entre teses, conjecturas e evidências empíricas. Afinal, as evidências existentes, os dados coletados, são determinadas pelos próprios modelos e teorias escolhidos por aqueles que os testam. Além disso, não é possível demonstrar que a pesquisa científica implica um conhecimento progressivo sobre seus temas de estudo.

O desafio, a meu ver, não reside em sistematizar as dificuldades com critérios e procedimentos que permitam garantir o conhecimento progressivo na pesquisa científica. O desafio me parece exatamen-

---

[1] Agradeço a meus amigos Ana Carla Costa, Luiz Eduardo Meira de Vasconcellos e Samuel Pessôa, que comentaram com cuidado e atenção uma versão preliminar deste texto. Este texto é uma versão revisada de Lisboa (2010), além de ter sido excluída a última seção.

[2] *"As long as a branch of science offers an abundance of problems, so long it is alive"*, David Hilbert, citado por Acemoglu (2009).

te o inverso: como, apesar dessas dificuldades, os procedimentos adotados na pesquisa científica têm levado ao desenvolvimento de novos resultados, novas técnicas e instrumentos, que permitem, continuamente, enfrentar antigos problemas ou desenvolver novas tecnologias em áreas tão distintas como a física, a medicina e a economia.[3]

A verdade é tema da filosofia e da religião, mas não da pesquisa científica. A pesquisa nas ciências tem por objetivo propor conjecturas que revelem maior consistência com a evidência empírica, ou seja, conjecturas que possam ser confrontadas com os dados observados e, ainda que temporariamente, explicar mais adequadamente os fatos observados. Toda conjectura, por mais bem-sucedida que seja, é reconhecida como uma explicação temporária, talvez a melhor explicação possível com a evidência disponível. Eventualmente, novas evidências irão revelar fragilidades da conjectura ou serão desenvolvidos modelos teóricos com implicações empíricas mais satisfatórias. [4]

Os argumentos científicos devem ser, sobretudo, econômicos, minimalistas, razão pela qual não podem ser compatíveis com múltiplas e divergentes observações empíricas. Modelos e argumentos científicos devem ser bastante precisos no que pode ser observado, para que sejam confrontados com os dados, corroborados ou rejeitados pela evidência empírica. Como escreveu Dyson (2006, p. 214), "prefiro estar errado a ser vago". O rigor com a produção de conjecturas restritivas sobre o que pode ser observado, bem como com os testes de verificação da sua consistência empírica, resulta num diálogo permanente, estimulado, sobretudo, pelos problemas e pelas evidências que se contrapõem às teses dominantes e impõem, recorrentemente, a necessidade de novas abordagens.[5]

Ora, é justamente por isso que, por exemplo, a utilização, a implementação de políticas públicas deve ser sempre cautelosa e cuidadosamente testada ao ser adotada. As implicações podem ser distintas das esperadas, e há muitos casos em que, por erro de diagnóstico, elas resultam em efeitos diferentes, ou mesmo inversos, dos pretendidos. Por melhores que sejam as intenções, a complexidade dos temas e a possibilidade de consequências imprevistas tornam necessários a permanente verificação da adequação da política e seus ajustes contínuos.

As políticas públicas devem ser analisadas, na medida do possível, com rigor semelhante ao observado em outras áreas de pesquisa, como a medicina, em que novos medicamentos e procedimentos são testados com grupos de controle. Essa técnica pode ser adotada em algumas áreas da economia, mas não na análise do crescimento econômico.[6] A construção de bases de dados com informações detalhadas sobre muitos países ao longo de várias décadas permite, contudo, estimar em que medida fatores específicos tendem a estar correlacionados com as experiências bem-sucedidas e em que medida as conjecturas sobre as causas do crescimento econômico são condizentes com as evidências disponíveis.[7]

O confronto entre as evidências empíricas e as previsões dos modelos teóricos estimula o debate acadêmico e a pesquisa científica. Lucas (1990) retomou essa abordagem no debate sobre o crescimento econômico ao contrastar a incompatibilidade entre as previsões da teoria com as evidências sobre o fluxo de capital entre países. De forma similar, os modelos de inspiração shumpeteriana não se mostra-

---

[3] Para uma sistematização dos debates em filosofia da ciência, Boghossian (2006), Godgrey-Smith (2003), Nagel (1996), Tauber (2009) e Weinberg (2001). Para a discussão sobre ceticismo, pragmatismo e os limites para conhecimento, Bernstein (2010), Gutting (2009), Popkin (2000) e Williamson (2000).

[4] Não se trata de resgatar uma versão progressiva do argumento científico, mas sim de sua caracterização como um diálogo com as evidências empíricas. Em Lisboa (2001) sistematizo minha interpretação sobre esse tema e os debates em filosofia da ciência.

[5] Guilder (2008) descreve o desenvolvimento da física de partículas e o efeito de entrelaçamento, um exemplo interessante do diálogo entre modelos teóricos e evidências empíricas que resulta em novas conjecturas surpreendentes, corroboradas empiricamente *a posteriori*. Outro exemplo, talvez inesperado por não envolver o confronto usual entre hipóteses e testes estatísticos, é o processo de cerceamento do tráfico negreiro na Inglaterra, no fim do século XVIII e começo do século XIX, apesar da sua relevância comercial à época para o país. Princípios foram superiores aos interesses materiais, e não por eles condicionados, ao contrário do proposto pela abordagem de Marx. Para um sumário desse processo, ver Hague (2007).

[6] Para uma resenha recente das técnicas de avaliação empírica das políticas públicas, ver Imbens e Wooldrige (2009).

[7] Por melhor que sejam as informações disponíveis, há sempre incerteza sobre os resultados da adoção de novas políticas públicas. A existência de instrumentos de controle e acompanhamento de resultados permite, ao menos, identificar eventuais desvios em relação aos objetivos propostos e eventualmente adotar planos de ação corretivos ou política alternativa. A ausência desses instrumentos, por outro lado, pode resultar na permanência de políticas ineficazes ou, ainda, com resultados contrários aos pretendidos. Ver nota 13.

ram aderentes às evidências empíricas. E como o crescimento da produtividade não explica a diferença observada na renda por habitante dos países, as razões para as diferenças observadas na riqueza das nações, utilizando a expressão de Smith, deveriam estar nas formas e nos incentivos com os quais os diversos países utilizam os recursos de que dispõem.

A partir dos anos 1950, houve significativo desenvolvimento dos modelos de interação social entre indivíduos ou grupos com o desenvolvimento da teoria dos jogos e dos modelos de equilíbrio geral. O desenvolvimento desses modelos mostrou que pequenas alterações no processo sequencial de tomada de decisões, ou no conjunto de informações disponíveis, podem alterar significativamente o resultado da interação. Esse ponto foi ilustrado, por exemplo, pelo teorema de Arrow sobre escolha social (1963), segundo o qual não existe uma regra de escolha social que satisfaça os critérios mínimos propostos por ele. Como corolário do teorema de Arrow, pequenas variações no processo para escolha de decisões coletivas tendem a resultar em soluções distintas.[8]

A política pública e a análise dos mercados foram progressivamente influenciadas por esses modelos em teoria dos jogos e equilíbrio geral, denominados microeconômicos, pois construídos com base na análise de decisões individuais e das regras de interação. Nas últimas décadas, foram obtidos resultados surpreendentes nas mais diversas áreas do pensamento econômico, entre as quais, inclusive, a macroeconomia e a análise do crescimento econômico. Do desenho do processo de ofertas num leilão às regras de atuação das agências regulatórias e à governança da política monetária, a análise microeconômica resultou em importantes avanços seja nas políticas públicas, seja no desenho de diversas instituições.

Douglass North incorporou essa análise das regras de interação à pesquisa em história econômica.[9] As regras do jogo, nesse contexto, são as instituições que delimitam as formas de interação social e são por elas determinadas. North e Weingast (1989) analisaram o caso da Inglaterra, no século XVIII. Antes da Revolução Gloriosa, a Inglaterra, como os demais países europeus à época, encontrava dificuldades no financiamento da sua dívida pública. O poder executivo contratava dívidas, muitas vezes não pagas ou unilateralmente postergadas. Os juros frequentemente ultrapassavam 10% e a dívida pública estava na casa de 1 milhão de libras. Após a Revolução, novas regras foram estabelecidas, como o fortalecimento do Parlamento, a necessidade de fontes de financiamento para pagamento da dívida assumida e as responsabilidades atribuídas ao Banco da Inglaterra. Em algumas décadas, o total da dívida ultrapassou 70 milhões de libras e os juros caíram a cerca de 3% ao ano.

Nos anos 1990, a abordagem de North foi retomada para tentar explicar as diferenças na renda por habitante dos diversos países e na taxa de crescimento econômico. Em que medida o desenvolvimento das instituições, do mercado de crédito e de capital, o mercado de trabalho, o desenvolvimento de negócios produtivos e o sistema legal poderiam explicar a diferença de renda e crescimento dos diversos países? Talvez de forma surpreendente, a análise dos dados tem sugerido que o desenho das instituições é relevante para explicá-la.

Instituições podem ser caracterizadas como regras para a interação entre indivíduos e grupos, como propõe North. Regras são adequadas enquanto garantem a convergência entre o interesse individual e o bem-estar social, na medida em que os indivíduos, ao buscar seus próprios benefícios ou interesses, maximizam a geração de renda e do bem-estar.

As regras do jogo numa sociedade, as instituições, determinam a distribuição dos recursos entre os indivíduos. Além disso, em um processo recursivo, as instituições existentes decorrem dos processos históricos específicos de cada sociedade em que são estabelecidas, usualmente nem simples nem unânimes. Os diversos grupos sociais possuem interesses conflitantes, e as instituições deles resultantes decorrem da capacidade dos diversos indivíduos ou grupos de impor, ou construir, alterações nos dese-

---

[8] Para uma resenha dos resultados, ver Poundstone (2008) e Sen (1979, 2009).
[9] Ver, por exemplo, North e Thomas (1973) e North (1990).

nhos das regras. E essa capacidade decorre não apenas das regras ou instituições prévias, mas também da distribuição de recursos.[10]

O desenho das instituições, e dos incentivos, é um processo dinâmico que, em cada momento, reflete e é condicionado pela distribuição prévia de recursos, assim como pelas instituições já existentes, sobretudo políticas, e sua credibilidade e capacidade de garantir resultados no futuro. Acordos e reformas entre os grupos de interesse são condicionados pelas regras em vigor, ponderadas pelos poderes relativos de cada grupo. As reformas se viabilizam na medida em que geram resultados consistentes, de modo que o comportamento esperado dos indivíduos e grupos sociais assim como suas crenças sejam compatíveis com as regras e os incentivos que são estabelecidos pela própria reforma, como aponta Greif (1996).

A Coreia foi o exemplo utilizado por Acemoglu, Johnson e Robinson (2005) para ilustrar a importância do desenho das instituições. Até a metade do século XX, tratava-se de um único país, com instituições e características culturais e étnicas homogêneas em todo seu território. Do ponto de vista econômico, a região Norte apresentava algumas vantagens nos recursos naturais, assim como maiores investimentos em infraestrutura, mas a renda por habitante, à época da guerra ocorrida no país, era semelhante à da região Sul, segundo as evidências disponíveis.

Nas décadas seguintes, verificou-se notável diferença na evolução da renda e das condições de vida. Enquanto na Coreia do Sul a renda convergiu para aquela observada nos países desenvolvidos, na Coreia do Norte ela permaneceu, essencialmente, estagnada. No fim do século XX, um habitante do Sul tinha, em média, renda 16 vezes maior do que a de um habitante do Norte.

Resultados equivalentes podem ser observados no desenvolvimento das antigas colônias europeias. Os mesmos Acemoglu, Robinson e Johnson (2001) propuseram uma forma criativa de testar o impacto das instituições, e de suas origens, no desenvolvimento econômico. De acordo com eles, o processo de colonização e as instituições inicialmente escolhidas decorreram das características da região e do projeto de migração. As áreas cuja produção eficiente fosse complementar à produção das metrópoles se beneficiavam de regras e instituições que maximizassem a produção de bens no curto prazo e a extração de recursos. As áreas em que havia poucos recursos naturais e em que a opção por colonização estava atrelada à necessidade de estabelecer uma colônia permanente de imigrantes (que, por motivos religiosos ou outros, haviam deixado seus países de origem) estabeleceram instituições que incentivaram o cumprimento de contratos, os direitos de propriedade e o crescimento da renda no longo prazo. Nessas áreas, porém, as populações apresentavam maior nível de escolaridade e se sabiam permanentes, razão pela qual precisavam constituir instituições que garantissem os direitos de propriedade e incentivassem o espírito empreendedor e o crescimento da renda a longo prazo, ainda que não seja claro o peso relativo da maior escolaridade em relação à natureza da colonização.[11]

De todo modo, a análise das experiências históricas mostra que o desenvolvimento de instituições adequadas não é simples, nem determinado pela natureza da reforma em si, dependendo, portanto, de seu próprio processo de constituição. Não se trata apenas de reformas que incentivem o desenvolvimento dos mercados ou de um confronto entre uma maior participação do poder público ou dos interesses privados. Reformas liberais, porém motivadas por dificuldades conjunturais e grupos de interesse específicos, como algumas que ocorreram na década de 1990 em países emergentes, não resultam em crescimento sustentável da renda.

A solidez e o impacto de boas instituições são determinados por seu desenho específico e pela consistência de longo prazo dos incentivos gerados pelas regras do jogo. A maioria dos mercados fun-

---

[10] Greif (2004) denomina evolucionária essa abordagem da análise do desenvolvimento das instituições. Ver, também, Acemoglu (2009, parte VIII).

[11] Engerman e Sokoloff (1997, 2000) analisam a relevância das características das colônias no processo de colonização e o desenvolvimento das instituições. Prado Jr. (1942) antecipa os principais aspectos dessa análise.

ciona adequadamente desde que os contratos sejam respeitados e os acordos cumpridos. Em alguns casos, porém, é necessária uma maior regulação por parte do setor público, ou regras institucionais específicas, para que se garanta um maior bem-estar social. São principalmente as especificidades do desenho institucional, e não a maior ou menor participação do Estado, que determinam a distribuição e o provimento dos serviços.

No caso da saúde, por exemplo, há exemplos bastante distintos de participação do setor público no provimento dos serviços com resultados ambíguos. Há países com provimento público de serviços de saúde que garantem maior acesso aos serviços e o mesmo ocorre em alguns países em que o provimento é privado. Há igualmente exemplos em que ambas as abordagens resultam num acesso mais restrito. Não é a contraposição entre público e privado que explica boa parte das diferenças observadas, mas sim a forma específica em que as instituições são desenhadas. As experiências de desenvolvimento econômico dos países revelam possibilidades bastante diversas de maior autonomia para o funcionamento dos mercados ou maior participação do setor público. Há experiências mais ou menos bem-sucedidas nos diversos casos. A dificuldade parece estar em maior medida no detalhamento específico das regras para o funcionamento das instituições e dos mercados do que na escolha por uma abordagem mais ou menos liberal.

Maior participação do setor público não corresponde, necessariamente, a maior discricionariedade, que pode ser tentadora por permitir transformações mais radicais e tempestivas. Sempre há, contudo, a possibilidade do mau uso da discricionariedade. E mesmo o uso bem-intencionado pode produzir consequências inesperadas e infelizes. Regras para a mudança, processos para adoção de novas políticas, na medida do possível com avaliação e controles independentes, favorecem decisões mais cautelosas e subordinadas à validação de diversas instâncias. Por isso mesmo, permitem mais rapidamente o monitoramente das políticas e a correção de dificuldades ou resultados inesperados.[12]

Regimes com maior autonomia do poder executivo possuem maior facilidade na escolha de políticas públicas. Paradoxalmente, é nesses regimes que a perpetuação de eventuais erros ou fracassos é mais provável. Procedimentos democráticos, com regras, instâncias de validação e controles bem definidos, podem não ser os mais ágeis para a implantação das políticas públicas, porém são os que permitem seu maior controle social assim, como sua gestão mais eficaz.[13]

Por isso a necessidade de diagnóstico e análise técnica cuidadosa na implantação de reformas e políticas públicas. Boas intenções não garantem bons resultados, ao passo que o cuidado com a construção das instituições — ou seu descuido gerado por pressões do momento — não gera resultados significativos no curto prazo, mas é fundamental no longo prazo. Não se deve medir um governo ou uma gestão pelos resultados obtidos durante sua ocorrência, e sim por seus impactos no longo prazo, pelos resultados que são verificados nos anos que se seguem ao seu término. Instituições importam, e os impactos decorrentes da forma como são geridas ou alteradas se manifestam progressivamente, porém são inexoráveis.

A melhor evidência empírica hoje disponível indica que os ciclos longos de crescimento econômico, digamos com mais de oito ou dez anos de duração, se iniciam com ganhos de produtividade.[14] O aumen-

---

[12] A necessidade de procedimentos para a adoção de reformas foi enfatizada por Edmund Burke. "*A state without the means of some change is without the means of its conservation.*" Burke enfatizava a possibilidade de consequências imprevistas das reformas bruscas assim como a possibilidade de resultarem no inverso ao pretendido; foi simpático à independência americana, porém crítico à participação dos americanos no processo eleitoral inglês em decorrência da escravidão. "*Common sense, nay preservation, seem to forbid, that those, who allow themselves an unlimited right over the liberties of others, should have any share in making laws for those who have long renounced such unjust and cruel distinctions*", citado por Tanenhaus (2009, pp. 17-18). Para uma sistematização do pensamento de Burke, ver O'Brien (1992). Lilla (2001) analisa diversos intelectuais do século XX com abordagem inversa à de Burke, em que projetos de mudança aceitam o afastamento dos procedimentos institucionais existentes.

[13] Mefistófeles, em *Fausto* de Goethe, se apresenta como parte do poder que eternamente deseja fazer o mal e eternamente termina por fazer o bem. Há, igualmente, o poder que deseja fazer o bem e termina por fazer o mal. Um exemplo é o tabelamento ou controle de preços na tentativa de reduzir inflação ou garantir maior acesso da população a bens e serviços. Apesar de bem-intencionada, essa política muitas vezes contribui para a aceleração posterior da inflação ou para a restrição da população ao acesso de bens e serviços, precisamente o inverso do que se pretende. A possibilidade de fracasso deve nortear a implantação de políticas públicas tanto quanto a legítima preocupação em enfrentar os problemas existentes.

[14] Para uma sistematização dessa literatura, ver Ministério da Fazenda (2004).

to da renda leva a aumento no consumo, que, por sua vez, gera aumentos de produção e emprego e, ao fim, dos investimentos e da poupança.[15] O ciclo se exaure com o aproveitamento dos ganhos iniciais de produtividade, porém com maior renda por habitante, ou pode continuar por mais alguns anos, se novas reformas, que levem a novos aumentos da produtividade, forem realizadas.

Poucas vezes, ainda que em momentos importantes, os ganhos de produtividade decorreram de inovações tecnológicas, como na Revolução Industrial na Inglaterra do século XVIII, ou no desenvolvimento das indústrias química e siderúrgica no fim do século XIX. Na maioria das vezes, porém, não é por meio de inovações tecnológicas que os países aumentam de forma significativa sua renda por habitante, mas sim por reformas institucionais.

A relação entre reformas institucionais e crescimento econômico talvez não seja intuitiva. Crescimento é, em última análise, apenas acumulação de fatores de produção, capital, trabalho e desenvolvimento das técnicas produtivas. A acumulação de capital se esgota com as oportunidades de investimento e produção, limitadas pela disponibilidade de trabalho e a produtividade. Dessa forma, qualquer modelo de crescimento que permita explicar as diferenças observadas entre os diversos países deve resultar em diferentes taxas de crescimento da produtividade ou, ao menos, explicar por que alguns países não conseguem aproveitar todo o potencial decorrente das tecnologias disponíveis para produção e investimento.

Ao contrário da aparente intuição, instituições têm impacto sobre a capacidade de geração de renda de uma economia, dados seus fatores de produção, capital e trabalho, e o acesso à tecnologia. Considere-se, por exemplo, uma economia em que os custos de execução de dívidas sejam elevados, ou mesmo que as dívidas possam não ser pagas com relativa facilidade. Suponha ainda que não seja possível, no momento da concessão, saber quais operações de crédito serão honradas.

Isso significa que a inadimplência média será maior do que em uma economia em que as dívidas são usualmente pagas. Esse custo adicional para as operações de crédito tem como contrapartida uma maior taxa de juros. Alguns investimentos e decisões de produção que são rentáveis na segunda economia não o são na primeira, resultando em uma menor oferta de produtos e serviços e, portanto, em menor produção e geração de renda.

Os impactos de longo prazo das instituições e das regras do jogo são, algumas vezes, distorcidos pelos interesses de curto prazo. Em uma execução de dívida, por exemplo, o conflito aparente ocorre entre o devedor e credor da dívida. Entretanto, no longo prazo, a dívida não paga pelo inadimplente é incorporada aos custos das operações de crédito. O custo da inadimplência é pago pelos bons devedores e resulta em uma externalidade negativa sobre a capacidade de investimento, produção e geração de emprego da economia.

Uma reforma institucional que permita garantir um maior cumprimento das obrigações dos contratos de dívida tem como consequências uma menor taxa de juros e maiores investimentos, ou seja, com os mesmos fatores de produção, a economia se revela capaz de maior geração de renda e de emprego e, portanto, de maior produtividade.

A existência de imperfeições no mercado de crédito ilustra o impacto do desenho das instituições e do sistema legal sobre o nível de produção e emprego. Argumentos similares podem ser construídos para aspectos tão diversos como o desenho do sistema tributário, a estrutura de previdência, o sistema de resolução de conflitos e o mercado de trabalho.

Nas últimas duas décadas, os testes empíricos têm permitido verificar a correlação entre política econômica, sistema legal, desenho institucional e experiências bem-sucedidas de crescimento econômico. Os principais resultados desses testes podem ser sistematizados em dez pontos.[16]

---

[15] Ver, por exemplo, Attanasio, Picci e Scorcu (2000).

[16] La Porta *et al.* (1998, 1999), Levine (1998, 1999), Djankov *et al.* (2002, 2003) iniciam essa área de pesquisa. Para uma resenha dos principais resultados, ver Aghion e Durlauf (2005), Aghion e Howitt (2009) e Acemoglu (2009).

1. Estabilidade macroeconômica é necessária para o crescimento de longo prazo, porém não suficiente. Todos os países que convergiram para a renda por habitante dos países ricos na segunda metade do século XX apresentaram sistematicamente menores taxas de inflação e contas públicas equilibradas. Existem, no entanto, países com equilíbrio macroeconômico de longo prazo cuja renda por habitante não convergiu para a observada nos países mais ricos. Países com menor volatilidade macroeconômica tendem a apresentar maiores taxas de crescimento. Quanto menos desenvolvido o sistema financeiro, mais negativo é o impacto da volatilidade sobre o crescimento.

2. Países que, em seus ajustes fiscais, priorizaram cortes de despesa, em vez do aumento da receita pública, tendem a apresentar maior crescimento econômico e equilíbrio das contas públicas mais sustentável.[17]

3. Em geral, até meados dos anos 1990, países em desenvolvimento tendiam a apresentar com maior frequência déficits, e não superávits, em conta corrente. As evidências sobre controles nas movimentações de câmbio tendem a ser mais negativas do que positivas.

4. Maior abertura comercial tende a aumentar a produtividade, sobretudo por meio da importação de bens de capital.[18] Maiores restrições ao comércio exterior afetam negativamente o crescimento econômico, e esse impacto será maior para as economias mais produtivas.

5. Países com maior volume de comércio exterior tendem a apresentar menor volatilidade na taxa de câmbio e sofrer menos com choques externos.

6. Maior facilidade de entrada de novas firmas, incluindo estrangeiras, aumenta a produtividade. O aumento tende a ser maior em economias mais produtivas.

7. Países com melhores indicadores de qualidade de vida, como saúde, ou melhores indicadores de educação tendem a apresentar maior crescimento da renda nas décadas seguintes.[19]

8. O desenvolvimento dos mercados de capitais e de crédito está positivamente relacionado à maior renda por habitante. Maior segurança de garantia legal para os investidores e flexibilidade das normas e legislação, de modo a permitir seu ajuste às alterações das relações entre atividades produtivas, estimulam o crescimento do mercado financeiro. Sistemas legais que permitem o compartilhamento de informações e estimulam o monitoramento por parte do setor privado, e não o excessivo poder por parte das agências regulatórias ou do poder público, incentivam o desenvolvimento da estrutura de financiamento e do mercado de capitais.[20]

9. O sistema legal tem impacto significativo sobre o desenvolvimento econômico. Capacidade de executar dívidas, garantia dos direitos de propriedade e facilidade para abrir e fechar empresas, entre diversos outros aspectos, estão positivamente relacionados com a renda por habitante dos diversos países. Países na tradição anglo-saxã do direito tendem a apresentar maior proteção ao direito de propriedade dos investidores e melhor regulação para a condução dos negócios. Países com sistemas legais de origem alemão ou escandinava apresentam resultados intermediários, enquanto países com a tradição do direito francês apresentam os piores resultados. O tempo de resolução dos conflitos tende a ser maior nos países com a tradição do direito francês. Esses países também tendem a apresentar um sistema financeiro menos desenvolvido, assim como maior regulação nos mercados de bens e trabalho.[21]

---

[17] Ver Alesina e Perroti (1996). Lindert (2004) faz uma análise surpreendente sobre a evolução dos gastos e serviços públicos nas principais economias no último século.

[18] Lisboa, Menezes-Filho e Schor (2010) analisam o impacto da abertura comercial e o acesso a bens de capital sobre a produtividade das empresas no Brasil. Estevadeordal e Taylor (2008) testam, de forma original, o impacto da abertura comercial sobre crescimento econômico.

[19] Langoni (1970 e 1973) documenta, com inovadoras e impressionantes técnicas de estimação, o significativo impacto da desigualdade na educação à distribuição de renda no Brasil em 1970.

[20] Levine (2005) sistematiza a evidência empírica sobre o impacto das instituições financeiras sobre o crescimento de longo prazo das economias. Para a evidência sobre os benefícios do compartilhamento de informações, como cadastro positivo de crédito, ver Djankov, McLiesh e Shleifer (2007).

[21] Besley (2006) e Persson e Tabellini (2003) sistematizam evidências adicionais sobre o impacto do sistema legal no desenvolvimento econômico e político.

10. As áreas colonizadas por europeus para povoamento tendem a apresentar melhores instituições para a garantia dos direitos de propriedade, melhor nível educacional e maior renda por habitante do que as áreas colonizadas para exploração.

A experiência recente da economia brasileira parece condizente com a evidência internacional sobre crescimento econômico. Há duas décadas, vêm sendo introduzidas progressivas reformas na condução da política econômica e no desenho das instituições. A estabilidade econômica, a Lei de Responsabilidade Fiscal e a maior garantia de equilíbrio das contas públicas, a maior abertura comercial e o câmbio flutuante têm permitido a redução da volatilidade macroeconômica e a progressiva convergência dos principais indicadores agregados para os níveis observados nas principais economias. O processo tem sido mais longo do que o verificado em outras economias emergentes, porém tem se revelado consistente.

Além disso, desde o fim da década de 1980, o Brasil vem assistindo a um grande conjunto de reformas legais e institucionais que têm proporcionado uma melhoria da atividade econômica e da gestão dos negócios. A abertura comercial permitiu a importação de bens de capital com maior produtividade do que a produção doméstica. A redução da cumulatividade de alguns tributos induziu a formalização de diversas empresas, e a redução na informalidade tende a ser acompanhada por aumento na produtividade. A criação de agências regulatórias e a privatização de diversos setores levaram a aumentos significativos na produtividade e no acesso da população a diversos serviços.

Mais recentemente, um grande conjunto de reformas permitiu o desenvolvimento do mercado de crédito, incentivos ao desenvolvimento do mercado de capitais e a poupança de longo prazo.[22] Sobretudo, a melhora das regras de empréstimos nas mais diversas modalidades, como o crédito consignado, a alienação fiduciária, os novos instrumentos para o financiamento imobiliário, entre vários outros aperfeiçoamentos de instrumentos existentes, ou a criação de novos instrumentos de crédito, permitiram um notável crescimento do financiamento do consumo. Novos instrumentos de financiamento da produção e comercialização, como a Cédula do Crédito Bancário, a LCA, para o agronegócio, ou os novos mecanismos para o financiamento imobiliário, auxiliaram o crescimento da produção e do emprego e, mais recentemente, do investimento.

O crédito consignado é um exemplo de como reformas simples podem ter consequências relevantes, assim como da importância de diagnósticos cuidadosos antes da sua implantação. Há vários anos, são debatidas as causas das altas taxas de juros no Brasil e o peso relativo de aspectos da concorrência em comparação com o da insegurança jurídica e da inadimplência.[23] O crédito consignado é semelhante ao crédito pessoal, com a única diferença de que a dívida é descontada da folha de pagamento. Dessa forma, o crédito consignado não altera o processo de concorrência entre as instituições financeiras, mas apenas permite uma maior segurança jurídica em relação ao pagamento das dívidas, assim como uma seleção de clientes com menor risco de inadimplência, pois são trabalhadores em setores formalizados. Se a razão para taxas de juros elevadas estivesse em aspectos da concorrência, e não na inadimplência, o consignado não deveria ter impacto relevante sobre as taxas de juros, que deveriam ser semelhantes às do crédito pessoal. Entretanto, verificou-se exatamente o inverso: com a introdução do consignado, as taxas de juros caíram a cerca da metade das cobradas pelo crédito pessoal. A maior segurança jurídica e o menor risco de inadimplência levaram, em função da concorrência, a que a redução dos custos das operações de crédito fosse transferida para os clientes.[24]

---

[22] Para uma sistematização das reformas e suas motivações, Lisboa e Scheinkman (2002), Ministério da Fazenda (2003, 2004) e Lisboa (2005).
[23] A esses fatores se somam a tributação, os créditos direcionados e os compulsórios.
[24] Para uma análise estatística dos impactos da introdução do crédito consignado, ver Costa e Mello (2006).

Algumas reformas importantes foram feitas também no nosso sistema jurídico, como a alteração dos códigos de execução de dívidas ou a súmula vinculante.[25] A nova lei de falências incentivou a negociação entre credores e devedores e reduziu o estímulo ao uso indevido da legislação para a postergação do pagamento de dívidas, como ocorria com a antiga concordata. Como resultado, estima-se que, em condições econômicas semelhantes, o número de pedidos de recuperações judiciais tenha caído mais de 60%.[26]

Por fim, a política social apresentou importantes avanços desde a Constituinte. A descentralização dos recursos para saúde e educação e os programas focalizados de transferência de renda vêm auxiliando uma fração relevante da população brasileira a ultrapassar a linha da miséria e incentivando a educação das crianças de menor renda, que é a política mais eficaz para que as novas gerações usufruam de melhores condições de vida.

Os importantes avanços institucionais e a condução da política econômica nas últimas duas décadas permitiram a retomada recente de melhores taxas de crescimento econômico e a redução da desigualdade de renda. O Brasil avançou muito nas últimas duas décadas, e os avanços parecem mais sólidos do que no passado, pois não refletem escolhas pontuais de algum governo, tendo sido construídos com base em grandes alianças e no exercício democrático.

As diversas reformas institucionais realizadas no governo Castello Branco oferecem um importante contraponto a isso. Em muitos aspectos, foram mais profundas e modernizadoras do que as reformas realizadas a partir da década de 1990, além de terem sido implantadas em um prazo muito mais curto. Segundo Veloso, Villela e Giambiagi (2008), essas reformas provavelmente foram responsáveis pela forte expansão econômica ocorrida no governo Médici, embora a própria natureza autoritária do regime que permitiu sua implantação tenha feito com que, quase imediatamente, diversos aspectos importantes, como a independência do Banco Central, fossem revogados.

Existem importantes desafios a serem superados para a manutenção do processo de crescimento econômico e a melhoria das condições de vida da maioria da população. Na nossa legislação ainda resta indefinida a atribuição de responsabilidades sobre diversos aspectos importantes, como a concessão de licenças para investimentos em infraestrutura. De forma análoga, ainda não possuímos um processo adequado de governança para análise e autorização para investimentos com impactos no meio ambiente. As responsabilidades das autoridades públicas são mal definidas e sujeitas a frequentes questionamentos. Não há, por exemplo, uma legislação que estabeleça adequadamente o papel das agências reguladoras e sua atribuição como órgão de Estado e não de governo.

Como resultado, a ausência de um processo adequado para a tomada de decisões que envolvem, necessariamente, conflitos de interesse legítimos resulta na indefinição ou na escolha de soluções socialmente ineficientes. Apesar da existência de diversas fontes de energia com baixo impacto sobre o meio ambiente e de baixo custo, a incapacidade de concessão de autorização para a expansão da rede de hidrelétricas leva à necessidade de uso de termelétricas a óleo, resultando em piores condições para o meio ambiente e maiores custos para a sociedade. O maior custo da energia elétrica acaba levando a que diversos investimentos produtivos sejam realizados em outros países, quando poderiam ser realizados de forma mais eficiente no Brasil.

Além disso, as regras do nosso sistema tributário, com autonomia local para determinação de tributos sobre valor agregado e sobre a venda de serviços, resultam em distorções e ineficiências que desestimulam o investimento e a produção, tornando mais alto do que o socialmente necessário o custo dos serviços e dos produtos.

---

[25] No documento Ministério da Fazenda (2004), essas reformas são sistematizadas e denominadas *medidas para a redução da resolução de conflitos*.

[26] Ver Araújo e Funchal (2009).

Em resumo, nas últimas décadas, o Estado brasileiro evoluiu no aperfeiçoamento do desenho de políticas públicas. Ocorreram avanços importantes no acesso a serviços como saúde e educação e nos programas de transferência de renda. Entretanto, ainda não possuímos um sistema de avaliação da eficácia das políticas públicas. Não sabemos, por exemplo, quais os programas mais eficazes para jovens entre os vários programas existentes apenas no governo federal, de modo que possam ser expandidos por meio da transferência dos recursos dos programas menos eficazes. Poderia ser benéfica, por exemplo, a constituição de uma agência independente que acompanhasse a evolução das políticas públicas, comparando periodicamente as metas propostas com os resultados obtidos. A avaliação independente de resultados é uma etapa importante para a melhoria da gestão no setor público.

Há ainda diversos aspectos legais e institucionais em que o Brasil se encontra distante das principais economias: o direito à proteção das bases de dados, a tipificação da fraude eletrônica como crime, o desenvolvimento de cadastros positivos de crédito, a desoneração da tecnologia de intermediação entre poupança e investimento e o incentivo à captação e ao financiamento de longo prazo são apenas alguns exemplos.[27]

Se essas dificuldades não forem enfrentadas, o ciclo de crescimento recente encontrará a natural exaustão dos ganhos de produtividade definidos pelas reformas já realizadas. Se, em vez disso, elas forem enfrentadas, novos ganhos de produtividade serão obtidos, permitindo a continuação do nosso ciclo atual de crescimento econômico.

---

[27] Um exemplo simples de medidas adicionais seria a criação da Letra de Crédito de Longo Prazo, proposta por Cândido Bracher, que permitiria benefícios semelhantes aos oferecidos pela LCA para aplicações com lastro em operações de crédito por mais de 5 anos.

CRESCIMENTO COM BAIXA POUPANÇA DOMÉSTICA

Pedro Cavalcanti Ferreira
Renato Fragelli Cardoso

1 INTRODUÇÃO

Dionisio nasceu em 1945, ano marcado por momentosos eventos. No cenário mundial, a Segunda Guerra Mundial chegou ao fim, tendo inaugurado a corrida nuclear e a bipolarização entre capitalismo e socialismo. No cenário doméstico, a queda da ditadura do Estado Novo recolocou o Brasil na democracia. Ao longo de seus 64 anos de vida, Dionísio acompanhou atentamente as mais variadas experiências por que passou o país. Na economia, houve períodos de crescimento acelerado com inflação sob controle e balanço de pagamentos equacionado, bem como recessões acompanhadas de inflação galopante e moratória. Na política, houve momentos de ampliação das liberdades democráticas, bem como de ditadura. O saldo de seis décadas de sucessos e fracassos, pode-se afirmar, é um Brasil que avançou substancialmente. Mas ainda há muito a se fazer.

Este artigo inicialmente apresenta uma sucinta discussão dos fatos relevantes de um padrão de desenvolvimento experimentado pelo Brasil que chamamos de "industrialização sem poupança". Com esse pano de fundo busca-se discutir as opções de políticas fiscal, monetária e cambial para a economia brasileira neste momento. Isto é, quais os modelos de crescimento acessíveis ao país. Nosso principal ponto é que hoje, devido a escolhas passadas, vivemos em um país de baixa poupança, altos gastos públicos e, portanto, altos juros e câmbio valorizado. Para esse cenário ainda contribuem a excessiva liquidez internacional e os favoráveis termos de troca de nossas *commodities* de exportação. Propor "baixar os juros" ou "desvalorizar o câmbio", como muitos fazem, é querer modificar variáveis endógenas sem mudar as exógenas, tentar modificar as consequências sem atacar as causas.

Dessa forma, argumentamos que temos duas opções à frente. Uma radical reforma fiscal que buscaria aumentar a poupança doméstica e controlar gastos públicos de forma estrutural. Ou conviver com juros altos e câmbio valorizado, utilizando a poupança externa para financiar nossos gastos excessivos, um "modelo australiano" de crescimento.

2 UMA HISTÓRIA DE INDUSTRIALIZAÇÃO SEM POUPANÇA

Tendo partido do diagnóstico de que uma economia baseada em produtos primários estaria eternamente condenada ao subdesenvolvimento, a jovem democracia brasileira da década de 1950 mergulhou na industrialização a qualquer custo. A meta escolhida desafiava as vantagens comparativas do país, pois enquanto os fatores de produção abundantes eram terra e trabalho desqualificado a industrialização exigia capital e mão de obra especializada.

A estratégia de industrialização consistiu em uma divisão de tarefas entre o que competiria à iniciativa privada e o que ficaria ao encargo direto do Estado. Para estimular a iniciativa privada a acumular capital e tecnologia, foi preciso aumentar a lucratividade da indústria. Isso se alcançou mediante uma deliberada alteração dos preços relativos que refletiam as dotações de fatores do país. O leque de instrumentos adotados incluiu barreiras alfandegárias, taxas de câmbio subsidiadas para importação de bens de capital, leis de similaridade nacional, subsídios creditícios, entre outros.

Ao Estado couberam os investimentos de infraestrutura e nos setores fortemente intensivos em capital. A fim de contornar a crônica insuficiência de poupança do país, em diferentes momentos, e com ênfase diversa, foram utilizados os mais criativos mecanismos como fundos de poupança compulsórios, fundos setoriais, subsídios concedidos por bancos públicos, entre outros.

No que se refere ao objetivo primeiro da política almejada, a criação de uma indústria nacional, obteve-se sucesso. A participação da indústria de transformação no PIB, a preços constantes, salta do patamar de 14% em 1947 para 21% em 1973.[1] Ao mesmo tempo, houve uma agressiva diversificação setorial, e já na década de 1980, além de setores industriais tradicionais, o país passaria a ter larga produção de produtos siderúrgicos, químicos, bens intermediários, indústria pesada, para citar apenas os principais.

No modelo escolhido, os investimentos públicos priorizaram o que dava resultado rapidamente. Isso levou o Estado a centrar esforços na acumulação de capital físico, ampliando a infraestrutura, mas relegando a um distante segundo plano investimentos em capital humano, cujo retorno ocorre somente após uma geração. A mesma sociedade que decidia alocar escassos recursos públicos à construção de uma nova capital com arquitetura futurista deixava metade de suas crianças fora da escola.

Ao final da década de 1950, a insuficiência de recursos públicos para custear os vultosos investimentos levou ao crescente financiamento monetário, provocando forte pressão inflacionária. Para controlá-la, adotaram-se instrumentos paliativos como a valorização cambial e a defasagem das tarifas públicas. No início da década de 1960, a estratégia de industrialização a qualquer custo, sem adequada fonte de poupança para financiar os investimentos públicos, havia desaguado numa estagnação com inflação. A desorganização da economia muito contribuiu para o desfecho ocorrido em março de 1964.

Entre 1964 e 1967, houve uma desaceleração no ritmo de crescimento econômico destinada a conter a pressão inflacionária e a criar mecanismos de financiamento não inflacionários à industrialização. A recomposição das tarifas públicas, os mecanismos de poupança compulsória como o FGTS e a criação do mercado de títulos públicos viabilizada pela adoção da correção monetária semearam os frutos futuramente colhidos nos anos de crescimento acelerado conhecidos como "milagre brasileiro".

A industrialização acelerada explica grande parte da má distribuição de renda do país. Na década de 1950, o Brasil já dispunha de algumas poucas universidades nos principais centros urbanos do país, de modo que o suprimento de profissionais qualificados atendia, bem ou mal, as necessidades de uma economia pré-industrial. Mas o forte crescimento do país entre 1950 e 1980, numa economia com pequena e inelástica oferta de capital humano, provocou uma enorme valorização da remuneração da mão de obra qualificada em relação à desqualificada. O resultado foi uma grande e acelerada concentração de renda. Ao fim do milagre econômico, as estatísticas educacionais eram péssimas, e a distribuição de renda, uma das piores do mundo. Em 1975, por exemplo, o índice de Gini da renda no Brasil atinge 0,603, seu pico histórico.[2] As diferenças de renda entre as regiões brasileiras, que sempre foram ruins, haviam piorado mais.

As políticas de estímulo à industrialização, por meio da mudança artificial dos preços relativos, provocaram êxodo rural e inchamento dos centros urbanos. Sem recursos suficientes para investir em infraestrutura de transportes de massa e, ao mesmo tempo, levar adiante os grandes investimentos da indústria de base, o Estado priorizou estes em detrimento daqueles. As favelas e a violência urbana de hoje são o reflexo daquelas opções.

No início da década de 1970, quando a primeira etapa da industrialização já havia sido superada, a economia brasileira crescia aceleradamente, mas encontrava-se fortemente dependente da importação de insumos industriais. Em particular, os combustíveis constituíam um importante item da pauta de importações. O choque do petróleo de 1973 reduziria a capacidade da economia de comprar no exterior os bens de capital necessários para dar continuidade à industrialização.

---

[1] Bonelli e Pessôa, (2010).
[2] Deininger e Squire (1996).

A reação ao choque de 1973 envolveu duas decisões cruciais que muito determinariam a trajetória da economia do país nos anos vindouros. A primeira consistiu na estratégia de reação ao choque: aceitar uma mudança de preços relativos – isto é, uma desvalorização real do câmbio — que reduzisse a absorção doméstica, deixando-se a retomada para quando a situação internacional melhorasse; ou usar poupança externa para financiar um aprofundamento da industrialização destinado a reduzir a dependência de importações de matérias-primas industriais. Como costuma acontecer num país refratário ao adiamento do consumo, prevaleceu a segunda opção.

Uma vez tomada a decisão por investimentos financiados com poupança externa, a segunda decisão consistia na forma de implantá-la: atrair o investimento estrangeiro para que ele implantasse, com seu capital e assumidos os riscos, as indústrias de base que reduziriam a dependência de importações; ou atribuir ao Estado a responsabilidade e riscos daquele projeto. A escolha levou o Estado brasileiro a aumentar sua presença na industrialização lançando-se numa série de ousados investimentos.

Ao final da década de 1970, o segundo choque do petróleo, seguido da inédita elevação da taxa de juros norte-americana, interrompeu abruptamente os vultosos investimentos públicos. Na década de 1980, boa parte da indústria de base estatal já estava implantada, mas o endividamento externo que a financiou mostraria sua face dolorosa. As frágeis condições de financiamento da industrialização liderada pelo Estado, baseada em taxas de juros flutuantes contratadas em moeda estrangeira, levaram o país à crise cambial, ao FMI e à moratória.

A redemocratização iniciada a partir de 1979, e consolidada em 1985, abriu espaço para movimentos políticos que reivindicaram uma melhor distribuição da renda nacional. Na arena regional, aumentou a pressão por uma melhor distribuição inter-regional dos benefícios do progresso. Como reflexo desse jogo político, a Constituição de 1988 criou uma série de benefícios e garantias sociais, bem como transferências de receitas da União para os estados, além de diversos mecanismos que acabaram por abalar profundamente a solvência do Estado, sobretudo ao nível federal. Muitos dos gastos criados ou ampliados pela Constituição de 1988 resultaram de uma atuação concertada de grupos de pressão bem organizados, tendo beneficiado predominantemente a classe média.

O esgotamento de fontes tradicionais de financiamento de gastos públicos, refletida na crise da dívida externa, e a rigidez da estrutura tributária — a carga tributária manteve-se em torno de 22% do PIB até meados da década de 1990 —, associados ao aumento de transferências federais e gastos sociais, agravaram o processo inflacionário e determinaram a redução dos investimentos públicos. As várias tentativas de debelar artificialmente a inflação — 1986, 1987, 1989, 1990, 1992 — fracassaram por absoluta falta de fundamento fiscal que lhes assegurasse sustentabilidade.

A pressão por distribuição inter-regional da renda, após a redemocratização, não se limitou à disputa por verbas federais. As fortes barreiras alfandegárias que protegeram a industrialização, desde a década de 1950, contribuíram para concentrar a renda na região Sudeste, onde se encontravam a maioria das indústrias. No início da década de 1990, promoveu-se uma abertura inédita da economia, com reduções de tarifas alfandegárias, o que beneficiou as regiões menos industrializadas. Essa abertura contribuiu para estimular a modernização de muitos setores industriais excessivamente protegidos por décadas de barreiras ao comércio.

Após 1988, o vertiginoso aumento de gastos primários estabelecidos pela nova Constituição levou o Estado brasileiro a experimentar todas as alternativas de financiamento registradas nos manuais de Macroeconomia. Entre 1988 e 1994, os gastos criados pela Constituição foram cobertos pela inflação. Com o Plano Real, o país decidiu definitivamente não conviver mais com alta inflação, mas manteve-se irredutível no tocante à pressão por gastos sociais crescentes, que foram cobertos pelo aumento da dívida pública. De 1999 a 2002, a Lei de Responsabilidade Fiscal permitiu a contenção do ritmo de crescimento dos gastos, mas foi a criação das contribuições — CPMF, CSLL e Cofins — cuja denominação impedia o repasse a outros entes federativos que gerou os superávits primários. De 2003 até 2006, houve maior controle fiscal, mas a partir de 2007 os gastos voltaram a crescer, acompanhados pelo aumento da tributação.

Em relação à carga tributária, o que se observa é a sua acelerada expansão no período recente. Esta salta do patamar de 22% do PIB durante o governo Sarney para 24,4% em 1991, 28,4% em 1995 (primeiro ano do Plano Real), 31,8% em 2001 (último ano do governo Fernando Henrique Cardoso) e, finalmente, cerca de 35% em 2009. Chegou-se claramente perto do limite de sua expansão. Note, entretanto, que o presente governo acelerou ainda mais o processo de distribuição de renda, o que traz pressão por mais tributação ainda.

3 AS RAÍZES DA BAIXA TAXA DE POUPANÇA BRASILEIRA

Como se pode ver no gráfico a seguir, a taxa de poupança bruta em 2008 foi de cerca de 17% do PIB. Nos últimos dez anos, somente uma vez (em 2004) ela esteve acima de 18%. Enquanto as famílias poupam pouco, a contribuição do governo tem sido negativa no passado recente. Em 2006, por exemplo, a poupança pública foi de menos 2,7% do PIB, o que jogou a taxa de poupança bruta para 17,6%, uma vez que a poupança das famílias foi de 20,3%.

GRÁFICO 1

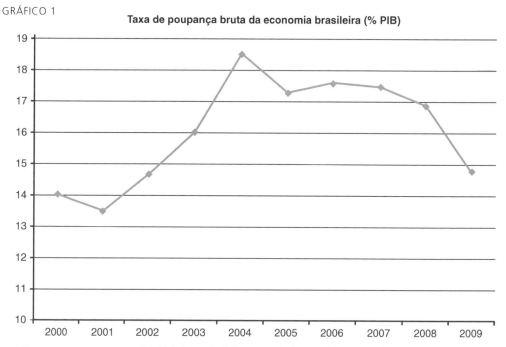

Taxa de poupança bruta da economia brasileira (% PIB)

Por que a poupança no Brasil é tão baixa? Por que ela é tão maior em países asiáticos que crescem rapidamente? O que leva a poupança na China a alcançar 45% do PIB, quando no Brasil ela oscila em torno de um terço dessa taxa?

A poupança doméstica se decompõe entre a poupança pública e a poupança privada. Começando pela poupança pública, há dois fatores que justificam seu elevado valor na China. O primeiro é que o governo não precisa arcar com elevadas despesas previdenciárias, pois não existe um regime previdenciário público deficitário. No Brasil, os gastos com programas de aposentadoria e pensões — INSS e servidores públicos — transferem 12% do PIB às famílias, valor que representa um terço da carga tributária brasileira, a maior dentre os países com o mesmo nível de desenvolvimento. Nos países jovens em que a população com mais de 65 anos é de apenas 6% do total, o gasto com aposentadorias e pensões situa-se em torno de 5% do PIB.

O segundo motivo é o fato de que, nos principais setores da economia chinesa, há uma empresa hegemônica estatal que, por operar como monopolista — ou quase isso —, tem alta margem de lucro, o que constitui poupança pública. Vale lembrar que, num país com mercado de capitais em estágio embrionário, é natural que as empresas estatais chinesas tenham que depender de lucros retidos para financiar seus investimentos.

Ademais, num regime politicamente fechado como o chinês, o governo desconsidera pressões populares por redução de margens de suas estatais. O mesmo fenômeno se observava na década de 1970 no Brasil. No Brasil democrático atual, as estatais são frequentemente chamadas a dar sua contribuição para a redução das pressões inflacionárias, contribuindo para a redução da poupança pública.

Quanto à poupança privada, ela é alta na China porque a inexistência de um sistema previdenciário público cria enormes incentivos econômicos à poupança pessoal. Diante da perspectiva de insuficiência de renda na velhice, o chinês humilde que migrou do interior para trabalhar nas grandes cidades opta voluntariamente por poupar metade de sua renda do trabalho. O fenômeno é particularmente importante num país onde a política do filho único, adotada na década de 1970, permitirá ao futuro idoso depender da ajuda de um só descendente. O consumo pessoal chinês é de apenas 35% do PIB, cerca de metade da fração observada no Brasil.

Um segundo motivo para a elevada poupança privada chinesa vem do fato de que empresas médias ou pequenas têm pouco acesso a crédito. Dessa forma, o financiamento de seus investimentos se dá inteiramente através da retenção de lucros.

Os chineses poupam muito, e os brasileiros, pouco, mas isso não ocorre porque os últimos são intrinsecamente diferentes dos primeiros, mas porque respondem a incentivos econômicos muito diferentes. Um trabalhador brasileiro de baixa renda, caso atue no setor formal, não tem estímulo a poupar, pois receberá aposentadoria integral do INSS. Se estiver no setor informal, terá direito à Renda Mensal Vitalícia (RMV), um benefício de um salário mínimo — o que equivale a mais de um terço da renda *per capita* nacional —, mesmo sem contribuir para o INSS.

O fato de o benefício da RMV ser igual ao menor valor pago pelo INSS a um aposentado de baixa renda que atuou no setor formal constitui um importante desestímulo a que esse trabalhador contribua para o INSS. Adicionalmente, o crescimento real do salário mínimo acima do aumento da produtividade média do trabalho, conforme observado ao longo dos últimos anos, agrava esse desestímulo, pois os trabalhadores que ganham pouco acima do salário mínimo percebem que, ao final da vida profissional, receberão do INSS a mesma quantia que receberiam sem contribuir.

O trabalhador de classe média brasileiro, se for servidor público, não terá incentivo a poupar, pois receberá aposentadoria integral e corrigida de acordo com os ganhos reais concedidos aos servidores ativos. Conclui-se que somente os trabalhadores da classe média alta do setor privado têm incentivos a poupar, pois receberão do INSS uma renda mensal inferior ao salário pré-aposentadoria.

4 JUROS ALTOS E VALORIZAÇÃO CAMBIAL DECORRENTES DA BAIXA POUPANÇA

Empresários e economistas ditos desenvolvimentistas têm preconizado uma política que mantenha a taxa real de câmbio desvalorizada, à semelhança do que se observa nos países asiáticos que crescem aceleradamente, no intuito de se proteger a indústria nacional. Esse tipo de proposta, no entanto, não explica como se poderia implantar aquela política num país com baixa poupança sem comprometer a estabilidade monetária.

Se a poupança doméstica brasileira fosse alta, o Banco Central poderia facilmente manter a taxa real de câmbio desvalorizada sem provocar inflação. Com efeito, um banco central que decida manter a taxa real de câmbio desvalorizada precisará atuar no mercado de divisas comprando dólares dos exportadores. Se as compras de divisas forem pagas com emissão monetária, cedo ou tarde surgirão pressões inflacionárias. A fim de evitar a pressão inflacionária, a emissão monetária decorrente da acumulação de divisas terá que vir acompanhada de venda de títulos do próprio banco central — ou de títulos do governo que estejam em seu ativo.

Quando a poupança doméstica é alta, esses títulos são facilmente colocados no mercado, mesmo a taxas de juros baixas, pois há poupadores dispostos a comprá-los. Quando a poupança doméstica é baixa, entretanto, o banco central não consegue esterilizar a pressão monetária desencadeada pela acumulação de divisas. Na ausência de poupança doméstica suficientemente elevada para absorver os títulos que esterilizariam a pressão monetária decorrente da acumulação de divisas, haverá emissão monetária e, consequentemente, inflação.

A sistemática compra de dólares pelo banco central chinês levou o país à posição de maior credor dos EUA, tendo acumulado reservas internacionais de US$2,5 trilhões que estão aplicadas em títulos da dívida pública norte-americana. Do ponto de vista macroeconômico, o banco central chinês atua como um intermediário financeiro entre o poupador chinês e o Tesouro norte-americano. Isso significa que, no futuro, quem pagará a aposentadoria do trabalhador chinês que hoje poupa metade de sua renda será o contribuinte norte-americano das próximas décadas.

No Brasil, em contraste com o observado nos EUA, a acelerada acumulação de reservas internacionais ao longo dos últimos anos levou os investidores estrangeiros a deter 5% do PIB sob a forma de títulos da dívida pública. No Brasil, os dólares comprados pelo Banco Central têm como contrapartida a venda de títulos a estrangeiros, pois a baixa poupança doméstica não é capaz de absorvê-los.

O principal fator a provocar a valorização cambial atual consiste no enorme diferencial de juros observado entre o Brasil e os países desenvolvidos. Num momento em que os juros internacionais estão historicamente baixos, a pressão na direção da valorização cambial é ainda maior: enquanto a taxa nominal de juros nas principais economias do planeta encontra-se próxima de zero, no Brasil ela está em dois dígitos. Pior, de acordo com os mercados futuros, a taxa brasileira tende a se manter em torno desse patamar.

O problema da valorização cambial é significativamente agravado pelo fato de que os termos de troca estão favorecendo os produtos básicos em que nossa vantagem comparativa é gigantesca. De fato, o Índice de Preços de *Commodities* do FMI (sem combustíveis) subiu cerca de 56% desde 2005, tendo alcançado uma valorização máxima de 116% em julho de 2008 (2005 = 100). O aumento dos preços internacionais de nossas principais *commodities* exportáveis, no período, foi bastante vigoroso, como se pode ver pela Tabela 1:

TABELA 1 Variação anual de preços internacionais (2005 = 100%)		
	1 ano	5 anos
Carne	26,5%	30,9%
Porco	30,9%	26,6%
Café	46,7%	109,4%
Açúcar	–2,1%	95,4%
Óleo de soja	16,6%	77,7%
Soja em grão	9,9%	84,4%
Ferro	103,0%	215,4%

Fonte: Fundo Monetário Internacional.

Independentemente das razões para esse aumento de preços — a brutal demanda chinesa por *commodities* entre as principais —, o fato é que o preço internacional de produtos básicos tem aumentado de forma significativa nos últimos anos. Devido a condições naturais — clima e solo, por exemplo — e abundante mão de obra desqualificada requerida para a produção de bens primários, o Brasil possui vantagem comparativa nesses produtos, bem como em indústrias ligadas a produtos básicos. Na indústria de mais tecnologia, temos a concorrência forte de países com maior capital humano e menor custo de capital. Não por acaso, somente a indústria de transformação de baixa intensidade tecnológica (principalmente alimentos, bebidas e tabaco) vem apresentando saldo comercial positivo, enquanto a indústria manufatureira como um todo tem tido déficits crescentes desde 2008. Já os demais produtos que não manufaturados apresentam superávit, embora este venha caindo recentemente.

Nos anos recentes, a meta de inflação de 4,5% ao ano teve que ser alcançada num ambiente em que os gastos públicos crescem aceleradamente. Entre 2002 e 2009, a despesa total do governo federal saltou de 15,8% do PIB para 18,3%. No mesmo período, enquanto o crescimento acumulado da economia foi de 25%, o aumento real da despesa do Tesouro foi de 45%, o que constituiu uma forte pressão inflacionária pelo lado da demanda. A fonte desse aumento não foram investimentos, que se mantiveram em torno de 1% do PIB no período. A diferença se explica pela elevação dos gastos correntes e transferências, principalmente aposentadorias e pensões.

Nos últimos oito anos, o aumento real do salário mínimo foi de 6% ao ano, o dobro da elevação da produtividade média do trabalho no país, segundo as estimativas mais otimistas dessa variável. Por se tratar de um balizador de reajustes dos salários mais altos, aumentos reais do salário mínimo constituem uma importante pressão inflacionária, pelo lado da oferta. A elevação do salário mínimo transfere renda àqueles que têm a maior propensão a consumir, o que significa pressão inflacionária adicional pelo lado da demanda. O aumento real do salário mínimo muito contribuiu para a espetacular melhoria da distribuição de renda, mas seu impacto sobre a inflação e as contas públicas é inegável.

Outro importante fator de melhoria da qualidade de vida da população, mas com impacto sobre a inflação, foram as reformas microeconômicas que viabilizaram a recriação do crédito. A retomada da construção civil e o acesso aos bens de consumo duráveis constituem avanços espetaculares, mas não se pode negar seus efeitos sobre a inflação pelo lado da demanda. A expansão acelerada do crédito fornecido pelos bancos públicos nos últimos anos embute, potencialmente, um novo aumento de gastos públicos no futuro. Não seria a primeira vez que o Tesouro injetaria dinheiro nessas instituições para cobrir buracos deixados por más decisões financeiras. Obviamente, existe também um sem-número de despesas públicas de duvidoso impacto econômico ou social contribuindo para pressionar a demanda.

As fortíssimas pressões pelos aumentos de gastos sociais observados na última década e meia, a resistência à reforma do sistema previdenciário, o tabu em relação à cobrança de mensalidade no ensino superior, para citar apenas alguns exemplos, refletem uma opção da sociedade brasileira por um modelo de desenvolvimento com poupança pública negativa e baixa poupança privada.

A expansão acelerada dos gastos públicos nos anos recentes, apesar do aumento da carga tributária, vem pressionando os preços e obriga a autoridade monetária a elevar os juros para combater a inflação. Junte-se a isso a baixa poupança privada e o resultado final será um equilíbrio com câmbio valorizado e juros altos.[3]

5 POLÍTICA INDUSTRIAL COMO REMENDO À BAIXA POUPANÇA

Conforme discutido anteriormente, os altos juros e a resultante valorização cambial são consequências dos elevados gastos públicos que devem ser compatibilizados com uma baixa inflação. São problemas graves que tendem a enfraquecer a indústria nacional, mas que decorrem de opções políticas democraticamente tomadas pelos constituintes de 1988 e referendadas a cada nova eleição.

---

[3] Existe obviamente a alternativa do controle de capitais, que vem sendo implantado no momento através de aumentos agressivos do IOF sobre aplicações estrangeiras de renda fixa. Há que se esperar para observar os resultados, embora inicialmente eles tenham sido pequenos. Ademais, a experiência passada, no Brasil e internacional, no mínimo lança dúvidas sobre a eficácia desse tipo de medida.

A política industrial do governo atual está voltada para contornar o impacto deletério dos altos juros e da valorização cambial sobre a competitividade da indústria. Ela inscreve-se entre aquelas que buscam atacar consequências e não causas da perda de competitividade da indústria. Sua implantação, além de envolver uma significativa transferência de recursos para setores e indústrias específicos, contribui para atrofiar o mercado de capitais, que deveria ser o grande financiador do investimento de longo prazo.

O uso da TFLP em financiamentos do BNDES, por exemplo, é justificado como uma maneira de equalizar o maior custo de capital em relação aos principais concorrentes internacionais. Ora, além da escassez relativa de capital no país, o financiamento é mais caro no Brasil porque juros básicos são mais altos internamente e o *spread* bancário elevado. O primeiro problema decorre dos motivos discutidos anteriormente — pressão de demanda causada por elevados gastos públicos —, enquanto o *spread* bancário resulta, entre outros fatores, dos elevados compulsórios bancários, da alta tributação e da inadimplência decorrente da incerteza jurídica que cerca os credores.

Os defensores do crédito subsidiado identificam seus benefícios imediatos sobre alguns setores — ou melhor, sobre algumas empresas escolhidas para dele se beneficiarem —, mas desconsideram o custo alternativo dos recursos públicos envolvidos.

Na forma como é hoje implantado, é possível que o crédito subsidiado esteja solapando a produtividade agregada da economia, pois afeta o desempenho das grandes empresas beneficiadas por esses empréstimos e a qualidade dos projetos implementados. Além de injusto socialmente — não há racionalidade em transferir recursos para acionistas da empresa x ou y ou z —, o subsídio permite que projetos que não seriam implementados usualmente o sejam, pois a lucratividade está artificialmente inflada. O acesso a condições especiais de financiamento pode desestimular investimentos em tecnologia, pois permite a sobrevivência de empresas menos eficientes. O resultado seria uma menor produtividade agregada. Assim, ao mirar as consequências e não as causas, a política industrial, além de não resolver o problema de fundo, ainda tem o potencial de prejudicar a economia como um todo.

Também — ou principalmente — na área macroeconômica a confusão entre causas e consequências é enorme, e o número de propostas que miram as últimas é grande. As evidências existentes até o momento não permitem confirmar o diagnóstico de desindustrialização. Mas se os problemas elencados no item anterior persistirem, o risco de uma desindustrialização mais acelerada pode se transformar em realidade no futuro. Aqui alguns economistas propõem mágicas — tributar exportação de produtos primários, baixar juros na marra —, mas os problemas de fundo são engavetados.

Analisando-se a experiência brasileira, pode-se fazer um paralelo entre, de um lado, o papel da correção monetária no longo ambiente conturbado pela inflação e, de outro lado, a relação entre o crédito subsidiado e a inexistência de financiamento privado de longo prazo no Brasil. No passado, a inflação gerava inúmeras distorções na economia, mas a correção monetária reduzia parte considerável das incertezas geradas pela alta generalizada dos preços, tornando possível o funcionamento — ainda que com muita ineficiência — da economia naquele ambiente adverso. A experiência mostrou, entretanto, que, ao permitir o funcionamento da economia em ambiente inflacionário, a correção monetária reduziu a determinação da sociedade a combater a própria inflação. A inflação atingiu o patamar anual de três dígitos em 1980, mas só foi definitivamente extinta uma década e meia depois.

De forma análoga, o crédito subsidiado do BNDES permitiu que se financiassem investimentos privados em vários setores — ainda que com muita ineficiência —, apesar da inexistência de financiamento privado de longo prazo no Brasil. Mas há fortes indícios de que, ao viabilizar investimentos de longo prazo, o BNDES reduz a determinação da sociedade para tomar as decisões que elevariam a poupança doméstica. Para que o financiamento privado de longo prazo se desenvolva são necessárias três condições: tecnologia de intermediação financeira, condições institucionais adequadas e existência de poupança a ser reciclada em direção ao investimento. O crescimento do mercado de capitais nos últimos anos sinaliza que as duas primeiras condições provavelmente estão satisfeitas, mas somente uma reforma previdenciária séria, entre outras medidas, traria a terceira.

6 SOBRE OS INDÍCIOS DE DESINDUSTRIALIZAÇÃO

Sobre a desindustrialização fazem-se necessárias duas observações importantes. Primeiro: não há evidência de que isso esteja ocorrendo recentemente, embora a participação dos manufaturados nas exportações venha caindo, o que é bem diferente de desindustrialização. Se utilizarmos uma série de câmbio real que leva em conta uma cesta de moedas disponível no Ipeadata, verifica-se que, entre 2002 e agosto de 2008, o real valorizou-se cerca de um terço em relação ao valor inicial da série. No mesmo período, segundo os dados do PIB trimestral calculado pelo IBGE, o setor industrial cresceu 33%, e, conforme a PIM/IBGE, a produção da indústria de transformação elevou-se em 34%. De acordo com essa última pesquisa, a produção do setor de bens de capitais quase dobrou (+95%), a de máquinas e equipamentos elevou-se em 66%, e a de material eletrônico e de comunicação, em 30%. Esses setores são todos de alta tecnologia. Conclui-se que a valorização do câmbio no período não foi acompanhada por queda da produção industrial — que, muito pelo contrário, cresceu aceleradamente —, nem muito menos por retração da produção nos setores com alto conteúdo tecnológico. Estes, como visto, se expandiram aceleradamente.

Evidentemente, a correlação positiva entre valorização do câmbio e crescimento industrial não implica causalidade. Somente indica que, pelo menos no passado recente, a valorização cambial não foi capaz de impedir a expansão da produção manufatureira brasileira, nem muito menos a de setores tecnologicamente avançados.

A segunda observação é que, ao longo de suas trajetórias de crescimento, os países sofrem uma transformação estrutural em que o trabalho é inicialmente realocado da agricultura para a indústria — tal como na China atual e no Brasil dos anos 1950 a 1970 — e, posteriormente, da indústria para os serviços. Na Espanha, por exemplo, entre 1960 e 2000, o emprego na agricultura caiu de 42% do total para 7%; na indústria, de 34% para 30%; enquanto no setor de serviços saltou de 24% para 63%. Na Bélgica, no mesmo período, o emprego na agricultura caiu de 29% do total para 2%; na indústria, de 28% para 23%, enquanto nos serviços cresceu de 43% para 75% do total. Números semelhantes se observam nos países mais avançados do planeta. Isto é, inevitavelmente o tamanho relativo da indústria no longo prazo cairá.

Números no já citado artigo de Bonelli e Pessôa mostram que, depois de um pico em 1973-1977 em torno de 21%, a participação da indústria no PIB caiu para números significativamente menores, embora, como notado anteriormente, no passado recente a queda tenha se interrompido. Isso pode ser interpretado como o início de um processo de transformação estrutural. Ou, alternativamente, como uma reacomodação em direção a um novo equilíbrio após os subsídios e mecanismos de proteção do modelo de substituição de importação terem sido eliminados. De qualquer forma, não se pode culpar o câmbio, dado que esse movimento se observa durante diferentes regimes cambiais e períodos de valorização e desvalorização da moeda brasileira.

Embora as evidências até o momento sejam fracas ou nulas, a situação de altos juros domésticos perante baixos juros internacionais e câmbio valorizado pode levar a um equilíbrio com participação significativamente menor dos produtos manufaturados não só nas exportações mas também no produto. Isto é, desindustrialização. Ao mesmo tempo, dadas as enormes vantagens comparativas do país, pode-se gerar uma maior especialização em produtos naturais e manufaturados leves. Em nosso entender, não há nada de intrinsecamente "bom" ou "ruim" nesse cenário, dado que não há nenhuma evidência de que o bem-estar dos agentes melhore ou piore nesse cenário. Quer esse cenário se concretize ou não, estamos hoje diante de alguns difíceis desafios de política econômica.

7 AS OPÇÕES À FRENTE

O Brasil está diante de uma nova oportunidade histórica. O mundo está demandando de forma vigorosa produtos em que o país tem vantagens comparativas significativas, e isso está se refletindo em termos de troca altamente favoráveis. Ao contrário de muitos países emergentes que concorrem conosco, o Brasil tem instituições sólidas, direitos de propriedade razoavelmente assegurados por uma democracia madura e Poderes Legislativo e Judiciário independentes. No momento, o país passa por um período favorável no que diz respeito à transição demográfica, já que o número de jovens está caindo, mas a participação dos idosos não aumentou significativamente. Inflação alta foi eliminada. Infelizmente, como sempre foi o caso em nosso país, não estamos consertando o telhado enquanto faz sol.

Há dois caminhos para lidar com a atual situação de juros altos e câmbio valorizado. O primeiro seria enfrentar a raiz do problema original e elevar a poupança doméstica. Nesse sentido, uma série de medidas de política econômica — em grande parte impopulares e de difícil implementação — teria que ser implementada. Algumas delas envolveriam mudanças constitucionais. A principal delas, uma racionalização dos gastos previdenciários. Dada a pirâmide etária do país, a comparação com outros países sugere que cerca de 4% a 5% do PIB poderia ser transformado em mais poupança doméstica após a maturação de uma corajosa reforma previdenciária. Tecnicamente é possível se implantar essa reforma sem afetar a população mais desfavorecida, pois os grandes beneficiários das regras atuais são trabalhadores de classe média que se aposentam por tempo de contribuição, ao passo que os pobres, por trabalharem longos períodos na economia informal, acabam se aposentando por idade.

Um criterioso controle de gastos de custeio, de modo que seu crescimento se situe abaixo do crescimento do PIB, depende em parte de maior controle e melhor gestão. Aumentos do salário mínimo limitados à elevação da produtividade média do trabalho também seriam desejáveis. A racionalização dos subsídios por meio de transferências do BNDES agiriam na mesma direção. Enfim, uma combinação de melhor gestão das despesas públicas e mudanças nos padrões de política econômica dos últimos anos levaria a um novo cenário com maior poupança privada e pública, menores taxas de juros e câmbio desvalorizado.

O segundo caminho, menos doloroso a curto prazo, é facilitar muito a absorção de poupança externa. Isto é, assume-se a inviabilidade política das reformas necessárias para aumentar a poupança doméstica e parte-se para um "modelo australiano", país que convive há muitos anos com altos déficits em conta-corrente. Para isso, seria importante não repetir erros do passado.

Em primeiro lugar, o governo não deve se endividar em moeda estrangeira, e muito menos dar seguro cambial ao setor privado. No primeiro caso, diminui-se a vulnerabilidade externa da economia a choques externos, algo que no passado levou o país ao *stop and go*. No segundo caso, evitam-se situações de risco moral (*moral hazard*) em que empresas assumem riscos cambiais excessivos na suposição de que serão resgatadas pelo governo no caso de estados da natureza ruins. As elevadas reservas e a resistência da economia brasileira à crise financeira de 2008 indicam que o país está em um bom caminho aqui em relação ao primeiro ponto. Por outro lado, o socorro a empresas como a Sadia e Aracruz, que experimentaram grandes perdas com a desvalorização de 2008, indica potenciais problemas em relação ao segundo caso.

Outro ponto importante nesse modelo é calibrar o superávit primário de maneira a manter a razão dívida/PIB em um nível confortável — por exemplo, 30% do PIB. Adicionalmente, as agências reguladoras devem dar segurança a investidores estrangeiros.

Os sinais recentes aqui também são contraditórios. O superávit primário tem sido mantido dentro da meta unicamente devido a manobras contábeis pouco usuais, e enquanto a razão dívida líquida/PIB tem se mantido em torno de 41% a dívida bruta tem aumentado bastante. Isso se deve, principalmente, aos empréstimos do Tesouro ao BNDES. Como a taxa de remuneração dos empréstimos do Tesouro é superior à do BNDES e o risco, no último caso, superior, temos um problema potencial de *balance sheet*, e, portanto, a variável relevante aqui é a dívida bruta e não a líquida.

De qualquer forma, independentemente dos sinais atuais, essa segunda opção parece-nos mais realista. Ela envolve, entretanto, o convívio por longos anos com um câmbio valorizado que pode nos levar a um equilíbrio com alguma desindustrialização e especialização relativa em setores em que temos grandes vantagens comparativas, como *commodities*, produtos manufaturados leves com grande componente de produtos agrícolas e, claro, serviços. A questão é se os brasileiros estão preparados para viver nessa realidade, ou preferem as reformas necessárias (e duras) para atingir as causas últimas de nossos juros altos e câmbio valorizado — e não somente agir sobre suas consequências.

8 CONCLUSÃO

Todo mundo quer ir ao paraíso, mas ninguém quer morrer. Nós brasileiros mais que todos. Gostaríamos de viver em um mundo em que as taxas de juros básicas fossem baixas e em nível similar ao dos países desenvolvidos. Gostaríamos de um câmbio desvalorizado que protegesse nossa indústria da concorrência internacional. Entretanto, não queremos fazer as reformas para aumentar a poupança doméstica e reduzir gastos públicos. O resultado das últimas eleições mostra que queremos mais despesas do governo, mais aumentos do salário mínimo e mais (e mais altas) aposentadorias. Isso indicaria que preferimos viver da poupança externa.

Mas a opção pela poupança externa indicaria que aceitamos, pelo menos no curto prazo, um menor tamanho relativo da indústria. O que não parece o caso, como se vê, por exemplo, no recente aumento do IOF de operações estrangeiras. Isso indicaria que preferimos viver da poupança externa, mas não queremos remunerá-la.

Para resumir, nossa opinião é que há uma enorme confusão entre variáveis exógenas e endógenas, entre causa e consequência por parte daqueles que defendem uma redução "mágica" dos juros ou controle de câmbio. Isso é conveniente na medida em que se ignoram as duras escolhas e os dilemas (*trade-offs*) envolvidos em políticas que ataquem as causas e não as consequências. Entretanto, cedo ou tarde, essas escolhas terão que ser feitas, e continuar adiando-as implica ampliar as distorções e desequilíbrios, aumentando-se mais o custo das necessárias reformas futuras.

A Deterioração do Regime Fiscal no Segundo Mandato de Lula e Seus Desdobramentos

Rogério Werneck

No Brasil, o efeito mais grave da recente crise econômica mundial adveio da onda de afrouxamento generalizado de restrições orçamentárias que teve origem nas economias avançadas. A crise deu ao governo pretexto para mudanças substanciais no regime fiscal e nas relações entre o Estado e a economia. A metade final do segundo mandato do Presidente Lula tem sido marcada por clara deterioração de contas públicas, com expansão mais acelerada de gastos primários e compromisso cada vez mais frouxo com o cumprimento estrito de metas fiscais. Revelando preferência inequívoca por soluções de project financing intensivas em recursos públicos, o governo tem recorrido à emissão de dívida pelo Tesouro para promover rápida expansão do crédito estatal subsidiado. As mudanças vêm implicando reversões de avanços institucionais importantes que chegaram a parecer definitivos, como a absoluta separação entre as contas do setor público não financeiro e das instituições financeiras federais. O artigo analisa a extensão dessa multifacetada deterioração do regime fiscal e seus possíveis desdobramentos.

> *"Outra lição é que nem a responsabilidade fiscal nem a inflação baixa são conquistas garantidas, exceto quando os eleitores estão mobilizados para as causas da instabilidade, como estão os alemães, e não para os benefícios da mesma, como gregos e brasileiros. Em comum com os gregos temos políticos em disputa por votos, que brigam pela paternidade dos benefícios sem custos"* (Dionisio Dias Carneiro, "A Grécia, o euro e nós", *O Estado de S. Paulo*, 21 de maio de 2010).

1 INTRODUÇÃO

A grande novidade dos três primeiros anos do mandato inicial do Presidente Lula foi a constatação de que o governo decidira, de fato, abandonar o discurso econômico do PT e adotar uma política macroeconômica que, em linhas gerais, dava seguimento ao que vinha sendo feito no governo anterior. O que havia de mais promissor nessa constatação era o fato de que, aos trancos e barrancos, o país havia deixado para trás o risco de ruptura e conseguido assegurar, no plano da política econômica, ampliação substancial do que os anglo-saxões denominam *common ground*, o campo de ideias comuns compartilhadas por governo e oposição.

Na verdade, contudo, esse avanço logo se mostraria mais reversível do que chegaram a imaginar os mais otimistas. O artigo explora as causas e a extensão dessa reversão, com atenção centrada na condução da política fiscal. Começa pela análise do que talvez possa ser considerado o marco inicial da mudança do discurso econômico do governo a partir de 2005. A Seção 3 examina os sinais de mudança dos rumos da política econômica que ganharam força depois que Antonio Palocci deixou o Ministério da Fazenda. A seção seguinte analisa como a crise econômica mundial foi usada como pretexto para mudança do regime fiscal. A extensão da deterioração do regime fiscal é tratada na Seção 5. A última seção explora possíveis desdobramentos dessa deterioração.

2 O EMBATE DE 2005 E A SAÍDA DE PALOCCI

As primeiras evidências mais sérias de retrocesso no discurso econômico do governo surgiram ao final do terceiro ano do primeiro mandato do Presidente Lula. No segundo semestre de 2005, houve um grande embate na cúpula do governo em torno da ideia de um programa de ajuste fiscal de longo prazo. Percebendo que os gastos primários vinham crescendo ao dobro da taxa de crescimento do PIB, os ministros Antonio Palocci e Paulo Bernardo propuseram a adoção de medidas de contenção dessa expansão.

O que os dois ministros tinham em mente não era um programa de corte drástico de gasto público. Era apenas a adoção de medidas que moderassem o crescimento desmedido de dispêndio que vinha sendo observado desde meados dos anos 1990. A ideia era assegurar que a expansão dos gastos passasse a se dar a uma taxa inferior à taxa de crescimento do PIB, o que exigiria esforço concertado de contenção das várias fontes de rigidez orçamentária, que vinham conferindo elevado grau de autonomia à evolução da maior parte dos gastos primários e reduzindo o espaço para dispêndios de caráter discricionário.

O desfecho desse embate é bem conhecido. A proposta acabou torpedeada por uma coalizão comandada pela então ministra Dilma Rousseff, coadjuvada por Guido Mantega, então presidente do BNDES. Classificada como rudimentar pela ministra-chefe da Casa Civil, a ideia foi deixada de lado quando Antonio Palocci teve de ser substituído por Guido Mantega no início de 2006. Os mais otimistas acreditavam, contudo, que, apesar do abandono da proposta, a percepção da necessidade de um esforço de ajuste fiscal de longo prazo continuava viva em segmentos importantes do governo: na equipe que havia sido montada por Antonio Palocci na Fazenda e no Ministério do Planejamento, que havia permanecido sob o comando de Paulo Bernardo. Tal otimismo estava fadado a se mostrar infundado.

O projeto de ajuste de longo prazo acabou sendo abandonado. Em parte porque a perspectiva de rápido aumento da arrecadação erodiu o apoio dos que haviam sido convencidos de que o ajuste era a única forma de abrir espaço para aumento de gastos discricionários no segundo mandato. O bom desempenho da arrecadação em 2006 ajudou a enterrar de vez o projeto. E foi visto como sinal verde para o acirramento da expansão de gastos que se seguiu.

3 SINAIS DE MUDANÇA

A posse de Guido Mantega no Ministério da Fazenda no início de 2006 selou o abandono definitivo da defesa da necessidade de um ajuste fiscal no governo Lula. E marcou nítida mudança no discurso econômico do governo. Na esteira da desmontagem da equipe anterior, tornaram-se cada vez mais claros os sinais de que o Ministério da Fazenda se transformara em foco de contestação de pontos centrais das ideias que nortearam a condução da política econômica entre 2003 e 2005. A história é bem conhecida.

Em 2007, com Lula já reeleito, a preocupação com o ajuste fiscal logo cedeu lugar à defesa ostensiva da expansão do gasto público, na esteira do espetacular desempenho de receita tributária propiciado pela combinação da recuperação da economia com o aumento de eficiência da máquina arrecadadora. A preocupação com as contas da Previdência logo se converteu em negação peremptória da necessidade de reformas na área previdenciária, com base em cenários róseos e apelo à contabilidade criativa. No início de outubro de 2007, quando Lula ainda tinha nada menos do que 39 meses de segundo mandato pela frente, a ministra Dilma Rousseff anunciou de forma inequívoca, em entrevista à imprensa, que preocupações com contenção de dispêndio haviam sido deixadas para o próximo mandato presidencial. E que o grande mérito do Programa de Aceleração do Crescimento (PAC) era ter feito o país romper com a tradição de contenção fiscal. Foi o que bastou para que, em certos segmentos do governo, passasse a ser defendido até mesmo o despropositado diagnóstico de que o ajuste fiscal que de fato interessava ao país era o que fosse capaz de assegurar expansão ainda mais rápida do gasto público.

Aos poucos o Ministério da Fazenda passou a contestar também a política cambial e a política de metas para a inflação, aventando a introdução de mudanças completamente estapafúrdias. Em meados de 2008, o compromisso do governo com a estabilidade parecia ter quase desaparecido. Resistia com grande dificuldade, acuado num último reduto no Banco Central, enfrentando a hostilidade escancarada da Fazenda, da Casa Civil e do resto do governo, em meio a notícias de que Henrique Meirelles estava prestes a ser substituído. Não fosse a injeção de bom senso que adveio da apreensão com os possíveis desdobramentos da crise financeira mundial, esse derradeiro reduto poderia ter sido subjugado.

4 A CRISE COMO PRETEXTO

Tem sido alardeado que a economia brasileira pôde enfrentar com sucesso as dificuldades de 2008-2009 graças aos bons indicadores macroeconômicos que o país ostentava no início da crise. Bons indicadores foram certamente importantes. Reservas internacionais de mais de US$200 bilhões e um sistema financeiro sólido fizeram grande diferença. E a atuação competente do Banco Central e certas medidas de estímulo fiscal foram importantes. Mas boa parte da resistência que a economia mostrou ao choque desestabilizador da crise tem outra explicação: a enorme redução de incerteza que adveio da consolidação do arcabouço de regras e instituições que pautam a condução da política econômica no país, especialmente depois que ficou claro que tal arcabouço havia sobrevivido sem maiores danos ao difícil rito de passagem da transição política de 2002-2003. Não obstante a nítida mudança no discurso econômico do governo que vinha sendo observada desde 2006, a essência desse arcabouço parecia intocada em meados de 2008, quando a economia brasileira afinal se viu de fato afetada pela crise mundial.

Na verdade, já há algum tempo a qualidade da condução da política econômica no país vinha sofrendo inegável processo de deterioração. Mas o ambiente externo favorável, a economia em franca recuperação, a fartura de recursos fiscais e um quadro inflacionário benigno vinham mascarando a explicitação dos desdobramentos mais deletérios desse processo. Sob condições tão tranquilas, a política econômica, até a eclosão da crise, parecia estar mantida na sua rota anterior e, em boa medida, no piloto automático. O que ajudava a reforçar a visão de que a essência daquele arcabouço de regras e instituições de política econômica permanecia intocada.

Qual foi o efeito mais grave da crise no Brasil? Em termos de redução do crescimento, o Brasil acabou sendo menos afetado que muitos outros países. O impacto não chegou a ser tão reduzido como a "marolinha" prometida pelo Presidente Lula. Mas tampouco foi tão devastador e duradouro como se temia. O que, sim, em contraste, chegou ao país como verdadeiro vagalhão foi a onda de afrouxamento generalizado de restrições orçamentárias que veio das economias avançadas.[1] Pode-se dizer que esse desdobramento da crise foi até festejado pelo governo. A crise lhe deu a oportunidade que em condições normais jamais teria. Permitiu, afinal, legitimar mudanças bruscas no regime fiscal e nas relações entre o Estado e a economia.

É um mito a ideia de que a crise econômica internacional teria aberto os olhos do governo para a importância de reforçar a intervenção do Estado na economia. Na verdade, a crise foi apenas o pretexto. Deu espaço para que o governo se sentisse à vontade para voltar a defender de forma mais desabrida ideias que sempre lhe foram caras, que nunca deixaram de estar profundamente arraigadas na visão de mundo da cúpula dirigente do PT. E que já vinham sendo defendidas dentro do governo, antes da crise, de forma cada vez mais ostensiva. De início, o afrouxamento fiscal que, em boa parte, era simples decorrência de decisões tomadas antes da crise, foi racionalizado como política contracíclica. Tal racionalização, contudo, tornou-se cada vez mais difícil à medida que a economia se recuperou a olhos vistos e o expansionismo fiscal seguiu inabalável, sem nenhum sinal de reversão.

---

[1] Ver Kornai (2009) para uma análise instigante dos desdobramentos da crise financeira que se abateu a economia mundial, a partir da ideia de síndrome de restrição orçamentária frouxa.

É preciso ter em mente que a crise trouxe uma repentina e substancial degeneração dos padrões de balizamento da condução da política fiscal no Brasil. De um lado, a rápida deterioração das contas públicas nas economias avançadas abriu amplo espaço para a racionalização do "moderado" afrouxamento fiscal praticado no Brasil, que ainda deixava as contas públicas brasileiras em situação "incomparavelmente melhor" que a que passara a ser usual no núcleo da economia mundial. De outro, houve sensível perda de qualidade do aconselhamento externo, à medida que o agravamento da crise mundial levou a uma mudança brusca e improvisada no discurso de organismos multilaterais. Tanto o Fundo Monetário Internacional como o Banco Mundial passaram a defender o afrouxamento geral e indiscriminado de política fiscal, sem maiores cuidados com especificidades de diferentes economias, inclusive com relação à sua real vulnerabilidade à crise.

Para ter em mente quão relevantes de fato foram esses efeitos deletérios, basta lembrar que, em entrevistas concedidas em meados de 2009, o próprio ministro do Planejamento, Paulo Bernardo, declarou que o FMI havia "rasgado a bíblia" de quem defendia contenção de gastos. E que os críticos da deterioração do quadro fiscal estavam desnorteados porque estavam "falando por uma cartilha que não existe mais".[2]

5 O REGIME EM DETERIORAÇÃO

As mudanças que vêm sendo introduzidas no regime fiscal desde a crise já deram lugar a rápida deterioração das contas públicas, vertiginosa expansão do crédito estatal, bancada por emissão de dívida pelo Tesouro, e montagem de dispendiosa bateria de programas "pró-negócios", em Brasília e no Rio, movidos a dinheiro público e favores do Estado.[3]

No que tange às contas públicas, não se trata apenas de deterioração do resultado primário, travestida inicialmente de política fiscal contracíclica. Trata-se também de compromisso cada vez mais frouxo com o cumprimento estrito de metas fiscais e uso reiterado de manobras contábeis, tanto do lado da receita como do lado da despesa, para enfeitar as contas e escamotear as verdadeiras dimensões da deterioração do quadro fiscal.

Seria simplista supor que, com o abandono do projeto de ajuste fiscal a longo prazo, o quadro de rigidez orçamentária na área federal permanece idêntico ao que era em 2005. Na verdade, o quadro se deteriorou bastante nos últimos anos. A luta pela redução da rigidez orçamentária está claramente na defensiva. Tendo desmontado a capacidade de resistência do Ministério da Fazenda, o governo vem cedendo, de forma totalmente inconsequente, a pressões dos ministérios e do Congresso por mudanças na legislação que vêm implicando aumento substancial de gastos obrigatórios. Especialmente preocupantes são os efeitos acumulados de mecanismos de superindexação de gastos que continuam intocados. Um bom exemplo é a regra informal vigente de reajuste do salário mínimo de acordo com a variação do INPC acrescido da taxa defasada de crescimento do PIB, que tem tido efeitos devastadores sobre as contas da Previdência e as finanças dos governos subnacionais.

Com a clara deterioração na qualidade da condução da política econômica e a visível falta de convicção das autoridades econômicas sobre a necessidade de controle fiscal, os custos de manter o Congresso no trilho da responsabilidade poderão se tornar proibitivos. Sem que o bom senso esteja firmemente ancorado no Executivo, vai ser difícil manter os contrassensos sob controle. A melhor evidência disso é a série de medidas estapafúrdias, com efeitos potenciais desastrosos sobre as contas públicas — como a extinção do fator previdenciário e a concessão de reajustes equivalentes aos do salário mínimo a todas as aposentadorias e pensões pagas pela Previdência —, que foram aprovadas sem maiores

---

[2] Valor Online, 27/jul/2009.

[3] Ver Zingales (1979) para uma discussão interessante do conceito de *lobby* "pró-negócio", que envolve a defesa de interesses de grupos particulares nas decisões do governo e que, quase sempre, não é "pró-mercado", no sentido de contribuir para reforçar a concorrência aberta e livre na economia.

dificuldades no Senado em abril de 2008, antes de o governo se convencer de que a crise mundial era o pretexto que faltava para mudar de vez o regime fiscal. Em vista da deterioração do quadro fiscal que o governo se permitiu promover desde então, não foi surpreendente que a extinção da aplicação do fator previdenciário tenha sido aprovada pela Câmara, também sem maiores dificuldades, em maio de 2010.

Percebendo que a deterioração fiscal já não terá, de imediato, as consequências que costumava ter, o governo tem-se mostrado menos inclinado a se desgastar para evitar a aprovação no Congresso de propostas impensadas que, em outras circunstâncias, teriam feito soar o alarme e deflagrado pronta mobilização de todas as reservas políticas do Planalto. Basta ver a leveza com que o governo tem tratado as devastadoras bombas fiscais tramitadas no Congresso. Dada a nova relação custo-benefício, o cálculo político mudou. O Presidente Lula fez o que pôde para não ter de incorrer no ônus de se opor frontalmente às propostas de extinção do fator previdenciário e de reajuste de todos os benefícios previdenciários pelo salário mínimo.

Um aspecto particularmente grave da involução do regime fiscal é o alarmante processo de desconstrução institucional envolvido na reversão de avanços que até pouco tempo pareciam definitivos, como a Lei de Responsabilidade Fiscal (LRF) e a separação do setor público não financeiro das instituições financeiras federais. Basta ter em mente a disposição do governo para acomodar mudanças na LRF e as relações problemáticas, de mão dupla, que vêm prosperando entre o Tesouro e o BNDES, envolvendo gestão temerária da dívida bruta do setor público e manobras para falsear o superávit primário como medida de esforço fiscal.

Por um lado, o Tesouro tem recorrido a emissões de dívida pública para conceder empréstimos extremamente longos e subsidiados ao BNDES, em condições pouco transparentes, que o governo e o banco resistem em divulgar. Para evitar que esse aumento de endividamento apareça na dívida líquida do governo central, o governo vem recorrendo ao artifício contábil de lançar os empréstimos ao BNDES como ativo do Tesouro, para efeito de cálculo da dívida líquida.

Parte dos recursos repassados do Tesouro ao BNDES, sem a devida contabilização na dívida líquida, tem sido repassada de volta ao Tesouro em operações cuidadosamente concebidas para dilatar artificialmente a cifra de superávit primário do governo. Tais operações envolveram, de início, compra pelo BNDES de direitos do Tesouro a dividendos futuros da Eletrobras e pagamentos de dividendos particularmente generosos do próprio BNDES ao Tesouro. Posteriormente, envolveram também subscrições de ações da Petrobras pelo BNDES, com recursos emprestados pelo Tesouro, de forma a que, na gigantesca operação de capitalização, o governo conseguisse aumentar em muito sua participação direta e indireta no capital da empresa e, ao mesmo tempo, "melhorar" em R$32 bilhões seu superávit primário.

Os truques baseiam-se todos num tratamento contábil grosseiramente assimétrico. De um lado, a emissão de dívida que nutre os empréstimos subsidiados ao BNDES é indevidamente contabilizada de forma a não afetar a dívida líquida federal. De outro, os recursos que retornam do BNDES ao Tesouro são meticulosamente contabilizados de forma a inflar o superávit primário da União. Uma alquimia contábil que consegue transformar emissão de dívida bruta em melhora do superávit primário.

O que se teme é que esse esquema, já de proporções bastante grandes, possa ser apenas o plano piloto de uma operação em escala muito maior, a ter lugar no próximo mandato presidencial. O governo parece acreditar que, com a fórmula mágica de gestão fiscal que desenvolveu, já não tem restrição fiscal a respeitar. A súbita fartura de recursos estatais vem distorcendo a formatação do financiamento dos novos projetos de infraestrutura, ao fomentar um clima de megalomania e dissipação de recursos, fundado na presunção de que dinheiro público é o que não falta. Tornam-se cada vez mais generosos os guichês de favores do governo e multiplicam-se as missões inadiáveis e os projetos grandiosos com custo a ser debitado ao Tesouro.

É curioso que, no início de 2006, havia no país uma visão quase consensual, da qual compartilhava a própria equipe econômica do governo. Tendo em conta a dura realidade do quadro fiscal, o governo não poderia arcar com o esforço de investimento em infraestrutura que o país tinha pela frente. E seria fundamental, portanto, assegurar práticas regulatórias bem concebidas que pudessem atrair capitais privados para a expansão da infraestrutura. Pouco mais de quatro anos se passaram. O quadro fiscal continua o mesmo. E, no entanto, o governo passou a se comportar como se tivesse recursos para financiar quase tudo. Não há projeto de investimento, por mais dispendioso que seja, que não possa ser bancado com dinheiro público.

A mudança de regime fiscal tem dado ao governo acesso inusitado a recursos para investimento. Recorrendo a uma conta rápida, pode-se dizer que, entre meados de 2008 e meados de 2010, o governo mobilizou nada menos que R$283 bilhões de recursos extraorçamentários para investimento: cerca de 8% do PIB. R$208 bilhões, provenientes de emissão de dívida pelo Tesouro, foram entregues ao BNDES, e R$75 bilhões de reservas de petróleo — que poderiam ter sido licitadas — foram entregues à Petrobras. A alocação que vem sendo dada aos recursos do Tesouro pelo BNDES é, para dizer o mínimo, altamente discutível. Já o aporte de R$75 bilhões à Petrobras decorre de um aumento de capital que teve de ser muito maior do que seria razoável, tendo em vista decisões equivocadas do próprio governo que impuseram à empresa uma injustificável sobrecarga de investimento. Essa fartura de recursos destinados a setores específicos, largamente beneficiados, como petróleo e energia elétrica, deve ser contrastada com a gritante e persistente insuficiência de investimento público em áreas de grande carência, como saneamento e transporte de massa.

Bancos públicos, sujeitos a todo tipo de pressões políticas, enfrentam notórias dificuldades para manter a qualidade de suas operações de crédito. A experiência mostra que, a menos que sejam eficazmente protegidos contra tais pressões, podem acabar se convertendo, direta ou indiretamente, em desaguadouro de todo tipo de crédito de baixa qualidade concedido na economia. O que preocupa agora não é só que o governo esteja soltando as amarras e desmontando mecanismos de proteção que, bem ou mal, vinham mantendo os bancos públicos aferrados a um mínimo de prudência nos últimos anos. O mais grave é que esteja fustigando suas instituições financeiras para que expandam suas operações de crédito em ritmo bem superior ao que a parte mais lúcida dos altos funcionários dessas instituições considera razoável.

É importante assinalar que, numa entrevista concedida ao *Financial Times* em 2006, recém-empossado como ministro da Fazenda, Mantega deixou entrever o que estaria por vir, com uma explicação que, por encerrar óbvia contradição em termos, parecia não fazer sentido: como o governo não contava com recursos para investir, a solução era recorrer ao investimento privado financiado com recursos do governo. Como afinal se viu, não se tratava de um enigma, mas de um plano de jogo, formulado, note-se bem, muito antes de ter surgido qualquer preocupação com a crise econômica mundial. Foi exatamente essa "solução" que, a partir de 2008, passaria a nortear a gigantesca transferência ao BNDES de recursos do Tesouro provenientes da emissão de dívida pública.

6 DESDOBRAMENTOS

A deterioração do regime fiscal e o desvirtuamento das práticas contábeis apontam para a necessidade de um monitoramento menos simplista da política fiscal. Concentrar atenção só no resultado primário e na dívida líquida, como agora quer o governo, já não faz mais sentido. As manipulações contábeis que o governo se vem permitindo têm trazido descrédito aos dois indicadores. Passou a ser essencial monitorar também a dívida bruta, os gastos primários e a carga tributária.

Mesmo que o novo governo se disponha a desmontar o gigantesco esquema de expansão de crédito subsidiado, bancado por emissão de dívida pública, montado no BNDES, e abra mão de recorrer a novas manobras de embelezamento das contas públicas em operações do Tesouro como o banco, ainda sobrarão boas razões para não extrair conclusões apressadas de uma evolução favorável da relação dívida/PIB.

É preciso ter em conta que o quadro de insustentabilidade fiscal advém da expansão dos gastos primários muito mais rápida que a do PIB. Não há por que se iludir com uma estabilização da relação dívida/PIB baseada em elevação sem fim da carga tributária. Com a persistência desse regime fiscal, o crescimento econômico está fadado a ser sufocado pouco a pouco.

Tornou-se crucial sustar a elevação da carga tributária que vem tendo lugar, ano após ano, há uma década e meia. Trata-se de discutir como mudar o atual regime fiscal para que, dentro de quatro anos, ao fim do próximo mandato presidencial, o país não esteja arcando com carga tributária bem mais alta, beirando, quem sabe, 40% do PIB, sem contraprestação de serviços governamentais minimamente razoáveis.

Que prioridade a nova ocupante do Planalto poderá vir a atribuir a tal desafio? É bom não alimentar ilusões. Vai ser preciso bem mais do que vagas declarações de preocupação com a elevação da carga tributária. Sem desmontar os mecanismos subjacentes à expansão explosiva do gasto público, não há como conter a elevação da carga tributária. Mas é pouco provável que a presidente eleita esteja disposta a empatar seu precioso capital político no embate com os grupos de interesse encastelados no Orçamento.

Caso queira evitar esse embate, a presidente poderá recorrer a ampla gama de racionalizações. Não faltará quem alegue, por exemplo, com ar calejado, que a ideia de que tais grupos possam ser desencastelados é "coisa de quem não conhece Brasília". Na verdade, esse fatalismo conformista tem implicações mais sérias do que parece à primeira vista. Além de desestimular iniciativas de contenção da expansão do gasto público e esforços de racionalização dos programas de dispêndio existentes, sugere que o governo não pode prescindir do aumento de carga tributária, porque é só com base nele que poderá viabilizar novos programas de dispêndio que considere prioritários.

O pior é que o desestímulo à contenção de gasto deverá ser ainda intensificado pela ampla facilidade de aumento de carga tributária com que contará a presidente eleita. Há muitos anos vêm havendo avanços extraordinários na informatização do país, tanto nas empresas como nas máquinas fazendárias dos três níveis de governo. O que é notável é que esses dois processos, que, em boa medida, avançaram de forma independente, passaram agora a uma nova fase, com a interligação das redes das empresas e das máquinas fazendárias e rápida disseminação da nota fiscal eletrônica. Mantidos os parâmetros tributários, isso deverá ter enorme impacto sobre o desempenho da arrecadação.

Na esteira da redução de sonegação e de corrupção que deverá advir desse processo, os três níveis de governo devem ser agraciados com grande bonança na coleta de tributos. O ideal seria que essa ampliação significativa da base fiscal desse lugar a uma redução criteriosa de alíquotas, de forma a manter a carga tributária no seu nível atual. Mas é ingênuo esperar que a vencedora da eleição presidencial terá as convicções necessárias para abrir mão dessa possibilidade de aprofundamento da extração fiscal. O mais provável, portanto, é que haja nova e substancial escalada da carga tributária nos próximos quatro anos.

Enquanto for fácil manter a carga tributária em rápida elevação, é pouco provável que o governo tenha disposição de enfrentar os custos políticos envolvidos em esforços de contenção de gastos. Em princípio, portanto, o governo poderia ficar tentado a manter os gastos primários em expansão, fazendo amplo uso do aumento de receita proveniente da elevação da carga tributária e da queda da conta de pagamentos de juros dobre a dívida. Mas a voracidade tem sido um problema. Apesar do excelente desempenho da receita, os gastos têm crescido a taxas ainda mais altas, com deterioração do resultado primário, o que, como se viu, tem requerido todo tipo de truque contábil e enfeite de contas para manter as aparências. A condução da política fiscal parece também ter feito uma aposta excessivamente otimista no espaço de manobra que adviria da trajetória de queda da taxa de juros. Em que medida os juros poderão continuar caindo com a manutenção do atual regime fiscal?

Nunca é demais lembrar que as necessidades de financiamento externo da economia brasileira deverão ser bem elevadas nos próximos anos. E terão de ser atendidas num quadro de expansão mais lenta e, possivelmente, mais turbulenta da economia mundial. Na verdade, a melhor forma de lidar com as incertezas de cenários externos menos otimistas seria exibir inequívoca e contrastante austeridade fiscal. O mais prudente seria trabalhar com alto contraste e não apostar na capacidade dos mercados de distinguir tons de cinza.

Como era de se esperar, a questão fiscal foi praticamente ignorada na campanha da eleição presidencial. Mas a verdade é que a política fiscal desse final de mandato parece insustentável. Mesmo com toda a facilidade de elevação de carga tributária, mais cedo ou mais tarde o próximo governo se verá diante do desafio de restaurar a gestão responsável da política fiscal e recuperar a agenda pendente de reforma fiscal, relegada ao esquecimento nos últimos anos. A dúvida é se estará devidamente preparado para lidar com tal desafio. Por enquanto, tudo indica que não:

> *O papo de ajuste fiscal é a coisa mais atrasada que tem. Não se faz ajuste fiscal porque se acha bonito. Faz (sic) porque precisa. E eu quero saber: com a inflação sob controle, com a dívida caindo e com a economia crescendo, vou fazer ajuste fiscal para contentar a quem? Quem ganha com isso? O povo não ganha.*
> (Dilma Rousseff, *O Globo*, 11 de setembro de 2010.)

Na melhor das hipóteses, a presunção parece ser a de que não há limites relevantes para a extração fiscal e que, ao longo dos próximos anos, a carga tributária poderá ser elevada sem maiores problemas, na medida necessária. Na pior, a presunção é de que há amplo espaço para aumento do endividamento público a ser explorado no próximo mandato presidencial.

Teste de Sustentabilidade da Dívida, Ajuste Fiscal no Brasil e Consequências para o Produto[1]

Aurélio Bicalho
João Victor Issler

1 INTRODUÇÃO

Política fiscal é tema de grande relevância na agenda dos formuladores de política econômica. Na esfera política também se observa essa relevância, pois há uma clara percepção de que estamos afrouxando as tênues amarras fiscais representadas pelas metas de superávit primário ora em vigor. Como se sabe, nossas atuais metas requerem o cumprimento de superávit primário de X% como proporção do PIB, mas não determina tetos ao aumento dos impostos e gastos. Isso gera uma situação desconfortável. Por exemplo, podemos cumprir uma meta de 5% arrecadando 99% do PIB e gastando 94%, ou arrecadando 25% do PIB e gastando 20%. É óbvio que há uma tremenda diferença a longo prazo em termos de crescimento do produto entre ambos os cenários.

Em geral, a maneira como o governo financia seu déficit tem efeito nas decisões dos agentes econômicos sobre o quanto consumir e como alocar a sua poupança entre os ativos existentes no mercado. A emissão de dívida é um mecanismo disponível ao governo para financiar um desequilíbrio nas contas públicas em que a despesa excede a arrecadação de tributos. Entretanto, como enfatizam Sargent e Wallace (1981), quando o desequilíbrio fiscal é permanente e a expectativa do mercado é de trajetória insustentável para a dívida pública no médio e longo prazos, o governo não consegue se financiar via emissão de títulos, restringindo-se a utilizar a emissão monetária como meio de saldar seus compromissos, causando pressão inflacionária. Portanto, dívida pública sustentável é condição necessária para a estabilidade macroeconômica.

Intuitivamente, um dado nível de dívida pública é sustentável se a restrição orçamentária do governo é satisfeita em termos de valor presente, sem a necessidade de grandes mudanças futuras no superávit primário. Isso significa que o estoque de dívida corrente deve ser igual ao valor presente dos superávits primários esperados no futuro.

Neste estudo, faz-se uma análise econométrica para verificar se os dados fiscais pós-Plano Real satisfazem às condições de sustentabilidade da dívida pública brasileira. Além disso, caso a dívida seja sustentável, perguntamos em que proporção o valor presente de receitas e gastos é usado para ajustar o orçamento do governo a partir de desequilíbrios causados por choques de receita e despesa. Em outras palavras, a partir de um choque corrente nos gastos ou nos impostos, o governo precisa compensar esse choque por meio de mudanças no valor presente dos impostos e gastos futuros para assim garantir a sustentabilidade. Pode-se estimar em que proporções isso foi feito no passado usando as séries históricas de gasto, receita e dívida.

Dada a vasta literatura existente sobre o assunto, opta-se aqui por utilizar o método proposto por Bohn (1991), anteriormente aplicado ao Brasil por Issler e Lima (2000), que usam dados fiscais anuais de

---

[1] Ambos os autores agradecem os comentários feitos por participantes do seminário em homenagem aos 65 anos de Dionisio Dias Carneiro Neto. João Victor Issler agradece a Dionisio pela sua generosidade e atenção dispensadas quando este orientou sua Dissertação de Mestrado na PUC-Rio nos anos 1980. Todos os erros remanescentes são de nossa inteira responsabilidade. João Victor Issler agradece o apoio financeiro do CNPq, da FAPERJ e do INCT.

1947 a 1992. Esse método será aplicado tanto para testar a hipótese de sustentabilidade da dívida pública em proporção do PIB quanto para avaliar a distribuição do ajuste fiscal no Brasil entre tributos e gastos.

Na literatura econômica há uma variedade de testes empíricos sobre sustentabilidade da dívida. Hamilton e Flavin (1986), por exemplo, testam se o déficit orçamentário segue um processo estocástico estacionário. Se o teste não rejeita essa hipótese, então o déficit é condizente com a restrição orçamentária do governo. Hakkio e Rush (1991) aplicam a análise de cointegração aos dados de gasto e receita como metodologia para testar a restrição orçamentária intertemporal do governo nos Estados Unidos. Nesse modelo, são feitas hipóteses sobre o processo estocástico seguido pelas variáveis fiscais. Outro teste de sustentabilidade que segue a literatura de cointegração é o proposto por Trehan e Walsh (1988). A sustentabilidade da dívida está relacionada à existência de um vetor de cointegração entre as variáveis gasto, receita e dívida. Esse teste é o primeiro passo para a aplicação do modelo desenvolvido em Bohn (1991), cujo objetivo é estimar o mecanismo de ajuste do governo quando há choques fiscais correntes.

No Brasil, a literatura aplicada de testes de sustentabilidade de dívida pública é razoavelmente desenvolvida. Pelo menos desde o pós-guerra até meados dos anos 1990, a economia brasileira sofreu com problemas crônicos de déficit público e de alta inflação. Mesmo assim, observaram-se raros episódios de aumento incontrolado da dívida pública, o que leva a crer que o endividamento do governo foi sustentável nesse período, conclusão a que chegam Pastore (1995) e Rocha (1997), que aplicaram os testes de sustentabilidade da dívida pública propostos por Hamilton e Flavin (1986), Trehan e Walsh (1991), e Hakkio e Rush (1991) a dados brasileiros. Issler e Lima (2000), além de testar a sustentabilidade da dívida, fizeram a estimativa de como o governo ajusta o valor presente de seus gastos e impostos futuros quando ocorrem inovações correntes nessas variáveis. De acordo com suas estimativas, o gasto do governo foi exógeno fraco para o período entre 1947 e 1992. Isso significa que choques nos impostos não afetam o valor presente dos gastos, sendo todo o ajuste feito através do valor presente dos impostos.

Com a implementação do Plano Real em 1994, a arrecadação através da senhoriagem declinou consideravelmente. Portanto, é interessante verificar se o governo ajustou seus gastos e receitas de maneira suficiente para manter a dívida sustentável. Issler e Lima (2000) preconizam que a queda da inflação com a implementação do Plano Real (e a consequente redução da arrecadação com imposto inflacionário), aliada ao rápido aumento dos gastos observado pós-1994, apresenta ao governo dois caminhos polares para restaurar o equilíbrio de longo prazo das contas públicas. Supondo um processo exógeno para os gastos, temos: (i) aumentar os impostos, excluindo a senhoriagem; ou (ii) elevar as receitas com senhoriagem. Concretizando-se a primeira alternativa, preveem que o Brasil se tornaria o país com maior taxação na América Latina (algo que se concretizou). No caso da segunda, dizem que a inflação voltará a níveis inaceitáveis para a população brasileira. Obviamente, uma solução natural seria reverter a exogeneidade dos gastos, mas isso requer um esforço de política econômica que pode ser muito custoso em termos políticos.

Aqui, revisitamos os testes de sustentabilidade da dívida pública para o período pós-real (especificamente para o período entre 1997:02 e 2008:08). Esses são comparados aos obtidos por Issler e Lima para o período pré-estabilização da inflação – 1947-92. Os resultados mostram que a dívida continuou sustentável. Além disso, os gastos continuaram exógenos fracos a longo prazo, o que caracteriza a nossa política fiscal como *spend-and-tax*. Portanto, conclui-se que o governo, até o momento, optou pelo aumento de impostos para garantir a sustentabilidade da dívida pública. O exemplo disso é o crescimento da receita do governo central entre 1997 e 2008. Em 1997, esta representava 16,9% do PIB. Em 2008, esse valor passou para 23,8% do PIB.

Dado que a carga tributária subiu ao longo dos últimos anos para manter a sustentabilidade da dívida pública, esse aumento da carga tributária, na margem, foi extremamente elevado. Isso pode ser demonstrado pelas simples contas implementadas por Cardoso (2007). Como as empresas olham para a alíquota marginal para decidir onde investir, é evidente que a política fiscal praticada desde a estabilidade monetária inibe a ampliação da capacidade produtiva e o crescimento no longo prazo, embora seja suficiente para manter a sustentabilidade da dívida.

Ao optar por mais tributos em vez de fazer um ajuste fiscal via redução de gastos e aumento da eficiência na despesa pública, o governo escolhe, simultaneamente, crescer menos no futuro. Ferreira e Nascimento (2009) demonstram as consequências sobre o produto de mudanças nos tributos. Os resultados mostram os ganhos de produto a longo prazo (e de bem-estar) para a sociedade advindos de uma política fiscal de redução da taxação *across the board*.

Os resultados empíricos desse artigo, em conjunto com os que relacionam política fiscal e crescimento a longo prazo, reforçam a conclusão de que a manutenção da política de superávits primários no setor público é importante e necessária para a sustentabilidade da dívida pública. No entanto, a composição do superávit primário pode ser alcançada com infinitas combinações de gastos e carga tributária, como o exemplo do primeiro parágrafo deixa claro. A composição escolhida desde a estabilização da economia, em 1994, e exacerbada desde então, é perversa ao crescimento no longo prazo, pois enfatiza o aumento da carga tributária de forma a acomodar os aumentos inesperados de despesas, cujo comportamento é exógeno ao sistema.

A longo prazo, a mecânica dos ajustes fiscais no Brasil prejudica o crescimento da renda, o que erode a própria base de arrecadação. Logo, o *modus operandi* fiscal brasileiro precisa ser revisto. Preferencialmente, devemos optar por um modelo em que os gastos públicos não sejam exógenos, os recursos públicos sejam gastos de forma eficiente e a carga tributária não desestimule o produto a longo prazo. Todos esses componentes não são observados na política fiscal atual.

Subjacente a essa questão está a ligação do crescimento do produto e do juro real a longo prazo no Brasil, tema que tanto espaço ocupa em artigos científicos e na mídia brasileira no momento. *Ceteris paribus*, quanto mais arriscado for um título de dívida, mais o tomador terá que remunerar os potenciais emprestadores. Logo, se caminharmos em direção a uma política fiscal que estimule a eficiência do gasto, aprofundando a queda da carga tributária, seremos capazes de acelerar a trajetória de queda do peso do endividamento público — fator de redução do juro real a longo prazo —, o que tem repercussão positiva sobre o produto a longo prazo.

Além dessa introdução, o estudo apresenta mais seis seções: na Seção 2 apresenta-se uma análise da dinâmica da dívida entre 1994 e 2008; a Seção 3 traz a restrição orçamentária intertemporal do governo e os modelos; na Seção 4 a base de dados é discutida; na Seção 5 apresentam-se os resultados empíricos; na Seção 6 são discutidas as consequências para o produto; e a conclusão está na Seção 7.

2 REVISÃO DE LITERATURA E DINÂMICA DA DÍVIDA

No Brasil, nos períodos de elevada inflação, o governo era extremamente dependente da senhoriagem para equilibrar as suas contas. Isso é comprovado empiricamente a partir de testes de sustentabilidade da dívida pública aplicados em períodos de inflação alta (Rocha, 1997; Issler e Lima, 2000).

Rocha (1997) analisou o período entre janeiro de 1980 e julho de 1993, aplicando dois testes de sustentabilidade da dívida pública real: o teste de Trehan e Walsh (1991) e o teste de Hakkio e Rush (1991). Para o teste de Hakkio e Rush foram utilizadas séries de gasto e receita do Tesouro Nacional. Por um lado, os testes de Trehan e Walsh indicam que a dívida pública real no período em análise foi insustentável. Por outro lado, o teste de Hakkio e Rush permite concluir pela sustentabilidade da dívida pública real, mas sob a hipótese de que a receita do governo inclui uma parcela advinda do imposto inflacionário. Portanto, a sustentabilidade da dívida pública real era dependente da receita de senhoriagem. Porém, com a implementação do Plano Real em 1994 a inflação cedeu, e o governo, a partir de então, viu reduzir significativamente essa fonte de arrecadação.

Com a redução da receita decorrente da alta dos preços, a tendência era de aumento da relação dívida-PIB. No entanto, a arrecadação com as privatizações permitiu ao governo conciliar o aumento do déficit público com a estabilidade da dívida. Contudo, essa combinação poderia ser mantida somente por um período limitado de tempo.

Além disso, uma característica marcante do período inicial do Plano Real foi a alta dos juros, que tinha como objetivo atrair capital estrangeiro para aumentar o nível das reservas internacionais e dar credibilidade à âncora cambial. Juros reais elevados implicam alto serviço da dívida. Assim, desenhava-se uma combinação perversa: serviço da dívida em trajetória ascendente e deterioração do resultado primário do governo.

O Gráfico 1 mostra a evolução da necessidade de financiamento do setor público (NFSP) consolidado ou déficit primário (não considera a despesa com pagamento de juros).

GRÁFICO 1

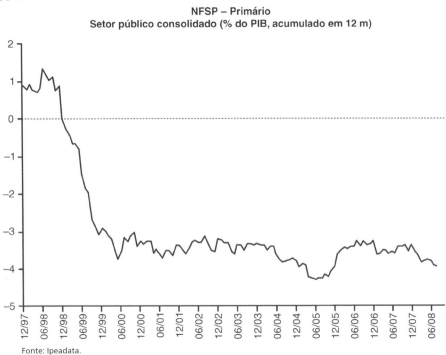

Fonte: Ipeadata.

Nos anos de 1994 e 1995, o governo fez uso de uma solução paliativa para o problema fiscal, criando algumas fontes temporárias de financiamento, como por exemplo o chamado Fundo Social de Emergência (FSE). Outros mecanismos utilizados como elementos temporários de contenção fiscal foram: a receita do IPMF, que se transformou em CPMF; a receita de concessões de prestação de serviço público ao setor privado; e o componente extraordinário de aumento da receita do imposto de renda (IR). De acordo com Giambiagi e Além (2001), o FSE se constituía em: (a) reduzir temporariamente em 20% da receita do PIS-PASEP e do salário-educação o repasse automático ao BNDES e ao pagamento do seguro-desemprego; e (b) possibilitar ao governo federal reter a parcela do IR na fonte sobre o salário dos funcionários públicos federais que teria de ser transferida a estados e municípios através dos fundos de participação.

Porém, na segunda metade da década de 1990, uma sequência de crises em mercados emergentes com regime de câmbio fixo acabou contagiando a economia brasileira, deixando a opção de desvalorizar o real como a única saída da crise. Isso elevou a razão dívida-PIB e forçou o governo a promover um ajuste mais profundo nas contas públicas, além do compromisso de maior disciplina fiscal a partir de 1999.

A desvalorização do câmbio teve efeito maléfico sobre a razão dívida-PIB. Em fins de 1998, havia receio do mercado de que o Brasil, assim como os asiáticos em 1997 e os russos em 1998, desvalorizaria sua moeda. Como proteção, o mercado aumentou a demanda por dólar. Para evitar a perda de reservas, o Banco Central passou a emitir títulos indexados à moeda americana, oferecendo *hedge* ao mercado. Isso elevou a proporção de títulos cambiais para 20% do total da dívida pública. Por isso, quando ocorreu a desvalorização do real, o impacto sobre a razão dívida-PIB foi elevado, ainda mais num ambiente de baixo crescimento econômico. O Gráfico 2 traz a evolução da razão dívida-PIB desde dezembro de 1997.[2]

GRÁFICO 2

Fonte: Ipeadata.

Nesse período de rápida elevação da dívida, tornava-se clara a necessidade de uma política de superávits primários consistentes. Havia muita incerteza quanto à sustentabilidade da dívida pública brasileira no final da década de 1990.

Para evitar uma crise de maiores proporções, o governo fechou um acordo com o FMI em que a instituição disponibilizaria ao Brasil US$42 bilhões para saque. Em contrapartida, o governo brasileiro teve que se comprometer, principalmente, em adotar uma trajetória crescente de superávit primário em razão do PIB — 3,10% em 1999, 3,25% em 2000 e 3,35% em 2001. O governo cumpriu as metas de superávit primário desde 1999.

No segundo semestre de 2002, a moeda brasileira sofreu uma nova onda de desvalorização. O perío-

---

[2] A dívida pública brasileira no passado recente teve um novo componente importante, os chamados *hidden liabilities*, ou "esqueletos". O reconhecimento desses passivos contribuiu para o aumento da dívida. Além disso, a composição da dívida é precária, pois continua com uma parcela significativa de títulos indexados ao câmbio. Outra fonte de volatilidade é a sua maturidade, que é concentrada em títulos com prazos curtos de vencimentos, deixando a relação dívida-PIB vulnerável a mudanças conjunturais de curto prazo. Isso representa um risco para a sustentabilidade da dívida.

do eleitoral, em que a oposição liderava as pesquisas de opinião pública, deixou o mercado com dúvidas quanto à continuidade da política econômica do governo anterior. Nesse cenário, a dívida voltou a subir, pressionada principalmente pelos títulos indexados ao câmbio.

Após as eleições, o novo governo anunciou um ajuste fiscal ainda mais rigoroso, comprometendo-se com uma meta de superávit primário de 4,25% do PIB. Em 2003 o governo alcançou 4,36% do PIB de superávit primário, superando a meta para o ano. Para 2004, a meta de 4,25% foi mantida.[3] De fato, de 2000 até o período atual (excluindo os anos de 2009 e 2010, em que a política fiscal foi utilizada como instrumento anticíclico no combate aos impactos da crise internacional), o superávit primário tem oscilado em torno do mesmo patamar, contribuindo para manter a razão dívida-PIB em trajetória cadente por vários anos.

Luporini (2001) aplicou o teste do modelo elaborado por Bohn (1998) para os dados anuais de 1966 a 2000, período que abrange alguns anos tanto de hiperinflação como também de estabilidade do nível de preços. De acordo com as equações estimadas, a dívida pública doméstica federal foi insustentável nesse período, sinalizando a necessidade de mudança na política fiscal.

Giambiagi e Ronci (2004) analisaram a política fiscal brasileira e a sustentabilidade da dívida pública nos anos do governo Fernando Henrique Cardoso (1995-2002). Como já discutido anteriormente, até 1999 o governo optou por ter déficits primários, revertendo essa política após a flexibilização do câmbio em janeiro de 1999.

Para testar a sustentabilidade da dívida pública brasileira, Giambiagi e Ronci (2004) seguiram a técnica apresentada por Wilcox (1989). Por esse método, se a dívida pública descontada for estacionária, então há sustentabilidade. O teste foi aplicado para a dívida líquida real do setor público consolidado, utilizando como fator de desconto a taxa de juros Selic deflacionada pelo índice geral de preços (IGP).

A hipótese de raiz unitária não foi rejeitada pelo teste de Dickey-Fuller Aumentado, o que significa que a dívida pública real foi insustentável de janeiro de 1995 a dezembro de 2002. Testes para subperíodos da amostra foram feitos, mas indicaram insustentabilidade mesmo para o período 1999-2002, momento de maior esforço fiscal do governo Fernando Henrique Cardoso.

O período analisado por Giambiagi e Ronci (2004) tem grande interseção com o período de análise deste estudo. Entretanto, algumas diferenças merecem maior destaque. Primeiro, a amostra utilizada aqui contém um mandato e meio de política fiscal do governo Lula, período em que a política de superávits primários foi mantida. Segundo, o teste deste artigo segue técnicas diferentes da aplicada por Wilcox (1989). Terceiro, Giambiagi e Ronci testaram a sustentabilidade da dívida pública real, enquanto o objetivo desta pesquisa é testar a sustentabilidade da razão dívida-PIB.

Como foi visto anteriormente, dependendo do período da amostra e da metodologia aplicada, a conclusão das estimações sobre sustentabilidade pode ser distinta.

3 METODOLOGIA

Nesta seção, apresenta-se o modelo de resposta a impulso não convencional que permite analisar como o governo reage a choques correntes nas variáveis fiscais (Bohn, 1991).

As hipóteses testáveis são derivadas de uma identidade, que é a restrição orçamentária do governo. Essa restrição é simplesmente uma condição de equilíbrio, tal que os gastos do governo com bens, serviços e pagamentos de juros ou são financiados com a arrecadação de impostos ou via emissão de dívida pública.

---

[3] Devido à revisão das Contas Nacionais em 2007, existe uma discrepância entre os dados dos Gráficos 1 e 2 e as informações do texto. A revisão das Contas Nacionais elevou o PIB de 2007 em cerca de 10% em termos nominais, impactando as medidas fiscais em proporção do PIB.

TESTE DE SUSTENTABILIDADE E MECANISMO DE AJUSTE (BOHN, 1991)

Se o governo de uma economia possui uma dívida pública que é sustentável, como ele ajusta os instrumentos de política fiscal quando há inovações no gasto, na receita e no estoque da dívida? Bohn (1991) procurou responder a essa questão a partir de um modelo de resposta a impulso não convencional. Nesse modelo, um choque nos gastos, por exemplo, tem como resposta mudanças em valor presente dos impostos e gastos futuros.

De acordo com Bohn (1991), sob a hipótese de taxa de juros constante, a restrição orçamentária do governo é determinada pela equação:

$$B_{t+1} = G_t - T_t + (1 + r)B_t + \varepsilon_t \tag{1}$$

em que B é a dívida pública, G representa os gastos com bens e serviços, T, a receita tributária (exclui senhoriagem)[4] e r, a taxa de juros. Supõe-se ser o termo de erro ε um ruído branco.[5]

Desenvolvendo a equação (1) para s períodos futuros e aplicando o operador de expectativa condicional às informações em t, $E_t(\cdot)$, junto com o limite, temos que:

$$(1+r) \, B_t = \lim_{s \to \infty} \frac{E_t(B_{t+s})}{(1+r)_{s-1}} + \sum_{j=0}^{\infty} \frac{1}{(1+r)^j} E_t(T_{t+j} - G_{t+j} - \varepsilon_{t+j}) \tag{2}$$

Se a condição de transversalidade é satisfeita, então a restrição orçamentária intertemporal é determinada por:

$$(1+r) \, B_t = \sum_{j=0}^{\infty} \rho^j E_t(T_{t+j} - G_{t+j} - \varepsilon_{t+j}) \tag{3}$$

em que $\rho = 1/(1 + r)$ é o fator de desconto. Segundo Trehan e Walsh (1988), para que essa restrição orçamentária seja satisfeita, a primeira diferença da dívida do governo (ΔB_t) tem que ser estacionária. Logo, a estacionariedade de ΔB_t implica a existência de uma restrição de cointegração entre as variáveis $X_t = (T_t, G_t, B_t)$, e, de acordo com a equação (1), o vetor de cointegração é $(1, -1, -r)$.

Dadas as relações anteriores, temos que o déficit nominal do governo decorre da combinação linear das variáveis em X,

$$DEF_t = G_t - T_t - rB_t \tag{4}$$

Supondo que as variáveis em X são integradas de ordem $I(1)$ e que existe um vetor de cointegração $\Delta = (1, -1, -r)$ entre essas variáveis, então, de acordo com Engle e Granger (1987), tem-se o seguinte modelo de correção de erro,

$$A(L)\Delta X_t = -\alpha \beta' X_{t-1} + u_t \tag{5}$$

ou

$$A(L)\Delta X_t = -\alpha DEF_{t-1} + u_t \tag{6}$$

em que $A(0) = I$, $A(1)$ é finita e u_t é um vetor de choques aleatórios. Além disso, supõe-se que u_t tem autocorrelação zero e $A(L)$ é finita de ordem k.

---

[4] Em Bohn (1991) T inclui a receita com senhoriagem.
[5] Como a restrição orçamentária do governo é uma identidade quando a taxa de juros é uma função do tempo, a hipótese de juros constante implica a existência de um componente de erro.

Da equação (4) é possível derivar a identidade

$$DEF_t = -\beta' \, \Delta X_t + DEF_{t-1} \qquad (7)$$

Substituindo (7) em (6), obtém-se a equação estocástica de primeira ordem

$$X_t^* = A^* X_{t-1}^* + u_t^* \qquad (8)$$

em que $X_t^* = (\Delta X_t', ..., \Delta X_{t-k+1}', DEF_{t-k})'$ e $u_t^* = (u_t', 0, ..., 0')$ são vetores de ordem $(nk + 1)$. A matriz A^* é $(nk + 1) \times (nk + 1)$, sendo seus coeficientes

$$A^* = \begin{pmatrix} A_1^* & A_2^* & ... & A_k^* & \alpha \\ I & & ... & 0 & 0 \\ \vdots & & & \vdots & \vdots \\ 0 & ... & I & 0 & 0 \\ 0 & ... & 0 & -\beta' & 1 \end{pmatrix},$$

em que os elementos das $n \times n$ submatrizes A_i^* são funções dos coeficientes $A(L)$, α e β. A resposta de uma variável a uma inovação j–períodos adiante é determinada pela linha da matriz $(A^*)^j$.

Em termos de valor presente, se há um choque em que o gasto do governo aumenta, a restrição orçamentária intertemporal do governo requer que o gasto futuro se reduza ou que os impostos sejam aumentados de modo a compensar a elevação do gasto. Isso implica que o aumento futuro dos impostos junto com a redução dos gastos futuros devem ser iguais ao choque inicial em valor presente.

Assim, é possível escrever a restrição orçamentária intertemporal do governo em termos de valor presente das variáveis fiscais. Para isso, o valor presente de qualquer variável z é definido como a soma descontada de suas realizações futuras, ou seja, $PV(z)_t = \sum_{j \geq 1} \rho^j z_{t+j}$. Uma inovação na variável z e no seu valor presente é definida por $\hat{z}_t = z_t - E_{t-1}z_t$ e $P\hat{V}(z)_t = E_t PV(z)_t - E_{t-1} PV(z)_t$, respectivamente. Com essas definições, a equação (3) pode ser escrita como

$$(1 + r)B_t = T_t + E_t PV(T)_t - [G_t + E_t PV(G)_t + E_t (PV(\varepsilon)_t)/\rho] \qquad (9)$$

Em termos de inovação, isso implica que

$$\hat{T}_t + P\hat{V}(T)_t = \hat{G}_t + P\hat{V}(G)_t + (1 + r)\hat{B}_t + \Omega_t/\rho \qquad (10)$$

para todas as realizações de $\hat{T}$, $\hat{G}$ e $\hat{B}$, em que $\Omega_t = E_t[PV(\varepsilon)_t] - E_{t-1}[PV(\varepsilon)_t]$ é um termo de erro. Devido à existência de raiz unitária nas variáveis da equação (10), esta deve ser escrita em primeira diferença. Utilizando a identidade a seguir,

$$(1 - \rho)[z_t + PV(z)_t] = z_t + PV(\Delta z)_t \qquad (11)$$

e o fato de que $\Delta \hat{X}_t = \hat{X}_t$, a equação (10) pode ser escrita como

$$\Delta \hat{T}_t + P\hat{V}(\Delta T)_t = \Delta \hat{G}_t + P\hat{V}(\Delta G)_t + r\Delta \hat{B}_t + r\Omega_t \qquad (12)$$

em que os componentes $\Delta \hat{T}_t + P\hat{V}(\Delta T)_t$ e $\Delta \hat{G}_t + P\hat{V}(\Delta G)_t$ da equação representam as inovações permanentes nos impostos e nos gastos. A equação mostra que mudanças permanentes nos impostos e nos gastos devem ser iguais, exceto quando há mudanças na dívida inicial ou no termo de erro. Em outras palavras, isso implica que qualquer inovação nos impostos correntes ou nos gastos requer um ajuste nas outras variáveis (gastos ou impostos) de modo a que a mudança seja permanente. Portanto, de acordo com a equação (12), um choque nos gastos, $\Delta \hat{G}_t$, se não for acompanhado por mudanças correntes nos impostos e na dívida, a soma das futuras reduções dos gastos, $-P\hat{V}(\Delta G)_t$, e o aumento dos impostos no futuro, $P\hat{V}(\Delta T)_t$, devem ser iguais a $\Delta \hat{G}_t$.[6]

Logo, é possível afirmar que o valor presente das mudanças futuras de impostos e gastos é uma combinação linear das inovações correntes. Sejam z uma variável qualquer definida no processo X e $f(z)$ o vetor projeção dos coeficientes para o valor presente de suas mudanças futuras, então

$$P\hat{V}(\Delta z)_t = f(z)\Delta \hat{X}_t = f_{x1}(z)\Delta \hat{X}_{t1} + \cdots + f_{xn}(z)\Delta \hat{X}_{tn} \tag{13}$$

em que $f_{xi}(z)$ significa o efeito marginal de uma inovação no i-ésimo elemento de $\hat{X}_t$, $\Delta \hat{X}_{ti}$, sobre $P\hat{V}(\Delta z)_t$.

Se o termo de erro Ω_t é uma combinação linear das inovações em ΔX_t, isto é, $\Omega_t = \omega \Delta \hat{X}_t$ com elementos ω_{Xi}, os efeitos do valor presente $P\hat{V}(\Delta T)$ e $- P\hat{V}(\Delta G)_t$ não necessariamente igualarão a ΔG_t quando $\omega_G \neq 0$. Essa discrepância pode ser entendida como uma medida da precisão da aproximação do retorno dos títulos pela constante r da equação (1) ajustada aos dados.

Para estimar as projeções de valor presente no contexto do modelo de correção de erro (6), note que cada projeção é a soma descontada dos termos de resposta a impulso. Se o vetor h_s seleciona ΔX_{ts} de X_t, então

$$P\hat{V}(\Delta X_s)_t = h_s \sum_{j \geq 1} (\rho A^*)^j u_t^* = h_s \rho A^*[I - \rho A]^{-1} u_t^* \tag{14}$$

Desde que a inovação no período t na variável X_i é o i-ésimo elemento em u_t^*, o efeito marginal de uma inovação em X_i sobre o valor presente de ΔX_s é o elemento (s, i) na matriz

$$f_{X_i}(X_s) = \{\rho A^*[I - \rho A^*]^{-1}\}_{si}, \tag{15}$$

em que $\{M\}_{si}$ representa o elemento na linha s e coluna i da matriz M.

4 BASE DE DADOS

Os testes do modelo do Bohn (1991) são aplicados às séries temporais mensais de gasto, receita e dívida no período entre fevereiro/1997 e agosto/2008. Optou-se pela exclusão dos dados de setembro/2008 até o período atual por causa da crise internacional, que contaminou os dados nesse período. Devido à inexistência de séries mensais de gastos e receitas do setor público consolidado (governo central, estados, municípios e estatais), os dados do governo central foram utilizados nas estimações.

A análise abrangerá séries mensais em proporção do PIB, com todos os dados ajustados sazonalmente. A série de PIB mensal é construída pelo Banco Central do Brasil.

As séries de dívida líquida do governo central, receita do governo central e despesa do governo central têm como fontes IPEA e Banco Central do Brasil.

---

[6] Isso é verdade quando o termo de erro é ignorado.

5 RESULTADOS EMPÍRICOS

Os testes do modelo são apresentados nesta seção, assim como as estimativas da função resposta a impulso não convencional.

TESTES E ESTIMAÇÕES DO MECANISMO DE AJUSTE FISCAL – BOHN (1991)

A análise de cointegração será aplicada nesta subseção. O objetivo ao estimar o modelo desenvolvido por Bohn (1991) é testar a sustentabilidade da dívida pública líquida em proporção do PIB e avaliar como o governo ajusta em termos de valor presente a sua política de gasto e receita quando há um choque corrente em uma dessas variáveis fiscais. Se a dívida é sustentável, então existe um vetor de cointegração $(1, -1, -r)$ entre as variáveis T, G e B que significa uma restrição de longo prazo às mudanças de gasto e receita. Portanto, um aumento do gasto corrente requer um aumento do valor presente dos impostos futuros e/ou uma redução dos gastos futuros suficientes para compensar a mudança corrente nos gastos.

Inicialmente, um teste de raiz unitária é feito para identificar a ordem de integração das séries. Na Tabela 1, seguem os resultados dos testes de raiz unitária para as séries de gasto corrente (exclusive juros), receita e dívida como proporção do PIB.[7]

TABELA 1 Testes de raiz unitária (séries em proporção do PIB)								
Séries	ADF*	v.c. 5%	p-valor	PP**	v.c. 5%	p-valor	KPSS***	v.c. 5%
R	−1,960	−2,883	0,304	−4,621	−2,882	0,000	1,387	0,463
ΔR	−8,484	−2,883	0,000	−46,954	−2,883	0,000	0,109	0,463
G	−1,457	−2,883	0,553	−4,445	−2,882	0,000	1,351	0,463
ΔG	−9,910	−2,883	0,000	−51,668	−2,882	0,000	0,092	0,463
B	−2,908	−2,882	0,047	−2,9444	−2,882	0,043	0,693	0,463
ΔB	−12,887	−2,882	0,000	−12,895	−2,882	0,000	0,490	0,463

*Teste de Dickey-Fuller Aumentado com interseção e sem tendência.
**Teste de Phillips-Perron com intercepto e sem tendência.
***Teste de Kwiatkowski-Phillips-Schmidt-Shin (H_0: Série estacionária).

O teste ADF não rejeita a presença de raiz unitária nas séries de gasto e receita, e o teste KPSS rejeita a estacionariedade das séries. O teste PP rejeita a presença de raiz unitária nos dois índices. Na série de dívida, o teste ADF não rejeita a presença de raiz unitária só a 1% de significância, e o teste KPSS rejeita a estacionariedade da série da dívida. O teste PP rejeita a presença de raiz unitária na série da dívida.

Para a realização do teste de cointegração, primeiro o número de defasagens do VAR é escolhido a partir dos critérios de Hanna-Quinn e Schwarz. Em seguida, apresenta-se o teste de cointegração de Johansen (1988).

Tanto pelo critério de Hanna-Quinn quanto pelo critério de Schwarz o VAR deve conter uma defasagem. Entretanto, o teste de autocorrelação serial rejeita a hipótese nula de não existência de autocorrelação. Para solucionar esse problema, foi necessária a estimação de um VAR com cinco defasagens.

---

[7] As séries de gasto, receita e dívida utilizadas nas estimativas desta seção abrangem a parte do setor público denominada governo central (Tesouro Nacional, Previdência Social e Banco Central).

A Tabela 2 traz os resultados do teste de cointegração de Johansen.

TABELA 2 Teste de Johansen				
H_0: posto = p	Est. $\lambda_{máx.}$	v.c. 5%	Est. Traço	v.c. 5%
p = 0	24,38	17,89	31,26	24,31
p ≤ 1	5,85	11,44	6,88	12,53
p ≤ 2	1,03	3,84	1,03	3,84
Vetor de cointegração (1, −1,011, −0,006)				
Teste do vetor de cointegração (1, −1, −0,006)				
Estatística-LR			p-valor	
0,079			0,778	

Amostra: 1997:07 a 2008:08.

O teste de Johansen demonstra a existência de um vetor de cointegração tanto pela estatística do traço quanto pela estatística do autovalor, ao nível de 5% de significância. Além disso, a estimativa do modelo de correção de erros restrito ao vetor de cointegração $(1, -1, -r)$ estima $r = 0,006$. Logo, o teste do vetor de cointegração $(1, -1, -0,006)$ não é rejeitado, o que é suficiente para a sustentabilidade da razão dívida-PIB. Bohn (1991) estimou o vetor $(1, -1, -r)$ para a economia americana e encontrou $r = 0,029$ para dados anuais, significativamente abaixo do estimado para a economia brasileira, $r = 0,074$ em termos anualizados. O alto juro real da nossa economia é fator-chave na diferença entre a estimativa de r para o Brasil e para os EUA. Um conjunto de fatores explica a discrepância do juro real entre as duas economias, entre os quais a elevada razão dívida-PIB, gastos fiscais crescentes e alto prêmio de risco, o que reflete o histórico de inflação alta até meados da década de 1990. Sabe-se que taxas de juros reais elevadas reduzem a viabilidade de vários investimentos e inibem o desenvolvimento de mercados de crédito de longo prazo. Todavia, a taxa de juro real da economia brasileira tem caído nos últimos anos, em especial por causa da queda do prêmio de risco e fruto também da persistente redução da dívida pública em proporção do PIB e do cumprimento das metas de superávit primário. Porém, o nível da taxa de juro real no Brasil permanece acima dos padrões internacionais.

O próximo passo será estimar o modelo de correção de erro proposto em Bohn (1991). A Tabela 3 contém os resultados dessas estimações para o VEC restrito ao vetor de cointegração $(1, -1, -0,006)$.

TABELA 3 Modelo de correção de erro					
Regressores	Equação 1 Var. Dep. ΔT_t		Equação 2 Var. Dep. ΔG_t		Equação 3 Var. Dep. ΔB_t
	Coef.	Est. t	Coef.	Est. t	Coef.	Est. t
ΔT_{t-1}	−0,263	[−1,178]	0,049	[0,333]	5,593	[2,345]
ΔT_{t-2}	−0,279	[−1,394]	0,092	[0,696]	3,796	[1,777]
ΔT_{t-3}	−0,128	[−0,806]	0,200	[1,922]	0,598	[0,353]
ΔT_{t-4}	−0,022	[−0,191]	−0,055	[−0,734]	−2,710	[−2,221]
ΔG_{t-1}	−0,541	[−2,278]	−0,627	[−4,022]	−6,847	[−2,704]
ΔG_{t-2}	−0,401	[−1,890]	−0,558	[−4,002]	−3,068	[−1,354]
ΔG_{t-3}	−0,388	[−2,142]	−0,239	[−2,011]	1,277	[0,661]

(continua)

(Continuação)

Regressores	Equação 1 Var. Dep. ΔT_t		Equação 2 Var. Dep. ΔG_t		Equação 3 Var. Dep. ΔB_t	
	Coef.	Est. t	Coef.	Est. t	Coef.	Est. t
ΔG_{t-4}	−0,304	[−2,483]	−0,242	[−2,727]	0,131	[0,090]
ΔB_{t-1}	0,016	[1,734]	0,006	[0,969]	−0,183	[−1,901]
ΔB_{t-2}	0,013	[1,414]	0,003	[0,514]	−0,040	[−0,413]
ΔB_{t-3}	−0,013	[−1,475]	−0,005	[−0,864]	0,041	[0,455]
ΔB_{t-4}	0,001	[0,167]	0,005	[0,937]	−0,090	[−1,032]
DEF_{t-1}	0,567	[2,484]	−0,134	[−0,896]	8,165	[3,354]
R2	0,427		0,466		0,203	
Est.-F	9,252		10,696		3,829	

Amostra: 1997:07 a 2008:08.

Os resultados do VEC mostram que o gasto fiscal é exógeno fraco. Isso significa que o governo reage a choques aumentando o imposto para manter a política fiscal em trajetória sustentável. Logo, é possível estimar uma relação contemporânea entre a variação da receita (ΔT_t) e a variação dos gastos (ΔG_t) sem o uso de variáveis instrumentais. Duas especificações diferentes foram utilizadas para estimar a relação contemporânea entre tributos e gastos. Na primeira equação há somente a variação dos gastos como regressor. Na segunda, o desvio da relação de longo prazo estimada no modelo de correção de erro (déficit fiscal) também faz parte do conjunto de variáveis explicativas. A Tabela 4 informa os parâmetros das duas estimações.

TABELA 4 Variação do imposto – governo central						
	Equação 1			Equação 2		
Constante	0,000	(0,000)	[0,611]			
ΔG_t	0,371	(0,147)	[2,520]	0,7290	(0,144)	[5,037]
DEF_{t-1}				−0,9072	(0,142)	[−6,369]
$R^2 = 0,06$	DW = 2,80			$R^2 = 0,469$	DW = 2,05	
LM_1: 25,61(0,00)	LM_3: 29,13(0,00)			LM_1: 1,55(0,21)	LM_3: 1,72(0,17)	
HET: 0,90(0,41)				HET: 5,07(0,00)		

Todas as estimativas foram feitas por Mínimos Quadrados Ordinários (MQO).
( ) desvio-padrão
[ ] Estatística t (matriz de Newey-West na equação 1 e White na equação 2.
LM: teste de autocorrelação serial para 1 e 3 defasagens.
HET: teste de heterocedasticidade.
Amostra: 1997:07 a 2008:08.

O coeficiente de ΔG_t representa a elasticidade contemporânea de ajuste dos impostos a mudanças nos gastos do governo. Ou seja, a cada 1% de aumento nos gastos do governo em proporção do PIB em t, a carga tributária aumenta 0,37% em t pela equação 1 e 0,73% pela equação 2.

A partir da estimação do modelo de correção de erro também é possível calcular as funções de resposta a impulso não convencional. Para isso, o VEC foi reestimado apenas com os regressores que foram significativos ao nível de 5% na estatística t robusta à heterocedasticidade. A Tabela 5 traz os resultados para três valores de r.

TABELA 5 Resposta a impulso não convencional-restrito				
Inovação em	T	T	G	G
Efeito em	PV(ΔT)	PV(ΔG)	PV(ΔT)	PV(ΔG)
$r = 0,0061$	−0,98	0,00	0,37	−0,62
$r = 0,0055$	−0,98	0,00	0,37	−0,62
$r = 0$	−1,00	0,00	0,38	−0,62

O primeiro resultado é para um $r = 0,0061$, valor estimado do vetor de cointegração no modelo de correção de erros. A Tabela 5 mostra que para cada unidade de alta nos impostos correntes o governo reage reduzindo em 98% desse valor os impostos futuros em valor presente. Além disso, o governo não reduz os gastos futuros em valor presente. A diferença para o ajuste ser de 100% resulta da existência do termo de erro, que é maior quanto mais elevado é o componente de desconto r.

Caso o choque seja um aumento nos gastos, o governo aumenta o valor presente dos impostos futuros em 37% do valor do choque e reduz o valor presente dos gastos futuros em 62% do valor do choque.

A partir da estimativa de $r = 0,0061$ e de seu desvio-padrão, foi utilizado o limite inferior do intervalo de confiança de 95% para r na replicação do exercício anterior e para $r = 0$. Os resultados são similares aos observados para $r = 0,0061$.

É importante fazer a comparação dos resultados da Tabela 5 para o período 1997-2008 com os obtidos por Issler e Lima (2000) para o período 1947-1992. Nota-se algum avanço em termos de ajuste fiscal no período pós-estabilização, embora a exogeneidade fraca dos gastos tenha se mantido no período recente. Os resultados da análise de impulso-resposta não convencional para o período atual são similares aos observados em Issler e Lima (2000) para choques nos impostos, o que é fruto da exogeneidade fraca dos gastos. No entanto, Issler e Lima (2000) encontraram que para cada unidade de aumento corrente dos gastos apenas 11% era reduzido em valor presente do gasto. Na estimativa atual, essa proporção subiu para 62%. Logo, mais da metade dos choques de gasto (62%) é revertida no período 1997-2008, contra apenas 11% para o período 1947-1992. Isso é um claro sinal de amadurecimento fiscal, mas a manutenção da exogeneidade fraca do gasto ainda preocupa. Isso pode ser visto claramente na Tabela 3, onde a resposta do gasto ao déficit passado é não significativa — o gasto não depende do déficit passado —, enquanto impostos e dívidas dependem.

É provável que o aumento persistente e rápido da carga tributária durante todos estes anos tenha começado a limitar a capacidade de ajuste via novos tributos a cada aumento de gastos. Por isso, parte do aumento de gastos correntes começa a ser financiada por alguma redução de gastos no futuro, mas não totalmente. Ainda resta uma parcela de aumento de impostos, mesmo num país em que a carga tributária já é bastante elevada, especialmente quando comparada ao serviço público prestado.

6 CONSEQUÊNCIAS DA POLÍTICA FISCAL PARA O PRODUTO A LONGO PRAZO

Os resultados fiscais apresentados nas seções anteriores, em que grande parte do ajuste para garantir a sustentabilidade da dívida pública tem sido feita através do aumento de impostos, tem consequências para o crescimento da economia.

Ferreira e Nascimento (2009), utilizando um modelo de equilíbrio geral dinâmico em que os agentes escolhem otimamente consumo, poupança e investimento e firmas competitivas maximizam lucros, mostram os efeitos positivos que uma redução da carga tributária tem sobre o crescimento econômico e o bem-estar da sociedade. A Tabela 6 traz os resultados para a simulação no curto e longo prazos da redução de 1% da carga tributária.

TABELA 6 Desoneração tributária (menos 1% de carga tributária)					
Variável/anos após mudança	0	4	10	20	∞
Produto (Y)	1,000	1,012	1,015	1,016	1,018
Consumo privado (Cp)	1,000	1,068	1,074	1,077	1,080
Consumo do governo (Cg)	1,000	0,978	0,981	0,983	0,984
Capital privado (K)	1,000	1,006	1,014	1,020	1,024
Capital público (Kg)	1,000	1,001	1,004	1,008	1,014
Trabalho (H)	1,000	1,016	1,014	1,013	1,012
Investimento privado (I)	1,000	1,035	1,028	1,025	1,024
Investimento público (Ig)	1,000	1,009	1,011	1,012	1,014
Ganho de bem-estar % (x)	0,000	0,116	0,447	0,748	1,085

Fonte: Ferreira e Nascimento (2005).

Os resultados mostram os efeitos positivos sobre o produto já no curto prazo, e que continuam aumentando ao longo do tempo. De acordo com os resultados anteriores, uma redução de 1% de carga tributária acarreta um aumento no produto de 1,8% a longo prazo. Entretanto, quatro anos após a redução na carga tributária, o PIB já aumentaria em 1,2%. Concomitantemente, a diminuição da carga tributária provoca, nessa economia, o aumento do consumo e dos investimentos.

Cardoso (2007), de maneira mais simples, também explorou as consequências do aumento da carga tributária para o produto no Brasil: observou que de 1991 a 2006 o PIB avançou 44,7% e a carga tributária passou de 24,4% para 37,5%. Dividindo o aumento da carga tributária pelo aumento do PIB, chega-se à carga marginal de impostos de 66,8%. Como as empresas consideram a alíquota marginal nas suas decisões de investimento, a alíquota marginal brasileira de quase 70% é bastante inibidora da ampliação da capacidade produtiva. Logo, um possível resultado do comportamento fiscal brasileiro recente seria o baixo investimento e crescimento econômicos. Exatamente o que temos observado no Brasil quando o comparamos com outras economias emergentes.

7 CONCLUSÃO

A análise de cointegração aplicada neste trabalho para testar a sustentabilidade da dívida pública brasileira ofereceu resultados que apontam na direção da sustentabilidade da razão dívida-PIB. O governo, que antes do plano de estabilização de 1994 tinha como importante componente de sua arrecadação o imposto inflacionário, parece ter se ajustado para manter uma trajetória sustentável da sua razão dívida-PIB.

Os resultados das estimações do modelo do Bohn (1991) levam à conclusão, assim como Issler e Lima (2000), de que o ajuste ocorreu por meio do aumento de impostos. Essa constatação aponta para uma política fiscal com efeitos negativos sobre o crescimento econômico de longo prazo. A elevação dos gastos do governo leva ao aumento da tributação (*spend-and-tax*) para garantir a sustentabilidade da dívida pública, como mostram os testes aplicados neste artigo. Porém, a crescente carga tributária desestimula o investimento, reduz a eficiência da economia e diminui o crescimento potencial, como sugerem as simulações de Ferreira e Nascimento (2009) e a análise marginal de Cardoso (2007). Esses resultados permitem concluir que a política fiscal dos últimos 15 anos inibiu a ampliação da capacidade produtiva por parte do setor privado.

Nota-se que esse arranjo de política fiscal, em que o ajuste a choques é feito via elevação de impostos, se faz presente além do passado recente, como os resultados de Issler e Lima (2000). Isso explica, em parte, por que o baixo crescimento da economia durante o período de inflação elevada se manteve após a implementação do Plano Real. Ao mesmo tempo em que a carga tributária da economia brasileira é uma das maiores entre os países emergentes, o crescimento médio das últimas décadas é um dos mais baixos.

De fato, houve avanço na política fiscal após a estabilização quando comparado com o período anterior. O governo tem se comprometido publicamente a cumprir metas de superávit primário, além da busca pela estabilidade da razão dívida-PIB. Dessa maneira, mesmo com a redução da receita de senhoriagem, o setor público gerou recursos suficientes para saldar seus compromissos no longo prazo e manter a razão dívida-PIB sustentável. Além disso, as estimativas mostram que no período recente já existem limitações ao aumento da carga tributária, e parte maior do aumento corrente dos gastos é financiada por diminuição dos gastos no futuro.

Contudo, a combinação de política fiscal escolhida entre gastos e tributos para manter a sustentabilidade da dívida continuou com seus efeitos maléficos ao crescimento de longo prazo.

Portanto, políticas econômicas que visem acelerar o crescimento econômico no longo prazo devem revisitar a questão fiscal. A redução dos gastos públicos acompanhada pela diminuição dos impostos pode manter o superávit primário elevado e a dívida pública sustentável. Esse arranjo fiscal desloca para cima o investimento do setor privado e a produtividade da economia, elevando o crescimento econômico e o bem-estar das gerações futuras.

PARTE 5

FINANCIAMENTO DE LONGO PRAZO E INVESTIMENTO

24

O BRASIL E A GLOBALIZAÇÃO APÓS O PLANO REAL:
OS CENSOS DO CAPITAL ESTRANGEIRO, 1995, 2000 E 2005
Gustavo H. B. Franco

25

NOTAS SOBRE O FINANCIAMENTO DE LONGO PRAZO
NO BRASIL
Arminio Fraga Neto

26

CRÉDITO À HABITAÇÃO NO BRASIL: CRESCIMENTO E GARGALOS
Marcus Vinicius Ferrero Valpassos

27

FINANCIAMENTO DO INVESTIMENTO
Julio Dreizzen

28

OBSERVAÇÕES SOBRE UM "PROGRESSO SEM ORDEM":
OS INVESTIMENTOS PÚBLICOS NOS PROGRAMAS DE CRESCIMENTO
Luiz Chrysostomo de Oliveira Filho

O Brasil e a Globalização após o Plano Real: os Censos do Capital Estrangeiro, 1995, 2000 e 2005[1]

Gustavo H. B. Franco

1 INTRODUÇÃO

Na época em que fui professor e pesquisador, em regime de tempo integral, no Departamento de Economia da PUC-Rio, entre 1986 e 1993 — período em que convivi diariamente com Dionisio Dias Carneiro —, mantive uma produção regular, geralmente em parceria com Winston Fritsch, em torno do tema das empresas multinacionais e sua influência sobre a inserção internacional do país. Nos anos que se seguiram, a despeito de me envolver diretamente com o assunto como dirigente do Banco Central do Brasil (BCB), e de patrocinar diversas iniciativas relevantes para ampliar a visibilidade da presença do capital estrangeiro no Brasil, e também e principalmente para a prática de políticas públicas e de iniciativas regulatórias nesse campo, tive poucas oportunidades de retornar ao tema como pesquisador. Com o propósito de homenagear Dionisio, com o qual Winston e eu tivemos o privilégio de compartilhar os resultados dessas nossas pesquisas em inúmeras oportunidades, este ensaio retoma o filão, com o propósito específico de analisar os resultados do terceiro Censo do Capital Estrangeiro no Brasil, feito para o ano-base 2005, e apenas recentemente divulgado. Como será visto a seguir, esses dados, cotejados com os resultados para os anos-base 1995 e 2000, fornecem um impressionante painel dos impactos das empresas estrangeiras sobre a economia brasileira nos primeiros 10 anos que se seguem à estabilização quando, sabidamente, houve um extraordinário aumento do investimento direto estrangeiro no Brasil e, consequentemente, um notável aprofundamento das relações do país com a economia global. O Brasil surpreendentemente cosmopolita e internacionalizado que emerge desses censos há de requerer políticas públicas adaptadas para essa realidade singular e estranha às ideias, ou ao mito de um país fechado, autossuficiente e, ao menos a julgar pelos graus de abertura comercial, relativamente isolado do fenômeno da globalização.

Este ensaio está dividido em três seções além desta introdução. Na Seção seguinte tratamos do histórico e das definições metodológicas dos censos, e na Seção 3 discutimos os resultados comparados para os três censos; e na Seção 4, tratamos de conclusões e novos rumos de pesquisa abertos pelos novos dados.

2 INVESTIMENTO DIRETO ESTRANGEIRO: O CENSO E OS IMPACTOS SOBRE A ECONOMIA

A história dos censos do capital estrangeiro no Brasil começa com a própria Lei 4.131/1962, na qual podem ser encontrados os seguintes comandos, ainda em plena vigência:

> Art. 55. A SUMOC (Superintendência da Moeda e do Crédito) realizará, periodicamente, em colaboração com o Instituto Brasileiro de Geografia e Estatística, o censo dos capitais estrangeiros aplicados no país.

---

[1] Preparado para o seminário Novos Dilemas da Política Econômica, seminário em homenagem a Dionisio Dias Carneiro, IEPE/CdG, 24 de setembro de 2010. Com as ressalvas de praxe, o autor agradece aos participantes do seminário por comentários e sugestões.

Art. 56. Os censos deverão realizar-se nas datas dos Recenseamentos Gerais do Brasil, registrando a situação das empresas e capitais estrangeiros em 31 de dezembro do ano anterior.

Art. 57. Caberá à SUMOC elaborar o plano e os formulários do censo a que se referem os artigos anteriores, de modo a permitir uma análise completa da situação, dos movimentos e dos resultados dos capitais estrangeiros.

Parágrafo único. Com base nos censos realizados, a SUMOC elaborará relatório contendo ampla e pormenorizada exposição ao Conselho de Ministros e ao Congresso Nacional.

Art. 58. As infrações à presente Lei, ressalvadas as penalidades específicas constantes de seu texto, ficam sujeitas a multas de até R$100.000,00 (cem mil reais), a serem aplicadas pelo Banco Central do Brasil, na forma prescrita em regulamento a ser baixado pelo Conselho Monetário Nacional. (Redação dada pela Lei 9.069/1995)

Banco Central do Brasil (BCB) é o sucessor da SUMOC nessas determinações, pois entre as suas competências privativas definidas na Lei 4.595/65 está a de "efetuar o controle dos capitais estrangeiros" (Art. 10, VII), para o que se usa a ideia de um registro do capital no momento de sua entrada e que se altera em razão de dividendos, repatriações e reinvestimentos. O conceito de um registro pelo qual se acompanha e se limita a movimentação cambial do capital estrangeiro remonta à Lei 9.025/1945, que primeiro estabeleceu "o direito de retorno ao capital estrangeiro *previamente registrado* na Carteira de Câmbio do Banco do Brasil" (Art. 6). Em 1953, a Lei 1.807 dispôs que o registro fosse feito na SUMOC, não mais no Banco do Brasil, e o Artigo 99 do decreto que a regulamentou (Decreto 42.820/57) e serviu como dispositivo a consolidar a legislação então vigente assim determinou:

Art. 99. A SUMOC organizará, exclusivamente para fins estatísticos, os registros dos capitais estrangeiros investidos no país, para o que ficam compreendidas nessas disposições obrigadas ao fornecimento de informes e dados que lhes forem solicitados por aquele órgão.

Assim se formou o FIRCE, o serviço de fiscalização e registro de capitais estrangeiros, no âmbito da SUMOC, e que nos anos que se seguiram se tornou uma das maiores e mais poderosas unidades do BCB. Em meados dos anos 1990, o FIRCE e o DECAM (Departamento de Câmbio), as duas unidades BCB responsáveis por controles cambiais, possuíam mais de dois mil funcionários em seus efetivos, distribuídos por todas as delegacias regionais da autarquia. Prevalecia o conceito de que o BCB era, de pleno direito, o "regulador" do capital estrangeiro e das transações internacionais do país, e para tanto possuía uma estrutura administrativa que duplicava a que tinha para cuidar dos bancos e do sistema financeiro, com unidades que produziam normas que tratavam de fiscalização e processos administrativos, *todas especializadas em assuntos cambiais*. Observava-se, ademais, uma divisão de trabalho entre DECAM e FIRCE segundo a qual cabia ao primeiro o controle da movimentação cambial de curto prazo, e ao segundo, as transações que envolviam o registro nos termos da Lei 4.131/62. Do ponto de vista administrativo, portanto, e até meados dos anos 1990, o controle cambial ocupava tanta gente no BCB quanto a supervisão bancária.

Não obstante, a despeito de o BCB ser o grande depositário das informações sobre as empresas estrangeiras em atividade no Brasil, o interesse da autarquia restringia-se quase que exclusivamente à movimentação cambial do capital estrangeiro (observadas também suas implicações tributárias), este entendido de forma ampla, nos termos da Lei 4.131/62, de modo a incorporar o que chamamos de investimento direto, o de carteira e o de empréstimos, bem como a movimentação decorrente de dividendos, juros, repatriações, reinvestimentos e pagamentos de *royalties*. Em razão desse legado, e a despeito de possuir os poderes para solicitar informações às empresas estrangeiras, o BCB jamais se interessou por conhecer o "lado real" da vida econômica das empresas com participação estrangeira registrada no BCB.

No início dos anos 1990, na condição de pesquisadores, Winston e eu indagamos ao BCB onde estavam os resultados dos censos do capital estrangeiro a que se referiam os artigos 55-58 da Lei 4.131/62 supracitados e que deveriam ter sido feitos para os anos posteriores a 1962. Em resposta, ouvimos que o BCB adotava o entendimento de que a obrigação já vinha sendo cumprida pelo IBGE através dos censos gerais e de outras pesquisas regulares sobre atividades econômicas no país e que, ademais, o BCB não se sentia obrigado, mas tampouco impedido de conduzir outras solicitações de informações sobre a presença do capital estrangeiro no Brasil, conforme entendesse conveniente ou necessário. Antes de 1996, todavia, o BCB não tinha tomado nenhuma iniciativa que viesse a complementar o trabalho do IBGE no tocante às determinações dos artigos 55-58 da Lei 4.131/62.

Naquela altura, como ainda hoje, observa-se uma certa ambiguidade no trato do significado exato dos fluxos cambiais classificados como "investimento direto", bem como com respeito ao conceito de registro. O equívoco mais comum é o de se considerar que os fluxos de investimento direto que constam do balanço de pagamentos, e que dizem respeito a movimentações cambiais que sensibilizam registros no FIRCE, correspondem a gastos de investimento comparáveis aos que compõem, por exemplo, a formação bruta de capital fixo do país. Na verdade, os fluxos que afetam o registro no BCB correspondem a *integralizações do capital social* de empresas constituídas segundo as leis brasileiras, portanto, trata-se de parte do passivo não exigível de uma empresa obrigada a reportar às autoridades a movimentação societária que envolve sócios não residentes e que, consequentemente, pouco informa sobre o que se passa no lado do ativo dessas empresas. Este sim, e em particular a variação do ativo permanente, seria de interesse para a correta aferição da contribuição da empresa estrangeira para a formação de capital no país. Porém, a movimentação do ativo das empresas com participação acionária de não residentes registrada no FIRCE simplesmente não era visível, nem parecia interessar ao BCB, ao menos até 1996.

Em 1996, quando o signatário ocupava a Diretoria de Assuntos Internacionais do BCB, houve uma mudança de orientação da autarquia, que decidiu lançar o primeiro Censo de Capitais Estrangeiros no Brasil. Pelo menos duas motivações eram claras, de um lado, a reconhecida frugalidade das estatísticas publicadas pelo BCB a partir dos dados de registros do FIRCE, especialmente para informações que extravasassem os aspectos estritamente cambiais do investimento direto estrangeiro, parte componente disso que alguns gostam de designar como "o passivo externo",[2] e de outro a percepção de que o processo de globalização se impunha como um grande tema a dominar a discussão da inserção internacional do país nos anos 1990 e que a empresa multinacional estava no centro desse processo. Sabia-se que o investimento direto estrangeiro tinha múltiplas dimensões, e muitos estudos já tinham sido feitos para avaliar os impactos do capital estrangeiro na organização industrial brasileira, dentro do paradigma "estrutura-conduta-desempenho", e usando bases de dados que não "dialogavam" com informações oriundas dos registros do FIRCE. Invariavelmente, esses estudos demonstravam, sem lugar a dúvida, que "propriedade estrangeira" era um atributo de enorme relevância para explicar diversos indicadores de desempenho tais como, por exemplo, propensão a exportar, produtividade, concentração industrial, tamanho da firma, entre outros.[3] Mas, a despeito disso, jamais a autoridade responsável pelo controle de capitais estrangeiros tinha se preocupado em produzir estatísticas que fossem além

---

[2] Secundariamente, havia a preocupação de as movimentações cambiais acumuladas revelarem discrepâncias com os estoques registrados, o que poderia ocorrer a partir de uma infinidade de razões, a principal delas a ausência de obrigatoriedade de registro, mas também por conta de assuntos mais complexos com o problema do capital contaminado e outros da espécie.

[3] Ver Fritsch e Franco (1992 e 1993), para uma apresentação dessa literatura, até aquele momento.

da entrada original de divisas e das outras movimentações cambiais dos titulares de investimentos registrados que sensibilizassem as autorizações para remeter. O BCB precisava ultrapassar sua função de gestor do "controle cambial dos capitais estrangeiros" fixada em lei para atuar, por exemplo, como o Departamento do Comércio norte-americano, que regularmente publica estatísticas e estudos sobre os investimentos americanos no exterior.

Mais que isso, todavia, o BCB experimentava um processo de maior alcance de liberalização e desregulamentação cambial pela qual se vislumbrava uma "mudança de vocação" da instituição nos assuntos cambiais. Não havia razão para que as normas cambiais ficassem apartadas da diretoria de normas financeiras gerais, ou para que os processos administrativos cambiais tivessem um curso diverso dos outros decorrentes de descumprimento de normas em todas as outras situações com que lidava o BCB. De forma similar, a diminuição da importância da atividade de "controle cambial" à moda antiga, e a reconversão do registro para se tornar um evento estatístico e não mais um instrumento de interferência administrativa discricionária na movimentação cambial, foi fazendo encolher o funcionalismo dedicado ao controle cambial. A implantação progressiva dos diferentes módulos do RDE (Registro Declaratório Eletrônico) bem como o próprio modo como o registro ganhou agilidade e automatismo para amparar, por exemplo, as velozes movimentações de não residentes em bolsas de valores, eram passos importantes de uma mudança de escopo de atividades do BCB na área cambial. Essa evolução se acentua com o decorrer do tempo, com sucessivas iniciativas de desregulamentação atravessando várias administrações, de tal sorte que, nos dias que passam, tanto o FIRCE quanto o DECAM foram extintos e suas atividades transferidas, no primeiro caso, para o DESIG — Departamento de Monitoramento do Sistema Financeiro e de Gestão da Informação — no âmbito da Diretoria de Fiscalização, e no caso do DECAM, para uma Gerência Executiva de Normatização de Câmbio e Capitais Estrangeiros. Essas mudanças na estrutura administrativa do BCB refletiam as novas atitudes da autarquia com relação ao mercado de câmbio, ou a percepção de que o controle cambial em si perdera importância e que as infrações cambiais efetivamente importantes — quase que totalmente relacionadas à regulamentação prudencial e a cuidados relativos à identificação das partes no contexto das normas a coibir movimentações de recursos de origem ilegal — eram, na verdade, assunto de regulamentação bancária.[4]

Os censos do capital estrangeiro eram parte dessas mudanças e procuravam reciclar o BCB em novas direções no tocante a seu relacionamento com o capital estrangeiro. O BCB preparou-se para o Censo reforçando a obrigatoriedade de resposta a um questionário especialmente preparado, pelo estabelecimento de multas por descumprimento da obrigação através da Resolução 2.275/96 e posteriormente para Resolução 2.883/01 e através de uma modificação na própria Lei 4.131/62 (através da Medida Provisória que depois se tornou a Lei 9.069/1995, referente ao Plano Real) esclarecendo e reforçando a obrigatoriedade de registro e de fornecimento de informação e, mais importante, atualizando os valores para a multa. Foram longas as preliminares, mas os resultados foram estimulantes, posto que traziam um quadro impressionante da presença do capital estrangeiro na economia brasileira. Os resultados do censo para 2005 foram divulgados apenas recentemente e de forma tão discreta que era quase como se a autarquia manifestasse o seu desinteresse pelo assunto. A demora talvez se explique pelo fato de que o censo foi conduzido pelo DESIG, que não tinha nenhuma experiência no assunto, mas consta que a condução dos próximos censos ficará a cargo do DEPEC — Departamento Econômico do BCB, cujo apetite pela publicação de estatísticas é conhecido e apreciado pelos seus consumidores. Muito provavelmente, os questionários para o censo para o ano-base 2010, em fase de preparação nesse momento, vão incorporar bem mais informação do que foi exigido nas últimas três edições.

---

[4] Ver Franco e Pinho Neto (2005) para uma discussão mais organizada da exata natureza das tendências liberalizantes da regulamentação cambial.

3 BREVE PANORAMA DOS RESULTADOS DOS TRÊS CENSOS

As Tabelas 1 e 2 resumem alguns dos principais achados dos três censos para dois grupos amostrais específicos: o primeiro grupo, que engloba o total das empresas que estavam obrigadas a responder ao censo, ou seja, as que possuíam um mínimo de 10% de participação acionária de não residentes no capital votante, ou de 20% sobre o capital total. Esse grupo maior, assunto da Tabela 1, e que designamos como EPEs, empresas com participação estrangeira, compreendia 6.322 empresas em 1995, 11.404 em 2000 e 17.605 em 2005. O grupo menor, coberto pela Tabela 2, de empresas com participação majoritária estrangeira, e que designamos como ECEs, empresas com controle estrangeiro, era de 4.902 empresas em 1995, 9.712 em 2000 e 9.673 empresas em 2005. A redução no número de empresas do segundo grupo de 2000 para 2005 é curiosa, especialmente em vista do aumento no número total de declarantes. Tendo em vista a complexidade de se tratar grupos empresariais com participações cruzadas, sub-holdings em cascata e organizações societárias difíceis de ser consolidadas, pequenas diferenças de critérios entre os dois censos podem ter provocado variações na quantidade de empresas definidas como de controle indireto de não residentes. O assunto estaria a merecer maiores esclarecimentos.

Na definição das informações a serem solicitadas pelo censo procurou-se a simplicidade, e por conta disso os declarantes receberam pedidos que quase se restringiam unicamente às suas demonstrações financeiras. Informações cadastrais referentes a localização da sede e do ativo imobilizado, ramos de atividades (conforme o CNEA) e país de origem do sócio não residente deveriam conferir com as

TABELA 1					
Censos do capital estrangeiro no Brasil: principais indicadores, 1995, 2000 e 2005					
Empresas com participação estrangeira (EPEs)					
	1995	2000	2005	2000/95*	2005/00*
# de empresas	6.322	11.404	17.605	13%	9%
Faturamento (R$)	223.061.910	509.914.715	1.294.457.484	18%	20%
Alavancagem (1)	*5,5*	*2,5*	*3,4*		
Ativos (R$)	272.646.996	914.050.325	1.528.983.730	27%	11%
Alavancagem (2)	*6,7*	*4,5*	*4,0*		
Patrimônio (R$)	105.075.343	254.050.356	437.868.400	19%	12%
Part. estrangeira (R$)	40.548.994	201.434.571	381.082.987	38%	14%
% %	39%	79%	87%		
Exportações (US$)	21.744.976	33.249.792	64.965.982	9%	14%
% total do país	*47%*	*60%*	*55%*		
% intrafirma	*42%*	*63%*	*61%*		
Importações (US$)	19.371.332	31.553.194	45.451.134	10%	8%
% total do país	*39%*	*56%*	*62%*		
% intrafirma	*44%*	*58%*	*56%*		
Empregos	1.352.571	1.709.555	2.091.737	5%	4%
% total do país	*2,0%*	*2,5%*	*2,3%*		
Impostos (R$)	42.497.045	85.689.834	268.896.521	15%	26%
% total do país	*21%*	*23%*	*37%*		

*Taxas de crescimento anuais médias. (1) Razão entre faturamento e participação estrangeira; (2) razão entre ativos e participação estrangeira.
Fonte: BCB, censos do capital estrangeiro no Brasil, edições 1995, 2000 e 2005, IBGE.

que, em sua maior parte, já se encontravam disponíveis nos registros no BCB. As outras informações solicitadas referiam-se especificamente a comércio exterior, com terceiros e com empresas ligadas, e a emprego. Com as demonstrações financeiras completas, a intenção era a de se montar um único balanço consolidado do grupo, de modo a aferir o conjunto da influência do capital estrangeiro no Brasil tal como se fosse uma única empresa. Essa é uma maneira de se interpretar os dados contidos nas Tabelas 1 e 2 a seguir, tratando respectivamente do grupo de declarantes do censo, aqui definido como EPEs e ECEs conforme anteriormente definidas.

Para as EPEs consolidadas na Tabela 1 há vários pontos a observar. O primeiro tem a ver com o que se pode definir como a "tese fundadora" do censo, a saber, que as atividades das EPEs e também das ECEs, como se verá na Tabela 2, transcendem bastante os valores referentes ao capital integralizado por não residentes. Em ambas as tabelas comparam-se o faturamento total e os ativos totais dos dois grupos de empresas, EPEs e ECEs, com os valores do capital estrangeiro efetivamente aportado, de modo a se obter parâmetros de "alavancagem", conforme designado na tabela. A interpretação que se propõe para esse parâmetro é simples: para o ano de 1995, por exemplo, pode-se dizer que cada R$1,00 aportado por não residentes nessas empresas gerava R$5,50 em vendas e R$6,70 em ativos. Esses números foram mais modestos nos anos de 2000 e 2005 talvez em vista do espantoso crescimento do capital integralizado por não residentes, especialmente no período entre 1995 a 2000. Em média, o capital estrangeiro praticamente dobra sua participação nesse universo de empresas nesse período, em que se concentram as grandes privatizações, bem como os maiores efeitos do fim da hiperinflação sobre o clima de investimentos e a atratividade do Brasil para o investidor estrangeiro.

No tocante ao comércio exterior, vale registrar que esse conjunto de empresas era responsável por 47% das exportações totais do país, proporção que se eleva ainda mais em 2000 e 2005. É importante notar que se elevam também os percentuais das exportações "intrafirma", de tal sorte que, para 2005, por exemplo, pode-se dizer que as EPEs respondiam por 55% do total das exportações brasileiras, dos quais 61% eram "intrafirma", o que equivale a dizer que *algo como 1/3 das exportações brasileiras totais em 2005 era "intrafirma"*, proporção semelhante à que se diz haver para o comércio mundial. Em 1995 esse percentual era pouco inferior a 20%. Do lado das importações o quadro é semelhante: as EPEs eram responsáveis por cerca de 40% do total das importações brasileiras em 1995, e essa proporção se eleva para algo como 60% nos censos posteriores. A parcela intrafirma também se eleva, de tal sorte que, em 2005, cerca de 35% do total das importações brasileiras eram desse tipo. A proporção era ligeiramente superior a 20% em 1995.

Não há indicador mais poderoso para a inserção do país na economia globalizada que a extensão desses vínculos "*arm's length*" conectando EPEs sediadas no Brasil e empresas relacionadas mundo afora. A proporção desse comércio sobre o total cresce significativamente nesta década, o que se torna bastante significativo tendo em vista que as exportações brasileiras crescem muito significativamente. Na verdade, é fácil ver que as exportações intrafirma "explicam" 43% da expansão, ao repararmos que as exportações brasileiras totais crescem em cerca de US$70 bilhões (US$118,5-US$46,5), ao passo que o valor das exportações intrafirma dessas empresas cresce em cerca de US$30 bilhões nesse mesmo período. Do lado das importações, as proporções são ainda maiores: o acréscimo nas importações totais do Brasil em 1995-2005 é de cerca de US$23,6 bilhões, ao passo que o das importações intrafirma das EPEs da Tabela 1 é de cerca de US$16,8 bilhões, pouco mais de 70% do total. Na verdade, há pouca surpresa em se constatar que esse grupo de empresas internacionalizadas, e que compreende as filiais locais de empresas transnacionais, tem papel destacado e mesmo fundamental no comércio exterior do país, e que, adicionalmente, possui uma propensão maior ao comércio exterior, nas duas mãos, que empresas nacionais comparáveis.

Resta observar que as EPEs empregavam 1,3 milhão de pessoas em 1995 e cerca de 2,0 milhões em 2005, representando parcelas do total da população ocupada que evoluíram de cerca de 2,0% para 2,3%.

A geração de empregos cresce menos que o conjunto das outras variáveis de desempenho das EPEs, o que indica um significativo crescimento de produtividade, como teremos oportunidade de examinar em detalhe com as informações da Tabela 3 adiante. Também fica para mais adiante um comentário adicional sobre impostos; as EPEs respondem por uma parcela elevada e crescente do total dos impostos pagos no país. Em 2005, essas 17 mil empresas que empregavam apenas 2,3% da força de trabalho pagavam 37% do total dos impostos.

TABELA 2 Censos do capital estrangeiro no Brasil: principais indicadores, 1995, 2000 e 2005 empresas com controle estrangeiro (ECEs)					
	1995	2000	2005	2000/95*	2005/00*
# de empresas	4.902	9.712	9.673	15%	0%
Faturamento (R$)	160.502.727	395.325.497	953.971.842	20%	19%
Alavancagem	*4,65*	*2,14*	*3,09*		
Ativos (R$)	158.803.328	641.605.276	1.076.915.607	32%	11%
Alavancagem	*4,60*	*3,47*	*3,49*		
Patrimônio (R$)	50.662.676	263.363.395	380.161.165	39%	8%
Part. estrangeira (R$)	34.530.482	185.018.407	308.497.653	40%	11%
%%	*68%*	*70%*	*81%*		
Exportações (US$)	14.519.641	22.775.839	50.211.457	9%	17%
% total do país	*47%*	*47%*	*47%*		
% intrafirma	*46%*	*70%*	*63%*		
Importações (US$)	15.709.408	27.479.203	37.527.833	12%	6%
% total do país	*39%*	*39%*	*39%*		
% intrafirma	*51%*	*64%*	*58%*		
Empregos	911.371	1.298.276	1.623.492	7%	5%
% total do país	*1,4%*	*1,9%*	*1,8%*		
Impostos (R$)	34.660.334	66.909.754	202.474.779	14%	25%
% total do país	*17%*	*18%*	*28%*		

*Taxas de crescimento anuais médias. (1) Razão entre faturamento e participação estrangeira; (2) razão entre ativos e participação estrangeira.
Fonte: BCB, censos do capital estrangeiro no Brasil, edições 1995, 2000 e 2005.

A Tabela 2, que apresenta os números para o subconjunto das EPEs em que o capital estrangeiro é majoritário, designadas como ECEs – empresas de controle estrangeiro, não revela grandes variações sobre os fatos básicos da Tabela 1. Em geral, para a maior parte das variáveis de desempenho, as ECEs representam entre 65% e 80% do grupo maior, e com proporções semelhantes quando se trata de alavancagem de atividades, bem como nas razões pertinentes ao comércio exterior. É interessante perceber que a filial de transnacional não difere tanto de uma EPE, ou de uma "*joint venture*" como se dizia no passado, no tocante aos seus principais indicadores de desempenho. Algumas diferenças interessantes podem ser mais facilmente percebidas com o auxílio da Tabela 3.

TABELA 3
Censos do capital estrangeiro no Brasil: indicadores específicos, 1995, 2000 e 2005

	1995	2000	2005
Valor adicionado (% e R$ correntes)			
EPE/PIB Brasil	17,9%	24,5%	34,2%
ECE/PIB Brasil	12,9%	19,0%	25,2%
per capita – Brasil	10.600	17.236	23.621
per capita – EPEs	93.516	169.136	350.915
per capita – ECEs	99.864	172.667	333.201
Exportações *per capita* (US$)			
Brasil	0,7	0,8	1,3
EPEs	16.077	19.449	31.058
ECEs	15.932	17.543	30.928
Exportações como proporção do PIB total do Brasil (%)			
Brasil	6,0%	8,5%	13,4%
EPEs	2,8%	5,2%	7,4%
ECEs	1,9%	3,5%	5,7%
Propensão a exportar			
Brasil	6,0%	8,5%	13,4%
EPEs	15,7%	21,0%	21,5%
ECEs	14,6%	18,6%	22,6%
Brasil ex EPEs	3,9%	4,5%	9,2%
Brasil ex ECEs	4,8%	6,2%	10,3%
Taxa de penetração de importações			
Brasil	6,5%	8,6%	8,8%
EPEs	14,3%	20,2%	16,1%
ECEs	15,6%	21,6%	17,9%
Brasil ex EPEs	4,8%	5,0%	5,1%
Brasil ex ECEs	4,8%	6,2%	10,9%

Fonte: BCB, censos do capital estrangeiro no Brasil, edições 1995, 2000 e 2005. IBGE.

A Tabela 3 mostra em primeiro lugar uma estimativa do valor adicionado gerado pelas EPEs e ECEs como proporção do PIB. A estimativa é simples e utiliza a razão valor bruto da produção como proporção do valor adicionado da economia para o ano de 2005: 1,7635. Aceita essa estimativa, inclusive para anos anteriores, o que se observa é um crescimento bastante significativo da participação das EPEs e das ECEs no PIB brasileiro nos dez anos cobertos pelos três censos. Para 2005, as EPEs responderiam por pouco mais de um terço do PIB brasileiro, ao passo que as ECEs responderiam por cerca de um quarto. Quando se tem em conta que EPEs e ECEs empregam menos de 3% da população ocupada, é possível construir indicadores de valor adicionado por trabalhador ocupado que ressaltam dramaticamente essas diferenças de produtividade: para 2005, enquanto um trabalhador em uma EPE produzia em média R$351 mil, o valor para o restante do país foi de R$23 mil. Os diferenciais de produtividade, ou de valor adicionado por trabalhador ocupado, apenas aumentaram nestes anos de cerca de nove vezes para cerca de 14 vezes em 2005, e não há diferença relevante entre EPEs e ECEs.

No tocante ao comércio exterior, há vários contrastes a observar, e os valores para exportações por trabalhador ocupado talvez sejam os mais impressionantes. Enquanto um trabalhador ocupado em EPEs ou ECEs produzia cerca de US$31 mil em exportações, um trabalhador em outras empresas brasileiras produzia US$1,3 mil em exportações em média. Isso significa, na essência, que a exportação é uma atividade marginal para a população que não está empregada em EPEs. Usando as estatísticas para o PIB em dólares regularmente produzidas pelo BCB, as exportações representavam cerca de 6% do PIB em 1995 e subiram a 13,4% em 2005. Nesta década, quando o PIB em reais a preços correntes passou de R$705 bilhões a R$2.147 bilhões, e, a preços constantes, ficou praticamente estagnado, as exportações avançaram, e boa parte desse avanço teve que ver com as EPEs e especialmente com as ECEs: em 2005, as EPEs eram responsáveis por exportações correspondentes a 7,4% do PIB brasileiro.

É fato conhecido da literatura de organização industrial que empresas multinacionais, ou com participação estrangeira, ECEs e EPEs para usar a linguagem das Tabelas 1 e 2, têm propensão a exportar e a importar mais do que as *empresas nacionais com características semelhantes*. No presente trabalho, não é possível fazer as comparações devidas, e tecnicamente mais recomendáveis, pelas quais as empresas nacionais a comparar são do mesmo tamanho ou estão em mercados igualmente concentrados.[5] Há que se cogitar se o desempenho exportador ou a produtividade das EPEs ou ECEs decorre do tamanho e não da participação estrangeira em si. O que se observa na comparação da Tabela 3 é que, por exemplo, para 1995, as EPEs tinham propensão a exportar de 15,7%, ao passo que o valor das outras empresas brasileiras sem participação estrangeira era de 3,9%. Para 2005, o contraste ainda continua: EPEs com 21,5% e empresas brasileiras com 9,2%. Números semelhantes se observam para as ECEs. Para as importações, também se observa o mesmo contraste na estatística para a taxa de penetração das importações, ou importações sobre consumo aparente. Parte não desprezível desse contraste, convém sublinhar mais uma vez, pode ser resultante de outros fatores que fazem diferir as amostras de empresas do censo e de outras empresas brasileiras.

4 CONCLUSÃO

Os achados mais relevantes da terceira edição do censo de capitais estrangeiros no Brasil para o ano-base 2005 começam pela ampliação do peso das EPEs no PIB brasileiro, que atingiu 34% do PIB, aproximadamente o dobro do que se observou em 1995. As ECEs seriam responsáveis por cerca de um quarto do PIB brasileiro em 2005, também um aumento de quase duas vezes em relação a 1995. E tudo isso empregando apenas 2,0% em 1995 e 2,3% da população ocupada no país. Não se observa, portanto, nenhuma descontinuidade ou mesmo desaceleração no movimento de internacionalização da economia brasileira, a julgar pelos resultados do censo. Se a isso acrescentarmos o movimento de multinacionalização de empresas brasileiras cuja expressão já começa a se tornar comparável, no tocante a fluxos, às do investimento direto estrangeiro no país, teremos dois bons motivos para apontar o aprofundamento dos laços entre o país e a economia global. Os contrastes entre as EPEs e ECEs e o restante do país são óbvios e fáceis de se exagerar, pois, como observado, seria preciso "controlar" outros fatores que podem explicar alta produtividade e propensão ao comércio, como tamanho, concentração, formalização do trabalho, entre outros. Mas mesmo com esse benefício concedido à dúvida é difícil evitar que esses contrastes nos levem a afirmar que as EPEs têm sido a locomotiva de crescimento e para o comércio exterior do país na primeira década depois do Plano Real, quando o crescimento do país não foi nada brilhante. Seria fácil oferecer alguma digressão sobre esse novo dualismo, ou sobre essa Belíndia 2.0, que provavelmente envolveria alguma outra combinação curiosa de países.

São muitas as possibilidades que se abrem para se usar essa nova base de dados, e também são muitas as expectativas sobre os resultados para o ano-base 2010, pois este novo quinquênio vai capturar os

---

[5] Como foi feito, com o auxílio dos dados do primeiro censo em Moreira (1999).

efeitos da onda de ofertas iniciais de ações, da aceleração dos fluxos de investimento direto e da crise de 2008 e sua rápida recuperação. Dificilmente deixaremos de observar a continuidade dessas tendências, mas, mesmo antes que isso se confirme, já temos informação suficiente para apresentar atitudes mais positivas do país perante o mundo globalizado. Ou para comprovar a inutilidade de políticas públicas em sentido contrário às tendências aqui retratadas.

Notas sobre o Financiamento de Longo Prazo no Brasil

Arminio Fraga Neto

1 INTRODUÇÃO

A evolução da economia brasileira nas últimas duas décadas apresenta uma série de aspectos positivos, como a construção (ainda inacabada) da estabilidade macroeconômica, o aumento gradual da taxa de crescimento, a queda na taxa de pobreza e a melhoria em praticamente todos os indicadores sociais. Nesse contexto, chama a atenção a modesta evolução da taxa de investimento do país, que em 2010 deverá ficar próxima de 19% do PIB.

Vários países, ao passarem por reduções importantes de risco na área política, exibiram saltos em sua taxa de investimento. Alguns exemplos incluem o Chile após Pinochet e a Indonésia após Suharto. Em ambos os casos, o investimento aumentou significativamente. Tal não foi o caso quando da chegada do PT ao poder, evento que até ocorrer era visto como de altíssimo risco econômico. Destaca-se em particular a carência de investimento em praticamente todos os aspectos da infraestrutura: saneamento, água, portos, ferrovias, aeroportos, rodovias e energia.

Essa situação tem causas múltiplas que incluem a falta de confiança no arcabouço regulatório, a dificuldade generalizada de execução pelo governo da parte que lhe cabe e a escassez e alto custo do financiamento de longo prazo. Este breve trabalho se concentrará apenas nesse último aspecto.

SITUAÇÃO ATUAL

A título de ilustração do elevado patamar das taxas de juros de longo prazo, vejamos no Gráfico 1 a seguir o rendimento da NTN-B que vence em 2045:

GRÁFICO 1

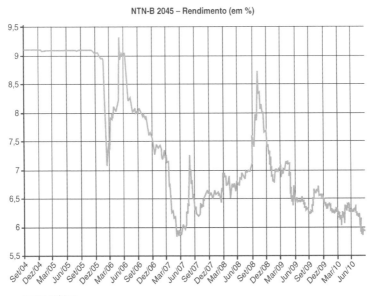

Fonte: Anbima.

As taxas de juros estão em queda, e vários indicadores confirmam essa tendência, e também dos prêmios de risco (como o chamado *spread* bancário). Ainda assim, juros reais de longo prazo de cerca de 6% ao ano mais um *spread* ainda representam um custo de captação extremamente elevado para padrões internacionais, o que inviabiliza muitos projetos de investimento.

Nesse contexto, não surpreende a enorme presença do BNDES como fornecedor de recursos de longo prazo, como ilustra o gráfico a seguir:

GRÁFICO 2

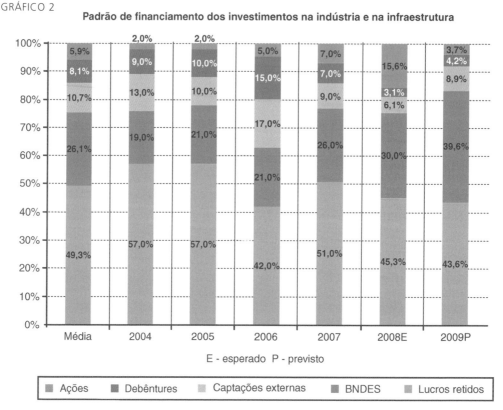

Fonte: BNDES/APE.

Uma alternativa ao BNDES em tese seria o setor bancário privado, mas esse setor não tem como concorrer com as condições que o BNDES oferece, seja pela via direta (já que não capta muito a prazo longo), seja pelo caminho do mercado de capitais. Apenas 22% dos financiamentos bancários no Brasil têm prazo superior a três anos, e 70% daqueles destinados a empresas ocorrem via repasses de recursos do BNDES.

Esse modelo concentrado no BNDES em tese se justifica diante da ausência de mecanismos privados, mas há que se levar em conta que a própria atuação do governo nessa área faz parte de um conjunto de fatores que causam as altíssimas taxas de juros que aqui vigoram. O problema é portanto da família da origem da galinha e do ovo. Os custos fiscais diretos e indiretos das atividades do BNDES são difíceis de se estimar e escapam ao escopo deste trabalho, mas merecem estudo.

Alternativas importantes são os fundos de pensão, posto que são naturalmente investidores de longo prazo. Não pude obter dados precisos quanto ao prazo e à composição das carteiras de renda fixa desses fundos, mas tudo indica que há bastante espaço para crescimento nessa área. Uma futura reforma da previdência, além de contribuir para o equacionamento das contas fiscais, que tendem a piorar com o tempo, daria também uma importante contribuição para o financiamento do investimento de longo prazo.

A bolsa de valores vem crescendo como fonte de capital de risco, como mostra o gráfico a seguir:

GRÁFICO 3

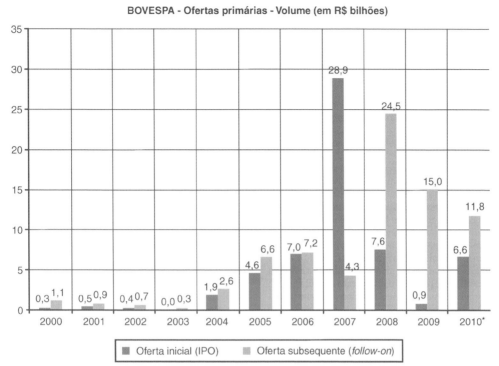

*Até 15. set. 2010.
Fonte: CVM.

Na medida em que se consolide uma cultura de boa governança corporativa no Brasil, amparada pela boa e consistente atuação da CVM há vários anos, essa fonte de capital deve continuar a crescer em importância, oferecendo uma alternativa para os empreendedores nacionais.

DOIS CASOS IMPORTANTES

Para que o país possa crescer a taxas mais elevadas de forma sustentável, será necessário poupar e investir mais. As carências observadas nas áreas da infraestrutura e imobiliária são visíveis a olho nu. Não seria exagero estimar algo entre R$100 e 150 bilhões a mais por ano de necessidade de investimento nesses setores.

Dado que poucos desses investimentos em infraestrutura geram divisas diretamente ou se correlacionam com a taxa de câmbio, esses montantes exigirão financiamentos de longo prazo em moeda local. Não parece razoável imaginar um crescimento continuado do balanço do BNDES no passo observado em 2010, sob pena de se inchar mais a já elevada dívida bruta do governo. Outras fontes serão necessárias, e não apenas para viabilizar os investimentos adicionais, mas também para maximizar a eficiência do processo.

Outro caso relevante diz respeito ao setor imobiliário, setor que hoje funciona com o binômio SFH/SFI, que, num ambiente de crescimento alto e juros mais baixos, terá que necessariamente passar por mais uma rodada de reformas.

A caderneta de poupança é uma fonte precária de recursos por ser de prazo curto. Como sua remuneração é fixa e razoavelmente elevada (TR + 6%, isenta de impostos), paira no ar também ameaça de instabilidade de fonte de recursos. É possível que o sistema desapareça sozinho na medida em que futuros governos tenham sucesso em reduzir as taxas de juros. Nesse meio-tempo, a diferença entre a taxa do CDI líquida dos 15% de tributação vem se aproximando da remuneração da poupança, como mostra o gráfico a seguir:

GRÁFICO 4

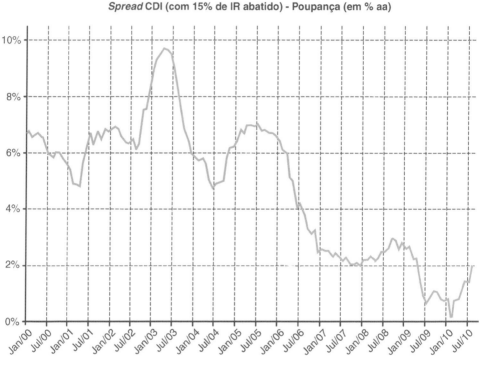

Fonte: BCB.

O tema das elevadas taxas de juros no Brasil é crucial e vem sendo discutido em vários fóruns, inclusive neste livro (ver artigos 11 e 12 de Francisco Lopes e Edmar Bacha, respectivamente). Minha avaliação é de que uma solução e exigiria esforço em várias frentes. Listo para registro minhas reformas favoritas: contenção permanente do gasto público como proporção do PIB em níveis no máximo iguais aos atuais (um terço seria uma boa meta), contenção do crescimento do crédito público e reforma do SFH (como propõe Francisco Lopes em seu artigo e tem feito o Banco Central em propostas apresentadas a partir de 2000). A reforma do SFH ajudaria a tirar da cabeça das pessoas que uma taxa de juros real próxima de 6% é normal.

Seria bom complementar essas medidas com um programa de educação financeira na linha de alguns esforços pilotos já em andamento, de forma a estimular a poupança doméstica. Esse ponto se contrapõe ao que tem sido a meu ver uma exagerada e perigosa ênfase em financiar o consumo que se observa no momento. O crescimento, especialmente em sua fase inicial, não pode, é claro, prescindir do consumo e de seu financiamento, mas depende mais fundamentalmente de se aumentar a taxa de investimento em capital físico, intelectual e humano. Sem investimento não há crescimento acelerado. Uma cultura que põe excessiva ênfase no consumo corre o risco de gerar desequilíbrios patrimoniais e financeiros, pondo em risco a longevidade do processo de crescimento.

Penso que mesmo com sucesso nessas difíceis frentes de reforma a convergência da taxa de juros a padrões globais levará algum tempo. Isso porque há uma certa dose de inércia de percepção e comportamento consolidada ao longo de anos no Brasil. Será portanto necessário um certo sangue-frio do governo, que terá que tirar o pé do acelerador do gasto e do crédito sem a certeza de quando virão os resultados. Esse tipo de postura de longo prazo parece raro no mundo de hoje, onde governos tipicamente buscam resultados imediatos.

2 CONCLUSÃO

O Brasil precisa investir mais, e esse investimento tem que ser financiado, e de forma adequada. O sistema atual de financiamento vem até certo ponto cumprindo seu papel, mas a taxa de investimento como proporção do PIB continua abaixo de 20%. O sistema atual não dará conta de necessidades adicionais. Portanto, está na hora de se desenhar uma transição para um sistema maior e melhor. Listo a seguir algumas propostas:

- Cofinanciamento privado como exigência para qualquer empréstimo do BNDES – essa medida estimularia o mercado a alongar prazos, além de oferecer um sinal de preço. Seria recomendável começar com um percentual baixo (10-20%), que seria aumentado gradualmente à medida que o mercado fosse se adensando.
- Na linha do que sugeriu Persio Arida no seminário que produziu este livro, sugiro que o custo dos financiamentos do BNDES evolua gradualmente na direção do custo de captação do governo (taxa das NTN-Bs longas).
- Seria recomendável também revisitar e dar transparência aos critérios de concessão de empréstimos do BNDES de forma a somente oferecer esses escassos recursos em casos de claro retorno social superior ao retorno privado.
- Reforma do sistema financeiro da habitação e imobiliário, na direção de casar prazos e desenhar melhor o modelo de subsídios. A caderneta de poupança seria reavaliada, preservando-se o que se achar necessário para os investidores menores, assim como algum mecanismo de subsídio para a habitação de baixa renda. Seria mais eficiente dar o subsídio diretamente ao comprador. As várias distorções e armadilhas que levaram à enorme crise norte-americana devem ser evitadas.
- Outros mecanismos podem e devem ser explorados. Alguns exemplos incluem o desenvolvimento de várias formas de securitização (com o necessário cuidado com incentivos e transparência no sistema) e do mercado de debêntures de empresas, assim como a busca de financiamentos externos denominados em real.
- Claro que nada se compararia a uma redução da taxa de juros real para 3% ou menos.

Crédito à Habitação no Brasil: Crescimento e Gargalos

Marcus Vinicius Ferrero Valpassos

1 INTRODUÇÃO

Em 2002, o professor Dionisio Dias Carneiro e eu escrevemos o livro *Financiamento à Habitação e Instabilidade Econômica*, cujo objetivo era entender por que o Brasil tinha tanta dificuldade em prover créditos de longo prazo, e, a partir do diagnóstico, propor mecanismos que ajudassem a reverter a situação, em especial para empréstimos habitacionais.

A primeira pergunta era se o problema se devia à falta de renda das famílias candidatas aos financiamentos. A resposta foi negativa, uma vez que, comparando com países em estágios parecidos de desenvolvimento, mesmo as famílias mais ricas brasileiras tinham menos crédito para aquisição da casa própria e eram proprietárias de um número menor de unidades residenciais que famílias dos demais países analisados.

Assim sendo, havia outros fatores além da ausência de recursos, e a conclusão foi de que a instabilidade econômica, em especial a possibilidade da volta da inflação, era o fator principal, uma vez que, mesmo que os créditos habitacionais fossem corrigidos por índices de preços, o aumento destes elevava a dicotomia entre as correções das prestações e as dos salários das famílias, o que acabava por gerar inadimplência, causando prejuízos aos detentores das letras hipotecárias.

A partir desse diagnóstico, a mensagem foi de que se fazia necessária a adoção de mecanismos capazes de reduzir a volatilidade do retorno das letras, principalmente para cenários de alta inflação. Tais mecanismos poderiam referir-se diretamente à capacidade de pagamento dos mutuários, objetivando estabilizar a relação prestação-salário ao longo da vida dos empréstimos, reduzindo naturalmente a inadimplência, ou a seguros contra o risco de crédito que compensassem o prejuízo dos investidores.

Em ambos os casos, a atuação do governo era essencial, uma vez que não seria a iniciativa privada a provedora desses seguros, cuja alta precificação, fruto da percepção de risco, era exatamente a causa primária da ausência de recursos. O que estava por trás do ganho de eficiência com a entrada do governo era que a possibilidade de volta da inflação, principal fator de risco do modelo considerado, era consequência direta de atos de política econômica de responsabilidade do próprio governo. Ou seja, uma atuação responsável do setor público poderia garantir o controle inflacionário, e, por consequência, ele poderia cobrar prêmios de risco mais baixos que o mercado.

Por outro lado, quando se falava na entrada do governo como provedor de garantias em financiamentos habitacionais, imediatamente vinham à lembrança o Fundo de Compensação de Variações Salariais (FCVS) e seus enormes prejuízos aos cofres públicos. Assim, ao mesmo tempo em que se entendia a necessidade de maior atuação do setor público no setor, havia o temor de que políticas econômicas irresponsáveis acabassem por gerar passivos ainda maiores à sociedade.

Oito anos se passaram, e ao mesmo tempo que sofro com a perda recente do Professor, me recordo de que ele me dizia que o único fator capaz de fazer com que o modelo de financiamento imobiliário com fontes privadas de capital finalmente deslanchasse seria o amadurecimento econômico do país, e que qualquer tentativa de antecipar isso traria alívios no máximo temporários.

O objetivo deste artigo é avaliar a situação atual do sistema de crédito habitacional no país analisando os ganhos dos últimos anos e os desafios que ainda temos que enfrentar para atingirmos os patamares desejados. O estudo está dividido em três seções além desta introdução. A segunda seção analisa a evolução histórica dos patamares de crédito habitacional no Brasil e no mundo, enfatizando as limitações que teremos que enfrentar nos próximos anos. A Seção 3 estuda a crise do sistema de securitização nos EUA, focando nas lições que devem ser observadas no desenvolvimento do modelo brasileiro, e a Seção 4 traz as principais conclusões e algumas sugestões para a construção de um arcabouço sustentável no país.

2 DE ONDE VIEMOS E PARA ONDE QUEREMOS IR

Com o objetivo de "facilitar e promover a construção e a aquisição da casa própria", foi criado, pelo governo federal, o Sistema Financeiro da Habitação, em 1964. Desde sua criação até os dias de hoje, o país passou por diversas conjunturas econômicas que afetaram a evolução das variáveis habitacionais. Após um início promissor, com crescimento contínuo no número de unidades financiadas até 1982, observou-se o colapso do sistema. A estagnação da renda agregada doméstica, inibidora direta dos investimentos da economia, e a falência dos mecanismos de financiamento habitacional tornaram os recursos insuficientes, inviabilizando o desenvolvimento sustentado do setor imobiliário por aproximadamente 20 anos.

O Gráfico 1 ilustra a evolução do número de unidades financiadas pelo SFH desde 1964. Os dados em barra estão desagregados em recursos oriundos dos depósitos em caderneta de poupança e do FGTS, enquanto a série em linha representa a taxa de inflação ao consumidor calculada pela FIPE.

GRÁFICO 1

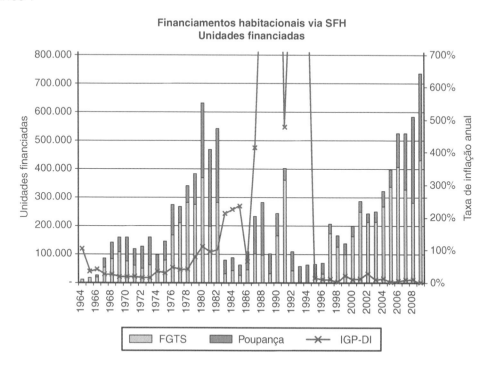

Ao todo, até 2009, o SFH financiou a aquisição de mais de 10 milhões de unidades residenciais nos seus 45 anos de funcionamento, com a maior parte destas correspondendo à construção de novas moradias. Nos anos iniciais, observou-se crescimento quase contínuo no número de unidades financiadas, atingindo o auge de 627 mil em 1980. Porém, com a degradação do sistema, causada pela elevação abrupta da inflação e o colapso do FCVS, houve redução drástica no montante financiado, atingindo número médio inferior a 150 mil unidades ao ano entre 1983 e 1996.

A instabilidade macroeconômica acentuou a fragilidade da estrutura contábil dos principais agentes financeiros. Isso porque o caráter pró-cíclico das fontes de recursos do SFH, devido à forte correlação existente entre depósitos de poupança e recursos do FGTS com os ciclos econômicos, potencializava, em períodos recessivos, o descasamento de prazo entre o ativo dos agentes, composto por fontes de curto prazo, e o passivo, caracterizado por títulos de longo prazo.

Recentemente, com a consolidação da estabilidade e o aumento da renda, entramos em uma nova fase de crescimento, e nos últimos 10 anos passamos a uma média anual próxima a 400 mil unidades financiadas; em 2010, esse número será superior a 1 milhão de unidades.

Mesmo assim, o setor ainda apresenta importantes desafios que deverão ser enfrentados nos próximos anos se quisermos atingir índices como os de países em estágio de desenvolvimento parecido ao brasileiro. O financiamento imobiliário como proporção do PIB no Brasil é inferior a 5%, enquanto, por exemplo, no México é superior a 10% e no Chile a 15%. Claramente, não será através do modelo atual, baseado na utilização dos recursos do FGTS ou daqueles depositados em cadernetas de poupança, que atingiremos os patamares desejados. Os Gráficos 2 e 3 ilustram a questão, avaliando a evolução das aplicações no Sistema Brasileiro de Poupança e Empréstimo, bem como a utilização dos recursos para financiamentos habitacionais.

GRÁFICO 2

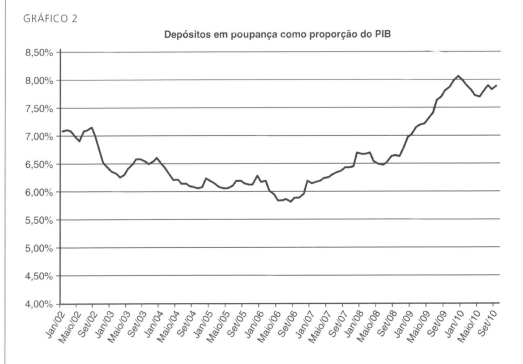

O montante aplicado em cadernetas de poupança aumentou em relação ao PIB desde 2006, em parte por conta do aumento da atratividade relativa das taxas oferecidas em função da queda das taxas de juros no país e também em virtude do crescimento da renda real das famílias. Mas a poupança apresenta uma limitação relevante de captação, tendo crescido somente de 7,1% do PIB em janeiro de 2002 para 7,9% em setembro de 2010. Por outro lado, no mesmo período, o volume de financiamentos habitacionais no sistema financeiro nacional pulou de 25% para 44% dos recursos aplicados em poupança. Mantendo esse ritmo de crescimento, é fácil verificar que em breve os recursos da poupança serão insuficientes para seguir fomentando o setor.

GRÁFICO 3

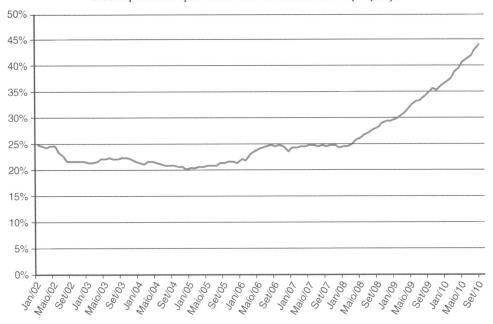

Além disso, a dicotomia entre prazos de aplicação e captação das cadernetas de poupança, ampliada em virtude do crescimento da disponibilidade de recursos ao longo do tempo, torna as instituições bancárias privadas extremamente cautelosas na concessão de financiamentos dentro do SFH. O Gráfico 4 compara o percentual da participação de créditos privados no montante total de financiamentos aos distintos setores da economia, calculando a média dos últimos 12 meses disponíveis.

GRÁFICO 4

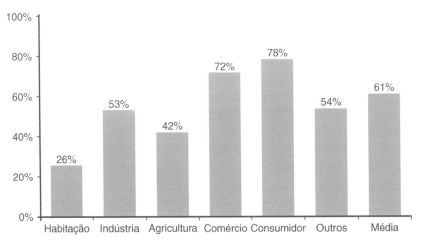

Percebe-se que o setor de habitação ocupa a última colocação no montante de financiamentos privados relativos ao total, com uma média de 26%. Todas as demais atividades contam com valores superiores a 40%, sendo a média nacional de 61%. Esse baixo percentual revela a importância da Caixa Econômica Federal como principal agente de fomento do setor.

Assim sendo, não temos alternativa que não seja buscar o casamento entre os poupadores de longo prazo com os tomadores de crédito habitacional, cujas letras podem representar uma importante parcela da poupança privada em virtude da existência de garantias reais com baixas taxas de depreciação, que caracterizam os imóveis. E para tanto, nenhum modelo melhor que a securitização dos créditos imobiliários para atender os diferentes interesses envolvidos.

Logicamente, não existe sistema que esteja completamente imune aos exageros que caracterizam os mercados de capital durante períodos de alta liquidez e que se mostram especialmente danosos em momentos de crise. As lições da experiência americana recente são importantes para que se evitem os erros cometidos por lá, porém ela não deve ser usada para nos desviar da lógica capaz de gerar crescimento do mercado nacional. A próxima seção sintetiza os fatores que levaram ao excesso de otimismo no mercado imobiliário americano e que acabaram por gerar uma grande bolha.

3 LIÇÕES AMERICANAS

Se queremos desenvolver no Brasil um modelo de securitização de hipotecas que seja consistente ao longo do tempo, é imprescindível que analisemos o caso americano e suas repercussões recentes. Eventuais exageros numa atividade que afeta diretamente a qualidade de vida da população, embora possam representar ganhos aparentes no curto prazo, têm resultados líquidos percebidos ao longo dos anos que são altamente prejudiciais à sociedade. Um dos principais aspectos que antecederam a crise foi a expressiva valorização dos preços das residências nos EUA e a baixíssima taxa de inadimplência dos mutuários. O Gráfico 5 mostra a evolução dessas variáveis na última década.

GRÁFICO 5

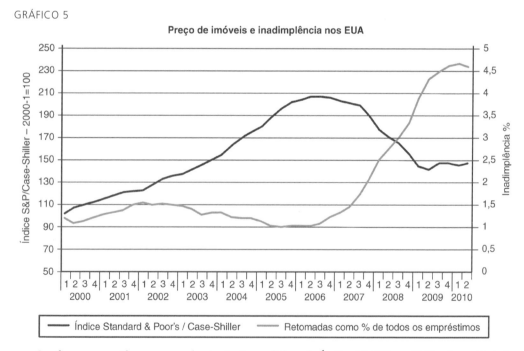

Conforme se verifica, o preço dos imóveis medido pelo Índice S&P/Case-Shiller,[1] que já vinha apresentando valorização expressiva durante o final da década de 1990, cresceu 106% de 2000 até

---

[1] O índice S&P/Case-Shiller Composite 20 analisa a evolução dos preços dos imóveis das 20 maiores regiões metropolitanas dos Estados Unidos. O índice é publicado mensalmente pela Standard & Poor´s e usa a metodologia desenvolvida por Karl Case e Robert Shiller, que é a de vendas repetidas das mesmas casas ao longo do tempo. Com isso é possível controlar pela qualidade dos imóveis analisados, diferentemente de índices que simplesmente se baseiam em médias.

2006. No mesmo período, a taxa de inadimplência, caracterizada no gráfico como o percentual de unidades retomadas no trimestre considerado no total das residências financiadas, variou entre 1% e 1,5%, índices historicamente mínimos. Isso se explica pelo fato de, durante períodos de valorização dos imóveis, a inadimplência ser sempre próxima a zero, uma vez que uma família incapaz de arcar com o pagamento das prestações mensais preferirá vender o imóvel e quitar a dívida ou simplesmente refinanciar sua hipoteca e continuar em dia com as prestações, porém não aceitará perder um ativo valorizado por falta de pagamento.

Por outro lado, a partir do final de 2006, observou-se processo contrário a esse relatado. O preço dos imóveis sofreu desvalorização de 29% desde que atingiu o pico, e as unidades retomadas por trimestre passaram de 1% para 4,5% das unidades hipotecadas. A taxa de inadimplência é muito maior se considerarmos somente empréstimos com taxas variáveis ou também aqueles que não estão enquadrados nas regras das agências hipotecárias.

O aumento das taxas de juros americanas fez com que o reajuste das prestações das hipotecas contraídas com taxas variáveis superasse a frágil capacidade de pagamento dos mutuários, iniciando uma violenta onda de inadimplência. A queda dos preços dos imóveis originada nesse movimento acabou por contaminar todos os demais empréstimos, que também atingiam níveis máximos de alavancagem e consequentemente passaram a ficar extremamente vulneráveis à desvalorização do colateral, uma vez que o montante investido pelas famílias era mínimo.

A volatilidade no preço dos imóveis representou uma instabilidade no modelo hipotecário americano que serve como exemplo do que pode ocorrer se não forem tomadas as devidas precauções. Enquanto a queda observada é facilmente compreendida, várias são as explicações para a formação da bolha. A seguir estão sintetizadas algumas delas:

- *Exuberância irracional* – A bolha teria sido causada pela expectativa por parte dos compradores da permanente valorização dos preços dos imóveis, incentivando a compra de unidades independentemente dos fundamentos.
- *Inelasticidade da oferta* – Em alguns locais do país, com as restrições impostas pelos órgãos públicos para a construção de novas unidades, a oferta de imóveis teria se tornado incapaz de atender ao aumento da demanda, provocando elevação dos preços.
- *Política monetária demasiadamente expansionista* – A partir de 2000, as taxas de juros muito baixas por um longo período de tempo produziram taxas de longo prazo, incluindo as taxas hipotecárias, muito atrativas para os consumidores. Como os empréstimos habitacionais constituem a principal forma de alavancagem das famílias, logicamente as unidades residenciais foram os ativos que sofreram maior valorização.
- *Critérios de seleção dos mutuários* – O relaxamento nos critérios utilizados para a concessão dos financiamentos acabou por permitir que famílias incapazes de realizar os pagamentos contratados ao longo do tempo pudessem adquirir casa própria, elevando a demanda por unidades residenciais. O Gráfico 7 a seguir mostra a evolução no percentual de famílias detentoras da casa própria, que seria resultado, em parte, desse fator.

Independentemente da parcela que cada um desses itens representou na valorização observada nos imóveis, o fato é que houve um enorme aumento na oferta de crédito hipotecário, com redução significativa de *spreads* e aumentos de volume coincidindo com o período de maior elevação de risco, fruto de concessão de empréstimos que proporcionavam maior alavancagem às famílias em bases cada vez menos criteriosas. O Gráfico 6 analisa a evolução da dívida hipotecária nos EUA.

Enquanto os Estados Unidos levaram 50 anos para que o estoque total de dívida para a aquisição de residências passasse de 15% para 45% do PIB entre 1950 e 2000, em somente seis anos, de 2000 até

2006, o montante pulou para níveis superiores a 70% do PIB. Esse crescimento proporcionou elevação substancial do percentual de famílias detentoras da casa própria, conforme demonstrado no Gráfico 7.

GRÁFICO 6

Estoque de dívida hipotecária nos EUA – Empréstimos residenciais
% do PIB

GRÁFICO 7

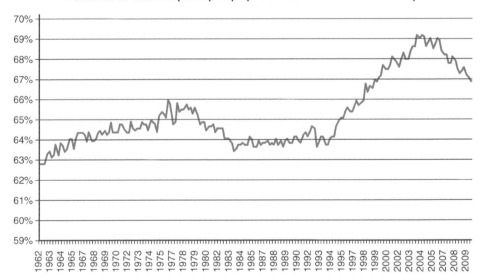

Taxa de propriedade da casa própria
Percentual de casas ocupadas pelo proprietário dentre o total de casas ocupadas

O percentual de domicílios habitados por seus proprietários, que girava em torno de 64% desde a década de 1960, apresentou elevação contínua até aproximadamente 69%, processo que foi revertido com a crise. A dúvida que fica é até que ponto essa queda será mantida. Se voltarmos ao nível anterior ao início do crescimento do índice, todo o ganho obtido durante o período de *boom* terá sido em vão.

A questão é entender por que os investidores estiveram dispostos a prover cada vez mais recursos à atividade e pareciam indiferentes aos riscos crescentes da operação. Tudo gira em torno de entender por que motivos investidores sofisticados não foram capazes de precificar corretamente as letras que eram originadas nos empréstimos hipotecários. Tivessem eles feito isso, as taxas seriam consideravelmente maiores e muitas das pessoas que compraram residências de forma irresponsável, definidas como aquelas sem condições de arcar com as obrigações assumidas ao longo dos anos futuros, não o teriam feito, evitando a elevação dos preços da forma observada e levando o mercado imobiliário de volta ao equilíbrio.

Podemos resumir as causas dessa aparente incapacidade em três fatores que atuaram conjuntamente: assimetria informacional, estruturas complexas e atuação das agências de *rating*.

O esquema de remuneração para os originadores das operações de crédito calculadas de forma independente da *performance* do empréstimo acabou por gerar incentivos à concessão de recursos de forma irresponsável. Em operações de securitização, tanto os originadores quanto os mutuários têm mais informação a respeito da probabilidade de inadimplência do que os investidores que recebem somente uma quantidade limitada de informações na aquisição das letras. Tal problema ficou especialmente relevante quando o modelo saiu da típica securitização regulada pelas agências para operações feitas de forma independente por instituições financeiras.

A crescente complexidade das letras oriundas do financiamento também contribuiu decisivamente para a incapacidade da correta precificação de risco. A falta de entendimento das complicadas estruturas tornava os investidores mais alheios aos riscos embutidos nas letras.

Diante desse desconhecimento, a maioria dos investidores considerava o *rating* concedido pelas agências de avaliação de risco o principal parâmetro de análise. E aproximadamente 90% das letras hipotecárias de emissão privada eram avaliadas como AAA, ou seja, eram consideradas com risco praticamente nulo de inadimplência.

Os motivos para a avaliação inadequada por parte dessas agências estão muito bem documentados pela literatura e giram em torno da mesma vertente: aproximadamente 40% da receita dessas agências vinha de avaliações de operações estruturadas, tais como as citadas anteriormente, e agências que fossem mais "rígidas" nas suas avaliações tinham mais dificuldades em ser escolhidas pelos emissores das letras.

Somado a isso, havia um significativo grau de subjetividade dos avaliadores em virtude, mais uma vez, da complexidade das estruturas e do período de baixa inadimplência observada durante o processo de valorização dos imóveis, que gerou uma série estatística que provia segurança pelo menos no curto prazo. Essa subjetividade era utilizada para justificar *ratings* mais elevados conforme eram demandados pelos bancos de investimento, que além de tudo tinham os modelos das agências disponíveis para simulações, permitindo adequações dirigidas. As informações eram analisadas de forma agregada, e dava-se muita importância a aspectos de diversificação regional e outros fatores microeconômicos que não consideravam riscos do cenário macroeconômico americano.

Vários desses fatores podem ser evitados de forma a permitir que se estabeleça um modelo de securitização consistente no longo prazo. A próxima seção de conclusão traz sugestões de como poderemos agir no caso brasileiro.

4 CONCLUSÃO E SUGESTÕES PARA O BRASIL

O modelo de financiamento habitacional atual no Brasil, baseado em recursos do FGTS e das cadernetas de poupança, não será capaz de levar o país aos níveis desejados e que são observados em outros países, inclusive com grau de desenvolvimento parecido ao nosso. A limitação de recursos dessas fontes bem como as dicotomias de prazos existentes nas cadernetas de poupança se mostrarão nos próximos anos um importante entrave à continuidade dos progressos obtidos nos últimos tempos, em que se observou substancial elevação dos volumes financiados.

Para tanto, será necessário atrair novas fontes de capital, estes mais volumosos, em que será necessário casar poupadores e tomadores de longo prazo. E nesse sentido a securitização tem papel fundamental, provendo condições de intermediação bem definidas e conhecidas no cenário nacional.

Portanto, sabemos onde estamos e para onde queremos ir. Hoje em dia, os recursos voltados para financiamento habitacional em quantidade relevante e mais próximos ao que podemos chamar de condições de mercado vêm das cadernetas de poupança, sendo tais recursos captados junto ao público com liquidez diária e indexados à TR. Por outro lado, os poupadores de longo prazo cujos recursos queremos atrair demandam títulos indexados, em sua maioria, a índices de preços. Assim sendo, parece lógica a recomendação de igualar os fatores de indexação, indexando a poupança ao IPCA, de forma a permitir que os recursos emprestados através do Sistema Financeiro da Habitação sejam compatíveis com as necessidades dos poupadores de longo prazo, sem a necessidade de operações com derivativos para mitigar o risco de descasamento. Nesse caso, a taxa atual de 0,5% ao mês teria que ser revista para algo em torno de 3% ao ano.

Nesse cenário, os bancos poderiam manter sua vocação de originadores de crédito hipotecário, atividade que lhes interessa, em virtude também da fidelização do cliente, utilizando sua estrutura de atendimento ao mutuário para concessão e acompanhamento do empréstimo por toda sua maturidade e ao mesmo tempo repassando, diretamente ou através de agências securitizadoras, os créditos para os reais poupadores de longo prazo.

Simultaneamente, a fim de eliminar incentivos à concessão desordenada dos créditos, conforme visto no caso americano, em virtude da possibilidade de repassar o risco integral, poderia ser adotado algum mecanismo, através de, por exemplo, adequação das regras de obrigatoriedade da poupança, para que os bancos originadores detivessem parte das letras, fossem elas subordinadas ou não, de toda nova emissão, de forma que o eventual prejuízo também afetasse o responsável pela análise de risco dos mutuários.

Por fim, é fundamental que seja mantida a maior simplicidade possível dos títulos resultantes dos empréstimos habitacionais, impedindo a criação de estruturas exóticas que dificultem a análise por parte dos investidores. Dados o estágio inicial em que nos encontramos e a necessidade de padronização das emissões, estruturas complexas não teriam mesmo muito espaço nesse primeiro momento.

Financiamento do Investimento[1]

Julio Dreizzen

1 INTRODUÇÃO

Há 25 anos, com a orientação de Dionisio Dias Carneiro, defendi na PUC do Rio de Janeiro minha tese de mestrado sobre Fragilidade Financeira e Inflação, que pouco depois seria publicada pelo BNDES (Dreizzen, 1985). O trabalho discute e formaliza as ideias de Hyman P. Minsky sobre fragilidade financeira e as situa no contexto de economias com inflação e instabilidade macroeconômica. Recentemente foi reeditado o livro *Stabilizing an Unstable Economy* (Minsky, 2008), em cuja primeira edição, de 1986, o autor apresentou seus principais desenvolvimentos teóricos.

A crise do Lehman Brothers revelou ao mesmo tempo uma série de questões que podem ser analisadas de uma ótica "minskyana":

a. o excesso de endividamento dos agentes econômicos na etapa ascendente do ciclo econômico;

b. as incertezas sobre os fluxos de fundos futuros e, por conseguinte, sobre a capacidade de servir as dívidas por parte daqueles agentes;

c. as fraquezas dos modelos e dos pressupostos implícitos para a avaliação dos ativos; e

d. os erros das agências de avaliação de risco e dos participantes do mercado ao analisar riscos.

Nesse contexto, as ideias de Minsky sobre o ciclo e as crises financeiras adquiriram de novo importância em vários âmbitos, chegando mesmo a se difundir o conceito de um "momento Minsky" para a economia internacional (Magnus, 2008).

Este artigo retoma alguns desses temas com o objetivo de contribuir para a discussão de mecanismos mais eficientes para o financiamento do investimento produtivo e da moradia, em especial em economias inflacionárias e com fortes variações de preços relativos. Ao mesmo tempo, mostramos de que modo a fragilidade financeira é afetada por diferentes modalidades de crédito (taxa fixa, flutuante, em moeda estrangeira, indexado etc.) e argumentamos que a simples indexação financeira não resolve os problemas da ausência de uma "moeda" que sirva de unidade de conta para o crédito de longo prazo.

Cláusulas de ajustamento para dívidas que reflitam a *evolução do preço relativo de cada devedor* contribuem para reduzir o "curto-prazismo" (a resistência a outorgar e tomar crédito de longo prazo), mitigar os riscos de inadimplência e diminuir o custo de capital do devedor, promovendo assim o investimento, o crescimento econômico e a estabilidade do sistema. A fim de implementar essas cláusulas sem gerar uma defasagem entre os retornos de ativos e passivos do sistema, cada entidade financeira capta recursos ajustados pelo nível geral de inflação e os aplica entre seus clientes mediante créditos que se ajustam pelo preço do próprio setor e em proporções iguais às que esse setor representa dentro do índice geral de preços. Será possível alcançar maior flexibilidade operacional caso o sistema em seu conjunto transacione os empréstimos concedidos de tal maneira que equilibre as carteiras no sentido de cumprir, para cada entidade, depois das transferências no mercado secundário de créditos (mesmo que no momento da concessão do empréstimo isso não ocorra), a condição de proporcionalidade da carteira creditícia com a cesta do índice de preços. É factível implementar mecanismos semelhantes no mercado de capitais.

---

[1] O autor agradece os comentários de Daniel Marx, Lucas Pescarmona e David Seltzer, e especialmente as sugestões de Edmar Bacha sobre várias versões deste artigo.

No crédito para imóveis residenciais, se mostra eficaz um sistema em que o saldo do principal da dívida é ajustado pelo nível geral de inflação, enquanto a parcela do serviço da dívida é ajustada pelo nível de salários.

Este artigo demonstra que esses mecanismos contribuem para reduzir os riscos de se desencadearem situações de fragilidade financeira generalizada e crises financeiras.

MINSKY

Hyman P. Minsky afirma que é possível identificar três tipos de estruturas de financiamento em uma economia: "*hedge*", "especulativa" e "Ponzi". Esses três tipos de financiamento se caracterizam pelos valores relativos entre obrigações futuras de pagamento da dívida e fluxo de fundos esperado.

Um financiamento é "*hedge*" (que não tem nada a ver com os fundos de *hedge*) quando, para todos os períodos futuros relevantes, os fluxos de fundo esperados são suficientes para pagar o serviço da dívida, tanto a amortização de capital quanto juros. Esse seria o caso de uma firma rentável que financia seus investimentos com bônus e empréstimos de longo prazo. Do mesmo modo, um país com superávit real em conta-corrente suficiente para pagar amortização de capital e juros de sua dívida externa teria uma estrutura financeira "*hedge*".

Financiamento "especulativo" é aquele cujos fluxos de fundo esperados, para os períodos mais próximos, são insuficientes para pagar o serviço total da dívida, ainda que sejam suficientes para pagar os juros. Esse tipo de financiamento implica a necessidade de refinanciar vencimentos da dívida no futuro, quaisquer que sejam as condições do mercado nessas circunstâncias. Estima-se, no entanto, que no longo prazo os fluxos de fundos alcancem o necessário para pagar tanto o capital quanto os juros. Para simplificar, podemos dizer que o financiamento especulativo é um financiamento de curto prazo com posições de longo prazo, ou um financiamento curto com posições longas. Os balanços dos bancos têm estruturas *hedge*, dado que eles arbitram prazos.

Uma unidade com financiamento "Ponzi" é semelhante a uma especulativa, exceto que, pelo menos em alguns períodos de tempo normalmente de curto prazo — mas que podem ser também de longo prazo —, os fluxos não dão para pagar nem os juros nem o componente de amortização do principal. Assim, o nível da dívida aumenta em cada período no montante da capitalização dos juros refinanciados. Quando essa situação se estende no tempo, ou seja, os fluxos gerados não dão para pagar nem o juro nem o capital, já não estamos diante de um problema de liquidez, mas sim de insolvência.

Kindleberger (1978) relata que, na Boston de 1929, Charles Ponzi prometia pagar juros de 50% com fundos de novos depósitos com prazo de 45 dias provenientes de investidores atraídos pelas elevadas taxas oferecidas. O sistema desmoronou com a primeira suspeita de que o dinheiro jamais seria devolvido. Mais recentemente, a imprensa internacional chamou o "caso Madoff" de novo exemplo de financiamento Ponzi.

Note-se que, qualquer que seja a estrutura de financiamento (*hedge*, especulativa ou Ponzi), as unidades sofrem impacto negativo se no fim das contas as entradas do caixa são inferiores às esperadas. Contudo, as unidades especulativas e Ponzi (mas não as do caso *hedge*) são vulneráveis também ao comportamento dos mercados financeiros, e sua continuidade fica em perigo quando há perturbações nesses mercados. Ou seja, essas unidades podem ter dificuldades mesmo em cenários de forte crescimento econômico e condições positivas para suas operações. Retomaremos adiante essa questão, quando analisarmos o impacto dos diferentes tipos de financiamento sobre o investimento.

O *mix* de estruturas de financiamento *hedge*, especulativa e Ponzi em uma economia é obviamente um determinante de sua fragilidade financeira. Minsky argumenta que, no período do ciclo em que a economia cresce e os preços dos ativos sobem, existe uma tendência a que as expectativas positivas tenham como resultado receitas esperadas superiores àquelas que de fato se concretizam, com o que mais adiante o ciclo se inverte, com uma mudança violenta de expectativas gerando uma desalavancagem repentina. Esse processo se verificou na crise recente, em que expectativas exageradamente otimistas deram origem a financiamentos especulativos e Ponzi (hipotecas *subprime* ou de alto risco) nas economias centrais, seguidas de uma violenta reversão das expectativas acompanhada de uma desalavancagem acelerada do setor privado, com o consequente impacto recessivo.

Um pessimismo maior nas expectativas relativas à situação econômica ou ao mercado financeiro pode levar a que uma unidade com financiamento *hedge* passe a ser especulativa ou Ponzi, ou que uma especulativa passe a Ponzi. Esse é o caso de muitos devedores de hipotecas hoje nos Estados Unidos e na Europa, que agora são considerados Ponzi, mas assim não eram considerados no momento em que o financiamento foi concedido.

O financiamento Ponzi não implica necessariamente uma má situação econômica em um horizonte de longo prazo, mas sim uma sensibilidade extrema a mudanças nas condições do mercado financeiro, na qual o devedor tem uma demanda inelástica de crédito devido à exigência de refinanciar suas dívidas. Na etapa inicial da construção de um projeto financiado segundo uma estrutura de "financiamento de projeto", o financiamento será necessariamente Ponzi, já que não há geração de receitas e os juros vão sendo capitalizados no saldo da dívida.

2 O PROBLEMA DO CRÉDITO DE LONGO PRAZO

As questões que se apresentam em economias sujeitas a um alto nível de incerteza, com inflações crônicas e voláteis e uma forte variação de preços relativos mesmo em períodos curtos são as seguintes:
  a. necessidade de contar com uma "moeda" que sirva de unidade de conta para o crédito de longo prazo;
  b. a dita "moeda" tem que servir tanto ao devedor quanto ao credor; e
  c. relutância (que de fato se apresenta em muitos mercados) dos agentes econômicos a endividar-se a taxas de juros flutuantes ou com cláusulas de ajustamento baseadas em índices gerais de preços.

Discutiremos neste trabalho mecanismos de financiamento do investimento produtivo e habitacional que tenham os seguintes objetivos:
  a. minimizar os riscos de inadimplência para um determinado nível de exposição creditícia e de garantias;
  b. incentivar a aplicação de fundos a prazo longo; e
  c. otimizar as estruturas de endividamento para o tomador do crédito com a finalidade de reduzir seu custo de capital.

Todas essas são questões válidas para avaliar o financiamento concedido tanto por bancos públicos quanto por bancos privados, bem como aquele gerado no mercado de capitais.

3 ESTRUTURAS DE FINANCIAMENTO E FRAGILIDADE FINANCEIRA

Como explicado anteriormente, existem três estruturas de financiamento que dependem da relação entre o serviço da dívida por conta de amortização (a) e juros (i) e os fluxos de fundos esperados (g). Se definirmos o coeficiente de fragilidade financeira (F) como

$$F = (a + i)/g$$

o financiamento será:

- *hedge* se a esperança de F, $E(F) \leq 1$ em todos os períodos futuros relevantes para a análise;
- especulativo se $E(F) > 1$ e $E(g) \geq i$ em todos os períodos futuros relevantes para a análise; e
- Ponzi se $E(F) > 1$ e $E(g) < i$ em todos os períodos futuros relevantes para a análise.

Note-se que na fórmula da fragilidade financeira tanto F como g são variáveis aleatórias com valores incertos, mas assim não é a taxa de juros i.

As três estruturas de financiamento são afetadas por mudanças no volume de venda e nas margens sobre as vendas dos devedores, mas daremos ênfase ao impacto das diversas modalidades de financiamento sobre a solidez ou a fragilidade financeira. Em especial — se é o caso de países com inflação crônica, instabilidade macroeconômica e alta variação de preços relativos —, trata-se de ver em que medida essas modalidades de financiamento acompanham melhor a evolução dos preços do setor que se endividou.

Para isso, vamos supor, para simplificar, que há um único período de tempo. Para nos concentrarmos, como foi dito, nos efeitos das variações da taxa de juros, da inflação e dos preços relativos sobre a fragilidade, vamos supor que a variável que determina a mudança na geração de fundos (g) de um período para o outro de uma unidade econômica (z) é a taxa de variação de preços desse devedor $z(dz)$. Teremos portanto:

$$F = D^0 (1 + i)/g^0 (1 + dz)$$

em que D^0 é a dívida do período 0, g^0 é a geração de fundos no período 0 e dz é a taxa de variação de preços do devedor z entre os períodos 0 e 1.

Reduzir a incerteza para o coeficiente de fragilidade F significa reduzir a probabilidade de que a realidade *ex post* seja diferente das estimativas feitas *ex ante*. Nesse sentido, estaremos dando um passo importante em termos dos objetivos propostos neste artigo.

Essa incerteza será medida, dado o nível de $E(F)$, pela variância de $F(Var\ F)$. Vamos estimar $Var\ F$ para diferentes modalidades de financiamento de longo prazo:

- em moeda local a taxas fixas;
- em moeda local a taxas flutuantes;
- em moeda estrangeira a taxas fixas;
- em moeda local indexado pelo nível geral de preços; e
- em moeda local indexado pelo preço do produto específico relevante para o devedor (aço no caso de uma siderúrgica, tarifa de eletricidade no caso de uma companhia geradora).

Para um *dado nível esperado de F*, $E(F)$, será mais conveniente aquele sistema de créditos com *menor Var F*. Quanto menor a variância de F, menor a incerteza sobre a fragilidade financeira de uma unidade econômica, ou do sistema em seu conjunto, conforme seja o objeto da análise.

4 INCERTEZA SOBRE O NÍVEL DE FRAGILIDADE FINANCEIRA

Dados os pressupostos da seção anterior, para um crédito em moeda local a uma taxa prefixada i resulta:

$$F(i) = D^0 (1 + i)/g^0 (1 + dz)$$

Para simplificar a álgebra, vamos trabalhar com aproximações lineares, supondo taxas de variação reduzidas:

$$F(i) = (D^0/g^0)(1 + i - dz)$$

$$Var\ F(i) = k\ Var\ dz \tag{1}$$

em que $k = (D^\circ/g^\circ)^2$

Para um crédito em moeda local indexado pela taxa de inflação doméstica dp e com uma taxa de juros real r:

$$F(dp) = (D^0/g^0)(1 + dp + r - dz)$$

$$Var\ F(dp) = k(Var\ dp + Var\ dz - 2\ Cov(dp, dz)) \tag{2}$$

Para um crédito em moeda local ajustado pelo preço do bem produzido pelo próprio devedor (dz) e com uma taxa de juros real r:

$$F(dz) = (D^0/g^0)(1 + r)$$

$$Var\ F(dz) = 0 \tag{3}$$

Para um crédito em moeda estrangeira cujo custo depende da taxa de depreciação da moeda local (de) e da taxa de juros externa fixa i^*:

$$F(de) = (D^0/g^0)(1 + de + i^* - dz)$$

$$Var\ F(de) = k(Var\ de + Var\ dz - 2\ Cov(de, dz)) \tag{4}$$

Para um crédito a taxa de juros flutuante pós-fixada f:

$$F(f) = (D^0/g^0)(1 + f - dz)$$

$$Var\ F(f) = k(Var\ f + Var\ dz - 2\ Cov(f, dz)) \tag{5}$$

5 COMPARAÇÃO ENTRE DIFERENTES MODALIDADES DE FINANCIAMENTO DO INVESTIMENTO

Vamos agora usar a álgebra da seção anterior para estabelecer a conveniência relativa de cada uma das diferentes modalidades de financiamento do investimento. O critério será aquele formulado anteriormente, ou seja, dado um determinado nível esperado de F, será mais conveniente aquela modalidade de crédito com menor $Var\ F$.

Da comparação entre (1) e (2) resulta que será mais conveniente um crédito indexado pelo nível geral de preços (p), comparado a um crédito a taxa prefixada (i), quanto maior seja a covariância entre a taxa de inflação (dp) e a taxa de variação do preço do devedor (dz) e quanto menor seja a volatilidade da inflação (dp):

$$Var\ F(i) > Var\ F(dp) \qquad <=> \qquad Cov(dp, dz) > ½\ Var\ dp$$

Por comparação, será mais conveniente o financiamento concedido a uma taxa fixa na medida em que haja uma covariância reduzida entre a inflação e a variação setorial de preços e em que seja alta a volatilidade da taxa de inflação. Essa situação pode ocorrer em contextos de inflação crônica e volátil que se caracterizem por fortes variações de preços relativos no curto prazo. Isso explica por que os sistemas de indexação financeira baseados em índices gerais de preços são difíceis de implementar em contextos de variações erráticas da inflação e flutuações fortes nos preços relativos. Assim, em determinadas circunstâncias, tem lógica o fato de certas unidades econômicas rejeitarem a indexação de seus compromissos financeiros pelo índice geral de preços.

Uma modalidade que resolveria a questão exposta anteriormente é a do crédito indexado pelo preço de venda do próprio devedor (z). Nesse caso, como mostra a equação (3), a variância será nula, e, portanto, com base no critério que estamos utilizando nesta análise, essa seria a modalidade de crédito mais conveniente dentre as cinco expostas anteriormente.

Vejamos agora o caso do crédito em moeda estrangeira a uma taxa prefixada (i^*), comparado ao crédito em moeda local a uma taxa prefixada (i). Com base nas equações (1) e (4), resulta que será mais conveniente um crédito em moeda estrangeira à taxa prefixada (i^*), comparado com um crédito em moeda local a taxa prefixada (i), quanto maior seja a covariância entre a taxa de depreciação (de) e a taxa de variação do preço do devedor (dz) e quanto menor seja a volatilidade da taxa de depreciação ($Var\ de$):

$$Var\ F(i) > Var\ F(de) \qquad <=> \qquad Cov(de, dz) > \tfrac{1}{2}\ Var\ de$$

Por conseguinte, para aqueles setores que produzem bens comerciáveis para os quais se pode esperar uma alta correlação entre seu preço e as variações da taxa de câmbio (dado o nível de preços externo), será mais conveniente financiamento em moeda estrangeira, com o objetivo de reduzir a incerteza sobre o grau de fragilidade financeira.

Finalmente, no caso do crédito em moeda local a taxa flutuante (f), a comparação entre as equações (1) e (5) dá o resultado de que será mais conveniente um crédito a taxa flutuante do que outro a taxa fixa (i) quanto maior seja a covariância entre a taxa flutuante e as variações no nível do preço de venda do devedor (z) e quanto menor seja a volatilidade da taxa flutuante ($Var\ f$):

$$Var\ F(i) > Var\ F(f) \qquad <=> \qquad Cov(f, dz) > \tfrac{1}{2}\ Var\ f$$

6 CONCLUSÃO E PROPOSTAS DE POLÍTICA PARA FINANCIAR O INVESTIMENTO

Uma conclusão relevante do que acabamos de expor é que quanto maior a variabilidade da inflação, tanto maiores serão as dificuldades associadas ao uso de créditos indexados. Maiores variações na taxa de inflação reduzem a correlação entre as variações de preços setoriais e as variações do nível geral de preços, isto é, se acentuam as flutuações de curto prazo de preços relativos (Parks, 1978; Di Tella, 1979). Isso torna mais provável que, no caso de uma dívida indexada, os serviços financeiros (ajustados pela taxa de inflação) tenham uma evolução que diverge da capacidade de pagamento do devedor, que está ligada ao seu próprio preço de venda. Isso explica as dificuldades de operar com crédito indexado que surgem em economias desse tipo, e por que nesse caso certas unidades econômicas desistem de assumir os riscos vinculados a essa modalidade de endividamento.

Tratemos de voltar à necessidade de contar com um sistema em que se alcancem simultaneamente os seguintes objetivos:

a. minimizar os riscos de inadimplência para um determinado nível de exposição creditícia e correspondentes garantias;

b. incentivar a colocação de fundos de longo prazo; e

c. otimizar as modalidades de endividamento para o tomador de crédito, a fim de reduzir seu custo de capital.

Os bancos de desenvolvimento públicos — diretamente ou por meio de fundos estatais repassados através de bancos privados — concedem financiamentos para compensar falhas de mercado resultantes dos elevados custos e assimetrias de informação, ou então pela necessidade de financiar projetos com externalidades positivas, os quais são socialmente rentáveis mas pouco atraentes para o investidor privado (Levy Yeyati, Micco e Panniza, 2007). Nesse caso, a adoção de uma modalidade de crédito adequada pode minimizar os custos fiscais para um determinado nível de promoção estatal.

Seja através dos bancos públicos, seja através dos bancos privados ou pela colocação de bônus no mercado de capitais, é possível implementar mecanismos de captação e colocação que compatibilizam o interesse do credor em ajustar o valor de seu ativo pelo nível geral de preços com o interesse do devedor em ajustar seu passivo pelo seu preço setorial.

Demonstramos com esta análise que os créditos ajustados não pelo nível geral de preços, mas sim pelo preço setorial, colaboram para que se atinjam os objetivos expostos anteriormente. A fim de implementar o crédito sem gerar uma defasagem entre os retornos de ativos e passivos das entidades, cada uma dessas entidades deve captar recursos ajustados pelo nível geral de inflação e aplicá-los entre seus clientes com cláusulas de ajustamento pelo preço do próprio setor e em proporções iguais às dos setores no índice geral de preços. Será possível alcançar maior flexibilidade operacional se o sistema em seu conjunto transacionar os empréstimos concedidos de tal maneira que equilibre as carteiras para cumprir, para cada entidade, depois das transferências no mercado secundário de créditos (mesmo que no momento da concessão do empréstimo isso não ocorra), a condição de que a proporcionalidade setorial da carteira creditícia seja a mesma que da cesta do índice de preços. Blinder (1977) propõe que se estabeleçam taxas reais diferenciais para ajustar os volumes de créditos setoriais às condições de proporcionalidade expostas anteriormente. Sistemas com indexação baseada em preços setoriais foram implementados em vários países, entre os quais Argentina, França e Israel (ver Giersch *et al.*, 1974; Brenner e Patinkin, 1977; Gersfelt, 1976; e Organización Techint, 1983).

No que se refere ao mercado de capitais, é possível a emissão de bônus com ajustamento pela taxa de inflação e a colocação de fundos com cláusulas de ajustamento setoriais na medida em que se cumpra a condição de colocá-los nas mesmas proporções que cada setor tenha no índice geral de preços. Também existem experiências de emissão de dívida com cláusulas de ajustamento por preços específicos (por exemplo, de *commodities* agrícolas), subscrita por investidores com interesse em investir nesse tipo de ativos, seja como instrumento de cobertura, seja em posições especulativas.

No caso do crédito para moradia em grande escala que se concede aos assalariados, a questão se torna mais complexa. O devedor terá preferência pela existência de elevada correlação entre o serviço da dívida e o nível do salário que recebe. É óbvio que também os provedores de fundos tentarão implementar uma modalidade que minimize os riscos de defasagens e, com isso, de inadimplência. A maior parte dos aplicadores de fundos (exceto alguns fundos de pensão) não estará interessada nesse tipo de cláusula de indexação salarial para seus ativos.

Por conseguinte, para o crédito imobiliário residencial, pode ser útil um sistema em que o saldo do principal da dívida se ajuste pelo nível geral de inflação, enquanto a parcela de serviço da dívida se ajuste pelo nível de salários. Nesse caso, o prazo de amortização (e o número de prestações) permanece indefinido, de modo que é preciso que algum agente no sistema (provavelmente estatal) cubra eventuais defasagens negativas de liquidez.

Esse sistema poderia estender-se também ao crédito corporativo, com a vantagem de não exigir que a participação dos diversos setores no montante total de crédito tenha a mesma proporção que no índice geral de preços.

Do que foi exposto, pode-se concluir que a simples indexação financeira não resolve os problemas da ausência de uma "moeda" que sirva como unidade de conta para o crédito de longo prazo em economias com variações de curto prazo nas taxas de inflação e nos preços relativos. Isso tende a ser confirmado pela experiência de vários países.

Neste artigo, no entanto, apresentamos outras modalidades que efetivamente contribuem para reduzir o "curto-prazismo", os riscos de inadimplência e o custo de capital do devedor, promovendo assim o investimento, o crescimento econômico e a estabilidade do sistema. Reduz-se desse modo o risco de se desencadearem situações de fragilidade generalizada e crises financeiras.

Observações sobre um "Progresso sem Ordem": Os Investimentos Públicos nos Programas de Crescimento

Luiz Chrysostomo de Oliveira Filho

"Governos tendem a ser otimistas, especialmente quando escolhem entre alternativas cujos benefícios são sentidos hoje e os custos dos erros demoram a chegar."
(Dionisio Dias Carneiro, "Não Basta Acreditar e Investir",
Estado de S. Paulo, 18/6/2010)

1 INTRODUÇÃO

Uma das características de Dionisio Dias Carneiro como pesquisador, professor e formulador era sua incomum atitude de iniciar um debate de ideias, ou enfrentamento de alguma problemática econômico-social, com uma série de perguntas. Elas permitiam engajar seus interlocutores nas reflexões, envolvendo-os em uma cadeia de questionamentos que evoluíam na maior parte das vezes para descobertas e resultados pertinentes. Como cientista social de raro saber enciclopédico, Dionisio não fazia concessões a preconceitos ou ideologizações, ainda que isso lhe custasse revisões sobre seus pontos de vista iniciais. Sempre buscou modelar quantitativamente suas análises, sem perder as dimensões teóricas e históricas dos fatos a serem examinados.

Nos anos de 1980, um grupo de professores, pesquisadores e assistentes do Departamento de Economia da Pontifícia Universidade Católica do Rio de Janeiro (PUC-Rio) desenvolveu modelos macroeconométricos de projeções, compostos por vários blocos e estruturados em várias fases.[1] Tais modelos serviram a gerações de alunos e economistas como fórum de discussões internas de políticas econômicas em que não só era possível medir as elasticidades de curto e longo prazos dos multiplicadores de choques de oferta e demanda como também ter auxílio consistente de formulações teóricas aplicadas à realidade brasileira. Essas investigações permitiram testar hipóteses sobre agregados monetários, variações cambiais, inflação, mecanismos de indexação, comércio exterior, políticas fiscais e de crescimento.

Dentro desse contexto, em que a pesquisa teórica sempre esteve ligada a tentativas de responder concretamente sobre quais seriam os reais impactos das políticas públicas, é que este breve artigo retoma a preocupação de Dionisio com o papel do investimento. Em especial, as estratégias de implementação dos investimentos públicos, com destaque para dois dos maiores programas de estímulo ao crescimento, a saber, o II Plano Nacional de Desenvolvimento (II PND) e os mais recentes Programas de Aceleração do Crescimento (PAC I e PAC II). Para tal, algumas referências de artigos de Dionisio[2] serão usadas como pontos de partida.

Além destes parágrafos iniciais, o artigo é composto de três outras breves seções. Nas duas primeiras comentam-se aspectos do II PND e dos PACs, tanto seus contextos histórico-econômicos como as características dos investimentos originados ou articulados pelo Estado. Por fim, são tecidas algumas conclusões e questionados velhos dilemas.

---

[1] No Departamento de Economia, Dionisio, ao lado de Francisco Lopes e Eduardo Modiano, liderava esse esforço.

[2] Em especial "Crise e Esperança: 1974-1980", publicado no livro *A Ordem do Progresso – Cem Anos de Política Econômica Republicana 1889/1989.*

2 INTENÇÕES E CONSEQUÊNCIAS DO II PND: CRESCIMENTO COM DÍVIDA

O II PND nasceu como uma resposta de política econômica ao primeiro choque do petróleo. Foi a opção anticíclica adotada pelo governo Geisel contra a recessão mundial que se anunciava. A opção de seguir uma estratégia de ajuste de longo prazo, sobrepondo-se às necessidades dos ajustes de curto prazo da economia brasileira, produziu um vertiginoso crescimento do endividamento externo e um descontrole inflacionário. A intenção de manter o crescimento do produto interno, após as altas taxas históricas do período do Milagre, levaram à adoção de medidas tímidas de controle monetário e da demanda. As decisões de política econômica envolveram a aplicação de mecanismos anti-inflacionários, que alternavam ora controles de preços públicos e refinanciamentos compensatórios (ver Carneiro, 1990, p. 304), ora controles creditícios, tudo inserido em uma nova política industrial.

A política industrial desse período e o II PND estiveram ancorados na ampliação dos investimentos, destacando-se o papel dos investimentos públicos, não só como complementação aos investimentos privados, mas agindo determinantemente sobre os gargalos da economia. Na verdade, o período em questão (meados da década de 1970) foi um dos de maior importância dos investimentos públicos (empresas estatais) na Formação Bruta de Capital Fixo (Tabela 1). A política industrial, por sua vez, baseou-se na combinação de estímulos às exportações com uma estratégia de substituição de importações nos setores de bens de capital, de insumos básicos para a indústria e no aumento da exploração de petróleo (autossuficiência energética):

> os principais instrumentos de tal política foram os créditos IPI sobre a compra de equipamentos, a depreciação acelererada para equipamentos nacionais, as isenções do imposto de importação, o crédito subsidiado e formas mais ou menos explícitas de reserva de mercado para novos empreendimentos, assim como garantia de política de preços compatível com as prioridades da política industrial (Carneiro, 1990, p. 312).

TABELA 1	Evolução histórica do investimento público, privado e total como % PIB								
Década	Adm. Pública	(A)	Estatais	(B)	Privado	(C)	Total	(D)	A+B/D
1950-59	3,42%		0,63%		11,14%		15,18%		26,66%
1960-69	4,22%		1,89%		9,99%		16,10%		37,95%
1970-79	3,71%		4,18%		13,52%		21,40%		36,83%
1980-89	2,68%		3,44%		16,08%		22,21%		27,57%
1990-99	2,58%		1,47%		14,19%		18,24%		22,22%
2000-2009	1,92%		1,13%		13,65%		16,68%		18,31%

Fonte: IPEA – Sérgio Gobetti (2010).

Essa política, coordenada e levada a cabo pelo Conselho de Desenvolvimento Industrial (CDI), então o BNDE, o Conselho de Política Aduaneira, a Carteira de Comércio Exterior do Banco do Brasil e o Conselho Interministerial de Preços (CIP), teve impactos positivos para uma balança comercial pressionada, em que as exportações passaram de 7,5% para 8,4% do PIB e as importações caíram de 11,9% para 9,5% do PIB entre 1974 e 1980.

Uma das âncoras principais desse processo foi a aprovação e implantação do II PND, sob a coordenação da SEPLAN. O plano visava contrapor-se ao cenário recessivo externo, acreditando que se poderia fazer a economia brasileira crescer entre 1975 e 1979 à taxa de dois dígitos, algo logo a seguir abandonado pelas restrições internas e externas enfrentadas. A ideia de melhor suprir a oferta agregada no país passava por estímulos diretos via empréstimos subsidiados, investimentos diretos de empresas públicas e privadas, bem como apoio a melhorias no desenvolvimento regional. A despeito do progressivo aumento do endividamento, da pressão inflacionária, do desequilíbrio fiscal e do uso das empresas públicas como instrumentos de alavancagem, o governo logrou reduzir o coeficiente de importações da economia. Uma das características almejadas pelo Plano foi o fortalecimento da indústria de transformação (além do estímulo à indústria de construção via ampliação de obras públicas), bem como das empresas nacionais. Nas palavras de João Paulo dos Reis Velloso, seu maior articulador:

> *"Havia a proposta de implantar um modelo de capitalismo industrial, expressão que usávamos na época para significar principalmente a presença da empresa nacional em setores dinâmicos. Setores dinâmicos eram as indústrias tradicionais (...) Nós tínhamos (...) a ideia de criar grandes empresas nacionais porque, nesses setores de insumos básicos e de bens de capital, sem grandes empresas não há escala para ser competitivo internacionalmente, e isso era necessário para substituir importações e para exportar. Passamos a usar principalmente o BNDE e a FINEP para viabilizar grandes projetos em que a empresa privada nacional fosse participante. Às vezes, até majoritariamente"* (apud D'Araujo e Castro, 2004, p. 169).

Durante o II PND, a despeito de iniciativas de controles creditícios dos bancos privados por parte da Fazenda, os financiamentos via bancos públicos, em especial o BNDE e o Banco do Brasil, foram essenciais para garantir as metas de investimento em capacidade produtiva. Além dos subsídios explícitos no custo dos empréstimos (limitação da correção dos empréstimos a 20% da correção monetária), o governo investiu diretamente em projetos produtivos por via da ampliação e criação de novos braços operacionais do Estado (subsidiárias de empresas estatais), bem como participando diretamente do capital de empresas e projetos privados. A articulação dos investimentos públicos com os privados pôde dar-se num período em que os fluxos externos de recursos ainda estavam disponíveis, algo que cessou de ocorrer no início dos anos 1980.

Vale notar que não foi somente o capital privado nacional que se beneficiou da formatação desse "capitalismo industrial", mas também diversas empresas multinacionais que buscaram se instalar ou ampliar sua atuação, beneficiando-se dos mesmos créditos subsidiados e de certos mecanismos de proteção de mercado. O direcionamento dos investimentos no país também almejou a questão regional. Um dos aspectos do II PND foi o estímulo (via crédito e investimento direto das empresas controladas pelo Estado) à desconcentração regional, formalizado no âmbito do CDE em 1977, em que o Estado definiu como prioridade investimentos fora dos eixos tradicionais, a saber, os polos petroquímicos no Rio Grande do Sul e na Bahia e investimentos estatais em siderurgia, como a Açominas em Minas Gerais. Esses elementos também estiveram presentes no caso de empresas multinacionais, como foi o caso da implantação da Fiat em Betim.

Curiosamente, quando o II PND era deslanchado e o conjunto de grandes *holdings* estatais era complementado, como no caso dos sistemas Petrobras, Siderbras, Eletrobras e Telebras, uma onda antiestatizante começou a aparecer, quase simultaneamente ao surgimento de um certo sentimento nacionalista.[3] Com o agravamento da crise internacional no transcorrer da segunda metade dos anos 1970, a disputa por recursos financeiros escassos levou parte do empresariado, o mesmo que se beneficiava de subsídios creditícios, a exigir uma menor participação do "Estado empreendedor". As empresas estatais, peças-chave desse processo, aumentaram investimentos e lograram uma rápida taxa de crescimento, expandindo-se 12% ao ano de 1976 a 1979 (Castelar e Oliveira Filho, 1991), ao mesmo tempo em que as taxas de investimento como proporção do PIB atingiram

---

[3] O alerta estatizante ficou claro no clássico discurso de Eugenio Gudin em 1974, por ocasião de sua premiação como Homem de Visão, da revista *Visão*. O sentimento nacionalista cresceu liderado a partir de 1977 pelo então Ministro da Indústria e Comércio, Severo Gomes, dentro do próprio governo central (D'Araujo e Castro, 2004, p.176/179).

percentuais superiores a 21%. Essas estatais, apesar de cumprirem seu papel na formação bruta de capital fixo, foram usadas de forma desordenada na política de contenção da inflação, via controle dos preços administrados, bem como na tomada de recursos externos, aumentando o endividamento público externo. Tal desordem foi verificada na criação de empresas: em um estudo da SEST (Secretaria de Controle das Empresas Estatais) de 1979, identificou-se que apenas 40 empresas estatais, de um universo de 268, foram criadas por lei. As restantes haviam pertencido ao setor privado, tendo sido absorvidas pelo setor público em processos de falência (Castelar e Oliveira Filho, 1991, p. 337).

A análise dos determinantes dos investimentos privados e da formação bruta de capital fixo sempre foi para Dionisio uma das maiores preocupações no bloco de demanda dos modelos macroeconométricos de consistência desenvolvidos no Departamento de Economia. A análise das políticas econômicas em períodos de forte aceleração do crescimento combinada com a elevada instabilidade, em especial em cenários de alta inflação, permitiu um olhar mais apurado sobre a relevância da aplicação imediata das teorias keynesianas ou neoclássicas na elaboração de modelos. A importância de considerar especificidades institucionais nunca deixou de ser uma marca de seu processo investigativo.

Apesar das dificuldades na obtenção de dados estatísticos consistentes e da complexidade da abertura de informações sobre a composição da formação bruta de capital fixo, a investigação sobre qual era o papel no curto e longo prazos do investimento público na determinação do investimento privado (e no próprio investimento agregado) sempre atraiu a atenção de Dionisio, em especial a tentativa de compreender quais as magnitudes das elasticidades envolvidas. Por um lado, como nas pesquisas realizadas ao longo dos anos 1980 e 1990 (ver Studart, 1992), era possível captar com significância estatística as variáveis dos modelos clássicos do acelerador. Por outro, nem sempre os resultados das variáveis monetárias (crédito e custo de capital), ou de investimento público, eram de simples interpretação, principalmente se acrescidas de variáveis que captavam o grau de instabilidade macroeconômica, como a volatilidade da taxa de inflação ou as variações cambiais.

Modelos desenvolvidos no Brasil de determinação da função investimento privado podem dubiamente captar os sinais de complementariedade ou substitutibilidade com o investimento público. Em vários cenários analisados durante os anos 1980, resultados apontaram elementos de *crowding-out* no curto prazo dos investimentos privados pelos investimentos públicos. Por outro lado, no longo prazo, alguns resultados indicavam possibilidades de *crowding-in*. A interpretação desse fenômeno, sobre o qual muitas vezes Dionisio se debruçou e questionou, poderia estar mais ligada à captura do tipo de investimento realizado e à própria base de dados considerada. No curto prazo, dependendo da forma como os investimentos públicos fossem financiados (via subsídios), isso poderia levar a um maior impacto sobre as finanças públicas, influenciando a elevação dos juros e consequentemente o incentivo para o investimento privado. Por outro lado, investimentos públicos em infraestrutura, elevando a produtividade geral dos fatores, poderia ser positiva e complementarmente determinante para o investimento privado no longo prazo.

Essas investigações permearam por muitos anos a pesquisa em torno de modelos sustentáveis de crescimento da economia brasileira e de opções de política econômica, em especial na interpretação do II PND (ver Carneiro, 1982, p. 79/95). Se a intenção do Plano era boa, a condução foi questionável, e os resultados frustrados mais à frente. Se por um lado a meta do "Progresso" se fez sentir na expansão da oferta, por outro a "Desordem" do desequilíbrio macroeconômico e dos conflitos de gestão se ampliou.

3 INVESTIMENTOS PÚBLICOS EM CENÁRIOS DE DESEQUILÍBRIO: 1980-2010

As consequências das decisões de política econômica do início dos anos 1980, com o governo Figueiredo e o segundo choque do petróleo, levaram ao aprofundamento dos desequilíbrios internos. Atingida pelo choque dos juros internacionais, a economia brasileira navegou até o final da década imersa em total instabilidade financeira. Os desajustes do setor público se intensificaram com a exaustão da poupança pública e o uso político das empresas estatais. Tais empresas, anteriormente vistas como arautos do investimento público, passaram a ser usadas como fontes de captação para fechar o balanço de pagamentos, assim como amortecedoras da inflação, via controle de preços administrados. A sucessão de planos de estabilização fracassados, o endividamento interno público crescente, os riscos sempre presentes de moratória da dívida externa, o aumento do déficit e a permanência de juros internos elevados inviabilizaram decisões de investimento de longo prazo. Sem mecanismos privados estáveis de crédito de longo prazo, com o mercado de capitais retraído e baixas taxas de crescimento do produto, nem o setor público, seja através das administrações públicas ou das estatais, nem o setor privado conseguiram impedir a queda da taxa de investimento.

Nesse contexto, iniciando-se na primeira metade dos anos 1990, novos desafios de políticas públicas surgiram, redefinindo o campo dos investimentos e da política macroeconômica. Em primeiro lugar, a Reforma do Estado com o início do Programa Nacional de Desestatização, já a partir de 1990 no governo Collor.[4] Em segundo lugar, durante os governos Itamar Franco e Fernando Henrique Cardoso, implementou-se uma bem-sucedida política de estabilização com o Plano Real e aprovou-se a Lei de Responsabilidade Fiscal (2000), peça central na melhoria da disciplina fiscal.

Apesar de as desestatizações terem transferido para a iniciativa privada o controle de setores industriais, de serviços e infraestrutura, o volume do investimento privado não se alterou significativamente nos dez anos que se seguiram. Mesmo com a queda da inflação e a recuperação dos superávits primários, a formação bruta de capital continuou abaixo da média histórica dos anos 1970. O Gráfico 1 mostra que o investimento privado permaneceu amortecido e em um primeiro momento o maior equilíbrio fiscal não se reverteu em acréscimos do lado dos investimentos públicos. A manutenção das altas de juros e a indexação financeira foram e ainda são fatores de inibição. Da mesma forma, a despeito da recuperação dos mercados de capitais (locais e internacionais) entre 2004 e 2007, com novas emissões primárias de ações e instrumentos privados de dívidas, os volumes não garantiram um fluxo estável de financiamento de longo prazo (mesmo observando o maior influxo de capitais externos para o país no período). Como bem lembrou Dionisio:

> Grande parte da decisão de não investir, que tem custos para o crescimento econômico, é fruto de uma decisão de adiar para um ponto futuro no tempo o aumento da capacidade produtiva. O valor desse adiamento tende a ser maior quanto maiores forem a instabilidade e a incerteza envolvidas no cálculo econômico (Carneiro, 1999).

---

[4] Instituído através da Lei 8031, o Programa Nacional de Desestatização atravessou três presidentes e quatro administrações públicas. O arcabouço institucional permitiu que fossem realizadas transações que superaram US$100 bilhões em 10 anos, entre venda de ativos, cancelamento e transferência de dívidas do setor público. Considerado internacionalmente um dos maiores programas de Reforma do Estado, a legislação permanece em vigor até os dias de hoje.

GRÁFICO 1

Evolução da taxa de investimento como proporção do PIB, decomposta por segmentos

Nota: Adm. pública e estatais – escala à esquerda; outras empresas – escala à direita.
Fonte: Afonso, J. R. *Digesto Econômico*, abril 2010.

Uma característica dos últimos 15 anos em termos do investimento público no país é sua marcada descentralização, conforme pode ser visto na Tabela 2. Municípios e estados vêm exercendo nos últimos anos um papel importante na composição dos investimentos das administrações públicas, sendo maiores inclusive que os desembolsos da União (quando excluídas as empresas estatais). Tais investimentos, já sob a égide da Lei de Responsabilidade Fiscal, quando comparados com a receita corrente líquida, produziram resultados superiores aos da União. Enquanto as despesas com pessoal nos últimos anos evoluíram abaixo das receitas correntes, os investimentos mais do que as superaram. Quadro inverso ocorreu na administração pública federal, onde o crescimento dos investimentos esteve abaixo do crescimento das receitas correntes, que foram superadas pelo crescimento das despesas com pessoal (Afonso, J.R., *Digesto Econômico*, 2010). A análise do ponto de vista da eficiência e da gestão do gasto também não difere desse quadro, quando acompanhamos a execução dos orçamentos.[5] Com o desenrolar dos PACs, parte dessas questões tem ficado mais visível.

TABELA 2	Composição dos investimentos com % da formação bruta de capital nacional (FBCF)							
Ano	União	Estados	Municípios	FBCF Adm. Púb. (APU)	Estatais DEST	FBCF Setor Público (SPU)	FBCF Setor Privado (SPR)	FBCF Nacional
1995	2,10%	2,87%	6,24%	11,20%	8,85%	20,06%	79,94%	100,00%
1996	2,10%	4,02%	6,77%	12,89%	8,67%	21,56%	78,44%	100,00%
1997	2,27%	4,79%	3,97%	11,03%	8,69%	19,72%	80,28%	100,00%
1998	2,50%	6,87%	4,82%	14,18%	7,90%	22,08%	77,92%	100,00%

(continua)

---

[5] A despeito das dificuldades estatísticas, quando observamos os chamados Restos a Pagar e comparamos com os Investimentos Liquidados, notamos nos últimos anos, em especial nos períodos pós-PACs, que Estados e Municípios são bem mais eficazes na execução dos orçamentos (ver AFONSO, J.R. *Digesto Econômico*, 2010).

(continuação)

1999	1,71%	3,97%	4,24%	9,93%	5,02%	14,94%	85,06%	100,00%
2000	1,40%	4,47%	4,35%	10,23%	4,68%	14,91%	85,09%	100,00%
2001	2,43%	4,91%	3,72%	11,06%	5,06%	16,11%	83,89%	100,00%
2002	2,72%	5,06%	5,82%	13,59%	6,85%	20,44%	79,56%	100,00%
2003	1,26%	3,98%	4,87%	10,11%	7,19%	17,30%	82,70%	100,00%
2004	1,30%	3,89%	4,98%	10,17%	6,30%	16,47%	83,53%	100,00%
2005	2,05%	4,45%	3,93%	10,42%	6,38%	16,80%	83,20%	100,00%
2006	2,29%	4,74%	4,99%	12,03%	6,00%	18,03%	81,97%	100,00%
2007	2,47%	3,33%	4,69%	10,49%	6,28%	16,77%	83,23%	100,00%
2008	2,44%	4,38%	5,48%	12,29%	7,60%	19,89%	80,11%	100,00%
2009*	3,78%	6,07%	4,91%	14,76%	11,13%	25,88%	74,12%	100,00%
Médias da FBCF da administração pública e do setor público (incluindo estatais):								
FHC 1	2,24%	4,64%	5,45%	12,33%	8,53%	20,85%	79,15%	100,00%
FHC 2	2,07%	4,60%	4,53%	11,20%	5,40%	16,60%	83,40%	100,00%
Lula 1	1,72%	4,27%	4,69%	10,68%	6,47%	17,15%	82,85%	100,00%
Lula 2	2,90%	4,59%	5,03%	12,51%	8,33%	20,85%	79,15%	100,00%

Fonte: Afonso, J. R. *Digesto Econômico*, abril 2010.
*Estimativas.

Os Programas de Aceleração do Crescimento (PAC I e II), implantados a partir de 2007, têm foco nos investimentos em infraestrutura e no desenvolvimento social e urbano. Apesar de alguns esforços isolados de governos passados (vide o Plano Avança Brasil, do governo Fernando Henrique Cardoso), os PACs representam o maior esforço de articulação de investimentos desde o fim do II PND. O governo Lula, em seu período inicial, tentou enfrentar a carência do investimento privado e público através do estímulo às Parcerias Público-Privadas (PPP). A incapacidade de organizar as agendas do governo com o setor privado, ao lado da indefinição de projetos e da falta de consistência de marcos regulatórios das Agências, faz naufragar as primeiras iniciativas.

Conforme pode ser visto na Tabela 3, os PACs concentram-se majoritariamente nos investimentos em energia (em especial na exploração de gás e petróleo), seguidos do programa de habitação popular Minha Casa, Minha Vida e dos investimentos em logística e transporte. O total de investimentos estimados, R$1,5 trilhão está ancorado nos estímulos ao investimento público e na tentativa de melhoria do ambiente do investimento privado.

TABELA 3 Previsão preliminar dos investimentos do PAC II

			R$ Bilhões
Eixos	**2011-2014**	**Pós-2014**	**Total**
PAC cidade melhor	57,1	–	57,1
PAC comunidade cidadã	23,0	–	23,0
PAC minha casa, minha vida	278,2	–	278,2
PAC água e luz para todos	30,6	–	30,6
PAC transportes	104,5	4,5	109,0
PAC energia	461,6	626,9	1.088,5
Total	955,0	631,4	1.586,4

Fonte: Casa Civil da Presidência da República.

Entretanto, a partir da crise financeira internacional de 2008 e 2009, o PAC passou a ser usado como ferramenta anticíclica, combinado a políticas pontuais de estímulos creditícios e fiscais. O direcionamento dos investimentos públicos e a gestão de todo o portfólio seguiram agenda própria do momento e não necessariamente os melhores critérios de análise de longo prazo de projetos. Com a diminuição do fluxo de recursos nos mercados de capitais, local e internacional, e a maior restrição de crédito por parte dos bancos privados, o financiamento público pelos três maiores bancos federais substituiu parte da necessidade de capitais de longo prazo. A questão maior, entretanto, foi como tais instituições estenderam seus recursos para além desse horizonte, passando a financiar reestruturações empresariais e consolidações setoriais, parte inclusive em capitalizações de empresas públicas. Em decorrência disso, parcelas de recursos destinados a novos investimentos e ampliação da capacidade foram orientadas para algumas operações de salvamento e preservação de empregos.

Assim, nos últimos 35 anos pós-II PND, o que se viu foi a exaustão da poupança e do investimento público. Desde 2007, com a operação do PAC, parte da capacidade do Estado de investir foi revigorada, mas ainda concentrada nas estatais, em especial na Petrobras.[6] O grande desafio dos próximos governos é como recuperar esse investimento com tão limitada capacidade de manobra das finanças públicas. Em função de vinculações e da pouca maleabilidade do orçamento, aumentos das despesas de capital teriam que ser compensados com a redução dos crescentes gastos sociais (Previdência), por exemplo. Caso contrário, só o pernicioso aumento da carga tributária viabilizaria a situação. De uma forma sucinta, José Roberto Afonso aponta esse dilema:

> *A leitura da evolução dos gastos federais, seja no conceito do resultado, seja no conceito das contas nacionais, é de que não teria havido um crescimento do tamanho estatal, mas apenas sua maior presença como transferidor de renda para a sociedade, especialmente em favor dos mais pobres (Bolsa Família) e dos inativos (Previdência Social). Em consequência, se deduz que, para assegurar o ajuste fiscal e expandir os investimentos públicos, restariam tão-somente duas alternativas – novo aumento da carga tributária (...) ou corte de benefícios sociais. Dispensável dizer quão indigestas politicamente são as duas soluções.*

4 CONCLUSÃO OU NOVOS DILEMAS?

O Brasil nos últimos anos passou por uma enorme revolução em sua situação macroeconômica. Deixamos de ser um país de elevadas taxas de inflação e endividamento externo. Construímos um parque industrial moderno, bem como uma pauta de exportações diversificada. Com um sistema financeiro nacional sólido e um setor privado não financeiro integrado globalmente, o país voltou a apresentar taxas de crescimento decentes. Muito desse processo, é sabido, ocorreu em circunstâncias dramáticas de mudanças de políticas econômicas, planos malsucedidos de estabilização, reformas do Estado e crises cambiais. O ajuste processado foi conquistado aos poucos, o que não significa, entretanto, que tenhamos pavimentado um caminho de crescimento autossustentado.

Ainda hoje somos um país com níveis baixos de taxas de investimento, não só para padrões internacionais, quando comparados aos demais países emergentes, como também em relação à nossa média histórica dos últimos 50 anos. As tentativas de impulsionar o investimento agregado, desde os anos 1970 com o II PND, chegando até os dias de hoje com os PACs, estiveram lastreadas em políticas de estímulo do investimento público, ora como parte de uma política industrial, ora como mero mecanismo anticíclico. Em qualquer dos cenários, a trajetória não foi linear, e os resultados nem sempre corresponderam às necessidades do país. O descompasso da demanda de recursos para financiar os hiatos com o retorno

---

[6] Ver na Tabela 2 a composição e a evolução da Formação Bruta de Capital nas últimas quatro administrações presidenciais.

dos investimentos maturados acirrou o conflito distributivo, levando a pressões inflacionárias e descontroles fiscais.

As políticas de *stop-and-go,* os elevados custos de capital, as restrições creditícias e a instabilidade de preços e câmbio não conseguiram ser superados pelos esforços do governo em "promover" aumentos de gastos públicos, proteções de mercado, incentivos tributários e subsídios creditícios. Na verdade, foram exatamente esses mecanismos oportunistas de curto prazo que dilapidaram as finanças públicas e dificultaram um equilíbrio macroeconômico duradouro.

Cabe então olhar para a frente e nos perguntarmos se é possível agora aspirar a um novo surto sustentável de investimentos públicos sem uma readequação dos gastos primários do setor público. Será possível repactuar o atual "contrato social" sem uma ampla reforma tributária? Dada a descentralização dos investimentos públicos entre as três esferas da Federação, quais as chances de uma maior articulação? Devem ser as atuais empresas estatais, como nos anos 1970, as principais alavancadoras do investimento? Pode o investimento público evoluir sem uma nova gestão de "governança", em que o cálculo da eficiência marginal esteja explícito na análise dos projetos? Como se darão os novos mecanismos de financiamento? Quais os limites políticos e econômicos de manutenção do subsídio público ao financiamento privado? Existirá mercado de capitais privado como fonte alternativa de longo prazo aos atuais níveis de taxas reais de juros e sem uma estabilização completa? Que retorno pode ser esperado do investimento privado, quando o investimento público em infraestrutura compete em condições diferenciadas? Como justificar novos investimentos privados sem reformas do marco regulatório e das onerações tributárias?

As respostas a tais formulações não são triviais, como não foram quando da adoção das medidas de estímulo e incentivo aos investimentos desde os anos 1970. Entretanto, sem enfrentar esses questionamentos, não será possível construir uma história duradoura de crescimento autossustentável no país. Assim nos ensinou Dionisio.

BIBLIOGRAFIA

Abreu, M. P. (1990). *A ordem do progresso, cem anos de política econômica republicana: 1889-1989.* Campus.

Acemoglu, D. (2009). *Economics origins of dictatorship and democracy.* Cambridge University Press.

Acemoglu, D. (2009). *Introduction to modern economic growth.* Princeton University Press.

Acemoglu, D.; Johnson, S.; Robinson, J. A. (2001). The colonial origins of comparative development: an empirical investigation, *American Economic Review*, 91, p. 1369-1401.

Acemoglu, D.; Johnson, S.; Robinson, J. A. (2005). Institutions as a fundamental cause of long-run growth. In: Aghion, P.; Durlauf, S. N. (Org.). *Handbook of economic growth.* Amsterdam, North Holland. p. 384-473.

Admati, A. P. *et al.* (2010). *Falacies, irrelevant facts, and myths in the discussion of capital regulation*: why bank equity is not expensive. Mimeo, Stanford GSB Research Paper 2063.

Afonso, J. R.; Junqueira, G. (2009). Investimento governamental no Brasil é mais municipal que federal, *Revista de Administração Municipal*, ano 55, n. 272, IBAM, p. 18-25.

Afonso, J. R.; Junqueira, G. (2010). O nó dos investimentos públicos, *Digesto Econômico*, abr.

Aghion, P. N. *et al.* (2002). *Competition and innovation*: An Inverted-U Relationship, Economic and Social Research Council, Swindon.

Aghion, P. N.; Durlauf, D. N. (2005). *Handbook of economic growth.* North Holland: Elsevier.

Aghion, P. N.; Howitt, P. (2009). *The economics of growth.* The MIT Press.

Aguirre, A.; Calderón, C. (2005). Real exchange rate misalignments and economic performance, *Central Bank of Chile Working Papers*, n. 315.

Ahn, S. (2002). Competition, innovation and productivity growth: A review of theory and evidence, *Working Papers*, n. 317, Economics Department, OECD, Paris.

Alesina, A.; Perroti, R. (1996). Fiscal adjusment in OECD countries: composition and macroeconomic effects, *NBER, Working Papers.*

Almerkinders, G. (1995). *Foreign exchange intervention.* Edward Elgar Publishing Limited.

Anderson, N.; Sleath, J. (2001). New estimates of the UK real and nominal yield curves. *Bank of England Working Paper*, n. 126.

Antunes, A.; Silva, N. (2010). A análise da dívida contingente aplicada ao sistema bancário, Banco de Portugal, Relatório de Estabilidade Financeira.

Araujo, A.; Funchal, B. (2009). A lei de falências: primeiros impactos. *Revista Brasileira de Economia Política*, 29(3):1-20.

Araujo Jr., J. T. (2010). Progresso técnico e desempenho exportador. In: Velloso, J. P. R. (Coord.). *Construindo sociedade ativa e moderna e consolidando o crescimento com inclusão social.* Rio de Janeiro: José Olympio, p. 191-214.

Archibald, J.; Hunter, L. (2001). What is the natural real interest rate, and how can we use it? *Bulletin*, Reserve Bank of New Zealand, 64 (3), p. 15-28.

Arida, P. (1982). *Dívida externa e ajuste estrutural:* o Brasil diante da crise. Paz e Terra.

Arida, P.; Bacha, E.; Lara Resende, A. (2005). Credit, interest, and jurisdictional uncertainty: conjectures on the case of Brazil. In: Giavazzi, F.; Goldfajn, I.; Herrera, S. (2005). *Inflation targeting debt, and the Brazilian experience, 1999 to 2003.* MIT Press, p. 265-293.

Arrow, K. (1963). *Social choice and individual values.* 2. ed. Yale University Press.

Attanasio, O.; Picci, L.; Scorcu Antonello, A. E. (2009). Saving, growth and investment: A macroeconomic analysis using a panel of countries, *The Review of Economics and Statistics*, 82 (2), p. 182-211.

Australian Competition and Consumer Commission. (1999). *Anticompetitive conduct in telecommunications markets*: An Information Paper, Director Publications, Canberra.

Bacha, E. (2010). Além da tríade: há como reduzir os juros? Texto para Discussão, IEPE/CdG, 17, 22 p. (Ver artigo 12, p. 130, deste livro.)

Bacha, E.; Holland, M.; Gonçalves, F. (2009). A panel-data analysis of interest rates and dollarization in Brazil. *Revista Brasileira de Economia*, 63, n. 4, p. 341-360.

Baily, M. (1993). Competition, regulation, and efficiency in service industries, *Brookings Papers on Economics Activity: Microeconomics*, p. 71-130.

Baily, M.; Gersbach, H. (1995). Efficiency in manufacturing and the need for global competition, *Brookings Papers on Economic Activity: Microeconomics*, p. 307-58.

Baily, M.; Hulten, C.; Campbell, D. (1992). Productivity dynamics in manufacturing plants, *Brookings Papers on Economics Activity: Microeconomics 2*, p. 187-249.

Baldacci, E.; Manmohan K. (2010). Fiscal deficits, public debt, and sovereign bond yields, *IMF Working Paper*, WE/10/184, 26 p.

Banco Central do Brasil. (2004). *Relatório Econômico Anual – 2004*, Cap. 5.

Banco Central do Brasil. (2005). *Relatório Econômico Anual – 2005*, Cap. 5.

Banco Central do Brasil. (2006). *Relatório Econômico Anual – 2006*, Cap. 6.

Banco Central do Brasil. (2007). *Relatório Econômico Anual – 2007*, Cap. 6.

Banco Central do Brasil. (2008). *Relatório Econômico Anual – 2008*, Cap. 6.

Banco Central do Brasil. (2009). *Medidas de simplificação na área de câmbio.*

Banco Central do Brasil. (2010). *Censos para o Capital Estrangeiro, 1995, 2000 e 2005.* Disponível em: http://www.bcb.gov.br/?CENSOCE.

Bank for International Settlements. (2005). Foreign exchange market intervention in emerging markets: motives, techniques and implications, *Bis Papers,* n. 24, Monetary and Economic Department.

Barabási, A-L. (2003). *Linked.* Plume/Penguin Group.

Bartelsman, E. J.; van Leeuwen, G.; Nieuwenhuijsen, H. R. (1995). Downsizing and productivity growth: myth or reality. *Netherlands Official Statistics,* Autumn, p. 23-28.

Basel Committee on Banking Supervision. (2010). *An assessment of the long-term economic impact of the transition to stronger capital and liquidity requirements.* Bank for International Settlements.

Basel Committee on Banking Supervision. (2010). *Assessing the macroeconomic impact of the transition to stronger capital and liquidity requirements.* Bank for International Settlements.

Basel Committee on Banking Supervision. (2010). *Strengthening the resilience of the banking sector.* Bank for International Settlements.

Baumol, W.; Panzar, J.; Willig, R. (1982). *Contestable markets and the theory of industry structure.* San Diego: Harcourt Brace Jovanovich.

Benati, L.; Surico, P. (2010). VAR Analysis and the great moderation, *American Economic Review,* v. 99, p. 1636-1652.

Bergsten, C. F. *et al.* (1970). *Approaches to greater flexibility of exchange rates.* Princeton: Princeton University Press.

Bernanke, B. S. (2009). *The crisis and the policy response.* Stamp Lecture na London School of Economics.

Bernhardsen, T.; Gerdrup, K. (2007). The neutral real interest rate, *Economic Bulletin,* Norges Bank, 78, p. 52-64.

Bernstein, R. J. (2010). *The pragmatic turn.* Polity.

Besley, T. (2006). *Principled agents?* Oxford University Press.

BIS. (2010). Basel Committee on Banking Supervision: *Press Release.* Disponível em: www.bis.org.press.

Blanchard, O. (2004). Fiscal dominance and inflation targeting: lessons from Brazil. In: Giavazzi, F.; Goldfajn, I.; Herrera, S. (2005). *Inflation targeting debt, and the Brazilian experience, 1999 to 2003.* MIT Press, p. 49-80.

Blanchard, O.; Fischer, S. (1989). *Lectures on macroeconomics.* The MIT Press. 650 p.

Blanchard, O.; Giavazzi, F. (2002). Current account deficits in the euro area. The end of the Feldstein-Horioka puzzle? *MIT Department of Economics Working Paper* n. 03-05.

Blanchard, O.; Milesi-Ferretti, G. M. (2009). Global imbalances: In midstream? *IMF Staff Position Note,* SPN/09/29.

Blinder, A. (1977). Indexing the economy through financial intermediation. In: Brunner, K.; Meltzer, A. H. *Stabilization of the domestic and international economy.*

Blinder, A. (1999). *Bancos centrais:* teoria e prática. Editora 34. 101 p.

Blinder, A.; Zandi, M. (2010). *How the great recession was brought to an end.* Disponível em: http://www.economy.com/mark-zandi/documents/End-of-Great-Recession.pdf

Blundell, R.; Griffith, R.; van Reenen, J. (1999). Market share, market value and innovation in a panel of british manufacturing firms, *Review of Economic Studies,* v. 66, p. 529-54.

Boghossian, P. (2006). *Fear of knowledge.* Oxford University Press.

Bohn, H. (1991). Budget balance through revenue or spending adjustments? Some historical evidence for the United States, *Journal of Monetary Economics,* v. 27, p. 333-359.

Bohn, H. (2005). The sustainability of fiscal policy in the United States, CESifo WP 1446, 44 p. Disponível em: http://www.econ.ucsb.edu/~bohn/papers/DebtUS.pdf.

Bolle, M. B. de. (2009). A dificuldade de resolver a crise bancária, *Carta Econômica Galanto,* n. 112/09.

Bolle, M. B. de. (2010). Redundância e sobrevência no sistema regulatório americano. In: Carneiro, D. D.; Bolle, M. B. de. (Org.). *A reforma do sistema financeiro americano:* nova arquitetura internacional e o contexto regulatório brasileiro. Rio de Janeiro: LTC.

Bonelli, R. (2005). Industrialização e desenvolvimento (notas e conjecturas com foco na experiência do Brasil). Texto preparado para o Seminário *Industrialização, Desindustrialização e Desenvolvimento,* patrocinado pela Fiesp – Federação das Indústrias do Estado de São Paulo e pelo Iedi – Instituto de Estudos para o Desenvolvimento Industrial. São Paulo, SP.

Bonelli, R.; Gonçalves, R. (1998). Padrões de desenvolvimento industrial no Brasil: passado e futuro. In: *O futuro da indústria no Brasil e no mundo:* os desafios do século XXI. Confederação Nacional da Indústria. Rio de Janeiro: Campus.

Bonelli, R.; Gonçalves, R. (1998). Para onde vai a estrutura industrial brasileira? Texto para Discussão n. 540, Ipea. *Perspectivas da Economia Brasileira* – 1998, IPEA, Rio de Janeiro.

Bonelli, R.; Pessôa, S. (2010). Desindustrialização no Brasil: um resumo da evidência. Texto para Discussão 7. Rio de Janeiro: Centro de Desenvolvimento Econômico, IBRE, FGV-Rio.

Boss, M.; Summer, K.; Thurner, M. (2003). *The network topology of the interbank market*. Banco Central da Áustria.

Brasil. Ministério da Fazenda. (2003). *Política Econômica e Reformas Estruturais*. Brasília: Ministério da Fazenda.

Brasil. Ministério da Fazenda. (2004). *Reformas microeconômicas e crescimento de longo prazo*. Brasília: Ministério da Fazenda.

Brenner R.; Patinkin, D. (1977). Indexation in Israel. In: Loundberg, E. *Inflation theory and anti-inflation policy*. Macmillan.

Bresnahan, T. (2001). 'Old economy' inputs for 'new economy' outcomes: cluster formation in the new Silicon Valleys, *Industrial and Corporate Change*, v. 10, n. 4, p. 835-6.

Calvo, G. A.; Vegh, C. A. (1999). Inflation stabilization and balance of payments crises in developing countries. In: Taylor, J.; Woodford, M. *Handbook of Macroeconomics*. North-Holland.

Cardoso, R. F. (2007). *Um cálculo simplório sobre a gula fiscal brasileira*. Mimeo. Escola de Pós-Graduação em Economia, Fundação Getulio Vargas.

Carlin, W. *et al.* (2001). Competition and enterprise performance in transition economies: Evidence from a cross-country survey. *Discussion Paper*, n. 2840, CEPR. London.

Carneiro, D. D. (1982). O terceiro choque: é possível evitar-se a recessão. In: *Dívida externa e ajuste estrutural: o Brasil diante da crise*. Paz e Terra.

Carneiro, D. D. (1990). Crise e esperança: 1974-1980. In: Abreu, M. P. *A ordem do progresso, cem anos de política econômica republicana: 1889-1989*. Campus.

Carneiro, D. D. (1997). *Brasil*: dilemas da política econômica. Rio de Janeiro: Campus.

Carneiro, D. D. (1999). Crescimento econômico e instabilidade no Brasil, Texto para Discussão n. 410, Departamento de Economia PUC-RJ.

Carneiro, D. D. (2002). Crescimento de longo prazo e a lei das S.A., *Revista CVM*, n. 34. Disponível em: www.cvm.gov.br. Acesso em: 9 out. 2010.

Carneiro, D. D. (2006). Letras financeiras do tesouro e normalidade financeira: haverá um 'peso problem'? In: Bacha, E.; Oliveira, L. C. *Mercado de capitais e dívida pública*: tributação, indexação, alongamento. Rio de Janeiro: ContraCapa, p. 197-217.

Carneiro, D. D. (2010). Não basta acreditar e investir, *Estado de S. Paulo*, 8/6.

Carneiro, D. D. (2010). O que a crise atual revelou sobre as deficiências regulatórias? In: Carneiro, D. D.; Bolle, M. B. de. *A reforma do sistema financeiro americano*: nova arquitetura internacional e o contexto regulatório brasileiro. Rio de Janeiro: LTC.

Carneiro, D. D. (2010). Restrições reais ao crescimento, *Estado de S. Paulo*, 8/11.

Carneiro, D. D.; Bolle, M. B. de. (2008). A complexidade da crise ou a crise da complexidade?, *Carta Econômica Galanto*, n. 108/08.

Carneiro, D. D.; Bolle, M. B. de. (2008). Por que é tão difícil prever o tamanho e o timing das crises?, *Carta Econômica Galanto*, n. 106/08.

Carneiro, D. D.; Valpassos, M. (2003). *Financiamento à habitação e instabilidade econômica*. Rio de Janeiro: SNIC/FGV.

Carneiro, D. D.; Wu, T. (2005). Dominância fiscal e desgaste do instrumento único de política monetária no Brasil, Texto para Discussão n.º 7, IEPE/CdG, 33 p. Disponível em: http://iepecdg.com.br/uploads/texto/TPD7IEPE.pdf.

Carvalho, B. S. M.; Garcia, M. G. P. (2008). Ineffective controls on capital inflows under sophisticated financial markets: Brazil in the ninetics. In: Edwards, S.; Garcia, M. G. P. (Org.). *Financial market volatility and performance in emerging markets*. Chicago: The Chicago University Press, p. 29-96.

Castelar, A. P.; Oliveira Filho, L. C. (2007). *Mercado de capitais e bancos públicos*: análise e experiências comparadas. ContraCapa.

Castelar, A. P.; Oliveira Filho, L. C. (1991). O programa brasileiro de privatização: notas e conjecturas. In: *Perspectivas da Economia Brasileira 1992* – IPEA.

Celani, M.; Winograd, C. (2003). *Competition policy in the emerging economy, learning from Argentina*. Mimeo. Paris: Delta.

Celani, M.; Winograd, C. (2005). Regulation and antitrust in emerging economies. In: Mulder, N.; Oliveira, J. *Trade and competitiveness in ABC*. OECD, Paris.

Chenery, H. B. (1960). Patterns of industrial growth, *American Economic Review*, v. 50.

Cline, W. R.; Williamson, J. (2010). *Estimates of fundamental equilibrium exchange rates*. Policy Brief n. 10-15, Peterson Institute for International Economics.

Cochrane, J. (2010). Understanding policy in the great recession: some unpleasant fiscal arithmetic, *NBER Working Paper*, n. W16087.

Cochrane, J.; Piazzesi, M. (2005). Bond risk premia, *American Economic Review*, v. 95, p. 138-160.

Coffee, J. (2010). *Dispersed ownership*: the theories, the evidence, and the enduring tension between 'lumpers' and 'splitters'. Columbia Law and Economic Working Paper No. 363. The Center for Law and Economic Studies – Columbia University School of Law. Disponível em: http://papers.ssrn.com/sol3/papers.cfm?abstract_id=1532922.

Cole, H.; Ohanian, L. (2004). New deal policies and the persistence of the great depression: a general equilibrium analysis. *Journal of Political Economy*, v. 112(4).

Comisión Nacional de Comunicaciones–CNC. (2002). *Annual Report for the Postal Market in Argentina*. CNC, Buenos Aires.

Corden, W. M. (1984). Boom sector and dutch disease economics: survey and consolidation, *Oxford Economic Papers*, New Series, v. 36, n. 3, p. 359-380.

Corden W. M.; Neary, J. P. (1982). Booming sector and de-industrialisation in a small open economy, *The Economic Journal* 92, p. 829-831.

Costa, A. C.; Mello, J. M. (2006). Judicial risk and credit market performance: micro evidence from Brazilian payroll loans. *Working Paper 12252*, National Bureau of Economic Research.

Curdia, V.; Woodford, M. (2009). *Credit spreads and monetary policy*. Trabalho preparado para a conferência organizada pelo FRB/JMCB sobre Financial Markets and Monetary Policy, Washington.

D'Amico, S.; Kim, D. H.; Wei, M. (2008). Tips from tips: the informational content of treasury inflation protected securities prices. *BIS Working Paper*, n. 248.

Daniel, K. *et al.* (1997). Measuring mutual fund performance with characteristic-based benchmarks, *Journal of Finance*, 52(3), p. 1035-1058.

D'Araujo, M. C.; Castro, C. (2004). *Tempos modernos – João Paulo dos Reis Velloso*: memórias do desenvolvimento. FGV Editora.

De Grauwe, P.; Grimaldi, M. (2006). *The exchange rate in a behavioral finance framework*. Princeton: Princeton University Press.

De Gregorio, J.; Guidotti, P. E.; Vegh, C. A. (1998). Inflation stabilization and the consumption of durable goods, *Economic Journal, Royal Economic Society*, v. 108(446).

Della Paollera, G.; Taylor, C. (2003). *A new economic history of Argentina*. Cambridge University Press.

Di Tella, G. (1979). Price oscillation, oligopolistic behaviour and inflation: the Argentine case, *World Development*, v. 7, n. 11-12.

Diamond, D.; Dybvig, P. (1983). Bank runs, deposit insurance and liquidity, *Journal of Political Economy*, 91(3), p. 401-19.

Diaz Alejandro, C. (1970). *Essays on the economic history of the Argentine Republic*. Yale University Press.

Dib, D.; Goldfajn, I. (2010). O impacto da melhor composição do passivo no câmbio real. *Itaú-Unibanco Macrovisão*.

Diogenes, F. C. D. (2007). *Efeitos sobre o câmbio das intervenções cambiais esterilizadas*: o caso brasileiro de 2003 a 2006. Dissertação (Mestrado em Economia). Departamento de Economia da PUC–Rio, Rio de Janeiro.

Disney, R.; Haskel, J.; Heden, H. (2000). Restructuring and productivity growth in UK manufacturing, *Discussion Paper*, n. 2463, CEPR, London.

Djankov, S. *et al.* (2002). The regulation of entry, *Quarterly Journal of Economics*, 117, p. 1-37.

Djankov, S. *et al.* (2003). Courts, *Quarterly Journal of Economics*, 118, p. 453-517.

Djankov, S.; McLiesh, C.; Shleifer, A. (2007). Private credit in 129 countries, *Journal of Financial Economics*, 84, p. 299-329.

Domaç, I.; Mendoza, A. (2004). Is there room for foreign exchange interventions under an inflation targeting framework? Evidence from Mexico and Turkey. *World Bank Policy Research Working Paper*, n. 3288.

Dominguez, K. M. (1991). Market responses to coordinated central bank intervention. NBER. *Working Paper* 3192.

Dominguez, K. M.; Frankel, J. A. (1993). *Does foreign exchange intervention work?* Washington, D.C.: Institute for International Economics.

Dreizzen, J. (1985). *O conceito de fragilidade financeira em um contexto inflacionário*. Rio de Janeiro, 9.º Prêmio BNDES de Economia.

Duffee, G. (2002). Term premia and interest rate forecasts in affine models, *Journal of Finance*, vol. 57, p. 405-443.

Duffie, D. (2001). *Dynamic asset pricing theory*. 3. ed. Princeton University Press.

Dyck, A. & Zyngales, L. (2004). Private benefits of control: an international comparison, *The Journal of Finance*. v. LIX, n. 2, p. 537-600. Disponível em: http://faculty.chicagobooth.edu/luigi.zingales/research/papers/privatebenefits.pdf.

Dyson, F. (2006). *The scientist as a rebel*. New York: New York Review of Books.

Edison, H. (1993). *The effectiveness of central-bank intervention*: a survey of the literature after 1982. Princeton, N.J.: Princeton Studies in International Economics.

Edison, H.; Cashin, P.; Liang, H. (2003). *Foreign exchange intervention and the Australian dollar*: Has it mattered? Washington D.C. International Monetary Fund, IMF Working Paper 03/99.

Eichengreen, B.; Hausmann, R. (1999). Exchange rates and financial fragility. *Proceedings, Federal Reserve Bank of Kansas City*, p. 329-368.

Ellig, J. (2001). *Competition and public policy*: technology, innovation and antitrust issues. Cambridge, MA: Cambridge University Press.

Ellig, J. (2001). *The federal trade commission's notice requesting comments on retail electricity competition plans.* George Mason University, Fairfax, UI.

Engerman, S. L.; Sokoloff, K. L. (1997). Factor endowments, institutions, and differential growth paths of development among new world economies. In: Haber, S. *How Latin America Fell Behind*, Stanford University Press.

Engerman, S. L.; Sokoloff, K. L. (2000). History lessons: Institutions, factor endowments, and the path of development in the new world, *Journal of Economic Perspective*, 14, p. 217-232.

Engle, R. F.; Granger, C. W. J. (1987). Cointegration and error correction: representation, estimation and testing, *Econometrica* 55, p. 251-276.

Estevadeordal, A.; Taylor, A. M. (2008). Is the Washington consensus dead? Growth, openness, and the great liberalization, 1970s-2000s, *NBER Working Paper*.

Ethier, W.; Bloomfield, A. I. (1975). *Managing the managed float*. Princeton Essays. International Finance, n. 112.

European Central Bank. (2004). The natural real interest rate in the Euro area, *European Central Bank Monthly Bulletin*, p. 57-69.

Evans, S. D.; Schmalensee, R. (2001). Some economic aspects of antitrust analysis in dynamically competitive industries, *NBER Working Paper*, n. 8268, NBER, Cambridge, MA.

Faruqee, H. (1995). Long-run determinants of the real exchange rate: a stock-flow perspective. *IMF Staff Papers*, v. 42.

Fatum, R.; Hutchinson, M. (1999). Does intervention signal future monetary policy?, *Journal of Money, Credit and Banking*, 31(1), p. 54-69.

Favero, C.; Giavazzi, F. (2005). *Inflation targeting and debt*: lessons from Brazil.

Ferguson, R. (2004). *Equilibrium real interest rate*: theory and application. Speech. Disponível em: www.federalreserve.gov.

Fernández-Villaverde, J.; Guerrón-Quintana, P.; Rubio-Ramírez, J. (2010). Fortune or virtue: time-variant volatilities versus parameter drifting in U.S. data. *Working Paper Duke University*.

Ferreira, P. C. G.; Nascimento, L. (2009). Welfare and growth effects of alternative fiscal rules for infrastructure investment in Brazil. Mimeo. EPGE-FGV. Versão do artigo de 2005 disponível a partir do XXVII Encontro Brasileiro de Econometria, 2005, Natal, em CD-ROM e online.

Fisher, P. (2010). *An unconventional journey*: the bank of England's asset purchase programme. Bank of England.

Fishlow, A.; Bacha, E. (2010). Recent commodity price boom and Latin American growth: more than new bottles for an old wine? Texto para Discussão 16. Rio de Janeiro: Instituto de Estudos de Política Econômica Casa das Gar-

ças. Disponível em: http://www.iepecdg.com.br/uploads/texto/TPD16_Bacha_Fishlow.pdf

Fleming, J. (1962). Domestic financial policies under fixed and under floating exchange rates, *International Monetary Fund Staff Papers*, 9, p. 369-379.

FMI. (2010). Global stability report: sovereigns, funding and systemic liquidity. Washington, Cap. 1, p. 1-55.

Foster, L.; Haltiwanger, J. C.; Krizan, C. J. (1998). Aggregate productivity growth: Lessons from microeconomic evidence, *NBER Working Paper*, n. 6803, Cambridge, MA.

Frankel, J. A. (1991). Quantifying international capital mobility in the 1980's. In: Berhein, B. D.; Shovers, J. B. *National saving and the economic performance*. National Bureau of Economic Research/University of Chicago Press.

Fritsch, W.; Franco, G. H. B. (1992). Foreign direct investment and patterns of trade and industrialization in developing countries: notes with reference to the Brazilian experience. In: Helleiner, G. K. (Org.). *Trade policy, industrialization and development*: a reconsideration. Oxford: Clarendon Press.

Fritsch, W.; Franco, G. H. B. (1993). Import repression, productivity slowdown, and manufactured export dynamism: Brazil, 1975-1990. In: Helleiner, G. *Trade policy and industrialization in turbulent times*. Routledge for UNU-Wider.

Fritsch, W.; Pinho Neto, D. M. (2005). A desregulamentação da conta de capitais: limitações macroeconômicas e regulatórias. In: Gleizer, D. *Aprimorando o mercado de câmbio brasileiro*. BM&F.

Froot, K.; Rogoff, K. (1995). Perspectives on PPC and long-run real exchange rates. In: Grossman, G.; Rogoff, K. *Handbook of International Economics*. Amsterdam, v. 3.

Fuentes, R.; Gredig, F. (2007). Estimating the chilean natural rate of interest. *Working Papers*, Central Bank of Chile, 448, p. 1-14.

Gagnon, J. et al. (2010). *Large scale asset purchases by the Federal Reserve*: did they work? Federal Reserve Bank of New York.

Gal, M. (2002). *Competition policy in small market economies*. Harvard University Press.

Garcia, M. G. P.; Didier, T. (2003). Taxa de juros, risco cambial e risco Brasil, *Política e Planejamento Econômico*, 33(2), p. 253-297.

Garcia, M. G. P.; Olivares, G. (2001). O prêmio de risco da taxa de câmbio no Brasil durante o plano real, *Revista Brasileira de Economia*, 55(2), p. 151-182.

Georgescu-Roegen, N. (1966). *Analytical economics*. Harvard University Press.

Gersfelt, T. (1976). Financial indexation. In: International Savings Bank Institute. *Indexation of monetary assets and obligations-arguments for and against*. Geneva.

Giambiagi, F.; Além, A. (2001). *Finanças públicas*. 2. ed. Campus, 477 p.

Giambiagi, F.; Ronci, M. (2004). Fiscal policy and debt sustainability: Cardoso's Brazil, 1995-2002. *IMF Working Paper*, p. 1-43.

Giammarioli, N.; Valla, N. (2004). The natural real interest rate and monetary policy: a review, *Journal of Policy Modeling*, 26, p. 641-660.

Giavazzi, F.; Goldfajn, I.; Herrera, S. (2005). *Inflation targeting, debt, and the brazilian experience, 1999 to 2003*. MIT Press.

Giersch, H. *et al.* (1974). *Essays on inflation and indexation*, Washington D.C., American Enterprise Institute for Public Policy Research.

Gjerstad, S.; Smith, V. L. (2010). *Household expenditure cycles and economic cycles, 1910-2010*. p. 11.

Godfrey-Smith, P. (2003). *Theory and reality*: an introduction to the philosophy of science. The University of Chicago Press.

Gomes, C. *et al.* (2007). Uma análise da literatura do pecado original aplicada ao endividamento público e privado brasileiro. In: Encontro Nacional de Economia, 35. *Anais...* ANPEC.

Gomes, V.; Pessôa, S.; Veloso, F. A. (2003). Evolução da produtividade total dos fatores na economia brasileira: uma análise comparativa. *Ensaios Econômicos*, EPGE.

Gopinath, G. (2004). Lending booms, sharp reversals and real exchange rate dynamics, *Journal of International Economics*, 62, p. 1-23.

Gorga, E. (2009). Changing the paradigm of stock ownership from concentrated towards dispersed ownership? Evidence from Brazil and consequences for emerging countries. *Forthcoming Northwestern Journal of International Law and Business*. Disponível em: http://extranet.isnie.org/uploads/isnie2009/gorga.Gorga_Final_Isnie.pdf.

Gort, M.; Sung, N. (1999). Competition and productivity growth: the case of the US telephone industry, *Economic Inquiry*, v. 37, n. 4, p. 678-91.

Gray, D.; Merton, R. C.; Bodie, Z. (2007). New framework for measuring and managing macrofinancial risk and financial stability, *Working Paper*, Cambridge, MA, n. 13607, NBER.

Greif, A. (2006). *Institutions and the path to modern economy*. Cambridge University Press.

Gual, J. (2002). Regulation and the development of electronic communications in Europe, *INFO*, v. 4, n. 3.

Guilder, L. (2008). *The age of entanglement*, Alfred A. Knopf.

Guimarães, R. (2004). Foreign exchange intervention and monetary policy in Japan: evidence from identified VARs.

In: Money Macro and Finance (MMF) Research Group Conference 2004.

Guimarães, R.; Karacadag, C. (2004). The empirics of foreign exchange intervention in emerging market countries: the cases of Mexico and Turkey. *IMF Working Paper 04/123* (Washington: International Monetary Fund).

Gürkaynak, R.; Levin, A.; Swanson, E. (2006). Does inflation targeting anchor long-run inflation expectations? Evidence from long-term bond yields in the U.S., U.K., and Sweden. *CEPR Discussion Papers*, n. 5808.

Gürkaynak, R.; Wright, J. (2010). Macroeconomics and the term structure, *Journal of Economic Literature*.

Gutting, G. (2009). *What philosophers know*: case studies in recent analytic philosophy. Cambridge University Press.

Hague, W. (2007). *William Wilberforce*: the life of the great antisslave trade campaigner. Harper Press.

Hahn, C. H. (2000). Entry, exit, and aggregate productivity growth: micro evidence on Korean manufacturing, *Working Papers*, n. 272, Economics Department, OECD, Paris.

Hakkio, C.; Rush, M. (1991). Is the budget deficit "too large"? *Economic Inquiry*, XXIX, p. 429-445.

Haldane, A. G. (2009). *Rethinking the financial network*. Banco da Inglaterra.

Hamilton, J. (1994). *Time series analysis*. Princeton University Press.

Hamilton, J.; Flavin, M. (1986). On the limitations of government borrowing: a framework for empirical testing, *American Economic Review*, v. 76, p. 808-819.

Harberger, A. (1954). Monopoly and resource allocation (in factor markets versus product markets), *American Economic Review*, v. 44, n. 2, p. 77-87.

Hausman, J.; Sidak, G. (1999). A consumer-welfare approach to the mandatory unbundling of telecommunications networks, *The Yale Law Journal*, v. 109.

Hayashi and Prescott. International Telecommunications Union (2002). Competition Policy in Telecommunications. Background Paper. Mimeo. ITU New Initiatives Workshop on Competition Policy in Telecommunications.

Hellman, T. F.; Murdock, K. C.; Stiglitz, J. E. (2010). Liberalization, moral hazard in banking, and prudential regulation: are capital requirements enough?, *American Economic Review*, v. 90, n. 1.

Hellwig, M. (2010). *Capital regulation after the crisis*: business as usual? Mimeo. Paper 32, Max Planck Institute for Research on Collective Goods.

Hernando, V. H. (2010). Exchange rate policy and inflation targeting in Colombia. Inter-American Development Bank, Research Department. Retrieved March 25, 2010. Disponível em: http://ideas.repec.org/p/idb/wpaper/4425.html.

Hogg, C. S. (2010). *The "comply or explain" approach to improving standards of corporate governance*. Disponível em: www.qfinance.com.

Holub, T. (2004). *Foreign exchange interventions under inflation targeting*: the Czech experience. CNB Internal Research and Policy Notes.

Iedi – Instituto de Estudos para o Desenvolvimento Industrial. Indústria e desenvolvimento. (2010). *Carta do Iedi*, n. 403.

Iglesias, R.; Rios, S. (2010). Desempenho das exportações brasileiras no pós-*boom* exportador: características e determinantes. *Working Paper N. 129*, Latin America Trade Network. Disponível em: http://www.cindesbrasil.org/site2010/index.php?option=com_jdownloads&Itemid=14&view=finish&cid=458&catid=14

Imbens, G.; Wooldridge, J. M. (2009). Recent developments in the econometrics of program evaluation, *Journal of Economic Literature*, 47(1).

IMF. (2010). *Global financial stability report*: sovereigns, funding and systemic liquidity.

Inaoka, H. *et al.* (2004). *Fractal network derived from banking transaction*: an analysis of network structures formed by financial institutions. *Working Paper* n. 04-E-04 Banco Central do Japão.

International Monetary Fund. (2006). *Methodology for CGER exchange rate assessments*. Washington: International Monetary Fund. Disponível em: www.imf.org.

Isard, P. (2007). Equilibrium exchange rates: Assessment methodologies. *IMF Working Paper*, 296.

Issler, J. V.; Lima, L. R. (2000). Public debt sustainability and endogenous seigniorage in Brazil: time series evidence from 1947-1992, *Journal of Development Economics*, 62, p. 131-147.

Jackson, M. O. (2008). *Social and economic networks*. Princeton University Press.

Jank, M. *et al.* (2008). Exportações: existe uma doença holandesa? In: Barros, O.; Giambiagi, F. *Brasil globalizado*: o Brasil em um mundo surpreendente. Campus.

Jauk, W. (2000). The application of EC competition rules to telecommunications, *International Journal of Communications Law and Policy*, Issue 4.

Jeanne, O.; Ranciere, R. (2006). The optimal level of international reserves for emerging market countries: formulas and applications. *IMF Working Paper*, International Monetary Fund.

Johansen, S. (1988). Statistical analysis of cointegration vectors, *Journal of Economic Dynamics and Control*, 12, p. 231-254.

Jorde, T.; Sidak, G.; Teece, D. (2000). Innovation, investment and unbundling, *Yale Journal on Regulation*, v. 17, n. 1.

Joslin, S.; Singleton, K.; Zhu, H. (2010). A new perspective on gaussian dynamic term structure models, *Review of Financial Studies*.

Joyce, M. *et al.* (2010). *The financial market impact of quantitative easing*. Bank of England.

Joyce, M.; Lildholdt, P.; Sorensen, S. (2010). Extracting inflation expectations and inflation risk premia from the term structure: a joint model of the UK nominal and real yield curves, *Journal of Banking and Finance*, v. 34, p. 281-294.

Juselius, K. (2006). *The cointegrated VAR model*: methodology and applications. Advanced Texts in Econometrics, Oxford University Press.

Kahn, A.; Tardiff, T.; Weisman, D. (1999). The telecommunications act at three years: an economic evaluation of its implementation by the Federal Communications Commission, *Information Economics and Policy*.

Kamil, H. (2008). Is central bank intervention effective under inflation targeting regimes?: The case of Colombia. *IMF Working Paper*, International Monetary Fund.

Kaminsky, G. L.; Lewis, K. K. (1996). Does foreign exchange intervention signal future monetary policy? *Journal of Monetary Economics*, v. 37, n. 2, p. 285-312.

Kauffman, S. (2009). *The origins of order*: self-organization and selection in evolution. Oxford University Press.

Kearns, J.; Rigobon, R. (2002). Identifying the efficacy of central bank interventions: the australian case, *NBER Working Paper* 9602.

Kim, D.; Orphanides, A. (2005). Term structure estimation with survey data on interest rate forecasts. *Finance and Economics Discussion Series*, n. 2005-48, Federal Reserve Board.

Kim, D.; Wright, J. (2005). An arbitrage-free three-factor term structure model and the recent behavior of long-term yields and distant-horizon forward rates. *Finance and Economics Discussion Series*, n. 2005-33, Federal Reserve Board.

Kim, S. (2003). Monetary policy, foreign exchange intervention, and the exchange rate in a unifying framework. *Journal of International Economics*, v. 60, n. 2, p. 355-386.

Kindleberger, C. P. (1978). *Manias, panics and crashes*: a history of financial crises. Macmillan.

Kornai, J. (2009). The soft budget constraint syndrome and the global financial crisis. Disponível em: http://blogs.ft.com/maverecon/2009/10/kornai-on-soft-budget-constraints-bail-outs-and-the-financial-crisis/

Krugman, P. (1989). *Exchange Rate Instability*. Princeton University Press.

La Porta, R. *et al.* (1998). Law and finance, *Journal of Political Economy*, 106, p. 1113-1155.

La Porta, R. *et al.* (1999). The quality of government, *Journal of Law, Economics and Organization*, 15, p. 222-279.

Labán, R.; Larraín, F. (1997). Can a liberalization of capital outflows increase net capital inflows? *Journal of International Money and Finance*, 16, n. 3, p. 415-31.

Lachmann, W. (1999). The development dimension of competition, *UNCTAD Series on Issues in Competition Law and Policy*, UNCTAD, New York; Geneva.

Lane, M. (2000). The transfer problem revisited: net foreign assets and real exchange rate. *IMF Working Paper*.

Lane, P. R.; Milesi-Ferretti, G. M. (2006). The external wealth of nations mark II: revised and extended estimates of foreign assets and liabilities, 1970-2004. *IMF Working Paper* 06/69.

Langoni, C. G. (1970). *As causas do crescimento econômico do Brasil*. Apec.

Langoni, C. G. (1973). *Distribuição de renda e desenvolvimento econômico no Brasil*. Expressão e Cultura.

Larrain J. R.; Winograd, L. (1996). Mass privatisation, macroeconomics and public finance: the case of Argentina and Chile, *Revue Economique*, v. 47, n. 6, p. 1373-1408.

Lavigne, R. (2008). Sterilized intervention in emerging-market economies: trends, costs, and risks. *Bank of Canada Discussion Paper*, v. 4.

Levine, R. (1998). The legal environment, banks, and long-run economic growth, *Journal of Money, Credit and Banking*, 30, p. 596-613.

Levine, R. (1999). Law, finance and economic growth, *Journal of Financial Intermediation*, 8, p. 8-35.

Levine, R. (2005). *Finance and growth*: theory and evidence, Aghion and Durlauf.

Levitin, A. J.; Wachter, S. (2007). *Explaining the housing bubble*. University of Pennsylvania Institute for Law & Economies Research Paper n. 10-15; Georgetown Public Law Research Paper n. 10-60; Georgetown Law and Economies Research Paper n. 10-16. Disponível em: http://ssrn.com/alstroet=1669401.

Lewis, K. K. (1995). Are foreign exchange intervention and monetary policy related, and does it really matter? *Journal of Business*, v. 68, n. 2, p. 185-214.

Lilla, M. (2001). *The reckless mind*: intellectual in politics. New York Review of Books.

Lindert, P. H. (2004). *Growing public*. Cambridge University Press.

Lipsky, J. (2010). *Taking stock of financial sector reform*. Discurso feito no Fórum Executivo da Depository Trust and Clearance Corporation, FMI.

Lisboa, M. B. (2001). Linguagem, procedimentos e pragmatismo na tradição neoclássica, *Estudos econômicos*, 31(4).

Lisboa, M. B. (2005). Instituições, consequências e pragmatismo: evolução e desafios da economia brasileira. In:

Bacha, E. L.; Oliveira Filho, L. C. *Mercado de capitais e crescimento econômico*: lições internacionais, desafios brasileiros. ContraCapa.

Lisboa, M. B. (2010). *Instituições e crescimento*, Impresso. Disponível em: http://www.iepecdg.com.br/uploads/artigos/1009marcos _lisboa_discurso.pdf.

Lisboa, M. B.; Menezes-Filho, N.; Schor, A. (2010). Os impactos da liberalização comercial sobre a produtividade: competição ou tecnologia?, *Revista Brasileira de Economia,* 64(3).

Lisboa, M. B.; Scheinkman, J. A. (2002). *Agenda perdida*: diagnósticos e propostas para a retomada do crescimento com maior justiça social. Disponível em: http://www.iets.org.br/article.php3?id_article=98.

Lo, A. (2009). *The feasibility of systemic risk measurement*. U.S. House of Representatives Financial Services Committee.

Loayza, N.; Schmidt-Hebbel, K.; Servén, L. (2000). What drives private saving around the world? *World Bank, Development Research Group 2309*.

Lopes, F. (1997). The transmission mechanism of monetary policy in a stabilizing economy: notes on the case of Brazil. In: Bank for International Settlements (BIS): *The transmission of monetary policy in emerging market economies*, Policy Papers n. 3, p. 65-72. Reproduzido como: O mecanismo de transmissão da política monetária numa economia em processo de estabilização: notas sobre o caso do Brasil, *Revista de Economia Política*, v. 17, n. 3 (67).

Lopes, F. (1998). A questão do alongamento da dívida pública. In: Bacha, E.; Oliveira Filho, L. C. de. *Mercado de capitais e dívida pública*: tributação, indexação e alongamento, Ambid – IEPE CdG.

Loyo, E.; Azevedo, R. (2010). Perspectivas sobre a regulação financeira no Brasil diante de programas de reforma em economias avançadas. In: Carneiro, D. D.; Bolle, M. B. de. (Org.) (2010). *A reforma do sistema financeiro americano*: nova arquitetura internacional e o contexto regulatório brasileiro. Rio de Janeiro: LTC.

Lucas, R. (1990). Why doesn't capital flow from rich to poor countries? *American Economic Review*, 80, p. 92-96.

Luporini, V. (2001). The behavior of the Brazil federal domestic debt. *Texto para Discussão, CEDEPLAR/UFMG*, n. 161, p. 1-16.

Magnus, G. (2008). Managing Minsky, *UBS Investment Research*.

Mallon, R.; Sourrouille, J. (1975). *La política económica en una sociedad conflictiva*. Buenos Aires: Amorrortu.

Mandelbrot, B. (1997). *Fractals and scaling in finance*. Springer.

Martin, C.; Costa, M. (2010). The subprime crisis and UK monetary policy, *International Journal of Central Banking*, Basileia, p. 119.

Martins Neto, C. (2010). *Dispersão acionária, tomada hostil de controle e Poison pills*: breves reflexões. Disponível em: http://www.bocater.com.br/artigos.html.

Matsuyama, K. (2008). Structural Change. In: Durlauf, N.; Blume, L. E. *The new palgrave dictionary of economics*. 2. ed. Palgrave Macmillan.

Matthew, J. (2008). *Social and economic networks*. Princeton University Press.

Matutes, C.; Vives, X. (2000). Imperfect competition, risk taking, and regulation in banking, *European Economic Review*, v. 44, n. 1.

McCauley, R. (2006). Internationalising a currency: the case of the australian dollar, *BIS Quarterly Review*.

McKinnon, R. I. (1971). *Monetary theory and controlled flexibility in the foreign exchanges*. Princeton Essays in International Finance n. 84.

Meese, R.; Rogoff, K. (1983). Empirical exchange rate models of the seventies. Do they fit out of sample? *Journal of International Economics*, 14, p. 3-24.

Milgram, S. (1967). The small world problem, *Psychology Today*, 1(1), p. 60-67.

Minsky, H. P. (1977). A theory of systemic fragility. In: Altman, E. I.; Sametz, A. W. (Org.). *Financial crises*: institutions and markets in a fragile environment. J. Wiley.

Minsky, H. P. (2008). *Stabilizing an unstable economy*. Yale University Press. (Primeira edição: 1986.)

Miranda, P.; Muinhos, M. (2003). A taxa de juros de equilíbrio: uma abordagem múltipla. Trabalhos para Discussão n.º 66, Banco Central do Brasil, 24 p.

Mitchell, M. (2009). *Complexity*: a guided tour. Oxford University Press.

Moreira, M. M. (1999). Estrangeiros em uma economia aberta: impactos recentes sobre a produtividade, a concentração e o comércio exterior. In: Giambiagi, F.; Moreira, M. M. (Org.). *A economia brasileira nos anos 90*. Rio de Janeiro: BNDES.

Morris, S.; Shin, H. S. (2009). *Contagious adverse selection*. Mimeo. Princeton University.

Moura, A. R. (2010). Um novo paradigma para as funções dos bancos centrais? A atuação do Banco Central norte-americano na crise financeira, *Revista de Economia da PUC-SP*, ano 1, n. 2 e ano 2, n. 3, p. 159.

Mundell, R. (1963). Capital mobility and stabilization policy under fixed and flexible exchange rates, *Canadian Journal of Economics and Political Science*, 29, p. 475-485.

Mussa, M. (1994). The theory of exchange rate determination. In: Bilson J. F. O.; Marston, R. C. *Exchange rate theory and practice*. Chicago.

Nagel, T. (1996). *The view from nowhere*. Oxford University Press.

Nassif, A. (2008). Há evidências de desindustrialização no Brasil? *Revista de Economia Política*, v. 28, n. 1, p. 72-96.

NERA. (2000). *Competition policies in telecommunications*.

NEW YORK STOCK EXCHANGE. (2003). *Final NYSE Corporate Governance Rules*. Disponível em: http://www.nyse.com/pdfs/finalcorpgovrules.pdf.

Nickell, S. J. (1996). Competition and corporate performance, *Journal of Political Economy*, v. 104, n. 4, p. 724-46.

Noll, R. (1989). The political foundations of regulatory policy. In: Willig and Schmalensee. *Handbook of Industrial Organization*. North-Holland, Amsterdam.

North, D. (1990). *Institutions, institutional change and performance*. Cambridge University Press.

North, D.; Thomas, R. P. (1973). *The rise of the western world*: a new economic history. Cambridge University Press.

North, D.; Weingast, B. (1989). Constitutions and commitment: the evolution of institutional governing public choice in seventeenth-century England, *The Journal of Economic History*, 49 (4), p. 803-832.

O'Brien, C. C. (1992). *The great melody*: a thematic biography of Edmund Burke. Chicago University Press.

Obstfeld, M. (1995). International currency experience: New lessons and lessons relearned, *Brookings Papers on Economic Activity I*, p. 119-220.

Obstfeld, M.; Rogoff, K. S. (1996). *Foundations of international macroeconomics*. The MIT Press.

OECD. (1997). *The OECD Report on Regulatory Reform I-II*, OECD, Paris.

OECD. (1999). *Regulatory Reform in the United States*, OECD, Paris.

OECD. (2001). *Regulatory Reform in the United States*, OECD, Paris.

OECD. (2002). *Product Market Competition: A Framework for EDRC Reviews*, OECD, Paris.

OECD. (2003). *Second Hard Core Cartels Report for OECD Joint Global Forum on Trade and Competition*, OECD, Paris.

Organización Techint. (1983). La política financiera en el espejo de la teoría, *Boletín Informativo*, n. 229, Buenos Aires.

Orphanides, A.; Willians, J. (2002). Robust monetary policy rules with unknown natural rates, *Brookings Papers on Economic Activity*, 33, p. 63-146.

Parks, R. W. (1978). Inflation and relative price stability, *Journal of Political Economy*, v. 86, n. 1.

Pastore, A. C. (1995). Déficit público, a sustentabilidade do crescimento das dívidas interna e externa, senhoriagem e inflação: uma análise do regime monetário brasileiro, *Revista de Econometria,* v. 14(2), p. 177-191.

Persaud, A. (2010). *The empire strikes back.* Disponível em: www.vox.org.

Persson, T.; Tabellini, G. (2003). *The economics effects of constitution.* Cambridge University Press.

Piazzesi, M. (2009). Affine term structure models. Capítulo 12. In: Ait-Sahalia, Y.; Hansen, L. *Handbook of Financial Econometrics,* North-Holland.

Pinheiro, A. C.; Bonelli, R.; Pessôa, S. A. (2009). Pro and antimarket reforms in democratic Brazil. In: Rojas-Suarez, L. *Growing Pains in Latin America*: An economic framework as applied to Brazil, Colombia, Costa Rica, Mexico and Peru. Center for Global Development, Washington, D.C.

Popkin, R. (2000). *História do ceticismo*: de Erasmo a Spinoza. Francisco Alves.

Porter, M.; Sakakibara, M. (2004). Competition in Japan, *Journal of Economic Perspectives,* v. 18 (1).

Posner, R. A. (1975). The social costs of monopoly and regulation, *The Journal of Political Economy,* v. 83, n. 4, p. 807-28.

Poundstone, W. (2008). *Gaming the vote.* Hill and Wang.

Prado Jr., C. (1942). *Formação do Brasil contemporâneo.* Brasiliense.

Prasad, E. (2009). Rebalancing growth in Asia, *NBER Working Paper* 15169.

Rajan, R. (2010). *Fault lines*: how hidden fractures still threaten the world economy. Princeton University Press.

Reinhart, C.; Rogoff, K. (2004). Serial default and the 'paradox' of rich to poor capital flows, *American Economic Review,* 94(2), p. 52-8.

Reinhart, C.; Rogoff, K. (2004). The modern history of exchange rate arrangements: a reinterpretation, *Quarterly Journal of Economics,* 119(1), p. 1-48.

Reinhart, C.; Rogoff, K. (2010). From financial crash to debt, crisis, *American Economic Review.*

Reinhart, C.; Rogoff, K. (2010). Growth in a time of debt, *American Economic Review,* v. 100, p. 573-578.

Reinhart, C.; Rogoff, K. (2011). The forgotten history of domestic debt, *Economic Journal,* aceito para publicação no vol. 121.

Rocha, F. (1997). Long-run limits on the brazilian government debt, *Revista Brasileira de Economia,* v. 51(4), p. 447-470.

Romer, C. D. (2003). Business cycles, *The Concise Encyclopedia of Economics.* Disponível em: www.econlib.org.

Romer, D. (2001). *Advanced macroeconomics.* 2. ed. McGraw-Hill. 651 p.

Rudebusch, G.; Sack, B.; Swanson, E. (2007). Macroeconomic implications of changes in the term premium, *Federal Reserve Bank of St. Louis Review,* v. 89, p. 241-269.

Sargent, T.; Wallace, N. (1981). Some unpleasant monetarist arithmetic. *Federal Reserve Bank of Minneapolis Quarterly Review.* v. 5, p. 1-17.

Sarno, L.; Taylor, M. P. (2001). Official intervention in the foreign exchange market: is it effective, and, if so, how does it work? *C.E.P.R. Discussion Papers.*

Sen, A. (1979). *Collective choice and social welfare.* North-Holland.

Sen, A. (2009). *The idea of justice.* Allen Lane.

Shepherd, W. (1998). Problems in creating effective competition. In: Gabel, D.; Weiman, D. *Opening networks to competition*: the regulation and prices of access. Dordrecht: Kluwer Academic Publishers.

Shiller, R. J. (2008). *The subprime solution*: how today's global financial crisis *happened,* and what to do about it. Princeton University Press, p. 29.

Silveira, A. D. M. (2010). Qual a sua bandeira, investidor? Foco no conselho fiscal vai na contramão da tendência internacional. *Revista Capital Aberto,* São Paulo, ano 7, n. 84.

Singleton, K. (2006). *Empirical dynamic asset pricing*: model specification and econometric Assessment. Princeton University Press.

Soramaki, K. *et al.* (2006). *The topology of interbank payment flows.* Staff Report n. 243, Federal Reserve Bank of New York.

Souto, M.; Tabak B. M.; Vazquez, F. (2009). Linking financial and macroeconomic factors to credit risk indicators of brazilian banks. Brasília: Banco Central do Brasil, Trabalho para Discussão 198.

Souza Junior, J. R. de C. (2005). *Produto potencial*: conceitos, métodos de estimação e aplicação à economia brasileira. Texto para Discussão 1130, IPEA.

Standard & Poors Federative Republic of Brazil. 2010. Global Direct. Portal RatingsDirect. New York.

Stone, M.; Walker, W. C.; Yasui, Y. (2009). From Lombard Street to Avenida Paulista: Foreign exchange liquidity easing in Brazil in response to the global shock of 2008-09. *IMF Working Paper.* International Monetary Fund.

Studart, G. (1992). *Investimento público e formação bruta de capital do setor privado no Brasil*: análise empírica da relação de curto e longo prazos durante o período 1972-1989. Dissertação de Mestrado. PUC-Rio, Rio de Janeiro.

Syrquin, M.; Chenery, H. (1989). Three decades of industrialization, *The World Bank Economic Review,* v. 3, n. 2.

Tâmega-Fernandes, F.; Vevloet, W.; Vanazzi, A. (2010). O BC e a taxa real neutra no Brasil. Modal Asset Artigos. Rio de Janeiro. 9 p. Disponível em: www.modalasset.com.br/php/novo/phph/asset_flash.php?id=1019.

Tanenhaus, S. (2009). *The death of conservatism*. Random House.

Tapia, M.; Tokman, A. (2004). *Effects of foreign exchange intervention under public information*: the chilean case. Central Bank of Chile.

Tauber, A. I. (2009). *Science and the quest for meaning*. Baylor University Press.

Taylor, J. (2008). *Monetary policy and the state of the economy*. US House of Representatives, Committee on Financial Services.

Tregenna, F. (2009). Characterizing deindustrialization: an analysis of changes in manufacturing employment and output internationally, *Cambridge Journal of Economics*, 33, p. 433-466.

Trehan, B.; Walsh, C. (1988). Common trends, the budget government constraint, and revenue smoothing, *Journal of Economic Dynamic and Control*, v. 12, p. 425-444.

United Nations Industrial Development, Organization (Unido). (2009). *Industrial development report 2009*: breaking in and moving up: new industrial challenges for the bottom billion and the middle-income countries. Vienna.

Véganzones, M. A.; Winograd, C. (1995). Libéralisation financière et croissance dans un environnement volatile: l'Argentine au 20ème siècle. Epargne sans Frontières, *Techniques Financières et Développement*, 10 Years Special Edition, n. 40-41.

Véganzones, M. A.; Winograd, C. (1997). *Argentina in the 20th century: an accounted of long-awaited growth*, OECD, Paris.

Véganzones, M. A.; Winograd, C. (1998). *Human capital, trade openess, and convergence*: the economic growth of Argentina in the 20th century, Labour.

Veloso, F.; Villela, A.; Giambiagi, F. (2008). Determinantes do "milagre" brasileiro: uma análise empírica, *Revista Brasileira de Economia*, 68(2).

Vickers, J. (1995). Concepts of competition, *Oxford Economic Papers*, v. 47, n. 1, p. 1-23.

Viñals, J.; Fletcher, J. (2010). The making of good supervision: learning to say "no". *IMF Staff Position Note*, SPN 10/08, May 18 (Washington: International Monetary Fund).

Vives, X. (2010). *Competition and stability in banking*. Center for Economic Policy Research, Policy Insight 50.

Wang, W.-X.; Chen, G. (2008). Universal robustness characteristics of weighted networks against cascading failure. *Physical Review E* 77.

Warnock, V.; Warnock, F. (2007). Markets and housing finance, *NBER Working Paper* W13081.

Weinberg, S. (2001). *Facing up*: science and its cultural adversaries, Harvard University Press.

Wilcox, D. (1989). The sustainability of government deficits: implications of the present-value borrowing constraint, *Journal of Money, Credit and Banking*, v. 21, p. 291-306.

Williamson, J. (1991). Advice on the choice of an exchange-rate policy. In: Claassn, E. M. *Exchange rate policies in developing and post-socialist countries*. San Francisco: ICS Press.

Williamson, O. E. (1975). *Markets and hierarchies*: analysis and antitrust implications. New York: The Free Press.

Williamson, O. E. (1985). *The economic institutions of capitalism*: firms, markets, relational contracting. New York: The Free Press.

Williamson, T. (2000). *Knowledge and its limits*. Oxford University Press.

Winograd, C. (2003). Competition policies and institutional design in the small open economies: the case of Uruguay. Mimeo. Washington: World Bank.

Winograd, C. (2009). Competition policies and economic crisis: Argentina in the eye of a practionner, *Competition-Concurrences Review*.

Wonnacott, P. (1958). Exchange stabilization in Canada, 1950-54: a comment, *Canadian Journal of Economics and Political Science*, p. 262-65.

Woodford, M. (2003). *Interest & prices*: foundations of a theory of monetary policy. Princeton University Press, 785 p.

World Bank. (1993). *The east asian miracle*: economic growth and public policy. New York.

Wright, J. (2010). Term premia and inflation uncertainty: empirical evidence from an international panel dataset, *American Economic Review*.

Yeyati, E. L.; Micco, A.; Panizza, U. (2007). A reappraisal of state-owned banks, *Economia*, v. 7, n. 2.

Yokoi, Y. (2009). Droga de pílula, *Revista Capital Aberto*, São Paulo, ano 7, n. 76, p. 23-26.

Young, A. (1995). The tyranny of numbers: confronting the statistical realities of the East Asian growth experience, *The Quarterly Journal of Economics*, v. 110, issue 3, p. 641-80.

Zingales, L. (2009). Capitalism after the crisis, *National Affairs*, v. 1.

ÍNDICE

A

Ação(ões)
de "rebalanceamento", 19
ordinárias, 97
Acordo de Basileia, 31
3, 33, 35
Afrouxamento
creditício, 25
monetário, 2
Agência(s)
de classificação de risco, 33
de Proteção Financeira do Consumidor, 39
de *rating*, 41
de crédito, regulação das, 97
Agreement to disagree, 21
Agregação, unidade natural de, 59
Alavancagem
índice de, 36
limite de, 98
"Amortecedor contracíclico", 43
Aquisição do controle de uma companhia diretamente
no mercado, 72
ARRA (*American Recovery and Reinvestment Act*), 8
Average daily turnover, 20

B

Balanço
de pagamentos, 1
dos bancos centrais, expansão do, 23
Banco(s)
central(is)
do Chile, estudo do, 100
dos países desenvolvidos
comparação dos programas de *Quantitative
Easing* adotados, 23-29
Europeu (BCE), 23
expansão do balanço dos, 23
habilidade de "resolver" crises, 19
papel dos, reinventar o, 98
da Inglaterra (BoE), 23
programa de *Quantitative Easing*, 25
de Compensações Internacionais, 95
Lehman Brothers, bancarrota do, 58
Basel Committee on Banking Supervision, 33

Basileia
acordo de, 31
3, 33, 35
comitê de, 2, 15
Índice de, 35
BBC (*band, basket and crawl*), 187
BCE (Banco Central Europeu), 23
Beggar-your-neighbor, 21
Bem-estar, 144
Bens
comerciados internacionalmente, 188
non-tradable, 168
tradable, 168
Black e Scholes, modelo de, 99
BM&F Bovespa, proposta para a, 79
BNDES, 137
Bolha Brasil, 123
Bolsa de Nova York, 69
Book-to-market e *momentum*, 66
Brasil
desindustrialização no, fatos e versões, 209-226
e a globalização após o Plano Real: censos do capital
estrangeiro, 275-284
indústria e economia no, tendência de longo prazo, 210
juros reais no, longa travessia para a normalidade, 103-115
no concerto das noções: o padrão normal de
crescimento, 214
análise de *cross section*, 220
descrição analítica das mudanças na participação
da indústria no PIB, 216
fatos estilizados, 214
por que somos diferentes dos asiáticos?, 223
política cambial no, 186-193
flutuação
administrada, alternativa II, 189
com a taxa de câmbio de referência, 190
"o regime BBC", alternativa I, 187
regimes cambiais que não são práticos, 186
taxa de câmbio do, 179

C

Câmbio, 1
atrelado ajustável, 187
de referência, flutuação com taxa de, 190

e diferentes vértices da curva de juros, correlação entre, 142

flutuante, regime de, 188

indústria e balanço de pagamentos, 161-226

juros longos e, excesso de correlação entre, 140, 141

o "problema do", 179

    e as medidas de política econômica, 179-185

    real

        de equilíbrio, 167

            estimativas do, 173

            passivo externo líquido e, 172

Capital(is)

    de giro, 128

    entrada de, controles de, 184

    exigências mínimas e amortecedores de, 35

    mínimo

        novas regras de, prazos para implantação das, 36

    ordinário, cálculo do, 36

    social, integralizações do, 277

Capital conservation fund, 97

Carry-trade, 180

CBO (*Congressional Budget Office*), 13, 16

CDB pré 30 dias, rentabilidade, 127

CDOs (*collateral debt obligations*), 8

CDS (*credit default swaps*), 8, 15

Cenários de desequilíbrio, investimentos públicos em, 311

Censos do capital estrangeiro no Brasil

    indicadores específicos, 282

    principais indicadores, 279, 281

Choque do petróleo, 1

City Code on Takeover and Mergers, 74

Cláusula pétrea, 73

Clustering, 51

Cobb-Douglas, função de produção de, 168

Coeficiente

    de fragilidade financeira, 301

    de repasse do câmbio para a inflação, 119

Cofinanciamento privado, 289

Colchão

    contracíclico, 97

    de conservação de capital, 97

Collective action problem, 19

Comércio, mudanças nos padrões de, 215

Comitê de Basileia, 2, 15

Commodities, 167

    agrícolas, 305

    de exportação, 239

    risco da loteria dos, 225

Common

    equity, 52

    ground, 250

Comply or explain, 78

Comunidade Europeia, 74

Concorrência

    crise econômica e políticas da defesa da, 81-91

    defesa da, 85

    desempenho econômico, e, 82

        cumprimento das leis de concorrência, 84

        literatura sobre o tema, 82

        reestruturação de monopólios, 84

        salvaguarda da reforma estrutural, 84

        verificação empírica, 84

    em tempos de crise, políticas de defesa da, 86

Conselheiro, papel do, 75

Conselho

    de administração, novo papel do, 74

    de Supervisão da Estabilidade Financeira, 96

    Europeu de Risco Sistêmico, 41

    fiscal

        "turbinado", 76

        versus comitê de auditoria, 76

    Monetário Nacional, 137

Consumer Finance Protection Bureau, 96

Countercyclical buffer, 97

Crédito(s)

    à habitação no Brasil: crescimento e gargalos, 290-298

        de onde viemos e para onde queremos ir, 291

        lições americanas, 294

    de longo prazo, 301

    para habitação sobre saldo das cadernetas de

      poupança, 293

    privado do setor financeiro, 293

    programa de suporte à expansão do, 27

    securitização de, 33, 39

    subprime, 8

    tributários, 36

Crescimento

    com baixa poupança doméstica, 239-249

    econômico, 167

        instituições e, 229-238

Crise, 1

    da hegemonia, 82

    das *savings and loans* americanas, 34

    econômica, políticas de defesa da concorrência e, 81-91

    extrema, 89

financeira

    no setor imobiliário, 25

    resposta regulatória à, 30-45

        por que a regulação bancária não impediu a crise?, 31

        reformas nos EUA e na Europa, 38

    Grande, 20

    por que a regulação bancária não impediu a, 31

Cross section, análise de, 220

Crowding out, 14, 16

Currency boards, 187

Curto-prazismo, 299

Curva(s)

    de juros no Reino Unido, decomposição da, 148

        independência, credibilidade e dominância fiscal, 155

        modelo da estrutura a termo da taxa de juros, 150

        motivação, 148

    de Phillips, 101

    de rendimentos, 100

    de resposta a impulsos, 175

    IS para uma economia aberta, 118

D

Dados

    anuais, estimativa com, 169, 171

    descrição dos, 62

    mensais, estimativa com, 173

Decisão *ad hoc*, 23

Default, 167

"Déficits gêmeos", 19

Derivativos, regulação dos, 97

Desconto de duplicatas, 128

Desempenho exportador brasileiro, 196

Desemprego, 12

Desindustrialização

    indícios, 247

    no Brasil, fatos e versões, 209-226

Desoneração tributária, 271

Diferença de juros Brasil/mundo, regressões para a, 133

Distância

    agregada, 59

        medida de, 59

    até a inadimplência, 99, 100

    entre fundos, 58

    média, medida de, 59

Dívida(s)

    arriscadas, 99

contingente, metodologia de análise, 99

    financiamento da, 144

    hipotecária(s)

        nos EUA, estoque de, 296

        securitização de, 8

    nacional, 15

    pública, 135

    teste de sustentabilidade da, 258

    valor de mercado da dívida, 99

"Doença holandesa", 191

    evidências de, análise da experiência recente no Brasil, 194-208

    na indústria brasileira, 3

Double dip, 7

Duplo mergulho, 7, 9

E

Economia mundial pós-crise, o problema do rebalanceamento, 18-22

Emprego assalariado por grandes setores de atividade, 203

Engel, lei de, 214

Equação(ões)

    curva de Phillips aceleracionista, 117

    equilíbrio macroeconômico entre poupança e investimento, 117

    taxa de juros real, 117

Equilíbrio

    com juros elevados, 131

    incertezas sobre o, 111

    juro real de, 105

    no balanço de pagamentos, 120

Erro

    correção de, modelo, 268

    da regressão, 223

Estabelecimentos, evolução da estrutura de, 203

Estabilização incompleta, 116-129

Establishment regulatório, 102

Estresse político, 89

EUA

    preços de imóveis e inadimplência nos, 294

    produção industrial, índice de manufaturas, 47

    reformas nos, 38

    regulação financeira introduzida nos, 38

Europa, reformas na, 38

Expenditure

    change, 20

    switching, 20

Exportações líquidas, investimentos e, 164

Exportador(es)

brasileiro, desempenho, 196

industriais, apreciação da taxa de câmbio real nas decisões dos, 197

reações perante a valorização da taxa de câmbio real, 198

recente e de seus principais determinantes macroeconômicos, a evolução do desempenho, 195

"Exuberância irracional", 30, 295

F

Fannie Mae, 25

FED, 7

programa do, 24

Quantitative Easing, 23, 24

Fed funds, 112

Financial Stability

Forum, 31

Oversight Council, 96

Financiamento(s)

da dívida, 144

de longo prazo

e investimento, 273-315

no Brasil, notas sobre, 285-289

do investimento, 299-306

modalidades de, comparação entre diferentes, 303

"especulativo", 300

estruturas de, 301

habitacionais via SFH, 291

"Ponzi", 300

Floating rate, 125

Flutuação administrada, 189

Forward-looking, 99

Fragilidade financeira, 301

coeficiente de, 301

nível de, incerteza sobre o, 302

Freddie Mac, 25

Função de produção de Cobb-Douglas, 168

Fundo(s)

de compensação de variações salariais (FCVS), 290

de *hedge*, 37, 39, 96

de *private equity*, 39, 96

distância de carteira entre, e risco sistêmico, 58-67

distância entre, 58

por país, 64

domésticos por país e período, número, 63

mútuos de investimento, 62

por país e período, número total, 63

Funeral plans, 96

Fusões, 72

G

G-7, países do, 31,

G-20

influência do, 21

reforma do, 43

GEFM (Grande Expansão Fiscal e Monetária), 19

Government Sponsored Enterprises (GSE), 25, 40

Grandes

Complacência, 19, 20, 21

Crise, 21

de Crédito, 19

"déficits gêmeos", 19

Depressão, II, 7

Expansão Fiscal e Monetária, 19

Moderação, 7, 19

Recessão

na esteira da, guia para perplexos, 7-17

H

Hedge

fundos de, 37

funds, 58

Herança

da superindexação, política monetária e, 137

inflacionária, 135

Hipotecas

como colateral, 25

serviços de, 35

subprime, 12

Histerese, 89

Hub(s), 46, 53

I

II Plano Nacional de Desenvolvimento (II PND), 307

Importações líquidas

e taxa de investimento, 165

poupanças domésticas e investimentos, 166

Imposto, variação do, governo central, 269

Impulso não convencional-restrito, resposta a, 270

Independência

de jure do Banco Central, 3

monetária parcial, 140-147

Índice(s)

    de alavancagem, 36

    de Basileia, 35

        cálculo do, 36

    de bolsa

        e diferentes vértices da curva de juros, 143

        local, 142

    de Cobertura de Liquidez, 36

    de Financiamento Líquido Estável, 36

    de miséria, 10

    de preço(s)

        de *Commodities* do FMI, 244

        de exportação de manufaturados, 200

        setorial e de preço médio, relação entre, 201

    de produção industrial, 9

Indústria(s)

    no PIB

        descrição analítica das mudanças na participação da, 216

        logaritmo *per capita*, e, participação da, 221

        países socialistas e ex-socialistas, 220

        participação mundial da, 217

            médias trienais para 17 países desenvolvidos, 219

            países selecionados, 218

    padrão de financiamento dos investimentos na, 286

Industrialização sem poupança, história de, 239

Inelasticidade da oferta, 295

Inflação, 100

    taxa de, 112

Infraestrutura, padrão de financiamento na, 286

Instabilidades financeiras, 59

Instituição(ões)

    crescimento econômico e, 229-238

    grandes demais para quebrar, 98

    regime fiscal e crescimento, 227-272

Investidores, grupo de, 73

Investimento(s)

    como porcentagem de formação bruta de capital nacional, 312

    direto estrangeiro: o censo e os impactos sobre a economia, 275

    exportações líquidas e, 164

    financiamento do, 299-306

    poupanças, contas-correntes e câmbio real, 163-178

    privado, 14

    público, privado e total, evolução histórica, 308

J

Johansen, teste de, 268

Joint venture, 281

Juro(s), 1

    como reduzir, além da tríade, 129-139

    elevados, equilíbrio com, 131

    política monetária e, 93-159

    real(is)

        de equilíbrio, 105

            a curto prazo, 108

            de longo prazo, 106

            forma funcional, 106

        do Brasil, longa travessia para a normalidade, 103-115

            breve retrospectiva da literatura no Brasil, 105

            consequências para a política monetária, 111

            incertezas sobre o equilíbrio, 111

        no Brasil *vs.* mundo, 132

L

Lado da oferta, 19

Lei(s)

    da responsabilidade fiscal, 311

    das Sociedades por Ações, 70

        mudança da, *versus* autorregulação, 77

    de Engel, 214

    de potências, padrão "livre de escala" das, 51

    Dodd-Frank, 40, 96

    Glass-Steagall, 34, 39

    Sarbanes-Oxley, 76

Linguagem

    cifrada, 21

    vaga, 21

Liquidez

    cobertura de, 98

    indicador de, 98

    promoção de, 23

Liquidity coverage ratio, 98

Living will, 33

Lobby, 44

    defensivo, 81

    intensivo, 89

Lucros retidos, 97

M

Macroeconomia, dilemas da, 23

Manufaturados, índice de preço de exportação de, 200

"Marolinha" prometida, 252

Martin e Costa Milas, modelo de, 101

Mecanismo de ajuste fiscal, teste e estimações do, 267

Mercado

    acionário

        brasileiro, novos dilemas, 68-80

            aquisição do controle de uma companhia diretamente no mercado, 72

            comitê de auditoria *versus* conselho fiscal, 76

            conselho de administração, novo papel, 74

            evolução recente do, 68

            mudança de Lei das Sociedades por Ações *versus* autorregulação, 77

            novo mercado e os novos dilemas, 70

            proposta para a BM&F Bovespa, 79

        evolução recente do, 68

        novo mercado e PIB do Brasil, 71

    capitalização em porcentagem do PIB, 69

    de câmbio *offshore*, 146

    do dólar futuro, investidores estrangeiros no, 181

    interbancário brasileiro, 54

Milagre econômico, 1

Minsky, Hyman P., 300

Modelo

    analítico da *Moody's Analytics*, 13

    canônico, simplicidade elegante, porém incompleta do, 48

    de Black e Scholes, 99

    de Martin e Costa Milas, 101

    de Ramsey, 105

    REEM, 190

    regulatório americano, 40

Moral hazard, 48, 248

Mortgage backed securities, 25

Mudanças regulatórias, 96

    Basileia 3, 97

    lei Dodd-Frank, 96

Mutuários, critérios de seleção dos, 295

N

Nasdaq, colapso dos preços das ações no, 8

Net stable funding ratio, 98

Netting multilateral, 43

Nova Economia, 7

Novo mercado

    criação de um, importância da, 68

    novos dilemas e o, 70

    sucesso do, 79

NRSRO (*Nationally Recognized Statistical Ratings Organizations*), 97

O

OCC (*Office of the Comptroller of the Currency*), 40

Ofertas

    primárias, 287

    públicas, 70

        de aquisição de ações, 73

OIT (Organização Internacional do Trabalho), 15

OTS (*Office of Thrift Supervision*), fusão do, 40

P

PAC II, previsão preliminar dos investimentos, 313

Pânico "autorrealizável", episódios de, 48

Papers, 14

"Parada brusca", 126

Passivo externo, 167

    em carteira, composição do, 178

    líquido, 170

        câmbio real e, 172

        estimativas variando a medida o, 172

        três medidas, 170

Pass-through, 119

Perda, 113

Pesos acionários, 60

Phillips, curva de, 101

Pílulas do veneno, 73

Planos periódicos de autoliquidação, 96

Poison pill, 73

Policy-makers, 182

Política(s)

    cambial no Brasil, 186-193

    de afrouxamento, 25

    de defesa da concorrência e crise econômica, 81-91

    de *expenditure reducing*, 177

    de resgate sistemáticas, 82

    fiscal, 1

        para o produto a longo prazo, consequências, 270

    industrial como remendo à baixa poupança, 245

    monetária, 1, 23

        demasiadamente expansionista, 295

        herança da superindexação e, 137

        incertezas sobre equilíbrio e consequências para, 111

regulação e, 95-102

voltadas a empobrecer os vizinhos, 21

Por que somos diferentes dos asiáticos?, 223

Potencial de contágio, 33

Poupança(s)

baixa

juros altos e valorização cambial decorrentes da, 243

política industrial como remendo à, 245

brasileira, raízes da baixa taxa, 242

crédito para habitação sobre saldo das cadernetas de, 293

depósito como proporção do PIB, 292

domésticas, 163

crescimento com baixa, 239

elevar as, necessidade de, 177

taxas de, 164

industrialização sem, 3

rentabilidade, 127

Pratique ou explique, 78

Preço(s)

de imóveis e inadimplência nos EUA, 294

internacionais, variação anual de, 244

Primus inter pares, 20

Private equity funds, 58

Produção industrial

crescimento, 202

ganhos de produtividade na, 215

Produto, 100

hiato do, 115

Programa(s)

de Aceleração do Crescimento, 307

de *Quantitative Easing*

adotados pelos banco centrais, países desenvolvidos, 23-29

do BCE, 26

do BoE, 25

do FED, 24

nova retomada, 28

de suporte à expansão do crédito, 27

"Progresso sem ordem", observações sobre investimentos públicos nos programas de crescimento, 307-315

em cenários de desequilíbrio, 311

intenções e consequências do II PND, 308

Q

Quantidades exportadas, crescimento das, 202

Quantitative Easing, 2

adotados pelos bancos centrais dos países desenvolvidos, 23-29

comparação entre os diferentes, 24

do BCE, 26

do BoE, 25

do FED, 24

Quantum exportado, 199

taxas de crescimento médias do, 206, 207

Quickturn Design System *vs.* Shapiro, caso, 76

R

Ramsey, modelo de, 105

Reação regulatória à crise, 32

Recessão do NBER, 7

Rede(s)

interbancária(s), 50

brasileira, 53

"interconectadas demais para quebrar", 49

Reformas nos EUA e na Europa, 38

Regime(s)

BBC, 187

cambiais que não são práticos, 186

de câmbio flutuante, 288

fiscal no segundo mandato de Lula, deterioração do, 250-257

crise como pretexto, 252

desdobramentos, 255

o embate de 2005 e a saída de Palocci, 251

Regra(s)

de política monetária, 112

de Taylor, 100

generalizada, 112

Regressão, resíduos de, 223

Regulação

bancária, por que não impediu a crise?, 31

das agências de *rating* de crédito, 97

dos derivados, 97

financeira, 1, 58

introduzida nos EUA, 38

prudencial, 1

macroprudencial, 33

política bancária e, 95, 102

Relação(ões)
    capital-trabalho, 221
    de troca e passivo externo, respostas aos choques
        nas, 175
Rentabilidade
    CDB pré 30 dias, 127
    poupança, 127
    TR, 127
Reservas, altos custos e baixos benefícios de se acumular, 182
Revlon *vs.* MacAndrews & Forbes Holdings, caso, 75
Risco(s)
    de caudas largas, 98
    de crédito e liquidez, variáveis ligadas a, 100
    do sistema bancário, indicador do, 99
    moral, 48, 248
    sistêmico, 46
        complexidade do, 49
        o que é?, 48
Risky debt, 99
Robustez, 65

S

Saving and loans americanas, crise das, 34
Security(ies) and Exchange Commission (SEC), 74, 97
Securitização de créditos, 33, 39
Segmento disperso, 80
Selic, 112, 125
Serviço(s)
    de hipotecas, 35
    financeiros, 96
Setor(es)
    bancário oculto, 8
    com taxas
        de expansão da produção, 204
        de variação das exportações negativas, 204
        negativas de variação das exportações, 204
    cuja produção cresceu abaixo da média, 205
Simulação(ões)
    de distância(s) para
        dois conjuntos ortogonais de fundos igualmente
          expostos, 61
        fundos igualmente expostos, 60
        quatro fundos
          com pouco investimento em comum, 61
          sem nenhum investimento em comum, 62

        um fundo central e três fundos sem investimento
          comum, 61
    exemplificadoras, 60
Sinais de mudança, 251
Sistema(s)
    "balcanizados", regulação e supervisão de
        instituições financeiras, 19
    bancário
        brasileiro, concentração do, 53
        estabilidade do, variáveis ligadas à, 99
    de Reserva Federal, 96
    financeiro(s)
        brasileiro, para onde caminha o, 57
        modernos, tríade dos, 46, 57
SIVs (*structured investment vehicles*), 8
Small world, 50
Sociedade excêntrica, 82
Spreads, 27
    bancários, 101
    CDI, 288
    de crédito, 37
    de juros mais altos, forma de, 37
Subprimes, 48, 182
    crises, 100, 101
Sudden stop, 126
Superindexação, política monetária e herança da, 137
Supply side, 19

T

Tail risk, 98
TARP (*Troubled Asset Relief Program*), 8
Taxa(s)
    básica de juros, 100
    de câmbio, 20, 100
        apreciação da, 180
        intervenções
          esterilizadas em alterar a, eficácia, 182
          sobre a, resultados empíricos, 183
        miniajustamentos da, 188
        nominal, 141
        real, variações anuais da, 199
    de crescimento de quantidade produzida
        domesticamente, 207
    de desemprego, 30
    de inflação, 112

de investimento, 166
    como proporção do PIB, 312
    importações líquidas e, 165
de juro(s)
    aquisição
        de bens, outros, 129
        de veículos, 128
    capital de giro, 128
    desconto de duplicatas, 128
    livre de risco, 99
    nominal básica, 112
    prefixados, 142
    real
        ex ante, 108
        variável dependente, 107
de poupança, 166
    bruta da economia brasileira, 242
    raízes da baixa, 242
de propriedade da casa própria, 296
de variação das exportações, 204
flutuante, 125
LIBOR, 100
overnight, 124
Taylor, regra de, 100
    generalizada, 1121
Tentáculos regulatórios, 31
Terceirização de atividades, 215
"Testamento vital", 33
Teste(s)
    da raiz unitária, 267
    de Johansen, 268

de sustentabilidade e mecanismo de ajuste, 264
e estimações do mecanismo de ajuste fiscal, 267
o modelo do Bohn, 266
"Tier 1", 15
Título(s)
    do tesouro, 25
    imobiliários, 25
TJLP, 126
Too big to fail, 98
TR, rentabilidade, 127
Trade-off, 139

U

Undersold, 125
Unidade natural de agregação, 59
Urgent incrementalism, 21

V

Valor de mercado da dívida, 99
Variância, decomposição de, 176
Variáveis, descrição das, 138
Veículos, taxa de juros, 128
Vínculos *"arm's length"*, 280
Volker rule, 42

W

William Act americano, 74

Y

Yield curve, 100

A marca FSC é a garantia de que a madeira utilizada na fabricação do papel com o qual este livro foi impresso provém de florestas gerenciadas, observando-se rigorosos critérios sociais e ambientais e de sustentabilidade.

ROTAPLAN
GRÁFICA E EDITORA LTDA

Rua Álvaro Seixas 165 parte
Engenho Novo - Rio de Janeiro - RJ
Tel/Fax: 21-2201-1444
E-mail: rotaplanrio@gmail.com